Άννα Ιορδα

ΤΑ ΡΗΜΑΤΑ ΤΗΣ ΝΕΑΣ ΕΛΛΗΝΙΚΗΣ

ΕΚΔΟΣΕΙΣ
ΠΑΤΑΚΗ

Θέση υπογραφής δικαιούχου/-ων δικαιωμάτων πνευματικής ιδιοκτησίας, εφόσον η υπογραφή προβλέπεται από τη σύμβαση.

Εκδόσεις Πατάκη – Λεξικά
Άννα Ιορδανίδου, *Τα ρήματα της νέας ελληνικής*
Διορθώσεις: Σοφία Κροκίδη
Υπεύθυνος έκδοσης: Βαγγέλης Μπακλαβάς
DTP: Σπύρος Ρένεσης

Ο παρών τόμος αποτελεί εμπλουτισμένη έκδοση του ομώνυμου τόμου που κυκλοφόρησε (με ISBN 978-960-293-670-2) από τις Εκδόσεις Πατάκη Ιανουάριο 1992
Πρώτη έκδοση του παρόντος τόμου από τις Εκδόσεις Πατάκη, Αθήνα, Ιούλιος 2022
Κ.Ε.Τ. Ε168 – Κ.Ε.Π. 466/22
ISBN 978-960-16-7182-6

ΕΚΔΟΣΕΙΣ ΠΑΤΑΚΗ
www.patakis.gr

ΠΑΝΑΓΗ ΤΣΑΛΔΑΡΗ (ΠΡΩΗΝ ΠΕΙΡΑΙΩΣ) 38, 104 37 ΑΘΗΝΑ,
ΤΗΛ.: 210.36.50.000, 801.100.2665, 210.52.05.600, ΦΑΞ: 210.36.50.069,
ΚΕΝΤΡΙΚΗ ΔΙΑΘΕΣΗ: ΕΜΜ. ΜΠΕΝΑΚΗ 16, 106 78 ΑΘΗΝΑ, ΤΗΛ.: 210.38.31.078
ΥΠΟΚ/ΜΑ: ΚΟΡΥΤΣΑΣ (ΤΕΡΜΑ ΠΟΝΤΟΥ – ΠΕΡΙΟΧΗ Β΄ ΚΤΕΟ), 57009 ΚΑΛΟΧΩΡΙ ΘΕΣΣΑΛΟΝΙΚΗΣ, Τ.Θ. 1213,
ΤΗΛ.: 2310.70.63.54, 2310.70.67.15, 2310.75.51.75, ΦΑΞ: 2310.70.63.55
Web site: http://www.patakis.gr • e-mail: info@patakis.gr, sales@patakis.gr

Περιεχόμενα

Πρόλογος

Ο στόχος της εργασίας αυτής είναι να αποδοθούν τα κυριότερα χαρακτηριστικά της κλίσης των 4.800 βασικών ρημάτων της κοινής νεοελληνικής (χωρίς διαλεκτικά στοιχεία). Στην πρώτη έκδοση (1992) είχαν περιληφθεί 4.500 ρήματα και στην παρούσα έκδοση έχουν γίνει προσθήκες με βάση τις σύγχρονες λεξικογραφικές πηγές και γλωσσολογικές μελέτες και τη διαδικτυακή αναζήτηση. Η ιδιαιτερότητα (και η χρησιμότητα) της εργασίας έγκειται, πιστεύουμε, στα εξής:

α) στη χρησιμοποίηση, εκτός των παραδοσιακών γραμματικών και λεξικογραφικών πηγών, γλωσσικού υλικού (corpus) νεοελληνικού προφορικού και γραπτού λόγου και

β) στην αξιοποίηση των θεωρητικών και ερευνητικών δεδομένων σύγχρονων γλωσσολογικών προσεγγίσεων του νεοελληνικού ρηματικού συστήματος, που εστιάζονται κυρίως στη διαπλοκή των φαινομένων της μορφολογίας και των φαινομένων της σύνταξης και της σημασίας.

Η επεξεργασία του γλωσσικού υλικού και των βιβλιογραφικών πηγών μάς οδήγησε να προτείνουμε σε αρκετά σημεία λύσεις διαφορετικές από εκείνες που έδωσε η επίσημη γραμματική κωδικοποίηση της γλώσσας μας (αναπροσαρμογή της Γραμματικής του Τριανταφυλλίδη του 1949), όπως, για παράδειγμα, η εισαγωγή σε ευρεία κλίμακα της εσωτερικής αύξησης σε σύνθετα ρήματα, καθώς και των συμφωνικών συμπλεγμάτων *-χθ-*, *-φθ-* στην παθητική φωνή λόγιων ρημάτων. Αξίζει να τονιστεί ότι η σύγχρονη σχολική Γραμματική (2009) έχει περιλάβει τις περισσότερες από αυτές τις αλλαγές. Η αναγνώριση της ενσωμάτωσης ορισμένων λόγιων στοιχείων δε συνιστά προσπάθεια καθιέρωσης μεικτής γλώσσας (δημοτική – καθαρεύουσα)· αντίθετα, συμβάλλει στη συνειδητοποίηση της σύγχρονης κατάστασης των γλωσσικών μας πραγμάτων, όπου τη θέση της παλιάς διγλωσσίας κατέλαβε η κοινή νεοελληνική (standard Modern Greek) με τις διάφορες μορφολογικές και συντακτικές ποικιλίες, ανάλογα με το ύφος και το είδος του λόγου, την περίσταση επικοινωνίας κτλ.

Η δομή του βιβλίου επιβάλλεται σε μεγάλο βαθμό από την πολυτυπία που διακρίνει τη μορφολογία του νεοελληνικού ρηματικού συστήματος. Ενώ σε ένα λεξικό ρημάτων της γαλλικής γλώσσας (όπως το Bescherelle) αρκεί να αναφέρεται ο τύπος του ενεστώτα κάθε ρήματος και να γίνεται η παραπομπή στο κλιτικό υπόδειγμα, σε ένα λεξικό ρημάτων της νέας ελληνικής είναι απαραίτητο να δοθούν περισσότερες πληροφορίες τόσο για τον σχηματισμό των διαφόρων χρόνων όσο και για τον σχηματισμό των διαφόρων τύπων σε κάθε χρόνο. Για παράδειγμα, η κλίση του ρήματος *συνέρχομαι* δεν μπορεί να καλυφθεί από εκείνη του *έρχομαι*, εφόσον στον παρατατικό δεν παρουσιάζει την πολυτυπία του *έρχομαι* (λόγω λόγιου χαρακτήρα), στο αοριστικό θέμα επικρατεί το *-λθ-* (*συνήλθα* και όχι *συνήρθα* κτλ.) και στην προστακτική αορίστου εμφανίζονται οι τύποι *σύνελθε – συνέλθετε* (αντί των *έλα – ελάτε* του *έρχομαι*).

Για να καταγραφεί η περίπλοκη αυτή γλωσσική πραγματικότητα με όσο το δυνατόν πληρέστερο και σαφέστερο τρόπο, επιλέξαμε την εξής διάρθρωση εργασίας:

Α΄ μέρος. Κατάλογος των ρημάτων, όπου αναφέρονται οι τύποι του ενεστώτα και του αορίστου της ενεργητικής φωνής και οι τύποι του ενεστώτα, του αορίστου και της μετοχής παρακειμένου της παθητικής φωνής, με παραπομπή σε συγκεκριμένο κλιτικό υπόδειγμα για κάθε φωνή. Π.χ.

αγοράζω, αγόρασα *35*

αγοράζομαι, αγοράστηκα, αγορασμένος *36*

Από τον ενεστωτικό και τον αοριστικό τύπο είναι εύκολος ο σχηματισμός των άλλων χρόνων, ενώ η μετοχή παθητικού παρακειμένου είναι αναγκαίο να αναφέρεται, γιατί παρουσιάζει σημαντική ποικιλομορφία.

Η διάταξη ακολουθεί αλφαβητική σειρά, αλλά, όταν πρόκειται για διπλούς τύπους, παρατίθεται πρώτα ο πιο συνηθισμένος, π.χ. *αγκυροβολώ* (*-είς*) και *αγκυροβολάω / αγκυροβολώ*. Η ενεργητική και η παθητική φωνή συνδέονται με κριτήρια μορφής κυρίως και όχι σημασίας, αλλά ορισμένες φορές διαχωρίζονται, γιατί η διαφορά σημασίας έχει επιφέρει και μορφολογική διαφοροποίηση, όπως π.χ. στην περίπτωση των ρ. *λειτουργώ* και *λειτουργάω / -ώ*.

Στον κατάλογο περιλαμβάνονται ορισμένες βασικές πληροφορίες, όπως αν το ρήμα απαντάται μόνο ή κυρίως στον ενεστώτα ή σε άλλο χρόνο, αν είναι απρόσωπο ή είναι και προσωπικό και απρόσωπο, αν κάποιος τύπος είναι σπάνιος (π.χ. η μτχ. παθητικού παρακειμένου) κ.ά. Όταν απαιτείται εκτενέστερος σχολιασμός, παραπέμπουμε με αστερίσκο (*) στο γ΄ μέρος του βιβλίου, στις Σημειώσεις.

Β΄ μέρος. Κλιτικά υποδείγματα. Σε περίπου 4.800 ρήματα αντιστοιχούν 235 κλιτικά υποδείγματα. Αν ληφθεί υπόψη ότι στην επίσημη σχολική Γραμματική (έκδ. 2009) οι αντίστοιχοι πίνακες είναι μόνο 12 (όπως και στη *Νεοελληνική Γραμματική, αναπροσαρμογή της Μικρής Νεοελληνικής Γραμματικής του Μ. Τριανταφυλλίδη*, έκδ. 2006), τότε γίνεται φανερή η προσπάθεια που καταβλήθηκε για να καλυφθούν όσο το δυνατόν περισσότερες περιπτώσεις κλιτικής ιδιαιτερότητας.

Όσον αφορά τον τρόπο διάταξης των κλιτικών υποδειγμάτων, ακολουθήσαμε σε γενικές γραμμές τη λογική της Γραμματικής, η οποία διατάσσει τα «ομαλά» ρήματα σε ορισμένη σειρά, με βάση τον χαρακτήρα του ενεστωτικού θέματος (π.χ. λύ-**ν**-ω) και τον σχηματισμό του αοριστικού θέματος (π.χ. έλυ-**σ**-α), και τα «ανώμαλα» ρήματα σε αλφαβητική σειρά. Το πρότυπο της Γραμματικής ήταν αδύνατο να αναπαραχθεί πιστά, γιατί παρουσιάζει αντιφάσεις και γιατί αγνοεί μεγάλο αριθμό ρημάτων, όπως τα λόγια ρήματα *ανακτώ, ανακλώ* κτλ., που δεν μπορούν να υπαχθούν στο κλιτικό υπόδειγμα του *αγαπάω / αγαπώ*.

Για να μειώσουμε τον αριθμό των κλιτικών υποδειγμάτων, ξεχωρίζουμε (μορφολογικά) την ενεργητική από την παθητική φωνή, παραπέμποντας, π.χ., το ρήμα *γράφω* στο υπόδειγμα κλίσης του *αλείφω*, αλλά δημιουργώντας ξεχωριστό κλιτικό υπόδειγμα για το *γράφομαι*. Αυτό όμως δεν τηρείται πάντοτε, γιατί προέχει η αναγκαιότητα να είναι η εργασία μας εύχρηστη και να παρέχει όσο γίνεται περισσότερες πληροφορίες.

Στους πίνακες προσπαθήσαμε να συμπεριλάβουμε τις κυριότερες παραλλαγές μορφής που έχουν καθιερωθεί στην κοινή νεοελληνική και αποφύγαμε να αναφέρουμε τύπους περιθωριακούς στη γλωσσική πρακτική, που τείνουν να εκλείψουν ή να περιοριστούν σε ορισμένες τοπικές ή κοινωνικές διαλέκτους, όπως, π.χ., η άτονη συλλαβική αύξηση (π.χ. *επείραξα*) και οι τύποι σε *-ουμαι, -ουνται* του ενεστώτα (π.χ. *δένουμαι, δένουνται*). Αντίθετα, περιλάβαμε την κλίση του παρατατικού με το επίθημα *-αγ-* (π.χ. *αγάπαγα*) στα ρήματα σε *-άω / -ώ*, παρ' όλο που δε συνηθίζεται στις βόρειες διαλέκτους (βλ. ενδεικτικά Mackridge 1990: 266, 274), γιατί η έρευνά μας απέδειξε ότι χρησιμοποιείται συχνά στην κοινή νεοελληνική, κυρίως στον προφορικό λόγο και στη λογοτεχνία.

Σε κάθε πίνακα δίνονται πληροφορίες που αφορούν την κατηγορία ρημάτων η οποία αντιπροσωπεύεται με το υπόδειγμα αυτό. Οι πληροφορίες είναι σχετικές με τη σπανιότητα εμφάνισης μερικών τύπων, με το είδος και το ύφος του λόγου όπου εμφανίζεται κυρίως κάποιος τύπος, με τη διαφοροποίηση που μπορεί να υπάρχει στο εσωτερικό της ίδιας κατηγορίας όταν το ρήμα απαντάται ως σύνθετο (λόγιο ή μη), με την ισοδυναμία των τύπων στους περιφραστικούς χρόνους κ.ά.

Γ΄ μέρος. Σημειώσεις. Παρατίθενται επιπλέον στοιχεία για περίπου 950 ρήματα, τα οποία θεωρούμε απαραίτητα για την πληρέστερη περιγραφή των ρημάτων αυτών και τα οποία θίγουν ορισμένες πλευρές των σχέσεων της μορφής, της σύνταξης και της σημασίας τους. Έτσι, για παράδειγμα, σχολιάζονται η εννοιολογική διαφοροποίηση ενεργητικής - παθητικής φωνής (π.χ. *κλαίω – κλαίγομαι*), που επιδρά και στον σχηματισμό των περιφραστικών χρόνων, η πιθανή παρουσία λόγιων μετοχών (π.χ. *υπάρχων, -ουσα, -ον*), η χρησιμοποίηση ορισμένων μετοχών ως επιθέτων (π.χ. *ζηλεμένος* του *ζηλεύω*), η παράλληλη χρησιμοποίηση διαφορετικού τρόπου κλίσης στον προφορικό λόγο (π.χ. *προπονιέμαι* παράλληλα με το *προπονούμαι*) κτλ. Επίσης, γίνεται αναφορά σε βασικά ορθογραφικά προβλήματα και σε ζητήματα σημασιολογικών σχέσεων μεταξύ συγγενών μορφολογικά τύπων (π.χ. *ανεβάζω – ανεβαίνω*) τα οποία αποτελούν συχνά πηγή συγχύσεων και λαθών.

Είναι προφανές ότι η πολυπλοκότητα και η ποικιλία των γλωσσικών πραγματώσεων δεν μπορούν να αποδοθούν πιστά μέσα στα περιορισμένα πλαίσια ενός συνοπτικού και χρηστικού εγχειριδίου, το οποίο, επιπλέον, δεν μπορεί να υποκαταστήσει τη Γραμματική της γλώσσας μας, αλλά μονάχα να προτείνει ορισμένες αλλαγές προς την κατεύθυνση της εναρμόνισης με τη σύγχρονη πρακτική των ομιλητών. Ελπίζουμε η πρόοδος των γλωσσολογικών μελετών και ερευνών να οδηγήσει στη βελτίωση της εργασίας αυτής, ώστε να είναι σε θέση να αποτυπώσει με αντικειμενικό τρόπο την ταυτότητα των νεοελληνικών ρημάτων.

Άννα Ιορδανίδου
Αύγουστος 2022

Οδηγίες χρήσεως

Για να βρει κανείς πώς κλίνεται κάποιο ρήμα, πρέπει πρώτα να το εντοπίσει στον **αλφαβητικό κατάλογο** (σελ. 9-132), όπου αναφέρεται ο αριθμός του **κλιτικού υποδείγματος** στο οποίο αντιστοιχεί. Π.χ. το ρήμα

κρατάω/κρατώ, κράτησα* *58*

κλίνεται σύμφωνα με το υπόδειγμα **58** (ρήμα *αγαπάω/αγαπώ*). Ο αριθμός **58** είναι άσχετος με την αρίθμηση των σελίδων του βιβλίου και βρίσκεται στο πάνω δεξιό μέρος του πίνακα. Ο αστερίσκος* σημαίνει ότι για το *κρατάω* υπάρχει κάποια συμπληρωματική πληροφορία στο τρίτο μέρος του βιβλίου, στις Σημειώσεις (σελ. 370-409), όπου τα σχολιαζόμενα ρήματα είναι διατεταγμένα με αλφαβητική σειρά.

Για να βρει κανείς ποια ρήματα κλίνονται στους πίνακες, μπορεί να κοιτάξει το αλφαβητικό **ευρετήριο κλιτικών υποδειγμάτων** στο τέλος του βιβλίου.

Α

αβαντάρω, αβάνταρα και αβαντάρισα *53*

αβασκαίνω → δες **βασκαίνω**

αβγαταίνω, αβγάτυνα, αβγατισμένος *47* και
αβγατίζω, αβγάτισα, αβγατισμένος *33*

αγαθοφέρνω *226* (μόνο στον ενεστ. και παρατατ.)

αγαλλιάζω, αγαλλίασα *35*

αγανακτώ και **αγαναχτώ,** αγανάκτησα και αγανάχτησα, αγανακτισμένος και αγαναχτισμένος *73*

αγαντάρω, αγάνταρα και αγαντάρισα, αγανταρισμένος *53*

αγαπάω/ αγαπώ, αγάπησα *58*
αγαπιέμαι, αγαπήθηκα, αγαπημένος *59*

αγαπίζω, αγάπισα* *33*

αγγαρεύω, αγγάρεψα *17*
αγγαρεύομαι, αγγαρεύτηκα, αγγαρεμένος *18*

αγγίζω, άγγιξα *23*
αγγίζομαι, αγγίχτηκα, αγγιγμένος *24*

αγιάζω, άγιασα και αγίασα* *35*
αγιάζομαι, αγιάστηκα, αγιασμένος* *36*

αγιογραφώ, αγιογράφησα *73*
αγιογραφούμαι, αγιογραφήθηκα, αγιογραφημένος *74*

αγιοποιώ, αγιοποίησα *73*
αγιοποιούμαι, αγιοποιήθηκα, αγιοποιημένος *74, 75*

αγκαζάρω, αγκαζάρισα, αγκαζαρισμένος *55*

αγκαλιάζω, αγκάλιασα *35*
αγκαλιάζομαι, αγκαλιάστηκα, αγκαλιασμένος* *36*

αγκιστρώνω, αγκίστρωσα *3*

αγκιστρώνομαι, αγκιστρώθηκα, αγκιστρωμένος *4*

αγκομαχάω/ αγκομαχώ (παρατατ. συνήθως *-ούσα*) *58* (κυρίως στον ενεστ. και παρατατ.)
αγκυλώνω, αγκύλωσα *3*
αγκυλώνομαι, αγκυλώθηκα, αγκυλωμένος *4*

αγκυροβολώ, αγκυροβόλησα, αγκυροβολημένος *73* και
αγκυροβολάω/ αγκυροβολώ (παρατατ. συνήθως *-ούσα*), αγκυροβόλησα, αγκυροβολημένος *58*

αγκωνιάζω, αγκώνιασα *35*
αγκωνιάζομαι, αγκωνιάστηκα, αγκωνιασμένος *36*

αγναντεύω, αγνάντεψα *17*

αγνοώ, αγνόησα *73*
αγνοούμαι, αγνοήθηκα, αγνοημένος *74*

αγοράζω, αγόρασα *35*
αγοράζομαι, αγοράστηκα, αγορασμένος *36*

αγορεύω, αγόρευσα *19*

αγοροφέρνω *226* (μόνο στον ενεστ. και παρατατ.)

αγουροξυπνάω/ αγουροξυπνώ, αγουροξύπνησα, αγουροξυπνημένος *58*

αγριεύω, αγρίεψα *17*
αγριεύομαι, αγριεύτηκα, αγριεμένος* *18*

αγρικώ → δες **γρικάω**

αγρυπνάω/ αγρυπνώ (παρατατ. συνήθως *-ούσα*), αγρύπνησα, αγρυπνισμένος *58*

αγχώνω, άγχωσα *3*
αγχώνομαι, αγχώθηκα, αγχωμένος* *4*

άγω* *135* (μόνο στον ενεστ.)

άγομαι, (να αχθώ)* *136*

αγωνίζομαι, αγωνίστηκα *34*

αγωνιώ *60* (μόνο στον ενεστ. και παρατατ.)

αδειάζω, άδειασα *35*

αδειοδοτώ, αδειοδότησα *73*
αδειοδοτούμαι, αδειοδοτήθηκα, αδειοδοτημένος *74*

αδελφώνω και **αδερφώνω,** αδέλφωσα και αδέρφωσα *3*
αδελφώνομαι και **αδερφώνομαι,** αδελφώθηκα και αδερφώθηκα, αδελφωμένος και αδερφωμένος *4*

αδημονώ *73* (μόνο στον ενεστ. και παρατατ.)

αδιαθετώ, αδιαθέτησα *73*

αδιαφορώ, αδιαφόρησα *73*

αδικώ, αδίκησα *73*
αδικούμαι, αδικήθηκα, αδικημένος *74*

αδρανοποιώ, αδρανοποίησα *73*
αδρανοποιούμαι, αδρανοποιήθηκα, αδρανοποιημένος *74, 75*

αδρανώ, αδράνησα *73*

αδράχνω, άδραξα *29*

αδυνατίζω, αδυνάτισα, αδυνατισμένος *33*

αδυνατώ* *73* (μόνο στον ενεστ. και παρατατ.)

αερίζω, αέρισα *33*
αερίζομαι, αερίστηκα, αερισμένος *34*

αεροβατώ *73* (κυρίως στον ενεστ. και παρατατ.)

αερολογώ, αερολόγησα *73*

αηδιάζω, αηδίασα, αηδιασμένος *35*

αθετώ, αθέτησα *73*
αθετούμαι, αθετήθηκα, αθετημένος *74*

αθλοθετώ, αθλοθέτησα *73*
αθλοθετούμαι, αθλοθετήθηκα, αθλοθετημένος *74*

αθλούμαι, αθλήθηκα *74*

αθροίζω, άθροισα *33*
αθροίζομαι, αθροίστηκα, αθροισμένος *34*

αθωώνω, αθώωσα *3*
αθωώνομαι, αθωώθηκα, αθωωμένος *4*

αιθεροβατώ *73* (μόνο στον ενεστ. και παρατατ.)

αιματοκυλάω (σπάν. αιματοκυλώ), αιματοκύλισα* *70* και
αιματοκυλίζω, αιματοκύλισα *33*
αιματοκυλιέμαι, αιματοκυλίστηκα *173* και
αιματοκυλίζομαι, αιματοκυλίστηκα *34*

αιματώνω, αιμάτωσα *3*
αιματώνομαι, αιματώθηκα, αιματωμένος *4*

αιμοδοτώ, αιμοδότησα *73*
αιμοδοτούμαι, αιμοδοτήθηκα, αιμοδοτημένος *74*

αιμορραγώ, αιμορράγησα *73*

αίρω, (ήρα) *80*
αίρομαι, άρθηκα *81*

αισθάνομαι, αισθάνθηκα *82*

αισθηματολογώ *73* (κυρίως στον ενεστ. και παρατατ.)

αισιοδοξώ *73* (μόνο στον ενεστ. και παρατατ.)

αισχροκερδώ, αισχροκέρδησα *73*

αισχρολογώ *73* (κυρίως στον ενεστ. και παρατατ.)

αιτιολογώ, αιτιολόγησα *73*
αιτιολογούμαι, αιτιολογήθηκα, αιτιολογημένος *74*

αιτούμαι, αιτήθηκα *74*

αιφνιδιάζω, αιφνιδίασα *35*
αιφνιδιάζομαι, αιφνιδιάστηκα, αιφνιδιασμένος *36*

αιχμαλωτίζω, αιχμαλώτισα *33*
αιχμαλωτίζομαι, αιχμαλωτίστηκα, αιχμαλωτισμένος *34*

αιωρούμαι, αιωρήθηκα *74*

ακινητοποιώ, ακινητοποίησα* *73*
ακινητοποιούμαι, ακινητοποιήθηκα, ακινητοποιημένος* *74, 75*

ακμάζω, άκμασα* *35*

ακολουθώ, ακολούθησα* *73*
ακολουθούμαι, ακολουθήθηκα* *74*

ακομπανιάρω, ακομπανιάρισα *55*

ακονίζω, ακόνισα *33*
ακονίζομαι, ακονίστηκα, ακονισμένος *34*

ακουμπάω/ ακουμπώ, ακούμπησα, ακουμπισμένος *58*

ακούω, άκουσα* *83*
ακούγομαι, ακούστηκα, ακουσμένος* *84*

ακριβαίνω, ακρίβυνα *47*

ακριβολογώ, ακριβολόγησα *73*

ακριβοπληρώνω, ακριβοπλήρωσα *3*
ακριβοπληρώνομαι, ακριβοπληρώθηκα, ακριβοπληρωμένος *4*

ακριβοπουλάω (σπάν. ακριβοπουλώ), ακριβοπούλησα *58*
ακριβοπουλιέμαι, ακριβοπουλήθηκα, ακριβοπουλημένος *59*

ακροάζομαι, ακροάστηκα *36*

ακροβατώ *73* (μόνο στον ενεστ. και παρατατ.)

ακροβολίζομαι, ακροβολίστηκα, ακροβολισμένος *34*

ακρωτηριάζω, ακρωτηρίασα *35*
ακρωτηριάζομαι, ακρωτηριάστηκα, ακρωτηριασμένος *36*

ακτινοβολώ, ακτινοβόλησα* *73* και
ακτινοβολάω/ ακτινοβολώ (παρατατ. συνήθως *-ούσα*), ακτινοβόλησα *58*

ακτινογραφώ, ακτινογράφησα *73*
ακτινογραφούμαι, ακτινογραφήθηκα, ακτινογραφημένος *74*

ακυρώνω, ακύρωσα *3*
ακυρώνομαι, ακυρώθηκα, ακυρωμένος *4*

αλαζονεύομαι, αλαζονεύτηκα *20*

αλαλάζω, αλάλαξα *23*

αλαλιάζω, αλάλιασα, αλαλιασμένος* *35*

αλαργεύω, αλάργεψα *19*

αλατίζω, αλάτισα *33*
αλατίζομαι, αλατίστηκα, αλατισμένος *34*

αλατοπιπερώνω, αλατοπιπέρωσα *3*
αλατοπιπερώνομαι, αλατοπιπερώθηκα *4*

αλαφιάζω, αλάφιασα *35*
αλαφιάζομαι, αλαφιάστηκα, αλαφιασμένος *36*

αλαφραίνω → δες **ελαφραίνω**

αλαφρώνω → δες **ελαφρώνω**

αλεγράρω, αλεγράρισα *55*

αλέθω, άλεσα *37*
αλέθομαι, αλέστηκα, αλεσμένος *38*

αλείφω, άλειψα *13* και
αλείβω, άλειψα *7*
αλείφομαι, αλείφτηκα, αλειμμένος *14* και
αλείβομαι, αλείφτηκα, αλειμμένος *8*

αλευρώνω, αλεύρωσα *3*
αλευρώνομαι, αλευρώθηκα, αλευρωμένος *4*

αληθεύει* (ως προσ. και απρόσ.) – αληθεύουν (ως προσ.)

αλητεύω, αλήτεψα *17*

αλιεύω, αλίευσα *19*
αλιεύομαι, αλιεύτηκα και αλιεύθηκα, αλιευμένος *20*

αλλάζω, άλλαξα *23*
αλλάζομαι, αλλάχτηκα, αλλαγμένος* *24*

αλλαξοπιστώ, αλλαξοπίστησα *73*

αλληθωρίζω, αλληθώρισα *33*

αλληλεπιδρώ, αλληλεπίδρασα *71*

αλληλογραφώ, αλληλογράφησα *73*

αλλοιώνω, αλλοίωσα *3*
αλλοιώνομαι, αλλοιώθηκα, αλλοιωμένος *4*

αλλοτριώνω, αλλοτρίωσα *3*
αλλοτριώνομαι, αλλοτριώθηκα, αλλοτριωμένος *4*

αλυσοδένω, αλυσόδεσα *1*
αλυσοδένομαι, αλυσοδέθηκα, αλυσοδεμένος *2*

αλυχτάω/ αλυχτώ (παρατατ. συνήθως *-ούσα*), αλύχτησα *58*

αλφαδιάζω, αλφάδιασα *35*
αλφαδιάζομαι, αλφαδιάστηκα, αλφαδιασμένος *36*

αλωνίζω, αλώνισα *33*
αλωνίζομαι, αλωνίστηκα, αλωνισμένος *34*

αμαρτάνω, αμάρτησα* *104* και
αμαρταίνω, αμάρτησα *50*

αμαυρώνω, αμαύρωσα *3*
αμαυρώνομαι, αμαυρώθηκα, αμαυρωμένος *4*

αμβλύνω, άμβλυνα *48*
αμβλύνομαι, αμβλύνθηκα, αμβλυμένος *49*

αμείβω, άμειψα *7*
αμείβομαι, αμείφτηκα και αμείφθηκα *8*

αμελώ, αμέλησα *73*
αμελούμαι, αμελήθηκα, αμελημένος *74*

αμιλλώμαι *61* (μόνο στον ενεστ.)

αμνηστεύω, αμνήστευσα *19*
αμνηστεύομαι, αμνηστεύτηκα και αμνηστεύθηκα, αμνηστευμένος *20*

αμολάω (δε συνηθίζεται η κλίση σε -*ώ*), αμόλησα *58*
αμολιέμαι, αμολήθηκα, αμολημένος *59*

αμπαλάρω, αμπαλάρισα *55*
αμπαλάρομαι, αμπαλαρίστηκα, αμπαλαρισμένος *54*

αμπαρώνω, αμπάρωσα *3*
αμπαρώνομαι, αμπαρώθηκα, αμπαρωμένος *4*

αμύνομαι, αμύνθηκα *49*

αμφιβάλλω, αμφέβαλα *146*

αμφισβητώ, αμφισβήτησα *73*
αμφισβητούμαι, αμφισβητήθηκα, αμφισβητημένος* *74*

αμφιταλαντεύομαι, αμφιταλαντεύτηκα και αμφιταλαντεύθηκα *20*

αναβαθμίζω, αναβάθμισα *33*
αναβαθμίζομαι, αναβαθμίστηκα, αναβαθμισμένος *34*

αναβαθμολογώ, αναβαθμολόγησα *73*
αναβαθμολογούμαι, αναβαθμολογήθηκα, αναβαθμολογημένος *74*

αναβάλλω, ανέβαλα *146*
αναβάλλομαι, αναβλήθηκα *147*

αναβαπτίζω, αναβάπτισα *33*
αναβαπτίζομαι, αναβαπτίστηκα, αναβαπτισμένος *34*

αναβιώνω, αναβίωσα *3*

αναβλέπω, ανέβλεψα και ανάβλεψα *9*

αναβλύζω και **αναβρύζω,** ανέβλυσα και ανάβλυσα και ανέβρυσα και ανάβρυσα *33*

αναβράζω* *35* (κυρίως στον ενεστ.)

αναβρύζω → δες **αναβλύζω**

ανάβω, άναψα *7*
ανάβομαι, ανάφτηκα, αναμμένος* *8*

αναγαλλιάζω, αναγάλλιασα / αναγαλλίασα *35*

αναγγέλλω, ανήγγειλα και ανάγγειλα *85*
αναγγέλλομαι, αναγγέλθηκα, αναγγελμένος *86*

αναγεννώμαι, αναγεννήθηκα, αναγεννημένος* *61* και
αναγεννιέμαι, αναγεννήθηκα, αναγεννημένος* *59*

αναγκάζω, ανάγκασα *35*
αναγκάζομαι, αναγκάστηκα, αναγκασμένος *36*

αναγνωρίζω, αναγνώρισα *33*
αναγνωρίζομαι, αναγνωρίστηκα, αναγνωρισμένος *34*

αναγορεύω, αναγόρευσα *19*
αναγορεύομαι, αναγορεύτηκα και αναγορεύθηκα, αναγορευμένος *20*

αναγουλιάζω, αναγούλιασα, αναγουλιασμένος *35*

αναγραμματίζω, αναγραμμάτισα *33*

αναγράφω, ανέγραψα *13*
αναγράφομαι, αναγράφ(τ)ηκα, αναγραμμένος *122*

ανάγω, ανήγαγα *135*
ανάγομαι, (να αναχθώ)* *136*

αναδασώνω, αναδάσωσα *3*
αναδασώνομαι, αναδασώθηκα, αναδασωμένος *4*

αναδεικνύω, ανέδειξα και ανάδειξα *87* και
αναδείχνω, ανάδειξα *29*
αναδεικνύομαι, αναδείχθηκα και αναδείχτηκα, αναδειγμένος *88* και
αναδείχνομαι, αναδείχτηκα, αναδειγμένος *30*

αναδεύω, ανάδεψα *17*
αναδεύομαι, αναδεύτηκα *18*

αναδημιουργώ, αναδημιούργησα *73*
αναδημιουργούμαι, αναδημιουργήθηκα, αναδημιουργημένος *74*

αναδημοσιεύω, αναδημοσίευσα *19*
αναδημοσιεύομαι, αναδημοσιεύτηκα και αναδημοσιεύθηκα, αναδημοσιευμένος *20*

αναδιαμορφώνω, αναδιαμόρφωσα *3*
αναδιαμορφώνομαι, αναδιαμορφώθηκα, αναδιαμορφωμένος *4*

αναδιανέμω, αναδιένειμα *125*
αναδιανέμομαι, αναδιανεμήθηκα, αναδιανεμημένος *126*

αναδιαρθρώνω, αναδιάρθρωσα *3*
αναδιαρθρώνομαι, αναδιαρθρώθηκα, αναδιαρθρωμένος *4*

αναδιατάσσω, αναδιέταξα *27*
αναδιατάσσομαι, αναδιατάχθηκα και αναδιατάχτηκα, αναδιαταγμένος *28*

αναδιατυπώνω, αναδιατύπωσα *3*
αναδιατυπώνομαι, αναδιατυπώθηκα, αναδιατυπωμένος *4*

αναδίδω *186* (κυρίως στον ενεστ. και παρατατ.) και
αναδίνω *131* (κυρίως στον ενεστ. και παρατατ.)

αναδιοργανώνω, αναδιοργάνωσα *3*
αναδιοργανώνομαι, αναδιοργανώθηκα, αναδιοργανωμένος *4*

αναδιπλασιάζω, αναδιπλασίασα *35*
αναδιπλασιάζομαι, αναδιπλασιάστηκα, αναδιπλασιασμένος *36*

αναδιπλώνω, αναδίπλωσα *3*
αναδιπλώνομαι, αναδιπλώθηκα, αναδιπλωμένος *4*

αναδιφώ, αναδίφησα *60*

αναδομώ, αναδόμησα *73*
αναδομούμαι, αναδομήθηκα, αναδομημένος *74*

αναδύομαι, αναδύθηκα *6*

αναζητάω/ αναζητώ, αναζήτησα *58* και
αναζητώ, αναζήτησα* *73*
αναζητούμαι, αναζητήθηκα* *74*

αναζωογονώ, αναζωογόνησα *73*
αναζωογονούμαι, αναζωογονήθηκα, αναζωογονημένος* *74*

αναζωπυρώνω, αναζωπύρωσα *3*
αναζωπυρώνομαι, αναζωπυρώθηκα, αναζωπυρωμένος *4*

αναθαρρεύω, αναθάρρεψα, αναθαρρεμένος *17* και
αναθαρρώ, αναθάρρησα, αναθαρρημένος *73*

αναθεματίζω, αναθεμάτισα *33*
αναθεματίζομαι, αναθεματίστηκα, αναθεματισμένος* *34*

αναθερμαίνω, αναθέρμανα *44*
αναθερμαίνομαι, αναθερμάνθηκα, αναθερμασμένος *46*

αναθέτω, ανέθεσα και ανάθεσα *137*
ανατίθεμαι, ανατέθηκα, (σπάν.) ανατεθειμένος *138*

αναθεωρώ, αναθεώρησα *73*
αναθεωρούμαι, αναθεωρήθηκα, αναθεωρημένος *74*

αναθρέφω → δες **ανατρέφω**

αναθυμάμαι (σπάν. αναθυμούμαι) *79* (κυρίως στον ενεστ. και παρατατ.)

αναιρώ, αναίρεσα *76*
αναιρούμαι, αναιρέθηκα *77*

αναισθητοποιώ, αναισθητοποίησα *73*
αναισθητοποιούμαι, αναισθητοποιήθηκα, αναισθητοποιημένος *74, 75*

ανακαθίζω, ανακάθισα *33* και
ανακάθομαι, ανακάθισα* *160*

ανακαινίζω, ανακαίνισα *33*
ανακαινίζομαι, ανακαινίστηκα, ανακαινισμένος *34*

ανακαλύπτω, ανακάλυψα *11*
ανακαλύπτομαι, ανακαλύφθηκα και ανακαλύφτηκα, (σπάν.) ανακαλυμμένος *12*

ανακαλώ, ανακάλεσα *76*
ανακαλούμαι, ανακλήθηκα, ανακλημένος *163*

ανακάμπτω, ανέκαμψα *11*

ανακαταλαμβάνω, ανακατέλαβα *165*
ανακαταλαμβάνομαι, ανακαταλήφθηκα, ανακατειλημμένος *166*

ανακατανέμω, ανακατένειμα *125*
ανακατανέμομαι, ανακατανεμήθηκα, ανακατανεμημένος *126*

ανακατασκευάζω, ανακατασκεύασα *35*
ανακατασκευάζομαι, ανακατασκευάστηκα, ανακατασκευασμένος *36*

ανακατατάσσω, ανακατέταξα *27*
ανακατατάσσομαι, ανακατατάχθηκα και ανακατατάχτηκα, ανακαταταγμένος *28*

ανακατευθύνω, ανακατηύθυνα και ανακατεύθυνα *48*
ανακατευθύνομαι, ανακατευθύνθηκα *49*

ανακατεύω, ανακάτεψα* *17*
ανακατεύομαι, ανακατεύτηκα, ανακατεμένος* *18*

ανακατώνω, ανακάτωσα* *3*
ανακατώνομαι, ανακατώθηκα, ανακατωμένος* *4*

ανακεφαλαιώνω, ανακεφαλαίωσα *3*
ανακεφαλαιώνομαι, ανακεφαλαιώθηκα, ανακεφαλαιωμένος *4*

ανακηρύσσω, ανακήρυξα *27*
ανακηρύσσομαι, ανακηρύχθηκα και ανακηρύχτηκα, ανακηρυγμένος *28*

ανακινώ, ανακίνησα *73*
ανακινούμαι, ανακινήθηκα, ανακινημένος *74*

ανακλαδίζομαι, ανακλαδίστηκα *34*

ανακλώ, ανάκλασα *71*
ανακλώμαι, ανακλάστηκα, ανακλασμένος *72*

ανακοινώνω, ανακοίνωσα *3*
ανακοινώνομαι, ανακοινώθηκα, ανακοινωμένος *4*

ανακόπτω, ανέκοψα *11*
ανακόπτομαι, ανακόπηκα *124*

ανακουφίζω, ανακούφισα *33*
ανακουφίζομαι, ανακουφίστηκα, ανακουφισμένος *34*

ανακράζω, ανέκραξα *23*

ανακρίνω, ανέκρινα (σπάν. ανάκρινα) *172*
ανακρίνομαι, ανακρίθηκα, ανακριμένος 2

ανακρούω, ανέκρουσα *40*

ανακτώ, ανέκτησα *60*
ανακτώμαι, ανακτήθηκα, ανακτημένος *61*

ανακυκλώνω, ανακύκλωσα *3*
ανακυκλώνομαι, ανακυκλώθηκα, ανακυκλωμένος *4*

ανακύπτω, ανέκυψα* *11*

αναλαβαίνω → δες **αναλαμβάνω**
αναλαμβάνω, ανέλαβα (σπάν. ανάλαβα) *165*
αναλαμβάνομαι, αναλήφθηκα, ανειλημμένος *166*

αναλογίζομαι, αναλογίστηκα *34*

αναλογώ *73* (μόνο στον ενεστ. και παρατατ.)

αναλύω, ανέλυσα (σπάν. ανάλυσα) *5*
αναλύομαι, αναλύθηκα, αναλυμένος 6

αναλώνω, ανάλωσα *3*
αναλώνομαι, αναλώθηκα, αναλωμένος *4*

αναμαλλιάζω, αναμάλλιασα *35*
αναμαλλιάζομαι, αναμαλλιάστηκα, αναμαλλιασμένος *36*

αναμασάω/ αναμασώ (παρατατ. *-ούσα*), αναμάσησα *58*
αναμασιέμαι, αναμασήθηκα, αναμασημένος *59* και
αναμασώμαι, αναμασήθηκα, αναμασημένος *61*

αναμειγνύω, ανέμειξα (σπάν. ανάμειξα) *87*
αναμειγνύομαι, αναμείχθηκα και αναμείχτηκα, ανα(με)μειγμένος *88*

αναμένω, ανέμεινα* *178*
αναμένεται (παρατατ. αναμενόταν) (ως προσ. ή απρόσ.) – αναμένονται (παρατατ. αναμένονταν) (ως προσ.)

αναμεταδίδω, αναμετέδωσα (σπάν. αναμετάδωσα) *186*
αναμεταδίδομαι, αναμεταδόθηκα, (σπάν.) αναμεταδομένος *187*

αναμετράω/ αναμετρώ (παρατατ. *-ούσα*), αναμέτρησα *58*
αναμετριέμαι, αναμετρήθηκα, αναμετρημένος* *59*

αναμιγνύω → δες **αναμειγνύω**

αναμορφώνω, αναμόρφωσα *3*
αναμορφώνομαι, αναμορφώθηκα, αναμορφωμένος *4*

αναμοχλεύω, αναμόχλευσα *19*
αναμοχλεύομαι, αναμοχλεύτηκα και αναμοχλεύθηκα, (σπάν.) αναμοχλευμένος *20*

ανανεώνω, ανανέωσα *3*
ανανεώνομαι, ανανεώθηκα, ανανεωμένος *4*

ανανήφω, ανένηψα *13*

αναπαλαιώνω, αναπαλαίωσα *3*
αναπαλαιώνομαι, αναπαλαιώθηκα, αναπαλαιωμένος *4*

αναπαράγω, αναπαρήγαγα *135*
αναπαράγομαι, αναπαράχθηκα, (σπάν.) αναπαραγμένος *136*

αναπαριστώ, αναπαρέστησα *158* και
αναπαριστάνω, αναπαρέστησα *104*
αναπαρίσταμαι, αναπαραστάθηκα *133* και
αναπαριστάνομαι, αναπαραστάθηκα *89*

αναπαύω, ανέπαυσα (σπάν. ανάπαυσα) και ανάπαψα *19, 17*
αναπαύομαι, αναπαύτηκα και αναπαύθηκα, αναπα(υ)μένος *20*

αναπέμπω, ανέπεμψα *9*

αναπέμπομαι, αναπέμφθηκα *10*

αναπηδάω/ αναπηδώ (παρατατ. *-ούσα*), αναπήδησα *58*

αναπλάθω, ανέπλασα (σπάν. ανάπλασα) *37*
αναπλάθομαι, αναπλάστηκα, αναπλασμένος *38*

αναπλαισιώνω, αναπλαισίωσα *3*
αναπλαισιώνομαι, αναπλαισιώθηκα, αναπλαισιωμένος *4*

αναπλέω, ανέπλευσα *42*

αναπληρώνω, αναπλήρωσα *3*
αναπληρώνομαι, αναπληρώθηκα, αναπληρωμένος *4*

αναπνέω, ανέπνευσα και ανάπνευσα *42*

αναποδογυρίζω, αναποδογύρισα* *33*
αναποδογυρίζομαι, αναποδογυρίστηκα, αναποδογυρισμένος* *34*

αναπολώ, αναπόλησα *73*

αναπροσαρμόζω, αναπροσάρμοσα *35*
αναπροσαρμόζομαι, αναπροσαρμόστηκα, αναπροσαρμοσμένος *36*

αναπτερώνω, αναπτέρωσα *3*
αναπτερώνομαι, αναπτερώθηκα, αναπτερωμένος *36*

αναπτύσσω, ανέπτυξα και ανάπτυξα *27*
αναπτύσσομαι, αναπτύχθηκα, αναπτυγμένος και ανεπτυγμένος* *28*

αναριγάω/ αναριγώ (παρατατ. *-ούσα*), αναρίγησα *58*

αναρριχώμαι, αναρριχήθηκα, αναρριχημένος *61* και
αναρριχιέμαι, αναρριχήθηκα, αναρριχημένος *59*

αναρρώνω, ανάρρωσα και ανέρρωσα *3*

αναρτώ, ανάρτησα *60*
αναρτώμαι, αναρτήθηκα, αναρτημένος *61*

αναρχοκρατείται *74* (στο γ΄ πρόσ., μόνο στον ενεστ. και παρατατ.)
αναρχούμαι* *74* (μόνο στον ενεστ.)

αναρωτιέμαι, αναρωτήθηκα *59*

ανασαίνω, ανάσανα *44*

ανασαλεύω, ανασάλεψα *17*

ανασηκώνω, ανασήκωσα *3*
ανασηκώνομαι, ανασηκώθηκα, ανασηκωμένος *4*

ανασκαλεύω, ανασκάλεψα *17*
ανασκαλεύομαι, ανασκαλεύτηκα *18*

ανασκάπτω, ανέσκαψα *11* και
ανασκάβω, ανέσκαψα *7*
ανασκάπτομαι, ανασκάφ(τ)ηκα, ανασκαμμένος *90* και
ανασκάβομαι, ανασκάφτηκα, ανασκαμμένος *8*

ανασκευάζω, ανασκεύασα *35*
ανασκευάζομαι, ανασκευάστηκα, ανασκευασμένος *36*

ανασκιρτάω/ ανασκιρτώ (παρατατ. *-ούσα*), ανασκίρτησα *58*

ανασκολοπίζω, ανασκολόπισα *33*
ανασκολοπίζομαι, ανασκολοπίστηκα, ανασκολοπισμένος *34*

ανασκουμπώνομαι, ανασκουμπώθηκα, ανασκουμπωμένος* *4*

ανασταίνω, ανάστησα και ανέστησα *50*
ανασταίνομαι, αναστήθηκα, αναστημένος *51*

αναστατώνω, αναστάτωσα *3*
αναστατώνομαι, αναστατώθηκα, αναστατωμένος *4*

αναστέλλω, ανέστειλα *85*
αναστέλλομαι, (ανεστάλη – ανεστάλησαν) *91*

αναστενάζω, αναστέναξα *23*

αναστηλώνω, αναστήλωσα *3*
αναστηλώνομαι, αναστηλώθηκα, αναστηλωμένος *4*

αναστοχάζομαι, αναστοχάστηκα *36*

αναστρέφω, ανέστρεψα *13*
αναστρέφομαι, αναστράφηκα, ανεστραμμένος *210*

ανασυγκροτώ, ανασυγκρότησα *73*

ανασυγκροτούμαι, ανασυγκροτήθηκα, ανασυγκροτημένος* *74*

ανασυνθέτω, ανασύνθεσα και ανασυνέθεσα *137*
ανασυντίθεμαι, ανασυντέθηκα *138*

(ανασυνιστώ), ανασυνέστησα (να ανασυστήσω)* *158*
(ανασυνίσταμαι), ανασυστάθηκα* *133*

ανασυντάσσω, ανασύνταξα και ανασυνέταξα *27*
ανασυντάσσομαι, ανασυντάχθηκα και ανασυντάχτηκα, ανασυνταγμένος *28*

ανασύρω, ανέσυρα (σπάν. ανάσυρα) *217*
ανασύρομαι, ανασύρθηκα, ανασυρμένος *218*

ανασχηματίζω, ανασχημάτισα *33*
ανασχηματίζομαι, ανασχηματίστηκα, ανασχηματισμένος *34*

αναταράζω, ανατάραξα *23* και
αναταράσσω, ανατάραξα *27*
αναταράζομαι, αναταράχτηκα, αναταραγμένος *24* και
αναταράσσομαι, αναταράχθηκα και αναταράχτηκα, αναταραγμένος *28*

ανατέλλω, ανέτειλα και ανάτειλα *85*

ανατέμνω *1* (μόνο στον ενεστ.)
ανατέμνομαι *2* (μόνο στον ενεστ.)

ανατιμώ, ανατίμησα* *60*
ανατιμώμαι, ανατιμήθηκα, ανατιμημένος *61*

ανατινάζω, ανατίναξα *23*
ανατινάζομαι, ανατινάχτηκα (σπάν. ανατινάχθηκα), ανατιναγμένος *24*

ανατοκίζω, ανατόκισα *33*
ανατοκίζομαι, ανατοκίστηκα, ανατοκισμένος *34*

ανατρέπω, ανέτρεψα (σπάν. ανάτρεψα) *9*
ανατρέπομαι, ανατράπηκα *180*

ανατρέφω και **αναθρέφω,** ανέθρεψα και ανάθρεψα *219*
ανατρέφομαι και **αναθρέφομαι,** ανατράφηκα και αναθράφηκα, αναθρεμμένος *220*

ανατρέχω, ανέτρεξα και ανάτρεξα *31*

ανατριχιάζω, ανατρίχιασα *35*

ανατροφοδοτώ, ανατροφοδότησα *73*
ανατροφοδοτούμαι, ανατροφοδοτήθηκα, ανατροφοδοτημένος *74*

ανατυπώνω, ανατύπωσα *3*
ανατυπώνομαι, ανατυπώθηκα, ανατυπωμένος *4*

αναφαίνομαι, αναφάνηκα *225*

αναφέρω, ανέφερα (σπάν. ανάφερα) *217*
αναφέρομαι, αναφέρθηκα *218*

αναφλέγομαι 22 (κυρίως στον ενεστ. και παρατατ.)

αναφύομαι *6* (μόνο στον ενεστ. και παρατατ.)

αναφωνώ, αναφώνησα *73*

αναχαιτίζω, αναχαίτισα *33*
αναχαιτίζομαι, αναχαιτίστηκα, αναχαιτισμένος *34*

αναχωρώ, αναχώρησα *73*

αναψηλαφώ, αναψηλάφησα* *73*

αναψοκοκκινίζω, αναψοκοκκίνισα, αναψοκοκκινισμένος *33*

ανδροκρατείται *74* (στο γ΄ πρόσ., μόνο στον ενεστ. και παρατατ.)

ανδρώνομαι και **αντρώνομαι,** ανδρώθηκα και αντρώθηκα *4*

ανεβάζω, ανέβασα, ανεβασμένος* *35*

ανεβαίνω, ανέβηκα, ανεβασμένος* *92*

ανεβοκατεβάζω, ανεβοκατέβασα *35*

ανεβοκατεβαίνω, ανεβοκατέβηκα *92*

ανεγείρω, ανήγειρα και ανέγειρα *143*
ανεγείρομαι, ανεγέρθηκα, ανεγερμένος *144*

ανελίσσομαι, ανελίχθηκα, ανελιγμένος *28*

ανελκύω, ανέλκυσα *5*
ανελκύομαι, ανελκύστηκα, ανελκυσμένος *41*

ανεμίζω, ανέμισα* *33*

ανεξαρτητοποιώ, ανεξαρτητοποίησα *73*
ανεξαρτητοποιούμαι, ανεξαρτητοποιήθηκα, ανεξαρτητοποιημένος *74, 75*

ανέρχομαι, ανήλθα *214*

ανεφοδιάζω, ανεφοδίασα *35*
ανεφοδιάζομαι, ανεφοδιάστηκα, ανεφοδιασμένος *36*

ανέχομαι, ανέχτηκα και ανέχθηκα *32*

ανήκω, ανήκα *9*

ανησυχώ, ανησύχησα *73*

ανηφορίζω, ανηφόρισα *33*

ανθίζω, άνθισα, ανθισμένος* *33*

ανθίσταμαι *159* (μόνο στον ενεστ.)

ανθολογώ, ανθολόγησα *73*
ανθολογούμαι, ανθολογήθηκα, ανθολογημένος *74*

ανθοφορώ *73* (κυρίως στον ενεστ. και παρατατ.)

ανθρωπεύω, ανθρώπεψα* *17*

ανθώ, άνθησα, ανθισμένος* *73*

ανιστορώ, ανιστόρησα *73*
ανιστορούμαι, ανιστορήθηκα, ανιστορημένος *74*

ανιχνεύω, ανίχνευσα *19*
ανιχνεύομαι, ανιχνεύτηκα και ανιχνεύθηκα, ανιχνευμένος *20*

ανοιγοκλείνω, ανοιγόκλεισα *1*

ανοίγω, άνοιξα *21*
ανοίγομαι, ανοίχτηκα, ανοιγμένος 22

ανοικοδομώ, ανοικοδόμησα *73*
ανοικοδομούμαι, ανοικοδομήθηκα, ανοικοδομημένος *74*

ανορθώνω, ανόρθωσα *3*
ανορθώνομαι, ανορθώθηκα, ανορθωμένος *4*

ανοσιουργώ, ανοσιούργησα *73*

ανοσοποιώ, ανοσοποίησα *73*
ανοσοποιούμαι, ανοσοποιήθηκα, ανοσοποιημένος *74, 75*

ανταγωνίζομαι, ανταγωνίστηκα *34*

ανταλλάσσω, αντάλλαξα* *27* και
ανταλλάζω, αντάλλαξα *23*
ανταλλάσσομαι, ανταλλάχθηκα και ανταλλάχτηκα, ανταλλαγμένος *95* και
ανταλλάζομαι, ανταλλάχτηκα, ανταλλαγμένος *24*

ανταμείβω, αντάμειψα *7*
ανταμείβομαι, ανταμείφτηκα και ανταμείφθηκα *8*

ανταμώνω, αντάμωσα* *3*
ανταμώνομαι, ανταμώθηκα, ανταμωμένος* *4*

αντανακλώ, αντανάκλασα *71*
αντανακλώμαι, αντανακλάστηκα, (σπάν.) αντανακλασμένος *72*

ανταπαιτώ, ανταπαίτησα *73*

ανταπαντώ, ανταπάντησα* *60*

ανταποδίδω, ανταπέδωσα (σπάν. ανταπόδωσα) *186*
ανταποδίδομαι, ανταποδόθηκα, (σπάν.) ανταποδομένος *187*

ανταποκρίνομαι, ανταποκρίθηκα *2*

ανταριάζω, αντάριασα, ανταριασμένος* *35*

ανταρτεύω, αντάρτεψα* *17*

αντεκδικούμαι, αντεκδικήθηκα *74*

αντενδείκνυται (ως προσ. ή απρόσ.) – αντενδείκνυνται (ως προσ.)

αντεπεξέρχομαι, αντεπεξήλθα *214*

αντεπιτίθεμαι, αντεπιτέθηκα *138*

αντερωτώ, αντερώτησα *60*

αντεύχομαι, αντευχήθηκα *151*

αντέχω, άντεξα* *31*

αντηχώ, αντήχησα *73*

αντιβαίνει (παρατατ. αντέβαινε) – αντιβαίνουν (παρατατ. αντέβαιναν) (μόνο στο γ΄ πρόσ.)

αντιβουίζω, αντιβούιξα *23*

αντιγράφω, αντέγραψα *13*

αντιγράφομαι, αντιγράφ(τ)ηκα, αντιγραμμένος *122*

αντιδιαστέλλω, αντιδιέστειλα *85*
αντιδιαστέλλομαι, (να αντιδιασταλώ)* *91*

αντιδικώ, αντιδίκησα *73*

αντιδρώ, αντέδρασα* *71*

αντικαθιστώ, αντικατέστησα *158*
αντικαθίσταμαι, αντικαταστάθηκα *133*

αντικατοπτρίζω, αντικατόπτρισα *33*
αντικατοπτρίζομαι, αντικατοπτρίστηκα, (σπάνια) αντικατοπτρισμένος *34*

αντίκειται – αντίκεινται* (μόνο στο γ΄ πρόσ.)

αντικρίζω, αντίκρισα *33*

αντικρούω, αντέκρουσα *40*
αντικρούομαι, αντικρούστηκα, (σπάν.) αντικρουσμένος *41*

αντιλαλώ, αντιλάλησα *73*

αντιλαμβάνομαι, αντιλήφθηκα *166*

αντιλέγω, αντείπα *94*

αντιμάχομαι *32* (μόνο στον ενεστ. και παρατατ.)

αντιμεταθέτω, αντιμετέθεσα *137*
αντιμετατίθεμαι, αντιμετατέθηκα *138*

αντιμετωπίζω, αντιμετώπισα *33*
αντιμετωπίζομαι, αντιμετωπίστηκα *34*

αντιμιλάω/ αντιμιλώ (παρατατ. συνήθως *-ούσα*), αντιμίλησα *58*

αντιπαθώ, αντιπάθησα *73*

αντιπαραβάλλω, αντιπαρέβαλα *146*
αντιπαραβάλλομαι, αντιπαραβλήθηκα *147*

αντιπαραθέτω, αντιπαρέθεσα (σπάν. αντιπαράθεσα) *137*
αντιπαρατίθεμαι, αντιπαρατέθηκα *138*

αντιπαρατάσσω, αντιπαρέταξα 27
αντιπαρατάσσομαι, αντιπαρατάχθηκα και αντιπαρατάχτηκα, αντιπαραταγμένος *28*

αντιπαρέρχομαι, αντιπαρήλθα *214*

αντιποιούμαι, αντιποιήθηκα *74*

αντιπολιτεύομαι, αντιπολιτεύτηκα και αντιπολιτεύθηκα* *20*

αντιπροσωπεύω, αντιπροσώπευσα *19*
αντιπροσωπεύομαι, αντιπροσωπεύτηκα και αντιπροσωπεύθηκα, αντιπροσωπευμένος *20*

αντιπροτείνω, αντιπρότεινα *172*
αντιπροτείνομαι *188* (κυρίως στον ενεστ.)

αντι(σ)κόβω, αντί(σ)κοψα *7*

αντισταθμίζω, αντιστάθμισα *33*
αντισταθμίζομαι, αντισταθμίστηκα, (σπάν.) αντισταθμισμένος *34*

αντιστέκομαι, αντιστάθηκα *207*

αντιστοιχίζω, αντιστοίχισα* *33*
αντιστοιχίζομαι, αντιστοιχίστηκα, αντιστοιχισμένος *34*

αντιστοιχώ* *73* (μόνο στον ενεστ. και παρατατ.)

αντιστρατεύομαι, αντιστρατεύτηκα και αντιστρατεύθηκα *20*

αντιστρέφω, αντέστρεψα *13*
αντιστρέφομαι, αντιστράφηκα, αντεστραμμένος *210*

αντιτάσσω, αντέταξα *27*
αντιτάσσομαι, αντιτάχθηκα και αντιτάχτηκα *28*

αντιτείνω, αντέτεινα *172*

αντιτίθεμαι, αντιτέθηκα *138*

αντιφάσκω (εύχρηστο στην έκφρ. *φάσκω και αντιφάσκω*)

αντιφεγγίζω, αντιφέγγισα *33*

αντιφωνώ, αντιφώνησα *73*

αντλώ, άντλησα *73*
αντλούμαι, αντλήθηκα, αντλημένος *74*

αντροφέρνω *226* (μόνο στον ενεστ. και παρατατ.)

αντρώνομαι → δες **ανδρώνομαι**

ανυπομονώ *73* (μόνο στον ενεστ. και παρατατ.)

ανυψώνω, ανύψωσα *3*
ανυψώνομαι, ανυψώθηκα, ανυψωμένος *4*

αξίζω *33* (μόνο στον ενεστ. και παρατατ., και ως απρόσ. **αξίζει)**

αξιολογώ, αξιολόγησα *73*
αξιολογούμαι, αξιολογήθηκα, αξιολογημένος* *74*

αξιοποιώ, αξιοποίησα *73*
αξιοποιούμαι, αξιοποιήθηκα, αξιοποιημένος *74, 75*

αξιώνω, αξίωσα *3*
αξιώνομαι, αξιώθηκα* *4*

αοριστολογώ *73* (κυρίως στον ενεστ. και παρατατ.)

απαγγέλλω, απήγγειλα και απάγγειλα *85*
απαγγέλλομαι, απαγγέλθηκα, απαγγελμένος *86*

απαγκιάζω, απάγκιασα *35*

απαγκιστρώνομαι, απαγκιστρώθηκα, απαγκιστρωμένος *4*

απαγορεύω, απαγόρευσα και απαγόρεψα *19, 17*

απαγορεύομαι, απαγορεύτηκα και απαγορεύθηκα, απαγορευμένος *20* (και ως απρόσ. **απαγορεύεται**)

απαγχονίζω, απαγχόνισα *33*
απαγχονίζομαι, απαγχονίστηκα, απαγχονισμένος *34*

απάγω, απήγαγα* *135*
απάγομαι, (απήχθη – απήχθησαν) *136*

απάδει, απάδουν (μόνο στον ενεστ.)

απαθανατίζω, απαθανάτισα* *33*
απαθανατίζομαι, απαθανατίστηκα, απαθανατισμένος* *35*

απαιτώ, απαίτησα *73*
απαιτούμαι, απαιτήθηκα *74*

απαλείφω, απάλειψα *13*
απαλείφομαι, απαλείφθηκα (σπάν. απαλείφτηκα), απαλειμμένος *14*

απαλλάσσω, απάλλαξα* *27*
απαλλάσσομαι, απαλλάχθηκα και απαλλάχτηκα, απαλλαγμένος *95*

απαλλοτριώνω, απαλλοτρίωσα *3*
απαλλοτριώνομαι, απαλλοτριώθηκα, απαλλοτριωμένος *4*

απαλύνω, απάλυνα *48*
απαλύνομαι, απαλύνθηκα, (σπάν.) απαλυμένος *49*

απανθρακώνω, απανθράκωσα *3*
απανθρακώνομαι, απανθρακώθηκα, απανθρακωμένος *4*

απαντάω/ απαντώ, απάντησα* *58*
απαντιέμαι, απαντήθηκα, απαντημένος *59*
απαντώμαι, απαντήθηκα, απαντημένος* *61*

απαξιώ, απαξίωσα *197* και
απαξιώνω, απαξίωσα *3*
απαξιώνομαι, απαξιώθηκα, απαξιωμένος *4*

απαριθμώ, απαρίθμησα *73*
απαριθμούμαι, απαριθμήθηκα, απαριθμημένος *74*

απαρνιέμαι, απαρνήθηκα, απαρνημένος *59* και
απαρνούμαι, απαρνήθηκα, απαρνημένος *74*

απαρτίζω, απάρτισα *33*
απαρτίζομαι, απαρτίστηκα, απαρτισμένος *34*

απασφαλίζω, απασφάλισα *33*
απασφαλίζομαι, απασφαλίστηκα, απασφαλισμένος *34*

απασχολώ, απασχόλησα *73*
απασχολούμαι, απασχολήθηκα, απασχολημένος* *74*

απατάω/ απατώ, απάτησα *58*
απατιέμαι, απατήθηκα, απατημένος *59*
απατώμαι, απατήθηκα, απατημένος* *61*

απαυδώ, απαύδησα και απηύδησα, απαυδισμένος *60*

απαυτώνω, απαύτωσα *3*
απαυτώνομαι, απαυτώθηκα, απαυτωμένος *4*

απεγκαθιστώ, απεγκατέστησα *158*

απεγκαθίσταμαι, απεγκαταστάθηκα, απεγκατεστημένος *133*

απεγκλωβίζω, απεγκλώβισα *33*
απεγκλωβίζομαι, απεγκλωβίστηκα, απεγκλωβισμένος *34*

απέδρασα (να αποδράσω, κατά το *ανάκλασα*, *71*, αόρ. του αρχ. ρ. *αποδιδράσκω*)

απειθαρχώ, απειθάρχησα *73*

απειθώ, απείθησα *73*

απεικονίζω, απεικόνισα *33*
απεικονίζομαι, απεικονίστηκα, απεικονισμένος *34*

απειλώ, απείλησα *73*
απειλούμαι, απειλήθηκα, απειλημένος* *74*

απεκδύομαι, απεκδύθηκα *6*

απελαύνω, απέλασα και απήλασα *96*
απελαύνομαι, απελάθηκα *97*

απελευθερώνω, απελευθέρωσα *3*
απελευθερώνομαι, απελευθερώθηκα, απελευθερωμένος* *4*

απελπίζω, απέλπισα *33*
απελπίζομαι, απελπίστηκα, απελπισμένος *34*

απεμπλέκω, απενέπλεξα *25*
απεμπλέκομαι, (απενεπλάκη – απενεπλάκησαν) *212*

απεμπολώ, απεμπόλησα *73*
απεμπολούμαι, απεμπολήθηκα, (σπάν.) απεμπολημένος *74*

απενεργοποιώ, απενεργοποίησα 73
απενεργοποιούμαι, απενεργοποιήθηκα, απενεργοποιημένος *74, 75*

απενοχοποιώ, απενοχοποίησα *73*
απενοχοποιούμαι, απενοχοποιήθηκα, απενοχοποιημένος *74, 75*

απεξαρτώμαι, απεξαρτήθηκα, απεξαρτημένος *61*

απεραντολογώ, απεραντολόγησα *73*

απεργάζομαι, απεργάστηκα *36*

απεργώ, απήργησα και απέργησα *73*

απέρχομαι, απήλθα *214*

απευθύνω, απηύθυνα και απεύθυνα *48*
απευθύνομαι, απευθύνθηκα* *49*

απεύχομαι *151* (κυρίως στον ενεστ. και παρατατ.)

απεχθάνομαι *82* (μόνο στον ενεστ. και παρατατ.)

απέχω, (απείχα) *190*

απηχώ *73* (μόνο στον ενεστ. και παρατατ.)

απιθώνω, απίθωσα *3*
απιθώνομαι, απιθώθηκα, απιθωμένος *4*

απλοποιώ, απλοποίησα *73*
απλοποιούμαι, απλοποιήθηκα, απλοποιημένος *74, 75*

απλουστεύω, απλούστευσα και απλούστεψα *19, 17*
απλουστεύομαι, απλουστεύτηκα και απλουστεύθηκα, απλουστευμένος *20*

απλώνω, άπλωσα *3*
απλώνομαι, απλώθηκα, απλωμένος *4*

αποβαίνει – αποβαίνουν, (απέβη – απέβησαν) (να αποβεί – να αποβούν) *145* (μόνο στο γ΄ πρόσ.)

αποβάλλω, απέβαλα *146*
αποβάλλομαι, αποβλήθηκα *147*

αποβιβάζω, αποβίβασα *35*
αποβιβάζομαι, αποβιβάστηκα, αποβιβασμένος *36*

(αποβιώνω), απεβίωσα* *3*

αποβλακώνω, αποβλάκωσα *3*
αποβλακώνομαι, αποβλακώθηκα, αποβλακωμένος *4*

αποβλέπω, απέβλεψα* *9*

απογειώνω, απογείωσα* *3*
απογειώνομαι, απογειώθηκα, απογειωμένος *4*

απογεμίζω, απογέμισα *33*

(απογίνομαι), απόγινα και απέγινα* *121*

απογοητεύω, απογοήτευσα (σπάν. απογοήτεψα) *19, 17*

απογοητεύομαι, απογοητεύτηκα και απογοητεύθηκα, απογοητευμένος *20*

απογράφω, απέγραψα *13*
απογράφομαι, απογράφ(τ)ηκα, απογραμμένος *122*

απογυμνώνω, απογύμνωσα *3*
απογυμνώνομαι, απογυμνώθηκα, απογυμνωμένος *4*

αποδεικνύω, απέδειξα και απόδειξα *87* και
αποδείχνω, απόδειξα *29*
αποδεικνύομαι, αποδείχθηκα και αποδείχτηκα, απο(δε)δειγμένος* *88* και
αποδείχνομαι, αποδείχτηκα, αποδειγμένος *30*

αποδεκατίζω, αποδεκάτισα *33*
αποδεκατίζομαι, αποδεκατίστηκα, αποδεκατισμένος *34*

αποδελτιώνω, αποδελτίωσα *3*
αποδελτιώνομαι, αποδελτιώθηκα, αποδελτιωμένος *4*

αποδεσμεύω, αποδέσμευσα *19*
αποδεσμεύομαι, αποδεσμεύτηκα και αποδεσμεύθηκα, αποδεσμευμένος *20*

αποδέχομαι, αποδέχτηκα και αποδέχθηκα *32*

αποδημώ, αποδήμησα *73*

(αποδιδράσκω) → δες **απέδρασα**

αποδίδω, απέδωσα (σπάν. απόδωσα) *186*
αποδίδομαι, αποδόθηκα, αποδο(σ)μένος *187*

αποδιοργανώνω, αποδιοργάνωσα *3*
αποδιοργανώνομαι, αποδιοργανώθηκα, αποδιοργανωμένος *4*

αποδιώχνω, απόδιωξα *29*
αποδιώχνομαι, αποδιώχτηκα, αποδιωγμένος *30*

αποδοκιμάζω, αποδοκίμασα *35*
αποδοκιμάζομαι, αποδοκιμάστηκα, αποδοκιμασμένος *36*

αποδομώ, αποδόμησα *73*
αποδομούμαι, αποδομήθηκα, αποδομημένος *74*

αποδυναμώνω, αποδυνάμωσα *3*

αποδυναμώνομαι, αποδυναμώθηκα, αποδυναμωμένος *4*

απόειδα → δες σημείωση για ρ. **αποβλέπω**

αποζημιώνω, αποζημίωσα *3*
αποζημιώνομαι, αποζημιώθηκα, αποζημιωμένος *4*

αποζητάω/ αποζητώ (παρατατ. συνήθως *-ούσα*), αποζήτησα* *58*

αποθαλασσώνω, αποθαλάσσωσα* *3*
αποθαλασσώνομαι, αποθαλασσώθηκα, αποθαλασσωμένος *4*

αποθαρρύνω, αποθάρρυνα *48*
αποθαρρύνομαι, αποθαρρύνθηκα, αποθαρρημένος* *49*

αποθεραπεύω, αποθεράπευσα *19*
αποθεραπεύομαι, αποθεραπεύτηκα και αποθεραπεύθηκα, αποθεραπευμένος *20*

αποθέτω, απέθεσα και απόθεσα *137*
αποτίθεμαι, αποτέθηκα *138*

αποθεώνω, αποθέωσα *3*
αποθεώνομαι, αποθεώθηκα, αποθεωμένος *4*

αποθηκεύω, αποθήκευσα και αποθήκεψα *19, 17*
αποθηκεύομαι, αποθηκεύτηκα (σπάν. αποθηκεύθηκα), αποθηκευμένος *20*

αποθηριώνω, αποθηρίωσα *3*
αποθηριώνομαι, αποθηριώθηκα, αποθηριωμένος *4*

αποθησαυρίζω, αποθησαύρισα *33*
αποθησαυρίζομαι, αποθησαυρίστηκα, αποθησαυρισμένος *34*

αποθρασύνω, αποθράσυνα *48*
αποθρασύνομαι, αποθρασύνθηκα, αποθρασυμένος *49*

αποθυμάω/ αποθυμώ, αποθύμησα *58*

αποικίζω, αποίκισα *33*
αποικίζομαι, αποικίστηκα, αποικισμένος *34*

αποκαθηλώνω, αποκαθήλωσα *3*
αποκαθηλώνομαι, αποκαθηλώθηκα, αποκαθηλωμένος *4*

αποκαθιστώ, αποκατέστησα *158*
αποκαθίσταμαι, αποκαταστάθηκα, αποκατεστημένος και αποκαταστημένος *133*

αποκαλύπτω, αποκάλυψα *11*
αποκαλύπτομαι, αποκαλύφθηκα και αποκαλύφτηκα *12*

αποκαλώ, αποκάλεσα *76*
αποκαλούμαι, αποκλήθηκα *163*

αποκάνω, απόκανα και απόκαμα, αποκαμωμένος *164*

αποκαρδιώνω, αποκαρδίωσα *3*
αποκαρδιώνομαι, αποκαρδιώθηκα, αποκαρδιωμένος *4*

απόκειται (ως απρόσ.)

αποκεντρώνω, αποκέντρωσα *3*
αποκεντρώνομαι, αποκεντρώθηκα, αποκεντρωμένος *4*

αποκεφαλίζω, αποκεφάλισα *33*
αποκεφαλίζομαι, αποκεφαλίστηκα, αποκεφαλισμένος *34*

αποκηρύσσω, αποκήρυξα *27*
αποκηρύσσομαι, αποκηρύχθηκα και αποκηρύχτηκα, αποκηρυγμένος *28*

αποκλείω, απέκλεισα (σπάν. απόκλεισα) *40*
αποκλείομαι, αποκλείστηκα, αποκλεισμένος *41* (και ως απρόσ. **αποκλείεται**)

αποκληρώνω, αποκλήρωσα *3*
αποκληρώνομαι, αποκληρώθηκα, αποκληρωμένος *4*

αποκλιμακώνω, αποκλιμάκωσα *3*
αποκλιμακώνομαι, αποκλιμακώθηκα, αποκλιμακωμένος *4*

αποκλίνω, απέκλινα* *172*

αποκόβω, απέκοψα και απόκοψα* 7 και
αποκόπτω, απέκοψα *11*
αποκόβομαι, αποκόπηκα, αποκομμένος *171* και
αποκόπτομαι, αποκόπηκα, αποκομμένος *124*

αποκοιμιέμαι, αποκοιμήθηκα, αποκοιμισμένος *59*

αποκοιμίζω, αποκοίμισα, αποκοιμισμένος* *33*

αποκολλώ, αποκόλλησα *60*
αποκολλώμαι, αποκολλήθηκα, αποκολλημένος *61*

αποκομίζω, αποκόμισα 33
αποκομίζομαι, αποκομίστηκα *34*

αποκόπτω → δες **αποκόβω**

αποκορυφώνω, αποκορύφωσα *3*
αποκορυφώνομαι, αποκορυφώθηκα, αποκορυφωμένος *4*

αποκρατικοποιώ, αποκρατικοποίησα *73*
αποκρατικοποιείται, αποκρατικοποιήθηκε (στο γ΄ προσ.), αποκρατικοποιημένος *74, 75*

αποκρίνομαι, αποκρίθηκα *2*

αποκρούω, απέκρουσα (σπάν. απόκρουσα) *40*
αποκρούομαι, αποκρούστηκα *41*

αποκρύβω, απέκρυψα (σπάν. απόκρυψα) *7* και
αποκρύπτω, απέκρυψα *11*
αποκρύβομαι, αποκρύφτηκα, αποκρυμμένος *8* και
αποκρύπτομαι, αποκρύφθηκα και αποκρύφτηκα, αποκρυμμένος *12*

αποκρυπτογραφώ, αποκρυπτογράφησα *73*
αποκρυπτογραφούμαι, αποκρυπτογραφήθηκα, αποκρυπτογραφημένος *74*

αποκρύπτω → δες **αποκρύβω**

αποκρυσταλλώνω, αποκρυστάλλωσα *3*
αποκρυσταλλώνομαι, αποκρυσταλλώθηκα, αποκρυσταλλωμένος *4*

αποκτάω/ αποκτώ (παρατατ. *-ούσα*), απέκτησα και απόκτησα *58*
αποκτιέμαι, αποκτήθηκα, αποκτημένος *59* και
αποκτώμαι, αποκτήθηκα, αποκτημένος *61*

αποκτηνώνω, αποκτήνωσα *3*
αποκτηνώνομαι, αποκτηνώθηκα, αποκτηνωμένος *4*

αποκωδικοποιώ, αποκωδικοποίησα *73*
αποκωδικοποιούμαι, αποκωδικοποιήθηκα, αποκωδικοποιημένος *74, 75*

απολαμβάνω, απόλαυσα* *98*

απολαύω → δες σημείωση για ρ. **απολαμβάνω**

απολεπίζω, απολέπισα *33*
απολεπίζομαι, απολεπίστηκα, απολεπισμένος *34*

απολήγω *21* (κυρίως στον ενεστ. και παρατατ.)

απολιθώνω, απολίθωσα *3*
απολιθώνομαι, απολιθώθηκα, απολιθωμένος *4*

απολογούμαι, απολογήθηκα *74* και
απολογιέμαι, απολογήθηκα *59*

απολυμαίνω, απολύμανα *44*
απολυμαίνομαι, απολυμάνθηκα, απολυμασμένος *46*

απολύω, απέλυσα (σπάν. απόλυσα)* *5*
απολύομαι, απολύθηκα, απολυμένος *6*

απομαγνητίζω, απομαγνήτισα *33*
απομαγνητίζομαι, απομαγνητίστηκα, απομαγνητισμένος *34*

απομαγνητοφωνώ, απομαγνητοφώνησα *73*
απομαγνητοφωνούμαι, απομαγνητοφωνήθηκα, απομαγνητοφωνημένος *74*

απομακρύνω, απομάκρυνα *48*
απομακρύνομαι, απομακρύνθηκα, απομακρυσμένος *49*

απομένω, απέμεινα και απόμεινα *178* (και ως απρόσ. **απομένει**)

απομιμούμαι, απομιμήθηκα *74*

απομνημονεύω, απομνημόνευσα* *19*

απομονώνω, απομόνωσα *3*
απομονώνομαι, απομονώθηκα, απομονωμένος *4*

απομυζώ, απομύζησα* *60*
απομυζώμαι, απομυζήθηκα *61*

απομυθοποιώ, απομυθοποίησα *73*
απομυθοποιούμαι, απομυθοποιήθηκα, απομυθοποιημένος *74, 75*

απονεκρώνω, απονέκρωσα *3*
απονεκρώνομαι, απονεκρώθηκα, απονεκρωμένος *4*

απονέμω, απένειμα (σπάν. απόνειμα) *125*
απονέμομαι, απονεμήθηκα, απονεμημένος *126*

απονευρώνω, απονεύρωσα *3*
απονευρώνομαι, απονευρώθηκα, απονευρωμένος *4*

αποξενώνω, αποξένωσα *3*
αποξενώνομαι, αποξενώθηκα, αποξενωμένος *4*

αποξηλώνω, αποξήλωσα *3*
αποξηλώνομαι, αποξηλώθηκα, αποξηλωμένος *4*

αποξηραίνω, αποξήρανα *44*
αποξηραίνομαι, αποξηράνθηκα, αποξηραμένος *46*

αποπαίρνω, αποπήρα *185*

αποπειρώμαι, αποπειράθηκα *99*

αποπέμπω, απέπεμψα *9*
αποπέμπομαι, αποπέμφθηκα *10*

αποπερατώνω, αποπεράτωσα *3*
αποπερατώνομαι, αποπερατώθηκα, αποπερατωμένος *4*

αποπλανώ, αποπλάνησα* *60*
αποπλανώμαι, αποπλανήθηκα, αποπλανημένος *61*

αποπλέω, απέπλευσα *42*

αποπληρώνω, αποπλήρωσα *3*
αποπληρώνομαι, αποπληρώθηκα, αποπληρωμένος *4*

αποπνέω *42* (κυρίως στον ενεστ. και παρατατ.)

αποποιούμαι, αποποιήθηκα *74, 75*

αποπροσανατολίζω, αποπροσανατόλισα *33*
αποπροσανατολίζομαι, αποπροσανατολίστηκα, αποπροσανατολισμένος *34*

απορρέω *42* (κυρίως στον ενεστ. και παρατατ.)

απορρίπτω, απέρριψα (σπάν. απόρριψα) *11*
απορρίπτομαι, απορρίφθηκα και απορρίφτηκα *12*

απορροφάω/ απορροφώ (παρατατ. συνήθως *-ούσα*), απορρόφησα *58*

απορροφιέμαι, απορροφήθηκα, απορροφημένος *59* και
απορροφώμαι, απορροφήθηκα, απορροφημένος *61*

απορρυθμίζω, απορρύθμισα *33*
απορρυθμίζομαι, απορρυθμίστηκα, απορρυθμισμένος *34*

απορρυπαίνω, απορρύπανα *44*
απορρυπαίνομαι, απορρυπάνθηκα *46*

απορφανίζω, απορφάνισα *33*
απορφανίζομαι, απορφανίστηκα, απορφανισμένος *34*

απορώ, απόρησα, απορημένος* *73*

αποσαθρώνω, αποσάθρωσα *3*
αποσαθρώνομαι, αποσαθρώθηκα, αποσαθρωμένος *4*

αποσαφηνίζω, αποσαφήνισα *33*
αποσαφηνίζομαι, αποσαφηνίστηκα, αποσαφηνισμένος *34*

απόσβεσα, (να αποσβέσω, κατά το *απέκλεισα, 40,* αόρ. του αρχ. ρ. *αποσβέννυμι – αποσβεννύω*)

αποσβέστηκα, (να αποσβεστώ, κατά το *αποκλείστηκα, 41,* αόρ. του αρχ. ρ. *αποσβέννυμαι*)

αποσβολώνω, αποσβόλωσα *3*
αποσβολώνομαι, αποσβολώθηκα, αποσβολωμένος* *4*

αποσείω, απέσεισα *40*
αποσείομαι *41* (μόνο στον ενεστ.)

αποσιωπώ, αποσιώπησα *60*
αποσιωπώμαι, αποσιωπήθηκα, αποσιωπημένος *61*

αποσκιρτώ, αποσκίρτησα* *60*

αποσκοπώ *73* (μόνο στον ενεστ. και παρατατ.)

αποσοβώ, αποσόβησα *73*
αποσοβούμαι, αποσοβήθηκα *74*

αποσπώ, απέσπασα* *71*
αποσπώμαι, αποσπάστηκα, αποσπασμένος *72*

αποστάζω, απόσταξα και απέσταξα, αποσταγμένος και απεσταγμένος* *23*

αποσταθεροποιώ, αποσταθεροποίησα *73*
αποσταθεροποιούμαι, αποσταθεροποιήθηκα, αποσταθεροποιημένος *74, 75*

αποσταίνω, απόστασα, αποσταμένος *52*

αποστασιοποιούμαι, αποστασιοποιήθηκα, αποστασιοποιημένος *74, 75*

αποστατώ, αποστάτησα *73*

αποστειρώνω, αποστείρωσα *3*
αποστειρώνομαι, αποστειρώθηκα, αποστειρωμένος *4*

αποστέλλω, απέστειλα *85*
αποστέλλομαι, (απεστάλη – απεστάλησαν), απεσταλμένος* *91*

αποστεώνομαι, αποστεώθηκα, αποστεωμένος *4*

αποστερώ, αποστέρησα *73*
αποστερούμαι, αποστερήθηκα, αποστερημένος *74*

αποστηθίζω, αποστήθισα *33*
αποστηθίζομαι *34* (κυρίως στον ενεστ.)

αποστομώνω, αποστόμωσα *3*
αποστομώνομαι, αποστομώθηκα, αποστομωμένος *4*

αποστραγγίζω, αποστράγγισα *33*
αποστραγγίζομαι, αποστραγγίστηκα, αποστραγγισμένος *34*

αποστρατεύω, αποστράτευσα *19*
αποστρατεύομαι, αποστρατεύτηκα και αποστρατεύθηκα, αποστρατευμένος *20*

αποστρέφω, απέστρεψα και απόστρεψα* *13*
αποστρέφομαι* *210* (κυρίως στον ενεστ. και παρατατ.)

αποσυμπιέζω, αποσυμπίεσα *35*
αποσυμπιέζομαι, αποσυμπιέστηκα, αποσυμπιεσμένος *36*

αποσυμφορώ, αποσυμφόρησα *73* (κυρίως στο γ΄ προσ.)
αποσυμφορείται, αποσυμφορήθηκε *74* (στο γ΄ πρόσ.)

αποσυναρμολογώ, αποσυναρμολόγησα *73*
αποσυναρμολογούμαι, αποσυναρμολογήθηκα, αποσυναρμολογημένος *74*

αποσυνδέω, αποσύνδεσα και αποσυνέδεσα *5*
αποσυνδέομαι, αποσυνδέθηκα, αποσυνδε(δε)μένος *6*

αποσυνθέτω, αποσύνθεσα και αποσυνέθεσα *137*
αποσυντίθεμαι, αποσυντέθηκα *138*

αποσυντονίζω, αποσυντόνισα *33*
αποσυντονίζομαι, αποσυντονίστηκα, αποσυντονισμένος *34*

αποσύρω, απέσυρα (σπάν. απόσυρα) *217*
αποσύρομαι, αποσύρθηκα, αποσυρμένος *218*

αποσχίζομαι, αποσχίστηκα, αποσχισμένος *34*

αποσωληνώνω, αποσωλήνωσα *3*
αποσωληνώνομαι, αποσωληνώθηκα, αποσωληνωμένος *4*

αποσώνω, απόσωσα *3*
αποσώνομαι, αποσώθηκα, αποσω(σ)μένος *4*

αποταμιεύω, αποταμίευσα *19*
αποταμιεύομαι, αποταμιεύτηκα και αποταμιεύθηκα, αποταμιευμένος *20*

αποτάσσω, απέταξα *27*
αποτάσσομαι, αποτάχθηκα και αποτάχτηκα, αποταγμένος *28*

αποτείνω, απέτεινα* *172*
αποτείνομαι, αποτάθηκα* *188*

αποτελειώνω, αποτέλειωσα και αποτελείωσα, αποτελειωμένος *3*

αποτελματώνω, αποτελμάτωσα *3*
αποτελματώνομαι, αποτελματώθηκα, αποτελματωμένος *4*

αποτελώ, αποτέλεσα *76*
αποτελούμαι *78* (κυρίως στον ενεστ. και παρατατ.)

αποτεφρώνω, αποτέφρωσα *3*
αποτεφρώνομαι, αποτεφρώθηκα, αποτεφρωμένος *4*

αποτιμώ, αποτίμησα* *60*

αποτιμώμαι, αποτιμήθηκα, αποτιμημένος *61*

αποτινάζω, αποτίναξα *23* και
αποτινάσσω, αποτίναξα *27*
αποτινάζομαι, αποτινάχτηκα* *24* και
αποτινάσσομαι, αποτινάχθηκα και αποτινάχτηκα* *28*

αποτίω, απέτισα* *5*
αποτίομαι* *6* (μόνο στον ενεστ.)

αποτολμάω/ αποτολμώ (παρατατ. *-ούσα*), αποτόλμησα *58*
αποτολμάται – αποτολμώνται *61* (μόνο στο γ΄ πρόσ., κυρίως στον ενεστ.)

αποτοξινώνω, αποτοξίνωσα *3*
αποτοξινώνομαι, αποτοξινώθηκα, αποτοξινωμένος *4*

αποτραβιέμαι, αποτραβήχτηκα, αποτραβηγμένος *67*

αποτρελαίνω, αποτρέλανα *44*
αποτρελαίνομαι, αποτρελάθηκα, αποτρελαμένος *45*

αποτρέπω, απέτρεψα (σπάν. απότρεψα) *9*
αποτρέπομαι, αποτράπηκα *180*

αποτριχώνω, αποτρίχωσα *3*
αποτριχώνομαι, αποτριχώθηκα, αποτριχωμένος *4*

αποτυγχάνω → δες **αποτυχαίνω**

αποτυπώνω, αποτύπωσα *3*
αποτυπώνομαι, αποτυπώθηκα, αποτυπωμένος *4*

αποτυχαίνω και **αποτυγχάνω,** απέτυχα και απότυχα, αποτυχημένος* *148*

απουσιάζω, απουσίασα *35*

αποφαίνομαι, αποφάνθηκα *46*

αποφασίζω, αποφάσισα *33*
αποφασίζομαι, αποφασίστηκα, αποφασισμένος* *34*

αποφέρω, απέφερα *217*

αποφεύγω, απέφυγα (σπάν. απόφυγα) *228*
αποφεύγομαι, αποφεύχθηκα *100*

αποφλοιώνω, αποφλοίωσα *3*
αποφλοιώνομαι, αποφλοιώθηκα, αποφλοιωμένος *4*

αποφοιτώ, αποφοίτησα* *60*

αποφορτίζω, αποφόρτισα *33*
αποφορτίζομαι, αποφορτίστηκα, αποφορτισμένος *34*

αποφράζω, απέφραξα (σπάν. απόφραξα) *23*
αποφράζομαι, αποφράχτηκα και αποφράχθηκα *24*

αποφυλακίζω, αποφυλάκισα *33*
αποφυλακίζομαι, αποφυλακίστηκα, αποφυλακισμένος *34*

αποχαιρετάω/ αποχαιρετώ, αποχαιρέτισα* *70* και
αποχαιρετίζω, αποχαιρέτισα *33*
αποχαιρετιέμαι, αποχαιρετίστηκα* *173* και
αποχαιρετίζομαι, αποχαιρετίστηκα* *34*

αποχαλινώνω, αποχαλίνωσα* *3*
αποχαλινώνομαι, αποχαλινώθηκα, αποχαλινωμένος *4*

αποχαρακτηρίζω, αποχαρακτήρισα *33*
αποχαρακτηρίζομαι, αποχαρακτηρίστηκα, αποχαρακτηρισμένος *34*

αποχαυνώνω, αποχαύνωσα *3*
αποχαυνώνομαι, αποχαυνώθηκα, αποχαυνωμένος *4*

αποχρωματίζω, αποχρωμάτισα *33*
αποχρωματίζομαι, αποχρωματίστηκα, αποχρωματισμένος *34*

αποχτώ → δες **αποκτώ**

αποχωρίζω, αποχώρισα *33*
αποχωρίζομαι, αποχωρίστηκα, αποχωρισμένος *34*

αποχωρώ, αποχώρησα* *73*

αποψιλώνω, αποψίλωσα *3*
αποψιλώνομαι, αποψιλώθηκα, αποψιλωμένος *4*

αποψύχω, απέψυξα (σπάν. απόψυξα) *31*
αποψύχομαι, αποψύχθηκα, (σπάν.) αποψυγμένος *32*

άπτομαι *12* (μόνο στον ενεστ. και παρατ.)

απωθώ, απώθησα *73*
απωθούμαι, απωθήθηκα, απωθημένος *74*

αραδιάζω, αράδιασα *35*
αραδιάζομαι, αραδιάστηκα, αραδιασμένος *36*

αράζω, άραξα, αραγμένος *23*

αραιώνω, αραίωσα* *3*
αραιώνομαι, αραιώθηκα, αραιωμένος* *4*

αραχνιάζω, αράχνιασα, αραχνιασμένος *35*

αργάζω, άργασα *35*
αργάζομαι, αργάστηκα, αργασμένος *36*

αργοπορώ, αργοπόρησα, αργοπορημένος *73*

αργώ, άργησα *73* (και ως απρόσ. **αργεί**)

αρδεύω, άρδευσα *19*
αρδεύομαι, αρδεύτηκα (σπάν. αρδεύθηκα) *20*

αρέσκομαι* *115* (μόνο στον ενεστ. και παρατ.)

αρέσω, άρεσα *101* (και ως απρόσ. **αρέσει**)

αρθρογραφώ *73* (κυρίως στον ενεστ. και παρατατ.)

αρθρώνω, άρθρωσα *3*
αρθρώνομαι, αρθρώθηκα, αρθρωμένος *4*

αριβάρω, αριβάρισα *55*

αριθμώ, αρίθμησα *73*
αριθμούμαι, αριθμήθηκα, αριθμημένος *74*

αριστερίζω *33* (μόνο στον ενεστ. και παρατ.)

αριστεύω, αρίστευσα και αρίστεψα *19, 17*

αρκώ, άρκεσα *76* (και ως απρόσ. **αρκεί**)
αρκούμαι, αρκέστηκα* *78*

αρμαθιάζω, αρμάθιασα *35*
αρμαθιάζομαι, αρμαθιάστηκα, αρμαθιασμένος *36*

αρματώνω, αρμάτωσα *3*
αρματώνομαι, αρματώθηκα, αρματωμένος *4*

αρμέγω, άρμεξα *21*
αρμέγομαι, αρμέχτηκα, αρμεγμένος *22*

αρμενίζω, αρμένισα *33*

αρμόζει (ως προσ. και απρόσ.) – αρμόζουν (ως προσ.)*

αρνούμαι, αρνήθηκα *74* και
αρνιέμαι, αρνήθηκα *59*

αρπάζω, άρπαξα *23*
αρπάζομαι, αρπάχτηκα, αρπαγμένος* *24*

αρραβωνιάζω, αρραβώνιασα *35*
αρραβωνιάζομαι, αρραβωνιάστηκα, αρραβωνιασμένος* *36*

αρρωσταίνω, αρρώστησα, αρρωστημένος* *50*

αρταίνω, άρτυσα *102*
αρταίνομαι, αρτύθηκα, αρτυμένος* *103*

αρχαΐζω *33* (μόνο στον ενεστ. και παρατατ.)

αρχίζω, άρχισα *33* (και ως απρόσ. **αρχίζει**)

αρχινάω/ αρχινώ, αρχίνησα, αρχινισμένος* *58* (και ως απρόσ. **αρχινάει**)

αρωματίζω, αρωμάτισα *33*
αρωματίζομαι, αρωματίστηκα, αρωματισμένος *34*

ασβεστώνω, ασβέστωσα *3*
ασβεστώνομαι, ασβεστώθηκα, ασβεστωμένος *4*

ασεβώ, ασέβησα *73*

ασελγώ, ασέλγησα *73*

ασημώνω, ασήμωσα *3*
ασημώνομαι, ασημώθηκα, ασημωμένος *4*

ασθενώ, ασθένησα *73*

ασθμαίνω *44* (μόνο στον ενεστ. και παρατατ.)

ασκημαίνω, ασκημίζω → δες **ασχημαίνω, ασχημίζω**

ασκητεύω, ασκήτεψα *17*

ασκώ, άσκησα *73*
ασκούμαι, ασκήθηκα, ασκημένος *74*

ασπάζομαι, ασπάστηκα *36*

ασπρίζω, άσπρισα *33*
ασπρίζομαι, ασπρίστηκα, ασπρισμένος *34*

αστειεύομαι, αστειεύτηκα *18*

αστικοποιώ, αστικοποίησα *73*
αστικοποιούμαι, αστικοποιήθηκα, αστικοποιημένος *74, 75*

αστοχώ, αστόχησα *73*

αστράφτω, άστραψα *15* (και ως απρόσ. **αστράφτει**)

αστυνομεύω, αστυνόμευσα *19*
αστυνομεύομαι *20* (κυρίως στον ενεστ. και παρατατ.)

ασφαλίζω, ασφάλισα *33*
ασφαλίζομαι, ασφαλίστηκα, ασφαλισμένος *34*

ασφαλτοστρώνω, ασφαλτόστρωσα *3*
ασφαλτοστρώνομαι, ασφαλτοστρώθηκα, ασφαλτοστρωμένος *4*

ασφυκτιώ *60* (μόνο στον ενεστ. και παρατατ.)

ασχημαίνω, ασχήμυνα* *47*

ασχημίζω, ασχήμισα* *33*

ασχημονώ *73* (μόνο στον ενεστ. και παρατατ.)

ασχολούμαι, ασχολήθηκα *74* και
ασχολιέμαι, ασχολήθηκα *59*

ατενίζω, ατένισα *33*

ατιμάζω, ατίμασα *35*
ατιμάζομαι, ατιμάστηκα, ατιμασμένος *36*

ατονώ, ατόνησα *73*

ατροφώ, ατρόφησα *73*

ατσαλώνω, ατσάλωσα *3*
ατσαλώνομαι, ατσαλώθηκα, ατσαλωμένος *4*

ατυχώ, ατύχησα *73*

αυγοκόβω, αυγόκοψα, αυγοκομμένος *7*

αυθαδιάζω, αυθαδίασα *35*

αυθαιρετώ, αυθαιρέτησα *73*

αυθυποβάλλομαι, αυθυποβλήθηκα *147*

αυλακώνω, αυλάκωσα *3*
αυλακώνομαι, αυλακώθηκα, αυλακωμένος *4*

αυνανίζομαι, αυνανίστηκα *34*

αυξάνω, αύξησα* *104*
αυξάνομαι, αυξήθηκα, αυξημένος* *105*

αυξομειώνω, αυξομείωσα *3*
αυξομειώνομαι, αυξομειώθηκα *4*

αυτενεργώ, αυτενέργησα *73*

αυταπατώμαι *61* (μόνο στον ενεστ.)

αυτοεξυπηρετούμαι, αυτοεξυπηρετήθηκα *74*

αυτοκτονώ, αυτοκτόνησα *73*

αυτοματοποιώ, αυτοματοποίησα *73*
αυτοματοποιούμαι, αυτοματοποιήθηκα, αυτοματοποιημένος *74, 75*

αυτομολώ, αυτομόλησα *73*

αυτονομούμαι, αυτονομήθηκα, αυτονομημένος *74*

αυτοσχεδιάζω, αυτοσχεδίασα *35*

αφαιρούμαι, αφαιρέθηκα, αφηρημένος* *77* και
αφαιριέμαι, αφαιρέθηκα, αφηρημένος* *63*

αφαιρώ, αφαίρεσα *76*
αφαιρούμαι, αφαιρέθηκα *77*

αφανίζω, αφάνισα *33*
αφανίζομαι, αφανίστηκα, αφανισμένος *34*

αφηγούμαι, αφηγήθηκα, αφηγημένος *74*

αφηνιάζω, αφήνιασα και αφηνίασα, αφηνιασμένος *35*

αφήνω, άφησα *106*
αφήνομαι, αφέθηκα, αφημένος *107*

αφθονώ *73* (μόνο στον ενεστ. και παρατατ.)

αφιερώνω, αφιέρωσα *3*
αφιερώνομαι, αφιερώθηκα, αφιερωμένος *4*

αφιονίζω, αφιόνισα *33*
αφιονίζομαι, αφιονίστηκα, αφιονισμένος *34*

αφιππεύω, αφίππευσα *19*

αφοδεύω, αφόδευσα *19*

αφορμώμαι *61* (μόνο στον ενεστ.)

αφομοιώνω, αφομοίωσα *3*
αφομοιώνομαι, αφομοιώθηκα, αφομοιωμένος *4*

αφοπλίζω, αφόπλισα *33*
αφοπλίζομαι, αφοπλίστηκα, αφοπλισμένος *34*

αφορά (παρατατ. αφορούσε) – αφορούν (παρατατ. αφορούσαν) (μόνο στο γ΄ πρόσ.)

αφορίζω, αφόρισα *33*
αφορίζομαι, αφορίστηκα, αφορισμένος* *34*

αφορώ → δες **αφορά**

αφοσιώνομαι, αφοσιώθηκα, αφοσιωμένος *4*

αφουγκράζομαι, αφουγκράστηκα *36*

αφρατεύω, αφράτεψα *17*

αφρίζω, άφρισα, αφρισμένος *33*

αφυδατώνω, αφυδάτωσα *3*
αφυδατώνομαι, αφυδατώθηκα, αφυδατωμένος *4*

αφυπηρετώ, αφυπηρέτησα *73*

αφυπνίζω, αφύπνισα *33*
αφυπνίζομαι, αφυπνίστηκα, αφυπνισμένος *34*

αχνίζω, άχνισα, αχνισμένος *33*

αχνοφέγγω *21* (μόνο στον ενεστ. και παρατατ., και ως απρόσ. **αχνοφέγγει**)

αχολογάω/ αχολογώ (παρατατ. συνήθως *-ούσα*), αχολόγησα *58*

αχρηστεύω, αχρήστεψα και αχρήστευσα *17, 19*
αχρηστεύομαι, αχρηστεύτηκα (σπάν. αχρηστεύθηκα), αχρηστευμένος *20*

αψηφάω/ αψηφώ (παρατατ. συνήθως *-ούσα*), αψήφησα *58*

αψιμαχώ *73* (κυρίως στον ενεστ. και παρατατ.)

B

βαβίζω, βάβισα *33*

βαδίζω, βάδισα *33*

βάζω, έβαλα *108*
–, βάλθηκα, βαλμένος* *182*

βαθαίνω, βάθυνα *47*

βαθμολογώ, βαθμολόγησα *73*
βαθμολογούμαι, βαθμολογήθηκα, βαθμολογημένος* *74*

βαθουλώνω, βαθούλωσα, βαθουλωμένος *3*

βαίνω (μόνο σε στερεότυπες εκφράσεις όπως *όλα βαίνουν* [πηγαίνουν] *καλώς*)

βαλαντώνω, βαλάντωσα, βαλαντωμένος *3*

βάλλω, έβαλα *146*
βάλλομαι, βλήθηκα* *147*

βαλσαμώνω, βαλσάμωσα *3*
βαλσαμώνομαι, βαλσαμώθηκα, βαλσαμωμένος *4*

βαλτώνω, βάλτωσα, βαλτωμένος *3*

βανδαλίζω, βανδάλισα *33*
βανδαλίζομαι, βανδαλίστηκα, βανδαλισμένος *34*

βάνω → δες **βάζω**

βαπτίζω → δες **βαφτίζω**

βαραθρώνω, βαράθρωσα *3*
βαραθρώνομαι, βαραθρώθηκα, βαραθρωμένος *4*

βαραίνω, βάρυνα* *47*

βαράω (σπάν. βαρώ), βάρεσα, βαρεμένος* *62*

βαριακούω *83* (κυρίως στον ενεστ. και παρατατ.)

βαριαναστενάζω, βαριαναστέναξα *23*

βαριαρρωστάω/ βαριαρρωστώ, βαριαρρώστησα *58*

βαριέμαι, βαρέθηκα *63*

(βαριεστάω), (βαριέστησα), βαριεστημένος* *58*

βαριοφαίνεται – βαριοφάνηκε *225* (μόνο στο γ΄ πρόσ., ως προσ. ή απρόσ.)

βαρυγκωμάω/ βαρυγκωμώ, βαρυγκώμησα *58*

βαρύνω, βάρυνα* *48*
βαρύνομαι *49* (κυρίως στον ενεστ. και παρατατ.), βεβαρημένος*

βαρυστομαχιάζω, βαρυστομάχιασα, βαρυστομαχιασμένος *35*

βασανίζω, βασάνισα *33*
βασανίζομαι, βασανίστηκα, βασανισμένος *34*

βασίζω, βάσισα *33*
βασίζομαι, βασίστηκα, βασισμένος *34*

βασιλεύω, βασίλεψα, βασιλεμένος *17*

βασκαίνω, βάσκανα *44*
βασκαίνομαι, βασκάθηκα, βασκαμένος *45*

βαστάζω, βάσταξα* *23*
βαστάζομαι, βαστάχτηκα, βασταγμένος *24*

βαστάω (σπάν. βαστώ), βάσταξα *64* και
βαστάω (σπάν. βαστώ), βάστηξα *66*
βαστιέμαι, βαστάχτηκα, βασταγμένος *65* και
βαστιέμαι, βαστήχτηκα, βαστηγμένος *67*

βατεύω, βάτεψα *17*
βατεύομαι, βατεύτηκα, βατεμένος *18*

βαυκαλίζω, βαυκάλισα *33*
βαυκαλίζομαι, βαυκαλίστηκα, βαυκαλισμένος *34*

βαφτίζω, βάφτισα *33*
βαφτίζομαι, βαφτίστηκα, βαφτισμένος *34*

βάφω, έβαψα *13*
βάφομαι, βάφ(τ)ηκα, βαμμένος *122*

βγάζω, έβγαλα, βγαλμένος* *108*

βγαίνω, βγήκα, βγαλμένος *109*

βεβαιώνω, βεβαίωσα *3*
βεβαιώνομαι, βεβαιώθηκα, βεβαιωμένος *4*

βεβηλώνω, βεβήλωσα *3*
βεβηλώνομαι, βεβηλώθηκα, βεβηλωμένος *4*

βελάζω, βέλαξα *23*

βελονιάζω, βελόνιασα *35*
βελονιάζομαι, βελονιάστηκα, βελονιασμένος *36*

βελτιστοποιώ, βελτιστοποίησα *73*
βελτιστοποιούμαι, βελτιστοποιήθηκα, βελτιστοποιημένος *74, 75*

βελτιώνω, βελτίωσα *3*
βελτιώνομαι, βελτιώθηκα, βελτιωμένος *4*

βερνικώνω, βερνίκωσα *3*
βερνικώνομαι, βερνικώθηκα, βερνικωμένος *4*

βηματίζω, βημάτισα *33*

βήχω, έβηξα *31*

βιάζομαι, βιάστηκα* *36* (προφ. βιάζομαι)

βιάζω, βίασα *35** (προφ. βι-άζω)
βιάζομαι, βιάστηκα, βιασμένος* *36* (προφ. βι-άζομαι)

βιαιοπραγώ, βιαιοπράγησα *73*

βιβλιοδετώ, βιβλιοδέτησα *73*
βιβλιοδετείται, βιβλιοδετήθηκε (στο γ΄ προσ.), βιβλιοδετημένος *74*

βιγλίζω, βίγλισα *33*

βιδώνω, βίδωσα *3*
βιδώνομαι, βιδώθηκα, βιδωμένος *4*

βιντεοσκοπώ, βιντεοσκόπησα *73*
βιντεοσκοπούμαι, βιντεοσκοπήθηκα, βιντεοσκοπημένος *74*

βιογραφώ, βιογράφησα *73*
βιογραφούμαι, βιογραφήθηκα *74*

βιομηχανοποιώ, βιομηχανοποίησα *73*
βιομηχανοποιούμαι, βιομηχανοποιήθηκα, βιομηχανοποιημένος *74, 75*

βιοπορίζομαι, βιοπορίστηκα *34*

βιράρω, βιράρισα *55*

βιώνω, βίωσα *3*
βιώνομαι, βιώθηκα, βιωμένος *4*

βλάπτω, έβλαψα *11* (και ως απρόσ. [δε] **βλάπτει**)
βλάπτομαι, βλάφτηκα, βλαμμένος* *12*

βλασταίνω, βλάστησα *50*

βλαστημάω/ βλαστημώ, βλαστήμησα *58*

βλαστολογώ, βλαστολόγησα *73* και
βλαστολογάω/ βλαστολογώ (παρατατ. συνήθως *-ούσα*), βλαστολόγησα *58*

βλασφημώ, βλασφήμησα* *73*

βλάφτω, έβλαψα *15* (και ως απρόσ. [δε] **βλάφτει**)
βλάφτομαι, βλάφτηκα, βλαμμένος* *16*

βλέπω, είδα *110*
βλέπομαι, ειδώθηκα, ιδωμένος* *111*

βλογάω (σπάν. βλογώ, παρατατ. συνήθως *-ούσα*), βλόγησα *58*
βλογιέμαι, βλογήθηκα, βλογημένος *59*

βογκάω (σπάν. βογκώ), βόγκηξα* *66*

βοηθάω/ βοηθώ, βοήθησα και βόηθησα *58*
βοηθιέμαι, βοηθήθηκα, βοηθημένος* *59*

βολεί (παρατατ. βολούσε), βόλεσε (ως απρόσ.)

βολεύω, βόλεψα *17* (και ως απρόσ. **βολεύει**)
βολεύομαι, βολεύτηκα, βολεμένος *18*

βολιδοσκοπώ, βολιδοσκόπησα *73*
βολιδοσκοπούμαι, βολιδοσκοπήθηκα, βολιδοσκοπημένος *74*

βολοδέρνω, βολόδειρα *120*

βολτάρω, βόλταρα και βολτάρισα *53*

βομβαρδίζω, βομβάρδισα *33*
βομβαρδίζομαι, βομβαρδίστηκα, βομβαρδισμένος *34*

βοσκάω (σπάν. βοσκώ), βόσκησα *58* και
βόσκω, βόσκησα *112*
βοσκιέμαι, βοσκήθηκα, βοσκημένος *59* και
βόσκομαι, βοσκήθηκα, βοσκημένος *151*

βοτανίζω, βοτάνισα *33*
βοτανίζομαι, βοτανίστηκα, βοτανισμένος *34*

βουβαίνω, βούβανα *44*
βουβαίνομαι, βουβάθηκα, βουβαμένος *45*

βουίζω, βούιξα *23*

βουλιάζω, βούλιαξα, βουλιαγμένος *23*

βούλομαι, βουλήθηκα *151*

βουλώνω, βούλωσα, βουλωμένος *3*

βουρκώνω, βούρκωσα, βουρκωμένος *3*

βουρλίζω, βούρλισα *33*
βουρλίζομαι, βουρλίστηκα, βουρλισμένος *34*

βουρτσίζω, βούρτσισα *33*
βουρτσίζομαι, βουρτσίστηκα, βουρτσισμένος *34*

βουτάω (δε συνηθίζεται η κλίση σε *-ώ*), βούτηξα *66*
βουτιέμαι, βουτήχτηκα, βουτηγμένος *67*

βουτυρώνω, βουτύρωσα *3*
βουτυρώνομαι, βουτυρώθηκα, βουτυρωμένος *4*

βραβεύω, βράβευσα *19*
βραβεύομαι, βραβεύτηκα και βραβεύθηκα, βραβευμένος *20*

βραδιάζει, βράδιασε *35* (μόνο στο γ΄ πρόσ., ως απρόσ.)

βραδύνω, βράδυνα* *48*

βραδυπορώ *73* (κυρίως στον ενεστ. και παρατατ.)

βράζω, έβρασα *35*
βράζομαι, βράστηκα, βρασμένος* *36*

βραχνιάζω, βράχνιασα, βραχνιασμένος *35*

βραχυκυκλώνω, βραχυκύκλωσα* *3*
βραχυκυκλώνομαι, βραχυκυκλώθηκα, βραχυκυκλωμένος *4*

βρέχω, έβρεξα *31* (και ως απρόσ. **βρέχει**)
βρέχομαι, βράχηκα, βρε(γ)μένος *113*

βρίζω, έβρισα *33*
βρίζομαι, βρίστηκα, (σπάν.) βρισμένος* *34*

βρίθω (μόνο στον ενεστ. και παρατατ., κυρίως στο γ΄ εν. *βρίθει, έβριθε* και γ΄ πληθ. *βρίθουν, έβριθαν*)

βρικολακιάζω, βρικολάκιασα, βρικολακιασμένος *35*

βρίσκω, βρήκα *114*
βρίσκομαι, βρέθηκα *115*

βρομάω (σπάν. βρομώ), βρόμησα* *58*

βρομίζω, βρόμισα* *33*
βρομίζομαι, βρομίστηκα, βρομισμένος* *34*

βρομοκοπάω (σπάν. βρομοκοπώ), βρομοκόπησα* *58*

βροντάω (σπάν. βροντώ), βρόντηξα 66 και
βροντάω (σπάν. βροντώ), βρόντησα *58* (και ως απρόσ. **βροντάει**)

βροντοκοπάω (σπάν. βροντοκοπώ), βροντοκόπησα *58*

βροντοφωνάζω, βροντοφώναξα *23*

βρυχιέμαι, βρυχήθηκα *59* και
βρυχώμαι, βρυχήθηκα *61*

βρωμάω → δες **βρομάω**

βυζαίνω, βύζαξα *116*
βυζαίνομαι, βυζάχτηκα, βυζαγμένος *117*

βυθίζω, βύθισα *33*
βυθίζομαι, βυθίστηκα, βυθισμένος *34*

βυθομετρώ, βυθομέτρησα *73* και
βυθομετράω/ βυθομετρώ, βυθομέτρησα *58*

βυσσοδομώ, βυσσοδόμησα *73*

Γ

γαβγίζω, γάβγισα *33*

γαζώνω, γάζωσα *3*
γαζώνομαι, γαζώθηκα, γαζωμένος *4*

γαλβανίζω, γαλβάνισα *33*
γαλβανίζομαι, γαλβανίστηκα, γαλβανισμένος *34*

γαληνεύω, γαλήνεψα, γαληνεμένος *17*

γαλουχώ, γαλούχησα *73*
γαλουχούμαι, γαλουχήθηκα, γαλουχημένος* *74*

γαμάω (σπάν. γαμώ), γάμησα *58*
γαμιέμαι, γαμήθηκα, γαμημένος *59*

γαμπρίζω, γάμπρισα *33*

γανιάζω, γάνιασα, γανιασμένος *35*

γαντζώνω, γάντζωσα *3*
γαντζώνομαι, γαντζώθηκα, γαντζωμένος* *4*

γανώνω, γάνωσα *3*
γανώνομαι, γανώθηκα, γανωμένος *4*

γαργαλάω (σπάν. γαργαλώ), γαργάλησα *58*
γαργαλιέμαι, γαργαλήθηκα *59*

γαργαρίζω, γαργάρισα *33*

γαριάζω, γάριασα, γαριασμένος *35*

γαρνίρω, γαρνίρισα *56*
γαρνίρομαι, γαρνιρίστηκα, γαρνιρισμένος *57*

γδέρνω, έγδαρα *118*
γδέρνομαι, γδάρθηκα, γδαρμένος *119*

γδύνω, έγδυσα *1*
γδύνομαι, γδύθηκα, γδυμένος *2*

γειτονεύω, γειτόνεψα *17*

γειώνω, γείωσα *3*

γειώνομαι, γειώθηκα, γειωμένος *4*

γελάω/ γελώ, γέλασα *68*
γελιέμαι, γελάστηκα, γελασμένος* *69*

γελοιοποιώ, γελοιοποίησα *73*
γελοιοποιούμαι, γελοιοποιήθηκα, γελοιοποιημένος *74, 75*

γεμίζω, γέμισα, γεμισμένος* *33*

γενικεύω, γενίκευσα *19*
γενικεύομαι, γενικεύτηκα και γενικεύθηκα, γενικευμένος *20*

γενικολογώ, γενικολόγησα *73*

γεννάω/ γεννώ, γέννησα *58*
γεννιέμαι, γεννήθηκα, γεννημένος *59*

γεννοβολάω/ γεννοβολώ, γεννοβόλησα *58*

γερνάω/ γερνώ, γέρασα, γερασμένος *68*

γέρνω, έγειρα, γερμένος *120*

γεροκομώ → δες **γηροκομώ**

γευματίζω, γευμάτισα *33*

γεύομαι, γεύτηκα *18*

γεφυρώνω, γεφύρωσα *3*
γεφυρώνομαι, γεφυρώθηκα, γεφυρωμένος *4*

γηροκομώ, γηροκόμησα *73* και
γηροκομάω/ γηροκομώ, γηροκόμησα *58*
γηροκομούμαι, γηροκομήθηκα *74* και
γηροκομιέμαι, γηροκομήθηκα *59*

γητεύω, γήτεψα *17*
γητεύομαι, γητεύτηκα, γητεμένος *18*

(γιαίνω) → δες **έγιανα**

γιαουρτώνω, γιαούρτωσα *3*
γιαουρτώνομαι, γιαουρτώθηκα, γιαουρτωμένος *4*

γιατρεύω, γιάτρεψα *17*
γιατρεύομαι, γιατρεύτηκα, γιατρεμένος *18*

γιγαντώνομαι, γιγαντώθηκα, γιγαντωμένος* *4*

γίνομαι, έγινα (σπάν. γίνηκα), γινωμένος *121* (και ως απρόσ. **γίνεται**)

γιορτάζω, γιόρτασα *35*

γιορτάζομαι, γιορτάστηκα, γιορτασμένος *36*

γιουχαΐζω, γιουχάισα *33* και
γιουχάρω, γιούχαρα και γιουχάρισα *53*
γιουχαΐζομαι, γιουχαΐστηκα *34* και
γιουχάρομαι, γιουχαρίστηκα *54*

γκαβώνω, γκάβωσα *3*
γκαβώνομαι, γκαβώθηκα, γκαβωμένος *4*

γκαζώνω, γκάζωσα *3*
γκαζώνομαι, γκαζώθηκα, γκαζωμένος *4*

γκαντεμιάζω, γκαντέμιασα *35*
γκαντεμιάζομαι, γκαντεμιάστηκα, γκαντεμιασμένος *36*

γκαρίζω, γκάρισα *33* και
γκαρίζω, γκάριξα *23*

γκαστρώνω, γκάστρωσα *3*
γκαστρώνομαι, γκαστρώθηκα, γκαστρωμένος *4*

γκετοποιώ, γκετοποίησα *73*
γκετοποιούμαι, γκετοποιήθηκα, γκετοποιημένος *74, 75*

γκουγκλάρω, γκούγκλαρα και γκουγκλάρισα *53*

γκρεμίζω, γκρέμισα *33*
γκρεμίζομαι, γκρεμίστηκα, γκρεμισμένος *34*

γκρεμοτσακίζομαι, γκρεμοτσακίστηκα, γκρεμοτσακισμένος *34*

γκρινιάζω, γκρίνιαξα *23*

γλαρώνω, γλάρωσα, γλαρωμένος *3*

γλασάρω, γλάσαρα και γλασάρισα *53*
γλασάρομαι, γλασαρίστηκα, γλασαρισμένος *54*

γλείφω, έγλειψα *13*
γλείφομαι, γλείφτηκα* *14*

γλεντάω/ γλεντώ, γλέντησα *58*

γλεντοκοπάω (σπάν. γλεντοκοπώ), γλεντοκόπησα *58*

γλιστράω/ γλιστρώ, γλίστρησα *58*

γλιτώνω, γλίτωσα, (σπάν.) γλιτωμένος *3*

γλυκαίνω, γλύκανα *44*
γλυκαίνομαι, γλυκάθηκα, γλυκαμένος* *45*

γλυκίζω* *33* (μόνο στον ενεστ. και παρατατ.)

γλυκοκοιτάζω, γλυκοκοίταξα *23* και
γλυκοκοιτάω/ γλυκοκοιτώ, γλυκοκοίταξα *64*

γλυκομιλάω/ γλυκομιλώ, γλυκομίλησα* *58*

γλυκοφιλάω/ γλυκοφιλώ, γλυκοφίλησα* *58*

γλυκοχαράζει (παρατατ. γλυκοχάραζε) (ως απρόσ.)

γλωσσοτρώω, γλωσσόφαγα *221*

γνέθω, έγνεσα *37*
γνέθομαι, γνέστηκα, γνεσμένος *38*

γνέφω, έγνεψα *13*

γνωματεύω, γνωμάτευσα *19*

γνωμοδοτώ, γνωμοδότησα* *73*

γνωρίζω, γνώρισα *33*
γνωρίζομαι, γνωρίστηκα* *34*

γνωστοποιώ, γνωστοποίησα *73*
γνωστοποιούμαι, γνωστοποιήθηκα, γνωστοποιημένος *74, 75*

γογγύζω, γόγγυσα *33* και
γογγύζω, γόγγυξα *23*

γοητεύω, γοήτευσα και γοήτεψα *19, 17*
γοητεύομαι, γοητεύτηκα και γοητεύθηκα, γοητευμένος *20*

γομώνω, γόμωσα* *3*

γονατίζω, γονάτισα, γονατισμένος *33*

γονιμοποιώ, γονιμοποίησα *73*
γονιμοποιούμαι, γονιμοποιήθηκα, γονιμοποιημένος *74, 75*

γουργουρίζω, γουργούρισα *33*

γουρλώνω, γούρλωσα, γουρλωμένος *3*

γουρμάζω, γούρμασα, γουρμασμένος *35*

γουστάρω, γούσταρα και γουστάρισα *53*

γραπώνω, γράπωσα *3*
γραπώνομαι, γραπώθηκα, γραπωμένος *4*

γρατσ(τζ)ουνάω (δε συνηθίζεται η κλίση σε -*ώ*), γρατσ(τζ)ούνισα* *70* και
γρατσ(τζ)ουνίζω, γρατσ(τζ)ούνισα *33*
γρατσ(τζ)ουνίζομαι, γρατσ(τζ)ουνίστηκα, γρατσ(τζ)ουνισμένος *34*

γράφω, έγραψα *13*
γράφομαι, γράφ(τ)ηκα, γραμμένος *122*

γρηγορώ *73* (μόνο στον ενεστ. και παρατατ.)

γρικάω/ γρικώ (παρατατ. συνήθως -*ούσα*), γρίκησα *58*
γρικιέμαι, γρικήθηκα* *59*

γριπιάζομαι, γριπιάστηκα, γριπιασμένος *36* και
γριπώνομαι, γριπώθηκα, γριπωμένος *4*

γρο(ν)θοκοπάω (σπάν. γρο(ν)θοκοπώ), γρο(ν)θοκόπησα *58*
γρο(ν)θοκοπιέμαι, γρο(ν)θοκοπήθηκα, γρο(ν)θοκοπημένος* *59*

γρούζω, έγρουξα *23*

γρουσουζεύω, γρουσούζεψα *17*

γρυλίζω, γρύλισα *33*

γυαλίζω, γυάλισα *33*
γυαλίζομαι, γυαλίστηκα, γυαλισμένος *34*

γυμνάζω, γύμνασα *35*
γυμνάζομαι, γυμνάστηκα, γυμνασμένος *36*

γυμνώνω, γύμνωσα *3*
γυμνώνομαι, γυμνώθηκα, γυμνωμένος *4*

γυναικοκρατείται *74* (στο γ΄ πρόσ., μόνο στον ενεστ. και παρατατ.)

γυναικοφέρνω *226* (μόνο στον ενεστ. και παρατατ.)

γυρεύω, γύρεψα* *17*

γυρνάω/ γυρνώ, γύρισα* *70* και
γυρίζω, γύρισα *33*
γυρίζομαι, γυρίστηκα, γυρισμένος* *34*

γυροφέρνω, γυρόφερα *226*

γυψώνω, γύψωσα *3*
γυψώνομαι, γυψώθηκα, γυψωμένος *4*

γωνιάζω, γώνιασα *35*
γωνιάζομαι, γωνιάστηκα, γωνιασμένος *36*

Δ

δαγκώνω, δάγκωσα *3*
δαγκώνομαι, δαγκώθηκα, δαγκωμένος *4*

δαιμονίζω, δαιμόνισα *33*
δαιμονίζομαι, δαιμονίστηκα, δαιμονισμένος *34*

δαιμονοποιώ, δαιμονοποίησα *73*
δαιμονοποιούμαι, δαιμονοποιήθηκα, δαιμονοποιημένος *74, 75*

δακρύζω, δάκρυσα, δακρυσμένος *33*

δακτυλογραφώ, δακτυλογράφησα *73*
δακτυλογραφούμαι, δακτυλογραφήθηκα, δακτυλογραφημένος *74*

δαμάζω, δάμασα *35*
δαμάζομαι, δαμάστηκα, δαμασμένος *36*

δανείζω, δάνεισα *33*
δανείζομαι, δανείστηκα, δανεισμένος* *34*

δανειοδοτώ, δανειοδότησα *73*
δανειοδοτούμαι, δανειοδοτήθηκα, δανειοδοτημένος *74*

δαπανάω/ δαπανώ (παρατατ. συνήθως *-ούσα*), δαπάνησα *58*
δαπανιέμαι, δαπανήθηκα, δαπανημένος *59* και
δαπανώμαι, δαπανήθηκα, δαπανημένος *61*

δασκαλεύω, δασκάλεψα *17*
δασκαλεύομαι, δασκαλεύτηκα, δασκαλεμένος *18*

δασμολογώ, δασμολόγησα *73*
δασμολογούμαι, δασμολογήθηκα, δασμολογημένος *74*

δασύνομαι *49* (κυρίως στον ενεστ. και παρατατ.)

δειγματίζω, δειγμάτισα *33*
δειγματίζομαι, δειγματίστηκα, δειγματισμένος *34*

δειλιάζω, δείλιασα *35*

δεινοπαθώ, δεινοπάθησα *73*

δειπνώ, δείπνησα *73*

δείχνω, έδειξα *29*
δείχνομαι, δείχτηκα *30*

δεκάζω, δέκασα *35*
δεκάζομαι, δεκάστηκα, δεκασμένος *36*

δεκαπλασιάζω, δεκαπλασίασα *35*
δεκαπλασιάζομαι, δεκαπλασιάστηκα, δεκαπλασιασμένος *36*

δελεάζω, δελέασα *35*
δελεάζομαι, δελεάστηκα, δελεασμένος *36*

δεματιάζω, δεμάτιασα *35*
δεματιάζομαι, δεματιάστηκα, δεματιασμένος *36*

δενδροφυτεύω, δενδροφύτευσα *19* και
δεντροφυτεύω, δεντροφύτεψα *17*
δενδροφυτεύομαι, δενδροφυτεύτηκα και δενδροφυτεύθηκα, δενδροφυτευμένος *20* και
δεντροφυτεύομαι, δεντροφυτεύτηκα, δεντροφυτεμένος *18*

δένω, έδεσα *1*
δένομαι, δέθηκα, δεμένος *2*

δεξιώνομαι, δεξιώθηκα *4*

δέομαι, δεήθηκα *151*

δέρνω, έδειρα *120*
δέρνομαι, δάρθηκα, δαρμένος* *119*

δεσμεύω, δέσμευσα *19*
δεσμεύομαι, δεσμεύτηκα και δεσμεύθηκα, δεσμευμένος *20*

δεσπόζω *35* (κυρίως στον ενεστ. και παρατατ.)

δευτερολογώ, δευτερολόγησα *73*

δευτερώνω, δευτέρωσα *3*

δέχομαι, δέχτηκα και δέχθηκα *32*

δηλητηριάζω, δηλητηρίασα *35*
δηλητηριάζομαι, δηλητηριάστηκα, δηλητηριασμένος *36*

δηλώνω, δήλωσα *3*
δηλώνομαι, δηλώθηκα, δηλωμένος *4*

δημαγωγώ, δημαγώγησα *73*

δημαρχεύω *19* (κυρίως στον ενεστ. και παρατατ.)

δημεύω, δήμευσα *19*
δημεύομαι, δημεύτηκα και δημεύθηκα, δημευμένος *20*

δημιουργώ, δημιούργησα *73*
δημιουργούμαι, δημιουργήθηκα, δημιουργημένος* *74*

δημοπρατώ, δημοπράτησα *73*
δημοπρατούμαι, δημοπρατήθηκα, δημοπρατημένος *74*

δημοσιεύω, δημοσίευσα *19*
δημοσιεύομαι, δημοσιεύτηκα και δημοσιεύθηκα, δημοσιευμένος *20*

δημοσιογραφώ, δημοσιογράφησα *73*

δημοσιοποιώ, δημοσιοποίησα *73*
δημοσιοποιούμαι, δημοσιοποιήθηκα, δημοσιοποιημένος *74, 75*

διαβάζω, διάβασα *35*
διαβάζομαι, διαβάστηκα, διαβασμένος* *36*

διαβαθμίζω, διαβάθμισα *33*
διαβαθμίζομαι, διαβαθμίστηκα, διαβαθμισμένος *34*

διαβαίνω, διάβηκα (να διαβώ) *92*

διαβάλλω, διέβαλα *146*
διαβάλλομαι, διαβλήθηκα *147*

διαβεβαιώνω, διαβεβαίωσα* *3*
διαβεβαιώνομαι, διαβεβαιώθηκα, διαβεβαιωμένος *4*

διαβιβάζω, διαβίβασα* *35*
διαβιβάζομαι, διαβιβάστηκα, διαβιβασμένος *36*

διαβλέπω, διείδα και διέβλεψα *123*

διαβουλεύομαι, διαβουλεύτηκα και διαβουλεύθηκα *20*

διαβρώνω, διάβρωσα και διέβρωσα *3*
διαβρώνομαι, διαβρώθηκα, διαβρωμένος *4*

(διαγιγνώσκω) → δες **διέγνωσα**

διαγκωνίζομαι, διαγκωνίστηκα *34*

διαγουμίζω, διαγούμισα *33*
διαγουμίζομαι, διαγουμίστηκα, διαγουμισμένος *34*

διαγραμμίζω, διαγράμμισα *33*
διαγραμμίζομαι, διαγραμμίστηκα, διαγραμμισμένος *34*

διαγράφω, διέγραψα *13*
διαγράφομαι, διαγράφ(τ)ηκα, διαγραμμένος *122*

διαγωνίζομαι, διαγωνίστηκα *34*

διαδέχομαι, διαδέχτηκα και διαδέχθηκα *32*

διαδηλώνω, διαδήλωσα *3*
διαδηλώνομαι, διαδηλώθηκα, διαδηλωμένος *4*

διαδίδω, διέδωσα *186*
διαδίδομαι, διαδόθηκα, δια(δε)δομένος* *187*

διαδραματίζω, διαδραμάτισα *33*
διαδραματίζομαι, διαδραματίστηκα* *34*

διαθέτω, διέθεσα *137*
διατίθεμαι, διατέθηκα, διατεθειμένος* *138*

διαθλώ, (διέθλασα) *71*
διαθλώμαι, (διαθλάστηκα) *72*

διαιρώ, διαίρεσα *76*
διαιρούμαι, διαιρέθηκα, διαιρεμένος και διηρημένος *77*

διαισθάνομαι, διαισθάνθηκα *82*

διαιωνίζω, διαιώνισα *33*
διαιωνίζομαι, διαιωνίστηκα, διαιωνισμένος *34*

διακανονίζω, διακανόνισα *33*
διακανονίζομαι, διακανονίστηκα, διακανονισμένος *34*

διακατέχω *190* (μόνο στον ενεστ. και παρατατ.)

διακατέχομαι *191* (μόνο στον ενεστ. και παρατατ.)

διάκειμαι *158* (παρατ. γ΄ πρόσ. διέκειτο – διέκειντο) (μόνο στον ενεστ. και παρατ.)

διακηρύσσω, διακήρυξα *27*
διακηρύσσομαι, διακηρύχθηκα και διακηρύχτηκα, διακηρυγμένος *28*

διακινδυνεύω, διακινδύνευσα και διακινδύνεψα *19, 17*

διακινώ, διακίνησα *73*
διακινούμαι, διακινήθηκα *74*

διακλαδίζομαι, διακλαδίστηκα, διακλαδισμένος *34* και
διακλαδώνομαι, διακλαδώθηκα, διακλαδωμένος *4*

διακομίζω, διακόμισα *33*
διακομίζομαι, διακομίστηκα, (σπάν.) διακομισμένος *34*

διακονεύω, διακόνεψα *17*

διακόπτω, διέκοψα *11*
διακόπτομαι, διακόπηκα, διακεκομμένος* *124*

διακορεύω, διακόρευσα *19*
διακορεύομαι, διακορεύτηκα και διακορεύθηκα, διακορευμένος *20*

διακοσμώ, διακόσμησα *73*
διακοσμούμαι, διακοσμήθηκα, διακοσμημένος *74*

διακρίνω, διέκρινα *172*
διακρίνομαι, διακρίθηκα, διακεκριμένος* *2*

διακυβερνώ, διακυβέρνησα* *60*
διακυβερνώμαι, διακυβερνήθηκα *61*

διακυβεύω, διακύβευσα *19*
διακυβεύομαι, διακυβεύτηκα και διακυβεύθηκα, διακυβευμένος *20*

διακωμωδώ, διακωμώδησα *73*
διακωμωδούμαι, διακωμωδήθηκα, διακωμωδημένος *74*

διαλαλώ, διαλάλησα *73*
διαλαλούμαι, διαλαλήθηκα, διαλαλημένος *74*

διαλαμβάνομαι *166* (μόνο στον ενεστ.)

διαλέγομαι* *22* (κυρίως στον ενεστ. και παρατατ.)

διαλέγω, διάλεξα *21*
διαλέγομαι, διαλέχτηκα, διαλεγμένος *22*

διαλευκαίνω, διαλεύκανα *44*
διαλευκαίνομαι, διαλευκάνθηκα *46*

διαλογίζομαι, διαλογίστηκα *34*

διαλύω, διέλυσα (σπάν. διάλυσα)* *5*
διαλύομαι, διαλύθηκα, διαλυμένος *6*

διαμαρτύρομαι, διαμαρτυρήθηκα* *151*

διαμαρτυρώ, διαμαρτύρησα *73*
διαμαρτυρούμαι, διαμαρτυρήθηκα, διαμαρτυρημένος* *74*

διαμελίζω, διαμέλισα *33*
διαμελίζομαι, διαμελίστηκα, διαμελισμένος *34*

διαμένω, διέμεινα *178*

διαμερίζω, διαμέρισα *33*
διαμερίζομαι, διαμερίστηκα, διαμερισμένος *34*

διαμεσολαβώ, διαμεσολάβησα *73*

διαμετακομίζω, διαμετακόμισα *33*
διαμετακομίζομαι, διαμετακομίστηκα, (σπάν.) διαμετακομισμένος *34*

διαμηνύω, διαμήνυσα* *5* και
διαμηνάω/ διαμηνώ, διαμήνυσα *177*

διαμοιράζω, διαμοίρασα *35*
διαμοιράζομαι, διαμοιράστηκα, διαμοιρασμένος *36*

διαμορφώνω, διαμόρφωσα *3*
διαμορφώνομαι, διαμορφώθηκα, διαμορφωμένος *4*

διανέμω, διένειμα *125*
διανέμομαι, διανεμήθηκα, διανεμημένος *126*

διανθίζω, διάνθισα *33*
διανθίζομαι, διανθίστηκα, διανθισμένος *34*

διανοίγω, διάνοιξα *21*
διανοίγομαι, διανοίχτηκα και διανοίχθηκα, διανοιγμένος *22*

διανοούμαι, διανοήθηκα *74*

διανυκτερεύω, διανυκτέρευσα* *19*

διανύω, διάνυσα και διήνυσα* *5*
διανύομαι, διανύθηκα *6*

διαολοστέλνω, διαολόστειλα *208*

διαπαιδαγωγώ, διαπαιδαγώγησα *73*
διαπαιδαγωγούμαι, διαπαιδαγωγήθηκα, διαπαιδαγωγημένος *74*

διαπερνάω/ διαπερνώ, διαπέρασα *68*
διαπερνιέμαι, διαπεράστηκα, διαπερασμένος *69*

διαπιστεύω, διαπίστευσα *19*
διαπιστεύομαι, διαπιστεύτηκα και διαπιστεύθηκα *20*

διαπιστώνω, διαπίστωσα *3*
διαπιστώνομαι, διαπιστώθηκα, διαπιστωμένος *4*

διαπλάθω, διέπλασα *37*
διαπλάθομαι, διαπλάστηκα, διαπλασμένος *38*

διαπλατύνω, διαπλάτυνα *48*
διαπλατύνομαι, διαπλατύνθηκα, διαπλατυσμένος *49*

διαπλέω, διέπλευσα *42*

διαπληκτίζομαι, διαπληκτίστηκα *34*

διαπνέομαι* *43* (μόνο στον ενεστ. και παρατατ.)

διαπομπεύω, διαπόμπευσα *19*
διαπομπεύομαι, διαπομπεύτηκα και διαπομπεύθηκα, διαπομπευμένος* *20*

διαποτίζω, διαπότισα *33*
διαποτίζομαι, διαποτίστηκα, διαποτισμένος *34*

διαπραγματεύομαι, διαπραγματεύτηκα και διαπραγματεύθηκα* *18*

διαπράττω, διέπραξα *27*
διαπράττομαι, διαπράχθηκα και διαπράχτηκα *28*

διαπρέπω, διέπρεψα *9*

διαρθρώνω, διάρθρωσα *3*

διαρθρώνομαι, διαρθρώθηκα, διαρθρωμένος *4*

διαρκώ, διάρκεσα και διήρκεσα *76*

διαρρέει, διέρρευσε *42* (στο γ΄ πρόσ.)
διαρρέομαι *43* (μόνο στον ενεστ. και παρατατ.)

(διαρρηγνύω), διέρρηξα* *87*

διαρρυθμίζω, διαρρύθμισα *33*
διαρρυθμίζομαι, διαρρυθμίστηκα, διαρρυθμισμένος *34*

διασαλεύω, διασάλευσα *19*
διασαλεύομαι, διασαλεύτηκα και διασαλεύθηκα, διασαλευμένος *20*

διασαφηνίζω, διασαφήνισα *33*
διασαφηνίζομαι, διασαφηνίστηκα, διασαφηνισμένος *34*

διασκεδάζω, διασκέδασα *35*
διασκεδάζομαι, διασκεδάστηκα, διασκεδασμένος* *36*

διασκελίζω, διασκέλισα* *33*

διασκέπτομαι, διασκέφθηκα *12*

διασκευάζω, διασκεύασα *35*
διασκευάζομαι, διασκευάστηκα, διασκευασμένος *36*

διασκορπίζω, διασκόρπισα *33*
διασκορπίζομαι, διασκορπίστηκα, διασκορπισμένος *34*

διασπαθίζω, διασπάθισα *33*
διασπαθίζομαι, διασπαθίστηκα, διασπαθισμένος *34*

διασπείρω, διέσπειρα *217*
διασπείρομαι *229* (μόνο στον ενεστ.), διεσπαρμένος

διασπώ, διέσπασα* *71*
διασπώμαι, διασπάστηκα, διασπασμένος *72*

διασταυρώνω, διασταύρωσα *3*
διασταυρώνομαι, διασταυρώθηκα, διασταυρωμένος *4*

διαστέλλω, διέστειλα *85*

διαστέλλομαι, (διεστάλη – διεστάλησαν), διεσταλμένος *91*

διαστρεβλώνω, διαστρέβλωσα *3*
διαστρεβλώνομαι, διαστρεβλώθηκα, διαστρεβλωμένος *4*

διαστρέφω, διέστρεψα *13*
διαστρέφομαι, διαστράφηκα, διεστραμμένος* *210*

διασυνδέω, διασυνέδεσα *5*
διασυνδέομαι, διασυνδέθηκα, διασυν(δε)δεμένος *6*

διασύρω, διέσυρα *217*
διασύρομαι, διασύρθηκα, διασυρμένος *218*

διασφαλίζω, διασφάλισα *33*
διασφαλίζομαι, διασφαλίστηκα, διασφαλισμένος *34*

διασχίζω, διέσχισα *33*
διασχίζομαι, διασχίστηκα, διασχισμένος *34*

διασώζω, διέσωσα *3*
διασώζομαι, διασώθηκα, διασωσμένος *4*

διασωληνώνω, διασωλήνωσα *3*
διασωληνώνομαι, διασωληνώθηκα, διασωληνωμένος *4*

διατάζω, διέταξα *23*
διατάζομαι, διατάχτηκα και διατάχθηκα *24*

διαταράσσω, διατάραξα *27* και
διαταράζω, διατάραξα *23*
διαταράσσομαι, διαταράχθηκα και διαταράχτηκα, διαταραγμένος *28* και
διαταράζομαι, διαταράχτηκα, διαταραγμένος *24*

διατάσσω, διέταξα* *27*
διατάσσομαι, διατάχθηκα και διατάχτηκα, δια(τε)ταγμένος* *28*

διατείνομαι *188* (μόνο στον ενεστ. και παρατατ.)

διατελώ, διατέλεσα* *76*

διατηρώ, διατήρησα *73*
διατηρούμαι, διατηρήθηκα, διατηρημένος *74*

διατιμώ, διατίμησα *60*

διατιμώμαι, διατιμήθηκα, διατιμημένος *61*

διατρανώνω, διατράνωσα *3*
διατρανώνομαι, διατρανώθηκα, διατρανωμένος *4*

διατρέφω, διέθρεψα *219*
διατρέφομαι, διατράφηκα *220*

διατρέχω, διέτρεξα *31*

διατυμπανίζω, διατυμπάνισα *33*
διατυμπανίζομαι, διατυμπανίστηκα, (σπάν.) διατυμπανισμένος *34*

διατυπώνω, διατύπωσα *3*
διατυπώνομαι, διατυπώθηκα, διατυπωμένος *4*

διαφαίνομαι, διαφάνηκα *225*

διαφεντεύω, διαφέντεψα *17*
διαφεντεύομαι, διαφεντεύτηκα, διαφεντε(υ)μένος *18*

διαφέρω, διέφερα *217*

διαφεύγω, διέφυγα *228*

διαφημίζω, διαφήμισα *33*
διαφημίζομαι, διαφημίστηκα, διαφημισμένος *34*

διαφθείρω, διέφθειρα *217*
διαφθείρομαι, διαφθάρηκα, διεφθαρμένος* *229*

διαφιλονικώ, διαφιλονίκησα* *73*

διαφοροποιώ, διαφοροποίησα *73*
διαφοροποιούμαι, διαφοροποιήθηκα, διαφοροποιημένος *74, 75*

διαφυλάσσω, διαφύλαξα *27*
διαφυλάσσομαι, διαφυλάχθηκα και διαφυλάχτηκα, διαφυλαγμένος *28*

διαφωνώ, διαφώνησα *73*

διαφωτίζω, διαφώτισα *33*
διαφωτίζομαι, διαφωτίστηκα, διαφωτισμένος *34*

διαχειμάζω, διαχείμασα *35*

διαχειρίζομαι, διαχειρίστηκα* *34*

διαχέω (παρατατ. διέχεα) *5* (μόνο στον ενεστ. και παρατατ.)

διαχέομαι, διαχύθηκα *127*

διαχωρίζω, διαχώρισα *33*
διαχωρίζομαι, διαχωρίστηκα, διαχωρισμένος *34*

διαψεύδω, διέψευσα *128*
διαψεύδομαι, διαψεύστηκα, διαψευσμένος *129*

διδάσκω, δίδαξα* *25*
διδάσκομαι, διδάχτηκα και διδάχθηκα, διδαγμένος *26*

διεγείρω, διήγειρα και διέγειρα *143*
διεγείρομαι, διεγέρθηκα, διεγερμένος *144*

διέγνωσα (να διαγνώσω, κατά το *ανάκλασα*, *71*, αόρ. του αρχ. ρ. *διαγιγνώσκω*)

διεθνοποιώ, διεθνοποίησα *73*
διεθνοποιούμαι, διεθνοποιήθηκα, διεθνοποιημένος *74*, *75*

διεισδύω, διείσδυσα *5*

διεκδικώ, διεκδίκησα *73*
διεκδικούμαι, διεκδικήθηκα *74*

διεκπεραιώνω, διεκπεραίωσα *3*
διεκπεραιώνομαι, διεκπεραιώθηκα, διεκπεραιωμένος *4*

διεκτραγωδώ, διεκτραγώδησα *73*
διεκτραγωδούμαι, διεκτραγωγήθηκα *74*

διενεργώ, διενήργησα και διενέργησα *73*
διενεργούμαι, διενεργήθηκα *74*

διεξάγω, διεξήγαγα *135*
διεξάγομαι, διεξάχθηκα *136*

διέπω *9* (μόνο στον ενεστ.)
διέπομαι *10* (μόνο στον ενεστ.)

διερευνώ, διερεύνησα* *60*
διερευνώμαι, διερευνήθηκα *61*

διερμηνεύω, διερμήνευσα *19*
διερμηνεύομαι, διερμηνεύτηκα και διερμηνεύθηκα *20*

διέρχομαι, διήλθα *214*

διευθετώ, διευθέτησα *73*
διευθετούμαι, διευθετήθηκα, διευθετημένος *74*

διευθύνω, διηύθυνα και διεύθυνα *48*
διευθύνομαι* *49* (κυρίως στον ενεστ. και παρατατ.)

διευκολύνω, διευκόλυνα *48*
διευκολύνομαι, διευκολύνθηκα *49*

διευκρινίζω, διευκρίνισα *33*
διευκρινίζομαι, διευκρινίστηκα, διευκρινισμένος *34*

διευρύνω, διεύρυνα *48*
διευρύνομαι, διευρύνθηκα, διευρυμένος* *49*

διηγούμαι, διηγήθηκα *74* και
διηγιέμαι, διηγήθηκα *59*

διηθώ, διήθησα *73*
διηθείται – διηθούνται, διηθήθηκε – διηθήθηκαν *74* (στο γ΄ πρόσ.)

διημερεύω, διημέρευσα *19*

διίσταμαι* *159* (μόνο στον ενεστ. και παρατατ.)

δικάζω, δίκασα *35*
δικάζομαι, δικάστηκα, δικασμένος *36*

δικαιοδοτώ, δικαιοδότησα *73*

δικαιολογώ, δικαιολόγησα *73*
δικαιολογούμαι, δικαιολογήθηκα, δικαιολογημένος* *74*

δικαιούμαι *130* (μόνο στον ενεστ. και παρατατ.)

δικαιώνω, δικαίωσα *3*
δικαιώνομαι, δικαιώθηκα, δικαιωμένος *4*

δικηγορώ, δικηγόρησα *73*

δικτυώνομαι, δικτυώθηκα, δικτυωμένος* *4*

δίνω, έδωσα *131*
δίνομαι, δόθηκα, δοσμένος* *132*

διογκώνω, διόγκωσα *3*
διογκώνομαι, διογκώθηκα, διογκωμένος *4*

διοικώ, διοίκησα* *73*
διοικούμαι, διοικήθηκα *74*

διολισθαίνω, διολίσθησα *50*

διοργανώνω, διοργάνωσα *3*

διοργανώνομαι, διοργανώθηκα, διοργανωμένος *4*

διορθώνω, διόρθωσα *3*
διορθώνομαι, διορθώθηκα, διορθωμένος *4*

διορίζω, διόρισα *33*
διορίζομαι, διορίστηκα, διορισμένος *34*

διοχετεύω, διοχέτευσα *19*
διοχετεύομαι, διοχετεύτηκα και διοχετεύθηκα, διοχετευμένος *20*

διπλαρώνω, διπλάρωσα *3*
διπλαρώνομαι, διπλαρώθηκα, διπλαρωμένος *4*

διπλασιάζω, διπλασίασα *35*
διπλασιάζομαι, διπλασιάστηκα, διπλασιασμένος *36*

διπλώνω, δίπλωσα *3*
διπλώνομαι, διπλώθηκα, διπλωμένος *4*

διστάζω, δίστασα *35*

διυλίζω, διύλισα *33*
διυλίζομαι, διυλίστηκα, διυλισμένος *34*

διχάζω, δίχασα *35*
διχάζομαι, διχάστηκα, διχασμένος *36*

διχοτομώ, διχοτόμησα *73*
διχοτομούμαι, διχοτομήθηκα, διχοτομημένος *74*

διψάω/ διψώ, δίψασα, διψασμένος *68*

διώκω, δίωξα* *25* (προφ. δι-ώκω)
διώκομαι, διώχθηκα* *26* (προφ. δι-ώκομαι)

διώχνω, έδιωξα *29* (προφ. διώχνω)
διώχνομαι, διώχτηκα, διωγμένος *30* (προφ. διώχνομαι)

δογματίζω, δογμάτισα *33*

δοκιμάζω, δοκίμασα *35*
δοκιμάζομαι, δοκιμάστηκα, δοκιμασμένος *36*

δολοφονώ, δολοφόνησα *73*
δολοφονούμαι, δολοφονήθηκα, δολοφονημένος* *74*

δολώνω, δόλωσα *3*
δολώνομαι, δολώθηκα, δολωμένος *4*

δομώ, δόμησα *73*
δομούμαι, δομήθηκα, δομημένος *74*

δονώ, δόνησα *73*
δονούμαι, δονήθηκα *74*

δοξάζω, δόξασα *35*
δοξάζομαι, δοξάστηκα, δοξασμένος *36*

δοξολογώ, δοξολόγησα *73*

δουλεύω, δούλεψα *17*
δουλεύομαι, δουλεύτηκα, δουλεμένος* *18*

δραματοποιώ, δραματοποίησα *73*
δραματοποιούμαι, δραματοποιήθηκα, δραματοποιημένος *74, 75*

δραπετεύω, δραπέτευσα *19*

δρασκελίζω, δρασκέλισα* *33*

δραστηριοποιώ, δραστηριοποίησα *73*
δραστηριοποιούμαι, δραστηριοποιήθηκα, δραστηριοποιημένος *74, 75*

δράττομαι (λόγιο ρ. στην έκφρ. *δράττομαι* [επωφελούμαι] *της ευκαιρίας*)

δρέπω, έδρεψα *9*

δρομολογώ, δρομολόγησα *73*
δρομολογούμαι, δρομολογήθηκα, δρομολογημένος* *74*

δροσίζω, δρόσισα *33* (και ως απρόσ. **δροσίζει**)
δροσίζομαι, δροσίστηκα, δροσισμένος *34*

δρω, έδρασα *71*

δύναμαι *159* (σε λόγιες εκφράσεις, μόνο στον ενεστ.)

δυναμιτίζω, δυναμίτισα *33*
δυναμιτίζομαι, δυναμιτίστηκα *34*

δυναμώνω, δυνάμωσα, δυναμωμένος *3*

δυναστεύω, δυνάστευσα *19*
δυναστεύομαι, δυναστεύτηκα και δυναστεύθηκα, (σπάν.) δυναστευμένος *20*

δυσανασχετώ, δυσανασχέτησα *73*

δυσαρεστώ, δυσαρέστησα *73*

δυσαρεστούμαι, δυσαρεστήθηκα, δυσαρεστημένος* *74*

δυσκολεύω, δυσκόλεψα *17*
δυσκολεύομαι, δυσκολεύτηκα* *18*

δυσπιστώ *73* (μόνο στον ενεστ. και παρατατ.)

δυστυχώ, δυστύχησα, δυστυχισμένος* *73*

δυσφημίζω, δυσφήμισα* *33*
δυσφημίζομαι, δυσφημίστηκα, δυσφημισμένος *34*

δυσφορώ, δυσφόρησα *73*

δυσχεραίνω, δυσχέρανα *44*
δυσχεραίνομαι *46* (μόνο στον ενεστ. και παρατατ.)

δύω, έδυσα *5*

δωρίζω, δώρισα *33*
δωρίζομαι, δωρίστηκα, δωρισμένος *34*

δωροδοκώ, δωροδόκησα *73*
δωροδοκούμαι, δωροδοκήθηκα, δωροδοκημένος *74*

Ε

εγγίζω → δες **αγγίζω**

εγγράφω, ενέγραψα *13*
εγγράφομαι, εγγράφηκα, εγγεγραμμένος *122*

εγγυώμαι, εγγυήθηκα, εγγυημένος* *61*

εγείρω* *143* (κυρίως στον ενεστ. και παρατατ.)
εγείρεται – εγείρονται (στον ενεστ., γ΄ πρόσ.) *144*

έγιανα (να γιάνω, κατά το *ζέσταvα*, *44*, αόρ. του ρ. *γιαίνω*, που δε χρησιμοποιείται)

εγκαθιδρύω, εγκαθίδρυσα *5*
εγκαθιδρύομαι, εγκαθιδρύθηκα, εγκαθιδρυμένος *6*

εγκαθιστώ, εγκατέστησα *158*
εγκαθίσταμαι, εγκαταστάθηκα, εγκατεστημένος και εγκαταστημένος *133*

εγκαινιάζω, εγκαινίασα *35*
εγκαινιάζομαι, εγκαινιάστηκα, εγκαινιασμένος *36*

εγκαλώ *76* (κυρίως στον ενεστ. και παρατατ.)
εγκαλούμαι *163* (κυρίως στον ενεστ. και παρατατ.)

εγκαρδιώνω, εγκαρδίωσα *3*
εγκαρδιώνομαι, εγκαρδιώθηκα, εγκαρδιωμένος *4*

εγκαταλείπω, εγκατέλειψα *9*
εγκαταλείπομαι, εγκαταλείφθηκα και εγκαταλείφτηκα, εγκατα(λε)λειμμένος *10*

έγκειται – έγκεινται (μόνο στον ενεστ., στο γ΄ πρόσ.)

εγκιβωτίζω, εγκιβώτισα *33*
εγκιβωτίζομαι, εγκιβωτίστηκα, εγκιβωτισμένος *34*

εγκλείω *40* (μόνο στον ενεστ.)
εγκλείομαι *41* (μόνο στον ενεστ.)

εγκληματώ, εγκλημάτησα* *73*

εγκλιματίζω, εγκλιμάτισα* *33*
εγκλιματίζομαι, εγκλιματίστηκα, εγκλιματισμένος *34*

εγκλωβίζω, εγκλώβισα *33*
εγκλωβίζομαι, εγκλωβίστηκα, εγκλωβισμένος *34*

εγκολπώνομαι, εγκολπώθηκα, (σπάν.) εγκολπωμένος *4*

εγκρίνω, ενέκρινα *172*
εγκρίνομαι, εγκρίθηκα, εγ(κε)κριμένος *2*

εγκυμονώ *73* (μόνο στον ενεστ. και παρατατ.)

εγκύπτω, ενέκυψα *11*

εγκωμιάζω, εγκωμίασα *35*
εγκωμιάζομαι, εγκωμιάστηκα, εγκωμιασμένος *36*

εγχειρίζω, εγχείρισα* *33*
εγχειρίζομαι, εγχειρίστηκα, εγχειρισμένος *34*

εδέησε* (γ΄ εν. αορ. του αρχ. ρ. *δέω*, ως απρόσ.)

εδράζω *35* (μόνο στον ενεστ.)
εδράζομαι *36* (μόνο στον ενεστ.)

εδραιώνω, εδραίωσα *3*
εδραιώνομαι, εδραιώθηκα, εδραιωμένος *4*

εδρεύω *19* (μόνο στον ενεστ. και παρατατ.)

εθελοτυφλώ *73* (μόνο στον ενεστ. και παρατατ.)

εθίζω *33* (μόνο στον ενεστ.)
εθίζομαι, εθίστηκα, εθισμένος *34*

εθνικοποιώ, εθνικοποίησα *73*
εθνικοποιούμαι, εθνικοποιήθηκα, εθνικοποιημένος *74, 75*

ειδικεύω, ειδίκευσα *19*
ειδικεύομαι, ειδικεύτηκα και ειδικεύθηκα, ειδικευμένος *20*

ειδοποιώ, ειδοποίησα *73*
ειδοποιούμαι, ειδοποιήθηκα, ειδοποιημένος *74, 75*

είθισται (γ΄ εν. αρχ. παρακ. του ρ. *εθίζομαι*, ως απρόσ.)

εικάζω *35* (μόνο στον ενεστ. και παρατατ.)
εικάζεται (ως απρόσ.)

εικονίζω, εικόνισα *33*
εικονίζομαι, εικονίστηκα, εικονισμένος *34*

εικονογραφώ, εικονογράφησα *73*
εικονογραφούμαι, εικονογραφήθηκα, εικονογραφημένος* *74*

εικοτολογώ, εικοτολόγησα *73*

είμαι* *134* (και ως απρόσ. **είναι**)

ειρηνεύω, ειρήνευσα και ειρήνεψα *19, 17*

ειρωνεύομαι, ειρωνεύτηκα και ειρωνεύθηκα *20*

εισάγω, εισήγαγα *135*
εισάγομαι, (εισήχθη – εισήχθησαν), εισηγμένος* *136*

εισακούω, εισάκουσα *40*
εισακούομαι, εισακούστηκα *41*

εισβάλλω, εισέβαλα *146*

εισδύω, εισέδυσα *5*

εισέρχομαι, εισήλθα *214*

εισέχω *154* (μόνο στον ενεστ. και παρατατ.)

εισηγούμαι, εισηγήθηκα *74*

εισορμώ, εισόρμησα *60*

εισπλέω, εισέπλευσα *42*

εισπνέω, εισέπνευσα *42*
εισπνέομαι *43* (κυρίως στον ενεστ. και παρατατ.)

εισπράττω, εισέπραξα *27*
εισπράττομαι, εισπράχθηκα, εισπραγμένος *28*

εισρέω, εισέρρευσα *42*

εισφέρω, εισέφερα *217*

εισχωρώ, εισχώρησα *73*

(εκατοστίζω)* *33*

εκβάλλω *146* (κυρίως στον ενεστ.)

εκβιάζω, εκβίασα *35*
εκβιάζομαι, εκβιάστηκα, εκβιασμένος *36*

εκβιομηχανίζω, εκβιομηχάνισα *33*
εκβιομηχανίζομαι, εκβιομηχανίστηκα, εκβιομηχανισμένος *34*

εκβλαστάνω, εκβλάστησα *104*

εκβράζω, εξέβρασα* *35*
εκβράζομαι, εκβράστηκα* *36*

εκγυμνάζω, εκγύμνασα *35*

εκδηλώνω, εκδήλωσα *3*
εκδηλώνομαι, εκδηλώθηκα, εκδηλωμένος *4*

εκδίδω, εξέδωσα *186*
εκδίδομαι, εκδόθηκα *187*

εκδικάζω, εκδίκασα *35*
εκδικάζομαι, εκδικάστηκα, εκδικασμένος *36*

εκδικούμαι, εκδικήθηκα *74* και
εκδικιέμαι, εκδικήθηκα *59*

εκδιώκω, εκδίωξα *25*
εκδιώκομαι, εκδιώχθηκα *26*

εκθειάζω, εκθείασα* *35*
εκθειάζομαι, εκθειάστηκα, (σπάν.) εκθειασμένος *36*

εκθέτω, εξέθεσα *137*
εκτίθεμαι, εκτέθηκα, εκτεθειμένος *138*

εκθρονίζω, εκθρόνισα *33*
εκθρονίζομαι, εκθρονίστηκα, εκθρονισμένος *34*

εκκαθαρίζω, εκκαθάρισα *33*
εκκαθαρίζομαι, εκκαθαρίστηκα, εκκαθαρισμένος *34*

εκκενώνω, εκκένωσα *3*
εκκενώνομαι, εκκενώθηκα, εκκενωμένος *4*

εκκινώ, εκκίνησα *73*

εκκλησιάζομαι, εκκλησιάστηκα *36*

εκκολάπτω, εκκόλαψα *11*
εκκολάπτομαι, εκκολάφθηκα (σπάν. εκκολάφτηκα) *12*

εκκρεμεί (παρατατ. εκκρεμούσε) – εκκρεμούν (παρατατ. εκκρεμούσαν) *73*

εκκρίνω *172* (μόνο στον ενεστ. και στον πληθ. του παρατατ.)
εκκρίνομαι *2* (μόνο στον ενεστ. και παρατατ.)

εκλαϊκεύω, εκλαΐκευσα *19*
εκλαϊκεύομαι, εκλαϊκεύτηκα και εκλαϊκεύθηκα, εκλαϊκευμένος *20*

εκλαμβάνω, εξέλαβα *165*
εκλαμβάνομαι, (εξελήφθη – εξελήφθησαν) *166*

εκλέγω, εξέλεξα *139*
εκλέγομαι, εκλέχτηκα και εκλέχθηκα, εκλεγμένος *140*

εκλείπω, (εξέλειψα)* *9*

εκλεπτύνω, εκλέπτυνα *48*
εκλεπτύνομαι, εκλεπτύνθηκα, εκλεπτυσμένος *49*

εκλιπαρώ, εκλιπάρησα *73*

εκλογικεύω, εκλογίκευσα *19*
εκλογικεύομαι, εκλογικεύτηκα και εκλογικεύθηκα, εκλογικευμένος *20*

εκμαιεύω, εκμαίευσα *19*
εκμαιεύομαι, εκμαιεύτηκα και εκμαιεύθηκα *20*

εκμαυλίζω, εκμαύλισα *33*
εκμαυλίζομαι, εκμαυλίστηκα, εκμαυλισμένος *34*

εκμεταλλεύομαι, εκμεταλλεύτηκα και εκμεταλλεύθηκα* *20*

εκμηδενίζω, εκμηδένισα *33*
εκμηδενίζομαι, εκμηδενίστηκα, εκμηδενισμένος *34*

εκμισθώνω, εκμίσθωσα *3*
εκμισθώνομαι, εκμισθώθηκα, εκμισθωμένος *4*

εκμυστηρεύομαι, εκμυστηρεύτηκα και εκμυστηρεύθηκα *20*

εκνευρίζω, εκνεύρισα *33*
εκνευρίζομαι, εκνευρίστηκα, εκνευρισμένος *34*

εκπαιδεύω, εκπαίδευσα *19*
εκπαιδεύομαι, εκπαιδεύτηκα και εκπαιδεύθηκα, εκπαιδευμένος *20*

εκπαραθυρώνω, εκπαραθύρωσα *3*
εκπαραθυρώνομαι, εκπαραθυρώθηκα, εκπαραθυρωμένος *4*

εκπατρίζω, εκπάτρισα *33*
εκπατρίζομαι, εκπατρίστηκα, εκπατρισμένος *34*

εκπέμπω, εξέπεμψα *9*
εκπέμπομαι *10* (κυρίως στον ενεστ. και παρατατ.)

εκπηγάζει, εκπήγασε *35* (μόνο στο γ΄ πρόσ.)

εκπίπτω, εξέπεσα* *141*

εκπληρώνω, εκπλήρωσα *3*
εκπληρώνομαι, εκπληρώθηκα, εκπληρωμένος *4*

εκπλήττω και **εκπλήσσω,** εξέπληξα *27*
εκπλήττομαι και **εκπλήσσομαι,** (εξεπλάγη – εξεπλάγησαν) (να εκπλαγώ) *198*

εκπνέω, εξέπνευσα *42*

εκποιώ, εκποίησα *73*
εκποιούμαι, εκποιήθηκα *74*

εκπολιτίζω, εκπολίτισα *33*
εκπολιτίζομαι, εκπολιτίστηκα, εκπολιτισμένος *34*

εκπονώ, εκπόνησα *73*
εκπονούμαι, εκπονήθηκα, εκπονημένος *74*

εκπορεύομαι, εκπορεύτηκα και εκπορεύθηκα *20*

εκπορθώ, εκπόρθησα *73*
εκπορθούμαι, εκπορθήθηκα, εκπορθημένος *74*

εκπορνεύω, εκπόρνευσα *19*
εκπορνεύομαι, εκπορνεύτηκα *20*

εκπροσωπώ, εκπροσώπησα *73*
εκπροσωπούμαι, εκπροσωπήθηκα, εκπροσωπημένος *74*
εκπυρσοκροτεί, εκπυρσοκρότησε *73* (στο γ΄ πρόσ.)

εκρήγνυμαι, (εξερράγη – εξερράγησαν) *142*

εκριζώνω, εκρίζωσα *3*
εκριζώνομαι, εκριζώθηκα, εκριζωμένος *4*

εκσπερματώνω, εκσπερμάτωσα *3*

εκστασιάζομαι, εκστασιάστηκα, εκστασιαμένος *36*

εκστρατεύω, εκστράτευσα *19*

εκσυγχρονίζω, εκσυγχρόνισα *33*
εκσυγχρονίζομαι, εκσυγχρονίστηκα, εκσυγχρονισμένος *34*

εκσφενδονίζω, εκσφενδόνισα *33*
εκσφενδονίζομαι, εκσφενδονίστηκα, εκσφενδονισμένος *34*

εκταμιεύω, εκταμίευσα *19*
εκταμιεύομαι, εκταμιεύτηκα και εκταμιεύθηκα *20*

εκτείνω, εξέτεινα *172*

εκτείνομαι, εκτάθηκα, εκτεταμένος* *188*

εκτελώ, εκτέλεσα *76*
εκτελούμαι, εκτελέστηκα, εκτελεσμένος *78*

εκτελωνίζω, εκτελώνισα *33*
εκτελωνίζομαι, εκτελωνίστηκα, εκτελωνισμένος *34*

εκτιμάω/ εκτιμώ (παρατατ. *-ούσα*), εκτίμησα* *58*
εκτιμώμαι, εκτιμήθηκα, εκτιμημένος *61*

εκτινάσσω, εκτίναξα *27*
εκτινάσσομαι, εκτινάχθηκα και εκτινάχτηκα *28*

εκτίω, εξέτισα* *5*
εκτίομαι* *6* (μόνο στον ενεστ.)

εκτονώνω, εκτόνωσα *3*
εκτονώνομαι, εκτονώθηκα, εκτονωμένος *4*

εκτοξεύω, εκτόξευσα *19*
εκτοξεύομαι, εκτοξεύτηκα και εκτοξεύθηκα, εκτοξευμένος *20*

εκτοπίζω, εκτόπισα *33*
εκτοπίζομαι, εκτοπίστηκα, εκτοπισμένος *34*

εκτραχηλίζομαι, εκτραχηλίστηκα, εκτραχηλισμένος *34*

εκτραχύνω, εκτράχυνα *48*
εκτραχύνομαι, εκτραχύνθηκα *49*

εκτρέπω, εξέτρεψα *9*
εκτρέπομαι, (εκτράπηκα) *180*

εκτρέφω, εξέθρεψα *219*
εκτρέφομαι, εκτράφηκα *220*

εκτροχιάζομαι, εκτροχιάστηκα, εκτροχιασμένος *36*

εκτυλίσσω, εκτύλιξα *27*
εκτυλίσσομαι, εκτυλίχθηκα (σπάν. εκτυλίχτηκα) *28*

εκτυπώνω, εκτύπωσα *3*
εκτυπώνομαι, εκτυπώθηκα, εκτυπωμένος *4*

εκφαυλίζω, εκφαύλισα *33*
εκφαυλίζομαι, εκφαυλίστηκα, εκφαυλισμένος *34*

εκφέρω, εξέφερα *217*

εκφέρομαι *218* (κυρίως στον ενεστ. και παρατατ.)

εκφοβίζω, εκφόβισα *33*

εκφορτίζω, εκφόρτισα *33*
εκφορτίζομαι, εκφορτίστηκα, εκφορτισμένος *34*

εκφράζω, εξέφρασα και έκφρασα *35*
εκφράζομαι, εκφράστηκα, εκφρασμένος *36*

εκφύεται, εκφύονται *6* (μόνο στο γ΄ πρόσ.)

εκφυλίζω, εκφύλισα* *33*
εκφυλίζομαι, εκφυλίστηκα, εκφυλισμένος *34*

εκφωνώ, εκφώνησα *73*
εκφωνούμαι, εκφωνήθηκα, εκφωνημένος *74*

εκχερσώνω, εκχέρσωσα *3*
εκχερσώνομαι, εκχερσώθηκα, εκχερσωμένος *4*

εκχυδαΐζω, εκχυδάισα *33*
εκχυδαΐζομαι, εκχυδαΐστηκα, εκχυδαϊσμένος *34*

εκχυλίζω, εκχύλισα *33*
εκχυλίζομαι, εκχυλίστηκα, εκχυλισμένος *34*

εκχωρώ, εκχώρησα *73*
εκχωρούμαι, εκχωρήθηκα, εκχωρημένος *74*

ελαττώνω, ελάττωσα *3*
ελαττώνομαι, ελαττώθηκα, ελαττωμένος *4*

ελαφραίνω, ελάφρυνα *47*

ελαφρύνομαι, ελαφρύνθηκα *49*

ελαφρώνω, ελάφρωσα, ελαφρωμένος *3*

ελαχιστοποιώ, ελαχιστοποίησα *73*
ελαχιστοποιούμαι, ελαχιστοποιήθηκα, ελαχιστοποιημένος *74, 75*

ελέγχω, έλεγξα *31*
ελέγχομαι, ελέγχθηκα και ελέγχτηκα, ελεγμένος *32*

ελεεινολογώ, ελεεινολόγησα *73*

ελευθερώνω, ελευθέρωσα *3*
ελευθερώνομαι, ελευθερώθηκα, ελευθερωμένος *4*

ελεώ, ελέησα *73*
ελεούμαι, ελεήθηκα, ελεημένος *74*

ελίσσομαι, ελίχθηκα (σπάν. ελίχτηκα) *28*

ελκύω *5* (κυρίως στον ενεστ. και παρατατ.)
ελκύομαι *41* (κυρίως στον ενεστ. και παρατατ.)

έλκω *25* (μόνο στον ενεστ.)
έλκομαι *26* (μόνο στον ενεστ.)

ελλιμενίζω, ελλιμένισα *33*
ελλιμενίζομαι, ελλιμενίστηκα, ελλιμενισμένος *34*

ελλοχεύω *19* (κυρίως στον ενεστ. και παρατατ.)

ελπίζω, έλπισα και ήλπισα *33*

εμβαθύνω, εμβάθυνα *48*

εμβαπτίζω, εμβάπτισα *33*
εμβαπτίζομαι, εμβαπτίστηκα, εμβαπτισμένος *34*

εμβολιάζω, εμβολίασα *35*
εμβολιάζομαι, εμβολιάστηκα, εμβολιασμένος *36*

εμβολίζω, εμβόλισα *33*
εμβολίζομαι, εμβολίστηκα, εμβολισμένος *34*

εμμένω, ενέμεινα *178*

εμπαίζω, ενέπαιξα *23*
εμπαίζομαι, εμπαίχθηκα και εμπαίχτηκα, εμπαιγμένος *24*

εμπεδώνω, εμπέδωσα *3*
εμπεδώνομαι, εμπεδώθηκα, εμπεδωμένος *4*

εμπεριέχω *190* (μόνο στον ενεστ. και παρατατ.)
εμπεριέχομαι *191* (μόνο στον ενεστ. και παρατατ.)

εμπερικλείω, εμπεριέκλεισα *40*
εμπερικλείομαι *41* (μόνο στον ενεστ. και παρατατ.)

εμπίπτω, ενέπεσα *141*

εμπιστεύομαι, εμπιστεύτηκα και εμπιστεύθηκα *20*

εμπλέκω, ενέπλεξα *25*

εμπλέκομαι, (ενεπλάκη – ενεπλάκησαν) *212*

εμπλουτίζω, εμπλούτισα *33*
εμπλουτίζομαι, εμπλουτίστηκα, εμπλουτισμένος *34*

εμπνέω, ενέπνευσα *42*
εμπνέομαι, εμπνεύστηκα, εμπνευσμένος *43*

εμποδίζω, εμπόδισα *33*
εμποδίζομαι, εμποδίστηκα, εμποδισμένος *34*

εμπορεύομαι, εμπορεύτηκα και εμπορεύθηκα *20*

εμποτίζω, εμπότισα *33*
εμποτίζομαι, εμποτίστηκα, εμποτισμένος *34*

εμφανίζω, εμφάνισα *33*
εμφανίζομαι, εμφανίστηκα, εμφανισμένος *34*

εμφιαλώνω, εμφιάλωσα *3*
εμφιαλώνομαι, εμφιαλώθηκα, εμφιαλωμένος *4*

εμφορούμαι *74* (μόνο στον ενεστ.)

εμφυσώ, εμφύσησα *60*

εμφυτεύω, εμφύτευσα *19*
εμφυτεύομαι, εμφυτεύτηκα και εμφυτεύθηκα, εμφυτευμένος *20*

εμψυχώνω, εμψύχωσα *3*
εμψυχώνομαι, εμψυχώθηκα, εμψυχωμένος *4*

εναγκαλίζομαι, εναγκαλίστηκα, εναγκαλισμένος *34*

ενάγω, ενήγαγα *135*
ενάγομαι, (ενήχθη – ενήχθησαν) *136*

εναλλάσσομαι *95* (κυρίως στον ενεστ. και παρατατ.)

ενανθρωπίζομαι, ενανθρωπίστηκα, ενανθρωπισμένος *34*

εναντιώνομαι, εναντιώθηκα *4*

εναποθέτω, εναπόθεσα και εναπέθεσα *137*
εναποτίθεμαι, εναποτέθηκα *138*

εναποθηκεύω, εναποθήκευσα *19*
εναποθηκεύομαι, εναποθηκεύτηκα και εναποθηκεύθηκα, εναποθηκευμένος *20*

εναπόκειται (ως προσ. ή απρόσ.)

εναρμονίζω, εναρμόνισα *33*
εναρμονίζομαι, εναρμονίστηκα, εναρμονισμένος *34*

ενατενίζω, ενατένισα *33*

ενδείκνυται (ως προσ. ή απρόσ.) – ενδείκνυνται (ως προσ.), ενδεδειγμένος*

ενδέχεται (ως απρόσ.)

ενδημώ, ενδήμησα *73*

ενδιαφέρω* *217* (μόνο στον ενεστ. και παρατατ. και ως απρόσ. **ενδιαφέρει**)
ενδιαφέρομαι, ενδιαφέρθηκα* *218*

ενδίδω, ενέδωσα *186*

ενδυναμώνω, ενδυνάμωσα *3*
ενδυναμώνομαι, ενδυναμώθηκα, ενδυναμωμένος *4*

ενεδρεύω *19* (μόνο στον ενεστ. και παρατατ.)

ενεργοποιώ, ενεργοποίησα *73*
ενεργοποιούμαι, ενεργοποιήθηκα, ενεργοποιημένος *74, 75*

ενεργώ, ενήργησα (σπάν. ενέργησα) *73*
ενεργούμαι, ενεργήθηκα* *74*

ενέχω *190* (μόνο στον ενεστ. και παρατατ.)
ενέχομαι* *191* (μόνο στον ενεστ. και παρατατ.)

ενηλικιώνομαι, ενηλικιώθηκα, ενηλικιωμένος *4*

ενημερώνω, ενημέρωσα *3*
ενημερώνομαι, ενημερώθηκα, ενημερωμένος *4*

ενθαρρύνω, ενθάρρυνα *48*
ενθαρρύνομαι, ενθαρρύνθηκα *49*

ενθουσιάζω, ενθουσίασα *35*
ενθουσιάζομαι, ενθουσιάστηκα, ενθουσιασμένος *36*

ενθρονίζω, ενθρόνισα *33*
ενθρονίζομαι, ενθρονίστηκα, ενθρονισμένος *34*

ενίσταμαι *159* (μόνο στον ενεστ. και παρατατ.)

ενισχύω, ενίσχυσα *5*
ενισχύομαι, ενισχύθηκα, ενισχυμένος *6*

εννοώ, εννόησα *73*
εννοούμαι, εννοήθηκα *74* (και ως απρόσ. **εννοείται**)

ενοικιάζω, ενοικίασα *35*
ενοικιάζομαι, ενοικιάστηκα, ενοικιασμένος *36*

ενοποιώ, ενοποίησα *73*
ενοποιούμαι, ενοποιήθηκα, ενοποιημένος *74, 75*

ενορχηστρώνω, ενορχήστρωσα *3*
ενορχηστρώνομαι, ενορχηστρώθηκα, ενορχηστρωμένος *4*

ενοχλώ, ενόχλησα *73* (και ως απρόσ. **ενοχλεί**)
ενοχλούμαι, ενοχλήθηκα, ενοχλημένος *74*

ενοχοποιώ, ενοχοποίησα *73*
ενοχοποιούμαι, ενοχοποιήθηκα, ενοχοποιημένος *74, 75*

ενσαρκώνω, ενσάρκωσα *3*
ενσαρκώνομαι, ενσαρκώθηκα, ενσαρκωμένος *4*

ενσκήπτω, ενέσκηψα *11*

ενσπείρω, ενέσπειρα *217*

ενσταλάζω, ενστάλαξα *23*

ενστερνίζομαι, ενστερνίστηκα *34*

ενσωματώνω, ενσωμάτωσα *3*
ενσωματώνομαι, ενσωματώθηκα, ενσωματωμένος *4*

εντάσσω, ενέταξα *27*
εντάσσομαι, εντάχθηκα και εντάχτηκα, ενταγμένος *28*

εντατικοποιώ, εντατικοποίησα *73*
εντατικοποιούμαι, εντατικοποιήθηκα, εντατικοποιημένος *74, 75*

ενταφιάζω, ενταφίασα *35*
ενταφιάζομαι, ενταφιάστηκα, ενταφιασμένος *36*

εντείνω, ενέτεινα *172*
εντείνομαι, εντάθηκα *188*

εντέλλομαι *91* (μόνο στον ενεστ.)

εντοιχίζω, εντοίχισα *33*
εντοιχίζομαι, εντοιχίστηκα, εντοιχισμένος *34*

εντοπίζω, εντόπισα *33*
εντοπίζομαι, εντοπίστηκα, εντοπισμένος *34*

εντρυφώ, εντρύφησα *60*

εντυπώνω, εντύπωσα *3*
εντυπώνομαι, εντυπώθηκα, εντυπωμένος *4*

εντυπωσιάζω, εντυπωσίασα *35*
εντυπωσιάζομαι, εντυπωσιάστηκα, εντυπωσιασμένος *36*

ενυδατώνω, ενυδάτωσα *3*
ενυδατώνομαι, ενυδατώθηκα, ενυδατωμένος *4*

ενυπάρχω *223* (κυρίως στον ενεστ. και παρατατ.)

ενώνω, ένωσα *3*
ενώνομαι, ενώθηκα, ενωμένος *4*

εξαγγέλλω, εξήγγειλα (σπάν. εξάγγειλα) *85*
εξαγγέλλομαι, εξαγγέλθηκα, (σπάν.) εξαγγελμένος *86*

εξαγιάζω, εξαγίασα *35*
εξαγιάζομαι, εξαγιάστηκα, εξαγιασμένος *36*

εξαγνίζω, εξάγνισα *33*
εξαγνίζομαι, εξαγνίστηκα, εξαγνισμένος *34*

εξακτινώνω, εξακτίνωσα *3*
εξακτινώνομαι, εξακτινώθηκα, εξακτινωμένος *4*

εξαγοράζω, εξαγόρασα *35*
εξαγοράζομαι, εξαγοράστηκα, εξαγορασμένος *36*

εξαγριώνω, εξαγρίωσα *3*
εξαγριώνομαι, εξαγριώθηκα, εξαγριωμένος *4*

εξάγω, εξήγαγα *135*
εξάγομαι, (εξήχθη – εξήχθησαν) *136*

εξαερίζω, εξαέρισα* *33*
εξαερίζομαι, εξαερίστηκα, εξαερισμένος *34*

εξαερώνω, εξαέρωσα* *3*
εξαερώνομαι, εξαερώθηκα, εξαερωμένος *4*

εξαθλιώνω, εξαθλίωσα *3*
εξαθλιώνομαι, εξαθλιώθηκα, εξαθλιωμένος *4*

εξαίρω, εξήρα *80*
εξαίρομαι, (εξάρθηκα) *81*

εξαιρώ, εξαίρεσα *76*
εξαιρούμαι, εξαιρέθηκα *77*

εξακολουθώ, εξακολούθησα *73* (και ως απρόσ. **εξακολουθεί**)

εξακοντίζω, εξακόντισα *33*
εξακοντίζομαι, εξακοντίστηκα, εξακοντισμένος *34*

εξακριβώνω, εξακρίβωσα *3*
εξακριβώνομαι, εξακριβώθηκα, εξακριβωμένος *4*

εξαλείφω, εξάλειψα *13*
εξαλείφομαι, εξαλείφθηκα (σπάν. εξαλείφτηκα), εξαλειμμένος *14*

εξαναγκάζω, εξανάγκασα *35*
εξαναγκάζομαι, εξαναγκάστηκα, εξαναγκασμένος *36*

εξανδραποδίζω, εξανδραπόδισα *33*
εξανδραποδίζομαι, εξανδραποδίστηκα, εξανδραποδισμένος *34*

εξανεμίζω, εξανέμισα *33*
εξανεμίζομαι, εξανεμίστηκα, εξανεμισμένος *34*

εξανθρωπίζω, εξανθρώπισα *33*
εξανθρωπίζομαι, εξανθρωπίστηκα, εξανθρωπισμένος *34*

εξανίσταμαι *159* (μόνο στον ενεστ. και παρατατ., και στο γ΄ πρόσ. αορ. με τους τύπους *εξανέστη – εξανέστησαν*)

εξαντλώ, εξάντλησα *73*
εξαντλούμαι, εξαντλήθηκα, εξαντλημένος *74*

εξαπατάω/ εξαπατώ (παρατατ. *-ούσα*), εξαπάτησα *58*
εξαπατώμαι, εξαπατήθηκα, εξαπατημένος *61*

εξαπλασιάζω, εξαπλασίασα *35*
εξαπλασιάζομαι, εξαπλασιάστηκα, εξαπλασιασμένος *36*

εξαπλώνω, εξάπλωσα *3*
εξαπλώνομαι, εξαπλώθηκα, εξαπλωμένος* *4*

εξαπολύω, εξαπέλυσα *5*
εξαπολύομαι, εξαπολύθηκα *6*

εξάπτω, (εξήψα) *213*
εξάπτομαι, (εξάφθηκα), εξημμένος *12*

εξαργυρώνω, εξαργύρωσα *3*
εξαργυρώνομαι, εξαργυρώθηκα, εξαργυρωμένος *4*

εξαρθρώνω, εξάρθρωσα *3*
εξαρθρώνομαι, εξαρθρώθηκα, εξαρθρωμένος *4*

εξαρτώ, εξάρτησα* *60*
εξαρτώμαι, εξαρτήθηκα, εξαρτημένος *61* (και ως απρόσ. **εξαρτάται**) και
εξαρτιέμαι, εξαρτήθηκα, εξαρτημένος* *59*

εξασθενίζω, εξασθένισα* *33*

εξασθενώ, εξασθένησα, εξασθενημένος* *73*

εξασκώ, εξάσκησα *73*
εξασκούμαι, εξασκήθηκα, εξασκημένος *74*

εξασφαλίζω, εξασφάλισα *33*
εξασφαλίζομαι, εξασφαλίστηκα, εξασφαλισμένος *34*

εξατμίζω, εξάτμισα *33*
εξατμίζομαι, εξατμίστηκα, εξατμισμένος *34*

εξατομικεύω, εξατομίκευσα *19*
εξατομικεύομαι, εξατομικεύτηκα και εξατομικεύθηκα, εξατομικευμένος *20*

εξαϋλώνω, εξαΰλωσα *3*
εξαϋλώνομαι, εξαϋλώθηκα, εξαϋλωμένος *4*

εξαφανίζω, εξαφάνισα *33*
εξαφανίζομαι, εξαφανίστηκα, εξαφανισμένος *34*

εξαχνώνω, εξάχνωσα *3*
εξαχνώνομαι, εξαχνώθηκα, εξαχνωμένος *4*

εξαχρειώνω, εξαχρείωσα *3*
εξαχρειώνομαι, εξαχρειώθηκα, εξαχρειωμένος *4*

εξεγείρω, εξήγειρα *143*
εξεγείρομαι, εξεγέρθηκα, εξεγερμένος *144*

εξειδικεύω, εξειδίκευσα *19*

εξειδικεύομαι, εξειδικεύτηκα και εξειδικεύθηκα, εξειδικευμένος *20*

εξελίσσω, εξέλιξα *27*
εξελίσσομαι, εξελίχθηκα και εξελίχτηκα, εξελιγμένος* *28*

εξελληνίζω, εξελλήνισα *33*
εξελληνίζομαι, εξελληνίστηκα, εξελληνισμένος *34*

εξερεθίζω, εξερέθισα *33*

εξερευνώ, εξερεύνησα* *60*
εξερευνώμαι, εξερευνήθηκα, εξερευνημένος *61*

εξέρχομαι, εξήλθα *214*

εξετάζω, εξέτασα *35*
εξετάζομαι, εξετάστηκα, εξετασμένος *36*

εξευγενίζω, εξευγένισα *33*
εξευγενίζομαι, εξευγενίστηκα εξευγενισμένος *34*

εξευμενίζω, εξευμένισα *33*
εξευμενίζομαι, εξευμενίστηκα, εξευμενισμένος *34*

εξευρωπαΐζω, εξευρωπάισα *33*
εξευρωπαΐζομαι, εξευρωπαΐστηκα, εξευρωπαϊσμένος *34*

εξευτελίζω, εξευτέλισα *33*
εξευτελίζομαι, εξευτελίστηκα, εξευτελισμένος *34*

εξέχω* *154* (μόνο στον ενεστ. και παρατατ.)

εξηγώ, εξήγησα *73*
εξηγούμαι, εξηγήθηκα, εξηγημένος* *74* (και ως απρόσ. **εξηγείται**)

εξημερώνω, εξημέρωσα *3*
εξημερώνομαι, εξημερώθηκα, εξημερωμένος *4*

εξιδανικεύω, εξιδανίκευσα *19*
εξιδανικεύομαι, εξιδανικεύτηκα και εξιδανικεύθηκα, εξιδανικευμένος *20*

εξιλεώνω, εξιλέωσα *3*
εξιλεώνομαι, εξιλεώθηκα, εξιλεωμένος *4*

εξισλαμίζω, εξισλάμισα *33*
εξισλαμίζομαι, εξισλαμίστηκα, εξισλαμισμένος *34*

εξισορροπώ, εξισορρόπησα *73*
εξισορροπούμαι, εξισορροπήθηκα, εξισορροπημένος *74*

εξίσταμαι *159* (μόνο στον ενεστ. και παρατατ., στην έκφραση *απορώ και εξίσταμαι*)

εξιστορώ, εξιστόρησα *73*
εξιστορούμαι, εξιστορήθηκα *74*

εξισώνω, εξίσωσα *3*
εξισώνομαι, εξισώθηκα, εξισωμένος *4*

εξιτάρω, εξιτάρισα *53*
εξιτάρομαι (μόνο στον ενεστ.) *54*

εξιχνιάζω, εξιχνίασα *35*
εξιχνιάζομαι, εξιχνιάστηκα *36*

εξοβελίζω, εξοβέλισα *33*
εξοβελίζομαι, εξοβελίστηκα, εξοβελισμένος *34*

εξογκώνω, εξόγκωσα *3*
εξογκώνομαι, εξογκώθηκα, εξογκωμένος *4*

εξοικειώνω, εξοικείωσα *3*
εξοικειώνομαι, εξοικειώθηκα, εξοικειωμένος *4*

εξοικονομώ, εξοικονόμησα *73*
εξοικονομούμαι, εξοικονομήθηκα, εξοικονομημένος *74*

(εξοκέλλω), εξόκειλα *85*

εξολοθρεύω, εξολόθρευσα και εξολόθρεψα *19, 17*
εξολοθρεύομαι, εξολοθρεύτηκα (σπάν. εξολοθρεύθηκα), εξολοθρε(υ)μένος *20*

εξομαλύνω, εξομάλυνα *48*
εξομαλύνομαι, εξομαλύνθηκα *49*

εξομοιώνω, εξομοίωσα *3*
εξομοιώνομαι, εξομοιώθηκα, εξομοιωμένος *4*

εξομολογώ, εξομολόγησα *73* και
εξομολογάω/ εξομολογώ (παρατατ. *-ούσα*), εξομολόγησα* *58*
εξομολογούμαι, εξομολογήθηκα, εξομολογημένος *74* και

εξομολογιέμαι, εξομολογήθηκα, εξομολογημένος* *59*

εξοντώνω, εξόντωσα *3*
εξοντώνομαι, εξοντώθηκα, εξοντωμένος *4*

εξοπλίζω, εξόπλισα *33*
εξοπλίζομαι, εξοπλίστηκα, εξοπλισμένος *34*

εξοργίζω, εξόργισα *33*
εξοργίζομαι, εξοργίστηκα, εξοργισμένος *34*

εξορθολογίζω, εξορθολόγισα *33*
εξορθολογίζομαι, εξορθολογίστηκα, εξορθολογισμένος *34*

εξορίζω, εξόρισα *33*
εξορίζομαι, εξορίστηκα, εξορισμένος *34*

εξορκίζω, εξόρκισα *33*
εξορκίζομαι, εξορκίστηκα, εξορκισμένος *34*

εξορμάω/ εξορμώ (παρατατ. *-ούσα*), εξόρμησα *58*

εξορύσσω, εξόρυξα *27*
εξορύσσομαι, εξορύχθηκα, (σπάν.) εξορυγμένος *28*

εξοστρακίζω, εξοστράκισα *33*
εξοστρακίζομαι, εξοστρακίστηκα, εξοστρακισμένος *34*

εξουδετερώνω, εξουδετέρωσα *3*
εξουδετερώνομαι, εξουδετερώθηκα, εξουδετερωμένος *4*

εξουθενώνω, εξουθένωσα *3*
εξουθενώνομαι, εξουθενώθηκα, εξουθενωμένος *4*

εξουσιάζω, εξουσίασα *35*
εξουσιάζομαι *36* (κυρίως στον ενεστ. και παρατατ.)

εξουσιοδοτώ, εξουσιοδότησα *73*
εξουσιοδοτούμαι, εξουσιοδοτήθηκα, εξουσιοδοτημένος *74*

εξοφλώ, εξόφλησα *73*
εξοφλούμαι, εξοφλήθηκα, εξοφλημένος *74*

εξυβρίζω, εξύβρισα *33*
εξυβρίζομαι, εξυβρίστηκα, εξυβρισμένος *34*

εξυγιαίνω, εξυγίανα *44*
εξυγιαίνομαι, εξυγιάνθηκα, εξυγιασμένος *46*

εξυμνώ, εξύμνησα *73*
εξυμνούμαι, εξυμνήθηκα *74*

εξυπακούεται (ως απρόσ.)

εξυπηρετώ, εξυπηρέτησα *73*
εξυπηρετούμαι, εξυπηρετήθηκα *74*

εξυφαίνω, εξύφανα *44*
εξυφαίνομαι, εξυφάνθηκα *46*

εξυψώνω, εξύψωσα *3*
εξυψώνομαι, εξυψώθηκα, εξυψωμένος *4*

εξωθώ, εξώθησα *73*
εξωθούμαι, εξωθήθηκα, (σπάν.) εξωθημένος *74*

εξωραΐζω, εξωράισα *33*
εξωραΐζομαι, εξωραΐστηκα, εξωραϊσμένος *34*

εξωτερικεύω, εξωτερίκευσα *19*
εξωτερικεύομαι, εξωτερικεύτηκα και εξωτερικεύθηκα, εξωτερικευμένος *20*

εορτάζω → δες **γιορτάζω**

επαγγέλλομαι, επαγγέλθηκα *86*

επαγρυπνώ, επαγρύπνησα *73*

επαινώ, επαίνεσα *76*
επαινούμαι, επαινέθηκα, (ε)παινεμένος *77*

επαίρομαι *81* (μόνο στον ενεστ.)

επαιτώ *76* (μόνο στον ενεστ.)

επακολουθώ, επακολούθησα *73*

επαληθεύω, επαλήθευσα *19*
επαληθεύομαι, επαληθεύτηκα (σπάν. επαληθεύθηκα), επαληθευμένος *20*

επαμφοτερίζω* *33* (μόνο στον ενεστ.)

επανακάμπτω, επανέκαμψα *11*

επανακτώ, επανέκτησα *60*
επανακτώμαι, επανακτήθηκα, επανακτημένος *61*

επαναλαβαίνω → δες **επαναλαμβάνω**
επαναλαμβάνω, επανέλαβα *165*
επαναλαμβάνομαι, επαναλήφθηκα, επανειλημμένος* *166*

επαναπατρίζω, επαναπάτρισα *33*
επαναπατρίζομαι, επαναπατρίστηκα, επαναπατρισμένος *34*

επαναπαύομαι, επαναπαύτηκα και επαναπαύθηκα, επαναπαυμένος *20*

επαναστατώ, επαναστάτησα, επαναστατημένος *73*

επανασυνδέω, επανασύνδεσα και επανασυνέδεσα *5*
επανασυνδέομαι, επανασυνδέθηκα, (σπάν.) επανασυν(δε)δεμένος *6*

επαναφέρω, επανέφερα (σπάν. επανάφερα) *217*
επαναφέρομαι, επαναφέρθηκα *218*

επανδρώνω, επάνδρωσα *3*
επανδρώνομαι, επανδρώθηκα, επανδρωμένος *4*

επανεκδίδω, επανεξέδωσα *186*
επανεκδίδομαι, επανεκδόθηκα, επανεκδομένος *187*

επανεκκινώ, επανεκκίνησα *73*

επανέρχομαι, επανήλθα *214*

επανορθώνω, επανόρθωσα *3*
επανορθώνομαι, επανορθώθηκα, επανορθωμένος *4*

επαπειλούμαι *74* (κυρίως στον ενεστ.)

επαργυρώνω, επαργύρωσα *3*
επαργυρώνομαι, επαργυρώθηκα, επαργυρωμένος *4*

επαρκώ *76* (κυρίως στον ενεστ., παρατατ. και υποτακτ. αορ. – να επαρκέσω)

επαυξάνω, επαύξησα *104*
επαυξάνομαι, επαυξήθηκα, επαυξημένος *105*

επαφίεμαι *159* (μόνο στον ενεστ.)

επείγει* (ως προσ. ή απρόσ.) – επείγουν (ως προσ.)
επείγομαι* *22* (μόνο στον ενεστ. και παρατατ.)

επεκτείνω, επέκτεινα και επεξέτεινα *172*
επεκτείνομαι, επεκτάθηκα, επεκτεταμένος *188*

επελαύνω, επέλασα *96*

επεμβαίνω, (επέμβηκα, επενέβη – επενέβησαν) *145*

επενδύω, επένδυσα *5*
επενδύομαι, επενδύθηκα, επενδυμένος *6*

επενεργώ, επενέργησα (επενήργησα) *73*

επεξεργάζομαι, επεξεργάστηκα, επεξεργασμένος* *36*

επεξηγώ, επεξήγησα *73*
επεξηγούμαι, επεξηγήθηκα, επεξηγημένος *74*

επέρχομαι, επήλθα *214*

έπεται* (ως προσ. ή απρόσ.) – έπονται (ως προσ.)

επευφημώ, επευφήμησα *73*
επευφημούμαι, επευφημήθηκα *74*

επηρεάζω, επηρέασα *35*
επηρεάζομαι, επηρεάστηκα, επηρεασμένος *36*

επιβαίνω, (επέβη – επέβησαν) (να επιβώ) *145*

επιβάλλω, επέβαλα *146*
επιβάλλομαι, επιβλήθηκα, επιβεβλημένος *147* (και ως απρόσ. **επιβάλλεται**)

επιβαρύνω, επιβάρυνα *48*
επιβαρύνομαι, επιβαρύνθηκα, επιβαρημένος* *49*

επιβεβαιώνω, επιβεβαίωσα *3*
επιβεβαιώνομαι, επιβεβαιώθηκα, επιβεβαιωμένος *4*

επιβιβάζω, επιβίβασα *35*
επιβιβάζομαι, επιβιβάστηκα, επιβιβασμένος *36*

επιβιώνω, επιβίωσα *3*

επιβλέπω, επέβλεψα *9*

επιβουλεύομαι, επιβουλεύτηκα και επιβουλεύθηκα *20*

επιβραβεύω, επιβράβευσα *19*
επιβραβεύομαι, επιβραβεύτηκα και επιβραβεύθηκα, επιβραβευμένος *20*

επιβραδύνω, επιβράδυνα *48*

επιβραδύνομαι, επιβραδύνθηκα *49*

επιδεικνύω, επέδειξα *87*
επιδεικνύομαι, επιδείχθηκα και επιδείχτηκα *88*

επιδεινώνω, επιδείνωσα *3*
επιδεινώνομαι, επιδεινώθηκα, επιδεινωμένος *4*

επιδείχνω → δες **επιδεικνύω**

επιδένω, επέδεσα *1*
επιδένομαι, επιδέθηκα *2*

επιδέχομαι *32* (μόνο στον ενεστ. και παρατατ.)

επιδίδω, επέδωσα *186*
επιδίδομαι, επιδόθηκα* *187*

επιδικάζω, επιδίκασα* *35*
επιδικάζομαι, επιδικάστηκα, επιδικασμένος *36*

επιδιορθώνω, επιδιόρθωσα *3*
επιδιορθώνομαι, επιδιορθώθηκα, επιδιορθωμένος *4*

επιδιώκω, επιδίωξα* *25*
επιδιώκεται (ως προσ. ή απρόσ.)

επιδοκιμάζω, επιδοκίμασα *35*
επιδοκιμάζομαι, επιδοκιμάστηκα, (σπάν.) επιδοκιμασμένος *36*

επιδοτώ, επιδότησα *73*
επιδοτούμαι, επιδοτήθηκα, (σπάν.) επιδοτημένος *74*

επιδρώ, επέδρασα* *71*

επιζητώ, επιζήτησα* *73*

επιζώ, επέζησα* *73*

επιθεωρώ, επιθεώρησα *73*
επιθεωρούμαι, επιθεωρήθηκα, επιθεωρημένος *74*

επιθυμώ, επιθύμησα *73*

επικάθομαι, επικάθισα *160*

επικαιροποιώ, επικαιροποίησα *73*
επικαιροποιούμαι, επικαιροποιήθηκα, επικαιροποιημένος *74, 75*

επικαλούμαι, επικαλέστηκα *78*

επικασσιτερώνω, επικασσιτέρωσα *3*
επικασσιτερώνομαι, επικασσιτερώθηκα, επικασσιτερωμένος *4*

επίκειται (ως προσ. ή απρόσ.) – επίκεινται (ως προσ.)

επικεντρώνω, επικέντρωσα *3*
επικεντρώνομαι, επικεντρώθηκα, επικεντρωμένος *4*

επικηρύσσω, επικήρυξα *27*
επικηρύσσομαι, επικηρύχθηκα και επικηρύχτηκα, επικηρυγμένος *28*

επικοινωνώ, επικοινώνησα* *73*

επικολλώ, επικόλλησα* *60*
επικολλώμαι, επικολλήθηκα, επικολλημένος *61*

επικουρώ *76* (μόνο στον ενεστ.)

επικρατώ, επικράτησα *73*

επικρέμαται – επικρέμανται (μόνο στον ενεστ., στο γ΄ πρόσ.)

επικρίνω, επέκρινα *172*
επικρίνομαι, επικρίθηκα *2*

επικροτώ, επικρότησα *73*
επικροτούμαι, επικροτήθηκα *74*

επικυρώνω, επικύρωσα *3*
επικυρώνομαι, επικυρώθηκα, επικυρωμένος *4*

επιλαμβάνομαι, (επιλήφθηκα)* *166*

επιλέγω, επέλεξα *139*
επιλέγομαι, επιλέχθηκα και επιλέχτηκα, επιλεγμένος* *140*

επιλύω, επέλυσα *5*
επιλύομαι, επιλύθηκα *6*

επιμελούμαι, επιμελήθηκα, επιμελημένος *74*

επιμένω, επέμεινα *178*

επιμερίζω, επιμέρισα *33*
επιμερίζομαι, επιμερίστηκα, επιμερισμένος *34*

επιμηκύνω, επιμήκυνα *48*
επιμηκύνομαι, επιμηκύνθηκα, επιμηκυμένος *49*

επιμορφώνω, επιμόρφωσα *3*

επιμορφώνομαι, επιμορφώθηκα, επιμορφωμένος *4*

επινικελώνω, επινικέλωσα *3*
επινικελώνομαι, επινικελώθηκα, επινικελωμένος *4*

επινοώ, επινόησα *73*
επινοούμαι, επινοήθηκα, επινοημένος *74*

επιπλέω, επέπλευσα *42*

επιπλήττω, επέπληξα* *27*

επιπλώνω, επίπλωσα *3*
επιπλώνομαι, επιπλώθηκα, επιπλωμένος *4*

επιρρίπτω, επέρριψα *11*
επιρρίπτομαι *12* (κυρίως στον ενεστ.)

επισείω, επέσεισα *40*
επισείομαι *41* (μόνο στον ενεστ.)

επισημαίνω, επισήμανα* *44*
επισημαίνομαι, επισημάνθηκα, επισημασμένος *46*

επισημοποιώ, επισημοποίησα *73*
επισημοποιούμαι, επισημοποιήθηκα, επισημοποιημένος *74, 75*

επισκέπτομαι, επισκέφτηκα (σπάν. επισκέφθηκα) *12*

επισκευάζω, επισκεύασα *35*
επισκευάζομαι, επισκευάστηκα, επισκευασμένος *36*

επισκιάζω, επισκίασα *35*
επισκιάζομαι, επισκιάστηκα, επισκιασμένος *36*

επισπεύδω, επέσπευσα *128*
επισπεύδομαι, επισπεύστηκα *129*

επιστατώ, επιστάτησα *73*

επιστεγάζω, επιστέγασα *35*
επιστεγάζομαι, επιστεγάστηκα, επιστεγασμένος *36*

επιστρατεύω, επιστράτευσα *19*
επιστρατεύομαι, επιστρατεύτηκα και επιστρατεύθηκα, επιστρατευμένος *20*

επιστρέφω, επέστρεψα *13*
επιστρέφομαι, επιστράφηκα *210*

επιστρώνω, επέστρωσα και επίστρωσα *3*
επιστρώνομαι, επιστρώθηκα, επιστρωμένος *4*

επισυνάπτω, επισύναψα* *213*
επισυνάπτομαι, επισυνάφθηκα, επισυνημμένος *12*

επισύρω, επέσυρα *217*

επισφραγίζω, επισφράγισα *33*
επισφραγίζομαι, επισφραγίστηκα, επισφραγισμένος *34*

επιτάσσω, επέταξα *27*
επιτάσσομαι, επιτάχθηκα και επιτάχτηκα, επιταγμένος *28*

επιταχύνω, επιτάχυνα *48*
επιταχύνομαι, επιταχύνθηκα *49*

επιτείνω, επέτεινα *172*
επιτείνομαι *188* (μόνο στον ενεστ.)

επιτελώ, επιτέλεσα* *76*
επιτελούμαι, επιτελέστηκα, επιτελεσμένος *78*

επιτηδεύομαι* *20* (μόνο στον ενεστ. και παρατατ.)

επιτηρώ, επιτήρησα *73*
επιτηρούμαι, επιτηρήθηκα *74*

επιτίθεμαι, επιτέθηκα *138*

επιτιμώ, επιτίμησα* *60*
επιτιμώμαι, επιτιμήθηκα, επιτιμημένος *61*

επιτρέπω, επέτρεψα *9*
επιτρέπομαι, επιτράπηκα* *180* (και ως απρόσ. **επιτρέπεται**)

επιτροπεύω, επιτρόπευσα *19*
επιτροπεύομαι, επιτροπεύτηκα και επιτροπεύθηκα *20*

επιτυγχάνω και **πετυχαίνω**, (ε)πέτυχα *148*
επιτυγχάνομαι, επιτεύχθηκα, επιτυχημένος* *149*

επιφέρω, επέφερα *217*

επιφορτίζω, επιφόρτισα *33*
επιφορτίζομαι, επιφορτίστηκα, επιφορτισμένος *34*

επιφυλάσσω, επιφύλαξα *27*

επιφυλάσσομαι, επιφυλάχθηκα και επιφυλάχτηκα* *28*

επιχειρώ, επιχείρησα *73*
επιχειρούμαι, επιχειρήθηκα *74*

επιχορηγώ, επιχορήγησα *73*
επιχορηγούμαι, επιχορηγήθηκα, επιχορηγημένος *74*

επιχρυσώνω, επιχρύσωσα *3*
επιχρυσώνομαι, επιχρυσώθηκα, επιχρυσωμένος *4*

εποικίζω, εποίκισα *33*
εποικίζομαι, εποικίστηκα, εποικισμένος *34*

έπομαι → δες **έπεται**

επονομάζω, επονόμασα *35*
επονομάζομαι, επονομάστηκα, επονομασμένος *36*

εποπτεύω, επόπτευσα *19*
εποπτεύομαι, εποπτεύτηκα και εποπτεύθηκα *20*

επουλώνω, επούλωσα *3*
επουλώνομαι, επουλώθηκα, επουλωμένος *4*

εποφθαλμιώ *60* (μόνο στον ενεστ. και παρατατ.)

επωάζω, επώασα *35*
επωάζομαι, επωάστηκα, επωασμένος *36*

επωμίζομαι, επωμίστηκα *34*

επωφελούμαι, επωφελήθηκα *74*

ερανίζομαι, ερανίστηκα *34*

εργάζομαι, εργάστηκα *36*

εργαλειοποιώ, εργαλειοποίησα *73*
εργαλειοποιούμαι, εργαλειοποιήθηκα, εργαλειοποιημένος *74, 75*

ερεθίζω, ερέθισα *33*
ερεθίζομαι, ερεθίστηκα, ερεθισμένος *34*

ερειπώνω, ερείπωσα *3*
ερειπώνομαι, ερειπώθηκα, ερειπωμένος *4*

ερευνάω/ ερευνώ (παρατατ. *-ούσα*), ερεύνησα *58*
ερευνώμαι, ερευνήθηκα *61*

έρεψα (κατά το *έσκαψα 7*, αόρ. του ρ. *ρέβω*, που δε χρησιμοποιείται) δες σημείωση για το ρ. **ρέβω**

ερημώνω, ερήμωσα *3*
ερημώνομαι, ερημώθηκα, ερημωμένος* *4*

ερμηνεύω, ερμήνευσα *19*
ερμηνεύομαι, ερμηνεύτηκα και ερμηνεύθηκα, ερμηνευμένος *20*

έρπω *9* (μόνο στον ενεστ.)

έρχομαι, ήρθα και ήλθα *150* (και ως απρόσ. [μου] **'ρχεται**)

ερωτεύομαι, ερωτεύτηκα, ερωτευμένος *18*

ερωτοτροπώ *73* (κυρίως στον ενεστ. και παρατατ.)

ερωτώ, ερώτησα *60*
ερωτώμαι, ερωτήθηκα *61*

εστιάζω, εστίασα *35*
εστιάζομαι, εστιάστηκα, εστιασμένος *36*

εσωκλείω *40* (μόνο στον ενεστ.)
εσωκλείομαι *41* (μόνο στον ενεστ.)

εσωτερικεύω, εσωτερίκευσα *19*
εσωτερικεύομαι, εσωτερικεύτηκα και εσωτερικεύθηκα, εσωτερικευμένος *20*

ετεροχρονίζω, ετεροχρόνισα *33*
ετεροχρονίζομαι, ετεροχρονίστηκα, ετεροχρονισμένος *34*

ετοιμάζω, ετοίμασα *35*
ετοιμάζομαι, ετοιμάστηκα, ετοιμασμένος *36*

ετυμολογώ, ετυμολόγησα *73*
ετυμολογούμαι, ετυμολογήθηκα, ετυμολογημένος *74*

ευαγγελίζομαι, ευαγγελίστηκα *34*

ευαισθητοποιώ, ευαισθητοποίησα *73*
ευαισθητοποιούμαι, ευαισθητοποιήθηκα, ευαισθητοποιημένος *74, 75*

ευαρεστούμαι, ευαρεστήθηκα *74*

ευγνωμονώ *73* (μόνο στον ενεστ. και παρατατ.)

ευδοκιμώ, ευδοκίμησα *73*

ευελπιστώ *73* (μόνο στον ενεστ. και παρατατ.)

ευεργετώ, ευεργέτησα *73*
ευεργετούμαι, ευεργετήθηκα, ευεργετημένος *74*

ευημερώ *73* (μόνο στον ενεστ. και παρατατ.)

ευθυγραμμίζω, ευθυγράμμισα *33*
ευθυγραμμίζομαι, ευθυγραμμίστηκα, ευθυγραμμισμένος *34*

ευθυμώ, ευθύμησα *73*

ευθύνομαι *49* (μόνο στον ενεστ. και παρατατ.)

ευκαιρώ, ευκαίρησα *73*

ευκολύνω, ευκόλυνα *48*
ευκολύνομαι, ευκολύνθηκα *49*

ευλογώ, ευλόγησα *73* και
ευλογάω/ ευλογώ (παρατατ. *-ούσα*), ευλόγησα* *58*
ευλογούμαι, ευλογήθηκα, ευλογημένος* *74*

ευνουχίζω, ευνούχισα *33*
ευνουχίζομαι, ευνουχίστηκα, ευνουχισμένος *34*

ευνοώ, ευνόησα *73*
ευνοούμαι, ευνοήθηκα, ευνοημένος *74*

ευοδώνω, ευόδωσα *3*
ευοδώνομαι, ευοδώθηκα *4*

ευπορώ *73* (μόνο στον ενεστ. και παρατατ.)

ευπρεπίζω, ευπρέπισα *33*
ευπρεπίζομαι, ευπρεπίστηκα, ευπρεπισμένος *34*

ευρύνω, εύρυνα *48*
ευρύνομαι, ευρύνθηκα, (σπάν.) ευρυμένος *49*

ευσταθεί (παρατατ. ευσταθούσε, ως προσ. ή απρόσ.) – ευσταθούν (παρατ. ευσταθούσαν, ως προσ.)

ευστοχώ, ευστόχησα *73*

ευτελίζω, ευτέλισα *33*
ευτελίζομαι, ευτελίστηκα, ευτελισμένος *34*

ευτυχώ, ευτύχησα, ευτυχισμένος* *73*

ευφραίνω, εύφρανα *44*
ευφραίνομαι, ευφράνθηκα *46*

ευχαριστώ, ευχαρίστησα *73* (και ως απρόσ. [μ'] **ευχαριστεί**)
ευχαριστούμαι, ευχαριστήθηκα, ευχαριστημένος* *74* και
ευχαριστιέμαι, ευχαριστήθηκα, ευχαριστημένος* *59*

εύχομαι, ευχήθηκα *151*

ευωδιάζω, ευωδίασα *35*

εφάπτομαι *12* (μόνο στον ενεστ. και παρατατ.)

εφαρμόζω, εφάρμοσα *35*
εφαρμόζομαι, εφαρμόστηκα, εφαρμοσμένος *36*

εφεσιβάλλω *146* (κυρίως στον ενεστ.)

εφευρίσκω, εφεύρα και εφηύρα *152*
εφευρίσκομαι, εφευρέθηκα *153*

εφημερεύω* *19* (μόνο στον ενεστ. και παρατατ.)

εφησυχάζω, εφησύχασα, εφησυχασμένος *35*

εφιστώ, επέστησα *158* (στην έκφρ. *εφιστώ την προσοχή*)

εφοδιάζω, εφοδίασα *35*
εφοδιάζομαι, εφοδιάστηκα, εφοδιασμένος *36*

εφορμώ, εφόρμησα* *60*

εχθρεύομαι, εχθρεύτηκα *18*

έχω *154* (και ως απρόσ. **έχει**)

Z

ζαβλακώνω, ζαβλάκωσα *3*
ζαβλακώνομαι, ζαβλακώθηκα, ζαβλακωμένος *4*

ζαβώνω, ζάβωσα, ζαβωμένος* *3*

ζαλίζω, ζάλισα *33*
ζαλίζομαι, ζαλίστηκα, ζαλισμένος *34*

ζαλικώνω, ζαλίκωσα *3* και
ζαλώνω, ζάλωσα *3*
ζαλικώνομαι, ζαλικώθηκα, ζαλικωμένος *4* και
ζαλώνομαι, ζαλώθηκα *4*

ζαρώνω, ζάρωσα, ζαρωμένος* *3*

ζαχαρώνω, ζαχάρωσα, ζαχαρωμένος* *3*

ζεματίζω, ζεμάτισα *33* και
ζεματάω (δε συνηθίζεται η κλίση σε -ώ), ζεμάτισα* *70*
ζεματίζομαι, ζεματίστηκα, ζεματισμένος *34* και
ζεματιέμαι, ζεματίστηκα, ζεματισμένος *173*

ζεσταίνω, ζέστανα *44*
ζεσταίνομαι, ζεστάθηκα, ζεσταμένος *45*

ζευγαρώνω, ζευγάρωσα, ζευγαρωμένος *3*

ζεύω, έζεψα *17*
ζεύομαι, ζεύτηκα, ζεμένος *18*

ζέχνω, έζεξα *29*

ζηλεύω, ζήλεψα, ζηλεμένος* *17*

ζημιώνω, ζημίωσα* *3*
ζημιώνομαι, ζημιώθηκα, ζημιωμένος *4*

ζητιανεύω, ζητιάνεψα *17*

ζητάω/ ζητώ, ζήτησα *58* και
ζητώ, ζήτησα* *73*
ζητιέμαι, ζητήθηκα *59* και
ζητούμαι, ζητήθηκα* *74*

ζητωκραυγάζω, ζητωκραύγασα *35*

ζιπάρω, ζίπαρα και ζιπάρισα *53*
ζιπάρομαι, ζιπαρίστηκα, ζιπαρισμένος *54*

ζορίζω, ζόρισα *33*
ζορίζομαι, ζορίστηκα, ζορισμένος *34*

ζουζουνίζω, ζουζούνισα *33*

ζουλάω (δε συνηθίζεται η κλίση σε -ώ), ζούληξα* *66*
ζουλιέμαι, ζουλήχτηκα, ζουληγμένος *67*

ζουμάρω, ζούμαρα και ζουμάρισα *53*

ζουπάω (δε συνηθίζεται η κλίση σε -ώ), ζούπηξα* *66*
ζουπιέμαι, ζουπήχτηκα, ζουπηγμένος *67*

ζουρλαίνω, ζούρλανα *44*
ζουρλαίνομαι, ζουρλάθηκα, ζουρλαμένος *45*

ζοχαδιάζω, ζοχάδιασα *35*
ζοχαδιάζομαι, ζοχαδιάστηκα, ζοχαδιασμένος *36*

ζυγιάζω, ζύγιασα* *35*
ζυγιάζομαι, ζυγιάστηκα, ζυγιασμένος *36*

ζυγίζω, ζύγισα* *33*
ζυγίζομαι, ζυγίστηκα, ζυγισμένος *34*

ζυγώνω, ζύγωσα *3*

ζυμώνω, ζύμωσα *3*
ζυμώνομαι, ζυμώθηκα, ζυμωμένος *4*
ζω, έζησα *73*

ζωγραφίζω, ζωγράφισα *33*
ζωγραφίζομαι, ζωγραφίστηκα, ζωγραφισμένος *34*

ζωηρεύω, ζωήρεψα *17*

ζωντανεύω, ζωντάνεψα *17*

ζώνω, έζωσα 3
ζώνομαι, ζώστηκα, ζωσμένος* *39*

ζωογονώ, ζωογόνησα *73*
ζωογονούμαι, ζωογονήθηκα, ζωογονημένος *74*

Η

- - - - -

ηγεμονεύω, ηγεμόνευσα *19*

ηγούμαι, ηγήθηκα *74*

ηδονίζω, ηδόνισα *33*
ηδονίζομαι, ηδονίστηκα *34*

ηθικολογώ *73* (κυρίως στον ενεστ. και παρατατ.)

ηλεκτρίζω, ηλέκτρισα *33*
ηλεκτρίζομαι, ηλεκτρίστηκα, ηλεκτρισμένος *34*

ηλεκτροδοτώ, ηλεκτροδότησα *73*
ηλεκτροδοτούμαι, ηλεκτροδοτήθηκα, ηλεκτροδοτημένος *74*

ηλεκτροφωτίζω, ηλεκτροφώτισα *33*
ηλεκτροφωτίζομαι, ηλεκτροφωτίστηκα, ηλεκτροφωτισμένος *34*

ημερεύω, ημέρεψα *17*

ημερώνω, ημέρωσα* *3*
ημερώνομαι, ημερώθηκα, ημερωμένος *4*

ηρεμώ, ηρέμησα *73*

ησυχάζω, ησύχασα, ησυχασμένος *35*

ηττώμαι, ηττήθηκα, ηττημένος *61*

ηχογραφώ, ηχογράφησα *73*
ηχογραφούμαι, ηχογραφήθηκα, ηχογραφημένος *74*

ηχώ, ήχησα *73*

Θ

- - - - -

θάβω, έθαψα *7*
θάβομαι, θάφτηκα και τάφηκα, θαμμένος* *155*

θαλασσοδέρνομαι, θαλασσοδαρμένος *119* (μόνο στον ενεστ. και παρατατ.)

θαλασσοπνίγομαι, θαλασσοπνίγηκα, θαλασσοπνιγμένος *199*

(τα) θαλασσώνω, θαλάσσωσα *3*

θαμποφέγγω *21* (και ως απρόσ. **θαμποφέγγει**)

θαμπώνω, θάμπωσα *3*
θαμπώνομαι, θαμπώθηκα, θαμπωμένος* *4*

θανατώνω, θανάτωσα *3*
θανατώνομαι, θανατώθηκα, θανατωμένος *4*

θαρρώ, θάρρεψα *156*

θαυμάζω, θαύμασα *35*
θαυμάζομαι, θαυμάστηκα *36*

θαυματουργώ, θαυματούργησα *73*

θεάθηκε – θεάθηκαν (να θεαθεί, κατά το *αποπειράθηκα, 99,* γ΄ πρόσ. αορ. του αρχ. ρ. *θεώμαι*)

θειαφίζω, θειάφισα *33*
θειαφίζομαι, θειαφίστηκα, θειαφισμένος *34*

θέλγω, έθελξα *21*
θέλγομαι *22* (μόνο στον ενεστ.)

θέλω, θέλησα* *157* (και ως απρόσ. **θέλει**)

θεμελιώνω, θεμελίωσα *3*
θεμελιώνομαι, θεμελιώθηκα, θεμελιωμένος *4*

θεοποιώ, θεοποίησα *73*
θεοποιούμαι, θεοποιήθηκα, θεοποιημένος *74, 75*

θεραπεύω, θεράπευσα *19*
θεραπεύομαι, θεραπεύτηκα και θεραπεύθηκα, θεραπευμένος *20*

θεριεύω, θέριεψα, θεριεμένος *17*

θερίζω, θέρισα *33*
θερίζομαι, θερίστηκα, θερισμένος *34*

θερμαίνω, θέρμανα *44*
θερμαίνομαι, θερμάνθηκα, θερμασμένος *46*

θερμομετρώ, θερμομέτρησα* *73*
θερμομετρούμαι, θερμομετρήθηκα, θερμομετρημένος* *74*

θεσμοθετώ, θεσμοθέτησα *73*
θεσμοθετούμαι, θεσμοθετήθηκα, θεσμοθετημένος *74*

θεσπίζω, θέσπισα *33*
θεσπίζομαι, θεσπίστηκα, θεσπισμένος *34*

θέτω, έθεσα *137*
τίθεμαι, τέθηκα *138*

θεωρητικολογώ, θεωρητικολόγησα *73*

θεωρώ, θεώρησα *73*
θεωρούμαι, θεωρήθηκα, θεωρημένος *74*

θηλάζω, θήλασα, θηλασμένος *35*

θηλυκώνω, θηλύκωσα *3*
θηλυκώνομαι, θηλυκώθηκα, θηλυκωμένος *4*

θηρεύω, θήρευσα *19*

θησαυρίζω, θησαύρισα *33*
θησαυρίζομαι, θησαυρίστηκα, θησαυρισμένος *34*

θητεύω, θήτευσα *19*

θίγω, έθιξα *21*
θίγομαι, θίχτηκα, θιγμένος *22*

θλίβω *7* (μόνο στον ενεστ. και παρατατ.)
θλίβομαι *8* (μόνο στον ενεστ. και παρατατ.), θλιμμένος*

θολώνω, θόλωσα, θολωμένος *3*

θορυβώ, θορύβησα *73*
θορυβούμαι, θορυβήθηκα, θορυβημένος *74*

θρέφω, έθρεψα *219*
θρέφομαι, θράφηκα, θρεμμένος *220*

θρηνολογώ *73* (κυρίως στον ενεστ. και παρατατ.)

θρηνώ, θρήνησα *73*
θρηνούμαι, θρηνήθηκα *74*

θριαμβεύω, θριάμβευσα και θριάμβεψα *19, 17*

θριαμβολογώ *73* (κυρίως στον ενεστ. και παρατατ.)

θροΐζω *33* (κυρίως στον ενεστ. και παρατατ.)

θρονιάζω, θρόνιασα *35*
θρονιάζομαι, θρονιάστηκα, θρονιασμένος *36*

θρυλείται *74* (στο γ΄ πρόσ., μόνο στον ενεστ. και παρατατ.)

θρυμματίζω, θρυμμάτισα *33*
θρυμματίζομαι, θρυμματίστηκα, θρυμματισμένος *34*

θυμάμαι (σπάν. θυμούμαι), θυμήθηκα *79*

θυμιατίζω, θυμιάτισα *33*
θυμιατίζομαι, θυμιατίστηκα, θυμιατισμένος *34*

θυμίζω, θύμισα *33*

θυμούμαι → δες **θυμάμαι**

θυμώνω, θύμωσα, θυμωμένος *3*

θυροκολλώ, θυροκόλλησα *60*
θυροκολλώμαι, θυροκολλήθηκα, θυροκολλημένος *61*

θυσιάζω, θυσίασα *35*
θυσιάζομαι, θυσιάστηκα, θυσιασμένος *36*

θωπεύω, θώπευσα *19*
θωπεύομαι, θωπεύτηκα (σπάν. θωπεύθηκα), θωπευμένος *20*

θωρακίζω, θωράκισα *33*
θωρακίζομαι, θωρακίστηκα, θωρακισμένος* *34*

θωρώ *73* (μόνο στον ενεστ. και παρατατ.)

I

ιδεάζω, ιδέασα *35*
ιδεάζομαι, ιδεάστηκα, ιδεασμένος *36*

ιδιοποιούμαι, ιδιοποιήθηκα *74, 75*

ιδιωτεύω, ιδιώτευσα *19*

ιδιωτικοποιώ, ιδιωτικοποίησα *73*
ιδιωτικοποιούμαι, ιδιωτικοποιήθηκα, ιδιωτικοποιημένος *74, 75*

ιδροκοπάω (σπάν. ιδροκοπώ), ιδροκόπησα *58*

ιδρύω, ίδρυσα *5*
ιδρύομαι, ιδρύθηκα, ιδρυμένος *6*

ιδρώνω, ίδρωσα, ιδρωμένος *3*

ιεραρχώ, ιεράρχησα *73*
ιεραρχούμαι, ιεραρχήθηκα, ιεραρχημένος *74*

ιερολογώ, ιερολόγησα *73*

ιερουργώ, ιερούργησα *73*

ικανοποιώ, ικανοποίησα *73*
ικανοποιούμαι, ικανοποιήθηκα, ικανοποιημένος *74, 75*

ικετεύω, ικέτεψα και ικέτευσα *17, 19*

ιντριγκάρω, ιντρίγκαρα και ιντριγκάρισα *53*
ιντριγκάρομαι, ιντριγκαρίστηκα, ιντριγκαρισμένος *54*

ιονίζω, ιόνισα *33*
ιονίζεται, ιονίστηκε (στο γ΄ πρόσ.), ιονισμένος *34*

ιππεύω, ίππευσα *19*
ιππεύεται, ιππεύτηκε *20* (στο γ΄ πρόσ.)

ίπταμαι (μόνο στον ενεστ. και παρατατ.)* *159*

ιριδίζω *33* (μόνο στον ενεστ. και παρατατ.)

ισιάζω, ίσιασα, ισιασμένος* *35*

ισιώνω, ίσιωσα, ισιωμένος* *3*

ισοβαθμώ, ισοβάθμησα *73*

ισοδυναμώ *73* (μόνο στον ενεστ. και παρατατ.)

ισοζυγιάζω, ισοζύγιασα *35*
ισοζυγιάζομαι, ισοζυγιάστηκα, ισοζυγιασμένος *36*

ισοζυγίζω, ισοζύγισα *33*
ισοζυγίζομαι, ισοζυγίστηκα, ισοζυγισμένος *34*

ισοπεδώνω, ισοπέδωσα *3*
ισοπεδώνομαι, ισοπεδώθηκα, ισοπεδωμένος *4*

ισορροπώ, ισορρόπησα, ισορροπημένος* *73*

ισοσκελίζω, ισοσκέλισα *33*
ισοσκελίζομαι, ισοσκελίστηκα, ισοσκελισμένος *34*

ισοσταθμίζω, ισοστάθμισα *33*
ισοσταθμίζομαι, ισοσταθμίστηκα, ισοσταθμισμένος *34*

ισοφαρίζω, ισοφάρισα *33*

ισοψηφώ, ισοψήφησα *73*

ιστορώ, ιστόρησα *73*
ιστορούμαι, ιστορήθηκα, ιστορημένος *74*

ισχυρίζομαι, ισχυρίστηκα *34*

ισχυροποιώ, ισχυροποίησα *73*
ισχυροποιούμαι, ισχυροποιήθηκα, ισχυροποιημένος *74, 75*

ισχύω, ίσχυσα* *5*

ιχνηλατώ *73* (μόνο στον ενεστ. και παρατατ.)

ιχνογραφώ, ιχνογράφησα, ιχνογραφημένος *73*

K

- - - - -

καβαλάω (δε συνηθίζεται η κλίση σε *-ώ*), καβάλησα, καβαλημένος* *58*

καβαλικεύω, καβαλίκεψα *17*

καβα(ν)τζάρω, καβα(ν)τζάρισα *55*

καβα(ν)τζώνω, καβά(ν)τζωσα *3*
καβα(ν)τζώνωμαι, καβα(ν)τζώθηκα *4*

καβγαδίζω, καβγάδισα *33*

καβουρδίζω και **καβουρντίζω,** καβούρδισα και καβούρντισα *33*
καβουρδίζομαι και **καβουρντίζομαι,** καβουρδίστηκα και καβουρντίστηκα, καβουρδισμένος και καβουρντισμένος *34*

καγχάζω, κάγχασα *35*

καδράρω, καδράρισα *55*
καδράρομαι, καδραρίστηκα, καδραρισμένος *54*

καζαντίζω, καζάντισα *33*

καθαγιάζω, καθαγίασα *35*
καθαγιάζομαι, καθαγιάστηκα, καθαγιασμένος *36*

καθαίρω, (καθήρα) *80*
καθαίρομαι, καθάρθηκα, καθαρμένος *81*

καθαιρώ, καθαίρεσα *76*
καθαιρούμαι, καθαιρέθηκα *77*

καθαρίζω, καθάρισα *33*
καθαρίζομαι, καθαρίστηκα, καθαρισμένος *34*

καθαρογράφω, καθαρόγραψα *13* και
καθαρογραφώ, καθαρογράφησα* *73*
καθαρογράφομαι, καθαρογράφ(τ)ηκα, καθαρογραμμένος *122* και
καθαρογραφούμαι, καθαρογραφήθηκα, καθαρογραφημένος* *74*

καθελκύω, καθέλκυσα *5*
καθελκύομαι, καθελκύστηκα, καθελκυσμένος *41*

καθηλώνω, καθήλωσα *3*
καθηλώνομαι, καθηλώθηκα, καθηλωμένος *4*

καθησυχάζω, καθησύχασα, καθησυχασμένος *35*

καθιερώνω, καθιέρωσα *3*
καθιερώνομαι, καθιερώθηκα, καθιερωμένος *4*

καθίζω, κάθισα, καθισμένος* *33*

καθιστώ, κατέστησα *158*
καθίσταμαι, (κατέστη – κατέστησαν) *159*

καθοδηγώ, καθοδήγησα *73*
καθοδηγούμαι, καθοδηγήθηκα, καθοδηγημένος *74*

καθολικεύω, καθολίκευσα *19*
καθολικεύομαι, καθολικεύτηκα (σπάν. καθολικεύθηκα), καθολικευμένος *20*

κάθομαι, κάθισα και έκατσα, καθισμένος* *160*

καθομολογώ, καθομολόγησα *73*
καθομολογούμαι, καθομολογήθηκα, καθομολογημένος *74*

καθορίζω, καθόρισα *33*
καθορίζομαι, καθορίστηκα, καθορισμένος *34*

καθρεφτίζω, καθρέφτισα *33*
καθρεφτίζομαι, καθρεφτίστηκα, καθρεφτισμένος *34*

καθυβρίζω, καθύβρισα *33*
καθυβρίζομαι, καθυβρίστηκα, καθυβρισμένος *34*

καθυποτάσσω, καθυπέταξα* *27*

καθυστερώ, καθυστέρησα, καθυστερημένος* *73*

καίγομαι → δες **καίω**

καινοτομώ, καινοτόμησα *73*

καιροσκοπώ, καιροσκόπησα *73*

καιροφυλακτώ, καιροφυλάκτησα 73

καίω, έκαψα* *161*
καίγομαι, κάηκα, καμένος* *162*

κακαρίζω, κακάρισα *33*

κακαρώνω, κακάρωσα *3*

κακίζω, κάκισα *33*

κακιώνω, κάκιωσα, κακιωμένος *3*

κακοθανατίζω, κακοθανάτισα *33*

κακοκαρδίζω, κακοκάρδισα, κακοκαρδισμένος* *33*

κακολογώ, κακολόγησα *73* και
κακολογάω/ κακολογώ (παρατατ. *-ούσα*), κακολόγησα *58*
κακολογούμαι, κακολογήθηκα *74* και
κακολογιέμαι, κακολογήθηκα *59*

κακομαθαίνω, κακόμαθα, κακομαθημένος *176*

κακομελετάω/ κακομελετώ, κακομελέτησα *58*

κακομεταχειρίζομαι, κακομεταχειρίστηκα *34*

κακοπαθαίνω, κακόπαθα, κακοπαθημένος *176* και
κακοπαθαίνω, κακοπάθησα, κακοπαθημένος *50*

κακοπαντρεύω, κακοπάντρεψα *17*
κακοπαντρεύομαι, κακοπαντρεύτηκα, κακοπαντρεμένος *18*

κακοπερνάω/ κακοπερνώ, κακοπέρασα *68*

κακοπέφτω, κακόπεσα *193*

κακοποιώ, κακοποίησα *73*
κακοποιούμαι, κακοποιήθηκα, κακοποιημένος *74, 75*

κακοσυνηθίζω, κακοσυνήθισα, κακοσυνηθισμένος *33*

κακοφαίνεται, κακοφάνηκε [μου, σου κτλ.] *225* (μόνο στο γ΄ πρόσ., ως προσ. ή απρόσ.)

κακοφορμίζω, κακοφόρμισα, κακοφορμισμένος *33*

καλαμπουρίζω, καλαμπούρισα *33*

καλαρέσει, καλάρεσε [μου, σου κτλ.] *101* (μόνο στο γ΄ πρόσ., ως προσ. ή απρόσ.)

καλάρω, καλάρισα *55*

καλαφατίζω, καλαφάτισα *33*
καλαφατίζομαι, καλαφατίστηκα, καλαφατισμένος *34*

καλημερίζω, καλημέρισα *33*

καληνυχτίζω, καληνύχτισα *33*

καλησπερίζω, καλησπέρισα *33*

καλιγώνω, καλίγωσα *3*
καλιγώνομαι, καλιγώθηκα, καλιγωμένος *4*

καλλιγραφώ, καλλιγράφησα *73*
καλλιγραφούμαι, καλλιγραφήθηκα, καλλιγραφημένος *74*

καλλιεργώ, καλλιέργησα *73*
καλλιεργούμαι, καλλιεργήθηκα, καλλιεργημένος *74*

καλλωπίζω, καλλώπισα *33*
καλλωπίζομαι, καλλωπίστηκα, καλλωπισμένος *34*

καλμάρω, κάλμαρα και καλμάρισα, καλμαρισμένος *53*

καλοβλέπω, καλοείδα και καλόειδα *110*

καλογερεύω, καλογέρεψα *17*

καλοδέχομαι, καλοδέχτηκα και καλοδέχθηκα *32*

καλο(ε)ξετάζω, καλο(ε)ξέτασα* *35*

καλοθυμάμαι *79* (κυρίως με άρνηση)

καλοκαιρεύει, καλοκαίρεψε (ως απρόσ.)

καλοκαιριάζει, καλοκαίριασε (ως απρόσ.)

καλοκαρδίζω, καλοκάρδισα*, καλοκαρδισμένος *33*

καλοκοιτάζω, καλοκοίταξα *23* και
καλοκοιτάω/ καλοκοιτώ, καλοκοίταξα *64*

καλομαθαίνω, καλόμαθα, καλομαθημένος* *176*
καλομαθαίνω, καλοέμαθα* *176*

καλομελετάω/ καλομελετώ, καλομελέτησα *158*

καλοξημερώνει, καλοξημέρωσε (ως απρόσ.)

καλοπαντρεύω, καλοπάντρεψα *17*
καλοπαντρεύομαι, καλοπαντρεύτηκα, καλοπαντρεμένος *18*

καλοπερνάω/ καλοπερνώ, καλοπέρασα *68*

καλοπιάνω, καλόπιασα *1*

καλοσυνεύει, καλοσύνεψε (ως απρόσ.)

καλοσυνηθίζω, καλοσυνήθισα, καλοσυνηθισμένος *33*

καλοτυχίζω, καλοτύχισα *33*

καλουπώνω, καλούπωσα *3*
καλουπώνομαι, καλουπώθηκα, καλουπωμένος *4*

καλοφαίνεται, καλοφάνηκε [μου, σου κτλ.] *225* (μόνο στο γ΄ πρόσ., ως προσ. ή απρόσ.)

καλπάζω, κάλπασα *35*

καλύπτω, κάλυψα *11*
καλύπτομαι, καλύφθηκα και καλύφτηκα, καλυμμένος *12*

καλυτερεύω, καλυτέρεψα *17*

καλώ, κάλεσα *76*
καλούμαι, καλέστηκα, καλεσμένος* *78*
καλούμαι, κλήθηκα* *163*

καλωδιώνω, καλωδίωσα *3*
καλωδιώνομαι, καλωδιώθηκα, καλωδιωμένος *4*

καλωσορίζω, καλωσόρισα *33*

καμακώνω, καμάκωσα *3*
καμακώνομαι, καμακώθηκα, καμακωμένος *4*

καμαρώνω, καμάρωσα *3*

καμουφλάρω, καμουφλάρισα *55*
καμουφλάρομαι, καμουφλαρίστηκα, καμουφλαρισμένος *54*

καμπουριάζω, καμπούριασα, καμπουριασμένος *35*

κάμπτω, έκαμψα *11*
κάμπτομαι, κάμφθηκα, (κεκαμμένος)* *12*

καμώνομαι, καμώθηκα *4*

κανακεύω, κανάκεψα *17*

κανιβαλίζω, κανιβάλισα *33*
κανιβαλίζομαι, κανιβαλίστηκα, κανιβαλισμένος *34*

κανοναρχώ *73* (μόνο στον ενεστ. και παρατατ.)

κανονίζω, κανόνισα *33*
κανονίζομαι, κανονίστηκα, κανονισμένος *34*

κανονιοβολώ, κανονιοβόλησα *73*
κανονιοβολούμαι, κανονιοβολήθηκα, κανονιοβολημένος *74*

κάνω, έκανα και έκαμα, καμωμένος *164* (και ως απρόσ. **κάνει**)

καπακώνω, καπάκωσα *3*
καπακώνομαι, καπακώθηκα, καπακωμένος *4*

καπαρώνω, καπάρωσα *3*
καπαρώνομαι, καπαρώθηκα, καπαρωμένος *4*

καπελώνω, καπέλωσα *3*
καπελώνομαι, καπελώθηκα, καπελωμένος *4*

καπηλεύομαι, καπηλεύτηκα και καπηλεύθηκα *20*

καπνίζω, κάπνισα, καπνισμένος* *33* (και ως απρόσ. [μου] **κάπνισε**)

καραδοκώ *73* (μόνο στον ενεστ. και παρατατ.)

καραμελώνω, καραμέλωσα *3*
καραμελώνομαι, καραμελώθηκα, καραμελωμένος *4*

καρατομώ, καρατόμησα *73*
καρατομούμαι, καρατομήθηκα, καρατομημένος *74*

καραφλιάζω, καράφλιασα, καραφλιασμένος *35*

καρβουνιάζω, καρβούνιασα, καρβουνιασμένος *35*

καργάρω, κάργαρα και καργάρισα, καργαρισμένος *53*

καρδαμώνω, καρδάμωσα, καρδαμωμένος *3*

καρδιοχτυπάω/ καρδιοχτυπώ *58* (μόνο στον ενεστ. και παρατατ.)

καρικώνω, καρίκωσα *3*
καρικώνομαι, καρικώθηκα, καρικωμένος *4*

καρκινοβατώ *73* (μόνο στον ενεστ. και παρατατ.)

καρπαζώνω, καρπάζωσα *3*

καρπίζω, κάρπισα *33*

καρποφορώ, καρποφόρησα* *73*

καρπώνομαι, καρπώθηκα *4*

καρτεράω/ καρτερώ* (παρατατ. *-ούσα*) *58*

καρυδώνω, καρύδωσα *3*

καρυκεύω, καρύκευσα και καρύκεψα *19, 17*
καρυκεύομαι, καρυκεύτηκα και καρυκεύθηκα, καρυκευμένος *20*

καρφιτσώνω, καρφίτσωσα *3*
καρφιτσώνομαι, καρφιτσώθηκα, καρφιτσωμένος *4*

καρφώνω, κάρφωσα *3*
καρφώνομαι, καρφώθηκα, καρφωμένος *4*

καταβάλλω, κατέβαλα *146*
καταβάλλομαι, καταβλήθηκα, καταβεβλημένος* *147*

καταβαραθρώνω, καταβαράθρωσα *3*
καταβαραθρώνομαι, καταβαραθρώθηκα, καταβαραθρωμένος *4*

καταβρέχω, κατάβρεξα *31*
καταβρέχομαι, καταβρέχτηκα, καταβρεγμένος* *32*
καταβρέχω, κατάβρεξα *31*
καταβρέχομαι, καταβράχηκα, καταβρεγμένος* *113*

καταβροχθίζω, καταβρόχθισα *33*
καταβροχθίζομαι, καταβροχθίστηκα *34*

καταβυθίζω, καταβύθισα *33*
καταβυθίζομαι, καταβυθίστηκα, καταβυθισμένος *34*

καταγγέλλω, κατήγγειλα και κατάγγειλα *85*
καταγγέλλομαι, καταγγέλθηκα, καταγγελμένος *86*

καταγίνομαι *121* (μόνο στον ενεστ. και παρατατ.)

κατάγομαι *136* (μόνο στον ενεστ. και παρατατ.)

καταγράφω, κατέγραψα *13*
καταγράφομαι, καταγράφ(τ)ηκα, κατα(γε)γραμμένος *122*

καταδεικνύω, κατέδειξα *87* και
(σπάν.) **καταδείχνω,** κατάδειξα *29*
καταδεικνύομαι, καταδείχθηκα και καταδείχτηκα *88* και
(σπάν.) **καταδείχνομαι,** καταδείχτηκα *30*

καταδέχομαι, καταδέχτηκα *32*

καταδίδω, κατέδωσα και κατάδωσα *186* και
καταδίνω, κατέδωσα και κατάδωσα *131*
καταδίδομαι, καταδόθηκα *187* και
καταδίνομαι, καταδόθηκα *132*

καταδικάζω, καταδίκασα *35*
καταδικάζομαι, καταδικάστηκα, καταδικασμένος *36*

καταδίνω → δες **καταδίδω**

καταδιώκω, καταδίωξα *25*
καταδιώκομαι, καταδιώχτηκα και καταδιώχθηκα, καταδιωγμένος *26*

καταδυναστεύω, καταδυνάστευσα και καταδυνάστεψα *19, 17*
καταδυναστεύομαι, καταδυναστεύτηκα και καταδυναστεύθηκα, καταδυναστευμένος *20*

καταδύομαι, καταδύθηκα *6*

καταζητώ *73* (μόνο στον ενεστ. και παρατατ.)
καταζητούμαι* *74* (μόνο στον ενεστ. και παρατατ.)

καταθέτω, κατέθεσα και κατάθεσα *137*
κατατίθεμαι, κατατέθηκα, κατατεθειμένος *138*

καταθλίβω *7* (μόνο στον ενεστ. και παρατατ.)
καταθλίβομαι *8* (μόνο στον ενεστ. και παρατατ.)

κατακαθίζω, κατακάθισα *33* και
κατακάθομαι, κατακάθισα* *160*

κατακαίω, κατάκαψα και κατέκαψα* *161*
κατακαίγομαι, κατακάηκα, κατακαμένος *162*

κατακεραυνώνω, κατακεραύνωσα *3*
κατακεραυνώνομαι, κατακεραυνώθηκα, κατακεραυνωμένος *4*

κατακερματίζω, κατακερμάτισα *33*
κατακερματίζομαι, κατακερματίστηκα, κατακερματισμένος *34*

κατακλέβω, κατάκλεψα *7*

κατακλύζω, κατέκλυσα *33*
κατακλύζομαι, κατακλύστηκα, κατακλυσμένος *34*

κατακομματιάζω, κατακομμάτιασα *35*
κατακομματιάζομαι, κατακομματιάστηκα, κατακομματιασμένος *36*

κατακρατώ, κατακράτησα* *73*
κατακρατούμαι, κατακρατήθηκα, κατακρατημένος* *74*

κατακρεουργώ, κατακρεούργησα *73*
κατακρεουργούμαι, κατακρεουργήθηκα, κατακρεουργημένος *74*

κατακρημνίζω, κατακρήμνισα *33*
κατακρημνίζομαι, κατακρημνίστηκα, κατακρημνισμένος *34*

κατακρίνω, κατέκρινα (σπάν. κατάκρινα) *172*
κατακρίνομαι, κατακρίθηκα *2*

κατακτάω/ κατακτώ (παρατατ. *-ούσα*), κατέκτησα και κατάκτησα *58*
κατακτιέμαι, κατακτήθηκα, κατακτημένος *59* και
κατακτώμαι, κατακτήθηκα, κατακτημένος *61*

κατακυρώνω, κατακύρωσα *3*
κατακυρώνομαι, κατακυρώθηκα, κατακυρωμένος *4*

καταλαβαίνω, κατάλαβα *176*

καταλαγιάζω, καταλάγιασα *35*

καταλαμβάνω, κατέλαβα *165*
καταλαμβάνομαι, καταλήφθηκα, κατειλημμένος *166*

καταλήγω, κατέληξα *21*

καταλογίζω, καταλόγισα *33*
καταλογίζομαι, καταλογίστηκα, καταλογισμένος *34*

καταλύω, κατέλυσα *5*
καταλύομαι, καταλύθηκα *6*

καταμαρτυρώ, καταμαρτύρησα *73*
καταμαρτυρούμαι, καταμαρτυρήθηκα *74*

καταμετρώ, καταμέτρησα* *73*
καταμετρούμαι, καταμετρήθηκα, καταμετρημένος* *74*

καταναγκάζω, κατανάγκασα *35*
καταναγκάζομαι, καταναγκάστηκα, καταναγκασμένος *36*

καταναλώνω, κατανάλωσα *3*
καταναλώνομαι, καταναλώθηκα, καταναλωμένος *4*

κατανέμω, κατένειμα *125*
κατανέμομαι, κατανεμήθηκα, κατανεμημένος *126*

κατανικώ, κατανίκησα* *60*
κατανικώμαι, κατανικήθηκα, κατανικημένος *61*

κατανοώ, κατανόησα *73*
κατανοούμαι, κατανοήθηκα *74*

καταντάω (σπάν. καταντώ, παρατατ. συνήθως σε *-ούσα*), κατάντησα *58*

καταξιώνω, καταξίωσα *3*
καταξιώνομαι, καταξιώθηκα, καταξιωμένος *4*

καταξοδεύω, καταξόδεψα *17*
καταξοδεύομαι, καταξοδεύτηκα* *18*

καταπατώ, καταπάτησα *73* και
καταπατάω/ καταπατώ (παρατατ. συνήθως *-ούσα*), καταπάτησα* *58*
καταπατούμαι, καταπατήθηκα, καταπατημένος* *74*

καταπέφτω, κατάπεσα* *193*

καταπιάνομαι, καταπιάστηκα *39*

καταπιέζω, καταπίεσα *35*

καταπιέζομαι, καταπιέστηκα, καταπιεσμένος *36*

καταπίνω, κατάπια *167*
καταπίνομαι *2* (μόνο στον ενεστ. και παρατατ.)

(καταπίπτω), κατέπεσα* *141*

καταπλακώνω, καταπλάκωσα *3*
καταπλακώνομαι, καταπλακώθηκα, καταπλακωμένος *4*

καταπλέω, κατέπλευσα *42*

καταπλήσσω, κατέπληξα *27*

καταπνίγω, κατέπνιξα *21*
καταπνίγομαι, καταπνίγηκα *199*

καταπολεμάω/ καταπολεμώ* (παρατατ. *-ούσα*), καταπολέμησα *58*
καταπολεμώμαι, καταπολεμήθηκα* *61* και
καταπολεμιέμαι, καταπολεμήθηκα *59*

καταποντίζομαι, καταποντίστηκα, καταποντισμένος *34*

καταπονώ, καταπόνησα *73*
καταπονούμαι, καταπονήθηκα, καταπονημένος *74*

καταπραΰνω, καταπράυνα *48*
καταπραΰνομαι, καταπραΰνθηκα, (σπάν.) καταπραϋμένος *49*

καταπτοώ, καταπτόησα *73*
καταπτοούμαι, καταπτοήθηκα, καταπτοημένος *74*

καταργώ, κατάργησα και κατήργησα *73*
καταργούμαι, καταργήθηκα, καταργημένος *74*

καταριέμαι, καταράστηκα, καταραμένος* *69*

καταρρακώνω, καταρράκωσα *3*
καταρρακώνομαι, καταρρακώθηκα, καταρρακωμένος *4*

καταρρέω, κατέρρευσα *42*

καταρρίπτω, κατέρριψα *11*
καταρρίπτομαι, καταρρίφθηκα (σπάν. καταρρίφτηκα) *12*

καταρτίζω, κατάρτισα *33*
καταρτίζομαι, καταρτίστηκα, καταρτισμένος *34*

κατασιγάζω, κατασίγασα *35*
κατασιγάζομαι, κατασιγάστηκα *36*

κατασκευάζω, κατασκεύασα *35*
κατασκευάζομαι, κατασκευάστηκα, κατασκευασμένος *36*

κατασκηνώνω, κατασκήνωσα *3*

κατασκοπεύω, κατασκόπευσα και κατασκόπεψα *19, 17*

κατασπαράζω, κατασπάραξα *23*
κατασπαράζομαι, κατασπαράχτηκα, κατασπαραγμένος *24*

κατασπαταλάω/ κατασπαταλώ (παρατατ. *-ούσα*), κατασπατάλησα *58*
κατασπαταλιέμαι, κατασπαταλήθηκα *59*

κατασταλάζω, καταστάλαξα, κατασταλαγμένος *23*

καταστέλλω, κατέστειλα *85*
καταστέλλομαι, (κατεστάλη – κατεστάλησαν), (σπάν.) κατεσταλμένος *91*

καταστρατηγώ, καταστρατήγησα *73*
καταστρατηγούμαι, καταστρατηγήθηκα, καταστρατηγημένος *74*

καταστρέφω, κατέστρεψα (σπάν. κατάστρεψα) *13*
καταστρέφομαι, καταστράφηκα, κατεστραμμένος (σπάν. καταστραμμένος) *210*

καταστρώνω, κατέστρωσα και κατάστρωσα *3*
καταστρώνομαι, καταστρώθηκα, καταστρωμένος *4*

κατάσχω, κατάσχεσα *168*
κατάσχομαι, κατασχέθηκα *169*

κατατάσσω, κατέταξα *27*
κατατάσσομαι, κατατάχθηκα και κατατάχτηκα, καταταγμένος *95*

κατατοπίζω, κατατόπισα *33*
κατατοπίζομαι, κατατοπίστηκα, κατατοπισμένος *34*

κατατρέχω, κατάτρεξα, κατατρεγμένος* *31*

κατατρίβομαι, κατατρίφτηκα *8*

κατατροπώνω, κατατρόπωσα *3*
κατατροπώνομαι, κατατροπώθηκα, κατατροπωμένος *4*

κατατρώω, κατέφαγα και κατάφαγα *221*
κατατρώγομαι, καταφαγώθηκα, καταφαγωμένος *222*

καταφέρνω, κατάφερα* *226*

καταφέρω, κατέφερα *217*
καταφέρομαι, καταφέρθηκα* *218*

καταφεύγω, κατέφυγα *228*

καταφθάνω, κατέφθασα *1*

καταφρονώ, καταφρόνησα *73*
καταφρονούμαι, καταφρονήθηκα, καταφρονημένος και καταφρονεμένος *74*

καταχερίζω, καταχέρισα *33*

καταχρώμαι, καταχράστηκα* *72*

καταχωνιάζω, καταχώνιασα *35*
καταχωνιάζομαι, καταχωνιάστηκα, καταχωνιασμένος *36*

καταχωρίζω, καταχώρισα* *33*
καταχωρίζομαι, καταχωρίστηκα, καταχωρισμένος* *34*

καταψηφίζω, καταψήφισα *33*
καταψηφίζομαι, καταψηφίστηκα, καταψηφισμένος *34*

καταψύχω, κατέψυξα (σπάν. κατάψυξα) *31*
καταψύχομαι, καταψύχθηκα, κατεψυγμένος και καταψυγμένος* *32*

κατεβάζω, κατέβασα, κατεβασμένος* *35*

κατεβαίνω, κατέβηκα, κατεβασμένος* *92*

κατεδαφίζω, κατεδάφισα *33*
κατεδαφίζομαι, κατεδαφίστηκα, κατεδαφισμένος *34*

κατεργάζομαι, κατεργάστηκα, κατεργασμένος* *36*

κατευθύνω, κατηύθυνα και κατεύθυνα *48*

κατευθύνομαι, κατευθύνθηκα *49*

κατευνάζω, κατεύνασα *35*
κατευνάζομαι, κατευνάστηκα, κατευνασμένος *36*

κατευοδώνω, κατευόδωσα *3*

κατέχω* *154* (μόνο στον ενεστ. και παρατατ.)

κατηγοριοποιώ, κατηγοριοποίησα *73*
κατηγοριοποιούμαι, κατηγοριοποιήθηκα, κατηγοριοποιημένος *74, 75*

κατηγορώ, κατηγόρησα* *73*
κατηγορούμαι, κατηγορήθηκα, κατηγορημένος *74*

κατηφορίζω, κατηφόρισα *33*

κατηχώ, κατήχησα *73*
κατηχούμαι, κατηχήθηκα, κατηχημένος *74*

κατοικώ, κατοίκησα *73*
κατοικούμαι, κατοικήθηκα, κατοικημένος* *74*

κατονομάζω, κατονόμασα *35*
κατονομάζομαι, κατονομάστηκα, κατονομασμένος *36*

κατοπτεύω, κατόπτευσα *19*

κατοπτρίζω, κατόπτρισα *33*
κατοπτρίζομαι, κατοπτρίστηκα, (σπάν.) κατοπτρισμένος *34*

κατορθώνω, κατόρθωσα *3*
κατορθώνομαι, κατορθώθηκα *4*

κατουράω/ κατουρώ, κατούρησα *58*
κατουριέμαι, κατουρήθηκα, κατουρημένος* *59*

κατοχυρώνω, κατοχύρωσα *3*
κατοχυρώνομαι, κατοχυρώθηκα, κατοχυρωμένος *4*

κατρακυλάω/ κατρακυλώ, κατρακύλησα *58*

κατραμώνω, κατράμωσα *3*
κατραμώνομαι, κατραμώθηκα, κατραμωμένος *4*

κατσαδιάζω, κατσάδιασα *35*

κατσαρώνω, κατσάρωσα, κατσαρωμένος *3*

κατσιάζω, κάτσιασα, κατσιασμένος *35*

κατσουφιάζω, κατσούφιασα, κατσουφιασμένος *35*

καυλώνω, καύλωσα, καυλωμένος *3*

καυτηριάζω, καυτηρίασα *35*
καυτηριάζομαι, καυτηριάστηκα, καυτηριασμένος *36*

καυχιέμαι, καυχήθηκα *59* και
καυχώμαι, καυχήθηκα *61*

καψαλίζω, καψάλισα *33*
καψαλίζομαι, καψαλίστηκα, καψαλισμένος *34*

καψώνω, καψωμένος *3* (κυρίως στον ενεστ. και παρατατ.)

κείτομαι (κείτεσαι, κείτεται, –, –, κείτονται, παρατατ. γ΄ πρόσ. κείτονταν)

κελαηδάω/ κελαηδώ, κελάηδησα* *58*

κελαρύζω *33* (κυρίως στον ενεστ. και παρατατ.)

κεντάω/ κεντώ, κέντησα *58*
κεντιέμαι, κεντήθηκα, κεντημένος *59*

κεντρίζω, κέντρισα *33*
κεντρίζομαι, κεντρίστηκα, κεντρισμένος *34*

κεντρώνω, κέντρωσα *3*
κεντρώνομαι, κεντρώθηκα, κεντρωμένος *4*

κενώνω, κένωσα *3*
κενώνεται – κενώνονται, κενώθηκε – κενώθηκαν (μόνο στο γ΄ πρόσ.) *4*

κερατώνω, κεράτωσα, κερατωμένος *3*

κεραυνοβολώ, κεραυνοβόλησα *73* και
κεραυνοβολάω/ κεραυνοβολώ (παρατατ. *-ούσα*), κεραυνοβόλησα *58*
κεραυνοβολούμαι, κεραυνοβολήθηκα, κεραυνοβολημένος* *74*

κερδίζω, κέρδισα *33*
κερδίζομαι, κερδήθηκα, κερδισμένος* *232*

κερδοσκοπώ, κερδοσκόπησα *73*

κερνάω/ κερνώ, κέρασα *68*
κερνιέμαι, κεράστηκα, κερασμένος *69*

κερώνω, κέρωσα, κερωμένος* *3*

κεφαλαιοποιώ, κεφαλαιοποίησα *73*
κεφαλαιοποιούμαι, κεφαλαιοποιήθηκα, κεφαλαιοποιημένος *74, 75*

κηδεμονεύω, κηδεμόνευσα και κηδεμόνεψα *19, 17*
κηδεμονεύομαι, κηδεμονεύτηκα και κηδεμονεύθηκα *20*

κηδεύω, κήδεψα *17*
κηδεύομαι, κηδεύτηκα *18*

κηλιδώνω, κηλίδωσα *3*
κηλιδώνομαι, κηλιδώθηκα, κηλιδωμένος *4*

κηρύσσω, κήρυξα *27*
κηρύσσομαι, κηρύχθηκα και κηρύχτηκα, κηρυγμένος *28*

κινάω → δες **κινώ**

κινδυνεύω, κινδύνεψα και κινδύνευσα *17, 19*

κινηματογραφώ, κινηματογράφησα *73*
κινηματογραφούμαι, κινηματογραφήθηκα, κινηματογραφημένος *74*

κινητοποιώ, κινητοποίησα *73*
κινητοποιούμαι, κινητοποιήθηκα, κινητοποιημένος *74, 75*

κινώ, κίνησα *73* και
κινάω/ κινώ, κίνησα* *58*
κινούμαι, κινήθηκα* *74*

κιτρινίζω, κιτρίνισα, κιτρινισμένος *33*

κλαδεύω, κλάδεψα *17*
κλαδεύομαι, κλαδεύτηκα, κλαδεμένος *18*

κλαίω, έκλαψα* *161*
κλαίγομαι, κλαύτηκα, κλαμένος* *170*

κλάνω, έκλασα, κλασμένος *1*

κλατάρω, κλάταρα και κλατάρισα, κλαταρισμένος *53*

κλαψουρίζω, κλαψούρισα *33*

κλέβω, έκλεψα *7*
κλέβομαι, κλάπηκα, κλεμμένος *171*
κλέβομαι, κλέφτηκα* *8*

κλειδώνω, κλείδωσα *3*
κλειδώνομαι, κλειδώθηκα, κλειδωμένος *4*

κλείνω, έκλεισα *1*
κλείνομαι, κλείστηκα, κλεισμένος* *39*

κληροδοτώ, κληροδότησα *73*
κληροδοτούμαι, κληροδοτήθηκα, κληροδοτημένος *74*

κληρονομώ, κληρονόμησα *73* και
κληρονομάω/ κληρονομώ (παρατατ. συνήθως *-ούσα*), κληρονόμησα *58*
κληρονομούμαι, κληρονομήθηκα, κληρονομημένος *74* και
κληρονομιέμαι, κληρονομήθηκα, κληρονομημένος *59*

κληρώνω, κλήρωσα *3*
κληρώνομαι, κληρώθηκα, κληρωμένος* *4*

κλητεύω, κλήτευσα *19*
κλητεύομαι, κλητεύτηκα και κλητεύθηκα, κλητευμένος *20*

κλικάρω, κλίκαρα και κλικάρισα, *53*

κλιμακώνω, κλιμάκωσα *3*
κλιμακώνομαι, κλιμακώθηκα, κλιμακωμένος *4*

κλίνω, έκλινα *172*
κλίνομαι, κλίθηκα, κεκλιμένος* *2*

κλονίζω, κλόνισα *33*
κλονίζομαι, κλονίστηκα, κλονισμένος *34*

κλοτσάω (σπάν. κλοτσώ), κλότσησα *58*

κλουβιαίνω, κλούβιανα *44*

κλυδωνίζομαι, κλυδωνίστηκα, κλυδωνισμένος *34*

κλωθογυρίζω, κλωθογύρισα *33*

κλώθω, έκλωσα *37*
κλώθομαι, κλώστηκα, κλωσμένος *38*

κλωνοποιώ, κλωνοποίησα *73*
κλωνοποιούμαι, κλωνοποιήθηκα, κλωνοποιημένος *74, 75*

κλωσάω (σπάν. κλωσώ), κλώσησα *58*

κοάζω *35* (μόνο στον ενεστ. και παρατατ.)

κόβω, έκοψα *7* (και ως απρόσ. [μου] **'κοψε**)
κόβομαι, κόπηκα, κομμένος *171*

κοιλοπονάω (σπάν. κοιλοπονώ), κοιλοπόνεσα *62*

κοιμάμαι (σπάν. κοιμούμαι), κοιμήθηκα, κοιμισμένος *79*

κοιμίζω, κοίμισα, κοιμισμένος *33*

κοιμούμαι → δες **κοιμάμαι**

κοινοποιώ, κοινοποίησα *73*
κοινοποιούμαι, κοινοποιήθηκα, κοινοποιημένος *74, 75*

κοινωνάω/ κοινωνώ, κοινώνησα *58*

κοινωνικοποιώ, κοινωνικοποίησα *73*
κοινωνικοποιούμαι, κοινωνικοποιήθηκα, κοινωνικοποιημένος *74, 75*

κοιτάζω, κοίταξα *23* και
κοιτάω/ κοιτώ, κοίταξα *64*
κοιτάζομαι, κοιτάχτηκα, (σπάν.) κοιταγμένος* *24* και
κοιτιέμαι, κοιτάχτηκα, (σπάν.) κοιταγμένος* *65*

κοκαλιάζω, κοκάλιασα, κοκαλιασμένος *35*

κοκαλώνω, κοκάλωσα, κοκαλωμένος *3*

κοκκινίζω, κοκκίνισα, κοκκινισμένος *33*

κοκορεύομαι, κοκορεύτηκα *18*

κολάζω, κόλασα *35*
κολάζομαι, κολάστηκα, κολασμένος *36*

κολακεύω, κολάκεψα *17*
κολακεύομαι, κολακεύτηκα, κολακευμένος *18*

κολατσίζω, κολάτσισα *33*

κολλάω/ κολλώ, κόλλησα *58*
κολλιέμαι, κολλήθηκα, κολλημένος *59*

κολοβώνω, κολόβωσα *3*
κολοβώνομαι, κολοβώθηκα, κολοβωμένος *4*

κολυμπάω/ κολυμπώ, κολύμπησα *58*

κομματιάζω, κομμάτιασα *35*
κομματιάζομαι, κομματιάστηκα, κομματιασμένος *36*

κομματίζομαι, κομματίστηκα, κομματισμένος *34*

κομματικοποιώ, κομματικοποίησα *73*
κομματικοποιούμαι, κομματικοποιήθηκα, κομματικοποιημένος *74, 75*

κομπάζω, κόμπασα *35*

κομπιάζω, κόμπιασα *35*

κομπλάρω, κόμπλαρα και κομπλάρισα, κομπλαρισμένος *53*

κομπλεξάρω, κομπλεξάρισα *55*
κομπλεξάρομαι, κομπλεξαρίστηκα, κομπλεξαρισμένος *54*

κομπλιμεντάρω, κομπλιμεντάρισα *55*

κονιορτοποιώ, κονιορτοποίησα *73*
κονιορτοποιούμαι, κονιορτοποιήθηκα, κονιορτοποιημένος *74, 75*

κονομάω (δε συνηθίζεται η κλίση σε -*ώ*), κονόμησα, κονομημένος *58*

κονταίνω, κόντυνα *47*

κοντανασαίνω, κοντανάσανα *44*

κοντεύω, κόντεψα *17* (και ως απρόσ. **κοντεύει**)

κοντοζυγώνω, κοντοζύγωσα *3*

κοντοστέκομαι και **κοντοστέκω,** κοντοστάθηκα *207*

κοντράρω, κόντραρα και κοντράρισα *53*
κοντράρομαι, κοντραρίστηκα, κοντραρισμένος* *54*

κοντρολάρω, κοντρολάρισα, κοντρολαρισμένος *55*

κοουτσάρω, κοουτσάρισα *55*

κοπάζω, κόπασα *35*

κοπανάω (σπάν. κοπανώ), κοπάνησα, κοπανισμένος* *58*

κοπιάζω, κόπιασα και κοπίασα* *35*

κοπιάρω, κόπιαρα και κοπιάρισα *53*
κοπιάρομαι, κοπιαρίστηκα, κοπιαρισμένος *54*

κοπροσκυλιάζω, κοπροσκύλιασα *35* και
κοπροσκυλάω (δε συνηθίζεται η κλίση σε -*ώ*) *58* (μόνο στον ενεστ. και παρατατ.)

κόπτομαι *12* (μόνο στον ενεστ. και στο γ΄ πρόσ. παρατατ. *κόπτονταν*)

κορακιάζω, κοράκιασα, κορακιασμένος *35*

κορδώνομαι, κορδώθηκα, κορδωμένος *4*

κόρεσα (να κορέσω, κατά το *διαίρεσα, 76*, αόρ. του αρχ. ρ. *κορέννυμι/ κορεννύω*)
κορέστηκα (να κορεστώ, κατά το *τελέστηκα, 78*, αόρ. του αρχ. ρ. *κορέννυμαι*), κορεσμένος*

κορνάρω, κόρναρα και κορνάρισα *53*

κορνιζάρω, κορνιζάρισα *55* και
κορνιζώνω, κορνίζωσα *3*
κορνιζάρομαι, κορνιζαρίστηκα, κορνιζαρισμένος *54* και
κορνιζώνομαι, κορνιζώθηκα, κορνιζωμένος *4*

κοροϊδεύω, κορόιδεψα *17*

κορτάρω, κόρταρα και κορτάρισα *53*

κορυφώνομαι, κορυφώθηκα *4*

κορφολογάω/ κορφολογώ (παρατατ. συνήθως -*ούσα*), κορφολόγησα *58* και
κορφολογώ, κορφολόγησα *73*
κορφολογιέμαι, κορφολογήθηκα, κορφολογημένος *59* και
κορφολογούμαι, κορφολογήθηκα, κορφολογημένος *74*

κορώνω, κόρωσα *3*

κοσκινίζω, κοσκίνισα *33*
κοσκινίζομαι, κοσκινίστηκα, κοσκινισμένος *34*

κοσμώ, κόσμησα *73*

κοστίζω, κόστισα *33*

κοστολογώ, κοστολόγησα *73*
κοστολογούμαι, κοστολογήθηκα, κοστολογημένος* *74*

κοτάω (δε συνηθίζεται η κλίση σε -*ώ*) *58* (κυρίως στον ενεστ. και παρατατ.)

κοτσάρω, κότσαρα και κοτσάρισα, κοτσαρισμένος *53*

κουβαλάω (δε συνηθίζεται η κλίση σε -*ώ*), κουβάλησα *58*
κουβαλιέμαι, κουβαλήθηκα, κουβαλημένος *59*

κουβαριάζω, κουβάριασα *35*

κουβαριάζομαι, κουβαριάστηκα, κουβαριασμένος *36*

κουβεντιάζω, κουβέντιασα *35*
κουβεντιάζομαι, κουβεντιάστηκα, κουβεντιασμένος *36*

κουδουνίζω, κουδούνισα *33*

κουζουλαίνω, κουζούλανα *44*
κουζουλαίνομαι, κουζουλάθηκα *45*

κουκουλώνω, κουκούλωσα *3*
κουκουλώνομαι, κουκουλώθηκα, κουκουλωμένος *4*

κουλαίνω, κούλανα *44*
κουλαίνομαι, κουλάθηκα *45*

κουλουριάζω, κουλούριασα *35*
κουλουριάζομαι, κουλουριάστηκα, κουλουριασμένος *36*

κουμαντάρω, κουμαντάρισα *55*

κουμπαριάζω, κουμπάριασα *35*

κουμπώνω, κούμπωσα *3*
κουμπώνομαι, κουμπώθηκα, κουμπωμένος* *4*

κουνάω (σπάν. κουνώ), κούνησα *58*
κουνιέμαι, κουνήθηκα, κουνημένος *59*

κουράζω, κούρασα *35*
κουράζομαι, κουράστηκα, κουρασμένος *36*

κουράρω, κουράρισα *55*

κουρδίζω και **κουρντίζω,** κούρδισα και κούρντισα *33*
κουρδίζομαι και **κουρντίζομαι,** κουρδίστηκα και κουρντίστηκα, κουρδισμένος και κουρντισμένος *34*

κουρελιάζω, κουρέλιασα *35*
κουρελιάζομαι, κουρελιάστηκα, κουρελιασμένος *36*

κουρεύω, κούρεψα *17*
κουρεύομαι, κουρεύτηκα, κουρεμένος *18*

κουρκουτιάζω, κουρκούτιασα, κουρκουτιασμένος *35* και
κουρκουτιαίνω, κουρκούτιανα, κουρκουτιασμένος *44*

κουρνιάζω, κούρνιασα, κουρνιασμένος *35*

κουρντίζω → δες **κουρδίζω**

κουρσεύω, κούρσεψα, κουρσεμένος *17*

κουτουλάω (δε συνηθίζεται η κλίση σε -*ώ*), κουτούλησα* *58*

κουτρουβαλάω (δε συνηθίζεται η κλίση σε -*ώ*), κουτρουβάλησα *58*

κουτσαίνω, κούτσανα *44*
κουτσαίνομαι, κουτσάθηκα *45*

κουτσομπολεύω, κουτσομπόλεψα *17*

κουτσοπίνω *167* (κυρίως στον ενεστ. και παρατατ.)

κουτσουλάω (δε συνηθίζεται η κλίση σε -*ώ*), κουτσούλησα, κουτσουλισμένος *58*

κουτσουρεύω, κουτσούρεψα *17*
κουτσουρεύομαι, κουτσουρεύτηκα, κουτσουρεμένος *18*

κουφαίνω, κούφανα *44*
κουφαίνομαι, κουφάθηκα *45*

κουφώνω, κούφωσα *3*

κόφτει [με, σε κτλ.] (ως απρόσ.)

κοχλάζω, κόχλασα *35*

κοψομεσιάζομαι, κοψομεσιάστηκα, (σπάν.) κοψομεσιασμένος *36*

κραδαίνω *44* (μόνο στον ενεστ. και παρατατ.)

κράζω, έκραξα* *23*

κρασάρω, κράσαρα και κρασάρισα, κρασαρισμένος *53*

κρατάω/ κρατώ, κράτησα* *58*
κρατιέμαι, κρατήθηκα, κρατημένος *59*

κρατικοποιώ, κρατικοποίησα *73*
κρατικοποιούμαι, κρατικοποιήθηκα, κρατικοποιημένος *74, 75*

κρατούμαι, κρατήθηκα* *74*

κραυγάζω, κραύγασα *35*

κρεβατώνω, κρεβάτωσα *3*
κρεβατώνομαι, κρεβατώθηκα, κρεβατωμένος *4*

κρεμάω/ κρεμώ, κρέμασα *68*
κρεμιέμαι, κρεμάστηκα, κρεμασμένος* *69*

κρέμομαι* *2* (μόνο στον ενεστ. και παρατατ.)

κρεπάρω, κρέπαρα και κρεπάρισα *53*

κριματίζω, κριμάτισα *33*

κρίνω, έκρινα *172*
κρίνομαι, κρίθηκα, κριμένος *2*

κριτικάρω, κριτικάρισα *55*
κριτικάρομαι, κριτικαρίστηκα *54*

κροταλίζω *33* (κυρίως στον ενεστ. και παρατατ.)

κρουσταλλιάζω, κρουστάλλιασα, κρουσταλλιασμένος *35*

κρούω, έκρουσα *40*
κρούομαι, κρούστηκα, κρουσμένος *41*

κρύβω, έκρυψα *7*
κρύβομαι, κρύφτηκα, κρυμμένος *8*

κρυολογώ, κρυολόγησα, κρυολογημένος *73*

κρυπτογραφώ, κρυπτογράφησα *73*
κρυπτογραφούμαι, κρυπτογραφήθηκα, κρυπτογραφημένος *74*

κρυσταλλιάζω, κρυστάλλιασα, κρυσταλλιασμένος *35*

κρυσταλλώνω, κρυστάλλωσα, κρυσταλλωμένος *3*

κρυώνω, κρύωσα, κρυωμένος *3*

κρώζω, έκρωξα *23*

κτίζω → δες **χτίζω**

κτυπώ → δες **χτυπώ**

κυβερνάω/ κυβερνώ, κυβέρνησα* *58*
κυβερνιέμαι, κυβερνήθηκα, κυβερνημένος *59*

κυκλοφορώ, κυκλοφόρησα* *73*

κυκλώνω, κύκλωσα *3*
κυκλώνομαι, κυκλώθηκα, κυκλωμένος *4*

κυλάω/ κυλώ, κύλησα *58*
κυλιέμαι, κυλίστηκα, κυλισμένος* *173*

κυμαίνομαι, κυμάνθηκα *46*

κυματίζω *33* (κυρίως στον ενεστ. και παρατατ.)

κυνηγάω/ κυνηγώ, κυνήγησα *58*
κυνηγιέμαι, κυνηγήθηκα, κυνηγημένος *59*

κυοφορώ, κυοφόρησα *73*
κυοφορούμαι, κυοφορήθηκα, κυοφορημένος *74*

κυριαρχώ, κυριάρχησα *73*
κυριαρχούμαι* *74* (μόνο στον ενεστ. και παρατατ.)

κυριεύω, κυρίευσα και κυρίεψα *19, 17*
κυριεύομαι, κυριεύτηκα και κυριεύθηκα, κυριευμένος *20*

κυριολεκτώ, κυριολέκτησα *73*

κυρτώνω, κύρτωσα, κυρτωμένος *3*

κυρώνω, κύρωσα *3*
κυρώνομαι, κυρώθηκα, κυρωμένος *4*

κωδικοποιώ, κωδικοποίησα *73*
κωδικοποιούμαι, κωδικοποιήθηκα, κωδικοποιημένος *74, 75*

κωλοβαράω, κωλοβάρεσα *62*

κωλυσιεργώ *73* (μόνο στον ενεστ. και παρατατ.)

κωλώνω, κώλωσα *3*

κωπηλατώ, κωπηλάτησα *73*

κωφεύω, κώφευσα *19*

Λ

λαβαίνω, έλαβα *176*

λαβώνω, λάβωσα *3*
λαβώνομαι, λαβώθηκα, λαβωμένος *4*

λαγοκοιμάμαι, λαγοκοιμήθηκα *79*

λαδώνω, λάδωσα *3*
λαδώνομαι, λαδώθηκα, λαδωμένος *4*

λαϊκίζω, λαΐκισα *33*

λαθεύω, λάθεψα, λαθεμένος* *17*

λακάω (δε συνηθίζεται η κλίση σε -ώ), λάκισα* *70* και
λακίζω, λάκισα *33*

λακτίζω, λάκτισα *33*

λαλώ, λάλησα *73* και
λαλάω/ λαλώ, λάλησα, λαλημένος* *58*

λαμβάνω, έλαβα *165*
λαμβάνομαι, (ελήφθη – ελήφθησαν)* *166*

λάμνω *1* (μόνο στον ενεστ. και παρατατ.)

λαμπαδιάζω, λαμπάδιασα, λαμπαδιασμένος *35*

λαμπικάρω, λαμπικάρισα *55*
λαμπικάρομαι, λαμπικαρίστηκα, λαμπικαρισμένος *54*

λαμποκοπάω (σπάν. λαμποκοπώ), λαμποκόπησα *58*

λαμπρύνω, λάμπρυνα *48*
λαμπρύνομαι, λαμπρύνθηκα *49*

λαμπυρίζω, λαμπύρισα *33*

λάμπω, έλαμψα *9*

λαναρίζω, λανάρισα* *33*

λανθάνω* *176* (μόνο στον ενεστ.)

λανσάρω, λάνσαρα και λανσάρισα *53*
λανσάρομαι, λανσαρίστηκα, λανσαρισμένος *54*

λαξεύω, λάξεψα και λάξευσα *17, 19*
λαξεύομαι, λαξεύτηκα, λαξε(υ)μένος *18*

λασκάρω, λάσκαρα και λασκάρισα, λασκαρισμένος *53*

λασπώνω, λάσπωσα *3*
λασπώνομαι, λασπώθηκα, λασπωμένος *4*

λατρεύω, λάτρεψα *17*
λατρεύομαι, λατρεύτηκα, λατρεμένος *18*

λαφυραγωγώ, λαφυραγώγησα *73*
λαφυραγωγούμαι, λαφυραγωγήθηκα, λαφυραγωγημένος *74*

λαχαίνω, έλαχα *176* (και ως απρόσ. **λαχαίνει**)

λαχανιάζω, λαχάνιασα, λαχανιασμένος *35*

λαχταράω/ λαχταρώ, λαχτάρησα* *58*

λαχταρίζω, λαχτάρισα, λαχταρισμένος* *33*

λέγω → δες **λέω**

λεηλατώ, λεηλάτησα *73*
λεηλατούμαι, λεηλατήθηκα, λεηλατημένος* *74*

λειαίνω, λείανα *44*
λειαίνομαι, λειάνθηκα, λειασμένος *46*

λείπω, έλειψα *9*

λειτουργάω/ λειτουργώ, λειτούργησα* *58* και
λειτουργώ, λειτούργησα* *73*
λειτουργιέμαι, λειτουργήθηκα, λειτουργημένος* *59* και
λειτουργούμαι, λειτουργήθηκα, λειτουργημένος* *74*

λεκιάζω, λέκιασα *35*
λεκιάζομαι, λεκιάστηκα, λεκιασμένος *36*

λεπταίνω, λέπτυνα *47*

λεπτολογώ, λεπτολόγησα *73*

λερώνω, λέρωσα *3*

λερώνομαι, λερώθηκα, λερωμένος *4*

λευκαίνω, λεύκανα *44*
λευκαίνομαι, λευκάνθηκα, λευκασμένος *46*

λευτερώνω, λευτέρωσα *3*
λευτερώνομαι, λευτερώθηκα, λευτερωμένος *4*

λέω (σπάν. λέγω), είπα *174*
λέγομαι, ειπώθηκα και λέχθηκα, ειπωμένος *175* (και ως απρόσ. **λέγεται**)

λήγω, έληξα *21*

λησμονάω/ λησμονώ, λησμόνησα *58* και
λησμονώ, λησμόνησα *73*
λησμονιέμαι, λησμονήθηκα, λησμονημένος *59* και
λησμονούμαι, λησμονήθηκα, λησμονημένος *74*

ληστεύω, λήστεψα *17*
ληστεύομαι, ληστεύτηκα, ληστε(υ)μένος *18*

λιάζω, έλιασα* *35*
λιάζομαι, λιάστηκα, λιασμένος *36*

λιανίζω, λιάνισα *33*
λιανίζομαι, λιανίστηκα, λιανισμένος *34*

λιβανίζω, λιβάνισα *33*
λιβανίζομαι, λιβανίστηκα, λιβανισμένος *34*

λιγδιάζω, λίγδιασα, λιγδιασμένος *35* και
λιγδώνω, λίγδωσα, λιγδωμένος *3*

λιγοθυμάω/ λιγοθυμώ (παρατατ. συνήθως *-ούσα*), λιγοθύμησα, λιγοθυμισμένος *58*

λιγοστεύω, λιγόστεψα, (σπάν.) λιγοστεμένος *17*

λιγουρεύομαι, λιγουρεύτηκα *18*

λιγουριάζω, λιγούριασα, λιγουριασμένος* *36*

λιγοψυχάω/ λιγοψυχώ (παρατατ. συνήθως *-ούσα*), λιγοψύχησα *58*

λιγώνω, λίγωσα* *3*
λιγώνομαι, λιγώθηκα, λιγωμένος *4*

λιθοβολώ, λιθοβόλησα *73* και
λιθοβολάω/ λιθοβολώ (παρατατ. συνήθως *-ούσα*), λιθοβόλησα *58*
λιθοβολούμαι, λιθοβολήθηκα, λιθοβολημένος *74*

λικνίζω, λίκνισα *33*
λικνίζομαι, λικνίστηκα, λικνισμένος *34*

λιμάζω, λίμαξα, λιμασμένος* *23*

λιμάρω, λίμαρα και λιμάρισα *53*
λιμάρομαι, λιμαρίστηκα, λιμαρισμένος *54*

λιμνάζω, λίμνασα, λιμνασμένος* *35*

λιμοκτονώ, λιμοκτόνησα *73*

λιμπίζομαι, λιμπίστηκα *34*

λιντσάρω, λιντσάρισα* *55*

λιπαίνω, λίπανα *44*
λιπαίνομαι, λιπάνθηκα, λιπασμένος *46*

λιποθυμάω/ λιποθυμώ (παρατατ. συνήθως *-ούσα*), λιποθύμησα, λιποθυμισμένος *58*

λιποτακτώ και **λιποταχτώ,** λιποτάκτησα και λιποτάχτησα *73*

λιποψυχάω/ λιποψυχώ (παρατατ. συνήθως *-ούσα*), λιποψύχησα *58*

λιχνίζω, λίχνισα *33*
λιχνίζομαι, λιχνίστηκα, λιχνισμένος *34*

λιώνω, έλιωσα, λιωμένος *1*

λογαριάζω, λογάριασα *35*
λογαριάζομαι, λογαριάστηκα, λογαριασμένος *36*

λογίζομαι *34* (κυρίως στον ενεστ. και παρατατ.)

λογικεύω, λογίκεψα *17*
λογικεύομαι, λογικεύτηκα, λογικευμένος *18*

λογοδοτώ, λογοδότησα *73*

λογοκρίνω, λογόκρινα *172*
λογοκρίνομαι, λογοκρίθηκα, λογοκριμένος *2*

λογομαχώ, λογομάχησα *73*

λογοφέρνω, λογόφερα *226*

λοιδορώ, λοιδόρησα *73*
λοιδορούμαι, λοιδορήθηκα *74*

λοξοδρομώ, λοξοδρόμησα *73*

λοξοκοιτάζω, λοξοκοίταξα *23* και
λοξοκοιτάω (σπάν. λοξοκοιτώ), λοξοκοίταξα *64*

λούζω, έλουσα *35*
λούζομαι, λούστηκα, λουσμένος *36*

λουλουδιάζω, λουλούδιασα, λουλουδιασμένος *35*

λουστράρω, λούστραρα και λουστράρισα *53*
λουστράρομαι, λουστραρίστηκα, λουστραρισμένος *54*

λουφάζω, λούφαξα *23*

λουφάρω, λούφαρα και λουφάρισα *53*

λυγίζω, λύγισα, λυγισμένος *33* και
λυγάω (σπάν. λυγώ), λύγισα* *70*
λυγιέμαι* *173* (μόνο στον ενεστ. και παρατατ.)

λυμαίνομαι *46* (μόνο στον ενεστ. και παρατατ.)

λύνω, έλυσα *1*
λύνομαι, λύθηκα, λυμένος* *2*

λυπώ, λύπησα *73*
λυπάμαι (σπάν. λυπούμαι), λυπήθηκα, λυπημένος* *79*

λυσσάω (δε συνηθίζεται η κλίση σε -ώ), λύσσαξα, λυσσασμένος *64*

λυσσομανάω (σπάν. λυσσομανώ, παρατατ. *-ούσα*) *58* (μόνο στον ενεστ. και παρατατ.)

λυτρώνω, λύτρωσα *3*
λυτρώνομαι, λυτρώθηκα, λυτρωμένος *4*

λωλαίνω, λώλανα *44*
λωλαίνομαι, λωλάθηκα, λωλαμένος *45*

Μ

μαγαρίζω, μαγάρισα *33*
μαγαρίζομαι, μαγαρίστηκα, μαγαρισμένος *34*

μαγειρεύω, μαγείρεψα *17*
μαγειρεύομαι, μαγειρεύτηκα, μαγειρεμένος *18*

μαγεύω, μάγεψα *17*
μαγεύομαι, μαγεύτηκα, μαγεμένος *18*

μαγκώνω, μάγκωσα *3*
μαγκώνομαι, μαγκώθηκα, μαγκωμένος *4*

μαγνητίζω, μαγνήτισα *33*
μαγνητίζομαι, μαγνητίστηκα, μαγνητισμένος *34*

μαγνητοσκοπώ, μαγνητοσκόπησα *73*
μαγνητοσκοπούμαι, μαγνητοσκοπήθηκα, μαγνητοσκοπημένος *74*

μαγνητοφωνώ, μαγνητοφώνησα *73*
μαγνητοφωνούμαι, μαγνητοφωνήθηκα, μαγνητοφωνημένος* *74*

μαδάω/ μαδώ, μάδησα *58*

μαδιέμαι, μαδήθηκα, μαδημένος *59*

μαζεύω, μάζεψα *17*
μαζεύομαι, μαζεύτηκα, μαζεμένος *18*

μαζικοποιώ, μαζικοποίησα *73*
μαζικοποιούμαι, μαζικοποιήθηκα, μαζικοποιημένος *74, 75*

μαζώνω, μάζωξα* *29*
μαζώνομαι, μαζώχτηκα, μαζωμένος* *30*

μαθαίνω, έμαθα, μαθημένος* *176*

(μαθεύομαι), μαθεύτηκε – μαθεύτηκαν* *18* (μόνο στο γ΄ πρόσ. αορ., ως προσ. ή απρόσ.)

μαθητεύω, μαθήτεψα και μαθήτευσα *17, 19*

μαϊμουδίζω *33* (κυρίως στον ενεστ. και παρατατ.)

μαϊνάρω, μαϊνάρισα *55*

μαίνομαι *46* (μόνο στον ενεστ. και παρατατ.)

μακαρίζω, μακάρισα *33*

μακελεύω, μακέλεψα *17*
μακελεύομαι, μακελεύτηκα, μακελεμένος *18*

μακιγιάρω, μακιγιάρισα *55*
μακιγιάρομαι, μακιγιαρίστηκα, μακιγιαρισμένος *54*

μακραίνω, μάκρυνα *47*

μακρηγορώ, μακρηγόρησα *73*

μαλάζω, μάλαξα *23*
μαλάζομαι, μαλάχτηκα *24*

μαλακίζομαι, μαλακίστηκα, μαλακισμένος *34*

μαλακώνω, μαλάκωσα, μαλακωμένος *3*

μαλαματώνω, μαλαμάτωσα *3*
μαλαματώνομαι, μαλαματώθηκα, μαλαματωμένος *4*

μαλλιάζω, μάλλιασα *35*

μαλλιοτραβιέμαι, μαλλιοτραβήχτηκα *67*

μαλώνω, μάλωσα, μαλωμένος* *3*

μανατζάρω, μανατζάρισα *55*
μανατζάρομαι (μόνο στον ενεστ.) *54*

μανιάζω, μάνιασα, μανιασμένος *35*

μανιπουλάρω, μανιπουλάρισα *55*

μανουβράρω, μανουβράρισα* *55*

μανταλώνω, μαντάλωσα *3*
μανταλώνομαι, μανταλώθηκα, μανταλωμένος *4*

μαντάρω, μαντάρισα *55*
μαντάρομαι, μανταρίστηκα, μανταρισμένος *54*

μαντεύω, μάντεψα *17*

μαντρώνω, μάντρωσα *3*
μαντρώνομαι, μαντρώθηκα, μαντρωμένος *4*

μαραγκιάζω, μαράγκιασα, μαραγκιασμένος *35*

μαραζώνω, μαράζωσα, μαραζωμένος *3*

μαραίνω, μάρανα *44*
μαραίνομαι, μαράθηκα, μαραμένος *45*

μαργώνω, μάργωσα, μαργωμένος *3*

μαρινάρω, μαρινάρισα *55*
μαρινάρομαι, μαριναρίστηκα, μαριναρισμένος *54*

μαρκάρω, μάρκαρα και μαρκάρισα *53*
μαρκάρομαι, μαρκαρίστηκα, μαρκαρισμένος *54*

μαρμαρώνω, μαρμάρωσα, μαρμαρωμένος *3*

μαρσάρω, μάρσαρα και μαρσάρισα *53*

μαρτυράω/ μαρτυρώ, μαρτύρησα* *58* και
μαρτυρώ, μαρτύρησα* *73*
μαρτυρείται – μαρτυρούνται (κυρίως στο γ΄ πρόσ. ενεστ.)

μασάω/ μασώ, μάσησα *58*
μασιέμαι, μασήθηκα, μασημένος *59*

μασκαρεύω, μασκάρεψα *17*
μασκαρεύομαι, μασκαρεύτηκα, μασκαρεμένος *18*

μασουλάω (δε συνηθίζεται η κλίση σε -ώ), μασούλισα* *70* και
μασουλίζω, μασούλισα *33*

μαστιγώνω, μαστίγωσα *3*
μαστιγώνομαι, μαστιγώθηκα, μαστιγωμένος *4*

μαστίζω *33* (μόνο στον ενεστ. και παρατατ.)
μαστίζομαι *34* (μόνο στον ενεστ. και παρατατ.)

μαστορεύω, μαστόρεψα *17*

ματαιοπονώ *73* (κυρίως στον ενεστ. και παρατατ.)

ματαιώνω, ματαίωσα *3*
ματαιώνομαι, ματαιώθηκα, ματαιωμένος *4*

ματιάζω, μάτιασα *35*
ματιάζομαι, ματιάστηκα, ματιασμένος *36*

ματώνω, μάτωσα, ματωμένος *3*

μαυλίζω, μαύλισα *33*

μαυρίζω, μαύρισα, μαυρισμένος* *33*

μαχαιρώνω, μαχαίρωσα *3*
μαχαιρώνομαι, μαχαιρώθηκα, μαχαιρωμένος *4*

μάχομαι *32* (μόνο στον ενεστ. και παρατατ.)

μεγαλοπιάνομαι, μεγαλοπιάστηκα, μεγαλοπιασμένος *39*

μεγαλοποιώ, μεγαλοποίησα *73*
μεγαλοποιούμαι, μεγαλοποιήθηκα, μεγαλοποιημένος *74, 75*

μεγαλουργώ, μεγαλούργησα *73*

μεγαλώνω, μεγάλωσα, μεγαλωμένος *3*

μεγεθύνω, μεγέθυνα *48*
μεγεθύνομαι, μεγεθύνθηκα, μεγεθυμένος *49*

μεγιστοποιώ, μεγιστοποίησα *73*
μεγιστοποιούμαι, μεγιστοποιήθηκα, μεγιστοποιημένος *74, 75*

μεθάω/ μεθώ, μέθυσα, μεθυσμένος *177*

μεθοδεύω, μεθόδευσα *19*
μεθοδεύομαι, μεθοδεύτηκα (σπάν. μεθοδεύθηκα), μεθοδευμένος *20*

μεθοκοπάω (σπάν. μεθοκοπώ) *58* (μόνο στον ενεστ. και παρατατ.)

μειοδοτώ, μειοδότησα *73*

μειονεκτώ *73* (μόνο στον ενεστ. και παρατατ.)

μειοψηφώ, μειοψήφησα *73*

μειώνω, μείωσα *3*
μειώνομαι, μειώθηκα, μειωμένος *4*

μελαγχολώ, μελαγχόλησα *73*

μελανιάζω, μελάνιασα, μελανιασμένος *35*

μέλει* (παρατατ. έμελε) (ως απρόσ.)

μελετάω/ μελετώ, μελέτησα *58*
μελετιέμαι, μελετήθηκα, μελετημένος *59* και
μελετώμαι, μελετήθηκα, μελετημένος* *61*

μέλλει* (παρατατ. έμελλε) (ως απρόσ.)
μέλλεται (ως απρόσ.)

μελοποιώ, μελοποίησα *73*
μελοποιούμαι, μελοποιήθηκα, μελοποιημένος *74, 75*

μελώνω, μέλωσα *3*
μελώνομαι, μελώθηκα, μελωμένος *4*

μέμφομαι, μέμφθηκα *14*

μεμψιμοιρώ *73* (μόνο στον ενεστ. και παρατατ.)

μένω, έμεινα *178* (και ως απρόσ. **μένει**)

μερακλώνω, μεράκλωσα *3*
μερακλώνομαι, μερακλώθηκα, μερακλωμένος *4*

μερεύω, μέρεψα *17*

μεριάζω, μέριασα *35*

μεριμνώ, μερίμνησα* *60*

μερώνω, μέρωσα *3*

μεσημεριάζει, μεσημέριασε (ως απρόσ.)

μεσιτεύω, μεσίτεψα *17*

μεσολαβώ, μεσολάβησα *73*

μεσουρανώ, μεσουράνησα *73*

μεστώνω, μέστωσα, μεστωμένος *3*

μεταβαίνω, (μετέβη, μετέβησαν) *145*

μεταβάλλω, μετέβαλα *146*
μεταβάλλομαι, μεταβλήθηκα *147*

μεταβιβάζω, μεταβίβασα* *35*
μεταβιβάζομαι, μεταβιβάστηκα, μεταβιβασμένος *36*

μεταγγίζω, μετάγγισα *33*
μεταγγίζομαι, μεταγγίστηκα, μεταγγισμένος *34*

μεταγλωττίζω, μεταγλώττισα *33*
μεταγλωττίζομαι, μεταγλωττίστηκα, μεταγλωττισμένος *34*

μεταγράφω, μετέγραψα *13*
μεταγράφομαι, μεταγράφ(τ)ηκα, μεταγραμμένος* *122*

μεταδίδω, μετέδωσα (σπάν. μετάδωσα) *186*
μεταδίδομαι, μεταδόθηκα, (σπάν.) μεταδομένος *187*

μεταθέτω, μετέθεσα *137*
μετατίθεμαι, μετατέθηκα *138*

μετακαλώ, μετακάλεσα *76*
μετακαλούμαι, μετακλήθηκα *163*

μετακινώ, μετακίνησα *73*
μετακινούμαι, μετακινήθηκα, μετακινημένος* *74*

μετακομίζω, μετακόμισα *33*

μετακυλίω, μετακύλισα *5*
μετακυλίεται, μετακυλίστηκε, (σπάν.) μετακυλισμένος *6*

μεταλαβαίνω, μετάλαβα* *200*

μεταλαμπαδεύω, μεταλαμπάδευσα* *19*

μεταλλάσσω, μετάλλαξα *27*
μεταλλάσσομαι, μεταλλάχθηκα και μεταλλάχτηκα, μεταλλαγμένος *95*

μεταμελούμαι, μεταμελήθηκα, μεταμελημένος *74*

μεταμορφώνω, μεταμόρφωσα *3*
μεταμορφώνομαι, μεταμορφώθηκα, μεταμορφωμένος *4*

μεταμοσχεύω, μεταμόσχευσα *19*
μεταμοσχεύομαι, μεταμοσχεύτηκα και μεταμοσχεύθηκα, μεταμοσχευμένος *20*

μεταμφιέζω, μεταμφίεσα* *35*
μεταμφιέζομαι, μεταμφιέστηκα, μεταμφιεσμένος *36*

μεταναστεύω, μετανάστευσα και μετανάστεψα *19, 17*

μετανιώνω, μετάνιωσα, μετανιωμένος* *3*

μετανοώ, μετανόησα, μετανοημένος* *73*

μεταπείθω, μετέπεισα *37*
μεταπείθομαι, μεταπείστηκα, μεταπεισμένος *38*

μεταπηδώ, μεταπήδησα *60*

μεταπίπτω, μετέπεσα *141*

μεταπλάθω, μετέπλασα και μετάπλασα *37*
μεταπλάθομαι, μεταπλάστηκα, μεταπλασμένος *38*

μεταποιώ, μεταποίησα *73*
μεταποιούμαι, μεταποιήθηκα, μεταποιημένος *74, 75*

μεταπουλάω (σπάν. μεταπουλώ), μεταπούλησα *58* και
μεταπωλώ, μεταπώλησα* *73*

μεταρρυθμίζω, μεταρρύθμισα *33*
μεταρρυθμίζομαι, μεταρρυθμίστηκα, μεταρρυθμισμένος *34*

μεταστρέφω, μετέστρεψα *13*
μεταστρέφομαι, μεταστράφηκα *210*

μετασχηματίζω, μετασχημάτισα *33*
μετασχηματίζομαι, μετασχηματίστηκα, μετασχηματισμένος *34*

μετατοπίζω, μετατόπισα *33*
μετατοπίζομαι, μετατοπίστηκα, μετατοπισμένος *34*

μετατρέπω, μετέτρεψα (σπάν. μετάτρεψα) *9*
μετατρέπομαι, μετατράπηκα *180*

μεταφέρω, μετέφερα (σπάν. μετάφερα) *217*
μεταφέρομαι, μεταφέρθηκα, μεταφερμένος *218*

μεταφράζω, μετέφρασα (σπάν. μετάφρασα) *35*
μεταφράζομαι, μεταφράστηκα, μεταφρασμένος *36*

μεταφυτεύω, μεταφύτεψα και μεταφύτευσα *17, 19*
μεταφυτεύομαι, μεταφυτεύτηκα και μεταφυτεύθηκα, μεταφυτε(υ)μένος *20*

μεταχειρίζομαι, μεταχειρίστηκα, μεταχειρισμένος* *34*

μετεγγράφω, *13* (μόνο στον ενεστ.)
μετεγγράφομαι, μετεγγράφηκα *122*

μετεκπαιδεύω, μετεκπαίδευσα *19*
μετεκπαιδεύομαι, μετεκπαιδεύτηκα και μετεκπαιδεύθηκα, μετεκπαιδευμένος *20*

μετεπιβιβάζομαι, μετεπιβιβάστηκα *36*

μετέρχομαι, μετήλθα *214*

μετέχω, (μετείχα) *190*

μετεωρίζω, μετεώρισα *33*
μετεωρίζομαι, μετεωρίστηκα, μετεωρισμένος *34*

μετοικώ, μετοίκησα *73*

μετονομάζω, μετονόμασα *35*

μετονομάζομαι, μετονομάστηκα, μετονομασμένος *36*

μετουσιώνω, μετουσίωσα *3*
μετουσιώνομαι, μετουσιώθηκα, μετουσιωμένος *4*

μετράω/ μετρώ, μέτρησα *58*
μετριέμαι, μετρήθηκα, μετρημένος *59*

μετριάζω, μετρίασα *35*
μετριάζομαι, μετριάστηκα, μετριασμένος *36*

μηδενίζω, μηδένισα *33*
μηδενίζομαι, μηδενίστηκα, μηδενισμένος *34*

μηνάω (σπάν. μηνώ), μήνυσα* *177*

μηνύω, μήνυσα* *5*
μηνύομαι, μηνύθηκα *6*

μηρυκάζω, μηρύκασα *35*

μηχανεύομαι, μηχανεύτηκα *18*

μηχανογραφώ, μηχανογράφησα *73*
μηχανογραφούμαι, μηχανογραφήθηκα, μηχανογραφημένος *74*

μηχανορραφώ *73* (κυρίως στον ενεστ. και παρατατ.)

μιαίνω, μίανα *44*
μιαίνομαι, μιάνθηκα, μιασμένος *46*

μιζεριάζω, μιζέριασα, μιζεριασμένος *35*

μικραίνω, μίκρυνα *47*

μικροφωνίζω, μικροφώνισα *33*

μιλάω/ μιλώ, μίλησα *58*
μιλιέμαι, μιλήθηκα, μιλημένος* *59*

μιμούμαι, μιμήθηκα *74*

μισεύω, μίσεψα, (σπάν.) μισεμένος *17*

μισθοδοτώ, μισθοδότησα *73*
μισθοδοτούμαι, μισθοδοτήθηκα, μισθοδοτημένος *74*

μισθώνω, μίσθωσα *3*
μισθώνομαι, μισθώθηκα, μισθωμένος *4*

μισώ, μίσησα *73*
μισούμαι, μισήθηκα, μισημένος* *74*

μνημονεύω, μνημόνευσα (σπάν. μνημόνεψα) *19, 17*
μνημονεύομαι, μνημονεύτηκα και μνημονεύθηκα, μνημονευμένος *20*

μοιάζω, έμοιασα *35*

μοιράζω, μοίρασα *35*
μοιράζομαι, μοιράστηκα, μοιρασμένος *36*

μοιραίνω, μοίρανα* *44*

μοιρολογάω/ μοιρολογώ (παρατατ. συνήθως *-ούσα*), μοιρολόγησα *58* και
μοιρολογώ, μοιρολόγησα *73*

μοιχεύω, μοίχευσα *19*

μολάρω, μόλαρα και μολάρισα *53*

μολεύω, μόλεψα *17*
μολεύομαι, μολεύτηκα, μολεμένος *18*

μολογάω (σπάν. μολογώ), μολόγησα *58*

μολύνω, μόλυνα *48*
μολύνομαι, μολύνθηκα, μολυσμένος *49*

μονάζω, μόνασα *35*

μονιάζω, μόνιασα* *35*

μονιμοποιώ, μονιμοποίησα *73*
μονιμοποιούμαι, μονιμοποιήθηκα, μονιμοποιημένος *74, 75*

μονογραφώ, μονογράφησα *73*
μονογραφούμαι, μονογραφήθηκα, μονογραφημένος *74*

μονοιάζω, μόνοιασα, μονοιασμένος* *35*

μονολογώ, μονολόγησα *73*

μονομαχώ, μονομάχησα *73*

μονοπωλώ, μονοπώλησα *73*
μονοπωλούμαι, μονοπωλήθηκα *74*

μοντάρω, μόνταρα και μοντάρισα, *53*
μοντάρομαι, μονταρίστηκα, μονταρισμένος *54*

μοντελοποιώ, μοντελοποίησα *73*
μοντελοποιούμαι, μοντελοποιήθηκα, μοντελοποιημένος *74, 75*

μονώνω, μόνωσα *3*
μονώνομαι, μονώθηκα, μονωμένος* *4*

μορφάζω, μόρφασα *35*

μορφοποιώ, μορφοποίησα *73*
μορφοποιούμαι, μορφοποιήθηκα, μορφοποιημένος *74, 75*

μορφώνω, μόρφωσα *3*
μορφώνομαι, μορφώθηκα, μορφωμένος *4*

μοσκοβολάω → δες **μοσχοβολάω**

μοστράρω, μόστραρα και μοστράρισα, μοστραρισμένος *53*

μοσχοβολάω (σπάν. μοσχοβολώ), μοσχοβόλησα, μοσχοβολημένος *58* και
μοσκοβολάω (σπάν. μοσκοβολώ), μοσκοβόλησα, μοσκοβολημένος *58*

μοσχομυρίζω, μοσχομύρισα, μοσχομυρισμένος *33*

μοσχοπουλάω (σπάν. μοσχοπουλώ), μοσχοπούλησα *58*
μοσχοπουλιέμαι, μοσχοπουλήθηκα, μοσχοπουλημένος *59*

μουγγαίνομαι, μουγγάθηκα, μουγγαμένος* *45*

μουγκανίζω, μουγκάνισα *33*

μουγκρίζω, μούγκρισα *33*

μουδιάζω, μούδιασα, μουδιασμένος *35*

μουλαρώνω, μουλάρωσα, μουλαρωμένος *3*

μουλιάζω, μούλιασα, μουλιασμένος *35*

μουλώνω, μούλωξα *29*

μουνουχίζω, μουνούχισα *33*
μουνουχίζομαι, μουνουχίστηκα, μουνουχισμένος *34*

μουντάρω, μούνταρα και μουντάρισα *53*

μουντζαλώνω, μουντζάλωσα *3*
μουντζαλώνομαι, μουντζαλώθηκα, μουντζαλωμένος *4*

μουντζουρώνω, μουντζούρωσα *3*
μουντζουρώνομαι, μουντζουρώθηκα, μουντζουρωμένος *4*

μουντζώνω, μούντζωσα *3*
μουντζώνομαι, μουντζώθηκα, μουντζωμένος *4*

μουρλαίνω, μούρλανα *44*
μουρλαίνομαι, μουρλάθηκα, μουρλαμένος *45*

μουρμουράω (δε συνηθίζεται η κλίση σε -*ώ*), μουρμούρισα* *70* και
μουρμουρίζω, μουρμούρισα *33*

μουσκεύω, μούσκεψα *17*
μουσκεύομαι, μουσκεύτηκα, μουσκεμένος *18*

μουτρώνω, μούτρωσα, μουτρωμένος *3*

μουχλιάζω, μούχλιασα, μουχλιασμένος *35*

μοχθώ, μόχθησα *73*

μπαγιατεύω, μπαγιάτεψα *17*

μπαγλαρώνω, μπαγλάρωσα, μπαγλαρωμένος *3*

μπάζω, έμπασα, μπασμένος* *35* (και ως απρόσ. **μπάζει**)

μπαζώνω, μπάζωσα *3*
μπαζώνομαι, μπαζώθηκα, μπαζωμένος *4*

μπαϊλντίζω, μπαΐλντισα, μπαϊλντισμένος *33*

μπαίνω, μπήκα, μπασμένος* *179*

μπαλώνω, μπάλωσα *3*
μπαλώνομαι, μπαλώθηκα, μπαλωμένος *4*

μπανιάρω, μπανιάρισα *55*
μπανιάρομαι, μπανιαρίστηκα, μπανιαρισμένος *54* και
μπανιαρίζομαι, μπανιαρίστηκα, μπανιαρισμένος *34*

μπανίζω, μπάνισα *33*

μπαντάρω, μπαντάρισα *55*
μπαντάρομαι, μπανταρίστηκα, μπανταρισμένος *54*

μπαρκάρω, μπάρκαρα και μπαρκάρισα, μπαρκαρισμένος *53*

μπασταρδεύω, μπαστάρδεψα *17*
μπασταρδεύομαι, μπασταρδεύτηκα, μπασταρδεμένος *18*

μπαταλεύω, μπατάλεψα *17*

μπατάρω, μπάταρα και μπατάρισα, μπαταρισμένος *53*

μπατσίζω, μπάτσισα *33*

μπαφιάζω, μπάφιασα, μπαφιασμένος *35*

μπεκρουλιάζω, μπεκρούλιασα *35*

μπεμπεκίζω, μπεμπέκισα *33*

μπερδεύω, μπέρδεψα *17*
μπερδεύομαι, μπερδεύτηκα, μπερδεμένος *18*

μπήγω, έμπηξα *21* και
μπήζω, έμπηξα *23*
μπήγομαι, μπήχτηκα, μπηγμένος *22*

μπιζάρω, μπιζάρισα *55*

μπλαστρώνω, μπλάστρωσα *3*
μπλαστρώνομαι, μπλαστρώθηκα, μπλαστρωμένος *4*

μπλέκω, έμπλεξα *25*
μπλέκομαι, μπλέχτηκα, μπλεγμένος *26*

μπλοκάρω, μπλόκαρα και μπλοκάρισα* *53*
μπλοκάρομαι, μπλοκαρίστηκα, μπλοκαρισμένος *54*

μπλοφάρω, μπλόφαρα και μπλοφάρισα *53*

μπογιατίζω, μπογιάτισα *33*
μπογιατίζομαι, μπογιατίστηκα, μπογιατισμένος *34*

μποϊκοτάρω, μποϊκοτάρισα *55*

μπολιάζω, μπόλιασα *35*
μπολιάζομαι, μπολιάστηκα, μπολιασμένος *36*

μπορώ, μπόρεσα *76* (και ως απρόσ. **μπορεί**)

μποτιλιάρω, μποτιλιάρισα *55*
μποτιλιάρομαι, μποτιλιαρίστηκα, μποτιλιαρισμένος *54*

μπουγελώνω, μπουγέλωσα *3*
μπουγελώνομαι, μπουγελώθηκα, μπουγελωμένος *4*

μπουζουριάζω, μπουζούριασα *35*
μπουζουριάζομαι, μπουζουριάστηκα, μπουζουριασμένος *36*

μπουκάρω, μπούκαρα και μπουκάρισα *53*

μπουκώνω, μπούκωσα, μπουκωμένος* *3*

μπουμπουκιάζω, μπουμπούκιασα, μπουμπουκιασμένος *35*

μπουμπουνίζει* (ως απρόσ.)

μπουνατσάρει (ως απρόσ.)

μπουρδουκλώνω, μπουρδούκλωσα *3*
μπουρδουκλώνομαι, μπουρδουκλώθηκα, μπουρδουκλωμένος *4*

μπουσουλάω (δε συνηθίζεται η κλίση σε -ώ), μπουσούλησα *58*

μπουχτίζω, μπούχτισα, μπουχτισμένος *33*

μπριζώνω, μπρίζωσα *3*
μπριζώνομαι, μπριζώθηκα, μπριζωμένος *4*

μυγιάζομαι *36* (κυρίως στον ενεστ. και παρατατ.)

μυξοκλαίω (μόνο στον ενεστ. και παρατατ.) *161*
μυξοκλαίγομαι (μόνο στον ενεστ. και παρατατ.) *170*

μυρίζω, μύρισα *33* (και ως απρόσ. **μυρίζει**)
μυρίζομαι, μυρίστηκα* *34*

μυρμηγκιάζω, μυρμήγκιασα *35*

μυρώνω, μύρωσα *3*
μυρώνομαι, μυρώθηκα, μυρωμένος *4*

μυώ, μύησα *73*
μυούμαι, μυήθηκα, μυημένος *74*

μωραίνω, μώρανα *44*
μωραίνομαι, μωράθηκα *45*

μωρουδίζω *33* (μόνο στον ενεστ. και παρατατ.)

Ν

νανουρίζω, νανούρισα *33*
νανουρίζομαι, νανουρίστηκα, νανουρισμένος *34*

ναρκισσεύομαι, ναρκισσεύτηκα *20*

ναρκοθετώ, ναρκοθέτησα *73*
ναρκοθετούμαι, ναρκοθετήθηκα, ναρκοθετημένος *74*

ναρκώνω, νάρκωσα *3*
ναρκώνομαι, ναρκώθηκα, ναρκωμένος *4*

ναυαγώ, ναυάγησα, ναυαγισμένος 73

ναυλοχώ *73* (μόνο στον ενεστ. και παρατατ.)

ναυλώνω, ναύλωσα *3*
ναυλώνομαι, ναυλώθηκα, ναυλωμένος *4*

ναυμαχώ, ναυμάχησα *73*

ναυπηγώ, ναυπήγησα *73*
ναυπηγούμαι, ναυπηγήθηκα, ναυπηγημένος *74*

ναυτολογώ, ναυτολόγησα *73*
ναυτολογούμαι, ναυτολογήθηκα, ναυτολογημένος *74*

νεάζω *35* (μόνο στον ενεστ. και παρατατ.)

νεκρανασταίνω, νεκρανάστησα *50*
νεκρανασταίνομαι, νεκραναστήθηκα, νεκραναστημένος *51*

νεκροφιλάω/ νεκροφιλώ, νεκροφίλησα* *58*

νεκρώνω, νέκρωσα* *3*
νεκρώνομαι, νεκρώθηκα, νεκρωμένος *4*

νέμομαι *2* (μόνο στον ενεστ. και παρατατ.)

νεοτερίζω* *33* (μόνο στον ενεστ. και παρατατ.)

νερουλιάζω, νερούλιασα, νερουλιασμένος *35*

νερώνω, νέρωσα *3*
νερώνομαι, νερώθηκα, νερωμένος *4*

νετάρω, νέταρα και νετάρισα, νεταρισμένος *53*

νευριάζω, νευρίασα, νευριασμένος *35*

νεύω, ένεψα και ένευσα *17, 19*

νεωτερίζω → δες **νεοτερίζω**

νηολογώ, νηολόγησα *73*
νηολογούμαι, νηολογήθηκα, νηολογημένος *74*

νηστεύω, νήστεψα *17*

νιαουρίζω, νιαούρισα *33*

νίβω, ένιψα *7*
νίβομαι, νίφτηκα *8*

νικάω/ νικώ, νίκησα *58*
νικιέμαι, νικήθηκα, νικημένος *59*

νιώθω, ένιωσα 37

νογάω (παρατατ. *νογούσα,* μόνο στον ενεστ. και παρατατ.) *58*

νοθεύω, νόθεψα και νόθευσα *17, 19*
νοθεύομαι, νοθεύτηκα (σπάν. νοθεύθηκα), νοθε(υ)μένος *20*

νοιάζει, ένοιαξε (ως απρόσ.)
νοιάζομαι, νοιάστηκα *36*

νοικιάζω, νοίκιασα *35*
νοικιάζομαι, νοικιάστηκα, νοικιασμένος *36*

νοικοκυρεύω, νοικοκύρεψα *17*
νοικοκυρεύομαι, νοικοκυρεύτηκα, νοικοκυρεμένος *18*

νομαρχεύω *19* (μόνο στον ενεστ. και παρατατ.)

νομίζω, νόμισα *33*

νομιμοποιώ, νομιμοποίησα *73*
νομιμοποιούμαι, νομιμοποιήθηκα, νομιμοποιημένος *74, 75*

νομοθετώ, νομοθέτησα *73*

νομοθετούμαι, νομοθετήθηκα, νομοθετημένος *74*

νοσηλεύομαι, νοσηλεύτηκα και νοσηλεύθηκα *20*

νοσταλγώ, νοστάλγησα *73*

νοστιμεύω, νοστίμεψα *17*
νοστιμεύομαι, νοστιμεύτηκα* *18*

νοσώ, νόσησα *73*

νοτίζω, νότισα, νοτισμένος *33*

νουθετώ, νουθέτησα *73*
νουθετούμαι, νουθετήθηκα, νουθετημένος *74*

νοώ (κυρίως στη λόγ. έκφρ. ο *νοών νοείτω*)
νοείται (κυρίως με άρνηση, ως προσ. ή απρόσ.)

νταντεύω, ντάντεψα *17*

νταραβερίζομαι, νταραβερίστηκα *34*

ντελαλίζω, ντελάλισα *33*

ντεμπουτάρω, ντεμπούταρα και ντεμπουτάρισα *53*

ντεραπάρω, ντεραπάρισα *55*

ντοπάρω, ντόπαρα και ντοπάρισα *53*
ντοπάρομαι, ντοπαρίστηκα, ντοπαρισμένος *54*

ντουμανιάζω, ντουμάνιασα, ντουμανιασμένος *35*

ντουμπλάρω, ντούμπλαρα και ντουμπλάρισα *53*
ντουμπλάρομαι, ντουμπλαρίστηκα, ντουμπλαρισμένος *54*

ντουφεκίζω, ντουφέκισα *33*
ντουφεκίζομαι, ντουφεκίστηκα, ντουφεκισμένος *34*

ντρέπομαι, ντράπηκα *180*

ντρεσάρω, ντρεσάρισα *55*
ντρεσάρομαι, ντρεσαρίστηκα, ντρεσαρισμένος *54*

ντροπιάζω, ντρόπιασα *35*
ντροπιάζομαι, ντροπιάστηκα, ντροπιασμένος *36*

ντύνω, έντυσα *1*
ντύνομαι, ντύθηκα, ντυμένος *2*

νυμφεύω, νύμφευσα *19*
νυμφεύομαι, νυμφεύτηκα και νυμφεύθηκα, νυμφευμένος *20*

νυστάζω, νύσταξα, νυσταγμένος *23*

νυχτοπερπατάω/ νυχτοπερπατώ, νυχτοπερπάτησα *58*

νυχτώνει, νύχτωσε* (ως απρόσ.)
νυχτώνομαι, νυχτώθηκα, νυχτωμένος *4*

Ξ

ξαγκιστρώνω, ξαγκίστρωσα *3*
ξαγκιστρώνομαι, ξαγκιστρώθηκα, ξαγκιστρωμένος *4*

ξαγρυπνάω/ ξαγρυπνώ (παρατατ. συνήθως *-ούσα*), ξαγρύπνησα, ξαγρυπνισμένος *58*

ξαίνω, έξανα *44*

ξαίνομαι, ξάστηκα, ξασμένος *181*

ξακρίζω, ξάκρισα *33*
ξακρίζομαι, ξακρίστηκα, ξακρισμένος *34*

ξαλαφρώνω, ξαλάφρωσα, ξαλαφρωμένος *3*

ξαλλάζω, ξάλλαξα *23*

ξαμολάω (δε συνηθίζεται η κλίση σε -ώ), ξαμόλησα *58*
ξαμολιέμαι, ξαμολήθηκα, ξαμολημένος *59*

ξαμώνω, ξάμωσα *3*

ξανάβω, ξάναψα, ξαναμμένος *7*

ξανανιώνω, ξανάνιωσα, ξανανιωμένος *3*

ξανασαίνω, ξανάσανα *44*

ξανθαίνω, ξάνθυνα* *47*

ξανθίζω, ξάνθισα, ξανθισμένος* *33*

ξανοίγω, ξάνοιξα *21*
ξανοίγομαι, ξανοίχτηκα, ξανοιγμένος* *22*

ξαπλώνω, ξάπλωσα *3*
ξαπλώνομαι, ξαπλώθηκα, ξαπλωμένος* *4*

ξαποσταίνω, ξαπόστασα, ξαποσταμένος *52*

ξαποστέλνω, ξαπόστειλα *208*

ξαραχνιάζω, ξαράχνιασα, ξαραχνιασμένος *35*

ξαρματώνω, ξαρμάτωσα *3*
ξαρματώνομαι, ξαρματώθηκα, ξαρματωμένος *4*

ξαρμυρίζω, ξαρμύρισα, ξαρμυρισμένος *33*

ξασπρίζω, ξάσπρισα, ξασπρισμένος *33*

ξαστερώνω, ξαστέρωσα, ξαστερωμένος *3* (και ως απρόσ. **ξαστερώνει**)

ξαστοχώ, ξαστόχησα 73 και
ξαστοχάω/ ξαστοχώ (παρατατ. συνήθως *-ούσα*), ξαστόχησα *58*

ξαφνιάζω, ξάφνιασα *35*
ξαφνιάζομαι, ξαφνιάστηκα, ξαφνιασμένος *36*

ξαφρίζω, ξάφρισα *33*
ξαφρίζομαι, ξαφρίστηκα, ξαφρισμένος *34*

ξεβασκαίνω, ξεβάσκανα, ξεβασκαμένος *44*

ξεβάφω, ξέβαψα *13*
ξεβάφομαι, ξεβάφτηκα, ξεβαμμένος* *14*

ξεβγάζω, ξέβγαλα *108*
ξεβγάζομαι, ξεβγάλθηκα, ξεβγαλμένος *182*

ξεβιδώνω, ξεβίδωσα *3*
ξεβιδώνομαι, ξεβιδώθηκα, ξεβιδωμένος *4*

ξεβολεύω, ξεβόλεψα *17*
ξεβολεύομαι, ξεβολεύτηκα, ξεβολεμένος *18*

ξεβοτανίζω, ξεβοτάνισα *33*
ξεβοτανίζομαι, ξεβοτανίστηκα, ξεβοτανισμένος *34*

ξεβουλώνω, ξεβούλωσα, ξεβουλωμένος *3*

ξεβράζω, ξέβρασα *35*
ξεβράζομαι, ξεβράστηκα, ξεβρασμένος *36*

ξεβρακώνω, ξεβράκωσα *3*
ξεβρακώνομαι, ξεβρακώθηκα, ξεβρακωμένος *4*

ξεβρομίζω, ξεβρόμισα *33*

ξεγελάω/ ξεγελώ, ξεγέλασα *68*
ξεγελιέμαι, ξεγελάστηκα, ξεγελασμένος *69*

ξεγεννάω/ ξεγεννώ, ξεγέννησα *58*

ξεγλιστράω/ ξεγλιστρώ, ξεγλίστρησα *58*

ξεγράφω, ξέγραψα *13*
ξεγράφομαι, ξεγράφτηκα, ξεγραμμένος *14*

ξεγυμνώνω, ξεγύμνωσα *3*
ξεγυμνώνομαι, ξεγυμνώθηκα, ξεγυμνωμένος *4*

ξεδιαλέγω, ξεδιάλεξα, ξεδιαλεγμένος *21*

ξεδιαλύνω, ξεδιάλυνα *172*

ξεδίνω, ξέδωσα *131*

ξεδιπλώνω, ξεδίπλωσα *3*
ξεδιπλώνομαι, ξεδιπλώθηκα, ξεδιπλωμένος *4*

ξεδιψάω/ ξεδιψώ, ξεδίψασα, ξεδιψασμένος *68*

ξεδοντιάζω, ξεδόντιασα *35*
ξεδοντιάζομαι, ξεδοντιάστηκα, ξεδοντιασμένος *36*

ξεζαλίζω, ξεζάλισα *33*
ξεζαλίζομαι, ξεζαλίστηκα, ξεζαλισμένος *34*

ξεζεύω, ξέζεψα *17*
ξεζεύομαι, ξεζεύτηκα, ξεζεμένος *18*

ξεζουμίζω, ξεζούμισα *33*
ξεζουμίζομαι, ξεζουμίστηκα, ξεζουμισμένος *34*

ξεθάβω, ξέθαψα *7*

ξεθάβομαι, ξεθάφτηκα, ξεθαμμένος *8*

ξεθαρρεύω, ξεθάρρεψα *17*

ξεθεμελιώνω, ξεθεμελίωσα *3*
ξεθεμελιώνομαι, ξεθεμελιώθηκα, ξεθεμελιωμένος *4*

ξεθεώνω, ξεθέωσα *3*
ξεθεώνομαι, ξεθεώθηκα, ξεθεωμένος *4*

ξεθηλυκώνω, ξεθηλύκωσα *3*
ξεθηλυκώνομαι, ξεθηλυκώθηκα, ξεθηλυκωμένος *4*

ξεθολώνω, ξεθόλωσα, ξεθολωμένος *3*

ξεθυμαίνω, ξεθύμανα, ξεθυμασμένος *44*

ξεθυμώνω, ξεθύμωσα, ξεθυμωμένος *3*

ξεθωριάζω, ξεθώριασα, ξεθωριασμένος *35*

ξεϊδρώνω, ξεΐδρωσα *3*

ξεκαθαρίζω, ξεκαθάρισα *33*
ξεκαθαρίζομαι, ξεκαθαρίστηκα, ξεκαθαρισμένος *34*

ξεκαλοκαιριάζω, ξεκαλοκαίριασα *35*

ξεκαλουπώνω, ξεκαλούπωσα *3*
ξεκαλουπώνομαι, ξεκαλουπώθηκα, ξεκαλουπωμένος *4*

ξεκάνω, ξέκανα *164*

ξεκαπιστρώνω, ξεκαπίστρωσα *3*
ξεκαπιστρώνομαι, ξεκαπιστρώθηκα, ξεκαπιστρωμένος *4*

ξεκαρδίζομαι, ξεκαρδίστηκα, ξεκαρδισμένος *34*

ξεκατινιάζω, ξεκατίνιασα *35*
ξεκατινιάζομαι, ξεκατινιάστηκα, ξεκατινιασμένος *36*

ξεκινάω/ ξεκινώ, ξεκίνησα, (σπάν.) ξεκινημένος* *58*

ξεκλέβω, ξέκλεψα *7*

ξεκλειδώνω, ξεκλείδωσα *3*
ξεκλειδώνομαι, ξεκλειδώθηκα, ξεκλειδωμένος *4*

ξεκληρίζω, ξεκλήρισα *33*
ξεκληρίζομαι, ξεκληρίστηκα, ξεκληρισμένος *34*

ξεκόβω, ξέκοψα, ξεκομμένος *7*

ξεκοιλιάζω, ξεκοίλιασα *35*
ξεκοιλιάζομαι, ξεκοιλιάστηκα, ξεκοιλιασμένος *36*

ξεκοκαλίζω, ξεκοκάλισα *33*
ξεκοκαλίζομαι, ξεκοκαλίστηκα, ξεκοκαλισμένος *34*

ξεκολλάω (σπάν. ξεκολλώ), ξεκόλλησα, ξεκολλημένος *58*

ξεκουμπίζομαι, ξεκουμπίστηκα *34*

ξεκουμπώνω, ξεκούμπωσα *3*
ξεκουμπώνομαι, ξεκουμπώθηκα, ξεκουμπωμένος *4*

ξεκουνάω, ξεκούνησα *58*
ξεκουνιέμαι, ξεκουνήθηκα *59*

ξεκουράζω, ξεκούρασα *35*
ξεκουράζομαι, ξεκουράστηκα *36*

ξεκουρδίζω και **ξεκουρντίζω,** ξεκούρδισα και ξεκούρντισα *33*
ξεκουρδίζομαι και **ξεκουρντίζομαι,** ξεκουρδίστηκα και ξεκουρντίστηκα, ξεκουρδισμένος και ξεκουρντισμένος *34*

ξεκουτιαίνω, ξεκούτιανα, ξεκουτιασμένος *44*

ξεκουφαίνω, ξεκούφανα *44*
ξεκουφαίνομαι, ξεκουφάθηκα *45*

ξεκρεμάω/ ξεκρεμώ, ξεκρέμασα *68*
ξεκρεμιέμαι, ξεκρεμάστηκα, ξεκρεμασμένος *69*

ξεκωλιάζω, ξεκώλιασα *35*
ξεκωλιάζομαι, ξεκωλιάστηκα, ξεκωλιασμένος *36*

ξελαιμιάζομαι, ξελαιμιάστηκα, (σπάν.) ξελαιμιασμένος *36*

ξελαμπικάρω, ξελαμπίκαρα και ξελαμπικάρισα, ξελαμπικαρισμένος *53*

ξελαρυγγιάζομαι, ξελαρυγγιάστηκα, (σπάν.) ξελαρυγγιασμένος *36*

ξελασκάρω, ξελάσκαρα και ξελασκάρισα, ξελασκαρισμένος *53*

ξελασπώνω, ξελάσπωσα *3*

ξελέω, (ξείπα, χωρίς υποτακτ.)* *174*

ξελιγώνω, ξελίγωσα *3*
ξελιγώνομαι, ξελιγώθηκα, ξελιγωμένος *4*

ξελογιάζω, ξελόγιασα *35*
ξελογιάζομαι, ξελογιάστηκα, ξελογιασμένος *36*

ξεμαθαίνω, ξέμαθα *176*

ξεμακραίνω, ξεμάκρυνα *47*

ξεμαλλιάζω, ξεμάλλιασα *35*
ξεμαλλιάζομαι, ξεμαλλιάστηκα, ξεμαλλιασμένος *36*

ξεμαρκάρω, ξεμάρκαρα και ξεμαρκάρισα, ξεμαρκαρισμένος *53*

ξεμασκαλίζω, ξεμασκάλισα *33*
ξεμασκαλίζομαι, ξεμασκαλίστηκα, ξεμασκαλισμένος *34*

ξεματιάζω, ξεμάτιασα *35*
ξεματιάζομαι, ξεματιάστηκα, ξεματιασμένος *36*

ξεμεθάω/ ξεμεθώ, ξεμέθυσα *177*

ξεμένω, ξέμεινα *178*

ξεμεσιάζομαι, ξεμεσιάστηκα, ξεμεσιασμένος *36*

ξεμοναχιάζω, ξεμονάχιασα *35*
ξεμοναχιάζομαι, ξεμοναχιάστηκα, ξεμοναχιασμένος *36*

ξεμουδιάζω, ξεμούδιασα *35*

ξεμουχλιάζω, ξεμούχλιασα *35*

ξεμπαρκάρω, ξεμπάρκαρα και ξεμπαρκάρισα *53*

ξεμπερδεύω, ξεμπέρδεψα *17*
ξεμπερδεύομαι, ξεμπερδεύτηκα, ξεμπερδεμένος *18*

ξεμπλέκω, ξέμπλεξα *25*

ξεμπλοκάρω, ξεμπλόκαρα και ξεμπλοκάρισα *53*

ξεμπλοκάρομαι, ξεμπλοκαρίστηκα, ξεμπλοκαρισμένος *54*

ξεμπουκάρω, ξεμπούκαρα και ξεμπουκάρισα *53*

ξεμπροστιάζω, ξεμπρόστιασα *35*
ξεμπροστιάζομαι, ξεμπροστιάστηκα, ξεμπροστιασμένος *36*

ξεμυαλίζω, ξεμυάλισα *33*
ξεμυαλίζομαι, ξεμυαλίστηκα, ξεμυαλισμένος *34*

ξεμυρίζω, ξεμύρισα *33*

ξεμυτίζω, ξεμύτισα *33* και
ξεμυτάω (δε συνηθίζεται η κλίση σε -ώ), ξεμύτισα* *70*

ξεμωραίνω, ξεμώρανα *44*
ξεμωραίνομαι, ξεμωράθηκα, ξεμωραμένος *45*

ξεναγώ, ξενάγησα *73*
ξεναγούμαι, ξεναγήθηκα *74*

ξενερώνω, ξενέρωσα, ξενερωμένος *3*

ξενίζω, ξένισα *33*
ξενίζομαι, ξενίστηκα, ξενισμένος *34*

ξενιτεύομαι, ξενιτεύτηκα, ξενιτεμένος *18*

ξενοδουλεύω *17* (μόνο στον ενεστ. και παρατατ.)

ξενοιάζω, ξένοιασα *35*

ξενοικιάζω, ξενοίκιασα *35*
ξενοικιάζομαι, ξενοικιάστηκα, (σπάν.) ξενοικιασμένος *36*

ξενοκοιμάμαι, ξενοκοιμήθηκα *79*

ξενοπλένω, ξενόπλυνα *195*

ξεντύνω, ξέντυσα *1*
ξεντύνομαι, ξεντύθηκα, ξεντυμένος *2*

ξενυχιάζω, ξενύχιασα *35*

ξενυχτάω (σπάν. ξενυχτώ), ξενύχτησα, ξενυχτισμένος* *58*

ξεπαγιάζω, ξεπάγιασα, ξεπαγιασμένος *35*

ξεπαγώνω, ξεπάγωσα, ξεπαγωμένος *3*

ξεπαραδιάζω, ξεπαράδιασα *35*
ξεπαραδιάζομαι, ξεπαραδιάστηκα, ξεπαραδιασμένος *36*

ξεπαρκάρω, ξεπάρκαρα και ξεπαρκάρισα *53*

ξεπαστρεύω, ξεπάστρεψα *17*
ξεπαστρεύομαι, ξεπαστρεύτηκα *18*

ξεπατικώνω, ξεπατίκωσα *3*
ξεπατικώνομαι, ξεπατικώθηκα, ξεπατικωμένος *4*

ξεπατώνω, ξεπάτωσα *3*
ξεπατώνομαι, ξεπατώθηκα, ξεπατωμένος *4*

ξεπεζεύω, ξεπέζεψα *17*

ξεπερνάω/ ξεπερνώ, ξεπέρασα *68*
ξεπερνιέμαι, ξεπεράστηκα, ξεπερασμένος *69*

ξεπετάω (σπάν. ξεπετώ), ξεπέταξα *64*
ξεπετιέμαι, ξεπετάχτηκα, ξεπεταγμένος* *65* και
ξεπετάγομαι, ξεπετάχτηκα, ξεπεταγμένος* *22*

ξεπέφτω, ξέπεσα, ξεπεσμένος *193*

ξεπηδάω/ ξεπηδώ, ξεπήδησα *58*

ξεπιάνομαι, ξεπιάστηκα *39*

ξεπικρίζω, ξεπίκρισα *33*

ξεπλατίζω, ξεπλάτισα *33*
ξεπλατίζομαι, ξεπλατίστηκα, ξεπλατισμένος *34*

ξεπλέκω, ξέπλεξα *25*
ξεπλέκομαι, ξεπλέχτηκα, ξεπλεγμένος *26*

ξεπλένω, ξέπλυνα *195*
ξεπλένομαι, ξεπλύθηκα, ξεπλυμένος *196*

ξεπληρώνω, ξεπλήρωσα *3*
ξεπληρώνομαι, ξεπληρώθηκα, ξεπληρωμένος *4*

ξεποδαριάζω, ξεποδάριασα *35*
ξεποδαριάζομαι, ξεποδαριάστηκα, ξεποδαριασμένος *36*

ξεπορτίζω, ξεπόρτισα *33*

ξεπουλάω (σπάν. ξεπουλώ), ξεπούλησα *58*
ξεπουλιέμαι, ξεπουλήθηκα, ξεπουλημένος *59*

ξεπουπουλιάζω, ξεπουπούλιασα *35*
ξεπουπουλιάζομαι, ξεπουπουλιάστηκα, ξεπουπουλιασμένος *36*

ξεπρήζομαι, ξεπρήστηκα, ξεπρησμένος *34*

ξεπροβάλλω, ξεπρόβαλα *146*

ξεπροβοδίζω, ξεπροβόδισα *33*

ξεραίνω, ξέρανα *44*
ξεραίνομαι, ξεράθηκα, ξεραμένος *45*

ξεριζώνω, ξερίζωσα *3*
ξεριζώνομαι, ξεριζώθηκα, ξεριζωμένος *4*

ξερνάω (σπάν. ξερνώ), ξέρασα *68*

ξερνοβολάω/ ξερνοβολώ (μόνο στον ενεστ. και παρατατ.) *58*

ξεροβήχω, ξερόβηξα *31*

ξερογλείφομαι, ξερογλείφτηκα *14*

ξεροκαταπίνω, ξεροκατάπια *167*

ξεροσταλιάζω, ξεροστάλιασα *35*

ξεροψήνω, ξερόψησα *1*
ξεροψήνομαι, ξεροψήθηκα, ξεροψημένος *2*

ξέρω, παρατατ. **ήξερα** *217*

ξεσαβουρώνω, ξεσαβούρωσα *3*

ξεσαλώνω, ξεσάλωσα *3*

ξεσαμαρώνω, ξεσαμάρωσα *3*
ξεσαμαρώνομαι, ξεσαμαρώθηκα, ξεσαμαρωμένος *4*

ξεσβερκιάζομαι, ξεσβερκιάστηκα, (σπάν.) ξεσβερκιασμένος *36*

ξεσελώνω, ξεσέλωσα *3*
ξεσελώνομαι, ξεσελώθηκα, ξεσελωμένος *4*

ξεσηκώνω, ξεσήκωσα *3*
ξεσηκώνομαι, ξεσηκώθηκα, ξεσηκωμένος *4*

ξεσκάω, ξέσκασα *206* και
ξεσκάζω, ξέσκασα *35*

ξεσκαλίζω, ξεσκάλισα *33*

ξεσκαλώνω, ξεσκάλωσα *3*

ξεσκαρτάρω, ξεσκάρταρα και ξεσκαρτάρισα *53*

ξεσκαρτάρομαι, ξεσκαρταρίστηκα, ξεσκαρταρισμένος *54*

ξεσκατίζω, ξεσκάτισα *33*
ξεσκατίζομαι, ξεσκατίστηκα, ξεσκατισμένος *34*

ξεσκεπάζω, ξεσκέπασα *35*
ξεσκεπάζομαι, ξεσκεπάστηκα, ξεσκεπασμένος *36*

ξεσκίζω, ξέσκισα *33*
ξεσκίζομαι, ξεσκίστηκα, ξεσκισμένος *34*

ξεσκλαβώνω, ξεσκλάβωσα *3*
ξεσκλαβώνομαι, ξεσκλαβώθηκα, ξεσκλαβωμένος *4*

ξεσκονίζω, ξεσκόνισα *33*
ξεσκονίζομαι, ξεσκονίστηκα, ξεσκονισμένος *34*

ξεσκουριάζω, ξεσκούριασα *35*

ξεσπαθώνω, ξεσπάθωσα *3*

ξεσπάω (σπάν. ξεσπώ), ξέσπασα *68*

ξεσπιτώνω, ξεσπίτωσα *3*
ξεσπιτώνομαι, ξεσπιτώθηκα, ξεσπιτωμένος *4*

ξεσποριάζω, ξεσπόριασα *35*
ξεσποριάζομαι, ξεσποριάστηκα, ξεσποριασμένος *36*

ξεστολίζω, ξεστόλισα *33*
ξεστολίζομαι, ξεστολίστηκα, ξεστολισμένος *34*

ξεστομίζω, ξεστόμισα *33*
ξεστομίζομαι, ξεστομίστηκα *34*

ξεστραβώνω, ξεστράβωσα *3*
ξεστραβώνομαι, ξεστραβώθηκα, ξεστραβωμένος *4*

ξεστρατίζω, ξεστράτισα, ξεστρατισμένος *33*

ξεστρώνω, ξέστρωσα *3*
ξεστρώνομαι, ξεστρώθηκα, ξεστρωμένος *4*

ξεσυνερίζομαι, ξεσυνερίστηκα *34*

ξεσυνηθίζω, ξεσυνήθισα *33*

ξεσφίγγω, ξέσφιξα *21*
ξεσφίγγομαι, ξεσφίχτηκα, ξεσφιγμένος *22*

ξεσχίζω → δες **ξεσκίζω**

ξετινάζω, ξετίναξα *23*
ξετινάζομαι, ξετινάχτηκα, ξετιναγμένος *24*

ξετρελαίνω, ξετρέλανα *44*
ξετρελαίνομαι, ξετρελάθηκα, ξετρελαμένος *45*

ξετρυπώνω, ξετρύπωσα *3*

ξετσιπώνομαι, ξετσιπώθηκα *4*

ξετυλίγω, ξετύλιξα *21*
ξετυλίγομαι, ξετυλίχτηκα, ξετυλιγμένος *22*

ξεφαντώνω, ξεφάντωσα *3*

ξεφεύγω, ξέφυγα *228*

ξεφλουδίζω, ξεφλούδισα *33*
ξεφλουδίζομαι, ξεφλουδίστηκα, ξεφλουδισμένος *34*

ξεφορμάρω, ξεφορμάρισα *55*
ξεφορμάρομαι, ξεφορμαρίστηκα, ξεφορμαρισμένος *54*

ξεφορτώνω, ξεφόρτωσα *3*
ξεφορτώνομαι, ξεφορτώθηκα, ξεφορτωμένος *4*

ξεφουρνίζω, ξεφούρνισα *33*

ξεφουσκώνω, ξεφούσκωσα, ξεφουσκωμένος *3*

ξεφτίζω, ξέφτισα, ξεφτισμένος *33* και
ξεφτάω (δε συνηθίζεται η κλίση σε -ώ), ξέφτισα, ξεφτισμένος* *70*

ξεφτιλίζω, ξεφτίλισα *33*
ξεφτιλίζομαι, ξεφτιλίστηκα, ξεφτιλισμένος *34*

ξεφυλλίζω, ξεφύλλισα, (σπάν.) ξεφυλλισμένος *33*

ξεφυσάω (σπάν. ξεφυσώ), ξεφύσησα *58* και
ξεφυσάω (σπάν. ξεφυσώ), ξεφύσηξα *66*

ξεφυτρώνω, ξεφύτρωσα *3*

ξεφωνίζω, ξεφώνισα* *33*

ξεχαρβαλώνω, ξεχαρβάλωσα *3*
ξεχαρβαλώνομαι, ξεχαρβαλώθηκα, ξεχαρβαλωμένος *4*

ξεχαρμανιάζω, ξεχαρμάνιασα *35*

ξεχέζω, ξέχεσα *35*
ξεχέζομαι, ξεχέστηκα, ξεχεσμένος *36*

ξεχειλίζω, ξεχείλισα, ξεχειλισμένος *33*

ξεχειλώνω, ξεχείλωσα, ξεχειλωμένος *3*

ξεχειμάζω, ξεχείμασα *35* και
ξεχειμωνιάζω, ξεχειμώνιασα *35*

ξεχερσώνω, ξεχέρσωσα *3*
ξεχερσώνομαι, ξεχερσώθηκα, ξεχερσωμένος *4*

ξεχνάω/ ξεχνώ, ξέχασα *68*
ξεχνιέμαι, ξεχάστηκα, ξεχασμένος *69*

ξεχορταριάζω, ξεχορτάριασα *35*
ξεχορταριάζομαι, ξεχορταριάστηκα, ξεχορταριασμένος *36*

ξεχρεώνω, ξεχρέωσα* *3*
ξεχρεώνομαι, ξεχρεώθηκα, ξεχρεωμένος *4*

ξεχύνομαι, ξεχύθηκα *2*

ξεχωρίζω, ξεχώρισα* *33*

ξεψαρώνω, ξεψάρωσα, ξεψαρωμένος *3*

ξεψαχνίζω, ξεψάχνισα *33*
ξεψαχνίζομαι, ξεψαχνίστηκα, ξεψαχνισμένος *34*

ξεψειριάζω, ξεψείριασα *35*

ξεψυχάω/ ξεψυχώ, ξεψύχησα, ξεψυχισμένος* *58*

ξηγιέμαι, ξηγήθηκα, ξηγημένος *59*· δες σημείωση **εξηγούμαι**

ξηλώνω, ξήλωσα *3*
ξηλώνομαι, ξηλώθηκα, ξηλωμένος *4*

ξημεροβραδιάζομαι, ξημεροβραδιάστηκα *36*

ξημερώνει, ξημέρωσε* (ως απρόσ.)

ξημερώνομαι, ξημερώθηκα *4*

ξηραίνω → δες **ξεραίνω**

ξινίζω, ξίνισα, ξινισμένος *33*

ξιπάζομαι, ξιπάστηκα, ξιπασμένος* *36*

ξιφομαχώ, ξιφομάχησα *73*

ξιφουλκώ, ξιφούλκησα *73*

ξοδεύω, ξόδεψα *17*
ξοδεύομαι, ξοδεύτηκα, ξοδεμένος *18*

ξομολογάω (σπάν. ξομολογώ, παρατατ. συνήθως *-ούσα*), ξομολόγησα *58*
ξομολογιέμαι, ξομολογήθηκα, ξομολογημένος *59*

ξορκίζω, ξόρκισα *33*
ξορκίζομαι, ξορκίστηκα, ξορκισμένος *34*

ξοφλάω (δε συνηθίζεται η κλίση σε *-ώ*), ξόφλησα, ξοφλημένος *58*

ξυλιάζω, ξύλιασα, ξυλιασμένος *35*

ξυλοκοπάω (σπάν. ξυλοκοπώ), ξυλοκόπησα *58*
ξυλοκοπιέμαι, ξυλοκοπήθηκα, ξυλοκοπημένος *59*

ξυλοφορτώνω, ξυλοφόρτωσα *3*

ξύνω, έξυσα *1*
ξύνομαι, ξύστηκα, ξυσμένος *39* και
ξύνομαι, ξύθηκα, ξυσμένος *2*

ξυπνάω/ ξυπνώ, ξύπνησα *58*

ξυπολιέμαι, ξυπολύθηκα* *183*

ξυρίζω, ξύρισα *33*
ξυρίζομαι, ξυρίστηκα, ξυρισμένος *34*

ξυστρίζω, ξύστρισα *33*
ξυστρίζομαι, ξυστρίστηκα, ξυστρισμένος *34*

Ο

ογκώνομαι, ογκώθηκα, ογκωμένος* *4*

οδεύω, όδευσα *19*

οδηγώ, οδήγησα* *73*
οδηγούμαι, οδηγήθηκα, οδηγημένος *74*

οδοιπορώ *73* (μόνο στον ενεστ. και παρατατ.)

οδύρομαι *144* (μόνο στον ενεστ. και παρατατ.)

οικειοποιούμαι, οικειοποιήθηκα* *74, 75*

οικοδομώ, οικοδόμησα *73*
οικοδομούμαι, οικοδομήθηκα, οικοδομημένος *74*

οικονομάω (σπάν. οικονομώ), οικονόμησα *58*

οικτίρω *143* (κυρίως στον ενεστ. και παρατατ.)

οκταπλασιάζω και **οχταπλασιάζω,** οκταπλασίασα και οχταπλασίασα *35*
οκταπλασιάζομαι και **οχταπλασιάζομαι,** οκταπλασιάστηκα και οχταπλασιάστηκα, οκταπλασιασμένος και οχταπλασιασμένος *36*

ολιγωρώ, ολιγώρησα *73*

ολισθαίνω, ολίσθησα *50*

ολοκληρώνω, ολοκλήρωσα *3*
ολοκληρώνομαι, ολοκληρώθηκα, ολοκληρωμένος *4*

ομαδοποιώ, ομαδοποίησα *73*
ομαδοποιούμαι, ομαδοποιήθηκα, ομαδοποιημένος *74, 75*

ομαλοποιώ, ομαλοποίησα *73*
ομαλοποιούμαι, ομαλοποιήθηκα, ομαλοποιημένος *74, 75*

ομιλώ* *73* (κυρίως στον ενεστ.)
ομιλούμαι* *74* (κυρίως στον ενεστ.)

ομογενοποιώ, ομογενοποίησα *73*
ομογενοποιούμαι, ομογενοποιήθηκα, ομογενοποιημένος *74, 75*

ομογνωμώ, (σπάν.) ομογνώμησαν *73*

ομοιοκαταληκτεί (στο γ΄ πρόσ.)

ομολογώ, ομολόγησα *73*
ομολογούμαι, ομολογήθηκα, ομολογημένος *74*

ομορφαίνω, ομόρφυνα *47*

ομφαλοσκοπώ, ομφαλοσκόπησα *73*

ονειδίζω, ονείδισα *33*
ονειδίζομαι, ονειδίστηκα, ονειδισμένος *34*

ονειρεύομαι, ονειρεύτηκα, ονειρεμένος* *18*

ονειροβατώ, *73* (σε ενεστ. και παρατατ.)

ονειροπολώ, ονειροπόλησα *73*

ονομάζω, ονόμασα *35*
ονομάζομαι, ονομάστηκα, ονομασμένος *36*

ονοματίζω, ονομάτισα* *33*

οξειδώνω, οξείδωσα *3*
οξειδώνομαι, οξειδώθηκα, οξειδωμένος *4*

οξυγονώνομαι, οξυγονώθηκα, οξυγονωμένος *4*

οξύνω, όξυνα *48*
οξύνομαι, οξύνθηκα, οξυμένος *49*

οπισθογραφώ, οπισθογράφησα *73*
οπισθογραφούμαι, οπισθογραφήθηκα, οπισθογραφημένος *74*

οπισθοδρομώ, οπισθοδρόμησα *73*

οπισθοχωρώ, οπισθοχώρησα *73*

οπλίζω, όπλισα *33*
οπλίζομαι, οπλίστηκα, οπλισμένος *34*

οπλοφορώ *73* (κυρίως στον ενεστ. και παρατατ.)

οπτικοποιώ, οπτικοποίησα *73*

οπτικοποιούμαι, οπτικοποιήθηκα, οπτικοποιημένος *74, 75*

οραματίζομαι, οραματίστηκα *34*

οργανώνω, οργάνωσα *3*
οργανώνομαι, οργανώθηκα, οργανωμένος *4*

οργιάζω, οργίασα *35*

οργίζομαι, οργίστηκα, οργισμένος *34*

οργώνω, όργωσα *3*
οργώνομαι, οργώθηκα, οργωμένος *4*

ορέγομαι, ορέχτηκα *22*

ορθοποδώ, ορθοπόδησα *73*

ορθώνω, όρθωσα *3*
ορθώνομαι, ορθώθηκα, ορθωμένος *4*

οριζοντιώνω, οριζοντίωσα *3*
οριζοντιώνομαι, οριζοντιώθηκα, οριζοντιωμένος *4*

ορίζω, όρισα* *33*
ορίζομαι, ορίστηκα, ορισμένος* *34*

οριοθετώ, οριοθέτησα *73*
οριοθετούμαι, οριοθετήθηκα, οριοθετημένος *74*

οριστικοποιώ, οριστικοποίησα *73*
οριστικοποιούμαι, οριστικοποιήθηκα, οριστικοποιημένος *74, 75*

ορκίζω, όρκισα *33*
ορκίζομαι, ορκίστηκα, ορκισμένος* *34*

ορμάω/ ορμώ, όρμησα *58* και
ορμάω/ ορμώ, όρμηξα *66*

ορμηνεύω, ορμήνεψα *17*

ορμώμαι* *61* (μόνο στον ενεστ.)

οροθετώ, οροθέτησα* *73*
οροθετούμαι, οροθετήθηκα, οροθετημένος* *74*

ορφανεύω, ορφάνεψα, ορφανεμένος *17*

οσμίζομαι, οσμίστηκα *34*

οσφραίνομαι, οσφράνθηκα *46*

ουρλιάζω, ούρλιαζα *23*

ουρώ, ούρησα *73*

οφείλω *184* (μόνο στον ενεστ. και παρατατ.)

οχυρώνω, οχύρωσα *3*
οχυρώνομαι, οχυρώθηκα, οχυρωμένος *4*

Π

παγιδεύω, παγίδεψα (σπάν. παγίδευσα) *17, 19*
παγιδεύομαι, παγιδεύτηκα, παγιδευμένος *18*

παγιώνω, παγίωσα *3*
παγιώνομαι, παγιώθηκα, παγιωμένος *4*

παγώνω, πάγωσα, παγωμένος *3*

παζαρεύω, παζάρεψα *17*
παζαρεύομαι, παζαρεύτηκα *18*

παθαίνω, έπαθα *176*

παθητικοποιώ, παθητικοποίησα *73*
παθητικοποιούμαι, παθητικοποιήθηκα, παθητικοποιημένος *74, 75*

παθιάζω, πάθιασα *35*
παθιάζομαι, παθιάστηκα, παθιασμένος* *36*

παιανίζω, παιάνισα *33*

παιδεύω, παίδεψα *17*
παιδεύομαι, παιδεύτηκα* *18*

παιδιαρίζω, παιδιάρισα *33*

παίζω, έπαιξα *23*
παίζομαι, παίχτηκα, παιγμένος *24*

παινεύω, παίνεψα *17*
παινεύομαι, παινεύτηκα, παινεμένος* *18*

παίρνω, πήρα *185* (και ως απρόσ. **παίρνει**)
παίρνομαι, πάρθηκα, παρμένος *119*

παιχνιδίζω, παιχνίδισα *33*

πακετάρω, πακετάρισα *55*
πακετάρομαι, πακεταρίστηκα, πακεταρισμένος *54*

παλαβώνω, παλάβωσα, παλαβωμένος *3*

παλαντζάρω, παλαντζάρισα *55*

παλεύω, πάλεψα *17*

παλινδρομώ, παλινδρόμησα *73*

παλιννοστώ, παλιννόστησα *73*

παλινορθώνω, παλινόρθωσα *3*
παλινορθώνομαι, παλινορθώθηκα, παλινορθωμένος *4*

παλινωδώ *73* (μόνο στον ενεστ. και παρατατ.)

παλιώνω, πάλιωσα, παλιωμένος *3*

πάλλω *233* (μόνο στον ενεστ. και παρατατ.)
πάλλομαι *234* (μόνο στον ενεστ. και παρατατ.)

παλουκώνω, παλούκωσα *3*
παλουκώνομαι, παλουκώθηκα, παλουκωμένος *4*

πανηγυρίζω, πανηγύρισα *33*
πανηγυρίζομαι, πανηγυρίστηκα *34*

πανιάζω, πάνιασα, πανιασμένος *35*

πανικοβάλλω, πανικόβαλα *146*
πανικοβάλλομαι, πανικοβλήθηκα, πανικοβλημένος *147*

παντρεύω, πάντρεψα *17*
παντρεύομαι, παντρεύτηκα, παντρεμένος* *18*

παντρολογάω (σπάν. παντρολογώ, παρατατ. συνήθως *-ούσα*), παντρολόγησα *58*
παντρολογιέμαι *59* (κυρίως στον ενεστ. και παρατατ.)

παπαγαλίζω, παπαγάλισα *33*

παραβαίνω, (παρέβηκα, παρενέβη – παρενέβησαν) (να παραβώ) *145*

παραβάλλω, παρέβαλα *146*
παραβάλλομαι, παραβλήθηκα *147*

παραβγαίνω, παραβγήκα (να παραβγώ) *109*

παραβιάζω, παραβίασα *35*
παραβιάζομαι, παραβιάστηκα, παραβιασμένος *36*

παραβλάπτω, παρέβλαψα *11*
παραβλάπτομαι *12* (κυρίως στον ενεστ. και παρατατ.)

παραβλέπω, παρέβλεψα και παράβλεψα* *9*
παραβλέπομαι *10* (κυρίως στον ενεστ. και παρατατ.)

παραβλέπω, παραείδα* *110*

παραβρίσκομαι → δες **παρευρίσκομαι**

παραγγέλλω, παρήγγειλα και παράγγειλα *85* και
παραγγέλνω, παράγγειλα και παρήγγειλα *208*
παραγγέλλομαι, παραγγέλθηκα, (σπάν.) παραγγελμένος *86*

παραγεμίζω, παραγέμισα, παραγεμισμένος* *33*

παραγκωνίζω, παραγκώνισα *33*
παραγκωνίζομαι, παραγκωνίστηκα, παραγκωνισμένος *34*

παραγνωρίζω, παραγνώρισα* *33*
παραγνωρίζομαι, παραγνωρίστηκα, παραγνωρισμένος* *34*

παραγράφω, παρέγραψα* *13*
παραγράφομαι, παραγράφ(τ)ηκα, παραγραμμένος *122*

παραγράφω, παράγραψα* *13*

παράγω, παρήγαγα *135*
παράγομαι, παράχθηκα *136*

παραδειγματίζω, παραδειγμάτισα *33*
παραδειγματίζομαι, παραδειγματίστηκα, παραδειγματισμένος *34*

παραδέρνω* *120* (κυρίως στον ενεστ. και παρατατ.)

παραδέρνω, παράδειρα* *120*

παραδέχομαι, παραδέχτηκα και παραδέχθηκα* *32*

παραδίδω, παρέδωσα και παράδωσα *186* και
παραδίνω, παράδωσα και παρέδωσα *131*
παραδίδομαι, παραδόθηκα, παραδομένος *187* (και απρόσ. **παραδίδεται**) και
παραδίνομαι, παραδόθηκα, παραδομένος *132*

παραθερίζω, παραθέρισα *33*

παραθέτω, παρέθεσα *137*
παρατίθεμαι, παρατέθηκα *138*

παραιτούμαι, παραιτήθηκα, παραιτημένος* *74*

παρακαλώ, παρακάλεσα* *76* και
παρακαλάω/ παρακαλώ, παρακάλεσα* *62*
παρακαλούμαι* *78* (μόνο στον ενεστ.)

παρακάμπτω, παρέκαμψα *11*
παρακάμπτομαι, παρακάμφθηκα *12*

παρακάνω, παράκανα *164*

παρακινώ, παρακίνησα *73*
παρακινούμαι, παρακινήθηκα, παρακινημένος* *74*

παρακμάζω, παράκμασα, παρακμασμένος και παρηκμασμένος* *35*

παρακολουθώ, παρακολούθησα* *73*
παρακολουθούμαι, παρακολουθήθηκα* *74*

παρακούω, παράκουσα* *83*

παρακρατάω (σπάν. παρακρατώ), παρακράτησα* *58*
παρακρατώ, παρακράτησα* *73*
παρακρατούμαι, παρακρατήθηκα, παρακρατημένος *74*

παρακωλύω, παρακώλυσα *5*
παρακωλύομαι, παρακωλύθηκα *6*

παραλαμβάνω, παρέλαβα *165*
παραλαμβάνομαι, παραλήφθηκα *166*

παραλείπω, παρέλειψα *9*
παραλείπομαι, παραλείφθηκα (σπάν. παραλείφτηκα) *10*

παραλέω, παραείπα *174*

παραληρώ *73* (μόνο στον ενεστ. και παρατατ.)

παραλλάζω, παράλλαξα, παραλλαγμένος *23* και
παραλλάσσω, παράλλαξα, παραλλαγμένος *27*

παραλληλίζω, παραλλήλισα *33*
παραλληλίζομαι, παραλληλίστηκα, παραλληλισμένος *34*

παραλογίζομαι *34* (κυρίως στον ενεστ. και παρατατ.)

παραλύω, παρέλυσα (σπάν. παράλυσα), παραλυμένος *5*

παραμελώ, παραμέλησα *73*
παραμελούμαι, παραμελήθηκα, παραμελημένος *74*

παραμένω, παρέμεινα* *178*

παραμένω, παράμεινα* *178*

παραμερίζω, παραμέρισα *33*
παραμερίζομαι, παραμερίστηκα, παραμερισμένος *34*

παραμιλάω/ παραμιλώ* *58* (μόνο στον ενεστ. και παρατατ.)

παραμιλάω (σπάν. παραμιλώ), παραμίλησα* *58*

παραμονεύω, παραμόνεψα *17*

παραμορφώνω, παραμόρφωσα *3*
παραμορφώνομαι, παραμορφώθηκα, παραμορφωμένος* *4*

παραμυθιάζω, παραμύθιασα *35*
παραμυθιάζομαι, παραμυθιάστηκα, παραμυθιασμένος *36*

παρανομώ, παρανόμησα *73*

παρανοώ, παρανόησα *73*
παρανοούμαι, παρανοήθηκα *74*

παραξενεύω, παραξένεψα *17*
παραξενεύομαι, παραξενεύτηκα, παραξενεμένος* *18*

[το] **παραξηλώνω,** παραξήλωσα *3*

παραπαίω *40* (μόνο στον ενεστ. και παρατατ.)

παραπατάω (σπάν. παραπατώ), παραπάτησα *58*

παραπέμπω, παρέπεμψα *9*
παραπέμπομαι, παραπέμφθηκα *10*

παραπετάω (σπάν. παραπετώ), παραπέταξα, παραπετα(γ)μένος *64*

(παραπέφτω), παράπεσα* *193*

παραπλανάω/ παραπλανώ, παραπλάνησα *60*
παραπλανώμαι, παραπλανήθηκα, παραπλανημένος *61* και
παραπλανιέμαι, παραπλανήθηκα, παραπλανημένος *59*

παραπλέω, παρέπλευσα *42*

παραποιώ, παραποίησα *73*
παραποιούμαι, παραποιήθηκα, παραποιημένος *74, 75*

παραπονιέμαι, παραπονέθηκα, παραπονεμένος* *63* και
παραπονούμαι, παραπονέθηκα, παραπονεμένος* *77*

παρασέρνω, παρέσυρα (σπάν. παράσυρα)* *204*
παρασέρνομαι, παρασύρθηκα, παρασυρμένος *205*

παρασημοφορώ, παρασημοφόρησα *73*
παρασημοφορούμαι, παρασημοφορήθηκα, παρασημοφορημένος *74*

παρασιωπώ, παρασιώπησα *60*
παρασιωπώμαι, παρασιωπήθηκα *61*

παρασκευάζω, παρασκεύασα *35*
παρασκευάζομαι, παρασκευάστηκα, παρασκευασμένος *36*

παρασπονδώ, παρασπόνδησα *73*

παρασταίνω → δες **παριστάνω**

παραστέκομαι και **παραστέκω,** παραστάθηκα *207*

παραστρατώ, παραστράτησα, παραστρατημένος *73*

παρασύρω, παρέσυρα (σπάν. παράσυρα) *217*
παρασύρομαι, παρασύρθηκα, παρασυρμένος *218*

παρατάσσω, παρέταξα *27*
παρατάσσομαι, παρατάχθηκα και παρατάχτηκα, παρα(τε)ταγμένος *28*

παρατάω (δε συνηθίζεται η κλίση σε -ώ), παράτησα *58*
παρατιέμαι, παρατήθηκα, παρατημένος* *59*

παρατείνω, παρέτεινα *172*
παρατείνομαι, παρατάθηκα, παρατεταμένος* *188*

παρατηρώ, παρατήρησα *73*
παρατηρούμαι, παρατηρήθηκα, παρατηρημένος* *74*

παρατραβάω (σπάν. παρατραβώ), παρατράβηξα, παρατραβηγμένος* *66*

παρατυπώ, παρατύπησα *73*

παραφέρομαι, παραφέρθηκα *218*

παραφουσκώνω, παραφούσκωσα, παραφουσκωμένος *3*

παραφράζω, παρέφρασα (σπάν. παράφρασα) *35*
παραφράζομαι, παραφράστηκα, παραφρασμένος *36*

παραφρονώ, παραφρόνησα *73*

παραφυλάω, παραφύλαξα *231*

παραχαράσσω, παραχάραξα *27* και
παραχαράζω, παραχάραξα *23*
παραχαράσσομαι, παραχαράχθηκα και παραχαράχτηκα, παραχαραγμένος *28* και
παραχαράζομαι, παραχαράχτηκα, παραχαραγμένος *24*

παραχώνω, παράχωσα *3*
παραχώνομαι, παραχώθηκα, παραχωμένος *4*

παραχωρώ, παραχώρησα *73*
παραχωρούμαι, παραχωρήθηκα, παραχωρημένος *74*

παρεισφρέω, παρεισέφρησα* *189*

παρεκκλίνω, παρεξέκλινα *172*

παρεκτρέπομαι, παρεκτράπηκα *180*

παρελαύνω, παρέλασα και παρήλασα *96*

παρεμβαίνω, (παρέμβηκα, παρενέβη – παρενέβησαν) *145*

παρεμβάλλω, παρενέβαλα *146*
παρεμβάλλομαι, παρεμβλήθηκα *147*

παρεμποδίζω, παρεμπόδισα *33*
παρεμποδίζομαι, παρεμποδίστηκα *34*

παρενοχλώ, παρενόχλησα* *73*

παρεξηγώ, παρεξήγησα *73*
παρεξηγούμαι, παρεξηγήθηκα, παρεξηγημένος *74* και
παρεξηγιέμαι, παρεξηγήθηκα, παρεξηγημένος* *59*

παρερμηνεύω, παρερμήνευσα *19*
παρερμηνεύομαι, παρερμηνεύτηκα και παρερμηνεύθηκα, παρερμηνευμένος *20*

παρέρχομαι, παρήλθα* *214*

παρευρίσκομαι, παρευρέθηκα *153*

παρέχω, (παρείχα) *190*
παρέχομαι, παρασχέθηκα *191*

παρηγορώ, παρηγόρησα *73* και
παρηγοράω/ παρηγορώ, παρηγόρησα* *58*
παρηγορούμαι, παρηγορήθηκα, παρηγορημένος *74* και
παρηγοριέμαι, παρηγορήθηκα, παρηγορημένος* *59*

παρίσταμαι, (να παραστώ) *159*

παριστάνω, παρέστησα και παράστησα *104* και
παρασταίνω, παράστησα* *50*
παριστάνομαι* *89* (κυρίως στον ενεστ. και παρατατ.)

παρκάρω, πάρκαρα και παρκάρισα, παρκαρισμένος *53*

παρλάρω *55* (κυρίως στον ενεστ. και παρατατ.)

παρομοιάζω, παρομοίασα *35*
παρομοιάζομαι, παρομοιάστηκα *36*

παροξύνω, παρόξυνα *48*
παροξύνομαι, παροξύνθηκα, παροξυμένος *49*

παροπλίζω, παρόπλισα *33*
παροπλίζομαι, παροπλίστηκα, παροπλισμένος *34*

παροτρύνω, παρότρυνα *48*
παροτρύνομαι, παροτρύνθηκα *49*

παρουσιάζω, παρουσίασα *35*
παρουσιάζομαι, παρουσιάστηκα, παρουσιασμένος *36*
παρτάρω *55* (κυρίως στον ενεστ. και παρατατ.)

παρφουμάρομαι, παρφουμαρίστηκα, παρφουμαρισμένος *54* και
παρφουμαρίζομαι, παρφουμαρίστηκα, παρφουμαρισμένος *34*

πασαλείφω, πασάλειψα *13* και
πασαλείβω, πασάλειψα *7*
πασαλείφομαι, πασαλείφτηκα, πασαλειμμένος *14* και
πασαλείβομαι, πασαλείφτηκα, πασαλειμμένος *8*

πασάρω, πάσαρα *55*

πασκίζω → δες **πασχίζω**

πασπαλίζω, πασπάλισα *33*
πασπαλίζομαι, πασπαλίστηκα, πασπαλισμένος *34*

πασπατεύω, πασπάτεψα* *17*

παστεριώνω, παστερίωσα *3*
παστεριώνομαι, παστεριώθηκα, παστεριωμένος *4*

παστώνω, πάστωσα *3*
παστώνομαι, παστώθηκα, παστωμένος *4*

πασχίζω και **πασκίζω,** πάσχισα και πάσκισα *33*

πάσχω* *31* (μόνο στον ενεστ. και παρατατ.)

πατάσσω, πάταξα *27*
πατάσσομαι, πατάχθηκα *28*

πατάω/ πατώ, πάτησα* *58*
πατιέμαι, πατήθηκα, πατημένος* *59*

πατικώνω, πατίκωσα *3*
πατικώνομαι, πατικώθηκα, πατικωμένος *4*

πατινάρω, πατινάρισα *55*

πατρονάρω, πατρονάρισα *55*

πατρονάρομαι, πατροναρίστηκα, πατροναρισμένος *54*

πατσίζω, πάτσισα *33*

πατώνω, πάτωσα *3*

παύω, έπαψα και έπαυσα* *17, 19*
παύομαι, παύτηκα και παύθηκα* *20*

παχαίνω, πάχυνα *47*

πάω/ πηγαίνω, πήγα, πηγεμένος* *192* (και ως απρόσ. **πάει**)

πεδικλώνομαι, πεδικλώθηκα, πεδικλωμένος* *4*

πεζοπορώ *73* (μόνο στον ενεστ. και παρατατ.)

πεθαίνω, πέθανα, πεθαμένος *44*

πειθαναγκάζω, πειθανάγκασα *35*
πειθαναγκάζομαι, πειθαναγκάστηκα, πειθαναγκασμένος *36*

πειθαρχώ, πειθάρχησα, πειθαρχημένος *73*

πείθω, έπεισα *37*
πείθομαι, πείστηκα, πεισμένος και πεπεισμένος *38*

πεινάω/ πεινώ, πείνασα, πεινασμένος *68*

πειράζω, πείραξα *23* (και ως απρόσ. **πειράζει**)
πειράζομαι, πειράχτηκα, πειραγμένος *24*

πειραματίζομαι, πειραματίστηκα *34*

πεισματώνω και **πεισμώνω,** πεισμάτωσα και πείσμωσα, πεισματωμένος και πεισμωμένος *3*

πελαγοδρομώ, πελαγοδρόμησα *73*

πελαγώνω, πελάγωσα, πελαγωμένος *3*

πελεκάω (σπάν. πελεκώ), πελέκησα *58*
πελεκιέμαι, πελεκήθηκα, πελεκημένος *59*

πενθώ, πένθησα *73*

πένομαι *2* (μόνο στον ενεστ. και παρατατ.)

πενταπλασιάζω, πενταπλασίασα *35*
πενταπλασιάζομαι, πενταπλασιάστηκα, πενταπλασιασμένος *36*

περατώνω, περάτωσα *3*
περατώνομαι, περατώθηκα, περατωμένος *4*

περδικλώνομαι → δες **πεδικλώνομαι**

περηφανεύομαι, περηφανεύτηκα *18*

περιαυτολογώ, περιαυτολόγησα *73*

περιβάλλω, περιέβαλα* *146*
περιβάλλομαι, περιβλήθηκα, περι(βε)βλημένος *147*

περιβρέχω, περιέβρεξα *31*
περιβρέχομαι *113* (μόνο στον ενεστ. και παρατατ.)

περιγελάω/ περιγελώ (παρατατ. συνήθως *-ούσα*), περιγέλασα *68*

περιγράφω, περιέγραψα *13*
περιγράφομαι, περιγράφ(τ)ηκα, περιγεγραμμένος* *122*

περιδιαβάζω *35* (μόνο στον ενεστ. και παρατατ.)

περιδρομιάζω, περιδρόμιασα *35*

περιεργάζομαι, περιεργάστηκα* *36*

περιέρχομαι, περιήλθα *214*

περιέχω *190* (μόνο στον ενεστ. και παρατατ.)
περιέχομαι* *191* (μόνο στον ενεστ. και παρατατ.)

περιηγούμαι, περιηγήθηκα *74*

περιθάλπω, περιέθαλψα *9*
περιθάλπομαι *10* (μόνο στον ενεστ. και παρατατ.)

περιθωριοποιώ, περιθωριοποίησα *73*
περιθωριοποιούμαι, περιθωριοποιήθηκα, περιθωριοποιημένος *74, 75*

περικλείω, περιέκλεισα *40* και
περικλείνω, περιέκλεισα *1*
περικλείομαι *41* (κυρίως στον ενεστ. και παρατατ.)

περικόπτω, περιέκοψα *11* και
περικόβω, περιέκοψα *7*
περικόπτομαι, περικόπηκα *124* και
περικόβομαι, περικόπηκα *171*

περικυκλώνω, περικύκλωσα *3*
περικυκλώνομαι, περικυκλώθηκα, περικυκλωμένος *4*

περιλαβαίνω, περίλαβα και περιέλαβα* *200*

περιλαμβάνω, περιέλαβα* *165*
περιλαμβάνομαι, περιλήφθηκα (σπάν. περιλήφτηκα) *166*

περιλούζω, περιέλουσα *35*
περιλούζομαι, περιλούστηκα, περιλουσμένος *36*

περιμαζεύω, περιμάζεψα *17*
περιμαζεύομαι, περιμαζεύτηκα *18*

περιμένω, (περίμεινα)* *178*

περιοδεύω, περιόδευσα* *19*

περιορίζω, περιόρισα *33*
περιορίζομαι, περιορίστηκα, περιορισμένος* *34*

περιπαίζω, περιέπαιξα *23*

περιπλανιέμαι, περιπλανήθηκα, περιπλανημένος *59* και
περιπλανώμαι, περιπλανήθηκα, περιπλανημένος *61*

περιπλέκω, περιέπλεξα *25*
περιπλέκομαι, περιπλέχθηκα και περιπλέχτηκα, περι(πε)πλεγμένος* *26, 212*

περιπλέω, περιέπλευσα *42*

περιποιούμαι, περιποιήθηκα, περιποιημένος* *75*

περιπολώ *73* (μόνο στον ενεστ. και παρατατ.)

περισπώμαι* *72* (μόνο στον ενεστ.)

περισσεύω, περίσσεψα* *17*

περιστέλλω, περιέστειλα *85*
περιστέλλομαι, (περιεστάλη – περιεστάλησαν) *91*

περιστοιχίζω, περιστοίχισα *33*
περιστοιχίζομαι, περιστοιχίστηκα, περιστοιχισμένος *34*

περιστρέφω, περιέστρεψα *13*
περιστρέφομαι, περιστράφηκα, περιστραμμένος *210*

περισυλλέγω, περισυνέλεξα *139*

περισυλλέγομαι, περισυλλέχθηκα και περισυλλέχτηκα, περισυλλεγμένος *140*

περισφίγγω, περιέσφιξα *21*

περισώζω, περιέσωσα *3* και
περισώνω, περιέσωσα *3*
περισώζομαι, περισώθηκα *4* και
περισώνομαι, περισώθηκα *4*

περιτειχίζω, περιτείχισα *33*
περιτειχίζομαι, περιτειχίστηκα, περιτειχισμένος *34*

περιτριγυρίζω, περιτριγύρισα *33*
περιτριγυρίζομαι, περιτριγυρίστηκα, περιτριγυρισμένος *34*

περιττεύω *19* (μόνο στον ενεστ.)

περιττολογώ *73* (μόνο στον ενεστ. και παρατατ.)

περιτυλίγω, περιτύλιξα *21*
περιτυλίγομαι, περιτυλίχτηκα, περιτυλιγμένος *22*

περιφέρω, περιέφερα *217*
περιφέρομαι *218* (μόνο στον ενεστ. και παρατατ.)

περιφράζω, περιέφραξα *23*
περιφράζομαι, περιφράχτηκα, περιφραγμένος *24*
περιφράσσω, περιέφραξα *27*
περιφράσσεται – περιφράσσονται, περιφράχθηκε – περιφράχθηκαν (κυρίως στο γ΄ πρόσ.), περιφραγμένος *28*

περιφρονώ, περιφρόνησα *73*
περιφρονούμαι, περιφρονήθηκα, περιφρονημένος* *74*

περιφρουρώ, περιφρούρησα *73*
περιφρουρούμαι, περιφρουρήθηκα, περιφρουρημένος *74*

περιχαρακώνω, περιχαράκωσα *3*
περιχαρακώνομαι, περιχαρακώθηκα, περιχαρακωμένος *4*

περιχύνω, περιέχυσα *1*
περιχύνομαι, περιχύθηκα, περιχυμένος *2*

περνάω/ περνώ, πέρασα *68*
περνιέμαι, περάστηκα, περασμένος *69*

περονιάζω, περόνιασα, περονιασμένος* *35*

περπατάω/ περπατώ, περπάτησα, περπατημένος* *58*

πεταλουδίζω *33* (μόνο στον ενεστ. και παρατατ.)

πεταλώνω, πετάλωσα *3*
πεταλώνομαι, πεταλώθηκα, πεταλωμένος *4*

πεταρίζω, πετάρισα *33*

πετάω/ πετώ, πέταξα *64*
πετιέμαι, πετάχτηκα, πετα(γ)μένος* *65*
πετάγομαι, πετάχτηκα, πετα(γ)μένος* *22*

πετροβολάω/ πετροβολώ (παρατατ. συνήθως *-ούσα*), πετροβόλησα* *58*
πετροβολιέμαι, πετροβολήθηκα, πετροβολημένος* *59*

πετρώνω, πέτρωσα, πετρωμένος *3*

πετσοκόβω, πετσόκοψα, πετσοκομμένος *7*

πετυχαίνω, πέτυχα, πετυχημένος* *148*

πέφτω, έπεσα, πεσμένος* *193*

πηγάζω, πήγασα *35*

πηγαινοέρχομαι *150* (μόνο στον ενεστ. και παρατατ.)

πηγαινοφέρνω, πηγαινόφερα *226*

πηγαίνω → δες **πάω**

πηδάω/ πηδώ, πήδηξα *66* και
πηδάω/ πηδώ, πήδησα *58*
πηδιέμαι, πηδήχτηκα* *67*

πήζω, έπηξα, πηγμένος *23*

πιάνω, έπιασα *1* (και ως απρόσ. **πιάνει**)
πιάνομαι, πιάστηκα, πιασμένος *39*

πιέζω, πίεσα *35*
πιέζομαι, πιέστηκα, πιεσμένος* *36*

πιθανολογώ, πιθανολόγησα *73*
πιθανολογείται (ως απρόσ.)

πιθηκίζω *33* (μόνο στον ενεστ. και παρατατ.)

πικάρω, πίκαρα και πικάρισα *53*
πικάρομαι, πικαρίστηκα, πικαρισμένος *54*

πικραίνω, πίκρανα* *44*
πικραίνομαι, πικράθηκα, πικραμένος *45*

πικρίζω, πίκρισα* *33*

πιλαλάω (δε συνηθίζεται η κλίση σε *-ώ*), πιλάλησα* *58*

πιλατεύω, πιλάτεψα *17*

πιλοτάρω, πιλοτάρισα *55*

πίνω, ήπια *194*
πίνομαι *2* (μόνο στον ενεστ. και παρατατ.), πιωμένος*

πιπιλίζω, πιπίλισα *33* και
πιπιλάω (δε συνηθίζεται η κλίση σε *-ώ*), πιπίλισα* *70*

πιστεύω, πίστεψα *17*
πιστεύεται (ως απρόσ.)

πιστοποιώ, πιστοποίησα *73*
πιστοποιούμαι, πιστοποιήθηκα, πιστοποιημένος *74, 75*

πιστώνω, πίστωσα *3*
πιστώνομαι, πιστώθηκα, πιστωμένος *4*

πισωγυρίζω, πισωγύρισα *33*

πιτσιλίζω, πιτσίλισα *33* και
πιτσιλάω (δε συνηθίζεται η κλίση σε *-ώ*), πιτσίλισα* *70*
πιτσιλίζομαι, πιτσιλίστηκα, πιτσιλισμένος *34* και
πιτσιλιέμαι, πιτσιλίστηκα, πιτσιλισμένος *173*

πλαγιάζω, πλάγιασα, πλαγιασμένος *35*

πλαδαρεύω, πλαδάρεψα *17*

πλάθω, έπλασα *37*
πλάθομαι, πλάστηκα, πλασμένος *38*

πλαισιώνω, πλαισίωσα *3*
πλαισιώνομαι, πλαισιώθηκα, πλαισιωμένος *4*

πλακώνω, πλάκωσα *3*
πλακώνομαι, πλακώθηκα, πλακωμένος *4*

πλανεύω, πλάνεψα *17*
πλανεύομαι, πλανεύτηκα, πλανεμένος *18*

πλανιέμαι, πλανήθηκα* *59* και
πλανώμαι, πλανήθηκα *61*

πλανίζω, πλάνισα *33*
πλανίζομαι, πλανίστηκα, πλανισμένος *34*

πλαντάζω, πλάνταξα, πλανταγμένος *23*

πλανώμαι → δες **πλανιέμαι**

πλασάρω, πλάσαρα και πλασάρισα *53*
πλασάρομαι, πλασαρίστηκα, πλασαρισμένος *54*

πλαστικοποιώ, πλαστικοποίησα *73*
πλαστικοποιούμαι, πλαστικοποιήθηκα, πλαστικοποιημένος *74, 75*

πλαστογραφώ, πλαστογράφησα *73*
πλαστογραφούμαι, πλαστογραφήθηκα, πλαστογραφημένος *74*

πλαταγίζω, πλατάγισα *33*

πλαταίνω, πλάτυνα *47*

πλατειάζω *35* (κυρίως στον ενεστ. και παρατατ.)

πλατσουρίζω, πλατσούρισα *33* και
πλατσουράω (δε συνηθίζεται η κλίση σε -ώ), πλατσούρισα* *70*

πλατύνω, πλάτυνα, πεπλατυσμένος* *48*

πλειοδοτώ, πλειοδότησα *73*

πλειοψηφώ, πλειοψήφησα* *73*

πλέκω, έπλεξα *25*
πλέκομαι, πλέχτηκα, πλεγμένος *26*

πλένω, έπλυνα *195*
πλένομαι, πλύθηκα, πλυμένος *196*

πλεονάζω, πλεόνασα *35*

πλεονεκτώ *73* (μόνο στον ενεστ. και παρατατ.)

πλευρίζω, πλεύρισα *33*

πλευριτώνομαι, πλευριτώθηκα, πλευριτωμένος* *4*

πλευροκοπάω/ πλευροκοπώ (παρατατ. συνήθως *-ούσα*), πλευροκόπησα *58*
πλευροκοπιέμαι, πλευροκοπήθηκα, πλευροκοπημένος *59*

πλέω, έπλευσα* *42*

πληγιάζω, πλήγιασα, πληγιασμένος *35*

πληγώνω, πλήγωσα *3*
πληγώνομαι, πληγώθηκα, πληγωμένος *4*

πληθαίνω, πλήθυνα *47*

πλημμυρίζω, πλημμύρισα, πλημμυρισμένος *33*

πληροφορώ, πληροφόρησα *73*
πληροφορούμαι, πληροφορήθηκα, πληροφορημένος *74*

πληρώ* *197* (μόνο στον ενεστ. και παρατατ.)
πληρούμαι* *130* (μόνο στον ενεστ. και παρατατ.)

πληρώνω, πλήρωσα *3*
πληρώνομαι, πληρώθηκα, πληρωμένος *4*

πλησιάζω, πλησίασα* *35*

πλήττω, έπληξα *27*
πλήττομαι, πλήγηκα/ επλήγη – επλήγησαν *198*

πλιατσικολογώ *73* (κυρίως στον ενεστ. και παρατατ.)

πλοηγώ, πλοήγησα *73*
πλοηγούμαι, πλοηγήθηκα *74*

πλουτίζω, πλούτισα *33*

πνέω, έπνευσα *42*

πνίγω, έπνιξα *21*
πνίγομαι, πνίγηκα, πνιγμένος *199*

ποδηγετώ, ποδηγέτησα *73*
ποδηγετούμαι, ποδηγετήθηκα, ποδηγετημένος *74*

ποδοκροτώ, ποδοκρότησα *73*

ποδοπατάω/ ποδοπατώ, ποδοπάτησα* *58*
ποδοπατιέμαι, ποδοπατήθηκα, ποδοπατημένος *59* και
ποδοπατούμαι, ποδοπατήθηκα, ποδοπατημένος *74*

ποζάρω, πόζαρα και ποζάρισα *53*

ποθώ, πόθησα* *73*

ποικίλλω, ποίκιλα, ποικιλμένος *233*

πολεμάω/ πολεμώ, πολέμησα *58*
πολεμιέμαι, πολεμήθηκα* *59*

πολιορκώ, πολιόρκησα *73*
πολιορκούμαι, πολιορκήθηκα, πολιορκημένος* *74*

πολιτεύομαι, πολιτεύτηκα και πολιτεύθηκα *20*

πολιτικολογώ *73* (κυρίως στον ενεστ. και παρατατ.)

πολιτικοποιώ, πολιτικοποίησα *73*
πολιτικοποιούμαι, πολιτικοποιήθηκα, πολιτικοποιημένος *74, 75*

πολιτογραφώ, πολιτογράφησα *73*
πολιτογραφούμαι, πολιτογραφήθηκα, πολιτογραφημένος *74*

πολλαπλασιάζω, πολλαπλασίασα *35*
πολλαπλασιάζομαι, πολλαπλασιάστηκα, πολλαπλασιασμένος *36*

πολτοποιώ, πολτοποίησα *73*
πολτοποιούμαι, πολτοποιήθηκα, πολτοποιημένος *74, 75*

πολυγραφώ, πολυγράφησα *73*
πολυγραφούμαι, πολυγραφήθηκα, πολυγραφημένος *74*

πολυλογώ* *73* (μόνο στον ενεστ.)

πολώνω, πόλωσα *3*
πολώνομαι, πολώθηκα, πολωμένος *4*

πονάω/ πονώ, πόνεσα, πονεμένος* *62*

πονηρεύω, πονήρεψα *17*
πονηρεύομαι, πονηρεύτηκα, πονηρεμένος *18*

πονοκεφαλιάζω, πονοκεφάλιασα, πονοκεφαλιασμένος *35*

ποντάρω, πόνταρα και ποντάρισα *53*

ποντίζω, πόντισα *33*
ποντίζομαι, ποντίστηκα, ποντισμένος *34*

πορεύομαι, πορεύτηκα *18*

ποσοτικοποιώ, ποσοτικοποίησα *73*
ποσοτικοποιούμαι, ποσοτικοποιήθηκα, ποσοτικοποιημένος *74, 75*

ποστάρω, πόσταρα και ποστάρισα *53*

ποτίζω, πότισα *33*
ποτίζομαι, ποτίστηκα, ποτισμένος *34*

πουδράρω, πουδράρισα *55*
πουδράρομαι, πουδραρίστηκα, πουδραρισμένος *54* και
πουδραρίζομαι, πουδραρίστηκα, πουδραρισμένος *34*

πουλάω (σπάν. πουλώ), πούλησα *58*
πουλιέμαι, πουλήθηκα, πουλημένος *59*

πουντιάζω, πούντιασα, πουντιασμένος *35*

πραγματεύομαι, πραγματεύτηκα και πραγματεύθηκα* *20*

πραγματοποιώ, πραγματοποίησα *73*
πραγματοποιούμαι, πραγματοποιήθηκα, πραγματοποιημένος *74, 75*

πραγματώνω, πραγμάτωσα* *3*
πραγματώνομαι, πραγματώθηκα, πραγματωμένος* *4*

πρακτορεύω, πρακτόρευσα *19*
πρακτορεύομαι, πρακτορεύτηκα *20*

πρασινίζω, πρασίνισα, πρασινισμένος *33*

πράττω, έπραξα* *27*

πρέπει* (ως απρόσ.)

πρεσάρω, πρεσάρισα *55*
πρεσάρομαι, πρεσαρίστηκα, πρεσαρισμένος *54*

πρεσβεύω *19* (μόνο στον ενεστ. και παρατατ.)

πρήζω, έπρηξα *23*
πρήζομαι, πρήστηκα, πρησμένος *34*

πριμοδοτώ, πριμοδότησα *73*
πριμοδοτούμαι, πριμοδοτήθηκα, πριμοδοτημένος *74*

πριονίζω, πριόνισα *33*
πριονίζομαι, πριονίστηκα, πριονισμένος *34*

προάγω, προήγαγα *135*
προάγομαι, (προάχθηκα), προηγμένος* *136*

προαισθάνομαι, προαισθάνθηκα *82*

προαλείφομαι *14* (κυρίως στον ενεστ.)

προαναγγέλλω, προανήγγειλα και προανάγγειλα *85*
προαναγγέλλομαι, προαναγγέλθηκα, προαναγγελμένος *86*

προαναφέρω, προανέφερα (σπάν. προανάφερα) *217*
προαναφέρομαι, προαναφέρθηκα *218*

προασπίζω, προάσπισα *33*

προαυλίζομαι, προαυλίστηκα, προαυλισμένος *34*

προβαίνω, (προέβη – προέβησαν) (να προβώ) *145*

προβάλλω, πρόβαλα και προέβαλα* *146*
προβάλλομαι, προβλήθηκα, προβεβλημένος *147*

προβάρω, πρόβαρα και προβάρισα *53*

προβιβάζω, προβίβασα *35*
προβιβάζομαι, προβιβάστηκα, προβιβασμένος *36*

προβλέπω, πρόβλεψα και προέβλεψα* *9*
προβλέπομαι, προβλέφθηκα (σπάν. προβλέφτηκα) *10*

προβληματίζω, προβλημάτισα *33*
προβληματίζομαι, προβληματίστηκα, προβληματισμένος *34*

προβοκάρω, προβόκαρα και προβοκάρισα *53*

προγκάω (δε συνηθίζεται η κλίση σε -ώ), πρόγκηξα *66*

προγραμματίζω, προγραμμάτισα *33*
προγραμματίζομαι, προγραμματίστηκα, προγραμματισμένος *34*

προγυμνάζω, προγύμνασα *35*
προγυμνάζομαι, προγυμνάστηκα, προγυμνασμένος *36*

προδιαγράφω, προδιέγραψα *13*
προδιαγράφομαι, προδιαγράφ(τ)ηκα, προδια(γε)γραμμένος *122*

προδιαθέτω, προδιέθεσα (σπάν. προδιάθεσα) *137*
προδιατίθεμαι, προδιατέθηκα, προδιατεθειμένος *138*

προδίδω, πρόδωσα *186* και
προδίνω, πρόδωσα *131*
προδίδομαι, προδόθηκα, προδομένος *187* και
προδίνομαι, προδόθηκα, προδομένος *132*

προδικάζω, προδίκασα *35*
προδικάζομαι, προδικάστηκα, προδικασμένος *36*

προεδρεύω, προέδρευσα και προήδρευσα* *19*
προεδρεύομαι *20* (μόνο στον ενεστ. και παρατατ.)

προειδοποιώ, προειδοποίησα *73*
προειδοποιούμαι, προειδοποιήθηκα, προειδοποιημένος *74, 75*

προεικονίζω, προεικόνισα *33*
προεικονίζομαι, προεικονίστηκα, προεικονισμένος *34*

προεκτείνω, προέκτεινα και προεξέτεινα *172*
προεκτείνομαι, προεκτάθηκα *188*

προελαύνω, προήλασα *96*

προεξέχω *154* (μόνο στον ενεστ. και παρατατ.)

προεξοφλώ, προεξόφλησα *73*
προεξοφλούμαι, προεξοφλήθηκα, προεξοφλημένος *74*

προέρχομαι, προήλθα *214*

προετοιμάζω, προετοίμασα *35*
προετοιμάζομαι, προετοιμάστηκα, προετοιμασμένος *36*

προέχει (ως προσ. ή απρόσ.) – προέχουν (ως προσ.)

προηγούμαι, προηγήθηκα* *74*

προθερμαίνω, προθέρμανα *44*
προθερμαίνομαι, προθερμάνθηκα, προθερμασμένος *46*

προθυμοποιούμαι, προθυμοποιήθηκα, προθυμοποιημένος *74, 75*

προϊδεάζω, προϊδέασα *35*
προϊδεάζομαι, προϊδεάστηκα, προϊδεασμένος *36*

προικίζω, προίκισα *33*
προικίζομαι, προικίστηκα, προικισμένος *34*

προΐσταμαι* *159* (κυρίως στον ενεστ. και παρατατ.)

προκαλώ, προκάλεσα *76*
προκαλούμαι, προκλήθηκα *163*

προκάνω, πρόκανα και πρόκαμα *164*

προκαταβάλλω, προκατέβαλα *146*
προκαταβάλλομαι, προκαταβλήθηκα, προκαταβεβλημένος *147*

προκαταλαμβάνω, προκατέλαβα, προκατειλημμένος* *165*

πρόκειται* (ως απρόσ.)

προκηρύσσω, προκήρυξα *27*
προκηρύσσομαι, προκηρύχθηκα και προκηρύχτηκα, (σπάν.) προκηρυγμένος *28*

προκόβω, πρόκοψα, προκομμένος* *7*

προκρίνω, προέκρινα *172*
προκρίνομαι, προκρίθηκα *2*

προκύπτει, προέκυψε *11* (μόνο στο γ΄ πρόσ., ως προσ. ή απρόσ.)

προλαβαίνω, πρόλαβα* *200*

προλαμβάνω, πρόλαβα* *165*
προλαμβάνομαι, (να προληφθώ)* *166*

προλέγω, προείπα* *94*

προλειαίνω, προλείανα *44*
προλειαίνομαι, προλειάνθηκα, προλειασμένος *46*

προλογίζω, προλόγισα *33*

προμηθεύω, προμήθευσα και προμήθεψα *19, 17*
προμηθεύομαι, προμηθεύτηκα (σπάν. προμηθεύθηκα) *20*

προμηνύω *5* (μόνο στον ενεστ. και παρατατ.) και

προμηνάω (σπάν. προμηνώ) *177* (μόνο στον ενεστ. και παρατατ.)
προμηνύομαι *6* (μόνο στον ενεστ. και παρατατ.)

προμοτάρω, προμοτάρισα *55*

προνοώ, προνόησα *73*

προξενεύω, προξένεψα *17*

προξενώ, προξένησα *73*

προοδεύω, προόδευσα και προόδεψα, προοδευμένος* *19, 17*

προοιωνίζεται – προοιωνίζονται, προοιωνιζόταν – προοιωνίζονταν* *34*

προορίζω, προόρισα *33*
προορίζομαι, προορίστηκα, προορισμένος *34*

προπαγανδίζω, προπαγάνδισα *33*
προπαγανδίζομαι, προπαγανδίστηκα, προπαγανδισμένος *34*

προπηλακίζω, προπηλάκισα *33*
προπηλακίζομαι, προπηλακίστηκα, προπηλακισμένος *34*

προπληρώνω, προπλήρωσα *3*
προπληρώνομαι, προπληρώθηκα, προπληρωμένος *4*

προπονώ, προπόνησα* *73*
προπονούμαι, προπονήθηκα, προπονημένος* *74*

προπορεύομαι, προπορεύτηκα και προπορεύθηκα *20*

προπωλώ, προπώλησα *73*
προπωλούμαι, προπωλήθηκα *74*

προσαγορεύω, προσαγόρευσα* *19*

προσάγω, προσήγαγα *135*
προσάγομαι, (προσήχθη – προσήχθησαν) *136*

προσανατολίζω, προσανατόλισα *33*
προσανατολίζομαι, προσανατολίστηκα, προσανατολισμένος *34*

προσάπτω, (προσήψα)* *213*

προσαράζω, προσάραξα, προσαραγμένος *23*

προσαρμόζω, προσάρμοσα *35*
προσαρμόζομαι, προσαρμόστηκα, προσαρμοσμένος *36*

προσαρτώ, προσάρτησα *60*
προσαρτώμαι, προσαρτήθηκα, προσαρτημένος *61*

προσαυξάνω, προσαύξησα *104*
προσαυξάνομαι, προσαυξήθηκα, προσαυξημένος *105*

προσβάλλω, πρόσβαλα και προσέβαλα *146*
προσβάλλομαι, προσβλήθηκα, προσ(βε)βλημένος *147*

προσβλέπω, προσέβλεψα *9*

προσγειώνω, προσγείωσα *3*
προσγειώνομαι, προσγειώθηκα, προσγειωμένος *4*

προσδένω, προσέδεσα *1*
προσδένομαι, προσδέθηκα, προσ(δε)δεμένος* *2*

προσδίδω, προσέδωσα *186*
προσδίδομαι, προσδόθηκα *187*

προσδιορίζω, προσδιόρισα *33*
προσδιορίζομαι, προσδιορίστηκα, προσδιορισμένος *34*

προσδοκώ *60* (μόνο στον ενεστ. και παρατατ.)
προσδοκώμαι *61* (μόνο στον ενεστ. και παρατατ.)

προσεγγίζω, προσέγγισα *33*
προσεγγίζομαι, προσεγγίστηκα* *34*

προσεδαφίζω, προσεδάφισα *33*
προσεδαφίζομαι, προσεδαφίστηκα, προσεδαφισμένος *34*

προσελκύω, προσέλκυσα *5*
προσελκύομαι, προσελκύστηκα *41*

προσέρχομαι, προσήλθα *214*

προσεταιρίζομαι, προσεταιρίστηκα *34*

προσεύχομαι, προσευχήθηκα *151*

προσέχω, πρόσεξα, προσεγμένος* *31*

προσηλυτίζω, προσηλύτισα *33*
προσηλυτίζομαι, προσηλυτίστηκα, προσηλυτισμένος *34*

προσηλώνω, προσήλωσα *3*
προσηλώνομαι, προσηλώθηκα, προσηλωμένος *4*

προσθαλασσώνω, προσθαλάσσωσα *3*
προσθαλασσώνομαι, προσθαλασσώθηκα, προσθαλασσωμένος *4*

προσθέτω, πρόσθεσα *137*
προστίθεμαι, προστέθηκα *138*

προσκαλώ, προσκάλεσα *76*
προσκαλούμαι, προσκλήθηκα, προσκαλεσμένος και προσκεκλημένος *163*

πρόσκειμαι *159* (μόνο στον ενεστ.)

προσκολλώμαι, προσκολλήθηκα, προσκολλημένος *61*

προσκομίζω, προσκόμισα *33*
προσκομίζομαι, προσκομίστηκα *34*

προσκρούω, προσέκρουσα *40*

προσκυνάω/ προσκυνώ, προσκύνησα, προσκυνημένος* *58*

προσλαμβάνω, προσέλαβα* *165*
προσλαμβάνομαι, προσλήφθηκα *166*

προσμένω (παρατατ. πρόσμενα) *178* (μόνο στον ενεστ. και παρατατ.)

προσμετρώ, προσμέτρησα *73*
προσμετρούμαι, προσμετρήθηκα, προσμετρημένος *74*

προσορμίζω, προσόρμισα *33*
προσορμίζομαι, προσορμίστηκα *34*

προσπαθώ, προσπάθησα *73*

προσπελάζω, προσπέλασα *35*
προσπελάζομαι, προσπελάστηκα *36*

προσπερνάω/ προσπερνώ, προσπέρασα *68*

προσπέφτω, πρόσπεσα* *193*

προσπίπτω, προσέπεσα* *141*

προσποιούμαι, προσποιήθηκα* *74, 75*

προσπορίζομαι, προσπορίστηκα* *34*

προστάζω, πρόσταζα *23*

προστατεύω, προστάτεψα *17* και προστάτευσα *19*
προστατεύομαι, προστατεύτηκα, προστατευμένος *18*

προστρέχω, προσέτρεξα *31*

προσυπογράφω, προσυπέγραψα *13*
προσυπογράφομαι, προσυπογράφ(τ)ηκα, προσυπο(γε)γραμμένος *122*

προσφέρω, πρόσφερα και προσέφερα *217*
προσφέρομαι, προσφέρθηκα *218*

προσφεύγω, προσέφυγα *228*

προσφωνώ, προσφώνησα* *73*

προσχεδιάζω, προσχεδίασα *35*
προσχεδιάζομαι, προσχεδιάστηκα, προσχεδιασμένος *36*

προσχωρώ, προσχώρησα *73*

προσωποποιώ, προσωποποίησα *73*
προσωποποιούμαι, προσωποποιήθηκα, προσωποποιημένος *74, 75*

προτάσσω, προέταξα και πρόταξα *27*
προτάσσομαι, προτάχθηκα και προτάχτηκα *28*

προτείνω, πρότεινα *172*
προτείνομαι, προτάθηκα *188*

προτείνω, προέτεινα* *172*
προτείνομαι, προτάθηκα, προτεταμένος* *188*

προτίθεμαι *138* (μόνο στον ενεστ. και παρατατ.)

προτιμάω/ προτιμώ (παρατατ. συνήθως *-ούσα*), προτίμησα *58*
προτιμιέμαι, προτιμήθηκα *59* και
προτιμώμαι, προτιμήθηκα* *61*

προτρέπω, προέτρεψα και πρότρεψα *9*
προτρέπομαι *180* (μόνο στον ενεστ.)

προτρέχω, προέτρεξα *31*

προϋπαντάω/ προϋπαντώ (παρατατ. συνήθως *-ούσα*), προϋπάντησα *58*

προϋπάρχω, προϋπήρξα *223*

προϋποθέτει (παρατατ. προϋπέθετε, ως προσ. ή απρόσ.) – προϋποθέτουν (παρατατ. προϋπέθεταν, ως προσ.)
προϋποτίθεται (ως απρόσ.)

προφασίζομαι, προφασίστηκα *34*

προφέρω, πρόφερα *217*
προφέρομαι, προφέρθηκα *218*

προφητεύω, προφήτεψα και προφήτευσα *17, 19*

προφταίνω, πρόφτασα *52*

προφυλακίζω, προφυλάκισα *33*
προφυλακίζομαι, προφυλακίστηκα, προφυλακισμένος *34*

προφυλάσσω, προφύλαξα *27* και
προφυλάω, προφύλαξα* *231*
προφυλάσσομαι, προφυλάχθηκα και προφυλάχτηκα, προφυλαγμένος *28* και
προφυλάγομαι, προφυλάχτηκα, προφυλαγμένος *22*

προχωράω/ προχωρώ, προχώρησα, προχωρημένος* *58* και
προχωρώ, προχώρησα, προχωρημένος* *73*

προωθώ, προώθησα *73*
προωθούμαι, προωθήθηκα, προωθημένος *74*

πρυτανεύω, πρυτάνευσα *19*

πρωταγωνιστώ, πρωταγωνίστησα *73*

πρωτεύω, πρώτευσα* *19*

πρωτοκολλώ, πρωτοκόλλησα *60*
πρωτοκολλώμαι, πρωτοκολλήθηκα, πρωτοκολλημένος *61*

πρωτοστατώ, πρωτοστάτησα *73*

πρωτοτυπώ, πρωτοτύπησα *73*

πτοώ, πτόησα *73*
πτοούμαι, πτοήθηκα, πτοημένος *74*

πτωχεύω, πτώχευσα *19*

πυγμαχώ, πυγμάχησα *73*

πυκνώνω, πύκνωσα, (σπάν.) πυκνωμένος *3*

πυρακτώνω, πυράκτωσα *3*
πυρακτώνομαι, πυρακτώθηκα, πυρακτωμένος *4*

πυροβολώ, πυροβόλησα *73* και
πυροβολάω/ πυροβολώ, πυροβόλησα *58*
πυροβολούμαι, πυροβολήθηκα, πυροβολημένος *74* και
πυροβολιέμαι, πυροβολήθηκα, πυροβολημένος *59*

πυροδοτώ, πυροδότησα *73*
πυροδοτούμαι, πυροδοτήθηκα, πυροδοτημένος *74*

πυρπολώ, πυρπόλησα *73*
πυρπολούμαι, πυρπολήθηκα, πυρπολημένος *74*

πυρώνω, πύρωσα *3*
πυρώνομαι, πυρώθηκα, πυρωμένος *4*

πωλώ, πώλησα* *73*
πωλούμαι, πωλήθηκα* *74*

πωρώνομαι, πωρώθηκα, πωρωμένος *4*

Ρ

ραβδίζω, ράβδισα *33*

ράβω, έραψα *7*
ράβομαι, ράφτηκα, ραμμένος *8*

ραγίζω, ράγισα, ραγισμένος* *33* και
ραΐζω, ράισα, ραϊσμένος *33*

ραδιουργώ, ραδιούργησα *73*

ραίνω, έρανα *44*

ραμφίζω, ράμφισα *33*

ραντίζω, ράντισα *33*
ραντίζομαι, ραντίστηκα, ραντισμένος *34*

ραπάρω, ράπαρα και ραπάρισα *53*

ραπίζω, ράπισα *33*

ραφινάρω, ραφινάρισα *55*
ραφινάρομαι, ραφιναρίστηκα, ραφιναρισμένος *54*

(ρέβω)*, **έρεψα** → δες **έρεψα**

ρεγουλάρω, ρεγουλάρισα, ρεγουλαρισμένος *55*

ρεζιλεύω, ρεζίλεψα *17*

ρεζιλεύομαι, ρεζιλεύτηκα, ρεζιλεμένος *18*

ρελιάζω, ρέλιασα *35*
ρελιάζομαι, ρελιάστηκα, ρελιασμένος *36*

ρεμβάζω, ρέμβασα *35*

ρέπω *9* (μόνο στον ενεστ.)

ρετουσάρω, ρετουσάρισα, ρετουσαρισμένος *55*

ρεύομαι, ρεύτηκα* *18*

ρευστοποιώ, ρευστοποίησα *73*
ρευστοποιούμαι, ρευστοποιήθηκα, ρευστοποιημένος *74, 75*

ρεφάρω, ρεφάρισα 55

ρέω, έρευσα* *42*

ρημάζω, ρήμαξα, ρημαγμένος* *23*

ρητορεύω, ρητόρευσα *19*

ριγάω/ ριγώ (παρατατ. *-ούσα*), ρίγησα *58*

ριζοβολάω (σπάν. ριζοβολώ), ριζοβόλησα *58*

ριζώνω, ρίζωσα, ριζωμένος *3*

ρισκάρω, ρίσκαρα και ρισκάρισα *53*

ρίχνω, έριξα *29*
ρίχνομαι, ρίχτηκα, ριγμένος* *30*

ριψοκινδυνεύω, ριψοκινδύνεψα και ριψοκινδύνευσα *17, 19*

ροβολάω (σπάν. ροβολώ), ροβόλησα *58*

ροδίζω, ρόδισα, ροδισμένος *33*

ροδοκοκκινίζω, ροδοκοκκίνισα, ροδοκοκκινισμένος *33*

ροζιάζω, ρόζιασα, ροζιασμένος *35*

ροκανίζω, ροκάνισα *33*
ροκανίζομαι, ροκανίστηκα, ροκανισμένος *34*

ροκάρω, ρόκαρα και ροκάρισα *53*

ρολάρω, ρόλαρα και ρολάρισα *53*

ρουθουνίζω, ρουθούνισα *33*

ρουφάω/ ρουφώ, ρούφηξα *66*
ρουφιέμαι, ρουφήχτηκα, ρουφηγμένος *67*

ροχαλίζω, ροχάλισα *33*

ρυθμίζω, ρύθμισα *33*
ρυθμίζομαι, ρυθμίστηκα, ρυθμισμένος *34*

ρυμοτομώ, ρυμοτόμησα *73*
ρυμοτομούμαι, ρυμοτομήθηκα, ρυμοτομημένος *74*

ρυμουλκώ, ρυμούλκησα *73*
ρυμουλκούμαι, ρυμουλκήθηκα, ρυμουλκημένος *74*

ρυπαίνω, ρύπανα *44*
ρυπαίνομαι, ρυπάνθηκα *46*

ρυτιδιάζω, ρυτίδιασα, ρυτιδιασμένος *35*

ρυτιδώνω, ρυτίδωσα, ρυτιδωμένος *3*

ρωτάω/ ρωτώ, ρώτησα *58*
ρωτιέμαι, ρωτήθηκα *59*

Σ

σαβανώνω, σαβάνωσα *3*
σαβανώνομαι, σαβανώθηκα, σαβανωμένος *4*

σαβουρώνω, σαβούρωσα *3*

σαγηνεύω, σαγήνεψα και σαγήνευσα *17, 19*
σαγηνεύομαι, σαγηνεύτηκα, σαγηνε(υ)μένος *18*

σακατεύω, σακάτεψα *17*
σακατεύομαι, σακατεύτηκα, σακατεμένος *18*

σακουλιάζω, σακούλιασα, σακουλιασμένος *35*

σαλαγάω (σπάν. σαλαγώ), σαλάγησα *58*

σαλεύω, σάλεψα, σαλεμένος* *17*

σαλιαρίζω, σαλιάρισα *33*

σαλιώνω, σάλιωσα *3*

σαλπάρω, σάλπαρα και σαλπάρισα *53*

σαλπίζω, σάλπισα *33*

σαλτάρω, σάλταρα και σαλτάρισα, σαλταρισμένος* *53*

σαμαρώνω, σαμάρωσα *3*
σαμαρώνομαι, σαμαρώθηκα, σαμαρωμένος *4*

σαμποτάρω, σαμποτάρισα *55*
σαμποτάρομαι, σαμποταρίστηκα *54*

σανιδώνω, σανίδωσα *3*
σανιδώνομαι, σανιδώθηκα, σανιδωμένος *4*

σαπίζω, σάπισα, σαπισμένος *33*

σαπουνίζω, σαπούνισα *33*
σαπουνίζομαι, σαπουνίστηκα, σαπουνισμένος *34*

σαραβαλιάζω, σαραβάλιασα *35*
σαραβαλιάζομαι, σαραβαλιάστηκα, σαραβαλιασμένος *36*

σαρακοστεύω *17* (κυρίως στον ενεστ. και παρατατ.)

σαραντίζω, σαράντισα *33*

σαρκάζω, σάρκασα *35*

σαρώνω, σάρωσα *3*
σαρώνομαι, σαρώθηκα, σαρωμένος *4*

σαστίζω, σάστισα, σαστισμένος *33*

σατιρίζω, σατίρισα *33*
σατιρίζομαι, σατιρίστηκα, σατιρισμένος *34*

σαχλαμαρίζω, σαχλαμάρισα *33*

σβαρνίζω, σβάρνισα *33*
σβαρνίζομαι, σβαρνίστηκα, σβαρνισμένος *34*

σβήνω, έσβησα *1*
σβήνομαι, σβήστηκα, σβησμένος *39*

σβολιάζω, σβόλιασα, σβολιασμένος *35*

σγουραίνω, σγούρυνα *47*

σέβομαι, σεβάστηκα *201*

σειέμαι → δες **σείω**

σείω, έσεισα *40* και
σειώ, έσεισα *202*
σείομαι, σείστηκα *41* και
σειέμαι, σείστηκα* *203*

σεληνιάζομαι, σεληνιάστηκα, σεληνιασμένος *36*

σελιδοποιώ, σελιδοποίησα *73*
σελιδοποιούμαι, σελιδοποιήθηκα, σελιδοποιημένος *74, 75*

σελώνω, σέλωσα, σελωμένος* *3*

σενιάρω, σενιάρισα *55*
σενιάρομαι, σενιαρίστηκα, σενιαρισμένος *54* και
σενιαρίζομαι, σενιαρίστηκα, σενιαρισμένος *34*

σερβίρω, σέρβιρα και σερβίρισα *56*
σερβίρομαι, σερβιρίστηκα, σερβιρισμένος *57* και
σερβιρίζομαι, σερβιρίστηκα, σερβιρισμένος *34*

σεριανίζω, σεριάνισα *33* και
σεριανάω, σεριάνισα* *70*

σέρνω, έσυρα *204*
σέρνομαι, σύρθηκα, συρμένος* *205*

σερφάρω, σέρφαρα και σερφάρισα *53*

σηκώνω, σήκωσα *3*
σηκώνομαι, σηκώθηκα, σηκωμένος *4*

σημαδεύω, σημάδεψα *17*
σημαδεύομαι, σημαδεύτηκα, σημαδεμένος *18*

σημαίνω, σήμανα, σεσημασμένος* *44*

σημαιοστολίζω, σημαιοστόλισα *33*
σημαιοστολίζομαι, σημαιοστολίστηκα, σημαιοστολισμένος *34*

σηματοδοτώ, σηματοδότησα *73*
σηματοδοτούμαι, σηματοδοτήθηκα, σηματοδοτημένος *74*

σημειώνω, σημείωσα *3*
σημειώνομαι, σημειώθηκα, σημειωμένος *4*

σιάζω, έσιαξα *23* και
σιάχνω, έσιαξα *29*
σιάζομαι, σιάχτηκα, σιαγμένος *24* και
σιάχνομαι, σιάχτηκα, σιαγμένος *30*

σιγοβράζω, σιγόβρασα *35*

σιγοντάρω, σιγοντάρισα *55*

σιγουρεύω, σιγούρεψα* *17*
σιγουρεύομαι, σιγουρεύτηκα* *18*

σιγώ, σίγησα *73*

σιδερώνω, σιδέρωσα *3*
σιδερώνομαι, σιδερώθηκα, σιδερωμένος *4*

σιμώνω, σίμωσα *3*

σιροπιάζω, σιρόπιασα, σιροπιασμένος *35*

σιτεύω, σίτεψα, σιτεμένος *17*

σιτίζω, σίτισα *33*
σιτίζομαι, σιτίστηκα *34*

σιχαίνομαι, σιχάθηκα, σιχαμένος* *45*

σιχτιρίζω, σιχτίρισα *33*

σιωπώ, σιώπησα *60*

σκάβω, έσκαψα *7*
σκάβομαι, σκάφτηκα, σκαμμένος *8*

σκαλίζω, σκάλισα *33*
σκαλίζομαι, σκαλίστηκα, σκαλισμένος *34*

σκαλώνω, σκάλωσα, σκαλωμένος *3*

σκαμπάζω *35* (μόνο στον ενεστ. και παρατατ.)

σκαμπανεβάζω *35* (μόνο στον ενεστ. και παρατατ.)

σκανάρω, σκάναρα και σκανάρισα *53*
σκανάρεται – σκανάρονται, σκαναρίστηκε – σκαναρίστηκαν, σκαναρισμένος *54*

σκανδαλίζω και **σκανταλίζω,** σκανδάλισα και σκαντάλισα *33*
σκανδαλίζομαι και **σκανταλίζομαι,** σκανδαλίστηκα και σκανταλίστηκα, σκανδαλισμένος και σκανταλισμένος *34*

σκαντζάρω, σκάντζαρα και σκαντζάρισα *53*

σκαπουλάρω, σκαπούλαρα και σκαπουλάρισα *53*

σκαρτεύω, σκάρτεψα *17*

σκαρφαλώνω, σκαρφάλωσα, σκαρφαλωμένος *3*

σκαρφίζομαι, σκαρφίστηκα *34*

σκαρώνω, σκάρωσα *3*

σκοτώνω, σκότωσα *3*

σκάω, έσκασα, σκασμένος* *206* και
σκάζω, έσκασα, σκασμένος* *35*

σκεβρώνω, σκέβρωσα, σκεβρωμένος *3*

σκεπάζω, σκέπασα *35*
σκεπάζομαι, σκεπάστηκα, σκεπασμένος *36*

σκέφτομαι, σκέφτηκα *16* και
σκέπτομαι, σκέφθηκα και σκέφτηκα *12*

σκηνοθετώ, σκηνοθέτησα *73*
σκηνοθετούμαι, σκηνοθετήθηκα, σκηνοθετημένος *74*

σκιαγραφώ, σκιαγράφησα *73*
σκιαγραφούμαι, σκιαγραφήθηκα, σκιαγραφημένος *74*

σκιάζω, σκίασα* *35* (προφ. σκι-άζω)
σκιάζομαι, σκιάστηκα, σκιασμένος *36* (προφ. σκι-άζομαι)

σκιάζω, έσκιαξα* *23* (προφ. σκιάζω)
σκιάζομαι, σκιάχτηκα, σκιαγμένος *24* (προφ. σκιάζομαι)

σκιαμαχώ *73* (μόνο στον ενεστ. και παρατατ.)

σκίζω και **σχίζω,** έσκισα και έσχισα *33*
σκίζομαι και **σχίζομαι,** σκίστηκα και σχίστηκα, σκισμένος και σχισμένος *34*

σκιρτάω/ σκιρτώ (παρατατ. *-ούσα*), σκίρτησα *58*

σκιτσάρω, σκίτσαρα και σκιτσάρισα, σκιτσαρισμένος *53*

σκλαβώνω, σκλάβωσα *3*
σκλαβώνομαι, σκλαβώθηκα, σκλαβωμένος *4*

σκληραγωγώ, σκληραγώγησα *73*
σκληραγωγούμαι, σκληραγωγήθηκα, σκληραγωγημένος *74*

σκληραίνω, σκλήρυνα *47*

σκολάω → δες **σχολάω**

σκονίζω, σκόνισα *33*
σκονίζομαι, σκονίστηκα, σκονισμένος *34*

σκοντάφτω, σκόνταψα *15*

σκοπεύω, σκόπευσα *19*

σκοράρω, σκόραρα και σκοράρισα *53*

σκορπίζω, σκόρπισα* 33 και
σκορπάω (σπάν. σκορπώ), σκόρπισα* *70*
σκορπίζομαι, σκορπίστηκα, σκορπισμένος *34* και
σκορπιέμαι, σκορπίστηκα, σκορπισμένος *173*

σκοτεινιάζω, σκοτείνιασα, σκοτεινιασμένος *35* (και ως απρόσ. **σκοτεινιάζει**)

σκοτίζω, σκότισα *33*
σκοτίζομαι, σκοτίστηκα, σκοτισμένος* *34*

σκοτώνω, σκότωσα *3*
σκοτώνομαι, σκοτώθηκα, σκοτωμένος *4*

σκούζω, έσκουξα *23*

σκουληκιάζω, σκουλήκιασα, σκουληκιασμένος *35*

σκουντάω (σπάν. σκουντώ), σκούντησα *58* και
σκουντάω (σπάν. σκουντώ), σκούντηξα *66*

σκουντουφλάω (δε συνηθίζεται η κλίση σε *-ώ*), σκουντούφλησα* *58*

σκουντουφλιάζω, σκουντούφλιασα, (σπάν.) σκουντουφλιασμένος* *35*

σκουπίζω, σκούπισα *33*
σκουπίζομαι, σκουπίστηκα, σκουπισμένος *34*

σκουραίνω, σκούρυνα *47*

σκουριάζω, σκούριασα, σκουριασμένος *35*

σκύβω, έσκυψα, σκυμμένος *7*

σκυθρωπιάζω, σκυθρώπιασα *35*

σκυλεύω, σκύλεψα και σκύλευσα *17, 19*
σκυλεύομαι, σκυλεύτηκα *18*

σκυλιάζω, σκύλιασα, σκυλιασμένος *35*

σκυλοβρίζω, σκυλόβρισα *33*
σκυλοβρίζομαι, σκυλοβρίστηκα* *34*

σμίγω, έσμιξα *21*

σμικρύνω, σμίκρυνα *48*
σμικρύνομαι, σμικρύνθηκα *49*

σμιλεύω, σμίλεψα *17*
σμιλεύομαι, σμιλεύτηκα, σμιλε(υ)μένος *18*

σμπαραλιάζω, σμπαράλιασα *35*
σμπαραλιάζομαι, σμπαραλιάστηκα, σμπαραλιασμένος *36*

σνιφάρω, σνίφαρα και σνιφάρισα *53*

σνομπάρω, σνόμπαρα και σνομπάρισα *53*

σοβαρεύω, σοβάρεψα* *17*
σοβαρεύομαι, σοβαρεύτηκα* *18*

σοβαρολογώ *73* (μόνο στον ενεστ. και παρατατ.)

σοβατίζω, σοβάτισα *33*

σοβατίζομαι, σοβατίστηκα, σοβατισμένος *34*

σοβώ *73* (κυρίως στο γ΄ πρόσ. και μόνο στον ενεστ. και παρατατ.)

σοκάρω, σόκαρα και σοκάρισα *53*
σοκάρομαι, σοκαρίστηκα, σοκαρισμένος *54*

σολάρω, σόλαρα και σολάρισα *53*

σολιάζω, σόλιασα *35*
σολιάζομαι, σολιάστηκα, σολιασμένος *36*

σοτάρω, σόταρα και σοτάρισα *53*
σοτάρομαι, σοταρίστηκα, σοταρισμένος *54*

σουβλίζω, σούβλισα *33*
σουβλίζομαι, σουβλίστηκα, σουβλισμένος *34*

σουλατσάρω, σουλατσάρισα *55*

σουλουπώνω, σουλούπωσα *3*
σουλουπώνομαι, σουλουπώθηκα, σουλουπωμένος *4*

σούρνω, έσουρα* *226*

σουρομαδάω (δε συνηθίζεται η κλίση σε *-ώ*), σουρομάδησα *58*
σουρομαδιέμαι, σουρομαδήθηκα, σουρομαδημένος *59*

σουρουπώνει, σουρούπωσε (ως απρόσ.)

σουρώνω, σούρωσα *3*
σουρώνομαι, σουρώθηκα, σουρωμένος *4*

σουτάρω, σούταρα και σουτάρισα *53*

σουφρώνω, σούφρωσα, σουφρωμένος *3*

σοφάρω, σοφάρισα *55*

σοφίζομαι, σοφίστηκα *34*

σπάζω → δες **σπάω**

σπαθίζω, σπάθισα *33*

σπανίζω *33* (μόνο στον ενεστ. και παρατατ.)

σπαράζω, σπάραξα *23*
σπαράζομαι, σπαράχτηκα, σπαραγμένος* *24*

σπαρταράω (σπάν. σπαρταρώ), σπαρτάρησα *58*

σπαταλάω/ σπαταλώ (παρατατ. συνήθως *-ούσα*), σπατάλησα* *58*

σπαταλιέμαι, σπαταλήθηκα, σπαταλημένος *59*

σπάω, έσπασα, σπασμένος* *206* και
σπάζω, έσπασα, σπασμένος* *35*
σπάζομαι, σπάστηκα* *36*

σπεκουλάρω, σπεκουλάρισα *55*

σπέρνω, έσπειρα *120*
σπέρνομαι, σπάρθηκα, σπαρμένος *119*

σπεύδω, έσπευσα, εσπευσμένος* *128*

σπιλώνω, σπίλωσα *3*
σπιλώνομαι, σπιλώθηκα, σπιλωμένος *4*

σπινθηροβολώ, σπινθηροβόλησα *73* και
σπινθηροβολάω/ σπινθηροβολώ (παρατατ. συνήθως *-ούσα*), σπινθηροβόλησα *58*

σπιρουνίζω, σπιρούνισα *33*

σπιτώνω, σπίτωσα *3*
σπιτώνομαι, σπιτώθηκα, σπιτωμένος *4*

σπλαχνίζομαι, σπλαχνίστηκα *34*

σποριάζω, σπόριασα *35*

σπουδάζω, σπούδασα, σπουδασμένος και σπουδαγμένος* *35*

σπρώχνω, έσπρωξα *29*
σπρώχνομαι, σπρώχτηκα, σπρωγμένος *30*

σταβλίζω, στάβλισα *33*
σταβλίζομαι, σταβλίστηκα, σταβλισμένος *34*

σταδιοδρομώ, σταδιοδρόμησα *73*

στάζω, έσταξα *23* (και ως απρόσ. **στάζει**)

σταθεροποιώ, σταθεροποίησα *73*
σταθεροποιούμαι, σταθεροποιήθηκα, σταθεροποιημένος *74, 75*

σταθμεύω, στάθμευσα, σταθμευμένος *19*

σταθμίζω, στάθμισα *33*
σταθμίζομαι, σταθμίστηκα, σταθμισμένος *34*

σταλάζω, στάλαξα *23*

σταματάω/ σταματώ, σταμάτησα, σταματημένος *58* (και ως απρόσ. **σταματάει**)

σταμπάρω, στάμπαρα και σταμπάρισα, σταμπαρισμένος *53*

στασιάζω, στασίασα *35*

σταυροκοπιέμαι, σταυροκοπήθηκα *59*

σταυρώνω, σταύρωσα *3*
σταυρώνομαι, σταυρώθηκα, σταυρωμένος *4*

σταφιδιάζω, σταφίδιασα, σταφιδιασμένος *35*

σταχολογάω/ σταχολογώ (παρατατ. συνήθως *-ούσα*), σταχολόγησα* *58*
σταχολογιέμαι, σταχολογήθηκα, σταχολογημένος *59*

σταχυολογώ, σταχυολόγησα* *73*
σταχυολογούμαι, σταχυολογήθηκα, σταχυολογημένος *74*

στεγάζω, στέγασα *35*
στεγάζομαι, στεγάστηκα, στεγασμένος *36*

στεγανοποιώ, στεγανοποίησα *73*
στεγανοποιούμαι, στεγανοποιήθηκα, στεγανοποιημένος *74, 75*

στεγνώνω, στέγνωσα, στεγνωμένος *3*

στέκομαι και **στέκω,** στάθηκα *207* (και ως απρόσ. **στέκει**)

στελεχώνω, στελέχωσα *3*
στελεχώνομαι, στελεχώθηκα, στελεχωμένος *4*

στέλνω, έστειλα *208*
στέλνομαι, στάλθηκα, σταλμένος *209*

στενάζω, στέναξα *23*

στεναχωρώ → δες **στενοχωρώ**

στενεύω, στένεψα, στενεμένος *17*

στενοχωρώ, στενοχώρησα *73* και
στεναχωρώ, στεναχώρησα *73* και
στεναχωρώ, στεναχώρεσα *76* και
στεναχωράω/ στεναχωρώ, στεναχώρεσα *62*
στενοχωριέμαι, στενοχωρήθηκα, στενοχωρημένος *59* και
στεναχωριέμαι, στεναχωρήθηκα, στεναχωρημένος *59* και
στεναχωριέμαι, στεναχωρέθηκα, στεναχωρεμένος *63* και
στενοχωρούμαι, στενοχωρήθηκα, στενοχωρημένος *74*

στέργω, έστερξα *21*

στερεοποιώ, στερεοποίησα *73*
στερεοποιούμαι, στερεοποιήθηκα, στερεοποιημένος *74, 75*

στερεύω, στέρεψα *17*

στερεώνω, στερέωσα* *3*
στερεώνομαι, στερεώθηκα, στερεωμένος *4*

στεριώνω, στέριωσα, στεριωμένος* *3*

στερώ, στέρησα *73*
στερούμαι, στερήθηκα, στερημένος* *74*

στεφανώνω, στεφάνωσα *3*
στεφανώνομαι, στεφανώθηκα, στεφανωμένος *4*

στέφω, έστεψα *13*
στέφομαι, στέφθηκα, εστεμμένος* *14*

στηλιτεύω, στηλίτευσα *19*
στηλιτεύομαι, στηλιτεύτηκα και στηλιτεύθηκα *20*

στήνω, έστησα *1*
στήνομαι, στήθηκα, στημένος *2*

στηρίζω, στήριξα *23*
στηρίζομαι, στηρίχτηκα (σπάν. στηρίχθηκα), στηριγμένος *24*

στιγματίζω, στιγμάτισα *33*
στιγματίζομαι, στιγματίστηκα, στιγματισμένος *34*

στιλβώνω, στίλβωσα *3*
στιλβώνομαι, στιλβώθηκα, στιλβωμένος *4*

στιλιζάρω, στιλιζάρισα *55*
στιλιζάρομαι, στιλιζαρίστηκα, στιλιζαρισμένος *54*

στιχουργώ, στιχούργησα *73*

στοιβάζω, στοίβαξα *23*
στοιβάζομαι, στοιβάχτηκα, στοιβαγμένος *24*

στοιχειοθετώ, στοιχειοθέτησα *73*
στοιχειοθετούμαι, στοιχειοθετήθηκα, στοιχειοθετημένος *74*

στοιχειώνω, στοίχειωσα, στοιχειωμένος* *3*

στοιχηθείτε (παράγγελμα, από το ρ. *στοιχώ*, που δε χρησιμοποιείται)

στοιχηματίζω, στοιχημάτισα *33*

στοιχίζω, στοίχισα *33*

στοκάρω, στόκαρα και στοκάρισα *53*
στοκάρομαι, στοκαρίστηκα, στοκαρισμένος *54*

στολίζω, στόλισα *33*
στολίζομαι, στολίστηκα, στολισμένος *34*

στομαχιάζω, στομάχιασα *35*

στομώνω, στόμωσα, στομωμένος *3*

στουκάρω, στούκαρα και στουκάρισα *53*

στουμπίζω, στούμπισα *33* και
στουμπάω (δε συνηθίζεται η κλίση σε -ώ), στούμπιξα* *70*
στουμπίζομαι, στουμπίστηκα, στουμπισμένος *34*

στουμπώνω, στούμπωσα, στουμπωμένος* *3*

στουπώνω, στούπωσα, στουπωμένος* *3*

στοχάζομαι, στοχάστηκα *36*

στοχεύω, στόχευσα, στοχευμένος *19*

στοχοποιώ, στοχοποίησα *73*
στοχοποιούμαι, στοχοποιήθηκα, στοχοποιημένος *74, 75*

στραβοκοιτάζω, στραβοκοίταξα *23* και
στραβοκοιτάω (σπάν. στραβοκοιτώ), στραβοκοίταξα *64*

στραβολαιμιάζω, στραβολαίμιασα *35*
στραβολαιμιάζομαι, στραβολαιμιάστηκα *36*

στραβομουτσουνιάζω, στραβομουτσούνιασα *35*

στραβοπατάω (σπάν. στραβοπατώ), στραβοπάτησα, στραβοπατημένος* *58*

στραβώνω, στράβωσα *3*
στραβώνομαι, στραβώθηκα, στραβωμένος* *4*

στραγγαλίζω, στραγγάλισα *33*
στραγγαλίζομαι, στραγγαλίστηκα, στραγγαλισμένος *34*

στραγγίζω, στράγγισα *33* και
στραγγίζω, στράγγιξα *23*
στραγγίζομαι, στραγγίστηκα, στραγγισμένος* *34* και
στραγγίζομαι, στραγγίχτηκα, στραγγισμένος* *24*

στραμπουλάω (δε συνηθίζεται η κλίση σε -*ώ*), στραμπούληξα, στραμπουληγμένος* *66*

στραπατσάρω, στραπατσάρισα *55*
στραπατσάρομαι, στραπατσαρίστηκα, στραπατσαρισμένος *54*

στρατεύομαι, στρατεύτηκα και στρατεύθηκα, στρατευμένος *20*

στρατιωτικοποιώ, στρατιωτικοποίησα *73*
στρατιωτικοποιούμαι, στρατιωτικοποιήθηκα, στρατιωτικοποιημένος *74, 75*

στρατοκρατούμαι *74* (μόνο στον ενεστ. και παρατατ.)

στρατολογώ, στρατολόγησα *73*
στρατολογούμαι, στρατολογήθηκα, στρατολογημένος *74*

στρατοπεδεύω, στρατοπέδευσα, στρατοπεδευμένος *19*

στραφταλίζω, στραφτάλισα *33*

στρεβλώνω, στρέβλωσα *3*
στρεβλώνομαι, στρεβλώθηκα, στρεβλωμένος *4*

στρεσάρω, στρεσάρισα *55*
στρεσάρομαι, στρεσαρίστηκα, στρεσαρισμένος *54*

στρέφω, έστρεψα *13*
στρέφομαι, στράφηκα, στραμμένος *210*

στρίβω, έστριψα *7*
στρίβομαι, στρίφτηκα, στριμμένος* *8*

στριγκλίζω, στρίγκλισα* *33*

στριμώχνω, στρίμωξα *29*
στριμώχνομαι, στριμώχτηκα, στριμωγμένος *30*

στριφογυρίζω, στριφογύρισα *33* και
στριφογυρνάω/ στριφογυρνώ, στριφογύρισα* *70*

στριφώνω, στρίφωσα *3*
στριφώνομαι, στριφώθηκα, στριφωμένος *4*

στροβιλίζω, στροβίλισα* *33*
στροβιλίζομαι, στροβιλίστηκα *34*

στρογγυλεύω, στρογγύλεψα, στρογγυλεμένος* *17*

στρογγυλοκάθομαι, στρογγυλοκάθισα* *160*

στρογγυλοποιώ, στρογγυλοποίησα *73*
στρογγυλοποιούμαι, στρογγυλοποιήθηκα, στρογγυλοποιημένος *74, 75*

στρουθοκαμηλίζω, στρουθοκαμήλισα *33*

στροφάρω, στρόφαρα και στροφάρισα *53*

στρώνω, έστρωσα *3*
στρώνομαι, στρώθηκα, στρωμένος *4*

στύβω, έστυψα *7*
στύβομαι, στύφτηκα, στυμμένος *8*

στυλώνω, στύλωσα *3*
στυλώνομαι, στυλώθηκα, στυλωμένος *4*

συγγενεύω, συγγένεψα *17*

συγγράφω, συνέγραψα *13*
συγγράφομαι, συγγράφηκα *122*

συγκαί(γ)ομαι, συγκάηκα, συγκαμένος *162*

συγκαλύπτω, συγκάλυψα *11*
συγκαλύπτομαι, συγκαλύφθηκα (σπάν. συγκαλύφτηκα), συγ(κε)καλυμμένος *12*

συγκαλώ, συγκάλεσα *76*
συγκαλούμαι, συγκλήθηκα *163*

συγκαταλέγω, συγκατέλεξα *139*
συγκαταλέγομαι, συγκαταλέχθηκα και συγκαταλέχτηκα *140*

συγκατανεύω, συγκατένευσα *42*

συγκατατίθεμαι, συγκατατέθηκα *138*

συγκατοικώ, συγκατοίκησα *73*

σύγκειται – σύγκεινται (ως προσ.)

συγκεκριμενοποιώ, συγκεκριμενοποίησα *73*
συγκεκριμενοποιούμαι, συγκεκριμενοποιήθηκα, συγκεκριμενοποιημένος *74, 75*

συγκεντρώνω, συγκέντρωσα *3*
συγκεντρώνομαι, συγκεντρώθηκα, συγκεντρωμένος *4*

συγκεράζω, συγκέρασα *35*
συγκεράζομαι, συγκεράστηκα, συγκερασμένος *36*

συγκεφαλαιώνω, συγκεφαλαίωσα *3*

συγκινώ, συγκίνησα *73*
συγκινούμαι, συγκινήθηκα, συγκινημένος* *74*

συγκλίνω* (παρατατ. συνέκλινα) *172* (μόνο στον ενεστ. και παρατατ.)

συγκλονίζω, συγκλόνισα *33*
συγκλονίζομαι, συγκλονίστηκα, συγκλονισμένος *34*

συγκοινωνώ* *73* (μόνο στον ενεστ. και παρατατ.)

συγκολλώ, συγκόλλησα *60*
συγκολλώμαι, συγκολλήθηκα, συγκολλημένος *61*

συγκρατάω/ συγκρατώ (παρατατ. *-ούσα*), συγκράτησα *58* και
συγκρατώ, συγκράτησα *73*
συγκρατούμαι, συγκρατήθηκα, συγκρατημένος *74* και
συγκρατιέμαι, συγκρατήθηκα, συγκρατημένος *59*

συγκρίνω, σύγκρινα και συνέκρινα *172*
συγκρίνομαι, συγκρίθηκα* *2*

συγκροτώ, συγκρότησα *73*
συγκροτούμαι, συγκροτήθηκα, συγκροτημένος *74*

συγκρούομαι, συγκρούστηκα *47*

συγυρίζω, συγύρισα *33*
συγυρίζομαι, συγυρίστηκα, συγυρισμένος *34*

συγχαίρω, συγχάρηκα *211*

συγχέω (παρατατ. συνέχεα) 5 (μόνο στον ενεστ. και παρατατ.)
συγχέομαι (μόνο στον ενεστ. και παρατατ.), συγκεχυμένος* *6*

συγχρονίζω, συγχρόνισα *33*
συγχρονίζομαι, συγχρονίστηκα, συγχρονισμένος *34*

συγχρωτίζομαι, συγχρωτίστηκα, συγχρωτισμένος *34*

συγχύζω, σύγχυσα *33*
συγχύζομαι, συγχύστηκα, συγχυσμένος *34*

συγχωνεύω, συγχώνευσα *19*
συγχωνεύομαι, συγχωνεύτηκα και συγχωνεύθηκα, συγχωνευμένος *20*

συγχωρώ, συγχώρησα *73* και
συγχωράω/ συγχωρώ, συγχώρησα *58* και
συγχωρώ, συγχώρεσα *76* και
συγχωράω/ συγχωρώ, συγχώρεσα *62*
συγχωρούμαι, συγχωρήθηκα, συγχωρημένος *74* και
συγχωριέμαι, συγχωρήθηκα, συγχωρημένος *59* και
συγχωρούμαι, συγχωρέθηκα, συγχωρεμένος* *77* και
συγχωριέμαι, συγχωρέθηκα, συγχωρεμένος* *63*

συζητάω/ συζητώ, συζήτησα* *58*
συζητιέμαι, συζητήθηκα, συζητημένος *59* και
συζητούμαι, συζητήθηκα, συζητημένος* *74*

συζώ *73* (μόνο στον ενεστ. και παρατατ.)

συκοφαντώ, συκοφάντησα *73*
συκοφαντούμαι, συκοφαντήθηκα, συκοφαντημένος *74*

συλλαβίζω, συλλάβισα *33*
συλλαβίζομαι, συλλαβίστηκα, συλλαβισμένος *34*

συλλαμβάνω, συνέλαβα *165*
συλλαμβάνομαι, (συνελήφθη – συνελήφθησαν) *166*

συλλέγω, συνέλεξα *139*
συλλέγομαι, συλλέχθηκα και συλλέχτηκα, (σπάν.) συλλεγμένος *140*

συλλογίζομαι, συλλογίστηκα, συλλογισμένος* *34* και
συλλογιέμαι, συλλογίστηκα, συλλογισμένος* *173*

συλλυπούμαι, συλλυπήθηκα *74*

συλώ, σύλησα *73*
συλούμαι, συλήθηκα, συλημένος *74*

συμβαδίζω, συμβάδισα *33*

συμβαίνει, συνέβη(κε) (ως προσ. ή απρόσ.) – συμβαίνουν, συνέβησαν / συνέβηκαν (ως προσ.)* *145*

συμβάλλω, συνέβαλα *146*
συμβάλλομαι, συμβλήθηκα, συμβεβλημένος* *147*

συμβιβάζω, συμβίβασα *35*
συμβιβάζομαι, συμβιβάστηκα, συμβιβασμένος *36*

συμβιώνω, συμβίωσα *3*

συμβολίζω, συμβόλισα *33*
συμβολίζομαι, συμβολίστηκα, συμβολισμένος *34*

συμβουλεύω, συμβούλεψα *17*
συμβουλεύομαι, συμβουλεύτηκα* *18*

συμμαζεύω, συμμάζεψα *17*
συμμαζεύομαι, συμμαζεύτηκα, συμμαζεμένος *18*

συμμαχώ, συμμάχησα *73*

συμμερίζομαι, συμμερίστηκα *34*

συμμετέχω, (συμμετείχα) (να συμμετάσχω) *190*

συμμορφώνω, συμμόρφωσα *3*
συμμορφώνομαι, συμμορφώθηκα, συμμορφωμένος *4*

συμπαθώ, συμπάθησα* *73*

συμπαραστέκομαι, συμπαραστάθηκα *207*

συμπαρασύρω, συμπαρέσυρα *217*
συμπαρασύρομαι, συμπαρασύρθηκα, συμπαρασυρμένος *218*

συμπάσχω (παρατατ. συνέπασχα) *31* (μόνο στον ενεστ. και παρατατ.)

συμπεθεριάζω, συμπεθέριασα *35*

συμπεραίνω, συμπέρανα *44*

συμπεραίνεται (ως απρόσ.)

συμπεριλαμβάνω, συμπεριέλαβα *165*
συμπεριλαμβάνομαι, συμπεριλήφθηκα *166*

συμπεριφέρομαι, συμπεριφέρθηκα *218*

συμπιέζω, συμπίεσα *35*
συμπιέζομαι, συμπιέστηκα, συμπιεσμένος *36*

συμπίπτω, συνέπεσα *141* (και ως απρόσ. **συμπίπτει**)

συμπλέκομαι, (συνεπλάκη – συνεπλάκησαν) *212*

συμπλέω, συνέπλευσα *42*

συμπληρώνω, συμπλήρωσα *3*
συμπληρώνομαι, συμπληρώθηκα, συμπληρωμένος *4*

συμπονώ, συμπόνεσα *76* και
συμπονάω/ συμπονώ (παρατατ. συνήθως *-ούσα*), συμπόνεσα *62*

συμπορεύομαι, συμπορεύτηκα και συμπορεύθηκα *20*

συμπράττω, συνέπραξα *27*

συμπρωταγωνιστώ, συμπρωταγωνίστησα *73*

συμπτύσσω, συνέπτυξα και σύμπτυξα *27*
συμπτύσσομαι, συμπτύχθηκα, συνεπτυγμένος* *28*

συμπυκνώνω, συμπύκνωσα *3*
συμπυκνώνομαι, συμπυκνώθηκα, συμπυκνωμένος *4*

συμφέρει* (παρατατ. συνέφερε) (ως προσ. ή απρόσ.) – συμφέρουν (παρατατ. συνέφεραν) (ως προσ.)

συμφιλιώνω, συμφιλίωσα *3*
συμφιλιώνομαι, συμφιλιώθηκα, συμφιλιωμένος *4*

συμφωνώ, συμφώνησα *73*
συμφωνούμαι, συμφωνήθηκα, συμφωνημένος* *74*

συμψηφίζω, συμψήφισα *33*
συμψηφίζομαι, συμψηφίστηκα, συμψηφισμένος *34*

συναγελάζομαι, συναγελάστηκα *36*

συνάγω, συνήγαγα* *135*
συνάγεται (ως προσ. ή απρόσ.) – συνάγονται (ως προσ.)

συναγωνίζομαι, συναγωνίστηκα *34*

συνάδει, συνάδουν (μόνο στον ενεστ.)

συνάζω, σύναξα* *23*
συνάζομαι, συνάχτηκα, συναγμένος *24*

συναθροίζω, συνάθροισα *33*
συναθροίζομαι, συναθροίστηκα, συναθροισμένος *34*

συναινώ, συναίνεσα *76*

συναιρώ, συναίρεσα *76*
συναιρούμαι, συναιρέθηκα, συνηρημένος* *77*

συναισθάνομαι, συναισθάνθηκα *82*

συναλλάζω* *23* (μόνο στον ενεστ. και παρατατ.)
συναλλάσσομαι* *95* (κυρίως στον ενεστ. και παρατατ.)

συναναστρέφομαι, συναναστράφηκα *210*

συναντάω/ συναντώ (παρατατ. συνήθως *-ούσα*), συνάντησα *58*
συναντιέμαι, συναντήθηκα* *59* και
συναντώμαι, συναντήθηκα* *61*

συνάπτω, σύναψα και συνήψα *213*
συνάπτομαι, συνάφθηκα, συνημμένος* *12*

συναρμολογώ, συναρμολόγησα *73*
συναρμολογούμαι, συναρμολογήθηκα, συναρμολογημένος* *74*

συναρπάζω, συνάρπασα *35*

συναρτώ, συνάρτησα *60*
συναρτώμαι, συναρτήθηκα, συναρτημένος *61*

συνασπίζω, συνάσπισα* *33*
συνασπίζομαι, συνασπίστηκα, συνασπισμένος *34*

συναχώνομαι, συναχώθηκα, συναχωμένος *4*

συ(ν)δαυλίζω, συ(ν)δαύλισα *33*

συνδέω, σύνδεσα και συνέδεσα *5*

συνδέομαι, συνδέθηκα, συν(δε)δεμένος *6*

συνδιαλέγομαι, συνδιαλέχθηκα *140*

συνδικαλίζομαι, συνδικαλίστηκα, συνδικαλισμένος *34*

συνδυάζω, συνδύασα *35*
συνδυάζομαι, συνδυάστηκα, συνδυασμένος *36*

συνεδριάζω, συνεδρίασα *35*

συνειδητοποιώ, συνειδητοποίησα *73*
συνειδητοποιούμαι, συνειδητοποιήθηκα, συνειδητοποιημένος *74, 75*

συνεισφέρω, συνεισέφερα *217*

συνεννοούμαι, συνεννοήθηκα, συνεννοημένος* *74*

συνενώνω, συνένωσα *3*
συνενώνομαι, συνενώθηκα, συνενωμένος *4*

συνεξετάζω, συνεξέτασα *35*
συνεξετάζομαι, συνεξετάστηκα *36*

συνεπάγεται (παρατατ. συνεπαγόταν) (ως προσ. ή απρόσ.) – συνεπάγονται (παρατατ. συνεπάγονταν) (ως προσ.)
συνεπαίρνω, συνεπήρα, συνεπαρμένος *185*

συνεπικουρώ *73* (μόνο στον ενεστ. και παρατατ.)

συνεργάζομαι, συνεργάστηκα *35*

συνερίζομαι, συνερίστηκα *34*

συνέρχομαι, συνήλθα *214*

συνεταιρίζομαι, συνεταιρίστηκα, συνεταιρισμένος *34*

συνετίζω, συνέτισα *33*
συνετίζομαι, συνετίστηκα, συνετισμένος *34*

συνευρίσκομαι, συνευρέθηκα *153*

συνεφέρνω, συνέφερα *226*

συνεχίζω, συνέχισα *33* (και ως απρόσ. **συνεχίζει**)
συνεχίζομαι, συνεχίστηκα *34*

συνηγορώ, συνηγόρησα *73*

συνηθίζω, συνήθισα, συνηθισμένος* *33*

συνηθίζεται (ως προσ. ή απρόσ.) – συνηθίζονται (ως προσ.)

συνηχώ, συνήχησα *73*

συνθέτω, συνέθεσα και σύνθεσα *137*
συντίθεμαι, συντέθηκα, συντεθειμένος *138*

συνθηκολογώ, συνθηκολόγησα *73*

συνθλίβω, συνέθλιψα *7*
συνθλίβομαι, συνθλίφτηκα, συνθλιμμένος *216*

συνιστώ, συνέστησα* *158*
συνίσταμαι, συστάθηκα* *133*

συνιστώ, συνέστησα* *158*
συνιστώμαι* *61* (μόνο στον ενεστ.)

συννεφιάζω, συννέφιασα, συννεφιασμένος *35* (και ως απρόσ. **συννεφιάζει**)

συνοδεύω, συνόδεψα *17*
συνοδεύομαι, συνοδεύτηκα, συνοδευμένος *18*

συνομιλώ, συνομίλησα *73*

συνορεύω *17* (μόνο στον ενεστ.)

συνουσιάζομαι, συνουσιάστηκα *36*

συνοφρυώνομαι, συνοφρυώθηκα, συνοφρυωμένος *4*

συνοψίζω, συνόψισα *33*
συνοψίζομαι, συνοψίστηκα, συνοψισμένος *34*

συνταξιδεύω, συνταξίδεψα *17*

συνταξιοδοτώ, συνταξιοδότησα *73*
συνταξιοδοτούμαι, συνταξιοδοτήθηκα, συνταξιοδοτημένος *74*

συνταράζω, συντάραξα* *23*

συντάσσω, συνέταξα *27*
συντάσσομαι, συντάχθηκα και συντάχτηκα, συν(τε)ταγμένος* *28*

συντείνω, συνέτεινα *172*

συντελώ, συντέλεσα* *76*
συντελούμαι, συντελέστηκα, συντελεσμένος* *78*

συντηρώ, συντήρησα *73*
συντηρούμαι, συντηρήθηκα, συντηρημένος *74*

συντομεύω, συντόμεψα και συντόμευσα *17, 19*
συντομεύομαι, συντομεύτηκα και συντομεύθηκα, συντομευμένος *20*

συντονίζω, συντόνισα *33*
συντονίζομαι, συντονίστηκα, συντονισμένος *34*

συντρέχω, συνέτρεξα και συνέδραμα *215*

συντρίβω, συνέτριψα *7*
συντρίβομαι, συντρίφτηκα, συντετριμμένος *216*

συντροφεύω, συντρόφεψα *17*
συντροφεύομαι, συντροφεύτηκα, συντροφευμένος *18*

συντρώγω, συνέφαγα (να συμφάγω) *221*

συνυπάρχω, συνυπήρξα *223*

συνυπολογίζω, συνυπολόγισα *33*
συνυπολογίζομαι, συνυπολογίστηκα, συνυπολογισμένος *34*

συνυφαίνω, συνύφανα *44*
συνυφαίνεται – συνυφαίνονται, συνυφάνθηκε – συνυφάνθηκαν, συνυφασμένος *46*

συνωθούμαι, συνωθήθηκα *74*

συνωμοτώ, συνωμότησα *73*

συνωστίζομαι, συνωστίστηκα, συνωστισμένος *34*

συρράπτω, συνέρραψα (να συρράψω) *11*
συρράπτομαι, (να συρραφώ), συρραμμένος* *90*

συρρέω, συνέρρευσα (να συρρεύσω) *42*

συρρικνώνω, συρρίκνωσα *3*
συρρικνώνομαι, συρρικνώθηκα, συρρικνωμένος *4*

σύρω, έσυρα *217*
σύρομαι, σύρθηκα, συρμένος *218*

συσκέπτομαι, συσκέφθηκα *12*

συσκευάζω, συσκεύασα *35*
συσκευάζομαι, συσκευάστηκα, συσκευασμένος *36*

συσκοτίζω, συσκότισα *33*
συσκοτίζομαι, συσκοτίστηκα, (σπάν.) συσκοτισμένος* *34*

συσπειρώνω, συσπείρωσα *3*
συσπειρώνομαι, συσπειρώθηκα, συσπειρωμένος *4*

συσπώμαι, συσπάστηκα *72*

συσσωρεύω, συσσώρευσα *19*
συσσωρεύομαι, συσσωρεύτηκα και συσσωρεύθηκα, συσσωρευμένος *20*

συστεγάζομαι, συστεγάστηκα, συστεγασμένος *36*

συστέλλω *85* (κυρίως στον ενεστ.)
συστέλλομαι, (να συσταλώ), συνεσταλμένος* *91*

συστηματοποιώ, συστηματοποίησα *73*
συστηματοποιούμαι, συστηματοποιήθηκα, συστηματοποιημένος *74, 75*

συστήνω, σύστησα* *1*
συστήνομαι, συστήθηκα, συστημένος* *2*

συσφίγγω, συνέσφιξα *21*

συσφίγγομαι *22* (κυρίως στον ενεστ.)

συσχετίζω, συσχέτισα *33*
συσχετίζομαι, συσχετίστηκα, συσχετισμένος *34*

συχνάζω *35* (μόνο στον ενεστ. και παρατατ.)

συχωρώ → δες **συγχωρώ**

σφαγιάζω, σφαγίασα *35*
σφαγιάζομαι, σφαγιάστηκα, σφαγιασμένος *36*

σφαδάζω, σφάδασα *35*

σφάζω, έσφαξα *23*
σφάζομαι, σφάχτηκα, σφαγμένος *24*

σφαλίζω, σφάλισα* *33* και
σφαλίζω, σφάλιξα* *23*
σφαλίζομαι, σφαλίστηκα, σφαλισμένος *34* και
σφαλίζομαι, σφαλίχτηκα, σφαλιγμένος *24*

σφάλλω, έσφαλα, εσφαλμένος* *233*

σφετερίζομαι, σφετερίστηκα *34*

σφηνώνω, σφήνωσα *3*
σφηνώνομαι, σφηνώθηκα, σφηνωμένος *4*

σφίγγω, έσφιξα *21*
σφίγγομαι, σφίχτηκα, σφιγμένος *22*

σφουγγαρίζω, σφουγγάρισα *33*
σφουγγαρίζομαι, σφουγγαρίστηκα, σφουγγαρισμένος *34*

σφουγγίζω, σφούγγισα *33*
σφουγγίζομαι, σφουγγίστηκα, σφουγγισμένος *34*

σφραγίζω, σφράγισα *33*
σφραγίζομαι, σφραγίστηκα, σφραγισμένος *34*

σφυγμομετρώ, σφυγμομέτρησα *73*
σφυγμομετρείται – σφυγμομετρούνται, σφυγμομετρήθηκε – σφυγμομετρήθηκαν *74*

σφύζω *33* (μόνο στον ενεστ. και παρατατ.)

σφυρηλατώ, σφυρηλάτησα *73*
σφυρηλατούμαι, σφυρηλατήθηκα, σφυρηλατημένος *74*

σφυρίζω, σφύριξα *23* και
σφυράω (δε συνηθίζεται η κλίση σε *-ώ*), σφύριξα* *70*
σφυρίζομαι, σφυρίχτηκα* *24*

σφυροκοπάω/ σφυροκοπώ (παρατατ. συνήθως *-ούσα*), σφυροκόπησα *58*
σφυροκοπιέμαι, σφυροκοπήθηκα, σφυροκοπημένος *59*

σχεδιάζω, σχεδίασα *35*
σχεδιάζομαι, σχεδιάστηκα, σχεδιασμένος *36*

σχετίζω, σχέτισα* *33*
σχετίζομαι, σχετίστηκα, σχετισμένος* *34*

σχηματίζω, σχημάτισα *33*
σχηματίζομαι, σχηματίστηκα, σχηματισμένος *34*

σχηματοποιώ, σχηματοποίησα *73*
σχηματοποιούμαι, σχηματοποιήθηκα, σχηματοποιημένος *74, 75*

σχίζω → δες **σκίζω**

σχολάω (σπάν. σχολώ) και **σκολάω,** σχόλασα και σκόλασα* *68*

σχολιάζω, σχολίασα *35*
σχολιάζομαι, σχολιάστηκα, σχολιασμένος *36*

σχολνάω → δες **σχολάω**

σώζω, έσωσα *3*
σώζομαι, σώθηκα, σωσμένος *4*

σώνω, έσωσα* *3*
σώνομαι, σώθηκα, σω(σ)μένος* *4* (και ως απρόσ. **σώνει**)

σωπαίνω, σώπασα *52*

σωρεύω, σώρευσα *19*
σωρεύομαι, σωρεύτηκα και σωρεύθηκα, σωρευμένος *20*

σωριάζω, σώριασα *35*
σωριάζομαι, σωριάστηκα, σωριασμένος *36*

σωφρονίζω, σωφρόνισα *33*
σωφρονίζομαι, σωφρονίστηκα, σωφρονισμένος *34*

Τ

ταβλιάζω, τάβλιασα *35*
ταβλιάζομαι, ταβλιάστηκα, ταβλιασμένος *36*

ταγγίζω, τάγγισα, ταγγισμένος *33*

τάζω, έταξα *23*

ταΐζω, τάισα *33*
ταΐζομαι, ταΐστηκα, ταϊσμένος *34*

ταιριάζω, ταίριασα, ταιριασμένος* *35* και
ταιριάζω, ταίριαξα, ταιριασμένος* *23* (και ως απρόσ. **ταιριάζει**)

τακτοποιώ, τακτοποίησα *73*
τακτοποιούμαι, τακτοποιήθηκα, τακτοποιημένος *74, 75*

ταλαιπωρώ, ταλαιπώρησα *73*
ταλαιπωρούμαι, ταλαιπωρήθηκα, ταλαιπωρημένος* *74*

ταλανίζω, ταλάνισα *33*
ταλανίζομαι, ταλανίστηκα, ταλανισμένος *34*

ταλαντεύομαι, ταλαντεύτηκα και ταλαντεύθηκα *20*

ταμπονάρω, ταμπόναρα και ταμπονάρισα *53*

ταμπουρώνομαι, ταμπουρώθηκα, ταμπουρωμένος *4*

τανύζομαι, τανύστηκα, τανυσμένος* *34*

ταξιδεύω, ταξίδεψα, ταξιδεμένος* *17*

ταξινομώ, ταξινόμησα *73*
ταξινομούμαι, ταξινομήθηκα, ταξινομημένος *74*

ταπεινώνω, ταπείνωσα *3*
ταπεινώνομαι, ταπεινώθηκα, ταπεινωμένος *4*

ταπώνω, τάπωσα *3*
ταπώνομαι, ταπώθηκα, ταπωμένος *4*

ταράζω, τάραξα *23*
ταράζομαι, ταράχτηκα, ταραγμένος *24*

ταρακουνάω (σπάν. ταρακουνώ), ταρακούνησα *58*
ταρακουνιέμαι, ταρακουνήθηκα, ταρακουνημένος *59*

ταριχεύω, ταρίχευσα και ταρίχεψα *19, 17*
ταριχεύομαι, ταριχεύτηκα και ταριχεύθηκα, ταριχευμένος *20*

τάσσομαι, τάχθηκα και τάχτηκα, ταγμένος* *28*

ταυτίζω, ταύτισα *33*
ταυτίζομαι, ταυτίστηκα, ταυτισμένος *34*

ταυτολογώ *73* (κυρίως στον ενεστ. και παρατατ.)

ταυτοποιώ, ταυτοποίησα *73*
ταυτοποιούμαι, ταυτοποιήθηκα, ταυτοποιημένος *74, 75*

ταχταρίζω, ταχτάρισα *33*

ταχυδρομώ, ταχυδρόμησα *73*
ταχυδρομούμαι, ταχυδρομήθηκα, ταχυδρομημένος *74*

τεζάρω, τέζαρα και τεζάρισα, τεζαρισμένος *53*

τείνω, έτεινα, τεταμένος* *172*

τειχίζω, τείχισα *33*
τειχίζομαι, τειχίστηκα, τειχισμένος *34*

τεκμηριώνω, τεκμηρίωσα *3*
τεκμηριώνομαι, τεκμηριώθηκα, τεκμηριωμένος *4*

τεκνοποιώ, τεκνοποίησα *73*

τελειοποιώ, τελειοποίησα *73*
τελειοποιούμαι, τελειοποιήθηκα, τελειοποιημένος *74, 75*

τελειώνω, τέλειωσα και τελείωσα, τελειωμένος *3*

τελεσφορώ, τελεσφόρησα *73*

τελεύω, τέλεψα* *17*

τελματώνω, τελμάτωσα *3*
τελματώνομαι, τελματώθηκα, τελματωμένος *4*

τελώ, τέλεσα *76*
τελούμαι, τελέστηκα, τετελεσμένος* *78*

τεμαχίζω, τεμάχισα *33*
τεμαχίζομαι, τεμαχίστηκα, τεμαχισμένος *34*

τέμνω* *1* (μόνο στον ενεστ. και παρατατ.)
τέμνομαι *2* (μόνο στον ενεστ. και παρατατ.)

τεμπελιάζω, τεμπέλιασα *35*

τεντώνω, τέντωσα *3*
τεντώνομαι, τεντώθηκα, τεντωμένος *4*

τερετίζω, τερέτισα *33*

τερματίζω, τερμάτισα *33*

τερματίζομαι, τερματίστηκα, τερματισμένος *34*

τέρπω, έτερψα *9*
τέρπομαι *10* (μόνο στον ενεστ.)

τεστάρω, τέσταρα και τεστάρισα *53*
τεστάρομαι, τεσταρίστηκα, τεσταρισμένος *54*

τετραγωνίζω, τετραγώνισα *33*
τετραγωνίζομαι, τετραγωνίστηκα, τετραγωνισμένος *34*

τετραπλασιάζω, τετραπλασίασα *35*
τετραπλασιάζομαι, τετραπλασιάστηκα, τετραπλασιασμένος *36*

τεχνάζομαι (μόνο στον ενεστ. και παρατατ.) *36*

τζογάρω, τζόγαρα και τζογάρισα *53*

τηγανίζω, τηγάνισα *33*
τηγανίζομαι, τηγανίστηκα, τηγανισμένος *34*

τηλεγραφώ, τηλεγράφησα *73*

τηλεφωνώ, τηλεφώνησα *73* και
τηλεφωνάω/ τηλεφωνώ, τηλεφώνησα *58*
τηλεφωνιέμαι, τηλεφωνήθηκα* *59*

τηρώ, τήρησα* *73*
τηρούμαι, τηρήθηκα, τηρημένος *74*

τιθασεύω, τιθάσεψα και τιθάσευσα, τιθασευμένος* *17, 19*

τίθεμαι → δες **θέτω**

τιμάω/ τιμώ (παρατατ. *-ούσα*), τίμησα *58*
τιμώμαι, τιμήθηκα, τιμημένος* *61*

τιμολογώ, τιμολόγησα *73*
τιμολογείται – τιμολογούνται, τιμολογήθηκε – τιμολογήθηκαν, τιμολογημένος *74*

τιμωρώ, τιμώρησα *73*
τιμωρούμαι, τιμωρήθηκα, τιμωρημένος *74*

τινάζω, τίναξα *23*
τινάζομαι, τινάχτηκα, τιναγμένος *24*

τιτιβίζω, τιτίβισα *33*

τιτλοφορώ, τιτλοφόρησα *73*
τιτλοφορούμαι, τιτλοφορήθηκα, τιτλοφορημένος *74*

τοιχοκολλώ, τοιχοκόλλησα *60*

τοιχοκολλώμαι, τοιχοκολλήθηκα, τοιχοκολλημένος *61*

τοκίζω, τόκισα *33*
τοκίζομαι, τοκίστηκα, τοκισμένος *34*

τολμάω/ τολμώ, τόλμησα* *58*

τονίζω, τόνισα *33*
τονίζομαι, τονίστηκα, τονισμένος *34*

τονώνω, τόνωσα *3*
τονώνομαι, τονώθηκα, τονωμένος *4*

τοξεύω, τόξεψα και τόξευσα *17, 19*

τοποθετώ, τοποθέτησα *73*
τοποθετούμαι, τοποθετήθηκα, τοποθετημένος* *74*

τορνεύω, τόρνεψα και τόρνευσα *17, 19*
τορνεύομαι, τορνεύτηκα, τορνε(υ)μένος *18*

τορπιλίζω, τορπίλισα *33*
τορπιλίζομαι, τορπιλίστηκα, τορπιλισμένος *34*

τουμπανιάζω, τουμπάνιασα, τουμπανιασμένος *35*

τραμπαλίζομαι, τραμπαλίστηκα *34*

τουμπάρω, τούμπαρα και τουμπάρισα, τουμπαρισμένος *53*

τουρλώνω, τούρλωσα *3*
τουρλώνομαι, τουρλώθηκα, τουρλωμένος *4*

τουρτουρίζω, τουρτούρισα *33*

τουφεκίζω → δες **ντουφεκίζω**

τραβάω/ τραβώ, τράβηξα *66*
τραβιέμαι, τραβήχτηκα, τραβηγμένος *67*

τραβολογάω (σπάν. τραβολογώ, παρατατ. συνήθως *-ούσα*), τραβολόγησα *58*
τραβολογιέμαι, τραβολογήθηκα *59*

τραγανίζω, τραγάνισα *33*

τραγουδάω/ τραγουδώ, τραγούδησα *58*
τραγουδιέμαι, τραγουδήθηκα, τραγουδημένος *59*

τρακάρω, τράκαρα και τρακάρισα, τρακαρισμένος* *53*

τραμπουκίζω, τραμπούκισα *33*

τραντάζω, τράνταξα *23*
τραντάζομαι, τραντάχτηκα, τρανταγμένος *24*

τραπεζώνω, τραπέζωσα, τραπεζωμένος *3*

τρατάρω, τράταρα και τρατάρισα* *53*

τραυλίζω, τραύλισα *33*

τραυματίζω, τραυμάτισα *33*
τραυματίζομαι, τραυματίστηκα, τραυματισμένος *34*

τραχύνω, τράχυνα *48*
τραχύνομαι, τραχύνθηκα *49*

τρεκλίζω → δες **τρικλίζω**

τρελαίνω, τρέλανα *44*
τρελαίνομαι, τρελάθηκα, τρελαμένος *45*

τρεμοσβήνω *1* (κυρίως στον ενεστ. και παρατατ.)

τρεμουλιάζω, τρεμούλιασα *35* (μόνο στον ενεστ. και παρατατ.)

τρέμω* *1* (μόνο στον ενεστ. και παρατατ.)

τρενάρω, τρέναρα και τρενάρισα *53*

τρέπω, έτρεψα *9*
τρέπομαι, τράπηκα *180*

τρέφω, έθρεψα *219*
τρέφομαι, τράφηκα και θράφηκα, θρεμμένος *220*

τρέχω, έτρεξα* *31*

τριβελίζω, τριβέλισα *33*

τρίβω, έτριψα *7*
τρίβομαι, τρίφτηκα, τριμμένος* *8*

τριγυρίζω, τριγύρισα, τριγυρισμένος *33* και
τριγυρνάω/ τριγυρνώ, τριγύρισα, τριγυρισμένος* *70*

τρίζω, έτριξα *23*

τρικλίζω, τρίκλισα *33*

τριπλασιάζω, τριπλασίασα *35*
τριπλασιάζομαι, τριπλασιάστηκα, τριπλασιασμένος *36*

τριτώνω, τρίτωσα *3*

τρολάρω, τρόλαρα και τρολάρισα *53*
τρολάρομαι, τρολαρίστηκα, τρολαρισμένος *54*

τρομάζω, τρόμαξα, τρομαγμένος *23*

τρομοκρατώ, τρομοκράτησα *73*
τρομοκρατούμαι, τρομοκρατήθηκα, τρομοκρατημένος* *74*

τροποποιώ, τροποποίησα *73*
τροποποιούμαι, τροποποιήθηκα, τροποποιημένος *74, 75*

τροφοδοτώ, τροφοδότησα *73*
τροφοδοτούμαι, τροφοδοτήθηκα, τροφοδοτημένος *74*

τροχίζω, τρόχισα *33*
τροχίζομαι, τροχίστηκα, τροχισμένος *34*

τρυγάω/ τρυγώ (παρατατ. συνήθως *-ούσα*), τρύγησα *58*
τρυγιέμαι, τρυγήθηκα, τρυγημένος *59*

τρυπάω/ τρυπώ, τρύπησα *58*
τρυπιέμαι, τρυπήθηκα, τρυπημένος *59*

τρυπώνω, τρύπωσα *3*
τρυπώνομαι, τρυπώθηκα, τρυπωμένος* *4*

τρώω (σπάν. τρώγω), έφαγα *221*
τρώγομαι, φαγώθηκα, φαγωμένος *222*

τσακίζω, τσάκισα *33*
τσακίζομαι, τσακίστηκα, τσακισμένος *34*

τσακώνω, τσάκωσα* *3*
τσακώνομαι, τσακώθηκα, τσακωμένος* *4*

τσαλαβουτάω (δε συνηθίζεται η κλίση σε *-ώ*), τσαλαβούτησα *58* και
τσαλαβουτάω (δε συνηθίζεται η κλίση σε *-ώ*), τσαλαβούτηξα *66*

τσαλακώνω, τσαλάκωσα *3*
τσαλακώνομαι, τσαλακώθηκα, τσαλακωμένος *4*

τσαλαπατάω (χωρίς τύπο τσαλαπατώ), τσαλαπάτησα *58*
τσαλαπατιέμαι, τσαλαπατήθηκα, τσαλαπατημένος *59*

τσαμπουνάω (δε συνηθίζεται η κλίση σε *-ώ*) *58* (μόνο στον ενεστ.)

τσα(ν)τίζω, τσά(ν)τισα *33*
τσα(ν)τίζομαι, τσα(ν)τίστηκα, τσα(ν)τισμένος *34*

τσεβδίζω, τσέβδισα *33*

τσεκάρω, τσέκαρα και τσεκάρισα *53*
τσεκάρομαι, τσεκαρίστηκα, τσεκαρισμένος *54*

τσεκουρώνω, τσεκούρωσα *3*

τσεπώνω, τσέπωσα *3*

τσιγαρίζω, τσιγάρισα *33*
τσιγαρίζομαι, τσιγαρίστηκα, τσιγαρισμένος *34*

τσιγκλάω (δε συνηθίζεται η κλίση σε *-ώ*), τσίγκλησα *58*

τσιγκουνεύομαι, τσιγκουνεύτηκα *18*

τσικνίζω, τσίκνισα *33*
τσικνίζομαι, τσικνίστηκα, τσικνισμένος *34*

τσιλημπουρδίζω, τσιλημπούρδισα *33* και
τσιλημπουρδάω (δε συνηθίζεται η κλίση σε *-ώ*), τσιλημπούρδισα* *70*

τσιμπάω (σπάν. τσιμπώ), τσίμπησα *58*
τσιμπιέμαι, τσιμπήθηκα, τσιμπημένος *59*

τσιμπλιάζω, τσίμπλιασα, τσιμπλιασμένος *35*

τσιμπολογάω (σπάν. τσιμπολογώ), τσιμπολόγησα *58*

τσινάω (χωρίς τύπο τσινώ), τσίνησα *58*

τσιπάρω, τσίπαρα και τσιπάρισα *53*
τσιπάρομαι, τσιπαρίστηκα, τσιπαρισμένος *54*

τσιρίζω, τσίριξα *23*

τσιτσιδώνομαι, τσιτσιδώθηκα *4*

τσιτσιρίζω, τσιτσίρισα *33*

τσιτώνω, τσίτωσα *3*
τσιτώνομαι, τσιτώθηκα, τσιτωμένος *4*

τσοντάρω, τσόνταρα και τσοντάρισα *53*

τσουβαλιάζω, τσουβάλιασα *35*
τσουβαλιάζομαι, τσουβαλιάστηκα, τσουβαλιασμένος *36*

τσουγκρίζω, τσούγκρισα *33*

τσουγκρίζομαι, τσουγκρίστηκα, τσουγκρισμένος *34*

τσούζω, έτσουξα *23* (και ως απρόσ. **τσούζει**)

τσουλάω (χωρίς τύπο τσουλώ), τσούλησα *58*

τσουρουφλίζω, τσουρούφλισα *33*
τσουρουφλίζομαι, τσουρουφλίστηκα, τσουρουφλισμένος *34*

τυλίγω, τύλιξα *21*
τυλίγομαι, τυλίχτηκα, τυλιγμένος *22*

τυλώνω, τύλωσα *3*

τυμπανίζω, τυμπάνισα *33*

τυποποιώ, τυποποίησα *73*
τυποποιούμαι, τυποποιήθηκα, τυποποιημένος *74, 75*

τυπώνω, τύπωσα *3*
τυπώνομαι, τυπώθηκα, τυπωμένος *4*

τυραννάω/ τυραννώ, τυράννησα *58*
τυραννιέμαι, τυραννήθηκα, τυραννισμένος *59*

τυφλώνω, τύφλωσα *3*
τυφλώνομαι, τυφλώθηκα, τυφλωμένος *4*

τυχαίνει, έτυχε (ως προσ. ή απρόσ.) – τυχαίνουν, έτυχαν (ως προσ.)* *148*

Υ

υγιαίνω *44* (μόνο στον ενεστ.)

υγραίνω, ύγρανα *44*
υγραίνομαι, υγράνθηκα *46*

υγροποιώ, υγροποίησα *73*
υγροποιούμαι, υγροποιήθηκα, υγροποιημένος *74, 75*

υδρεύομαι, υδρεύτηκα (σπάν. υδρεύθηκα) *20*

υιοθετώ, υιοθέτησα *73*
υιοθετούμαι, υιοθετήθηκα, υιοθετημένος *74*

υλοποιώ, υλοποίησα *73*
υλοποιούμαι, υλοποιήθηκα, υλοποιημένος *74, 75*

υλοτομώ, υλοτόμησα *73*
υλοτομείται – υλοτομούνται, υλοτομήθηκε – υλοτομήθηκαν, υλοτομημένος *74*

υμνολογώ, υμνολόγησα *73*

υμνώ, ύμνησα *73*
υμνούμαι, υμνήθηκα, υμνημένος *74*

υπάγομαι, (υπάχθηκα) *136*

υπαγορεύω, υπαγόρευσα (σπάν. υπαγόρεψα) *19, 17*
υπαγορεύομαι, υπαγορεύτηκα και υπαγορεύθηκα, υπαγορευμένος *20*

υπαινίσσομαι, υπαινίχθηκα *28*

υπακούω, υπάκουσα* *83*

υπαναχωρώ, υπαναχώρησα *73*

υπάρχω, υπήρξα* *223*

υπεισέρχομαι, υπεισήλθα *274*

υπεκμισθώνω, υπεκμίσθωσα *3*
υπεκμισθώνομαι, υπεκμισθώθηκα, υπεκμισθωμένος *4*

υπεκφεύγω, υπεξέφυγα *228*

υπενθυμίζω, υπενθύμισα *33*
υπενθυμίζεται (ως απρόσ.)

υπενοικιάζω, υπενοικίασα *35*
υπενοικιάζομαι, υπενοικιάστηκα, υπενοικιασμένος *36*

υπεξαιρώ, υπεξαίρεσα *76*
υπεξαιρούμαι, υπεξαιρέθηκα *77*

υπερακοντίζω, υπερακόντισα *33*
υπερακοντίζομαι, υπερακοντίστηκα *34*

υπεραμύνομαι, υπεραμύνθηκα *49*

υπερασπίζω, υπεράσπισα* *33* και
υπερασπίζομαι, υπερασπίστηκα* *34*

υπερβαίνω, (υπερέβη – υπερέβησαν) (να υπερβώ) *145*

υπερβάλλω, υπερέβαλα* *146*

υπεργενικεύω, υπεργενίκευσα *19*
υπεργενικεύομαι, υπεργενικεύτηκα και υπεργενικεύθηκα, υπεργενικευμένος *20*

υπερεκτιμάω/ υπερεκτιμώ (παρατατ. *-ούσα*), υπερεκτίμησα *58*
υπερεκτιμώμαι, υπερεκτιμήθηκα, υπερεκτιμημένος *61*

υπερέχω *154* (μόνο στον ενεστ. και παρατατ.)

υπερθεματίζω, υπερθεμάτισα *33*

υπερθερμαίνω, υπερθέρμανα *44*
υπερθερμαίνομαι, υπερθερμάνθηκα, υπερθερμασμένος *46*

υπερίπταμαι (μόνο στον ενεστ. και παρατατ.) *159*

υπερισχύω, υπερίσχυσα *5*

(υπερκερώ), υπερκέρασα* *71*
(υπερκερώμαι), υπερκεράστηκα, υπερκερασμένος* *72*

υπερνικώ, υπερνίκησα* *60*
υπερνικώμαι, υπερνικήθηκα *61*

υπερπηδώ, υπερπήδησα* *60*
υπερπηδώμαι, υπερπηδήθηκα *61*

υπερσιτίζω, υπερσίτισα *33*
υπερσιτίζομαι, υπερσιτίστηκα, υπερσιτισμένος *34*

υπερτερώ *73* (μόνο στον ενεστ. και παρατατ.)

υπερτιμάω/ υπερτιμώ (παρατατ. *-ούσα*), υπερτίμησα *58*
υπερτιμώμαι, υπερτιμήθηκα, υπερτιμημένος *61*

υπερτονίζω, υπερτόνισα *33*
υπερτονίζομαι, υπερτονίστηκα, υπερτονισμένος *34*

υπερυψώνω, υπερύψωσα *3*
υπερυψώνομαι, υπερυψώθηκα, υπερυψωμένος *4*

υπερφαλαγγίζω, υπερφαλάγγισα *33*
υπερφαλαγγίζομαι, υπερφαλαγγίστηκα, υπερφαλαγγισμένος *34*

υπερφορτώνω, υπερφόρτωσα *3*
υπερφορτώνομαι, υπερφορτώθηκα, υπερφορτωμένος *4*

υπερχειλίζω, υπερχείλισα, υπερχειλισμένος *33*

υπερχρεώνω, υπερχρέωσα *3*
υπερχρεώνομαι, υπερχρεώθηκα, υπερχρεωμένος *4*

υπερψηφίζω, υπερψήφισα *33*
υπερψηφίζομαι, υπερψηφίστηκα, υπερψηφισμένος *34*

υπηρετώ, υπηρέτησα *73*
υπηρετούμαι, υπηρετήθηκα *74*

υπνοβατώ *73* (μόνο στον ενεστ. και παρατατ.)

υπνωτίζω, υπνώτισα *33*
υπνωτίζομαι, υπνωτίστηκα, υπνωτισμένος *34*

υποαπασχολούμαι *74* (μόνο στον ενεστ. και παρατατ.)

υποβαθμίζω, υποβάθμισα *33*
υποβαθμίζομαι, υποβαθμίστηκα, υποβαθμισμένος *34*

υποβάλλω, υπέβαλα *146*
υποβάλλομαι, υποβλήθηκα *147*

υποβαστάζω *23* (μόνο στον ενεστ. και παρατατ.)
υποβαστάζομαι *24* (μόνο στον ενεστ. και παρατατ.)

υποβιβάζω, υποβίβασα *35*
υποβιβάζομαι, υποβιβάστηκα, υποβιβασμένος *36*

υποβλέπω *9* (μόνο στον ενεστ. και παρατατ.)

υποβοηθώ, υποβοήθησα *73*
υποβοηθούμαι, υποβοηθήθηκα *74*

υποβόσκω* *152* (μόνο στον ενεστ. και παρατατ.)

υπογραμμίζω, υπογράμμισα *33*
υπογραμμίζομαι, υπογραμμίστηκα, υπογραμμισμένος *34*

υπογράφω, υπέγραψα (σπάν. υπόγραψα) *13*
υπογράφομαι, υπογράφ(τ)ηκα, υπογεγραμμένος* *122*

υποδαυλίζω, υποδαύλισα *33*
υποδαυλίζομαι, υποδαυλίστηκα, υποδαυλισμένος *34*

υποδεικνύω, υπέδειξα *87* και
(σπάν.) **υποδείχνω,** υπόδειξα *29*
υποδεικνύομαι, υποδείχθηκα και υποδείχτηκα *88* και
(σπάν.) **υποδείχνομαι,** υποδείχτηκα *30*

υποδέχομαι, υποδέχτηκα και υποδέχθηκα *32*

υποδηλώνω, υποδήλωσα *3*
υποδηλώνομαι, υποδηλώθηκα, υποδηλωμένος *4*

υποδιαιρώ, υποδιαίρεσα *76*
υποδιαιρούμαι, υποδιαιρέθηκα, υποδιαιρεμένος *77*

υποδουλώνω, υποδούλωσα *3*
υποδουλώνομαι, υποδουλώθηκα, υποδουλωμένος *4*

υποδύομαι, υποδύθηκα *6*

υποθάλπω, υπέθαλψα *9*
υποθάλπομαι *10* (μόνο στον ενεστ. και παρατατ.)

υποθέτω, υπέθεσα *137*
υποτίθεται, (να υποτεθεί)* (ως απρόσ.)

υποθηκεύω, υποθήκευσα *19*
υποθηκεύομαι, υποθηκεύτηκα (σπάν. υποθηκεύθηκα), υποθηκευμένος *20*

υποκαθιστώ, υποκατέστησα *158*

υποκαθίσταμαι, υποκαταστάθηκα *133*

υπόκειμαι* *159* (μόνο στον ενεστ. και παρατατ.)

υποκινώ, υποκίνησα *73*
υποκινούμαι, υποκινήθηκα, υποκινημένος *74*

υποκλέπτω, υπέκλεψα *11*
υποκλέπτομαι, υποκλάπηκα *224*

υποκλίνομαι, υποκλίθηκα *2*

υποκρίνομαι, υποκρίθηκα *2*

υποκρύπτω, υπέκρυψα *11*
υποκρύπτομαι *12* (μόνο στον ενεστ. και παρατατ.)

υποκύπτω, υπέκυψα *11*

υπολείπομαι *10* (μόνο στον ενεστ. και παρατατ.)

υπολειτουργώ, υπολειτούργησα *73*

υπολήπτομαι *12* (μόνο στον ενεστ. και παρατατ.)

υπολογίζω, υπολόγισα *33*
υπολογίζομαι, υπολογίστηκα, υπολογισμένος *34*

υπομειδιώ, υπομειδίασα *71*

υπομένω, υπέμεινα *178*

υπομνηματίζω, υπομνημάτισα *33*
υπομνηματίζομαι, υπομνηματίστηκα, υπομνηματισμένος *34*

υπονομεύω, υπονόμευσα *19*
υπονομεύομαι, υπονομεύτηκα και υπονομεύθηκα, υπονομευμένος *20*

υπονοώ *73* (μόνο στον ενεστ. και παρατατ.)
υπονοείται (ως προσ. ή απρόσ.) – υπονοούνται (ως προσ.)

υποπίπτω, υπέπεσα *141*

υποπτεύομαι, υποπτεύτηκα και υποπτεύθηκα *20*

υποσιτίζω, υποσίτισα *33*
υποσιτίζομαι, υποσιτίστηκα, υποσιτισμένος *34*

υποσκάπτω, υπέσκαψα *11*

υποσκάπτομαι, (υποσκάφ[τ]ηκα)* *90*

υποσκελίζω, υποσκέλισα *33*
υποσκελίζομαι, υποσκελίστηκα, υποσκελισμένος *34*

υποστέλλω, υπέστειλα *85*
υποστέλλομαι, (υπεστάλη – υπεστάλησαν) *91*

υποστηρίζω, υποστήριξα *23*
υποστηρίζομαι, υποστηρίχτηκα (σπάν. υποστηρίχθηκα), υποστηριγμένος *24*

υποστυλώνω, υποστύλωσα *3*
υποστυλώνομαι, υποστυλώθηκα, υποστυλωμένος *4*

υπόσχομαι, υποσχέθηκα* *169*

υποτάσσω, υπέταξα *27*
υποτάσσομαι, υποτάχθηκα και υποτάχτηκα, υποταγμένος *28*

υποτιμάω/ υποτιμώ (παρατατ. *-ούσα*), υποτίμησα *58*
υποτιμώμαι, υποτιμήθηκα, υποτιμημένος *61*

υποτροπιάζω, υποτροπίασα *35*

υποφέρω, υπέφερα (σπάν. υπόφερα)* *217*

υποφώσκω* *152* (μόνο στον ενεστ. και παρατατ.)

υποχρεούμαι* *130* (μόνο στον ενεστ. και παρατατ.)

υποχρεώνω, υποχρέωσα *3*
υποχρεώνομαι, υποχρεώθηκα, υποχρεωμένος *4*

υποχωρώ, υποχώρησα *73*

υποψιάζομαι, υποψιάστηκα, υποψιασμένος* *36*

υστερώ, υστέρησα *73*

υφαίνω, ύφανα *44*
υφαίνομαι, υφάνθηκα, υφασμένος *46*

υφίσταμαι, (υπέστη – υπέστησαν)* *159*

υψώνω, ύψωσα *3*
υψώνομαι, υψώθηκα, υψωμένος *4*

Φ

φαγώνομαι, φαγώθηκα, φαγωμένος* *4*

φαιδρύνω, φαίδρυνα *48*
φαιδρύνομαι, φαιδρύνθηκα *49*

φαίνομαι, φάνηκα* *225* (και ως απρόσ. **φαίνεται**)

φακελώνω, φακέλωσα *3*
φακελώνομαι, φακελώθηκα, φακελωμένος *4*

φαλακραίνω, φαλάκρυνα *47*

φαλιρίζω, φαλίρισα, φαλιρισμένος *33*

φαλκιδεύω, φαλκίδευσα και φαλκίδεψα *19, 17*

φαλκιδεύομαι, φαλκιδεύτηκα (σπάν. φαλκιδεύθηκα), φαλκιδευμένος *20*

φαλτσάρω, φαλτσάρισα *55*

φανατίζω, φανάτισα *33*
φανατίζομαι, φανατίστηκα, φανατισμένος *34*

φανερώνω, φανέρωσα *3*
φανερώνομαι, φανερώθηκα, φανερωμένος *4*

φαντάζομαι, φαντάστηκα, φαντασμένος* *36*

φαντάζω, φάνταξα* *23*

φαντασιώνω, φαντασίωσα *3*
φαντασιώνομαι, φαντασιώθηκα *4*

φαρδαίνω, φάρδυνα *47*

φαρμακώνω, φαρμάκωσα *3*
φαρμακώνομαι, φαρμακώθηκα, φαρμακωμένος *4*

φασκελώνω, φασκέλωσα *3*
φασκελώνομαι, φασκελώθηκα, φασκελωμένος *4*

φασκιώνω, φάσκιωσα *3*
φασκιώνομαι, φασκιώθηκα, φασκιωμένος *4*

φάσκω (εύχρηστο στην έκφρ. *φάσκω και αντιφάσκω*)

φασώνω, φάσωσα *3*
φασώνομαι, φασώθηκα, φασωμένος *4*

φατριάζω, φατρίασα *35*

φεγγίζω, φέγγισα 33

φεγγοβολάω/ φεγγοβολώ (παρατατ. συνήθως -*ούσα*), φεγγοβόλησα *58* και
φεγγοβολώ, φεγγοβόλησα *73*

φέγγω, έφεξα* *21* (και ως απρόσ. **φέγγει)**

φελάω (δε συνηθίζεται η κλίση σε -*ώ*)* *58* (μόνο στον ενεστ.)

φενακίζω, φενάκισα *33*

φερμάρω, φέρμαρα και φερμάρισα *53*

φέρνω, έφερα* *226*
φέρνομαι, φέρθηκα, φερμένος* *227*

φέρω, έφερα* *217*
φέρομαι, φέρθηκα* *218*

φεσώνω, φέσωσα *3*
φεσώνομαι, φεσώθηκα, φεσωμένος *4*

φεύγω, έφυγα *228*

φημίζομαι *34* (μόνο στον ενεστ. και παρατατ.), φημισμένος*

φημολογείται – φημολογούνται, φημολογήθηκε – φημολογήθηκαν *74*

φθάνω → δες **φτάνω**

φθείρω, έφθειρα *217*
φθείρομαι, φθάρηκα, φθαρμένος *229*

φθίνω* *172* (μόνο στον ενεστ. και παρατατ.)

φθονώ, φθόνησα *73*
φθονούμαι *74* (μόνο στον ενεστ. και παρατατ.)

φιγουράρω, φιγουράρισα *55*

φιλάω/ φιλώ, φίλησα* *58*
φιλιέμαι, φιλήθηκα, φιλημένος* *59*

φιλεύω, φίλεψα, φιλεμένος *17*

φιλιώνω, φίλιωσα, φιλιωμένος *3*

φιλοδοξώ, φιλοδόξησα *73*

φιλονικώ, φιλονίκησα *73*

φιλοξενώ, φιλοξένησα *73*
φιλοξενούμαι, φιλοξενήθηκα, φιλοξενημένος *74*

φιλοσοφώ, φιλοσόφησα, φιλοσοφημένος* *73*

φιλοτεχνώ, φιλοτέχνησα *73*
φιλοτεχνούμαι, φιλοτεχνήθηκα, φιλοτεχνημένος *74*

φιλοτιμούμαι, φιλοτιμήθηκα *74* και
φιλοτιμιέμαι, φιλοτιμήθηκα *59*

φιλτράρω, φίλτραρα και φιλτράρισα *53*
φιλτράρομαι, φιλτραρίστηκα, φιλτραρισμένος *54*

φιμώνω, φίμωσα *3*
φιμώνομαι, φιμώθηκα, φιμωμένος *4*

φιξάρω, φιξάρισα *55*
φιξάρομαι, φιξαρίστηκα, φιξαρισμένος *54*

φλέγομαι *22* (μόνο στον ενεστ. και παρατατ.)

φλερτάρω, φλέρταρα και φλερτάρισα *53*

φλιπάρω, φλίπαρα και φλιπάρισα, φλιπαρισμένος *53*

φλιτάρω, φλιτάρισα *55*

φλογίζω, φλόγισα *33*
φλογίζομαι, φλογίστηκα, φλογισμένος *34*

φλομώνω, φλόμωσα, φλομωμένος *3*

φλυαρώ, φλυάρησα *73*

φοβάμαι (σπάν. φοβούμαι), φοβήθηκα, φοβισμένος* *79*

φοβερίζω, φοβέρισα *33*

φοβίζω, φόβισα, φοβισμένος *33*

φοβούμαι → δες **φοβάμαι**

φοδράρω, φοδράρισα *55*
φοδράρομαι, φοδραρίστηκα, φοδραρισμένος *54*

φοιτώ, φοίτησα* *60*

φονεύω, φόνευσα *19*
φονεύομαι, φονεύτηκα και φονεύθηκα, φονευμένος *20*

φοράω/ φορώ, φόρεσα* *62*
φοριέμαι, φορέθηκα, φορεμένος *63*

φορμάρω, φορμάρισα *55*
φορμάρομαι, φορμαρίστηκα, φορμαρισμένος *54*

φοροδιαφεύγω, φοροδιέφυγα *228*

φορολογώ, φορολόγησα* *73*
φορολογούμαι, φορολογήθηκα, φορολογημένος* *74*

φορτίζω, φόρτισα *33*
φορτίζομαι, φορτίστηκα, φορτισμένος *34*

φορτσάρω, φορτσάρισα *55*

φορτώνω, φόρτωσα *3*
φορτώνομαι, φορτώθηκα, φορτωμένος *4*

φουλάρω, φούλαρα και φουλάρισα, φουλαρισμένος *53*

φουμάρω, φούμαρα και φουμάρισα *53*

φουντάρω, φούνταρα και φουντάρισα, φουνταρισμένος *53*

φουντώνω, φούντωσα, φουντωμένος *3*

φουρκίζω, φούρκισα *33*
φουρκίζομαι, φουρκίστηκα, φουρκισμένος *34*

φουρνίζω, φούρνισα *33*
φουρνίζομαι, φουρνίστηκα, φουρνισμένος *34*

φουρτουνιάζω, φουρτούνιασα, φουρτουνιασμένος *35*

φουσκώνω, φούσκωσα, φουσκωμένος* *3*

φράζω, έφραξα *23*
φράζομαι, φράχτηκα, φραγμένος* *24*

φρακάρω, φράκαρα και φρακάρισα, φρακαρισμένος *53*

φρεζάρω, φρέζαρα και φρεζάρισα, φρεζαρισμένος *53*

φρενάρω, φρέναρα και φρενάρισα *53*

φρενιάζω, φρένιασα, φρενιασμένος *35*

φρεσκάρω, φρέσκαρα και φρεσκάρισα *53*
φρεσκάρομαι, φρεσκαρίστηκα, φρεσκαρισμένος *54*

φρικάρω, φρίκαρα και φρικάρισα, φρικαρισμένος *53*

φρικιάζω, φρικίασα *35*

φρίττω, έφριξα *27*

φρονηματίζω, φρονημάτισα *33*
φρονηματίζομαι, φρονηματίστηκα, φρονηματισμένος *34*

φρονιμεύω, φρονίμεψα *17*

φροντίζω, φρόντισα, φροντισμένος* *33*

φρονώ *73* (μόνο στον ενεστ. και παρατατ.)

φρουρώ, φρούρησα *73*
φρουρούμαι, φρουρήθηκα, φρουρημένος *74*

φρυγανίζω, φρυγάνισα *33*
φρυγανίζομαι, φρυγανίστηκα, φρυγανισμένος *34*

φταίω, έφταιξα *230*

φτάνω (σπάν. φθάνω), έφτασα (σπάν. έφθασα), φτασμένος* *1* (και ως απρόσ. **φτάνει**)

φταρνίζομαι και **φτερνίζομαι,** φταρνίστηκα και φτερνίστηκα *34*

φτεροκοπάω (σπάν. φτεροκοπώ), φτεροκόπησα *58*

φτερουγίζω, φτερούγισα *33* και
φτερουγάω (σπάν. φτερουγώ), φτερούγισα* *70*

φτηναίνω, φτήνυνα *47*

φτιασιδώνομαι, φτιασιδώθηκα, φτιασιδωμένος *4*

φτιάχνω, έφτιαξα *29*
φτιάχνομαι, φτιάχτηκα, φτιαγμένος *30*

φτουράω (δε συνηθίζεται η κλίση σε *-ώ*), φτούρησα *58*

φτυαρίζω, φτυάρισα *33*

φτύνω, έφτυσα *1*
φτύνομαι, φτύστηκα, φτυσμένος *39*

φτωχαίνω, φτώχυνα *47*

φυγαδεύω, φυγάδευσα και φυγάδεψα *19, 17*
φυγαδεύομαι, φυγαδεύτηκα (σπάν. φυγαδεύθηκα), φυγαδευμένος *20*

φυγομαχώ, φυγομάχησα *73*

φυλάω, φύλαξα *231*
φυλάγομαι, φυλάχτηκα, φυλαγμένος *22*

φυλακίζω, φυλάκισα *33*
φυλακίζομαι, φυλακίστηκα, φυλακισμένος *34*

φυλλομετράω/ φυλλομετρώ, φυλλομέτρησα, φυλλομετρημένος *58*

φυλλορροώ, φυλλορρόησα *73*

φύομαι *6* (μόνο στον ενεστ.)

φυραίνω, φύρανα *44*

φυσάω/ φυσώ, φύσηξα *66* (και ως απρόσ. **φυσάει**)

φυσομανάω (σπάν. φυσομανώ, παρατατ. *-ούσα*) *58* (μόνο στον ενεστ. και παρατατ.)

φυτεύω, φύτεψα *17*
φυτεύομαι, φυτεύτηκα, φυτεμένος *18*

φυτοζωώ *73* (μόνο στον ενεστ. και παρατατ.)

φυτρώνω, φύτρωσα, φυτρωμένος *3*

φωλιάζω, φώλιασα, φωλιασμένος *35*

φωνάζω, φώναξα *23*

φωνασκώ *73* (μόνο στον ενεστ. και παρατατ.)

φωσφορίζω *33* (μόνο στον ενεστ. και παρατατ.)

φωταγωγώ, φωταγώγησα *73*
φωταγωγούμαι, φωταγωγήθηκα, φωταγωγημένος *74*

φωτίζω, φώτισα *33* (και ως απρόσ. **φωτίζει**)
φωτίζομαι, φωτίστηκα, φωτισμένος* *34*

φωτογραφίζω, φωτογράφισα *33*
φωτογραφίζομαι, φωτογραφήθηκα, φωτογραφημένος *232*

φωτοτυπώ, φωτοτύπησα *73*
φωτοτυπούμαι, φωτοτυπήθηκα, φωτοτυπημένος *74*

Χ

χάβω → δες **χάφτω**

χαζεύω, χάζεψα *17*

χαζολογάω (σπάν. χαζολογώ, παρατατ. συνήθως *-ούσα*), χαζολόγησα *58*

χαϊδεύω, χάιδεψα *17*

χαϊδεύομαι, χαϊδεύτηκα, χαϊδεμένος* *18*

χαϊδολογάω (σπάν. χαϊδολογώ), χαϊδολόγησα *58*

χαϊδολογιέμαι *59* (κυρίως στον ενεστ. και παρατατ.)

χαίνω *44* (μόνο στον ενεστ. και παρατατ.)

χαιρετάω/ χαιρετώ, χαιρέτησα* *58*
χαιρετιέμαι, χαιρετήθηκα* *59*

χαιρετίζω, χαιρέτισα* *33*
χαιρετίζομαι, χαιρετίστηκα* *34*

χαίρομαι, χάρηκα* *225*
χαίρω (σε εκφρ. όπως *χαίρω πολύ, χαίρετε* κτλ.) *211*

χακάρω, χάκαρα και χακάρισα *53*
χακάρεται (στο γ΄ πρόσ.), χακαρίστηκε, χακαρισμένος *54*

χαλαρώνω, χαλάρωσα, χαλαρωμένος *3*

χαλάω (σπάν. χαλώ), χάλασα, χαλασμένος *68*

χαλιναγωγώ, χαλιναγώγησα *73*
χαλιναγωγούμαι, χαλιναγωγήθηκα, χαλιναγωγημένος *74*

χαλκεύω, χάλκευσα και χάλκεψα *19, 17*
χαλκεύομαι, χαλκεύτηκα και χαλκεύθηκα, χαλκευμένος *20*

χαλυβδώνω, χαλύβδωσα *3*
χαλυβδώνομαι, χαλυβδώθηκα, χαλυβδωμένος *4*

χαμηλώνω, χαμήλωσα, χαμηλωμένος *3*

χαμογελάω/ χαμογελώ, χαμογέλασα *68*

χαμουρεύομαι, χαμουρεύτηκα *18*

χαμπαρίζω, χαμπάρισα *33* και
χαμπαριάζω, χαμπάριασα *35*

χαντακώνω, χαντάκωσα *3*
χαντακώνομαι, χαντακώθηκα, χαντακωμένος *4*

χάνω, έχασα *1*
χάνομαι, χάθηκα, χαμένος *2*

χαράζω, χάραξα 23 (και ως απρόσ. **χαράζει**)
χαράζομαι, χαράχτηκα, χαραγμένος *24*

χαρακτηρίζω, χαρακτήρισα *33*
χαρακτηρίζομαι, χαρακτηρίστηκα, χαρακτηρισμένος *34*

χαρακώνω, χαράκωσα *3*
χαρακώνομαι, χαρακώθηκα, χαρακωμένος *4*

χαραμίζω, χαράμισα *33*
χαραμίζομαι, χαραμίστηκα, χαραμισμένος *34*

χαρατσώνω, χαράτσωσα *3*
χαρατσώνομαι, χαρατσώθηκα, χαρατσωμένος *4*

χαριεντίζομαι, χαριεντίστηκα *34*

χαρίζω, χάρισα *33*
χαρίζομαι, χαρίστηκα, χαρισμένος* *34*

χαριτολογώ, χαριτολόγησα *73*

χαρμανιάζω, χαρμάνιασα, χαρμανιασμένος *35*

χαροπαλεύω, χαροπάλεψα *17*

χαροποιώ, χαροποίησα *73*

χαρτζιλικώνω, χαρτζιλίκωσα *3*
χαρτζιλικώνομαι, χαρτζιλικώθηκα, χαρτζιλικωμένος *4*

χαρτογραφώ, χαρτογράφησα *73*
χαρτογραφούμαι, χαρτογραφήθηκα, χαρτογραφημένος *74*

χαρτοπαίζω *23* (μόνο στον ενεστ. και παρατατ.)

χαρτοσημαίνω, χαρτοσήμανα *44*
χαρτοσημαίνομαι, χαρτοσημάνθηκα, χαρτοσημασμένος *46*

χασκογελάω (σπάν. χασκογελώ) *68* (μόνο στον ενεστ. και παρατατ.)

χάσκω *152* (μόνο στον ενεστ. και παρατατ.)

χασμουριέμαι, χασμουρήθηκα *59*

χασομεράω (σπάν. χασομερώ), χασομέρησα *58*

χαστουκίζω, χαστούκισα *33*

χάφτω, έχαψα *15* και
χάβω, έχαψα *7*

χαχανίζω, χαχάνισα *33*

χέζω, έχεσα *35*
χέζομαι, χέστηκα, χεσμένος* *36*

χειμάζομαι, χειμάστηκα *36*

χειμωνιάζει, χειμώνιασε (ως απρόσ.)

χειραγωγώ, χειραγώγησα *73*

χειραγωγούμαι, χειραγωγήθηκα, χειραγωγημένος *74*

χειραφετώ, χειραφέτησα *73*
χειραφετούμαι, χειραφετήθηκα, χειραφετημένος *74*

χειρίζομαι, χειρίστηκα *34*

χειροδικώ, χειροδίκησα *73*

χειροκροτάω/ χειροκροτώ, χειροκρότησα *58* και
χειροκροτώ, χειροκρότησα *73*
χειροκροτιέμαι, χειροκροτήθηκα *59* και
χειροκροτούμαι, χειροκροτήθηκα *74*

χειρονομώ *73* (μόνο στον ενεστ. και παρατατ.)

χειροτερεύω, χειροτέρεψα *17*

χειροτονώ, χειροτόνησα *73*
χειροτονούμαι, χειροτονήθηκα, χειροτονημένος *74*

χειρουργώ, χειρούργησα *73*
χειρουργούμαι, χειρουργήθηκα, χειρουργημένος *74*

χηρεύω, χήρεψα *17*

(χιλιάζω), χίλιασα* *35*

χιμάω (σπάν. χιμώ), χίμηξα *66*

χιονίζει, χιόνισε (ως απρόσ.)

χλευάζω, χλεύασα *35*
χλευάζομαι, χλευάστηκα, χλευασμένος *36*

χλιμιντρίζω, χλιμίντρισα *33*

χλωμιάζω, χλώμιασα *35*

χλωριώνω, χλωρίασα *3*
χλωριώνεται, χλωριώθηκε (κυρίως στο γ΄ πρόσ.), χλωριωμένος *4*

χνουδιάζω, χνούδιασα *35*

χολιάζω, χόλιασα, χολιασμένος *35*

χολοσκάω, *206* (μόνο στον ενεστ. και παρατατ.)

χολώνω, χόλωσα *3*
χολώνομαι, χολώθηκα, χολωμένος *4*

χοντραίνω, χόντρυνα *47*

χορεύω, χόρεψα *17*
χορεύομαι* *18* (μόνο στον ενεστ. και παρατατ.)

χορηγώ, χορήγησα *73*
χορηγούμαι, χορηγήθηκα, χορηγημένος *74*

χοροπηδάω/ χοροπηδώ, χοροπήδησα *58* και
χοροπηδάω/ χοροπηδώ, χοροπήδηξα *66*

χοροστατώ, χοροστάτησα *73*

χορταίνω, χόρτασα, χορτασμένος *52*

χορταριάζω, χορτάριασα, χορταριασμένος *35*

χουγιάζω, χούγιαξα *23*

χουζουρεύω, χουζούρεψα *17*

χουφτώνω, χούφτωσα *3*

χρειάζομαι, χρειάστηκα* *36* (και ως απρόσ. [δε] **χρειάζεται**)

χρεμετίζω, χρεμέτισα *33*

χρεοκοπώ, χρεοκόπησα, χρεοκοπημένος *73*

χρεώνω, χρέωσα *3*
χρεώνομαι, χρεώθηκα, χρεωμένος *4*

χρήζει – χρήζουν* (ως προσ.)

χρηματίζω, χρημάτισα* *33*
χρηματίζομαι, χρηματίστηκα, χρηματισμένος* *34*

χρηματοδοτώ, χρηματοδότησα *73*
χρηματοδοτούμαι, χρηματοδοτήθηκα, χρηματοδοτημένος *74*

χρησιμεύω, χρησίμεψα *17*

χρησιμοποιώ, χρησιμοποίησα *73*
χρησιμοποιούμαι, χρησιμοποιήθηκα, χρησιμοποιημένος *74, 75*

χρησμοδοτώ, χρησμοδότησα *73*

χρίζω, έχρισα *33*
χρίζομαι, χρίστηκα, χρισμένος *34*

χρονίζω, χρόνισα *33*

χρονογραφώ, χρονογράφησα *73*

χρονολογώ, χρονολόγησα *73*
χρονολογούμαι, χρονολογήθηκα, χρονολογημένος *74*

χρονομετράω/ χρονομετρώ, χρονομέτρησα *58* και
χρονομετρώ, χρονομέτρησα *73*
χρονομετριέμαι, χρονομετρήθηκα, χρονομετρημένος *59* και
χρονομετρούμαι, χρονομετρήθηκα, χρονομετρημένος *74*

χρονοτριβώ *73* (κυρίως στον ενεστ. και παρατατ.)

χρυσίζω *33* (μόνο στον ενεστ. και παρατατ.)

χρυσώνω, χρύσωσα *3*
χρυσώνομαι, χρυσώθηκα, χρυσωμένος *4*

χρωματίζω, χρωμάτισα *33*
χρωματίζομαι, χρωματίστηκα, χρωματισμένος *34*

χρωστάω/ χρωστώ* *58* (μόνο στον ενεστ. και παρατατ.)

χτενίζω, χτένισα *33*
χτενίζομαι, χτενίστηκα, χτενισμένος *34*

χτίζω, έχτισα *33*
χτίζομαι, χτίστηκα, χτισμένος *34*

χτικιάζω, χτίκιασα, χτικιασμένος *35*

χτυπάω/ χτυπώ, χτύπησα *58*
χτυπιέμαι, χτυπήθηκα, χτυπημένος *59*

χυλώνω, χύλωσα, χυλωμένος *3*

χύνω, έχυσα *1*
χύνομαι, χύθηκα, χυμένος *2*

χωλαίνω *44* (μόνο στον ενεστ. και παρατατ.)

χωνεύω, χώνεψα *17*
χωνεύομαι, χωνεύτηκα, χωνε(υ)μένος *18*

χώνω, έχωσα *3*
χώνομαι, χώθηκα, χωμένος *4*

χωρατεύω, χωράτεψα *17*

χωράω/ χωρώ, χώρεσα *62*

χωρίζω, χώρισα *33*
χωρίζομαι, χωρίστηκα, χωρισμένος *34*

χωροθετώ, χωροθέτησα *73*
χωροθετείται – χωροθετούνται, χωροθετήθηκε – χωροθετήθηκαν, χωροθετημένος *74*

Ψ

ψαλιδίζω, ψαλίδισα *33*
ψαλιδίζομαι, ψαλιδίστηκα, ψαλιδισμένος *34*

ψάλλω, έψαλα *233*
ψάλλομαι, (ψάλθηκα), ψαλμένος *234*

ψαρεύω, ψάρεψα *17*
ψαρεύομαι, ψαρεύτηκα *18*

ψαύω, έψαυσα *19*

ψάχνω, έψαξα *29*
ψάχνομαι, ψάχτηκα, ψαγμένος* *30*

ψαχουλεύω, ψαχούλεψα *17*

ψέγω, έψεξα *21*

ψειριάζω, ψείριασα, ψειριασμένος *35*

ψειρίζω, ψείρισα *33*

ψεκάζω, ψέκασα *35*
ψεκάζομαι, ψεκάστηκα, ψεκασμένος *36*

ψελλίζω, ψέλλισα *33*

ψέλνω, έψαλα* *235*
ψέλνομαι, (ψάλθηκα), ψαλμένος* *209*

ψευδίζω, ψεύδισα *33*

ψεύδομαι *129* (μόνο στον ενεστ. και παρατατ.)

ψευτίζω, ψεύτισα, ψευτισμένος *33*

ψηλαφίζω, ψηλάφισα* *33*

ψηλώνω, ψήλωσα *3*

ψήνω, έψησα *1*
ψήνομαι, ψήθηκα, ψημένος *2*

ψηφάω (δε συνηθίζεται η κλίση σε -ώ), ψήφησα* *58*

ψηφίζω, ψήφισα *33*
ψηφίζομαι, ψηφίστηκα, ψηφισμένος *34*

ψηφιοποιώ, ψηφιοποίησα *73*
ψηφιοποιούμαι, ψηφιοποιήθηκα, ψηφιοποιημένος *74, 75*

ψιθυρίζω, ψιθύρισα *33*
ψιθυρίζεται (ως απρόσ.)

ψιλοβρέχει (ως απρόσ.)

ψιλοδουλεύω, ψιλοδούλεψα, ψιλοδουλεμένος *17*

ψιλοκόβω, ψιλόκοψα, ψιλοκομμένος *7*

ψιλοκοσκινίζω, ψιλοκοσκίνισα *33*
ψιλοκοσκινίζομαι, ψιλοκοσκινίστηκα, ψιλοκοσκινισμένος *34*

ψιλολογάω/ ψιλολογώ (παρατατ. συνήθως *-ούσα*), ψιλολόγησα *58* και
ψιλολογώ, ψιλολόγησα *73*

ψιχαλίζει (ως απρόσ.)

ψοφάω (σπάν. ψοφώ), ψόφησα *58*

ψυλλιάζομαι, ψυλλιάστηκα, ψυλλιασμένος *36*

ψυχαγωγώ, ψυχαγώγησα *73*
ψυχαγωγούμαι, ψυχαγωγήθηκα, ψυχαγωγημένος* *74*

ψυχανεμίζομαι, ψυχανεμίστηκα *34*

ψυχολογώ, ψυχολόγησα, ψυχολογημένος* *73*

ψυχομαχώ *73* (μόνο στον ενεστ. και παρατατ.)

ψυχοπλακώνω, ψυχοπλάκωσα *3*
ψυχοπλακώνομαι, ψυχοπλακώθηκα, ψυχοπλακωμένος *4*

ψυχορραγώ *73* (μόνο στον ενεστ. και παρατατ.)

ψυχραίνω, ψύχρανα *44*
ψυχραίνομαι, ψυχρά(ν)θηκα, ψυχραμένος* *45, 46*

ψύχω, έψυξα *31*
ψύχομαι, ψύχθηκα *32*

ψωμολυσσάω (δε συνηθίζεται η κλίση σε -ώ), ψωμολύσσαξα *64*

ψωνίζω, ψώνισα *33*
ψωνίζομαι, ψωνίστηκα, ψωνισμένος* *34*

ψωριάζω, ψώριασα, ψωριασμένος *35*

Ω

ωθώ, ώθησα *73*
ωθούμαι, ωθήθηκα *74*

ωριμάζω, ωρίμασα, ωριμασμένος *35*

ωρύομαι *6* (μόνο στον ενεστ. και παρατατ.)

ωφελώ, ωφέλησα *73*
ωφελούμαι, ωφελήθηκα, ωφελημένος *74*

ωχριώ, ωχρίασα *71*

ΚΛΙΤΙΚΑ ΥΠΟΔΕΙΓΜΑΤΑ

ΕΝΕΡΓΗΤΙΚΗ ΦΩΝΗ

ΟΡΙΣΤΙΚΗ

ΕΝΕΣΤΩΤΑΣ	**ΠΑΡΑΤΑΤΙΚΟΣ**	**ΑΟΡΙΣΤΟΣ**
λύνω	έλυνα	έλυσα
λύνεις	έλυνες	έλυσες
λύνει	έλυνε	έλυσε
λύνουμε (σπάν.-ομε)	λύναμε	λύσαμε
λύνετε	λύνατε	λύσατε
λύνουν(ε)[1]	έλυναν/λύναν(ε)[1]	έλυσαν/λύσαν(ε)[1]
ΕΞΑΚΟΛ. ΜΕΛΛΟΝΤΑΣ	**ΣΥΝΟΠΤ. ΜΕΛΛΟΝΤΑΣ**	**ΠΑΡΑΚΕΙΜΕΝΟΣ**
θα λύνω	θα λύσω	έχω λύσει/έχω λυμένο[2]
θα λύνεις	θα λύσεις	**ΥΠΕΡΣΥΝΤΕΛΙΚΟΣ**
θα λύνει	θα λύσει	είχα λύσει/είχα λυμένο[2]
θα λύνουμε (σπάν.-ομε)	θα λύσουμε (σπάν.-ομε)	**ΣΥΝΤΕΛ. ΜΕΛΛΟΝΤΑΣ**
θα λύνετε	θα λύσετε	θα έχω λύσει/
θα λύνουν(ε)[1]	θα λύσουν(ε)[1]	θα έχω λυμένο[2]

ΥΠΟΤΑΚΤΙΚΗ

ΕΝΕΣΤΩΤΑΣ	**ΑΟΡΙΣΤΟΣ**	**ΠΑΡΑΚΕΙΜΕΝΟΣ**
[να, όταν...] λύνω	[να, όταν...] λύσω	[να, όταν...] έχω λύσει/
λύνεις	λύσεις	έχω λυμένο[2]
λύνει	λύσει	
λύνουμε (σπάν.-ομε)	λύσουμε (σπάν.-ομε)	
λύνετε	λύσετε	
λύνουν(ε)[1]	λύσουν(ε)[1]	

ΠΡΟΣΤΑΚΤΙΚΗ

ΕΝΕΣΤΩΤΑΣ	**ΑΟΡΙΣΤΟΣ**
—	—
λύνε[3]	λύσε[3]
—	—
—	—
λύνετε	λύστε[4]
—	—

ΜΕΤΟΧΗ

ΕΝΕΣΤΩΤΑΣ
λύνοντας
ΠΑΡΑΚΕΙΜΕΝΟΣ
έχοντας λύσει/
έχοντας λυμένο[2]

[1] Οι β' τύποι (και αυτοί με το τελικό ε) κυρίως στον προφορικό λόγο και στη λογοτεχνία. Σπάνιοι σε λόγια ρ.
[2] Οι β' τύποι (σπάνιας χρήσης) δεν είναι πλήρως ισοδύναμοι με τους α', από άποψη σημασίας και σύνταξης. Ισχύουν μόνο όταν το ρ. είναι μεταβατικό (λύνω κάτι).
[3] Στα σύνθετα ρ. ανεβαίνει ο τόνος (π.χ. πρόσδενε, πρόσδεσε).
[4] Σε λόγια ρ. απαντάται και ο τύπος σε -ετε (π.χ. προσδέσετε).

ΠΑΘΗΤΙΚΗ ΦΩΝΗ

ΟΡΙΣΤΙΚΗ

ΕΝΕΣΤΩΤΑΣ	ΠΑΡΑΤΑΤΙΚΟΣ	ΑΟΡΙΣΤΟΣ
λύνομαι	λυνόμουν(α)[1]	λύθηκα
λύνεσαι	λυνόσουν(α)[1]	λύθηκες
λύνεται	λυνόταν(ε)[1,2]	λύθηκε
λυνόμαστε	λυνόμαστε/λυνόμασταν[1]	λυθήκαμε
λύνεστε/λυνόσαστε[1]	λυνόσαστε/λυνόσασταν[1]	λυθήκατε
λύνονται	λύνονταν/λυνόντανε[1]/	λύθηκαν/λυθήκαν(ε)[1]
ΕΞΑΚΟΛ. ΜΕΛΛΟΝΤΑΣ	λυνόντουσαν[1]	**ΠΑΡΑΚΕΙΜΕΝΟΣ**
θα λύνομαι	**ΣΥΝΟΠΤ. ΜΕΛΛΟΝΤΑΣ**	έχω λυθεί/είμαι λυμένος[3]
θα λύνεσαι	θα λυθώ	**ΥΠΕΡΣΥΝΤΕΛΙΚΟΣ**
θα λύνεται	θα λυθείς	είχα λυθεί/ήμουν λυμένος[3]
θα λυνόμαστε	θα λυθεί	**ΣΥΝΤΕΛ. ΜΕΛΛΟΝΤΑΣ**
θα λύνεστε/θα λυνόσαστε[1]	θα λυθούμε	θα έχω λυθεί/
θα λύνονται	θα λυθείτε	θα είμαι λυμένος[3]
	θα λυθούν(ε)[1]	

ΥΠΟΤΑΚΤΙΚΗ

ΕΝΕΣΤΩΤΑΣ	ΑΟΡΙΣΤΟΣ	ΠΑΡΑΚΕΙΜΕΝΟΣ
[να, όταν...] λύνομαι	[να, όταν...] λυθώ	[να, όταν...] έχω λυθεί/
λύνεσαι	λυθείς	είμαι λυμένος[3]
λύνεται	λυθεί	
λυνόμαστε	λυθούμε	
λύνεστε/λυνόσαστε[1]	λυθείτε	
λύνονται	λυθούν(ε)[1]	

ΠΡΟΣΤΑΚΤΙΚΗ

ΕΝΕΣΤΩΤΑΣ	ΑΟΡΙΣΤΟΣ
—	—
—	λύσου
—	—
—	—
λύνεστε	λυθείτε
—	—

ΜΕΤΟΧΗ

ΕΝΕΣΤΩΤΑΣ[4]

—

ΠΑΡΑΚΕΙΜΕΝΟΣ

λυμένος

[1] Οι β′ τύποι (και αυτοί με το τελικό α ή ε) κυρίως στον προφορικό λόγο και στη λογοτεχνία. Δεν απαντώνται συνήθως σε λόγια ρ.
[2] Και λύνονταν στον προφορικό λόγο και στη λογοτεχνία (και όχι σε λόγια ρ.).
[3] Οι β′ τύποι (σπάνιας χρήσης) δεν είναι πλήρως ισοδύναμοι με τους α′, από άποψη σημασίας και σύνταξης.
[4] Απαντάται μόνο σε λόγια ρ. (π.χ. προσδενόμενος).

δηλώνω

3

ΕΝΕΡΓΗΤΙΚΗ ΦΩΝΗ

ΟΡΙΣΤΙΚΗ

ΕΝΕΣΤΩΤΑΣ	**ΠΑΡΑΤΑΤΙΚΟΣ**	**ΑΟΡΙΣΤΟΣ**
δηλώνω	δήλωνα	δήλωσα
δηλώνεις	δήλωνες	δήλωσες
δηλώνει	δήλωνε	δήλωσε
δηλώνουμε (σπάν.-ομε)	δηλώναμε	δηλώσαμε
δηλώνετε	δηλώνατε	δηλώσατε
δηλώνουν(ε)[1]	δήλωναν/δηλώναν(ε)[1]	δήλωσαν/δηλώσαν(ε)[1]
ΕΞΑΚΟΛ. ΜΕΛΛΟΝΤΑΣ	**ΣΥΝΟΠΤ. ΜΕΛΛΟΝΤΑΣ**	**ΠΑΡΑΚΕΙΜΕΝΟΣ**
θα δηλώνω	θα δηλώσω	έχω δηλώσει/
θα δηλώνεις	θα δηλώσεις	έχω δηλωμένο[2]
θα δηλώνει	θα δηλώσει	**ΥΠΕΡΣΥΝΤΕΛΙΚΟΣ**
θα δηλώνουμε (σπάν.-ομε)	θα δηλώσουμε (σπάν.-ομε)	είχα δηλώσει/
θα δηλώνετε	θα δηλώσετε	είχα δηλωμένο[2]
θα δηλώνουν(ε)[1]	θα δηλώσουν(ε)[1]	**ΣΥΝΤΕΛ. ΜΕΛΛΟΝΤΑΣ**
		θα έχω δηλώσει/
		θα έχω δηλωμένο[2]

ΥΠΟΤΑΚΤΙΚΗ

ΕΝΕΣΤΩΤΑΣ	**ΑΟΡΙΣΤΟΣ**	**ΠΑΡΑΚΕΙΜΕΝΟΣ**
[να, όταν...] δηλώνω	[να, όταν...] δηλώσω	[να, όταν...] έχω δηλώσει/
δηλώνεις	δηλώσεις	έχω δηλωμένο[2]
δηλώνει	δηλώσει	
δηλώνουμε (σπάν.-ομε)	δηλώσουμε (σπάν.-ομε)	
δηλώνετε	δηλώσετε	
δηλώνουν(ε)[1]	δηλώσουν(ε)[1]	

ΠΡΟΣΤΑΚΤΙΚΗ

ΕΝΕΣΤΩΤΑΣ	**ΑΟΡΙΣΤΟΣ**
–	–
δήλωνε	δήλωσε
–	–
–	–
δηλώνετε	δηλώστε[3]
–	–

ΜΕΤΟΧΗ

ΕΝΕΣΤΩΤΑΣ
δηλώνοντας
ΠΑΡΑΚΕΙΜΕΝΟΣ
έχοντας δηλώσει/
έχοντας δηλωμένο[2]

[1] Οι β′ τύποι (και αυτοί με το τελικό ε) κυρίως στον προφορικό λόγο και στη λογοτεχνία. Σπάνιοι σε λόγια ρ.
[2] Οι β′ τύποι (σπάνιας χρήσης) δεν είναι πλήρως ισοδύναμοι με τους α′, από άποψη σημασίας και σύνταξης. Ισχύουν μόνο όταν το ρ. είναι μεταβατικό (δηλώνω κάτι).
[3] Σε λόγια ρ. απαντάται και ο τύπος σε -ετε (π.χ. υποδηλώσετε).

δηλώνομαι

ΠΑΘΗΤΙΚΗ ΦΩΝΗ

ΟΡΙΣΤΙΚΗ

ΕΝΕΣΤΩΤΑΣ
δηλώνομαι
δηλώνεσαι
δηλώνεται
δηλωνόμαστε
δηλώνεστε/δηλωνόσαστε[1]
δηλώνονται

ΕΞΑΚΟΛ. ΜΕΛΛΟΝΤΑΣ
θα δηλώνομαι
θα δηλώνεσαι
θα δηλώνεται
θα δηλωνόμαστε
θα δηλώνεστε/-όσαστε[1]
θα δηλώνονται

ΠΑΡΑΤΑΤΙΚΟΣ
δηλωνόμουν(α)[1]
δηλωνόσουν(α)[1]
δηλωνόταν(ε)[1,2]
δηλωνόμαστε/-όμασταν[1]
δηλωνόσαστε/-όσασταν[1]
δηλώνονταν/δηλωνόντανε[1]/
δηλωνόντουσαν[1]

ΣΥΝΟΠΤ. ΜΕΛΛΟΝΤΑΣ
θα δηλωθώ
θα δηλωθείς
θα δηλωθεί
θα δηλωθούμε
θα δηλωθείτε
θα δηλωθούν(ε)[1]

ΑΟΡΙΣΤΟΣ
δηλώθηκα
δηλώθηκες
δηλώθηκε
δηλωθήκαμε
δηλωθήκατε
δηλώθηκαν/δηλωθήκαν(ε)[1]

ΠΑΡΑΚΕΙΜΕΝΟΣ
έχω δηλωθεί/
είμαι δηλωμένος[3]

ΥΠΕΡΣΥΝΤΕΛΙΚΟΣ
είχα δηλωθεί/
ήμουν δηλωμένος[3]

ΣΥΝΤΕΛ. ΜΕΛΛΟΝΤΑΣ
θα έχω δηλωθεί/
θα είμαι δηλωμένος[3]

ΥΠΟΤΑΚΤΙΚΗ

ΕΝΕΣΤΩΤΑΣ
[να, όταν...] δηλώνομαι
δηλώνεσαι
δηλώνεται
δηλωνόμαστε
δηλώνεστε/δηλωνόσαστε[1]
δηλώνονται

ΑΟΡΙΣΤΟΣ
[να, όταν...] δηλωθώ
δηλωθείς
δηλωθεί
δηλωθούμε
δηλωθείτε
δηλωθούν(ε)[1]

ΠΑΡΑΚΕΙΜΕΝΟΣ
[να, όταν...] έχω δηλωθεί/
είμαι δηλωμένος[3]

ΠΡΟΣΤΑΚΤΙΚΗ

ΕΝΕΣΤΩΤΑΣ
–
–
–
–
δηλώνεστε
–

ΑΟΡΙΣΤΟΣ
–
δηλώσου[4]
–
–
δηλωθείτε
–

ΜΕΤΟΧΗ

ΕΝΕΣΤΩΤΑΣ[5]
–

ΠΑΡΑΚΕΙΜΕΝΟΣ
δηλωμένος

[1] Οι β' τύποι (και αυτοί με το τελικό α ή ε) κυρίως στον προφορικό λόγο και στη λογοτεχνία. Σπάνιοι σε λόγια ρ.
[2] Και δηλώνονταν στον προφορικό λόγο και στη λογοτεχνία (και όχι σε λόγια ρ.).
[3] Οι β' τύποι (σπάνιας χρήσης) δεν είναι πλήρως ισοδύναμοι με τους α', από άποψη σημασίας και σύνταξης.
[4] Το ρ. σηκώνομαι σχηματίζει τον τύπο σήκω (αλλά ανασηκώσου).
[5] Σε ορισμένα από τα ρ. αυτής της κατηγορίας απαντάται η λόγια μτχ. σε -ούμενος (π.χ. ανανεώνομαι–ανανεούμενος, διαμορφώνομαι – διαμορφούμενος).

ΕΝΕΡΓΗΤΙΚΗ ΦΩΝΗ

ΟΡΙΣΤΙΚΗ

ΕΝΕΣΤΩΤΑΣ	ΠΑΡΑΤΑΤΙΚΟΣ	ΑΟΡΙΣΤΟΣ
διαλύω	διέλυα	διέλυσα (σπάν. διάλυσα)
διαλύεις	διέλυες	διέλυσες (σπάν. διάλυσες)
διαλύει	διέλυε	διέλυσε (σπάν. διάλυσε)
διαλύουμε (σπάν.-ομε)	διαλύαμε	διαλύσαμε
διαλύετε	διαλύατε	διαλύσατε
διαλύουν(ε)[1]	διέλυαν/διαλύαν(ε)[1]	διέλυσαν/διαλύσαν(ε)[1]
ΕΞΑΚΟΛ. ΜΕΛΛΟΝΤΑΣ	**ΣΥΝΟΠΤ. ΜΕΛΛΟΝΤΑΣ**	**ΠΑΡΑΚΕΙΜΕΝΟΣ**
θα διαλύω	θα διαλύσω	έχω διαλύσει/
θα διαλύεις	θα διαλύσεις	έχω διαλυμένο[2]
θα διαλύει	θα διαλύσει	**ΥΠΕΡΣΥΝΤΕΛΙΚΟΣ**
θα διαλύουμε (σπάν.-ομε)	θα διαλύσουμε (σπάν.-ομε)	είχα διαλύσει/
θα διαλύετε	θα διαλύσετε	είχα διαλυμένο[2]
θα διαλύουν(ε)[1]	θα διαλύσουν(ε)[1]	**ΣΥΝΤΕΛ. ΜΕΛΛΟΝΤΑΣ**
		θα έχω διαλύσει/
		θα έχω διαλυμένο[2]

ΥΠΟΤΑΚΤΙΚΗ

ΕΝΕΣΤΩΤΑΣ	ΑΟΡΙΣΤΟΣ	ΠΑΡΑΚΕΙΜΕΝΟΣ
[να όταν...] διαλύω	[να, όταν...] διαλύσω	[να, όταν...] έχω διαλύσει/
διαλύεις	διαλύσεις	έχω διαλυμένο[2]
διαλύει	διαλύσει	
διαλύουμε (σπάν.-ομε)	διαλύσουμε (σπάν.-ομε)	
διαλύετε	διαλύσετε	
διαλύουν(ε)[1]	διαλύσουν(ε)[1]	

ΠΡΟΣΤΑΚΤΙΚΗ

ΕΝΕΣΤΩΤΑΣ	ΑΟΡΙΣΤΟΣ
–	–
διάλυε	διάλυσε
–	–
–	–
διαλύετε	διαλύστε/διαλύσετε[3]
–	–

ΜΕΤΟΧΗ

ΕΝΕΣΤΩΤΑΣ
διαλύοντας
ΠΑΡΑΚΕΙΜΕΝΟΣ
έχοντας διαλύσει/
έχοντας διαλυμένο[2]

[1] Οι β' τύποι (και αυτοί με το τελικό ε) κυρίως στον προφορικό λόγο και στη λογοτεχνία. Σπάνιοι σε λογιότερα ρ. (π.χ. επιλύω).
[2] Οι β' τύποι (σπάνιας χρήσης) δεν είναι πλήρως ισοδύναμοι με τους α', από άποψη σημασίας και σύνταξης. Χρησιμοποιούνται μόνο όταν το ρ. είναι μεταβατικό (διαλύω κάτι).
[3] Ο β' τύπος απαντάται κυρίως σε επίσημο ύφος λόγου.

ΠΑΘΗΤΙΚΗ ΦΩΝΗ

ΟΡΙΣΤΙΚΗ

ΕΝΕΣΤΩΤΑΣ	ΠΑΡΑΤΑΤΙΚΟΣ	ΑΟΡΙΣΤΟΣ
διαλύομαι	διαλυόμουν(α)[1]	διαλύθηκα
διαλύεσαι	διαλυόσουν(α)[1]	διαλύθηκες
διαλύεται	διαλυόταν(ε)[1,2]	διαλύθηκε
διαλυόμαστε	διαλυόμαστε[2]	διαλυθήκαμε
διαλύεστε (σπάν.-όσαστε)	διαλυόσαστε[2]	διαλυθήκατε
διαλύονται	διαλύονταν[2]	διαλύθηκαν/διαλυθήκαν(ε)[1]
ΕΞΑΚΟΛ. ΜΕΛΛΟΝΤΑΣ	**ΣΥΝΟΠΤ. ΜΕΛΛΟΝΤΑΣ**	**ΠΑΡΑΚΕΙΜΕΝΟΣ**
θα διαλύομαι	θα διαλυθώ	έχω διαλυθεί/
θα διαλύεσαι	θα διαλυθείς	είμαι διαλυμένος[3]
θα διαλύεται	θα διαλυθεί	**ΥΠΕΡΣΥΝΤΕΛΙΚΟΣ**
θα διαλυόμαστε	θα διαλυθούμε	είχα διαλυθεί/
θα διαλύεστε (σπάν.-όσαστε)	θα διαλυθείτε	ήμουν διαλυμένος[3]
θα διαλύονται	θα διαλυθούν(ε)[1]	**ΣΥΝΤΕΛ. ΜΕΛΛΟΝΤΑΣ**
		θα έχω διαλυθεί/
		θα είμαι διαλυμένος[3]

ΥΠΟΤΑΚΤΙΚΗ

ΕΝΕΣΤΩΤΑΣ	ΑΟΡΙΣΤΟΣ	ΠΑΡΑΚΕΙΜΕΝΟΣ
[να όταν...] διαλύομαι	[να, όταν...] διαλυθώ	[να, όταν...] έχω διαλυθεί/
διαλύεσαι	διαλυθείς	είμαι διαλυμένος[3]
διαλύεται	διαλυθεί	
διαλυόμαστε	διαλυθούμε	
διαλύεστε (σπάν.-όσαστε)	διαλυθείτε	
διαλύονται	διαλυθούν(ε)[1]	

ΠΡΟΣΤΑΚΤΙΚΗ

ΕΝΕΣΤΩΤΑΣ	ΑΟΡΙΣΤΟΣ
—	—
—	διαλύσου
—	—
—	—
διαλύεστε	διαλυθείτε
—	—

ΜΕΤΟΧΗ

ΕΝΕΣΤΩΤΑΣ
διαλυόμενος
ΠΑΡΑΚΕΙΜΕΝΟΣ
διαλυμένος

[1] Οι τύποι με το τελικό α ή ε (και ο β' τύπος του αορίστου) απαντώνται κυρίως στον προφορικό λόγο και στη λογοτεχνία. Δε συνηθίζονται σε λογιότερα ρήματα (π.χ. επιλύομαι).
[2] Οι τύποι σε -ονταν, -όμασταν, -όσασταν, -όντουσαν (δες λύνομαι, 2) είναι σπάνιοι, λόγω του λόγιου χαρακτήρα των ρ. αυτής της κατηγορίας.
[3] Οι β' τύποι (σπάνιας χρήσης) δεν είναι πλήρως ισοδύναμοι με τους α', από άποψη σημασίας και σύνταξης.

ΕΝΕΡΓΗΤΙΚΗ ΦΩΝΗ

ΟΡΙΣΤΙΚΗ

ΕΝΕΣΤΩΤΑΣ
σκάβω
σκάβεις
σκάβει
σκάβουμε (σπάν.-ομε)
σκάβετε
σκάβουν(ε)[1]

ΕΞΑΚΟΛ. ΜΕΛΛΟΝΤΑΣ
θα σκάβω
θα σκάβεις
θα σκάβει
θα σκάβουμε (σπάν.-ομε)
θα σκάβετε
θα σκάβουν(ε)[1]

ΠΑΡΑΤΑΤΙΚΟΣ
έσκαβα
έσκαβες
έσκαβε
σκάβαμε
σκάβατε
έσκαβαν/σκάβαν(ε)[1]

ΣΥΝΟΠΤ. ΜΕΛΛΟΝΤΑΣ
θα σκάψω
θα σκάψεις
θα σκάψει
θα σκάψουμε (σπάν.-ομε)
θα σκάψετε
θα σκάψουν(ε)[1]

ΑΟΡΙΣΤΟΣ
έσκαψα
έσκαψες
έσκαψε
σκάψαμε
σκάψατε
έσκαψαν/σκάψαν(ε)[1]

ΠΑΡΑΚΕΙΜΕΝΟΣ
έχω σκάψει/έχω σκαμμένο[2]

ΥΠΕΡΣΥΝΤΕΛΙΚΟΣ
είχα σκάψει/είχα σκαμμένο[2]

ΣΥΝΤΕΛ. ΜΕΛΛΟΝΤΑΣ
θα έχω σκάψει/
θα έχω σκαμμένο[2]

ΥΠΟΤΑΚΤΙΚΗ

ΕΝΕΣΤΩΤΑΣ
[να, όταν...] σκάβω
σκάβεις
σκάβει
σκάβουμε (σπάν.-ομε)
σκάβετε
σκάβουν(ε)[1]

ΑΟΡΙΣΤΟΣ
[να, όταν...] σκάψω
σκάψεις
σκάψει
σκάψουμε (σπάν.-ομε)
σκάψετε
σκάψουν(ε)[1]

ΠΑΡΑΚΕΙΜΕΝΟΣ
[να, όταν...] έχω σκάψει/
έχω σκαμμένο[2]

ΠΡΟΣΤΑΚΤΙΚΗ

ΕΝΕΣΤΩΤΑΣ
—
σκάβε
—
—
σκάβετε
—

ΑΟΡΙΣΤΟΣ
—
σκάψε[3]
—
—
σκάψτε/σκάφτε[1]
—

ΜΕΤΟΧΗ

ΕΝΕΣΤΩΤΑΣ
σκάβοντας

ΠΑΡΑΚΕΙΜΕΝΟΣ
έχοντας σκάψει/
έχοντας σκαμμένο[2]

[1] Οι β′ τύποι (και αυτοί με το τελικό ε) κυρίως στον προφορικό λόγο και στη λογοτεχνία.
[2] Οι β′ τύποι (σπάνιας χρήσης) δεν είναι πλήρως ισοδύναμοι με τους α′, από άποψη σημασίας και σύνταξης. Ισχύουν μόνο όταν το ρ. είναι μεταβατικό (σκάβω κάτι).
[3] Στον προφορικό λόγο συνηθίζεται (σε συμπροφορά) και ο τύπος σκάφ'το, ανάλογος με τον τύπο σκάφτε του β′ πληθ.

σκάβομαι

ΠΑΘΗΤΙΚΗ ΦΩΝΗ

ΟΡΙΣΤΙΚΗ

ΕΝΕΣΤΩΤΑΣ	ΠΑΡΑΤΑΤΙΚΟΣ	ΑΟΡΙΣΤΟΣ[3]
σκάβομαι	σκαβόμουν(α)[1]	σκάφτηκα
σκάβεσαι	σκαβόσουν(α)[1]	σκάφτηκες
σκάβεται	σκαβόταν(ε)[1,2]	σκάφτηκε
σκαβόμαστε	σκαβόμαστε/σκαβόμασταν[1]	σκαφτήκαμε
σκάβεστε/σκαβόσαστε[1]	σκαβόσαστε/σκαβόσασταν[1]	σκαφτήκατε
σκάβονται	σκάβονταν/σκαβόντανε[1]/	σκάφτηκαν/σκαφτήκαν(ε)[1]
ΕΞΑΚΟΛ. ΜΕΛΛΟΝΤΑΣ	σκαβόντουσαν[1]	**ΠΑΡΑΚΕΙΜΕΝΟΣ**
θα σκάβομαι	**ΣΥΝΟΠΤ. ΜΕΛΛΟΝΤΑΣ[3]**	έχω σκαφτεί[3]/
θα σκάβεσαι	θα σκαφτώ	είμαι σκαμμένος[4]
θα σκάβεται	θα σκαφτείς	**ΥΠΕΡΣΥΝΤΕΛΙΚΟΣ**
θα σκαβόμαστε	θα σκαφτεί	είχα σκαφτεί[3]/
θα σκάβεστε/-όσαστε[1]	θα σκαφτούμε	ήμουν σκαμμένος[4]
θα σκάβονται	θα σκαφτείτε	**ΣΥΝΤΕΛ. ΜΕΛΛΟΝΤΑΣ**
	θα σκαφτούν(ε)[1]	θα έχω σκαφτεί[3]/
		θα είμαι σκαμμένος[4]

ΥΠΟΤΑΚΤΙΚΗ

ΕΝΕΣΤΩΤΑΣ	ΑΟΡΙΣΤΟΣ[3]	ΠΑΡΑΚΕΙΜΕΝΟΣ
[να, όταν...] σκάβομαι	[να, όταν...] σκαφτώ	[να, όταν...] έχω σκαφτεί[3]/
σκάβεσαι	σκαφτείς	είμαι σκαμμένος[4]
σκάβεται	σκαφτεί	
σκαβόμαστε	σκαφτούμε	
σκάβεστε/σκαβόσαστε[1]	σκαφτείτε	
σκάβονται	σκαφτούν(ε)[1]	

ΠΡΟΣΤΑΚΤΙΚΗ

ΕΝΕΣΤΩΤΑΣ	ΑΟΡΙΣΤΟΣ
–	–
–	σκάψου
–	–
–	–
σκάβεστε	σκαφτείτε[3]
–	–

ΜΕΤΟΧΗ

ΕΝΕΣΤΩΤΑΣ[3]
–

ΠΑΡΑΚΕΙΜΕΝΟΣ
σκαμμένος

[1] Οι β΄ τύποι (και αυτοί με το τελικό α ή ε) κυρίως στον προφορικό λόγο και στη λογοτεχνία.
[2] Και σκάβονταν στον προφορικό λόγο και στη λογοτεχνία.
[3] Σε ορισμένα ρ. που χρησιμοποιούνται και σε επίσημο ύφος λόγου, όπως το αμείβομαι, απαντώνται και οι τύποι με -φθ- (αμείφθηκα κτλ.), καθώς και η μτχ. ενεστ. (αμειβόμενος).
[4] Οι β΄ τύποι (σπάνιας χρήσης) δεν είναι πλήρως ισοδύναμοι με τους α΄ από άποψη σημασίας και σύνταξης.

παραλείπω

ΕΝΕΡΓΗΤΙΚΗ ΦΩΝΗ

ΟΡΙΣΤΙΚΗ

ΕΝΕΣΤΩΤΑΣ	ΠΑΡΑΤΑΤΙΚΟΣ	ΑΟΡΙΣΤΟΣ
παραλείπω	παρέλειπα	παρέλειψα
παραλείπεις	παρέλειπες	παρέλειψες
παραλείπει	παρέλειπε	παρέλειψε
παραλείπουμε (σπάν.-ομε)	παραλείπαμε	παραλείψαμε
παραλείπετε	παραλείπατε	παραλείψατε
παραλείπουν(ε)[1]	παρέλειπαν/παραλείπαν(ε)[1]	παρέλειψαν/παραλείψαν(ε)[1]
ΕΞΑΚΟΛ. ΜΕΛΛΟΝΤΑΣ	**ΣΥΝΟΠΤ. ΜΕΛΛΟΝΤΑΣ**	**ΠΑΡΑΚΕΙΜΕΝΟΣ**
θα παραλείπω	θα παραλείψω	έχω παραλείψει[2]
θα παραλείπεις	θα παραλείψεις	**ΥΠΕΡΣΥΝΤΕΛΙΚΟΣ**
θα παραλείπει	θα παραλείψει	είχα παραλείψει[2]
θα παραλείπουμε (σπάν.-ομε)	θα παραλείψουμε (σπάν.-ομε)	**ΣΥΝΤΕΛ. ΜΕΛΛΟΝΤΑΣ**
θα παραλείπετε	θα παραλείψετε	θα έχω παραλείψει[2]
θα παραλείπουν(ε)[1]	θα παραλείψουν(ε)[1]	

ΥΠΟΤΑΚΤΙΚΗ

ΕΝΕΣΤΩΤΑΣ	ΑΟΡΙΣΤΟΣ	ΠΑΡΑΚΕΙΜΕΝΟΣ
[να, όταν...] παραλείπω	[να, όταν...] παραλείψω	[να, όταν...] έχω παραλείψει[2]
παραλείπεις	παραλείψεις	
παραλείπει	παραλείψει	
παραλείπουμε (σπάν.-ομε)	παραλείψουμε (σπάν.-ομε)	
παραλείπετε	παραλείψετε	
παραλείπουν(ε)[1]	παραλείψουν(ε)[1]	

ΠΡΟΣΤΑΚΤΙΚΗ

ΕΝΕΣΤΩΤΑΣ	ΑΟΡΙΣΤΟΣ
–	–
παράλειπε	παράλειψε
–	–
–	–
παραλείπετε	παραλείψτε/παραλείψετε[3]
–	–

ΜΕΤΟΧΗ

ΕΝΕΣΤΩΤΑΣ
παραλείποντας
ΠΑΡΑΚΕΙΜΕΝΟΣ
έχοντας παραλείψει[2]

[1] Οι β' τύποι (και αυτοί με το τελικό ε) κυρίως στον προφορικό λόγο και στη λογοτεχνία. Σπάνιοι σε λογιότερα ρ.
[2] Το ρ. δεν έχει παθ. μτχ. παρακειμένου, γι' αυτό δε σχηματίζει τους τύπους με το έχω + μτχ.
[3] Ο β' τύπος απαντάται κυρίως σε επίσημο ύφος λόγου.

παραλείπομαι 10

ΠΑΘΗΤΙΚΗ ΦΩΝΗ

ΟΡΙΣΤΙΚΗ

ΕΝΕΣΤΩΤΑΣ
παραλείπομαι
παραλείπεσαι
παραλείπεται
παραλειπόμαστε
παραλείπεστε (σπάν.-όσαστε)
παραλείπονται

ΕΞΑΚΟΛ. ΜΕΛΛΟΝΤΑΣ
θα παραλείπομαι
θα παραλείπεσαι
θα παραλείπεται
θα παραλειπόμαστε
θα παραλείπεστε (σπάν.-όσαστε)
θα παραλείπονται

ΠΑΡΑΤΑΤΙΚΟΣ
παραλειπόμουν(α)[1]
παραλειπόσουν(α)[1]
παραλειπόταν(ε)[1,2]
παραλειπόμαστε[2]
παραλειπόσαστε[2]
παραλείπονταν[2]

ΣΥΝΟΠΤ. ΜΕΛΛΟΝΤΑΣ[3]
θα παραλειφθ(φτ)ώ
θα παραλειφθ(φτ)είς
θα παραλειφθ(φτ)εί
θα παραλειφθ(φτ)ούμε
θα παραλειφθ(φτ)είτε
θα παραλειφθ(φτ)ούν(ε)[1]

ΑΟΡΙΣΤΟΣ[3]
παραλείφθ(φτ)ηκα
παραλείφθ(φτ)ηκες
παραλείφθ(φτ)ηκε
παραλειφθ(φτ)ήκαμε
παραλειφθ(φτ)ήκατε
παραλείφθ(φτ)ηκαν/
παραλειφθ(φτ)ήκαν(ε)[1]

ΠΑΡΑΚΕΙΜΕΝΟΣ
έχω παραλειφθ(φτ)εί[3,4]

ΥΠΕΡΣΥΝΤΕΛΙΚΟΣ
είχα παραλειφθ(φτ)εί[3,4]

ΣΥΝΤΕΛ. ΜΕΛΛΟΝΤΑΣ
θα έχω παραλειφθ(φτ)εί[3,4]

ΥΠΟΤΑΚΤΙΚΗ

ΕΝΕΣΤΩΤΑΣ
[να, όταν...] παραλείπομαι
παραλείπεσαι
παραλείπεται
παραλειπόμαστε
παραλείπεστε (σπάν.-όσαστε)
παραλείπονται

ΑΟΡΙΣΤΟΣ[3]
[να, όταν...] παραλειφθ(φτ)ώ
παραλειφθ(φτ)είς
παραλειφθ(φτ)εί
παραλειφθ(φτ)ούμε
παραλειφθ(φτ)είτε
παραλειφθ(φτ)ούν(ε)[1]

ΠΑΡΑΚΕΙΜΕΝΟΣ
[να, όταν...] έχω
παραλειφθ(φτ)εί[3,4]

ΠΡΟΣΤΑΚΤΙΚΗ

ΕΝΕΣΤΩΤΑΣ	**ΑΟΡΙΣΤΟΣ**
–	–
–	παραλείψου
–	–
–	–
παραλείπεστε	παραλειφθ(φτ)είτε[3]
–	–

ΜΕΤΟΧΗ

ΕΝΕΣΤΩΤΑΣ
παραλειπόμενος

ΠΑΡΑΚΕΙΜΕΝΟΣ
–

[1] Οι τύποι με το τελικό α ή ε (και ο β' τύπος του αορίστου) κυρίως στον προφορικό λόγο και στη λογοτεχνία. Σπάνιοι σε λογιότερες μορφές (π.χ. υπολείπομαι).
[2] Οι τύποι σε -ονταν, -όμασταν, -όσασταν, -όντουσαν (δες λύνομαι, 2) δε συνηθίζονται σ' αυτή την κατηγορία ρημάτων.
[3] Οι τύποι με -φτ- δε συνηθίζονται σε λογιότερα ρ. και σε επίσημο ύφος λόγου.
[4] Το ρ. δεν έχει παθ. μτχ. παρακειμένου, γι' αυτό δε σχηματίζει τους τύπους με το είμαι + μτχ.

καλύπτω

11

ΕΝΕΡΓΗΤΙΚΗ ΦΩΝΗ

ΟΡΙΣΤΙΚΗ

ΕΝΕΣΤΩΤΑΣ	**ΠΑΡΑΤΑΤΙΚΟΣ**	**ΑΟΡΙΣΤΟΣ**
καλύπτω	κάλυπτα	κάλυψα
καλύπτεις	κάλυπτες	κάλυψες
καλύπτει	κάλυπτε	κάλυψε
καλύπτουμε (σπάν.-ομε)	καλύπταμε	καλύψαμε
καλύπτετε	καλύπτατε	καλύψατε
καλύπτουν(ε)[1]	κάλυπταν/καλύπταν(ε)[1]	κάλυψαν/καλύψαν(ε)[1]
ΕΞΑΚΟΛ. ΜΕΛΛΟΝΤΑΣ	**ΣΥΝΟΠΤ. ΜΕΛΛΟΝΤΑΣ**	**ΠΑΡΑΚΕΙΜΕΝΟΣ**
θα καλύπτω	θα καλύψω	έχω καλύψει/
θα καλύπτεις	θα καλύψεις	έχω καλυμμένο[2]
θα καλύπτει	θα καλύψει	**ΥΠΕΡΣΥΝΤΕΛΙΚΟΣ**
θα καλύπτουμε (σπάν.-ομε)	θα καλύψουμε (σπάν.-ομε)	είχα καλύψει/
θα καλύπτετε	θα καλύψετε	είχα καλυμμένο[2]
θα καλύπτουν(ε)[1]	θα καλύψουν(ε)[1]	**ΣΥΝΤΕΛ. ΜΕΛΛΟΝΤΑΣ**
		θα έχω καλύψει/
		θα έχω καλυμμένο[2]

ΥΠΟΤΑΚΤΙΚΗ

ΕΝΕΣΤΩΤΑΣ	**ΑΟΡΙΣΤΟΣ**	**ΠΑΡΑΚΕΙΜΕΝΟΣ**
[να, όταν...] καλύπτω	[να, όταν...] καλύψω	[να, όταν...] έχω καλύψει/
καλύπτεις	καλύψεις	έχω καλυμμένο[2]
καλύπτει	καλύψει	
καλύπτουμε (σπάν.-ομε)	καλύψουμε (σπάν.-ομε)	
καλύπτετε	καλύψετε	
καλύπτουν(ε)[1]	καλύψουν(ε)[1]	

ΠΡΟΣΤΑΚΤΙΚΗ

ΕΝΕΣΤΩΤΑΣ	**ΑΟΡΙΣΤΟΣ**
—	—
κάλυπτε	κάλυψε
—	—
—	—
καλύπτετε	καλύψτε/καλύψετε[3]
—	—

ΜΕΤΟΧΗ

ΕΝΕΣΤΩΤΑΣ
καλύπτοντας
ΠΑΡΑΚΕΙΜΕΝΟΣ
έχοντας καλύψει/
έχοντας καλυμμένο[2]

[1] Οι β′ τύποι (και αυτοί με το τελικό ε) κυρίως στον προφορικό λόγο και στη λογοτεχνία. Σπάνιοι σε λογιότερες μορφές (π.χ. επικαλύπτω).
[2] Οι β′ τύποι (σπάνιας χρήσης) δεν είναι πλήρως ισοδύναμοι με τους α′, από άποψη σημασίας και σύνταξης. Ισχύουν μόνο όταν το ρ. είναι μεταβατικό (καλύπτω κάτι).
[3] Ο β′ τύπος απαντάται κυρίως σε επίσημο ύφος λόγου.

ΠΑΘΗΤΙΚΗ ΦΩΝΗ

ΟΡΙΣΤΙΚΗ

ΕΝΕΣΤΩΤΑΣ	**ΠΑΡΑΤΑΤΙΚΟΣ**	**ΑΟΡΙΣΤΟΣ**[3]
καλύπτομαι	καλυπτόμουν(α)[1]	καλύφθ(φτ)ηκα
καλύπτεσαι	καλυπτόσουν(α)[1]	καλύφθ(φτ)ηκες
καλύπτεται	καλυπτόταν(ε)[1,2]	καλύφθ(φτ)ηκε
καλυπτόμαστε	καλυπτόμαστε[2]	καλυφθ(φτ)ήκαμε
καλύπτεστε (σπάν.-όσαστε)	καλυπτόσαστε[2]	καλυφθ(φτ)ήκατε
καλύπτονται	καλύπτονταν[2]	καλύφθ(φτ)ηκαν/ καλυφθ(φτ)ήκαν(ε)[1]
ΕΞΑΚΟΛ. ΜΕΛΛΟΝΤΑΣ	**ΣΥΝΟΠΤ. ΜΕΛΛΟΝΤΑΣ**[3]	**ΠΑΡΑΚΕΙΜΕΝΟΣ**
θα καλύπτομαι	θα καλυφθ(φτ)ώ	έχω καλυφθ(φτ)εί[3]/ είμαι καλυμμένος[4]
θα καλύπτεσαι	θα καλυφθ(φτ)είς	**ΥΠΕΡΣΥΝΤΕΛΙΚΟΣ**
θα καλύπτεται	θα καλυφθ(φτ)εί	είχα καλυφθ(φτ)εί[3]/ ήμουν καλυμμένος[4]
θα καλυπτόμαστε	θα καλυφθ(φτ)ούμε	**ΣΥΝΤΕΛ. ΜΕΛΛΟΝΤΑΣ**
θα καλύπτεστε (σπάν.-όσαστε)	θα καλυφθ(φτ)είτε	θα έχω καλυφθ(φτ)εί[3]/ θα είμαι καλυμμένος[4]
θα καλύπτονται	θα καλυφθ(φτ)ούν(ε)[1]	

ΥΠΟΤΑΚΤΙΚΗ

ΕΝΕΣΤΩΤΑΣ	**ΑΟΡΙΣΤΟΣ**[3]	**ΠΑΡΑΚΕΙΜΕΝΟΣ**
[να, όταν...] καλύπτομαι	[να, όταν...] καλυφθ(φτ)ώ	[να, όταν...] έχω καλυφθ(φτ)εί[3]/ είμαι καλυμμένος[4]
καλύπτεσαι	καλυφθ(φτ)είς	
καλύπτεται	καλυφθ(φτ)εί	
καλυπτόμαστε	καλυφθ(φτ)ούμε	
καλύπτεστε (σπάν.-όσαστε)	καλυφθ(φτ)είτε	
καλύπτονται	καλυφθ(φτ)ούν(ε)[1]	

ΠΡΟΣΤΑΚΤΙΚΗ

ΕΝΕΣΤΩΤΑΣ	**ΑΟΡΙΣΤΟΣ**
–	–
–	καλύψου
–	–
–	–
καλύπτεστε	καλυφθ(φτ)είτε[3]
–	–

ΜΕΤΟΧΗ

ΕΝΕΣΤΩΤΑΣ
καλυπτόμενος
ΠΑΡΑΚΕΙΜΕΝΟΣ
καλυμμένος

[1] Οι τύποι με το τελικό α ή ε (και ο β' τύπος του αορίστου) κυρίως στον προφορικό λόγο και στη λογοτεχνία. Σπάνιοι σε λογιότερα ρ. (π.χ. επικαλύπτομαι).
[2] Οι τύποι σε -ονταν, -όμασταν, -όσασταν, -όντουσαν (δες λύνομαι, 2) είναι σπάνιοι σ' αυτή την κατηγορία ρημάτων.
[3] Το -φθ- επικρατεί σε επίσημο ύφος λόγου και σε λογιότερα ρ.
[4] Οι β' τύποι (σπάνιας χρήσης) δεν είναι πλήρως ισοδύναμοι με τους α', από άποψη σημασίας και σύνταξης.

ΕΝΕΡΓΗΤΙΚΗ ΦΩΝΗ

ΟΡΙΣΤΙΚΗ

ΕΝΕΣΤΩΤΑΣ	ΠΑΡΑΤΑΤΙΚΟΣ	ΑΟΡΙΣΤΟΣ
αλείφω	άλειφα	άλειψα
αλείφεις	άλειφες	άλειψες
αλείφει	άλειφε	άλειψε
αλείφουμε (σπάν.-ομε)	αλείφαμε	αλείψαμε
αλείφετε	αλείφατε	αλείψατε
αλείφουν(ε)[1]	άλειφαν/αλείφαν(ε)[1]	άλειψαν/αλείψαν(ε)[1]
ΕΞΑΚΟΛ. ΜΕΛΛΟΝΤΑΣ	**ΣΥΝΟΠΤ. ΜΕΛΛΟΝΤΑΣ**	**ΠΑΡΑΚΕΙΜΕΝΟΣ**
θα αλείφω	θα αλείψω	έχω αλείψει/
θα αλείφεις	θα αλείψεις	έχω αλειμμένο[2]
θα αλείφει	θα αλείψει	**ΥΠΕΡΣΥΝΤΕΛΙΚΟΣ**
θα αλείφουμε (σπάν.-ομε)	θα αλείψουμε (σπάν.-ομε)	είχα αλείψει/
θα αλείφετε	θα αλείψετε	είχα αλειμμένο[2]
θα αλείφουν(ε)[1]	θα αλείψουν(ε)[1]	**ΣΥΝΤΕΛ. ΜΕΛΛΟΝΤΑΣ**
		θα έχω αλείψει/
		θα έχω αλειμμένο[2]

ΥΠΟΤΑΚΤΙΚΗ

ΕΝΕΣΤΩΤΑΣ	ΑΟΡΙΣΤΟΣ	ΠΑΡΑΚΕΙΜΕΝΟΣ
[να, όταν...] αλείφω	[να, όταν...] αλείψω	[να, όταν...] έχω αλείψει/
αλείφεις	αλείψεις	έχω αλειμμένο[2]
αλείφει	αλείψει	
αλείφουμε (σπάν.-ομε)	αλείψουμε (σπάν.-ομε)	
αλείφετε	αλείψετε	
αλείφουν(ε)[1]	αλείψουν(ε)[1]	

ΠΡΟΣΤΑΚΤΙΚΗ

ΕΝΕΣΤΩΤΑΣ	ΑΟΡΙΣΤΟΣ
—	—
άλειφε	άλειψε/άλειφε[3]
—	—
—	—
αλείφετε	αλείψτε/αλείφτε[3]
—	—

ΜΕΤΟΧΗ

ΕΝΕΣΤΩΤΑΣ
αλείφοντας
ΠΑΡΑΚΕΙΜΕΝΟΣ
έχοντας αλείψει/
έχοντας αλειμμένο[2]

[1] Οι β' τύποι (και αυτοί με το τελικό ε) κυρίως στον προφορικό λόγο και στη λογοτεχνία. Δε συνηθίζονται σε λόγια ρ. (π.χ. εξαλείφω).
[2] Οι β' τύποι (σπάνιας χρήσης) δεν είναι πλήρως ισοδύναμοι με τους α', από άποψη σημασίας και σύνταξης. Ισχύουν μόνο όταν το ρ. είναι μεταβατικό (αλείφω κάτι).
[3] Οι β' τύποι απαντώνται στον προφορικό λόγο και όχι σε λόγια ρ. Το άλειφε συνηθίζεται σε περιπτώσεις συμπροφοράς: άλειφ'το (γράφ'το κτλ.).

αλείφομαι

ΠΑΘΗΤΙΚΗ ΦΩΝΗ

ΟΡΙΣΤΙΚΗ

ΕΝΕΣΤΩΤΑΣ
αλείφομαι
αλείφεσαι
αλείφεται
αλειφόμαστε
αλείφεστε/αλειφόσαστε[1]
αλείφονται

ΕΞΑΚΟΛ. ΜΕΛΛΟΝΤΑΣ
θα αλείφομαι
θα αλείφεσαι
θα αλείφεται
θα αλειφόμαστε
θα αλείφεστε/-όσαστε[1]
θα αλείφονται

ΠΑΡΑΤΑΤΙΚΟΣ
αλειφόμουν(α)[1]
αλειφόσουν(α)[1]
αλειφόταν(ε)[1,2]
αλειφόμαστε/-όμασταν[1]
αλειφόσαστε/-όσασταν[1]
αλείφονταν/αλειφόντανε[1]/
αλειφόντουσαν[1]

ΣΥΝΟΠΤ. ΜΕΛΛΟΝΤΑΣ[3]
θα αλειφτώ
θα αλειφτείς
θα αλειφτεί
θα αλειφτούμε
θα αλειφτείτε
θα αλειφτούν(ε)[1]

ΑΟΡΙΣΤΟΣ[3]
αλείφτηκα
αλείφτηκες
αλείφτηκε
αλειφτήκαμε
αλειφτήκατε
αλείφτηκαν/αλειφτήκαν(ε)[1]

ΠΑΡΑΚΕΙΜΕΝΟΣ
έχω αλειφτεί[3]/
είμαι αλειμμένος[4]

ΥΠΕΡΣΥΝΤΕΛΙΚΟΣ
είχα αλειφτεί[3]/
ήμουν αλειμμένος[4]

ΣΥΝΤΕΛ. ΜΕΛΛΟΝΤΑΣ
θα έχω αλειφτεί[3]/
θα είμαι αλειμμένος[4]

ΥΠΟΤΑΚΤΙΚΗ

ΕΝΕΣΤΩΤΑΣ
[να, όταν...] αλείφομαι
αλείφεσαι
αλείφεται
αλειφόμαστε
αλείφεστε/αλειφόσαστε[1]
αλείφονται

ΑΟΡΙΣΤΟΣ[3]
[να, όταν...] αλειφτώ
αλειφτείς
αλειφτεί
αλειφτούμε
αλειφτείτε
αλειφτούν(ε)[1]

ΠΑΡΑΚΕΙΜΕΝΟΣ
[να, όταν...] έχω αλειφτεί[3]/
είμαι αλειμμένος[4]

ΠΡΟΣΤΑΚΤΙΚΗ

ΕΝΕΣΤΩΤΑΣ	**ΑΟΡΙΣΤΟΣ**
–	–
–	αλείψου
–	–
–	–
αλείφεστε	αλειφτείτε[3]
–	–

ΜΕΤΟΧΗ

ΕΝΕΣΤΩΤΑΣ[3]
–

ΠΑΡΑΚΕΙΜΕΝΟΣ
αλειμμένος

[1] Οι β' τύποι (και αυτοί με το τελικό α ή ε) κυρίως στον προφορικό λόγο και στη λογοτεχνία. Δεν απαντώνται σε λόγια ρ. (π.χ. εξαλείφομαι).
[2] Και αλείφονταν στον προφορικό λόγο και στη λογοτεχνία (όχι σε λόγια ρ.).
[3] Σε λόγια ρ. (π.χ. εξαλείφομαι) συνηθίζεται και ο τύπος με -φθ- (εξαλείφθηκα κτλ.). Στο μέμφομαι μόνο μέμφθηκα. Σε λόγια ρ. απαντάται και η μτχ. ενεστ. (π.χ. εξαλειφόμενος).
[4] Οι β' τύποι (σπάνιας χρήσης) δεν είναι πλήρως ισοδύναμοι με τους α', από άποψη σημασίας και σύνταξης.

βλάφτω

ΕΝΕΡΓΗΤΙΚΗ ΦΩΝΗ

ΟΡΙΣΤΙΚΗ

ΕΝΕΣΤΩΤΑΣ	ΠΑΡΑΤΑΤΙΚΟΣ	ΑΟΡΙΣΤΟΣ
βλάφτω	έβλαφτα	έβλαψα
βλάφτεις	έβλαφτες	έβλαψες
βλάφτει	έβλαφτε	έβλαψε
βλάφτουμε (σπάν.-ομε)	βλάφταμε	βλάψαμε
βλάφτετε	βλάφτατε	βλάψατε
βλάφτουν(ε)[1]	έβλαφταν/βλάφταν(ε)[1]	έβλαψαν/βλάψαν(ε)[1]
ΕΞΑΚΟΛ. ΜΕΛΛΟΝΤΑΣ	**ΣΥΝΟΠΤ. ΜΕΛΛΟΝΤΑΣ**	**ΠΑΡΑΚΕΙΜΕΝΟΣ**
θα βλάφτω	θα βλάψω	έχω βλάψει[2]
θα βλάφτεις	θα βλάψεις	**ΥΠΕΡΣΥΝΤΕΛΙΚΟΣ**
θα βλάφτει	θα βλάψει	είχα βλάψει[2]
θα βλάφτουμε (σπάν.-ομε)	θα βλάψουμε (σπάν.-ομε)	**ΣΥΝΤΕΛ. ΜΕΛΛΟΝΤΑΣ**
θα βλάφτετε	θα βλάψετε	θα έχω βλάψει[2]
θα βλάφτουν(ε)[1]	θα βλάψουν(ε)[1]	

ΥΠΟΤΑΚΤΙΚΗ

ΕΝΕΣΤΩΤΑΣ	ΑΟΡΙΣΤΟΣ	ΠΑΡΑΚΕΙΜΕΝΟΣ
[να όταν...] βλάφτω	[να, όταν...] βλάψω	[να, όταν...] έχω βλάψει[2]
βλάφτεις	βλάψεις	
βλάφτει	βλάψει	
βλάφτουμε (σπάν.-ομε)	βλάψουμε (σπάν.-ομε)	
βλάφτετε	βλάψετε	
βλάφτουν(ε)[1]	βλάψουν(ε)[1]	

ΠΡΟΣΤΑΚΤΙΚΗ

ΕΝΕΣΤΩΤΑΣ	ΑΟΡΙΣΤΟΣ
–	–
βλάφτε[3]	βλάψε[3]
–	–
–	–
βλάφτετε	βλάψτε
–	–

ΜΕΤΟΧΗ

ΕΝΕΣΤΩΤΑΣ
βλάφτοντας
ΠΑΡΑΚΕΙΜΕΝΟΣ
έχοντας βλάψει[2]

[1] Οι β' τύποι (και αυτοί με το τελικό ε) κυρίως στον προφορικό λόγο και στη λογοτεχνία.
[2] Οι β' τύποι με το έχω + μτχ. δε συνηθίζονται, λόγω ιδιαίτερης σημασίας της μτχ. βλαμμένος.
[3] Στα υπερδισύλλαβα ο τόνος ανεβαίνει: άστραφτε, άστραψε κτλ.

ΠΑΘΗΤΙΚΗ ΦΩΝΗ

ΟΡΙΣΤΙΚΗ

ΕΝΕΣΤΩΤΑΣ	ΠΑΡΑΤΑΤΙΚΟΣ	ΑΟΡΙΣΤΟΣ
βλάφτομαι	βλαφτόμουν(α)[1]	βλάφτηκα
βλάφτεσαι	βλαφτόσουν(α)[1]	βλάφτηκες
βλάφτεται	βλαφτόταν(ε)[1,2]	βλάφτηκε
βλαφτόμαστε	βλαφτόμαστε/-όμασταν[1]	βλαφτήκαμε
βλάφτεστε/βλαφτόσαστε[1]	βλαφτόσαστε/-όσασταν[1]	βλαφτήκατε
βλάφτονται	βλάφτονταν/βλαφτόντανε[1]/ βλαφτόντουσαν[1]	βλάφτηκαν/βλαφτήκαν(ε)[1]
ΕΞΑΚΟΛ. ΜΕΛΛΟΝΤΑΣ	**ΣΥΝΟΠΤ. ΜΕΛΛΟΝΤΑΣ**	**ΠΑΡΑΚΕΙΜΕΝΟΣ**
θα βλάφτομαι	θα βλαφτώ	έχω βλαφτεί[3]
θα βλάφτεσαι	θα βλαφτείς	**ΥΠΕΡΣΥΝΤΕΛΙΚΟΣ**
θα βλάφτεται	θα βλαφτεί	είχα βλαφτεί[3]
θα βλαφτόμαστε	θα βλαφτούμε	**ΣΥΝΤΕΛ. ΜΕΛΛΟΝΤΑΣ**
θα βλάφτεστε/-όσαστε[1]	θα βλαφτείτε	θα έχω βλαφτεί[3]
θα βλάφτονται	θα βλαφτούν(ε)[1]	

ΥΠΟΤΑΚΤΙΚΗ

ΕΝΕΣΤΩΤΑΣ	ΑΟΡΙΣΤΟΣ	ΠΑΡΑΚΕΙΜΕΝΟΣ
[να όταν...] βλάφτομαι	[να, όταν...] βλαφτώ	[να, όταν...] έχω βλαφτεί[3]
βλάφτεσαι	βλαφτείς	
βλάφτεται	βλαφτεί	
βλαφτόμαστε	βλαφτούμε	
βλάφτεστε/βλαφτόσαστε[1]	βλαφτείτε	
βλάφτονται	βλαφτούν(ε)[1]	

ΠΡΟΣΤΑΚΤΙΚΗ

ΕΝΕΣΤΩΤΑΣ	ΑΟΡΙΣΤΟΣ
–	–
–	βλάψου
–	–
–	–
βλάφτεστε	βλαφτείτε
–	–

ΜΕΤΟΧΗ

ΕΝΕΣΤΩΤΑΣ
–
ΠΑΡΑΚΕΙΜΕΝΟΣ
βλαμμένος

[1] Οι β' τύποι (και αυτοί με το τελικό α ή ε) κυρίως στον προφορικό λόγο και στη λογοτεχνία.
[2] Και βλάφτονταν στον προφορικό λόγο και στη λογοτεχνία.
[3] Οι β' τύποι με το είμαι + μτχ. δε συνηθίζονται, λόγω ιδιαίτερης σημασίας της μτχ. βλαμμένος.

ΕΝΕΡΓΗΤΙΚΗ ΦΩΝΗ

ΟΡΙΣΤΙΚΗ

ΕΝΕΣΤΩΤΑΣ	ΠΑΡΑΤΑΤΙΚΟΣ	ΑΟΡΙΣΤΟΣ
μαζεύω	μάζευα	μάζεψα
μαζεύεις	μάζευες	μάζεψες
μαζεύει	μάζευε	μάζεψε
μαζεύουμε (σπάν.-ομε)	μαζεύαμε	μαζέψαμε
μαζεύετε	μαζεύατε	μαζέψατε
μαζεύουν(ε)[1]	μάζευαν/μαζεύαν(ε)[1]	μάζεψαν/μαζέψαν(ε)[1]
ΕΞΑΚΟΛ. ΜΕΛΛΟΝΤΑΣ	**ΣΥΝΟΠΤ. ΜΕΛΛΟΝΤΑΣ**	**ΠΑΡΑΚΕΙΜΕΝΟΣ**
θα μαζεύω	θα μαζέψω	έχω μαζέψει/έχω μαζεμένο[2]
θα μαζεύεις	θα μαζέψεις	**ΥΠΕΡΣΥΝΤΕΛΙΚΟΣ**
θα μαζεύει	θα μαζέψει	είχα μαζέψει/
θα μαζεύουμε (σπάν.-ομε)	θα μαζέψουμε (σπάν.-ομε)	είχα μαζεμένο[2]
θα μαζεύετε	θα μαζέψετε	**ΣΥΝΤΕΛ. ΜΕΛΛΟΝΤΑΣ**
θα μαζεύουν(ε)[1]	θα μαζέψουν(ε)[1]	θα έχω μαζέψει/
		θα έχω μαζεμένο[2]

ΥΠΟΤΑΚΤΙΚΗ

ΕΝΕΣΤΩΤΑΣ	ΑΟΡΙΣΤΟΣ	ΠΑΡΑΚΕΙΜΕΝΟΣ
[να, όταν...] μαζεύω	[να, όταν...] μαζέψω	[να, όταν...] έχω μαζέψει/
μαζεύεις	μαζέψεις	έχω μαζεμένο[2]
μαζεύει	μαζέψει	
μαζεύουμε (σπάν.-ομε)	μαζέψουμε (σπάν.-ομε)	
μαζεύετε	μαζέψετε	
μαζεύουν(ε)[1]	μαζέψουν(ε)[1]	

ΠΡΟΣΤΑΚΤΙΚΗ

ΕΝΕΣΤΩΤΑΣ	ΑΟΡΙΣΤΟΣ
—	—
μάζευε	μάζεψε[3]
—	—
—	—
μαζεύετε	μαζέψτε/μαζεύτε[1]
—	—

ΜΕΤΟΧΗ

ΕΝΕΣΤΩΤΑΣ
μαζεύοντας
ΠΑΡΑΚΕΙΜΕΝΟΣ
έχοντας μαζέψει/
έχοντας μαζεμένο[2]

[1] Οι β' τύποι (και αυτοί με το τελικό ε) κυρίως στον προφορικό λόγο και στη λογοτεχνία.
[2] Οι β' τύποι (σπάνιας χρήσης) δεν είναι πλήρως ισοδύναμοι με τους α', από άποψη σημασίας και σύνταξης. Ισχύουν μόνο όταν το ρ. είναι μεταβατικό (μαζεύω κάτι).
[3] Και τύπος μάζευ'το (σε συμπροφορά), ανάλογος με τον τύπο μαζεύτε του β' πληθ.

ΠΑΘΗΤΙΚΗ ΦΩΝΗ

ΟΡΙΣΤΙΚΗ

ΕΝΕΣΤΩΤΑΣ
μαζεύομαι
μαζεύεσαι
μαζεύεται
μαζευόμαστε
μαζεύεστε/μαζευόσαστε[1]
μαζεύονται

ΕΞΑΚΟΛ. ΜΕΛΛΟΝΤΑΣ
θα μαζεύομαι
θα μαζεύεσαι
θα μαζεύεται
θα μαζευόμαστε
θα μαζεύεστε/-όσαστε[1]
θα μαζεύονται

ΠΑΡΑΤΑΤΙΚΟΣ
μαζευόμουν(α)[1]
μαζευόσουν(α)[1]
μαζευόταν(ε)[1,2]
μαζευόμαστε/-όμασταν[1]
μαζευόσαστε/-όσασταν[1]
μαζεύονταν/μαζευόντανε[1]/
μαζευόντουσαν[1]

ΣΥΝΟΠΤ. ΜΕΛΛΟΝΤΑΣ
θα μαζευτώ
θα μαζευτείς
θα μαζευτεί
θα μαζευτούμε
θα μαζευτείτε
θα μαζευτούν(ε)[1]

ΑΟΡΙΣΤΟΣ
μαζεύτηκα
μαζεύτηκες
μαζεύτηκε
μαζευτήκαμε
μαζευτήκατε
μαζεύτηκαν/μαζευτήκαν(ε)[1]

ΠΑΡΑΚΕΙΜΕΝΟΣ
έχω μαζευτεί/
είμαι μαζεμένος[3]

ΥΠΕΡΣΥΝΤΕΛΙΚΟΣ
είχα μαζευτεί/
ήμουν μαζεμένος[3]

ΣΥΝΤΕΛ. ΜΕΛΛΟΝΤΑΣ
θα έχω μαζευτεί/
θα είμαι μαζεμένος[3]

ΥΠΟΤΑΚΤΙΚΗ

ΕΝΕΣΤΩΤΑΣ
[να, όταν...] μαζεύομαι
μαζεύεσαι
μαζεύεται
μαζευόμαστε
μαζεύεστε/μαζευόσαστε[1]
μαζεύονται

ΑΟΡΙΣΤΟΣ
[να, όταν...] μαζευτώ
μαζευτείς
μαζευτεί
μαζευτούμε
μαζευτείτε
μαζευτούν(ε)[1]

ΠΑΡΑΚΕΙΜΕΝΟΣ
[να, όταν...] έχω μαζευτεί/
είμαι μαζεμένος[3]

ΠΡΟΣΤΑΚΤΙΚΗ

ΕΝΕΣΤΩΤΑΣ
–
–
–
–
μαζεύεστε
–

ΑΟΡΙΣΤΟΣ
–
μαζέψου
–
–
μαζευτείτε
–

ΜΕΤΟΧΗ

ΕΝΕΣΤΩΤΑΣ
–

ΠΑΡΑΚΕΙΜΕΝΟΣ
μαζεμένος

[1] Οι β΄ τύποι (και αυτοί με το τελικό α ή ε) κυρίως στον προφορικό λόγο και στη λογοτεχνία.
[2] Και μαζεύονταν στον προφορικό λόγο και στη λογοτεχνία.
[3] Οι β΄ τύποι (σπάνιας χρήσης) δεν είναι πλήρως ισοδύναμοι με τους α΄, από άποψη σημασίας και σύνταξης.

ΕΝΕΡΓΗΤΙΚΗ ΦΩΝΗ

ΟΡΙΣΤΙΚΗ

ΕΝΕΣΤΩΤΑΣ	ΠΑΡΑΤΑΤΙΚΟΣ	ΑΟΡΙΣΤΟΣ
δημοσιεύω	δημοσίευα	δημοσίευσα
δημοσιεύεις	δημοσίευες	δημοσίευσες
δημοσιεύει	δημοσίευε	δημοσίευσε
δημοσιεύουμε (σπάν.-ομε)	δημοσιεύαμε	δημοσιεύσαμε
δημοσιεύετε	δημοσιεύατε	δημοσιεύσατε
δημοσιεύουν(ε)[1]	δημοσίευαν/δημοσιεύαν(ε)[1]	δημοσίευσαν/
ΕΞΑΚΟΛ. ΜΕΛΛΟΝΤΑΣ	**ΣΥΝΟΠΤ. ΜΕΛΛΟΝΤΑΣ**	δημοσιεύσαν(ε)[1]
θα δημοσιεύω	θα δημοσιεύσω	**ΠΑΡΑΚΕΙΜΕΝΟΣ**
θα δημοσιεύεις	θα δημοσιεύσεις	έχω δημοσιεύσει/
θα δημοσιεύει	θα δημοσιεύσει	έχω δημοσιευμένο[2]
θα δημοσιεύουμε (σπάν.-ομε)	θα δημοσιεύσουμε (σπάν.-ομε)	**ΥΠΕΡΣΥΝΤΕΛΙΚΟΣ**
θα δημοσιεύετε	θα δημοσιεύσετε	είχα δημοσιεύσει/
θα δημοσιεύουν(ε)[1]	θα δημοσιεύσουν(ε)[1]	είχα δημοσιευμένο[2]
		ΣΥΝΤΕΛ. ΜΕΛΛΟΝΤΑΣ
		θα έχω δημοσιεύσει/
		θα έχω δημοσιευμένο[2]

ΥΠΟΤΑΚΤΙΚΗ

ΕΝΕΣΤΩΤΑΣ	ΑΟΡΙΣΤΟΣ	ΠΑΡΑΚΕΙΜΕΝΟΣ
[να, όταν...] δημοσιεύω	[να, όταν...] δημοσιεύσω	[να, όταν...] έχω δημοσιέύσει/
δημοσιεύεις	δημοσιεύσεις	έχω δημοσιευμένο[2]
δημοσιεύει	δημοσιεύσει	
δημοσιεύουμε (σπάν.-ομε)	δημοσιεύσουμε (σπάν.-ομε)	
δημοσιεύετε	δημοσιεύσετε	
δημοσιεύουν(ε)[1]	δημοσιεύσουν(ε)[1]	

ΠΡΟΣΤΑΚΤΙΚΗ

ΕΝΕΣΤΩΤΑΣ	ΑΟΡΙΣΤΟΣ
–	–
δημοσίευε	δημοσίευσε
–	–
–	–
δημοσιεύετε	δημοσιεύστε/δημοσιεύσετε[3]
–	–

ΜΕΤΟΧΗ

ΕΝΕΣΤΩΤΑΣ
δημοσιεύοντας
ΠΑΡΑΚΕΙΜΕΝΟΣ
έχοντας δημοσιεύσει/
έχοντας δημοσιευμένο[2]

[1] Οι β' τύποι (και αυτοί με το τελικό ε) κυρίως στον προφορικό λόγο και στη λογοτεχνία.
[2] Οι β' τύποι (σπάνιας χρήσης) δεν είναι πλήρως ισοδύναμοι με τους α', από άποψη σημασίας και σύνταξης. Ισχύουν μόνο όταν το ρ. είναι μεταβατικό (δημοσιεύω κάτι).
[3] Ο β' τύπος απαντάται κυρίως σε επίσημο ύφος λόγου.

ΠΑΘΗΤΙΚΗ ΦΩΝΗ

ΟΡΙΣΤΙΚΗ

ΕΝΕΣΤΩΤΑΣ
δημοσιεύομαι
δημοσιεύεσαι
δημοσιεύεται
δημοσιευόμαστε
δημοσιεύεστε (σπάν.-όσαστε)
δημοσιεύονται

ΕΞΑΚΟΛ. ΜΕΛΛΟΝΤΑΣ
θα δημοσιεύομαι
θα δημοσιεύεσαι
θα δημοσιεύεται
θα δημοσιευόμαστε
θα δημοσιεύεστε (σπάν.-όσαστε)
θα δημοσιεύονται

ΠΑΡΑΤΑΤΙΚΟΣ
δημοσιευόμουν(α)[1]
δημοσιευόσουν(α)[1]
δημοσιευόταν(ε)[1,2]
δημοσιευόμαστε[2]
δημοσιευόσαστε[2]
δημοσιεύονταν[2]

ΣΥΝΟΠΤ. ΜΕΛΛΟΝΤΑΣ[3]
θα δημοσιευτώ (-ευθώ)
θα δημοσιευτείς (-ευθείς)
θα δημοσιευτεί (-ευθεί)
θα δημοσιευτούμε (-ευθούμε)
θα δημοσιευτείτε (-ευθείτε)
θα δημοσιευτούν(ε) (-ευθούν[ε][1])

ΑΟΡΙΣΤΟΣ[3]
δημοσιεύτηκα (-εύθηκα)
δημοσιεύτηκες (-εύθηκες)
δημοσιεύτηκε (-εύθηκε)
δημοσιευτήκαμε (-ευθήκαμε)
δημοσιευτήκατε (-ευθήκατε)
δημοσιεύτηκαν (-ευτήκαν[ε][1])/
δημοσιεύθηκαν (-ευθήκαν[ε][1])

ΠΑΡΑΚΕΙΜΕΝΟΣ
έχω δημοσιευτεί/ έχω δημοσιευθεί[3]/ είμαι δημοσιευμένος[4]

ΥΠΕΡΣΥΝΤΕΛΙΚΟΣ
είχα δημοσιευτεί/ είχα δημοσιευθεί[3]/ ήμουν δημοσιευμένος[4]

ΣΥΝΤΕΛ. ΜΕΛΛΟΝΤΑΣ
θα έχω δημοσιευτεί/ θα έχω δημοσιευθεί[3]/ θα είμαι δημοσιευμένος[4]

ΥΠΟΤΑΚΤΙΚΗ

ΕΝΕΣΤΩΤΑΣ
[να, όταν...] δημοσιεύομαι
δημοσιεύεσαι
δημοσιεύεται
δημοσιευόμαστε
δημοσιεύεστε (σπάν.-όσαστε)
δημοσιεύονται

ΑΟΡΙΣΤΟΣ[3]
[να, όταν...] δημοσιευτώ (-ευθώ)
δημοσιευτείς (-ευθείς)
δημοσιευτεί (-ευθεί)
δημοσιευτούμε (-ευθούμε)
δημοσιευτείτε (-ευθείτε)
δημοσιευτούν(ε) (-ευθούν[ε][1])

ΠΑΡΑΚΕΙΜΕΝΟΣ
[να, όταν...] έχω δημοσιευτεί/
έχω δημοσιευθεί[3]/
είμαι δημοσιευμένος[4]

ΠΡΟΣΤΑΚΤΙΚΗ

ΕΝΕΣΤΩΤΑΣ
–
–
–
–
δημοσιεύεστε
–

ΑΟΡΙΣΤΟΣ
–
δημοσιεύσου[3]
–
–
δημοσιευτείτε/δημοσιευθείτε[3]
–

ΜΕΤΟΧΗ

ΕΝΕΣΤΩΤΑΣ
δημοσιευόμενος

ΠΑΡΑΚΕΙΜΕΝΟΣ
δημοσιευμένος

[1] Οι τύποι με το τελικό α ή ε (και ο β′ τύπος του αορίστου) κυρίως στον προφορικό λόγο και στη λογοτεχνία. Σπάνιοι σε λογιότερα ρ.
[2] Οι τύποι σε -ονταν, -όμασταν, -όσασταν, -όντουσαν (δες λύνομαι, 2) δε συνηθίζονται, λόγω του λόγιου (γενικά) χαρακτήρα των ρ. αυτής της κατηγορίας.
[3] Οι τύποι με -ευθ- προτιμώνται σε επίσημο ύφος λόγου. Ορισμένα ρ. όπως το παύομαι, που σχηματίζει ενεργ. αόρ. έπαυσα και έπαψα, έχουν και παράλληλο τύπο με -ψ- (πάψου).
[4] Οι β′ τύποι (σπάνιας χρήσης) δεν είναι πλήρως ισοδύναμοι με τους α′, από άποψη σημασίας και σύνταξης.

ΕΝΕΡΓΗΤΙΚΗ ΦΩΝΗ

ΟΡΙΣΤΙΚΗ

ΕΝΕΣΤΩΤΑΣ	**ΠΑΡΑΤΑΤΙΚΟΣ**	**ΑΟΡΙΣΤΟΣ**
τυλίγω	τύλιγα	τύλιξα
τυλίγεις	τύλιγες	τύλιξες
τυλίγει	τύλιγε	τύλιξε
τυλίγουμε (σπάν.-ομε)	τυλίγαμε	τυλίξαμε
τυλίγετε	τυλίγατε	τυλίξατε
τυλίγουν(ε)[1]	τύλιγαν/τυλίγαν(ε)[1]	τύλιξαν/τυλίξαν(ε)[1]
ΕΞΑΚΟΛ. ΜΕΛΛΟΝΤΑΣ	**ΣΥΝΟΠΤ. ΜΕΛΛΟΝΤΑΣ**	**ΠΑΡΑΚΕΙΜΕΝΟΣ**
θα τυλίγω	θα τυλίξω	έχω τυλίξει/έχω τυλιγμένο[2]
θα τυλίγεις	θα τυλίξεις	**ΥΠΕΡΣΥΝΤΕΛΙΚΟΣ**
θα τυλίγει	θα τυλίξει	είχα τυλίξει/είχα τυλιγμένο[2]
θα τυλίγουμε (σπάν.-ομε)	θα τυλίξουμε (σπάν.-ομε)	**ΣΥΝΤΕΛ. ΜΕΛΛΟΝΤΑΣ**
θα τυλίγετε	θα τυλίξετε	θα έχω τυλίξει/
θα τυλίγουν(ε)[1]	θα τυλίξουν(ε)[1]	θα έχω τυλιγμένο[2]

ΥΠΟΤΑΚΤΙΚΗ

ΕΝΕΣΤΩΤΑΣ	**ΑΟΡΙΣΤΟΣ**	**ΠΑΡΑΚΕΙΜΕΝΟΣ**
[να, όταν...] τυλίγω	[να, όταν...] τυλίξω	[να, όταν...] έχω τυλίξει/
τυλίγεις	τυλίξεις	έχω τυλιγμένο[2]
τυλίγει	τυλίξει	
τυλίγουμε (σπάν.-ομε)	τυλίξουμε (σπάν.-ομε)	
τυλίγετε	τυλίξετε	
τυλίγουν(ε)[1]	τυλίξουν(ε)[1]	

ΠΡΟΣΤΑΚΤΙΚΗ

ΕΝΕΣΤΩΤΑΣ	**ΑΟΡΙΣΤΟΣ**
—	—
τύλιγε	τύλιξε[3]
—	—
—	—
τυλίγετε	τυλίξτε/τυλίχτε[1]
—	—

ΜΕΤΟΧΗ

ΕΝΕΣΤΩΤΑΣ
τυλίγοντας
ΠΑΡΑΚΕΙΜΕΝΟΣ
έχοντας τυλίξει/
έχοντας τυλιγμένο[2]

[1] Οι β' τύποι (και αυτοί με το τελικό ε) κυρίως στον προφορικό λόγο και στη λογοτεχνία. Σπάνιοι σε λόγια ρ. (π.χ. διανοίγω).
[2] Οι β' τύποι (σπάνιας χρήσης) δεν είναι πλήρως ισοδύναμοι με τους α', από άποψη σημασίας και σύνταξης. Ισχύουν μόνο όταν το ρ. είναι μεταβατικό (τυλίγω κάτι).
[3] Στον προφορικό λόγο απαντάται (σε συμπροφορά) και ο τύπος τύλιχ'το, ανάλογος με το τυλίχτε του β' πληθ.

ΠΑΘΗΤΙΚΗ ΦΩΝΗ

ΟΡΙΣΤΙΚΗ

ΕΝΕΣΤΩΤΑΣ	ΠΑΡΑΤΑΤΙΚΟΣ	ΑΟΡΙΣΤΟΣ[3]
τυλίγομαι	τυλιγόμουν(α)[1]	τυλίχτηκα
τυλίγεσαι	τυλιγόσουν(α)[1]	τυλίχτηκες
τυλίγεται	τυλιγόταν(ε)[1,2]	τυλίχτηκε
τυλιγόμαστε	τυλιγόμαστε/τυλιγόμασταν[1]	τυλιχτήκαμε
τυλίγεστε/τυλιγόσαστε[1]	τυλιγόσαστε/τυλιγόσασταν[1]	τυλιχτήκατε
τυλίγονται	τυλίγονταν/τυλιγόντανε[1]/ τυλιγόντουσαν[1]	τυλίχτηκαν/τυλιχτήκαν(ε)[1]
ΕΞΑΚΟΛ. ΜΕΛΛΟΝΤΑΣ	**ΣΥΝΟΠΤ. ΜΕΛΛΟΝΤΑΣ[3]**	**ΠΑΡΑΚΕΙΜΕΝΟΣ**
θα τυλίγομαι	θα τυλιχτώ	έχω τυλιχτεί[3]/ είμαι τυλιγμένος[4]
θα τυλίγεσαι	θα τυλιχτείς	**ΥΠΕΡΣΥΝΤΕΛΙΚΟΣ**
θα τυλίγεται	θα τυλιχτεί	είχα τυλιχτεί[3]/ ήμουν τυλιγμένος[4]
θα τυλιγόμαστε	θα τυλιχτούμε	**ΣΥΝΤΕΛ. ΜΕΛΛΟΝΤΑΣ**
θα τυλίγεστε/-όσαστε[1]	θα τυλιχτείτε	θα έχω τυλιχτεί[3]/
θα τυλίγονται	θα τυλιχτούν(ε)[1]	θα είμαι τυλιγμένος[4]

ΥΠΟΤΑΚΤΙΚΗ

ΕΝΕΣΤΩΤΑΣ	ΑΟΡΙΣΤΟΣ[3]	ΠΑΡΑΚΕΙΜΕΝΟΣ
[να, όταν...] τυλίγομαι	[να, όταν...] τυλιχτώ	[να, όταν...] έχω τυλιχτεί[3]/ είμαι τυλιγμένος[4]
τυλίγεσαι	τυλιχτείς	
τυλίγεται	τυλιχτεί	
τυλιγόμαστε	τυλιχτούμε	
τυλίγεστε/τυλιγόσαστε[1]	τυλιχτείτε	
τυλίγονται	τυλιχτούν(ε)[1]	

ΠΡΟΣΤΑΚΤΙΚΗ

ΕΝΕΣΤΩΤΑΣ	ΑΟΡΙΣΤΟΣ
—	—
—	τυλίξου
—	—
—	—
τυλίγεστε	τυλιχτείτε[3]
—	—

ΜΕΤΟΧΗ

ΕΝΕΣΤΩΤΑΣ[3]
—

ΠΑΡΑΚΕΙΜΕΝΟΣ
τυλιγμένος

[1] Οι β′ τύποι (και αυτοί με το τελικό α ή ε) κυρίως στον προφορικό λόγο και στη λογοτεχνία. Σπάνιοι σε λόγια ρ.
[2] Και τυλίγονταν στον προφορικό λόγο και στη λογοτεχνία (όχι σε λόγια ρ.).
[3] Σε λόγια ρ. (π.χ. διανοίγομαι) απαντώνται και οι τύποι με -χθ- (διανοίχθηκα κτλ.), καθώς και η μτχ. ενεστ. (διανοιγόμενος).
[4] Οι β′ τύποι (σπάνιας χρήσης) δεν είναι πλήρως ισοδύναμοι με τους α′, από άποψη σημασίας και σύνταξης.

ΕΝΕΡΓΗΤΙΚΗ ΦΩΝΗ

ΟΡΙΣΤΙΚΗ

ΕΝΕΣΤΩΤΑΣ	ΠΑΡΑΤΑΤΙΚΟΣ	ΑΟΡΙΣΤΟΣ
πειράζω	πείραζα	πείραξα
πειράζεις	πείραζες	πείραξες
πειράζει	πείραζε	πείραξε
πειράζουμε (σπάν.-ομε)	πειράζαμε	πειράξαμε
πειράζετε	πειράζατε	πειράξατε
πειράζουν(ε)[1]	πείραζαν/πειράζαν(ε)[1]	πείραξαν/πειράξαν(ε)[1]
ΕΞΑΚΟΛ. ΜΕΛΛΟΝΤΑΣ	**ΣΥΝΟΠΤ. ΜΕΛΛΟΝΤΑΣ**	**ΠΑΡΑΚΕΙΜΕΝΟΣ**
θα πειράζω	θα πειράξω	έχω πειράξει/
θα πειράζεις	θα πειράξεις	έχω πειραγμένο[2]
θα πειράζει	θα πειράξει	**ΥΠΕΡΣΥΝΤΕΛΙΚΟΣ**
θα πειράζουμε (σπάν.-ομε)	θα πειράξουμε (σπάν.-ομε)	είχα πειράξει/
θα πειράζετε	θα πειράξετε	είχα πειραγμένο[2]
θα πειράζουν(ε)[1]	θα πειράξουν(ε)[1]	**ΣΥΝΤΕΛ. ΜΕΛΛΟΝΤΑΣ**
		θα έχω πειράξει/
		θα έχω πειραγμένο[2]

ΥΠΟΤΑΚΤΙΚΗ

ΕΝΕΣΤΩΤΑΣ	ΑΟΡΙΣΤΟΣ	ΠΑΡΑΚΕΙΜΕΝΟΣ
[να, όταν...] πειράζω	[να, όταν...] πειράξω	[να, όταν...] έχω πειράξει/
πειράζεις	πειράξεις	έχω πειραγμένο[2]
πειράζει	πειράξει	
πειράζουμε (σπάν.-ομε)	πειράξουμε (σπάν.-ομε)	
πειράζετε	πειράξετε	
πειράζουν(ε)[1]	πειράξουν(ε)[1]	

ΠΡΟΣΤΑΚΤΙΚΗ

ΕΝΕΣΤΩΤΑΣ	ΑΟΡΙΣΤΟΣ
—	—
πείραζε	πείραξε[3]
—	—
—	—
πειράζετε	πειράξτε/πειράχτε[1]
—	—

ΜΕΤΟΧΗ

ΕΝΕΣΤΩΤΑΣ
πειράζοντας
ΠΑΡΑΚΕΙΜΕΝΟΣ
έχοντας πειράξει/
έχοντας πειραγμένο[2]

[1] Οι β' τύποι (και αυτοί με το τελικό ε) κυρίως στον προφορικό λόγο και στη λογοτεχνία.
[2] Οι β' τύποι (σπάνιας χρήσης) δεν είναι πλήρως ισοδύναμοι με τους α', από άποψη σημασίας και σύνταξης. Ισχύουν μόνο όταν το ρ. είναι μεταβατικό (πειράζω κάτι).
[3] Στον προφορικό λόγο απαντάται (σε συμπροφορά) και ο τύπος πείραχ'το (άλλαχ'το κτλ.), ανάλογος με τον τύπο πειράχτε του β' πληθ.

πειράζομαι

ΠΑΘΗΤΙΚΗ ΦΩΝΗ

ΟΡΙΣΤΙΚΗ

ΕΝΕΣΤΩΤΑΣ
πειράζομαι
πειράζεσαι
πειράζεται
πειραζόμαστε
πειράζεστε/πειραζόσαστε[1]
πειράζονται

ΕΞΑΚΟΛ. ΜΕΛΛΟΝΤΑΣ
θα πειράζομαι
θια πειράζεσαι
θα πειράζεται
θα πειραζόμαστε
θα πειράζεστε/-όσαστε[1]
θα πειράζονται

ΠΑΡΑΤΑΤΙΚΟΣ
πειραζόμουν(α)[1]
πειραζόσουν(α)[1]
πειραζόταν(ε)[1,2]
πειραζόμαστε/-όμασταν[1]
πειραζόσαστε/-όσασταν[1]
πειράζονταν/πειραζόντανε[1]/
πειραζόντουσαν[1]

ΣΥΝΟΠΤ. ΜΕΛΛΟΝΤΑΣ
θα πειραχτώ
θα πειραχτείς
θα πειραχτεί
θα πειραχτούμε
θα πειραχτείτε
θα πειραχτούν(ε)[1]

ΑΟΡΙΣΤΟΣ
πειράχτηκα
πειράχτηκες
πειράχτηκε
πειραχτήκαμε
πειραχτήκατε
πειράχτηκαν/πειραχτήκαν(ε)[1]

ΠΑΡΑΚΕΙΜΕΝΟΣ
έχω πειραχτεί/
είμαι πειραγμένος[3]

ΥΠΕΡΣΥΝΤΕΛΙΚΟΣ
είχα πειραχτεί/
ήμουν πειραγμένος[3]

ΣΥΝΤΕΛ. ΜΕΛΛΟΝΤΑΣ
θα έχω πειραχτεί/
θα είμαι πειραγμένος[3]

ΥΠΟΤΑΚΤΙΚΗ

ΕΝΕΣΤΩΤΑΣ
[να, όταν...] πειράζομαι
πειράζεσαι
πειράζεται
πειραζόμαστε
πειράζεστε/πειραζόσαστε[1]
πειράζονται

ΑΟΡΙΣΤΟΣ
[να, όταν...] πειραχτώ
πειραχτείς
πειραχτεί
πειραχτούμε
πειραχτείτε
πειραχτούν(ε)[1]

ΠΑΡΑΚΕΙΜΕΝΟΣ
[να, όταν...] έχω πειραχτεί/
είμαι πειραγμένος[3]

ΠΡΟΣΤΑΚΤΙΚΗ

ΕΝΕΣΤΩΤΑΣ
–
–
–
–
πειράζεστε
–

ΑΟΡΙΣΤΟΣ
–
πειράξου
–
–
πειραχτείτε
–

ΜΕΤΟΧΗ

ΕΝΕΣΤΩΤΑΣ
–

ΠΑΡΑΚΕΙΜΕΝΟΣ
πειραγμένος

[1] Οι β' τύποι (και αυτοί με το τελικό α ή ε) κυρίως στον προφορικό λόγο και στη λογοτεχνία.
[2] Και πειράζονταν στον προφορικό λόγο και στη λογοτεχνία.
[3] Οι β' τύποι (σπάνιας χρήσης) δεν είναι πλήρως ισοδύναμοι με τους α', από άποψη σημασίας και σύνταξης.

πλέκω 25

ΕΝΕΡΓΗΤΙΚΗ ΦΩΝΗ

ΟΡΙΣΤΙΚΗ

ΕΝΕΣΤΩΤΑΣ	**ΠΑΡΑΤΑΤΙΚΟΣ**	**ΑΟΡΙΣΤΟΣ**
πλέκω	έπλεκα	έπλεξα
πλέκεις	έπλεκες	έπλεξες
πλέκει	έπλεκε	έπλεξε
πλέκουμε (σπάν.-ομε)	πλέκαμε	πλέξαμε
πλέκετε	πλέκατε	πλέξατε
πλέκουν(ε)[1]	έπλεκαν/πλέκαν(ε)[1]	έπλεξαν/πλέξαν(ε)[1]
ΕΞΑΚΟΛ. ΜΕΛΛΟΝΤΑΣ	**ΣΥΝΟΠΤ. ΜΕΛΛΟΝΤΑΣ**	**ΠΑΡΑΚΕΙΜΕΝΟΣ**
θα πλέκω	θα πλέξω	έχω πλέξει/έχω πλεγμένο[2]
θα πλέκεις	θα πλέξεις	**ΥΠΕΡΣΥΝΤΕΛΙΚΟΣ**
θα πλέκει	θα πλέξει	είχα πλέξει/είχα πλεγμένο[2]
θα πλέκουμε (σπάν.-ομε)	θα πλέξουμε (σπάν.-ομε)	**ΣΥΝΤΕΛ. ΜΕΛΛΟΝΤΑΣ**
θα πλέκετε	θα πλέξετε	θα έχω πλέξει/
θα πλέκουν(ε)[1]	θα πλέξουν(ε)[1]	θα έχω πλεγμένο[2]

ΥΠΟΤΑΚΤΙΚΗ

ΕΝΕΣΤΩΤΑΣ	**ΑΟΡΙΣΤΟΣ**	**ΠΑΡΑΚΕΙΜΕΝΟΣ**
[να, όταν...] πλέκω	[να, όταν...] πλέξω	[να, όταν...] έχω πλέξει/
πλέκεις	πλέξεις	έχω πλεγμένο[2]
πλέκει	πλέξει	
πλέκουμε (σπάν.-ομε)	πλέξουμε (σπάν.-ομε)	
πλέκετε	πλέξετε	
πλέκουν(ε)[1]	πλέξουν(ε)[1]	

ΠΡΟΣΤΑΚΤΙΚΗ

ΕΝΕΣΤΩΤΑΣ	**ΑΟΡΙΣΤΟΣ**
—	—
πλέκε	πλέξε[3]
—	—
—	—
πλέκετε	πλέξτε[4]/πλέχτε[1]
—	—

ΜΕΤΟΧΗ

ΕΝΕΣΤΩΤΑΣ
πλέκοντας
ΠΑΡΑΚΕΙΜΕΝΟΣ
έχοντας πλέξει/
έχοντας πλεγμένο[2]

Οι β΄ τύποι (και αυτοί με το τελικό ε) κυρίως στον προφορικό λόγο και στη λογοτεχνία. Σπάνιοι σε λόγια ρ.
Οι β΄ τύποι (σπάνιας χρήσης) δεν είναι πλήρως ισοδύναμοι με τους α΄, από άποψη σημασίας και σύνταξης. Ισχύουν μόνο όταν το ρ. είναι μεταβατικό (πλέκω κάτι).
Στον προφορικό λόγο απαντάται (σε συμπροφορά) και ο τύπος πλέχ'το, ανάλογος με τον τύπο πλέχτε του β΄ πληθ.
Σε λόγια ρήματα (π.χ. εμπλέκω) συνηθίζεται και ο τύπος σε -ετε (π.χ. εμπλέξετε).

πλέκομαι 26

ΠΑΘΗΤΙΚΗ ΦΩΝΗ

ΟΡΙΣΤΙΚΗ

ΕΝΕΣΤΩΤΑΣ
πλέκομαι
πλέκεσαι
πλέκεται
πλεκόμαστε
πλέκεστε/πλεκόσαστε[1]
πλέκονται

ΕΞΑΚΟΛ. ΜΕΛΛΟΝΤΑΣ
θα πλέκομαι
θα πλέκεσαι
θα πλέκεται
θα πλεκόμαστε
θα πλέκεστε/-όσαστε[1]
θα πλέκονται

ΠΑΡΑΤΑΤΙΚΟΣ
πλεκόμουν(α)[1]
πλεκόσουν(α)[1]
πλεκόταν(ε)[1,2]
πλεκόμαστε/πλεκόμασταν[1]
πλεκόσαστε/πλεκόσασταν[1]
πλέκονταν/πλεκόντανε[1]/
πλεκόντουσαν[1]

ΣΥΝΟΠΤ. ΜΕΛΛΟΝΤΑΣ[3]
θα πλεχτώ
θα πλεχτείς
θα πλεχτεί
θα πλεχτούμε
θα πλεχτείτε
θα πλεχτούν(ε)[1]

ΑΟΡΙΣΤΟΣ[3]
πλέχτηκα
πλέχτηκες
πλέχτηκε
πλεχτήκαμε
πλεχτήκατε
πλέχτηκαν/πλεχτήκαν(ε)[1]

ΠΑΡΑΚΕΙΜΕΝΟΣ
έχω πλεχτεί[3]/
είμαι πλεγμένος[4]

ΥΠΕΡΣΥΝΤΕΛΙΚΟΣ
είχα πλεχτεί[3]/
ήμουν πλεγμένος[4]

ΣΥΝΤΕΛ. ΜΕΛΛΟΝΤΑΣ
θα έχω πλεχτεί[3]/
θα είμαι πλεγμένος[4]

ΥΠΟΤΑΚΤΙΚΗ

ΕΝΕΣΤΩΤΑΣ
[να, όταν...] πλέκομαι
πλέκεσαι
πλέκεται
πλεκόμαστε
πλέκεστε/πλεκόσαστε[1]
πλέκονται

ΑΟΡΙΣΤΟΣ[3]
[να, όταν...] πλεχτώ
πλεχτείς
πλεχτεί
πλεχτούμε
πλεχτείτε
πλεχτούν(ε)[1]

ΠΑΡΑΚΕΙΜΕΝΟΣ
[να, όταν...] έχω πλεχτεί[3]/
είμαι πλεγμένος[4]

ΠΡΟΣΤΑΚΤΙΚΗ

ΕΝΕΣΤΩΤΑΣ	ΑΟΡΙΣΤΟΣ
—	—
—	πλέξου
—	—
—	—
πλέκεστε	πλεχτείτε[3]
—	—

ΜΕΤΟΧΗ

ΕΝΕΣΤΩΤΑΣ[3]
—

ΠΑΡΑΚΕΙΜΕΝΟΣ
πλεγμένος

[1] Οι β′ τύποι (και αυτοί με το τελικό α ή ε) κυρίως στον προφορικό λόγο και στη λογοτεχνία. Δεν απαντώντα συνήθως σε λόγια ρ.
[2] Και πλέκονταν στον προφορικό λόγο και στη λογοτεχνία (και όχι σε λόγια ρ.).
[3] Σε λόγια ρ. (π.χ. διώκομαι) απαντώνται και οι τύποι με -χθ- (διώχθηκα κτλ.), καθώς και η μτχ. ενεστ. (διωκόμενος).
[4] Οι β′ τύποι (σπάνιας χρήσης) δεν είναι πλήρως ισοδύναμοι με τους α′, από άποψη σημασίας και σύνταξης.

κηρύσσω

27

ΕΝΕΡΓΗΤΙΚΗ ΦΩΝΗ

ΟΡΙΣΤΙΚΗ

ΕΝΕΣΤΩΤΑΣ
κηρύσσω
κηρύσσεις
κηρύσσει
κηρύσσουμε (σπάν.-ομε)
κηρύσσετε
κηρύσσουν(ε)[1]

ΕΞΑΚΟΛ. ΜΕΛΛΟΝΤΑΣ
θα κηρύσσω
θα κηρύσσεις
θα κηρύσσει
θα κηρύσσουμε (σπάν.-ομε)
θα κηρύσσετε
θα κηρύσσουν(ε)[1]

ΠΑΡΑΤΑΤΙΚΟΣ
κήρυσσα
κήρυσσες
κύρυσσε
κηρύσσαμε
κηρύσσατε
κήρυσσαν/κηρύσσαν(ε)[1]

ΣΥΝΟΠΤ. ΜΕΛΛΟΝΤΑΣ
θα κηρύξω
θα κηρύξεις
θα κηρύξει
θα κηρύξουμε (σπάν.-ομε)
θα κηρύξετε
θα κηρύξουν(ε)[1]

ΑΟΡΙΣΤΟΣ
κήρυξα
κήρυξες
κήρυξε
κηρύξαμε
κηρύξατε
κήρυξαν/κηρύξαν(ε)[1]

ΠΑΡΑΚΕΙΜΕΝΟΣ
έχω κηρύξει/
(έχω κηρυγμένο)[2]

ΥΠΕΡΣΥΝΤΕΛΙΚΟΣ
είχα κηρύξει/
(είχα κηρυγμένο)[2]

ΣΥΝΤΕΛ. ΜΕΛΛΟΝΤΑΣ
θα έχω κηρύξει/
(θα έχω κηρυγμένο)[2]

ΥΠΟΤΑΚΤΙΚΗ

ΕΝΕΣΤΩΤΑΣ
[να, όταν...] κηρύσσω
κηρύσσεις
κηρύσσει
κηρύσσουμε (σπάν.-ομε)
κηρύσσετε
κηρύσσουν(ε)[1]

ΑΟΡΙΣΤΟΣ
[να, όταν...] κηρύξω
κηρύξεις
κηρύξει
κηρύξουμε (σπάν.-ομε)
κηρύξετε
κηρύξουν(ε)[1]

ΠΑΡΑΚΕΙΜΕΝΟΣ
[να, όταν...] έχω κηρύξει/
(έχω κηρυγμένο)[2]

ΠΡΟΣΤΑΚΤΙΚΗ

ΕΝΕΣΤΩΤΑΣ
—
κήρυσσε
—
—
κηρύσσετε
—

ΑΟΡΙΣΤΟΣ
—
κήρυξε
—
—
κηρύξτε/κηρύξετε[3]
—

ΜΕΤΟΧΗ

ΕΝΕΣΤΩΤΑΣ
κηρύσσοντας

ΠΑΡΑΚΕΙΜΕΝΟΣ
έχοντας κηρύξει/
(έχοντας κηρυγμένο)[2]

[1] Οι β′ τύποι (και αυτοί με το τελικό ε) κυρίως στον προφορικό λόγο και στη λογοτεχνία. Δεν απαντώνται συνήθως σε λογιότερα ρ.
[2] Οι β′ τύποι (σπάνιας χρήσης) δεν είναι πλήρως ισοδύναμοι με τους α′, από άποψη σημασίας και σύνταξης. Ισχύουν μόνο όταν το ρ. είναι μεταβατικό (κηρύσσω κάτι).
[3] Ο β′ τύπος κυρίως σε επίσημο ύφος λόγου.

ΠΑΘΗΤΙΚΗ ΦΩΝΗ

ΟΡΙΣΤΙΚΗ

ΕΝΕΣΤΩΤΑΣ
κηρύσσομαι
κηρύσσεσαι
κηρύσσεται
κηρυσσόμαστε
κηρύσσεστε (σπάν.-όσαστε)
κηρύσσονται

ΕΞΑΚΟΛ. ΜΕΛΛΟΝΤΑΣ
θα κηρύσσομαι
θα κηρύσσεσαι
θα κηρύσσεται
θα κηρυσσόμαστε
θα κηρύσσεστε (σπάν.-όσαστε)
θα κυρύσσονται

ΠΑΡΑΤΑΤΙΚΟΣ
κηρυσσόμουν(α)[1]
κηρυσσόσουν(α)[1]
κηρυσσόταν(ε)[1,2]
κηρυσσόμαστε[2]
κηρυσσόσαστε[2]
κηρύσσονταν[2]

ΣΥΝΟΠΤ. ΜΕΛΛΟΝΤΑΣ[3]
θα κηρυχθ(χτ)ώ
θα κηρυχθ(χτ)είς
θα κηρυχθ(χτ)εί
θα κηρυχθ(χτ)ούμε
θα κηρυχθ(χτ)είτε
θα κηρυχθ(χτ)ούν(ε)[1]

ΑΟΡΙΣΤΟΣ[3]
κηρύχθ(χτ)ηκα
κηρύχθ(χτ)ηκες
κηρύχθ(χτ)ηκε
κηρυχθ(χτ)ήκαμε
κηρυχθ(χτ)ήκατε
κηρύχθ(χτ)ηκαν/
κηρυχθ(χτ)ήκαν(ε)[1]

ΠΑΡΑΚΕΙΜΕΝΟΣ
έχω κηρυχθ(χτ)εί[3]/
είμαι κηρυγμένος[4]

ΥΠΕΡΣΥΝΤΕΛΙΚΟΣ
είχα κηρυχθ(χτ)εί[3]/
ήμουν κηρυγμένος[4]

ΣΥΝΤΕΛ. ΜΕΛΛΟΝΤΑΣ
θα έχω κηρυχθ(χτ)εί[3]/
θα είμαι κηρυγμένος[4]

ΥΠΟΤΑΚΤΙΚΗ

ΕΝΕΣΤΩΤΑΣ
[να, όταν...] κηρύσσομαι
κηρύσσεσαι
κηρύσσεται
κηρυσσόμαστε
κηρύσσεστε (σπάν.-όσαστε)
κηρύσσονται

ΑΟΡΙΣΤΟΣ[3]
[να, όταν...] κηρυχθ(χτ)ώ
κηρυχθ(χτ)είς
κηρυχθ(χτ)εί
κηρυχθ(χτ)ούμε
κηρυχθ(χτ)είτε
κηρυχθ(χτ)ούν(ε)[1]

ΠΑΡΑΚΕΙΜΕΝΟΣ
[να, όταν...] έχω
κηρυχθ(χτ)εί[3]/
είμαι κηρυγμένος[4]

ΠΡΟΣΤΑΚΤΙΚΗ

ΕΝΕΣΤΩΤΑΣ
–
–
–
–
κηρύσσεστε
–

ΑΟΡΙΣΤΟΣ
–
κηρύξου
–
–
κηρυχθ(χτ)είτε[3]
–

ΜΕΤΟΧΗ

ΕΝΕΣΤΩΤΑΣ
κηρυσσόμενος

ΠΑΡΑΚΕΙΜΕΝΟΣ
κηρυγμένος

[1] Οι τύποι με το τελικό α ή ε (και ο β' τύπος του αορίστου) εμφανίζονται κυρίως στον προφορικό λόγο. Γενικά είναι σπάνιοι για τα ρ. αυτής της κατηγορίας.
[2] Οι τύποι σε -ονταν, -όμασταν,-όσασταν,-όντουσαν (δες λύνομαι, 2) δε συνηθίζονται, λόγω του λόγιου χαρακτήρα των ρ. αυτής της κατηγορίας.
[3] Το -χθ- είναι συνηθέστερο, λόγω του λόγιου χαρακτήρα των ρ. αυτής της κατηγορίας.
[4] Οι β' τύποι (σπάνιας χρήσης) δεν είναι πλήρως ισοδύναμοι με τους α', από άποψη σημασίας και σύνταξης.

ΕΝΕΡΓΗΤΙΚΗ ΦΩΝΗ

ΟΡΙΣΤΙΚΗ

ΕΝΕΣΤΩΤΑΣ	ΠΑΡΑΤΑΤΙΚΟΣ	ΑΟΡΙΣΤΟΣ
φτιάχνω	έφτιαχνα	έφτιαξα
φτιάχνεις	έφτιαχνες	έφτιαξες
φτιάχνει	έφτιαχνε	έφτιαξε
φτιάχνουμε (σπάν.-ομε)	φτιάχναμε	φτιάξαμε
φτιάχνετε	φτιάχνατε	φτιάξατε
φτιάχνουν(ε)[1]	έφτιαχναν/φτιάχναν(ε)[1]	έφτιαξαν/φτιάξαν(ε)[1]
ΕΞΑΚΟΛ. ΜΕΛΛΟΝΤΑΣ	**ΣΥΝΟΠΤ. ΜΕΛΛΟΝΤΑΣ**	**ΠΑΡΑΚΕΙΜΕΝΟΣ**
θα φτιάχνω	θα φτιάξω	έχω φτιάξει/
θα φτιάχνεις	θα φτιάξεις	έχω φτιαγμένο[2]
θα φτιάχνει	θα φτιάξει	**ΥΠΕΡΣΥΝΤΕΛΙΚΟΣ**
θα φτιάχνουμε (σπάν.-ομε)	θα φτιάξουμε (σπάν.-ομε)	είχα φτιάξει/
θα φτιάχνετε	θα φτιάξετε	είχα φτιαγμένο[2]
θα φτιάχνουν(ε)[1]	θα φτιάξουν(ε)[1]	**ΣΥΝΤΕΛ. ΜΕΛΛΟΝΤΑΣ**
		θα έχω φτιάξει/
		θα έχω φτιαγμένο[2]

ΥΠΟΤΑΚΤΙΚΗ

ΕΝΕΣΤΩΤΑΣ	ΑΟΡΙΣΤΟΣ	ΠΑΡΑΚΕΙΜΕΝΟΣ
[να, όταν...] φτιάχνω	[να, όταν...] φτιάξω	[να, όταν...] έχω φτιάξει/
φτιάχνεις	φτιάξεις	έχω φτιαγμένο[2]
φτιάχνει	φτιάξει	
φτιάχνουμε (σπάν.-ομε)	φτιάξουμε (σπάν.-ομε)	
φτιάχνετε	φτιάξετε	
φτιάχνουν(ε)[1]	φτιάξουν(ε)[1]	

ΠΡΟΣΤΑΚΤΙΚΗ

ΕΝΕΣΤΩΤΑΣ	ΑΟΡΙΣΤΟΣ
—	—
φτιάχνε[3]	φτιάξε[3]
—	—
—	—
φτιάχνετε	φτιάξτε/φτιάχτε[1]
—	—

ΜΕΤΟΧΗ

ΕΝΕΣΤΩΤΑΣ
φτιάχνοντας
ΠΑΡΑΚΕΙΜΕΝΟΣ
έχοντας φτιάξει/
έχοντας φτιαγμένο[2]

[1] Οι β′ τύποι (και αυτοί με το τελικό ε) κυρίως στον προφορικό λόγο και στη λογοτεχνία.
[2] Οι β′ τύποι (σπάνιας χρήσης) δεν είναι πλήρως ισοδύναμοι με τους α′, από άποψη σημασίας και σύνταξης. Ισχύουν μόνο όταν το ρ. είναι μεταβατικό (φτιάχνω κάτι).
[3] Στα υπερδισύλλαβα ο τόνος ανεβαίνει: άδραχνε, άδραξε κτλ. Στον αόριστο απαντάται (σε συμπροφορά) και ο τύπος φτιάχ'το, ανάλογος με τον τύπο φτιάχτε του β′ πληθ.

φτιάχνομαι

ΠΑΘΗΤΙΚΗ ΦΩΝΗ

ΟΡΙΣΤΙΚΗ

ΕΝΕΣΤΩΤΑΣ
φτιάχνομαι
φτιάχνεσαι
φτιάχνεται
φτιαχνόμαστε
φτιάχνεστε/φτιαχνόσαστε[1]
φτιάχνονται

ΕΞΑΚΟΛ. ΜΕΛΛΟΝΤΑΣ
θα φτιάχνομαι
θα φτιάχνεσαι
θα φτιάχνεται
θα φτιαχνόμαστε
θα φτιάχνεστε/-όσαστε[1]
θα φτιάχνονται

ΠΑΡΑΤΑΤΙΚΟΣ
φτιαχνόμουν(α)[1]
φτιαχνόσουν(α)[1]
φτιαχνόταν(ε)[1,2]
φτιαχνόμαστε/φτιαχνόμασταν[1]
φτιαχνόσαστε/φτιαχνόσασταν[1]
φτιάχνονταν/φτιαχνόντανε[1]/
φτιαχνόντουσαν[1]

ΣΥΝΟΠΤ. ΜΕΛΛΟΝΤΑΣ
θα φτιαχτώ
θα φτιαχτείς
θα φτιαχτεί
θα φτιαχτούμε
θα φτιαχτείτε
θα φτιαχτούν(ε)[1]

ΑΟΡΙΣΤΟΣ
φτιάχτηκα
φτιάχτηκες
φτιάχτηκε
φτιαχτήκαμε
φτιαχτήκατε
φτιάχτηκαν/φτιαχτήκαν(ε)[1]

ΠΑΡΑΚΕΙΜΕΝΟΣ
έχω φτιαχτεί/
είμαι φτιαγμένος[3]

ΥΠΕΡΣΥΝΤΕΛΙΚΟΣ
είχα φτιαχτεί/
ήμουν φτιαγμένος[3]

ΣΥΝΤΕΛ. ΜΕΛΛΟΝΤΑΣ
θα έχω φτιαχτεί/
θα είμαι φτιαγμένος[3]

ΥΠΟΤΑΚΤΙΚΗ

ΕΝΕΣΤΩΤΑΣ
[να, όταν...] φτιάχνομαι
φτιάχνεσαι
φτιάχνεται
φτιαχνόμαστε
φτιάχνεστε/φτιαχνόσαστε[1]
φτιάχνονται

ΑΟΡΙΣΤΟΣ
[να, όταν...] φτιαχτώ
φτιαχτείς
φτιαχτεί
φτιαχτούμε
φτιαχτείτε
φτιαχτούν(ε)[1]

ΠΑΡΑΚΕΙΜΕΝΟΣ
[να, όταν...] έχω φτιαχτεί/
είμαι φτιαγμένος[3]

ΠΡΟΣΤΑΚΤΙΚΗ

ΕΝΕΣΤΩΤΑΣ
–
–
–
–
φτιάχνεστε
–

ΑΟΡΙΣΤΟΣ
–
φτιάξου
–
–
φτιαχτείτε
–

ΜΕΤΟΧΗ

ΕΝΕΣΤΩΤΑΣ
–

ΠΑΡΑΚΕΙΜΕΝΟΣ
φτιαγμένος

[1] Οι β' τύποι (και αυτοί με το τελικό α ή ε) κυρίως στον προφορικό λόγο και στη λογοτεχνία.
[2] Και φτιάχνονταν στον προφορικό λόγο και στη λογοτεχνία.
[3] Οι β' τύποι (σπάνιας χρήσης) δεν είναι πλήρως ισοδύναμοι με τους α', από άποψη σημασίας και σύνταξης.

ΕΝΕΡΓΗΤΙΚΗ ΦΩΝΗ

ΟΡΙΣΤΙΚΗ

ΕΝΕΣΤΩΤΑΣ
ελέγχω
ελέγχεις
ελέγχει
ελέγχουμε (σπάν.-ομε)
ελέγχετε
ελέγχουν(ε)[1]

ΕΞΑΚΟΛ. ΜΕΛΛΟΝΤΑΣ
θα ελέγχω
θα ελέγχεις
θα ελέγχει
θα ελέγχουμε (σπάν.-ομε)
θα ελέγχετε
θα ελέγχουν(ε)[1]

ΠΑΡΑΤΑΤΙΚΟΣ
έλεγχα
έλεγχες
έλεγχε
ελέγχαμε
ελέγχατε
έλεγχαν/ελέγχαν(ε)[1]

ΣΥΝΟΠΤ. ΜΕΛΛΟΝΤΑΣ
θα ελέγξω
θα ελέγξεις
θα ελέγξει
θα ελέγξουμε (σπάν.-ομε)
θα ελέγξετε
θα ελέγξουν(ε)[1]

ΑΟΡΙΣΤΟΣ
έλεγξα
έλεγξες
έλεγξε
ελέγξαμε
ελέγξατε
έλεγξαν/ελέγξαν(ε)[1]

ΠΑΡΑΚΕΙΜΕΝΟΣ
έχω ελέγξει/έχω ελεγμένο[2]

ΥΠΕΡΣΥΝΤΕΛΙΚΟΣ
είχα ελέγξει/είχα ελεγμένο[2]

ΣΥΝΤΕΛ. ΜΕΛΛΟΝΤΑΣ
θα έχω ελέγξει/
θα έχω ελεγμένο[2]

ΥΠΟΤΑΚΤΙΚΗ

ΕΝΕΣΤΩΤΑΣ
[να, όταν...] ελέγχω
ελέγχεις
ελέγχει
ελέγχουμε (σπάν.-ομε)
ελέγχετε
ελέγχουν(ε)[1]

ΑΟΡΙΣΤΟΣ
[να, όταν...] ελέγξω
ελέγξεις
ελέγξει
ελέγξουμε (σπάν.-ομε)
ελέγξετε
ελέγξουν(ε)[1]

ΠΑΡΑΚΕΙΜΕΝΟΣ
[να, όταν...] έχω ελέγξει/
έχω ελεγμένο[2]

ΠΡΟΣΤΑΚΤΙΚΗ

ΕΝΕΣΤΩΤΑΣ
—
έλεγχε
—
—
ελέγχετε
—

ΑΟΡΙΣΤΟΣ
—
έλεγξε[3]
—
—
ελέγξτε[4]/ελέγξετε[4]
—

ΜΕΤΟΧΗ

ΕΝΕΣΤΩΤΑΣ
ελέγχοντας

ΠΑΡΑΚΕΙΜΕΝΟΣ
έχοντας ελέγξει/
έχοντας ελεγμένο[2]

[1] Οι β′ τύποι (και αυτοί με το τελικό ε) κυρίως στον προφορικό λόγο και στη λογοτεχνία.
[2] Οι β′ τύποι (σπάνιας χρήσης) δεν είναι πλήρως ισοδύναμοι με τους α′, από άποψη σημασίας και σύνταξης. Ισχύουν μόνο όταν το ρ. είναι μεταβατικό (ελέγχω κάτι).
[3] Το ρ. τρέχω σχηματίζει και τύπο τρέχα.
[4] Το ρ. τρέχω σχηματίζει και τύπο τρεχάτε, ενώ τα προσέχω, βρέχω κτλ., που απαντώνται συχνά στον προφορικό λόγο, σχηματίζουν και τύπους προσέχτε, βρέχτε. Η κατάληξη -ετε συνηθίζεται στα λόγια ρ.

ΠΑΘΗΤΙΚΗ ΦΩΝΗ

ΟΡΙΣΤΙΚΗ

ΕΝΕΣΤΩΤΑΣ	ΠΑΡΑΤΑΤΙΚΟΣ	ΑΟΡΙΣΤΟΣ[3]
ελέγχομαι	ελεγχόμουν(α)[1]	ελέγχθ(χτ)ηκα
ελέγχεσαι	ελεγχόσουν(α)[1]	ελέγχθ(χτ)ηκες
ελέγχεται	ελεγχόταν(ε)[1,2]	ελέγχθ(χτ)ηκε
ελεγχόμαστε	ελεγχόμαστε[2]	ελεγχθ(χτ)ήκαμε
ελέγχεστε (σπάν.-όσαστε)	ελεγχόσαστε[2]	ελεγχθ(χτ)ήκατε
ελέγχονται	ελέγχονταν[2]	ελέγχθ(χτ)ηκαν/ ελεγχθ(χτ)ήκαν(ε)[1]
ΕΞΑΚΟΛ. ΜΕΛΛΟΝΤΑΣ	**ΣΥΝΟΠΤ. ΜΕΛΛΟΝΤΑΣ[3]**	**ΠΑΡΑΚΕΙΜΕΝΟΣ**
θα ελέγχομαι	θα ελεγχθ(χτ)ώ	έχω ελεγχθ(χτ)εί[3]/
θα ελέγχεσαι	θα ελεγχθ(χτ)είς	είμαι ελεγμένος[4]
θα ελέγχεται	θα ελεγχθ(χτ)εί	**ΥΠΕΡΣΥΝΤΕΛΙΚΟΣ**
θα ελεγχόμαστε	θα ελεγχθ(χτ)ούμε	είχα ελεγχθ(χτ)εί[3]/
θα ελέγχεστε (σπάν.-όσαστε)	θα ελεγχθ(χτ)είτε	ήμουν ελεγμένος[4]
θα ελέγχονται	θα ελεγχθ(χτ)ούν(ε)[1]	**ΣΥΝΤΕΛ. ΜΕΛΛΟΝΤΑΣ**
		θα έχω ελεγχθ(χτ)εί[3]/
		θα είμαι ελεγμένος[4]

ΥΠΟΤΑΚΤΙΚΗ

ΕΝΕΣΤΩΤΑΣ	ΑΟΡΙΣΤΟΣ[3]	ΠΑΡΑΚΕΙΜΕΝΟΣ
[να, όταν...] ελέγχομαι	[να, όταν...] ελεγχθ(χτ)ώ	[να, όταν...] έχω
ελέγχεσαι	ελεγχθ(χτ)είς	ελεγχθ(χτ)εί[3]/
ελέγχεται	ελεγχθ(χτ)εί	είμαι ελεγμένος[4]
ελεγχόμαστε	ελεγχθ(χτ)ούμε	
ελέγχεστε (σπάν.-όσαστε)	ελεγχθ(χτ)είτε	
ελέγχονται	ελεγχθ(χτ)ούν(ε)[1]	

ΠΡΟΣΤΑΚΤΙΚΗ

ΕΝΕΣΤΩΤΑΣ	ΑΟΡΙΣΤΟΣ
–	–
–	ελέγξου
–	–
–	–
ελέγχεστε	ελεγχθ(χτ)είτε[3]
–	–

ΜΕΤΟΧΗ

ΕΝΕΣΤΩΤΑΣ
ελεγχόμενος
ΠΑΡΑΚΕΙΜΕΝΟΣ
ελεγμένος

[1] Οι τύποι με το τελικό α ή ε (και ο β′ τύπος του αορίστου) κυρίως στον προφορικό λόγο και στη λογοτεχνία.
[2] Οι τύποι σε -ονταν, -όμασταν, -όσασταν,-όντουσαν (δες λύνομαι, 2) είναι σπάνιοι σε ρ. λόγιου χαρακτήρα.
[3] Το -χθ- είναι συνηθέστερο σε ρ. λόγιου χαρακτήρα.
[4] Οι β′ τύποι (σπάνιας χρήσης) δεν είναι πλήρως ισοδύναμοι με τους α′, από άποψη σημασίας και σύνταξης.

ΕΝΕΡΓΗΤΙΚΗ ΦΩΝΗ

ΟΡΙΣΤΙΚΗ

ΕΝΕΣΤΩΤΑΣ	ΠΑΡΑΤΑΤΙΚΟΣ	ΑΟΡΙΣΤΟΣ
ορίζω	όριζα	όρισα
ορίζεις	όριζες	όρισες
ορίζει	όριζε	όρισε
ορίζουμε (σπάν.-ομε)	ορίζαμε	ορίσαμε
ορίζετε	ορίζατε	ορίσατε
ορίζουν(ε)[1]	όριζαν/ορίζαν(ε)[1]	όρισαν/ορίσαν(ε)[1]
ΕΞΑΚΟΛ. ΜΕΛΛΟΝΤΑΣ	**ΣΥΝΟΠΤ. ΜΕΛΛΟΝΤΑΣ**	**ΠΑΡΑΚΕΙΜΕΝΟΣ**
θα ορίζω	θα ορίσω	έχω ορίσει/(έχω ορισμένο)[2]
θα ορίζεις	θα ορίσεις	**ΥΠΕΡΣΥΝΤΕΛΙΚΟΣ**
θα ορίζει	θα ορίσει	είχα ορίσει/
θα ορίζουμε (σπάν.-ομε)	θα ορίσουμε (σπάν.-ομε)	(είχα ορισμένο)[2]
θα ορίζετε	θα ορίσετε	**ΣΥΝΤΕΛ. ΜΕΛΛΟΝΤΑΣ**
θα ορίζουν(ε)[1]	θα ορίσουν(ε)[1]	θα έχω ορίσει/
		(θα έχω ορισμένο)[2]

ΥΠΟΤΑΚΤΙΚΗ

ΕΝΕΣΤΩΤΑΣ	ΑΟΡΙΣΤΟΣ	ΠΑΡΑΚΕΙΜΕΝΟΣ
[να, όταν...] ορίζω	[να, όταν...] ορίσω	[να, όταν...] έχω ορίσει/
ορίζεις	ορίσεις	(έχω ορισμένο)[2]
ορίζει	ορίσει	
ορίζουμε (σπάν.-ομε)	ορίσουμε (σπάν.-ομε)	
ορίζετε	ορίσετε	
ορίζουν(ε)[1]	ορίσουν(ε)[1]	

ΠΡΟΣΤΑΚΤΙΚΗ

ΕΝΕΣΤΩΤΑΣ	ΑΟΡΙΣΤΟΣ
—	—
όριζε	όρισε
—	—
—	—
ορίζετε	ορίστε[3]
—	—

ΜΕΤΟΧΗ

ΕΝΕΣΤΩΤΑΣ
ορίζοντας
ΠΑΡΑΚΕΙΜΕΝΟΣ
έχοντας ορίσει/
(έχοντας ορισμένο)[2]

[1] Οι β' τύποι (και αυτοί με το τελικό ε) κυρίως στον προφορικό λόγο και στη λογοτεχνία. Δε συνηθίζονται σε λόγια ρ. (π.χ. καθορίζω).
[2] Οι β' τύποι (σπάνιας χρήσης) δεν είναι πλήρως ισοδύναμοι με τους α', από άποψη σημασίας και σύνταξης. Ισχύουν μόνο όταν το ρ. είναι μεταβατικό (ορίζω κάτι).
[3] Σε επίσημο ύφος λόγου και σε λόγια ρ. απαντάται και ο τύπος σε -ετε (π.χ. καθορίσετε).

ΠΑΘΗΤΙΚΗ ΦΩΝΗ

ΟΡΙΣΤΙΚΗ

ΕΝΕΣΤΩΤΑΣ	ΠΑΡΑΤΑΤΙΚΟΣ	ΑΟΡΙΣΤΟΣ
ορίζομαι	οριζόμουν(α)[1]	ορίστηκα
ορίζεσαι	οριζόσουν(α)[1]	ορίστηκες
ορίζεται	οριζόταν(ε)[1,2]	ορίστηκε
οριζόμαστε	οριζόμαστε/οριζόμασταν[1]	οριστήκαμε
ορίζεστε/οριζόσαστε[1]	οριζόσαστε/οριζόσασταν[1]	οριστήκατε
ορίζονται	ορίζονταν/οριζόντανε[1]/ οριζόντουσαν[1]	ορίστηκαν/οριστήκαν(ε)[1]
ΕΞΑΚΟΛ. ΜΕΛΛΟΝΤΑΣ	**ΣΥΝΟΠΤ. ΜΕΛΛΟΝΤΑΣ**	**ΠΑΡΑΚΕΙΜΕΝΟΣ**
θα ορίζομαι	θα οριστώ	έχω οριστεί/ είμαι ορισμένος[3]
θα ορίζεσαι	θα οριστείς	**ΥΠΕΡΣΥΝΤΕΛΙΚΟΣ**
θα ορίζεται	θα οριστεί	είχα οριστεί/ ήμουν ορισμένος[3]
θα οριζόμαστε	θα οριστούμε	**ΣΥΝΤΕΛ. ΜΕΛΛΟΝΤΑΣ**
θα ορίζεστε/θα οριζόσαστε[1]	θα οριστείτε	θα έχω οριστεί/ θα είμαι ορισμένος[3]
θα ορίζονται	θα οριστούν(ε)[1]	

ΥΠΟΤΑΚΤΙΚΗ

ΕΝΕΣΤΩΤΑΣ	ΑΟΡΙΣΤΟΣ	ΠΑΡΑΚΕΙΜΕΝΟΣ
[να, όταν...] ορίζομαι	[να, όταν...] οριστώ	[να, όταν...] έχω οριστεί/ είμαι ορισμένος[3]
ορίζεσαι	οριστείς	
ορίζεται	οριστεί	
οριζόμαστε	οριστούμε	
ορίζεστε/οριζόσαστε[1]	οριστείτε	
ορίζονται	οριστούν(ε)[1]	

ΠΡΟΣΤΑΚΤΙΚΗ

ΕΝΕΣΤΩΤΑΣ	ΑΟΡΙΣΤΟΣ
—	—
—	ορίσου
—	—
—	—
ορίζεστε	οριστείτε
—	—

ΜΕΤΟΧΗ

ΕΝΕΣΤΩΤΑΣ
οριζόμενος[4]
ΠΑΡΑΚΕΙΜΕΝΟΣ
ορισμένος

[1] Οι β' τύποι (και αυτοί με το τελικό α ή ε) κυρίως στον προφορικό λόγο και στη λογοτεχνία. Δε συνηθίζονται σε λόγια ρ. (π.χ. καθορίζομαι).
[2] Και ορίζονταν στον προφ. λόγο και στη λογοτεχνία (και όχι για λόγια ρ.).
[3] Οι β' τύποι (σπάνιας χρήσης) δεν είναι πλήρως ισοδύναμοι με τους α', από άποψη σημασίας και σύνταξης.
[4] Σπάνιας χρήσης σε προφορικό και λογοτεχνικό λόγο.

ΕΝΕΡΓΗΤΙΚΗ ΦΩΝΗ

ΟΡΙΣΤΙΚΗ

ΕΝΕΣΤΩΤΑΣ	ΠΑΡΑΤΑΤΙΚΟΣ	ΑΟΡΙΣΤΟΣ
αγοράζω	αγόραζα	αγόρασα
αγοράζεις	αγόραζες	αγόρασες
αγοράζει	αγόραζε	αγόρασε
αγοράζουμε (σπάν.-ομε)	αγοράζαμε	αγοράσαμε
αγοράζετε	αγοράζατε	αγοράσατε
αγοράζουν(ε)[1]	αγόραζαν/αγοράζαν(ε)[1]	αγόρασαν/αγοράσαν(ε)[1]
ΕΞΑΚΟΛ. ΜΕΛΛΟΝΤΑΣ	**ΣΥΝΟΠΤ. ΜΕΛΛΟΝΤΑΣ**	**ΠΑΡΑΚΕΙΜΕΝΟΣ**
θα αγοράζω	θα αγοράσω	έχω αγοράσει/
θα αγοράζεις	θα αγοράσεις	έχω αγορασμένο[2]
θα αγοράζει	θα αγοράσει	**ΥΠΕΡΣΥΝΤΕΛΙΚΟΣ**
θα αγοράζουμε (σπάν.-ομε)	θα αγοράσουμε (σπάν.-ομε)	είχα αγοράσει/
θα αγοράζετε	θα αγοράσετε	είχα αγορασμένο[2]
θα αγοράζουν(ε)[1]	θα αγοράσουν(ε)[1]	**ΣΥΝΤΕΛ. ΜΕΛΛΟΝΤΑΣ**
		θα έχω αγοράσει/
		θα έχω αγορασμένο[2]

ΥΠΟΤΑΚΤΙΚΗ

ΕΝΕΣΤΩΤΑΣ	ΑΟΡΙΣΤΟΣ	ΠΑΡΑΚΕΙΜΕΝΟΣ
[να, όταν...] αγοράζω	[να, όταν...] αγοράσω	[να, όταν...] έχω αγοράσει/
αγοράζεις	αγοράσεις	έχω αγορασμένο[2]
αγοράζει	αγοράσει	
αγοράζουμε (σπάν.-ομε)	αγοράσουμε (σπάν.-ομε)	
αγοράζετε	αγοράσετε	
αγοράζουν(ε)[1]	αγοράσουν(ε)[1]	

ΠΡΟΣΤΑΚΤΙΚΗ

ΕΝΕΣΤΩΤΑΣ	ΑΟΡΙΣΤΟΣ
–	–
αγόραζε	αγόρασε
–	–
–	–
αγοράζετε	αγοράστε[3]
–	–

ΜΕΤΟΧΗ

ΕΝΕΣΤΩΤΑΣ
αγοράζοντας
ΠΑΡΑΚΕΙΜΕΝΟΣ
έχοντας αγοράσει/
έχοντας αγορασμένο[2]

[1] Οι β' τύποι (και αυτοί με το τελικό ε) κυρίως στον προφορικό λόγο και στη λογοτεχνία. Δε συνηθίζονται σε λόγια ρ. (π.χ. παρασκευάζω).
[2] Οι β' τύποι (σπάνιας χρήσης) δεν είναι πλήρως ισοδύναμοι με τους α', από άποψη σημασίας και σύνταξης. Ισχύουν μόνο όταν το ρ. είναι μεταβατικό (αγοράζω κάτι).
[3] Σε επίσημο ύφος λόγου και σε λόγια ρ. απαντάται και ο τύπος σε -ετε (π.χ. παρασκευάσετε).

ΠΑΘΗΤΙΚΗ ΦΩΝΗ

ΟΡΙΣΤΙΚΗ

ΕΝΕΣΤΩΤΑΣ
αγοράζομαι
αγοράζεσαι
αγοράζεται
αγοραζόμαστε
αγοράζεστε/αγοραζόσαστε[1]
αγοράζονται

ΕΞΑΚΟΛ. ΜΕΛΛΟΝΤΑΣ
θα αγοράζομαι
θα αγοράζεσαι
θα αγοράζεται
θα αγοραζόμαστε
θα αγοράζεστε/-όσαστε[1]
θα αγοράζονται

ΠΑΡΑΤΑΤΙΚΟΣ
αγοραζόμουν(α)[1]
αγοραζόσουν(α)[1]
αγοραζόταν(ε)[1,2]
αγοραζόμαστε/αγοραζόμασταν[1]
αγοραζόσαστε/αγοραζόσασταν[1]
αγοράζονταν/αγοραζόντανε[1]/
αγοραζόντουσαν[1]

ΣΥΝΟΠΤ. ΜΕΛΛΟΝΤΑΣ
θα αγοραστώ
θα αγοραστείς
θα αγοραστεί
θα αγοραστούμε
θα αγοραστείτε
θα αγοραστούν(ε)[1]

ΑΟΡΙΣΤΟΣ
αγοράστηκα
αγοράστηκες
αγοράστηκε
αγοραστήκαμε
αγοραστήκατε
αγοράστηκαν/αγοραστήκαν(ε)[1]

ΠΑΡΑΚΕΙΜΕΝΟΣ
έχω αγοραστεί/
είμαι αγορασμένος[3]

ΥΠΕΡΣΥΝΤΕΛΙΚΟΣ
είχα αγοραστεί/
ήμουν αγορασμένος[3]

ΣΥΝΤΕΛ. ΜΕΛΛΟΝΤΑΣ
θα έχω αγοραστεί/
θα είμαι αγορασμένος[3]

ΥΠΟΤΑΚΤΙΚΗ

ΕΝΕΣΤΩΤΑΣ
[να, όταν...] αγοράζομαι
αγοράζεσαι
αγοράζεται
αγοραζόμαστε
αγοράζεστε/αγοραζόσαστε[1]
αγοράζονται

ΑΟΡΙΣΤΟΣ
[να, όταν...] αγοραστώ
αγοραστείς
αγοραστεί
αγοραστούμε
αγοραστείτε
αγοραστούν(ε)[1]

ΠΑΡΑΚΕΙΜΕΝΟΣ
[να, όταν...] έχω αγοραστεί/
είμαι αγορασμένος[3]

ΠΡΟΣΤΑΚΤΙΚΗ

ΕΝΕΣΤΩΤΑΣ	ΑΟΡΙΣΤΟΣ
–	–
–	αγοράσου
–	–
–	–
αγοράζεστε	αγοραστείτε
–	–

ΜΕΤΟΧΗ

ΕΝΕΣΤΩΤΑΣ
αγοραζόμενος[4]

ΠΑΡΑΚΕΙΜΕΝΟΣ
αγορασμένος

[1] Οι β' τύποι (και αυτοί με το τελικό α ή ε) κυρίως στον προφορικό λόγο και στη λογοτεχνία. Δε συνηθίζονται σε λόγια ρ. (π.χ. δελεάζομαι).
[2] Και αγοράζονταν στον προφ. λόγο και στη λογοτεχνία (και όχι σε λόγια ρ.).
[3] Οι β' τύποι (σπάνιας χρήσης) δεν είναι πλήρως ισοδύναμοι με τους α', από άποψη σημασίας και σύνταξης.
[4] Σπάνια η μτχ. αυτή στον προφ. και λογοτεχν. λόγο.

πλάθω

ΕΝΕΡΓΗΤΙΚΗ ΦΩΝΗ

ΟΡΙΣΤΙΚΗ

ΕΝΕΣΤΩΤΑΣ	ΠΑΡΑΤΑΤΙΚΟΣ	ΑΟΡΙΣΤΟΣ
πλάθω	έπλαθα	έπλασα
πλάθεις	έπλαθες	έπλασες
πλάθει	έπλαθε	έπλασε
πλάθουμε (σπάν.-ομε)	πλάθαμε	πλάσαμε
πλάθετε	πλάθατε	πλάσατε
πλάθουν(ε)[1]	έπλαθαν/πλάθαν(ε)[1]	έπλασαν/πλάσαν(ε)[1]
ΕΞΑΚΟΛ. ΜΕΛΛΟΝΤΑΣ	**ΣΥΝΟΠΤ. ΜΕΛΛΟΝΤΑΣ**	**ΠΑΡΑΚΕΙΜΕΝΟΣ**
θα πλάθω	θα πλάσω	έχω πλάσει/έχω πλασμένο[2]
θα πλάθεις	θα πλάσεις	**ΥΠΕΡΣΥΝΤΕΛΙΚΟΣ**
θα πλάθει	θα πλάσει	είχα πλάσει/
θα πλάθουμε (σπάν.-ομε)	θα πλάσουμε (σπάν.-ομε)	είχα πλασμένο[2]
θα πλάθετε	θα πλάσετε	**ΣΥΝΤΕΛ. ΜΕΛΛΟΝΤΑΣ**
θα πλάθουν(ε)[1]	θα πλάσουν(ε)[1]	θα έχω πλάσει/
		θα έχω πλασμένο[2]

ΥΠΟΤΑΚΤΙΚΗ

ΕΝΕΣΤΩΤΑΣ	ΑΟΡΙΣΤΟΣ	ΠΑΡΑΚΕΙΜΕΝΟΣ
[να, όταν...] πλάθω	[να, όταν...] πλάσω	[να, όταν...] έχω πλάσει/
πλάθεις	πλάσεις	έχω πλασμένο[2]
πλάθει	πλάσει	
πλάθουμε (σπάν.-ομε)	πλάσουμε (σπάν.-ομε)	
πλάθετε	πλάσετε	
πλάθουν(ε)[1]	πλάσουν(ε)[1]	

ΠΡΟΣΤΑΚΤΙΚΗ

ΕΝΕΣΤΩΤΑΣ	ΑΟΡΙΣΤΟΣ
–	–
πλάθε	πλάσε
–	–
–	–
πλάθετε	πλάστε[3]
–	–

ΜΕΤΟΧΗ

ΕΝΕΣΤΩΤΑΣ
πλάθοντας
ΠΑΡΑΚΕΙΜΕΝΟΣ
έχοντας πλάσει/
έχοντας πλασμένο[2]

[1] Οι β' τύποι (και αυτοί με το τελικό ε) κυρίως στον προφορικό λόγο και στη λογοτεχνία. Δε συνηθίζονται σε λόγια ρ. (π.χ. διαπλάθω).
[2] Οι β' τύποι (σπάνιας χρήσης) δεν είναι πλήρως ισοδύναμοι με τους α', από άποψη σημασίας και σύνταξης. Ισχύουν μόνο όταν το ρ. είναι μεταβατικό (πλάθω κάτι).
[3] Σε επίσημο ύφος λόγου και σε λόγια ρ. απαντάται και ο τύπος σε -ετε (π.χ. διαπλάσετε).

ΠΑΘΗΤΙΚΗ ΦΩΝΗ

ΟΡΙΣΤΙΚΗ

ΕΝΕΣΤΩΤΑΣ	ΠΑΡΑΤΑΤΙΚΟΣ	ΑΟΡΙΣΤΟΣ
πλάθομαι	πλαθόμουν(α)[1]	πλάστηκα
πλάθεσαι	πλαθόσουν(α)[1]	πλάστηκες
πλάθεται	πλαθόταν(ε)[1,2]	πλάστηκε
πλαθόμαστε	πλαθόμαστε/πλαθόμασταν[1]	πλαστήκαμε
πλάθεστε/πλαθόσαστε[1]	πλαθόσαστε/πλαθόσασταν[1]	πλαστήκατε
πλάθονται	πλάθονταν/πλαθόντανε[1]/	πλάστηκαν/πλαστήκαν(ε)[1]
ΕΞΑΚΟΛ. ΜΕΛΛΟΝΤΑΣ	πλαθόντουσαν[1]	**ΠΑΡΑΚΕΙΜΕΝΟΣ**
θα πλάθομαι	**ΣΥΝΟΠΤ. ΜΕΛΛΟΝΤΑΣ**	έχω πλαστεί/
θα πλάθεσαι	θα πλαστώ	είμαι πλασμένος[3]
θα πλάθεται	θα πλαστείς	**ΥΠΕΡΣΥΝΤΕΛΙΚΟΣ**
θα πλαθόμαστε	θα πλαστεί	είχα πλαστεί/
θα πλάθεστε/θα πλαθόσαστε[1]	θα πλαστούμε	ήμουν πλασμένος[3]
θα πλάθονται	θα πλαστείτε	**ΣΥΝΤΕΛ. ΜΕΛΛΟΝΤΑΣ**
	θα πλαστούν(ε)[1]	θα έχω πλαστεί/
		θα είμαι πλασμένος[3]

ΥΠΟΤΑΚΤΙΚΗ

ΕΝΕΣΤΩΤΑΣ	ΑΟΡΙΣΤΟΣ	ΠΑΡΑΚΕΙΜΕΝΟΣ
[να, όταν...] πλάθομαι	[να, όταν...] πλαστώ	[να, όταν...] έχω πλαστεί/
πλάθεσαι	πλαστείς	είμαι πλασμένος[3]
πλάθεται	πλαστεί	
πλαθόμαστε	πλαστούμε	
πλάθεστε/πλαθόσαστε[1]	πλαστείτε	
πλάθονται	πλαστούν(ε)[1]	

ΠΡΟΣΤΑΚΤΙΚΗ

ΕΝΕΣΤΩΤΑΣ	ΑΟΡΙΣΤΟΣ
–	–
–	πλάσου
–	–
–	–
πλάθεστε	πλαστείτε
–	–

ΜΕΤΟΧΗ

ΕΝΕΣΤΩΤΑΣ[4]

–

ΠΑΡΑΚΕΙΜΕΝΟΣ

πλασμένος

[1] Οι β' τύποι (και αυτοί με το τελικό α ή ε) κυρίως στον προφορικό λόγο και στη λογοτεχνία. Δε συνηθίζονται σε λόγια ρ. (π.χ. διαπλάθομαι).
[2] Και πλάθονταν στον προφ. λόγο και στη λογοτεχνία (και όχι για λόγια ρ.).
[3] Οι β' τύποι (σπάνιας χρήσης) δεν είναι πλήρως ισοδύναμοι με τους α', από άποψη σημασίας και σύνταξης.
[4] Απαντάνται σε ρ. όπως πείθομαι (πειθόμενος), αλλά είναι σπάνιας χρήσης.

ΠΑΘΗΤΙΚΗ ΦΩΝΗ

ΟΡΙΣΤΙΚΗ

ΕΝΕΣΤΩΤΑΣ
κλείνομαι
κλείνεσαι
κλείνεται
κλεινόμαστε
κλείνεστε/κλεινόσαστε[1]
κλείνονται

ΕΞΑΚΟΛ. ΜΕΛΛΟΝΤΑΣ
θα κλείνομαι
θα κλείνεσαι
θα κλείνεται
θα κλεινόμαστε
θα κλείνεστε/θα κλεινόσαστε[1]
θα κλείνονται

ΠΑΡΑΤΑΤΙΚΟΣ
κλεινόμουν(α)[1]
κλεινόσουν(α)[1]
κλεινόταν(ε)[1,2]
κλεινόμαστε/κλεινόμασταν[1]
κλεινόσαστε/κλεινόσασταν[1]
κλείνονταν/κλεινόντανε[1]/
κλεινόντουσαν[1]

ΣΥΝΟΠΤ. ΜΕΛΛΟΝΤΑΣ
θα κλειστώ
θα κλειστείς
θα κλειστεί
θα κλειστούμε
θα κλειστείτε
θα κλειστούν(ε)[1]

ΑΟΡΙΣΤΟΣ
κλείστηκα
κλείστηκες
κλείστηκε
κλειστήκαμε
κλειστήκατε
κλείστηκαν/κλειστήκαν(ε)[1]

ΠΑΡΑΚΕΙΜΕΝΟΣ
έχω κλειστεί/
είμαι κλεισμένος[3]

ΥΠΕΡΣΥΝΤΕΛΙΚΟΣ
είχα κλειστεί/
ήμουν κλεισμένος[3]

ΣΥΝΤΕΛ. ΜΕΛΛΟΝΤΑΣ
θα έχω κλειστεί/
θα είμαι κλεισμένος[3]

ΥΠΟΤΑΚΤΙΚΗ

ΕΝΕΣΤΩΤΑΣ
[να, όταν...] κλείνομαι
κλείνεσαι
κλείνεται
κλεινόμαστε
κλείνεστε/κλεινόσαστε[1]
κλείνονται

ΑΟΡΙΣΤΟΣ
[να, όταν...] κλειστώ
κλειστείς
κλειστεί
κλειστούμε
κλειστείτε
κλειστούν(ε)[1]

ΠΑΡΑΚΕΙΜΕΝΟΣ
[να, όταν...] έχω κλειστεί/
είμαι κλεισμένος[3]

ΠΡΟΣΤΑΚΤΙΚΗ

ΕΝΕΣΤΩΤΑΣ
–
–
–
–
κλείνεστε
–

ΑΟΡΙΣΤΟΣ
–
κλείσου
–
–
κλειστείτε
–

ΜΕΤΟΧΗ

ΕΝΕΣΤΩΤΑΣ
–

ΠΑΡΑΚΕΙΜΕΝΟΣ
κλεισμένος

[1] Οι β' τύποι (και αυτοί με το τελικό α ή ε) κυρίως στον προφορικό λόγο και στη λογοτεχνία. Δε συνηθίζονται σε λόγια ρ.
[2] Και κλείνονταν στον προφ. λόγο και στη λογοτεχνία (και όχι για λόγια ρ.).
[3] Οι β' τύποι (σπάνιας χρήσης) δεν είναι πλήρως ισοδύναμοι με τους α', από άποψη σημασίας και σύνταξης.

ΕΝΕΡΓΗΤΙΚΗ ΦΩΝΗ

ΟΡΙΣΤΙΚΗ

ΕΝΕΣΤΩΤΑΣ	ΠΑΡΑΤΑΤΙΚΟΣ	ΑΟΡΙΣΤΟΣ
αποκλείω	απέκλεια	απέκλεισα (σπάν. απόκλεισα)
αποκλείεις	απέκλειες	απέκλεισες (σπάν. απόκλεισες)
αποκλείει	απέκλειε	απέκλεισε (σπάν. απόκλεισε)
αποκλείουμε (σπάν.-ομε)	αποκλείαμε	αποκλείσαμε
αποκλείετε	αποκλείατε	αποκλείσατε
αποκλείουν(ε)[1]	απέκλειαν/αποκλείαν(ε)[1]	απέκλεισαν/αποκλείσαν(ε)[1]
ΕΞΑΚΟΛ. ΜΕΛΛΟΝΤΑΣ	**ΣΥΝΟΠΤ. ΜΕΛΛΟΝΤΑΣ**	**ΠΑΡΑΚΕΙΜΕΝΟΣ**
θα αποκλείω	θα αποκλείσω	έχω αποκλείσει/
θα αποκλείεις	θα αποκλείσεις	(έχω αποκλεισμένο)[2]
θα αποκλείει	θα αποκλείσει	**ΥΠΕΡΣΥΝΤΕΛΙΚΟΣ**
θα αποκλείουμε (σπάν.-ομε)	θα αποκλείσουμε (σπάν.-ομε)	είχα αποκλείσει/
θα αποκλείετε	θα αποκλείσετε	(είχα αποκλεισμένο)[2]
θα αποκλείουν(ε)[1]	θα αποκλείσουν(ε)[1]	**ΣΥΝΤΕΛ. ΜΕΛΛΟΝΤΑΣ**
		θα έχω αποκλείσει/
		(θα έχω αποκλεισμένο)[2]

ΥΠΟΤΑΚΤΙΚΗ

ΕΝΕΣΤΩΤΑΣ	ΑΟΡΙΣΤΟΣ	ΠΑΡΑΚΕΙΜΕΝΟΣ
[να, όταν...] αποκλείω	[να, όταν...] αποκλείσω	[να, όταν...] έχω αποκλείσει/
αποκλείεις	αποκλείσεις	(έχω αποκλεισμένο)[2]
αποκλείει	αποκλείσει	
αποκλείουμε (σπάν.-ομε)	αποκλείσουμε (σπάν.-ομε)	
αποκλείετε	αποκλείσετε	
αποκλείουν(ε)[1]	αποκλείσουν(ε)[1]	

ΠΡΟΣΤΑΚΤΙΚΗ

ΕΝΕΣΤΩΤΑΣ	ΑΟΡΙΣΤΟΣ
—	—
απόκλειε	απόκλεισε
—	—
—	—
αποκλείετε	αποκλείστε/αποκλείσετε[3]
—	—

ΜΕΤΟΧΗ

ΕΝΕΣΤΩΤΑΣ
αποκλείοντας
ΠΑΡΑΚΕΙΜΕΝΟΣ
έχοντας αποκλείσει/
(έχοντας αποκλεισμένο)[2]

[1] Οι β' τύποι (και αυτοί με το τελικό ε) κυρίως στον προφορικό λόγο και στη λογοτεχνία. Δε συνηθίζονται σε λογιότερα ρ. (π.χ. περικλείω).
[2] Οι β' τύποι (σπάνιας χρήσης) δεν είναι πλήρως ισοδύναμοι με τους α', από άποψη σημασίας και σύνταξης. Ισχύουν μόνο όταν το ρ. είναι μεταβατικό (αποκλείω κάτι).
[3] Απαντάται κυρίως σε επίσημο ύφος λόγου.

ΠΑΘΗΤΙΚΗ ΦΩΝΗ

ΟΡΙΣΤΙΚΗ

ΕΝΕΣΤΩΤΑΣ	ΠΑΡΑΤΑΤΙΚΟΣ	ΑΟΡΙΣΤΟΣ
αποκλείομαι	αποκλειόμουν(α)[1]	αποκλείστηκα
αποκλείεσαι	αποκλειόσουν(α)[1]	αποκλείστηκες
αποκλείεται	αποκλειόταν(ε)[1,2]	αποκλείστηκε
αποκλειόμαστε	αποκλειόμαστε[2]	αποκλειστήκαμε
αποκλείεστε (σπάν.-όσαστε)	αποκλειόσαστε[2]	αποκλειστήκατε
αποκλείονται	αποκλείονταν[2]	αποκλείστηκαν/αποκλειστήκαν(ε)[1]
ΕΞΑΚΟΛ. ΜΕΛΛΟΝΤΑΣ	**ΣΥΝΟΠΤ. ΜΕΛΛΟΝΤΑΣ**	**ΠΑΡΑΚΕΙΜΕΝΟΣ**
θα αποκλείομαι	θα αποκλειστώ	έχω αποκλειστεί/
θα αποκλείεσαι	θα αποκλειστείς	είμαι αποκλεισμένος[3]
θα αποκλείεται	θα αποκλειστεί	**ΥΠΕΡΣΥΝΤΕΛΙΚΟΣ**
θα αποκλειόμαστε	θα αποκλειστούμε	είχα αποκλειστεί/
θα αποκλείεστε (σπάν.-όσαστε)	θα αποκλειστείτε	ήμουν αποκλεισμένος[3]
θα αποκλείονται	θα αποκλειστούν(ε)[1]	**ΣΥΝΤΕΛ. ΜΕΛΛΟΝΤΑΣ**
		θα έχω αποκλειστεί/
		θα είμαι αποκλεισμένος[3]

ΥΠΟΤΑΚΤΙΚΗ

ΕΝΕΣΤΩΤΑΣ	ΑΟΡΙΣΤΟΣ	ΠΑΡΑΚΕΙΜΕΝΟΣ
[να, όταν...] αποκλείομαι	[να, όταν...] αποκλειστώ	[να, όταν...] έχω αποκλειστεί/
αποκλείεσαι	αποκλειστείς	είμαι αποκλεισμένος[3]
αποκλείεται	αποκλειστεί	
αποκλειόμαστε	αποκλειστούμε	
αποκλείεστε (σπάν.-όσαστε)	αποκλειστείτε	
αποκλείονται	αποκλειστούν(ε)[1]	

ΠΡΟΣΤΑΚΤΙΚΗ

ΕΝΕΣΤΩΤΑΣ	ΑΟΡΙΣΤΟΣ
–	–
–	αποκλείσου
–	–
–	–
αποκλείεστε	αποκλειστείτε
–	–

ΜΕΤΟΧΗ

ΕΝΕΣΤΩΤΑΣ
αποκλειόμενος
ΠΑΡΑΚΕΙΜΕΝΟΣ
αποκλεισμένος

[1] Οι τύποι με το τελικό α ή ε (και ο β′ τύπος του αορίστου) κυρίως στον προφορικό λόγο και στη λογοτεχνία. Σπάνιοι σε λογιότερα ρ. (π.χ. περικλείω).
[2] Οι τύποι σε -ονταν, -όμασταν, -όσασταν, - όντουσαν (δες λύνομαι, 2) δε συνηθίζονται, λόγω του λόγιου (γενικά) χαρακτήρα των ρ. αυτής της κατηγορίας.
[3] Οι β′ τύποι (σπάνιας χρήσης) δεν είναι πλήρως ισοδύναμοι με τους α′, από άποψη σημασίας και σύνταξης.

ΕΝΕΡΓΗΤΙΚΗ ΦΩΝΗ

ΟΡΙΣΤΙΚΗ

ΕΝΕΣΤΩΤΑΣ	**ΠΑΡΑΤΑΤΙΚΟΣ**	**ΑΟΡΙΣΤΟΣ**
εμπνέω	ενέπνεα	ενέπνευσα
εμπνέεις	ενέπνεες	ενέπνευσες
εμπνέει	ενέπνεε	ενέπνευσε
εμπνέουμε (σπάν.-ομε)	εμπνέαμε	εμπνεύσαμε
εμπνέετε	εμπνέατε	εμπνεύσατε
εμπνέουν(ε)[1]	ενέπνεαν/εμπνέαν(ε)[1]	ενέπνευσαν/εμπνεύσαν(ε)[1]
ΕΞΑΚΟΛ. ΜΕΛΛΟΝΤΑΣ	**ΣΥΝΟΠΤ. ΜΕΛΛΟΝΤΑΣ**	**ΠΑΡΑΚΕΙΜΕΝΟΣ**
θα εμπνέω	θα εμπνεύσω	έχω εμπνεύσει[2]
θα εμπνέεις	θα εμπνεύσεις	**ΥΠΕΡΣΥΝΤΕΛΙΚΟΣ**
θα εμπνέει	θα εμπνεύσει	είχα εμπνεύσει[2]
θα εμπνέουμε (σπάν.-ομε)	θα εμπνεύσουμε (σπάν.-ομε)	**ΣΥΝΤΕΛ. ΜΕΛΛΟΝΤΑΣ**
θα εμπνέετε	θα εμπνεύσετε	θα έχω εμπνεύσει[2]
θα εμπνέουν(ε)[1]	θα εμπνεύσουν(ε)[1]	

ΥΠΟΤΑΚΤΙΚΗ

ΕΝΕΣΤΩΤΑΣ	**ΑΟΡΙΣΤΟΣ**	**ΠΑΡΑΚΕΙΜΕΝΟΣ**
[να, όταν...] εμπνέω	[να, όταν...] εμπνεύσω	[να, όταν...] έχω εμπνεύσει[2]
εμπνέεις	εμπνεύσεις	
εμπνέει	εμπνεύσει	
εμπνέουμε (σπάν.-ομε)	εμπνεύσουμε (σπάν.-ομε)	
εμπνέετε	εμπνεύσετε	
εμπνέουν(ε)[1]	εμπνεύσουν(ε)[1]	

ΠΡΟΣΤΑΚΤΙΚΗ

ΕΝΕΣΤΩΤΑΣ	**ΑΟΡΙΣΤΟΣ**
–	–
(έμπνεε)	έμπνευσε
–	–
–	–
εμπνέετε	εμπνεύστε/εμπνεύσετε[3]
–	–

ΜΕΤΟΧΗ

ΕΝΕΣΤΩΤΑΣ
εμπνέοντας
ΠΑΡΑΚΕΙΜΕΝΟΣ
έχοντας εμπνεύσει[2]

[1] Οι β' τύποι (και αυτοί με το τελικό ε) κυρίως στον προφορικό λόγο και στη λογοτεχνία. Δε συνηθίζονται σε λογιότερα ρ. (π.χ. εισπλέω).
[2] Δε συνηθίζονται οι τύποι με το έχω + μτχ. παθ. παρακειμ.
[3] Σε επίσημο ύφος λόγου και κυρίως σε λογιότερα ρ., π.χ. εισπλέω (εισπλεύσετε).

ΠΑΘΗΤΙΚΗ ΦΩΝΗ

ΟΡΙΣΤΙΚΗ

ΕΝΕΣΤΩΤΑΣ	ΠΑΡΑΤΑΤΙΚΟΣ	ΑΟΡΙΣΤΟΣ
εμπνέομαι	εμπνεόμουν(α)[1]	εμπνεύστηκα
εμπνέεσαι	εμπνεόσουν(α)[1]	εμπνεύστηκες
εμπνέεται	εμπνεόταν(ε)[1,2]	εμπνεύστηκε
εμπνεόμαστε	εμπνεόμαστε[2]	εμπνευστήκαμε
εμπνέεστε (σπάν.-όσαστε)	εμπνεόσαστε[2]	εμπνευστήκατε
εμπνέονται	εμπνέονταν[2]	εμπνεύστηκαν/ εμπνευστήκαν(ε)[1]
ΕΞΑΚΟΛ. ΜΕΛΛΟΝΤΑΣ	**ΣΥΝΟΠΤ. ΜΕΛΛΟΝΤΑΣ**	**ΠΑΡΑΚΕΙΜΕΝΟΣ**
θα εμπνέομαι	θα εμπνευστώ	έχω εμπνευστεί/ είμαι εμπνευσμένος[3]
θα εμπνέεσαι	θα εμπνευστείς	**ΥΠΕΡΣΥΝΤΕΛΙΚΟΣ**
θα εμπνέεται	θα εμπνευστεί	είχα εμπνευστεί/ ήμουν εμπνευσμένος[3]
θα εμπνεόμαστε	θα εμπνευστούμε	**ΣΥΝΤΕΛ. ΜΕΛΛΟΝΤΑΣ**
θα εμπνέεστε (σπάν. -όσαστε)	θα εμπνευστείτε	θα έχω εμπνευστεί/ θα είμαι εμπνευσμένος[3]
θα εμπνέονται	θα εμπνευστούν(ε)[1]	

ΥΠΟΤΑΚΤΙΚΗ

ΕΝΕΣΤΩΤΑΣ	ΑΟΡΙΣΤΟΣ	ΠΑΡΑΚΕΙΜΕΝΟΣ
[να, όταν...] εμπνέομαι	[να, όταν...] εμπνευστώ	[να, όταν...] έχω εμπνευστεί/ είμαι εμπνευσμένος[3]
εμπνέεσαι	εμπνευστείς	
εμπνέεται	εμπνευστεί	
εμπνεόμαστε	εμπνευστούμε	
εμπνέεστε (σπάν.-όσαστε)	εμπνευστείτε	
εμπνέονται	εμπνευστούν(ε)[1]	

ΠΡΟΣΤΑΚΤΙΚΗ

ΕΝΕΣΤΩΤΑΣ	ΑΟΡΙΣΤΟΣ
–	–
–	εμπνεύσου
–	–
–	–
εμπνέεστε	εμπνευστείτε
–	–

ΜΕΤΟΧΗ

ΕΝΕΣΤΩΤΑΣ
εμπνεόμενος
ΠΑΡΑΚΕΙΜΕΝΟΣ
εμπνευσμένος

[1] Οι τύποι με το τελικό α ή ε (και ο β' τύπος του αορίστου) κυρίως στον προφορικό λόγο και στη λογοτεχνία.
[2] Οι τύποι σε -ονταν, -όμασταν, -όσασταν, -όντουσαν (δες λύνομαι, 2) δε συνηθίζονται, λόγω του λόγιου χαρακτήρα των ρ. αυτής της κατηγορίας.
[3] Οι β' τύποι (σπάνιας χρήσης) δεν είναι πλήρως ισοδύναμοι με τους α', από άποψη σημασίας και σύνταξης.

ζεσταίνω

ΕΝΕΡΓΗΤΙΚΗ ΦΩΝΗ

ΟΡΙΣΤΙΚΗ

ΕΝΕΣΤΩΤΑΣ	ΠΑΡΑΤΑΤΙΚΟΣ	ΑΟΡΙΣΤΟΣ
ζεσταίνω	ζέσταινα	ζέστανα
ζεσταίνεις	ζέσταινες	ζέστανες
ζεσταίνει	ζέσταινε	ζέστανε
ζεσταίνουμε (σπάν.-ομε)	ζεσταίναμε	ζεστάναμε
ζεσταίνετε	ζεσταίνατε	ζεστάνατε
ζεσταίνουν(ε)[1]	ζέσταιναν/ζεσταίναν(ε)[1]	ζέσταναν/ζεστάναν(ε)[1]
ΕΞΑΚΟΛ. ΜΕΛΛΟΝΤΑΣ	**ΣΥΝΟΠΤ. ΜΕΛΛΟΝΤΑΣ**	**ΠΑΡΑΚΕΙΜΕΝΟΣ**
θα ζεσταίνω	θα ζεστάνω	έχω ζεστάνει/
θα ζεσταίνεις	θα ζεστάνεις	έχω ζεσταμένο[2]
θα ζεσταίνει	θα ζεστάνει	**ΥΠΕΡΣΥΝΤΕΛΙΚΟΣ**
θα ζεσταίνουμε (σπάν.-ομε)	θα ζεστάνουμε (σπάν.-ομε)	είχα ζεστάνει/
θα ζεσταίνετε	θα ζεστάνετε	είχα ζεσταμένο[2]
θα ζεσταίνουν(ε)[1]	θα ζεστάνουν(ε)[1]	**ΣΥΝΤΕΛ. ΜΕΛΛΟΝΤΑΣ**
		θα έχω ζεστάνει/
		θα έχω ζεσταμένο[2]

ΥΠΟΤΑΚΤΙΚΗ

ΕΝΕΣΤΩΤΑΣ	ΑΟΡΙΣΤΟΣ	ΠΑΡΑΚΕΙΜΕΝΟΣ
[να, όταν...] ζεσταίνω	[να, όταν...] ζεστάνω	[να, όταν...] έχω ζεστάνει/
ζεσταίνεις	ζεστάνεις	έχω ζεσταμένο[2]
ζεσταίνει	ζεστάνει	
ζεσταίνουμε (σπάν.-ομε)	ζεστάνουμε (σπάν.-ομε)	
ζεσταίνετε	ζεστάνετε	
ζεσταίνουν(ε)[1]	ζεστάνουν(ε)[1]	

ΠΡΟΣΤΑΚΤΙΚΗ

ΕΝΕΣΤΩΤΑΣ	ΑΟΡΙΣΤΟΣ
—	—
ζέσταινε	ζέστανε
—	—
—	—
ζεσταίνετε	ζεστάνετε
—	—

ΜΕΤΟΧΗ

ΕΝΕΣΤΩΤΑΣ
ζεσταίνοντας
ΠΑΡΑΚΕΙΜΕΝΟΣ
έχοντας ζεστάνει/
έχοντας ζεσταμένο[2]

[1] Οι β′ τύποι (και αυτοί με το τελικό ε) κυρίως στον προφορικό λόγο και στη λογοτεχνία. Δε συνηθίζονται σε λόγια ρ. (π.χ. απολυμαίνω).
[2] Οι β′ τύποι (σπάνιας χρήσης) δεν είναι πλήρως ισοδύναμοι με τους α′, από άποψη σημασίας και σύνταξης. Ισχύουν μόνο όταν το ρ. είναι μεταβατικό (ζεσταίνω κάτι).

ΠΑΘΗΤΙΚΗ ΦΩΝΗ

ΟΡΙΣΤΙΚΗ

ΕΝΕΣΤΩΤΑΣ
ζεσταίνομαι
ζεσταίνεσαι
ζεσταίνεται
ζεσταινόμαστε
ζεσταίνεστε/ζεσταινόσαστε[1]
ζεσταίνονται

ΕΞΑΚΟΛ. ΜΕΛΛΟΝΤΑΣ
θα ζεσταίνομαι
θα ζεσταίνεσαι
θα ζεσταίνεται
θα ζεσταινόμαστε
θα ζεσταίνεστε/-όσαστε[1]
θα ζεσταίνονται

ΠΑΡΑΤΑΤΙΚΟΣ
ζεσταινόμουν(α)[1]
ζεσταινόσουν(α)[1]
ζεσταινόταν(ε)[1,2]
ζεσταινόμαστε/ζεσταινόμασταν[1]
ζεσταινόσαστε/ζεσταινόσασταν[1]
ζεσταίνονταν/ζεσταινόντανε[1]/
ζεσταινόντουσαν[1]

ΣΥΝΟΠΤ. ΜΕΛΛΟΝΤΑΣ
θα ζεσταθώ
θα ζεσταθείς
θα ζεσταθεί
θα ζεσταθούμε
θα ζεσταθείτε
θα ζεσταθούν(ε)[1]

ΑΟΡΙΣΤΟΣ
ζεστάθηκα
ζεστάθηκες
ζεστάθηκε
ζεσταθήκαμε
ζεσταθήκατε
ζεστάθηκαν/ζεσταθήκαν(ε)[1]

ΠΑΡΑΚΕΙΜΕΝΟΣ
έχω ζεσταθεί/είμαι ζεσταμένος[3]

ΥΠΕΡΣΥΝΤΕΛΙΚΟΣ
είχα ζεσταθεί/
ήμουν ζεσταμένος[3]

ΣΥΝΤΕΛ. ΜΕΛΛΟΝΤΑΣ
θα έχω ζεσταθεί/
θα είμαι ζεσταμένος[3]

ΥΠΟΤΑΚΤΙΚΗ

ΕΝΕΣΤΩΤΑΣ
[να, όταν...] ζεσταίνομαι
ζεσταίνεσαι
ζεσταίνεται
ζεσταινόμαστε
ζεσταίνεστε/ζεσταινόσαστε[1]
ζεσταίνονται

ΑΟΡΙΣΤΟΣ
[να, όταν...] ζεσταθώ
ζεσταθείς
ζεσταθεί
ζεσταθούμε
ζεσταθείτε
ζεσταθούν(ε)[1]

ΠΑΡΑΚΕΙΜΕΝΟΣ
[να, όταν...] έχω ζεσταθεί/
είμαι ζεσταμένος[3]

ΠΡΟΣΤΑΚΤΙΚΗ

ΕΝΕΣΤΩΤΑΣ
–
–
–
–
ζεσταίνεστε
–

ΑΟΡΙΣΤΟΣ
–
–
–
–
ζεσταθείτε
–

ΜΕΤΟΧΗ

ΕΝΕΣΤΩΤΑΣ
–

ΠΑΡΑΚΕΙΜΕΝΟΣ
ζεσταμένος

[1] Οι β' τύποι (και αυτοί με το τελικό α ή ε) κυρίως στον προφορικό λόγο και στη λογοτεχνία.
[2] Και ζεσταίνονταν στον προφ. λόγο και στη λογοτεχνία.
[3] Οι β' τύποι (σπάνιας χρήσης) δεν είναι πλήρως ισοδύναμοι με τους α', από άποψη σημασίας και σύνταξης.

ΠΑΘΗΤΙΚΗ ΦΩΝΗ

ΟΡΙΣΤΙΚΗ

ΕΝΕΣΤΩΤΑΣ	ΠΑΡΑΤΑΤΙΚΟΣ	ΑΟΡΙΣΤΟΣ
θερμαίνομαι	θερμαινόμουν(α)[1]	θερμάνθηκα
θερμαίνεσαι	θερμαινόσουν(α)[1]	θερμάνθηκες
θερμαίνεται	θερμαινόταν(ε)[1,2]	θερμάνθηκε
θερμαινόμαστε	θερμαινόμαστε[2]	θερμανθήκαμε
θερμαίνεστε (σπάν.-όσαστε)	θερμαινόσαστε[2]	θερμανθήκατε
θερμαίνονται	θερμαίνονταν[2]	θερμάνθηκαν/θερμανθήκαν(ε)[1]
ΕΞΑΚΟΛ. ΜΕΛΛΟΝΤΑΣ	**ΣΥΝΟΠΤ. ΜΕΛΛΟΝΤΑΣ**	**ΠΑΡΑΚΕΙΜΕΝΟΣ**
θα θερμαίνομαι	θα θερμανθώ	έχω θερμανθεί/
θα θερμαίνεσαι	θα θερμανθείς	(είμαι θερμασμένος)[3]
θα θερμαίνεται	θα θερμανθεί	**ΥΠΕΡΣΥΝΤΕΛΙΚΟΣ**
θα θερμαινόμαστε	θα θερμανθούμε	είχα θερμανθεί/
θα θερμαίνεστε (σπάν. -όσαστε)	θα θερμανθείτε	(ήμουν θερμασμένος)[3]
θα θερμαίνονται	θα θερμανθούν(ε)[1]	**ΣΥΝΤΕΛ. ΜΕΛΛΟΝΤΑΣ**
		θα έχω θερμανθεί/
		(θα είμαι θερμασμένος)[3]

ΥΠΟΤΑΚΤΙΚΗ

ΕΝΕΣΤΩΤΑΣ	ΑΟΡΙΣΤΟΣ	ΠΑΡΑΚΕΙΜΕΝΟΣ
[να, όταν...] θερμαίνομαι	[να, όταν...] θερμανθώ	[να, όταν...] έχω θερμανθεί/
θερμαίνεσαι	θερμανθείς	(είμαι θερμασμένος)[3]
θερμαίνεται	θερμανθεί	
θερμαινόμαστε	θερμανθούμε	
θερμαίνεστε (σπάν.-όσαστε)	θερμανθείτε	
θερμαίνονται	θερμανθούν(ε)[1]	

ΠΡΟΣΤΑΚΤΙΚΗ

ΕΝΕΣΤΩΤΑΣ	ΑΟΡΙΣΤΟΣ
–	–
–	–
–	–
–	–
θερμαίνεστε	θερμανθείτε
–	–

ΜΕΤΟΧΗ

ΕΝΕΣΤΩΤΑΣ
θερμαινόμενος
ΠΑΡΑΚΕΙΜΕΝΟΣ
θερμασμένος

[1] Οι τύποι με το τελικό α ή ε (και ο β′ τύπος του αορίστου) κυρίως στον προφορικό λόγο και στη λογοτεχνία. Σπάνιοι σε λογιότερα ρ. (π.χ. απολυμαίνομαι).
[2] Οι τύποι σε -ονταν, -όμασταν, -όσασταν, -όντουσαν (δες λύνομαι, 2) δε συνηθίζονται, λόγω του λόγιου (γενικά) χαρακτήρα των ρ. αυτής της κατηγορίας.
[3] Οι β′ τύποι (σπάνιας χρήσης) δεν είναι πλήρως ισοδύναμοι με τους α′, από άποψη σημασίας και σύνταξης.

βαραίνω 47

ΕΝΕΡΓΗΤΙΚΗ ΦΩΝΗ

ΟΡΙΣΤΙΚΗ

ΕΝΕΣΤΩΤΑΣ	**ΠΑΡΑΤΑΤΙΚΟΣ**	**ΑΟΡΙΣΤΟΣ**
βαραίνω	βάραινα	βάρυνα
βαραίνεις	βάραινες	βάρυνες
βαραίνει	βάραινε	βάρυνε
βαραίνουμε (σπάν.-ομε)	βαραίναμε	βαρύναμε
βαραίνετε	βαραίνατε	βαρύνατε
βαραίνουν(ε)[1]	βάραιναν/βαραίναν(ε)[1]	βάρυναν/βαρύναν(ε)[1]
ΕΞΑΚΟΛ. ΜΕΛΛΟΝΤΑΣ	**ΣΥΝΟΠΤ. ΜΕΛΛΟΝΤΑΣ**	**ΠΑΡΑΚΕΙΜΕΝΟΣ**
θα βαραίνω	θα βαρύνω	έχω βαρύνει[2]
θα βαραίνεις	θα βαρύνεις	**ΥΠΕΡΣΥΝΤΕΛΙΚΟΣ**
θα βαραίνει	θα βαρύνει	είχα βαρύνει[2]
θα βαραίνουμε (σπάν.-ομε)	θα βαρύνουμε (σπάν.-ομε)	**ΣΥΝΤΕΛ. ΜΕΛΛΟΝΤΑΣ**
θα βαραίνετε	θα βαρύνετε	θα έχω βαρύνει[2]
θα βαραίνουν(ε)[1]	θα βαρύνουν(ε)[1]	

ΥΠΟΤΑΚΤΙΚΗ

ΕΝΕΣΤΩΤΑΣ	**ΑΟΡΙΣΤΟΣ**	**ΠΑΡΑΚΕΙΜΕΝΟΣ**
[να, όταν...] βαραίνω	[να, όταν...] βαρύνω	[να, όταν...] έχω βαρύνει[2]
βαραίνεις	βαρύνεις	
βαραίνει	βαρύνει	
βαραίνουμε (σπάν.-ομε)	βαρύνουμε (σπάν.-ομε)	
βαραίνετε	βαρύνετε	
βαραίνουν(ε)[1]	βαρύνουν(ε)[1]	

ΠΡΟΣΤΑΚΤΙΚΗ

ΕΝΕΣΤΩΤΑΣ	**ΑΟΡΙΣΤΟΣ**
–	–
βάραινε	βάρυνε
–	–
–	–
βαραίνετε	βαρύνετε
–	–

ΜΕΤΟΧΗ

ΕΝΕΣΤΩΤΑΣ
βαραίνοντας
ΠΑΡΑΚΕΙΜΕΝΟΣ
έχοντας βαρύνει[2]

[1] Οι β΄ τύποι (και αυτοί με το τελικό ε) κυρίως στον προφορικό λόγο και στη λογοτεχνία.
[2] Οι τύποι με το έχω + παθ. μτχ. παρακειμ. δε συνηθίζονται, γιατί τα περισσότερα ρ. αυτής της κατηγορίας δεν έχουν παθητική φωνή.

ΕΝΕΡΓΗΤΙΚΗ ΦΩΝΗ

ΟΡΙΣΤΙΚΗ

ΕΝΕΣΤΩΤΑΣ	ΠΑΡΑΤΑΤΙΚΟΣ	ΑΟΡΙΣΤΟΣ
διευρύνω	διεύρυνα	διεύρυνα
διευρύνεις	διεύρυνες	διεύρυνες
διευρύνει	διεύρυνε	διεύρυνε
διευρύνουμε (σπάν.-ομε)	διευρύναμε	διευρύναμε
διευρύνετε	διευρύνατε	διευρύνατε
διευρύνουν(ε)[1]	διεύρυναν/διευρύναν(ε)[1]	διεύρυναν/διευρύναν(ε)[1]
ΕΞΑΚΟΛ. ΜΕΛΛΟΝΤΑΣ	**ΣΥΝΟΠΤ. ΜΕΛΛΟΝΤΑΣ**	**ΠΑΡΑΚΕΙΜΕΝΟΣ**
θα διευρύνω	θα διευρύνω	έχω διευρύνει/
θα διευρύνεις	θα διευρύνεις	έχω διευρυμένο[2]
θα διευρύνει	θα διευρύνει	**ΥΠΕΡΣΥΝΤΕΛΙΚΟΣ**
θα διευρύνουμε (σπάν.-ομε)	θα διευρύνουμε (σπάν.-ομε)	είχα διευρύνει/
θα διευρύνετε	θα διευρύνετε	είχα διευρυμένο[2]
θα διευρύνουν(ε)[1]	θα διευρύνουν(ε)[1]	**ΣΥΝΤΕΛ. ΜΕΛΛΟΝΤΑΣ**
		θα έχω διευρύνει/
		θα έχω διευρυμένο[2]

ΥΠΟΤΑΚΤΙΚΗ

ΕΝΕΣΤΩΤΑΣ	ΑΟΡΙΣΤΟΣ	ΠΑΡΑΚΕΙΜΕΝΟΣ
[να, όταν...] διευρύνω	[να, όταν...] διευρύνω	[να, όταν...] έχω διευρύνει/
διευρύνεις	διευρύνεις	έχω διευρυμένο[2]
διευρύνει	διευρύνει	
διευρύνουμε (σπάν.-ομε)	διευρύνουμε (σπάν.-ομε)	
διευρύνετε	διευρύνετε	
διευρύνουν(ε)[1]	διευρύνουν(ε)[1]	

ΠΡΟΣΤΑΚΤΙΚΗ

ΕΝΕΣΤΩΤΑΣ	ΑΟΡΙΣΤΟΣ
–	–
διεύρυνε	διεύρυνε
–	–
–	–
διευρύνετε	διευρύνετε
–	–

ΜΕΤΟΧΗ

ΕΝΕΣΤΩΤΑΣ
διευρύνοντας
ΠΑΡΑΚΕΙΜΕΝΟΣ
έχοντας διευρύνει/
έχοντας διευρυμένο[2]

[1] Οι β΄ τύποι (και αυτοί με το τελικό ε) κυρίως στον προφορικό λόγο και στη λογοτεχνία. Σπανίζουν γενικά, λόγω του λόγιου χαρακτήρα των ρ. αυτής της κατηγορίας.
[2] Οι β΄ τύποι (σπάνιας χρήσης) δεν είναι πλήρως ισοδύναμοι με τους α΄, από άποψη σημασίας και σύνταξης. Ισχύουν μόνο όταν το ρ. είναι μεταβατικό (διευρύνω κάτι).

ΠΑΘΗΤΙΚΗ ΦΩΝΗ

ΟΡΙΣΤΙΚΗ

ΕΝΕΣΤΩΤΑΣ	ΠΑΡΑΤΑΤΙΚΟΣ	ΑΟΡΙΣΤΟΣ
διευρύνομαι	διευρυνόμουν(α)[1]	διευρύνθηκα
διευρύνεσαι	διευρυνόσουν(α)[1]	διευρύνθηκες
διευρύνεται	διευρυνόταν(ε)[1,2]	διευρύνθηκε
διευρυνόμαστε	διευρυνόμαστε[2]	διευρυνθήκαμε
διευρύνεστε (σπάν.-όσαστε)	διευρυνόσαστε[2]	διευρυνθήκατε
διευρύνονται	διευρύνονταν[2]	διευρύνθηκαν/διευρυνθήκαν(ε)[1]
ΕΞΑΚΟΛ. ΜΕΛΛΟΝΤΑΣ	**ΣΥΝΟΠΤ. ΜΕΛΛΟΝΤΑΣ**	**ΠΑΡΑΚΕΙΜΕΝΟΣ**
θα διευρύνομαι	θα διευρυνθώ	έχω διευρυνθεί/
θα διευρύνεσαι	θα διευρυνθείς	είμαι διευρυμένος[3]
θα διευρύνεται	θα διευρυνθεί	**ΥΠΕΡΣΥΝΤΕΛΙΚΟΣ**
θα διευρυνόμαστε	θα διευρυνθούμε	είχα διευρυνθεί/
θα διευρύνεστε (σπάν.-όσαστε)	θα διευρυνθείτε	ήμουν διευρυμένος[3]
θα διευρύνονται	θα διευρυνθούν(ε)[1]	**ΣΥΝΤΕΛ. ΜΕΛΛΟΝΤΑΣ**
		θα έχω διευρυνθεί/
		θα είμαι διευρυμένος[3]

ΥΠΟΤΑΚΤΙΚΗ

ΕΝΕΣΤΩΤΑΣ	ΑΟΡΙΣΤΟΣ	ΠΑΡΑΚΕΙΜΕΝΟΣ
[να, όταν...] διευρύνομαι	[να, όταν...] διευρυνθώ	[να, όταν...] έχω διευρυνθεί/
διευρύνεσαι	διευρυνθείς	είμαι διευρυμένος[3]
διευρύνεται	διευρυνθεί	
διευρυνόμαστε	διευρυνθούμε	
διευρύνεστε (σπάν.-όσαστε)	διευρυνθείτε	
διευρύνονται	διευρυνθούν(ε)[1]	

ΠΡΟΣΤΑΚΤΙΚΗ

ΕΝΕΣΤΩΤΑΣ	ΑΟΡΙΣΤΟΣ
–	–
–	(διευρύνσου)
–	–
–	–
διευρύνεστε	διευρυνθείτε
–	–

ΜΕΤΟΧΗ

ΕΝΕΣΤΩΤΑΣ
διευρυνόμενος
ΠΑΡΑΚΕΙΜΕΝΟΣ
διευρυμένος

[1] Οι τύποι με το τελικό α ή ε (και ο β′ τύπος του αορίστου) κυρίως στον προφορικό λόγο και στη λογοτεχνία. Γενικά είναι σπάνιοι στην κατηγορία αυτή, όπου τα περισσότερα ρ. είναι λόγια.
[2] Οι τύποι σε -ονταν, -όμασταν, -όσασταν, -όντουσαν (δες λύνομαι, 2) δε συνηθίζονται, λόγω του λόγιου (γενικά) χαρακτήρα των ρ. αυτής της κατηγορίας.
[3] Οι β′ τύποι (σπάνιας χρήσης) δεν είναι πλήρως ισοδύναμοι με τους α′, από άποψη σημασίας και σύνταξης.

ΕΝΕΡΓΗΤΙΚΗ ΦΩΝΗ

ΟΡΙΣΤΙΚΗ

ΕΝΕΣΤΩΤΑΣ	ΠΑΡΑΤΑΤΙΚΟΣ	ΑΟΡΙΣΤΟΣ
αναστaίνω	ανάσταινα	ανάστησα
αναστaίνεις	ανάσταινες	ανάστησες
αναστaίνει	ανάσταινε	ανάστησε
αναστaίνουμε (σπάν.-ομε)	ανασταίναμε	αναστήσαμε
αναστaίνετε	ανασταίνατε	αναστήσατε
αναστaίνουν(ε)[1]	ανάσταιναν/ανασταίναν(ε)[1]	ανάστησαν/αναστήσαν(ε)[1]
ΕΞΑΚΟΛ. ΜΕΛΛΟΝΤΑΣ	**ΣΥΝΟΠΤ. ΜΕΛΛΟΝΤΑΣ**	**ΠΑΡΑΚΕΙΜΕΝΟΣ**
θα αναστaίνω	θα αναστήσω	έχω αναστήσει/
θα αναστaίνεις	θα αναστήσεις	(έχω αναστημένο)[2]
θα αναστaίνει	θα αναστήσει	**ΥΠΕΡΣΥΝΤΕΛΙΚΟΣ**
θα αναστaίνουμε (σπάν.-ομε)	θα αναστήσουμε (σπάν.-ομε)	είχα αναστήσει/
θα αναστaίνετε	θα αναστήσετε	(είχα αναστημένο)[2]
θα αναστaίνουν(ε)[1]	θα αναστήσουν(ε)[1]	**ΣΥΝΤΕΛ. ΜΕΛΛΟΝΤΑΣ**
		θα έχω αναστήσει/
		(θα έχω αναστημένο)[2]

ΥΠΟΤΑΚΤΙΚΗ

ΕΝΕΣΤΩΤΑΣ	ΑΟΡΙΣΤΟΣ	ΠΑΡΑΚΕΙΜΕΝΟΣ
[να, όταν...] αναστaίνω	[να, όταν...] αναστήσω	[να, όταν...] έχω αναστήσει/
αναστaίνεις	αναστήσεις	(έχω αναστημένο)[2]
αναστaίνει	αναστήσει	
αναστaίνουμε (σπάν.-ομε)	αναστήσουμε (σπάν.-ομε)	
αναστaίνετε	αναστήσετε	
αναστaίνουν(ε)[1]	αναστήσουν(ε)[1]	

ΠΡΟΣΤΑΚΤΙΚΗ

ΕΝΕΣΤΩΤΑΣ	ΑΟΡΙΣΤΟΣ
–	–
ανάσταινε	ανάστησε
–	–
–	–
ανασταίνετε	αναστήστε[3]
–	–

ΜΕΤΟΧΗ

ΕΝΕΣΤΩΤΑΣ
ανασταίνοντας
ΠΑΡΑΚΕΙΜΕΝΟΣ
έχοντας αναστήσει/
(έχοντας αναστημένο)[2]

[1] Οι β′ τύποι (και αυτοί με το τελικό ε) κυρίως στον προφορικό λόγο και στη λογοτεχνία. Σπάνιοι σε λόγια ρ. (π.χ. ολισθαίνω).
[2] Οι β′ τύποι (σπάνιας χρήσης) δεν είναι πλήρως ισοδύναμοι με τους α′, από άποψη σημασίας και σύνταξης. Ισχύουν μόνο όταν το ρ. είναι μεταβατικό (ανασταίνω κάτι).
[3] Σε λόγια ρ. απαντάται και ο τύπος σε -ετε (π.χ. ολισθήσετε).

ΠΑΘΗΤΙΚΗ ΦΩΝΗ

ΟΡΙΣΤΙΚΗ

ΕΝΕΣΤΩΤΑΣ
αναστaίνομαι
αναστaίνεσαι
αναστaίνεται
ανασταινόμαστε
αναστaίνεστε/ανασταινόσαστε[1]
αναστaίνονται

ΕΞΑΚΟΛ. ΜΕΛΛΟΝΤΑΣ
θα αναστaίνομαι
θα αναστaίνεσαι
θα αναστaίνεται
θα ανασταινόμαστε
θα αναστaίνεστε/-όσαστε[1]
θα αναστaίνονται

ΠΑΡΑΤΑΤΙΚΟΣ
ανασταινόμουν(α)[1]
ανασταινόσουν(α)[1]
ανασταινόταν(ε)[1,2]
ανασταινόμαστε/-όμασταν[1]
ανασταινόσαστε/-όσασταν[1]
ανασταίνονταν/ανασταινόντανε[1]/
ανασταινόντουσαν[1]

ΣΥΝΟΠΤ. ΜΕΛΛΟΝΤΑΣ
θα αναστηθώ
θα αναστηθείς
θα αναστηθεί
θα αναστηθούμε
θα αναστηθείτε
θα αναστηθούν(ε)[1]

ΑΟΡΙΣΤΟΣ
αναστήθηκα
αναστήθηκες
αναστήθηκε
αναστηθήκαμε
αναστηθήκατε
αναστήθηκαν/αναστηθήκαν(ε)[1]

ΠΑΡΑΚΕΙΜΕΝΟΣ
έχω αναστηθεί/
είμαι αναστημένος[3]

ΥΠΕΡΣΥΝΤΕΛΙΚΟΣ
είχα αναστηθεί/
ήμουν αναστημένος[3]

ΣΥΝΤΕΛ. ΜΕΛΛΟΝΤΑΣ
θα έχω αναστηθεί/
θα είμαι αναστημένος[3]

ΥΠΟΤΑΚΤΙΚΗ

ΕΝΕΣΤΩΤΑΣ
[να, όταν...] αναστaίνομαι
αναστaίνεσαι
αναστaίνεται
ανασταινόμαστε
αναστaίνεστε/ανασταινόσαστε[1]
αναστaίνονται

ΑΟΡΙΣΤΟΣ
[να, όταν...] αναστηθώ
αναστηθείς
αναστηθεί
αναστηθούμε
αναστηθείτε
αναστηθούν(ε)[1]

ΠΑΡΑΚΕΙΜΕΝΟΣ
[να, όταν...] έχω αναστηθεί/
είμαι αναστημένος[3]

ΠΡΟΣΤΑΚΤΙΚΗ

ΕΝΕΣΤΩΤΑΣ
–
–
–
–
αναστaίνεστε
–

ΑΟΡΙΣΤΟΣ
–
αναστήσου
–
–
αναστηθείτε
–

ΜΕΤΟΧΗ

ΕΝΕΣΤΩΤΑΣ
–

ΠΑΡΑΚΕΙΜΕΝΟΣ
αναστημένος

Οι β΄ τύποι (και αυτοί με το τελικό α ή ε) κυρίως στον προφορικό λόγο και στη λογοτεχνία.
Και ανασταίνονταν στον προφορικό λόγο και στη λογοτεχνία.
Οι β΄ τύποι (σπάνιας χρήσης) δεν είναι πλήρως ισοδύναμοι με τους α΄, από άποψη σημασίας και σύνταξης.

ΕΝΕΡΓΗΤΙΚΗ ΦΩΝΗ

ΟΡΙΣΤΙΚΗ

ΕΝΕΣΤΩΤΑΣ	ΠΑΡΑΤΑΤΙΚΟΣ	ΑΟΡΙΣΤΟΣ
προφταίνω	πρόφταινα	πρόφτασα
προφταίνεις	πρόφταινες	πρόφτασες
προφταίνει	πρόφταινε	πρόφτασε
προφταίνουμε (σπάν.-ομε)	προφταίναμε	προφτάσαμε
προφταίνετε	προφταίνατε	προφτάσατε
προφταίνουν(ε)[1]	πρόφταιναν/προφταίναν(ε)[1]	πρόφτασαν/προφτάσαν(ε)[1]
ΕΞΑΚΟΛ. ΜΕΛΛΟΝΤΑΣ	**ΣΥΝΟΠΤ. ΜΕΛΛΟΝΤΑΣ**	**ΠΑΡΑΚΕΙΜΕΝΟΣ**
θα προφταίνω	θα προφτάσω	έχω προφτάσει[2]
θα προφταίνεις	θα προφτάσεις	**ΥΠΕΡΣΥΝΤΕΛΙΚΟΣ**
θα προφταίνει	θα προφτάσει	είχα προφτάσει[2]
θα προφταίνουμε (σπάν.-ομε)	θα προφτάσουμε (σπάν.-ομε)	**ΣΥΝΤΕΛ. ΜΕΛΛΟΝΤΑΣ**
θα προφταίνετε	θα προφτάσετε	θα έχω προφτάσει[2]
θα προφταίνουν(ε)[1]	θα προφτάσουν(ε)[1]	

ΥΠΟΤΑΚΤΙΚΗ

ΕΝΕΣΤΩΤΑΣ	ΑΟΡΙΣΤΟΣ	ΠΑΡΑΚΕΙΜΕΝΟΣ
[να, όταν...] προφταίνω	[να, όταν...] προφτάσω	[να, όταν...] έχω προφτάσει[2]
προφταίνεις	προφτάσεις	
προφταίνει	προφτάσει	
προφταίνουμε (σπάν.-ομε)	προφτάσουμε (σπάν.-ομε)	
προφταίνετε	προφτάσετε	
προφταίνουν(ε)[1]	προφτάσουν(ε)[1]	

ΠΡΟΣΤΑΚΤΙΚΗ

ΕΝΕΣΤΩΤΑΣ	ΑΟΡΙΣΤΟΣ
–	–
πρόφταινε	πρόφτασε[3]
–	–
–	–
προφταίνετε	προφτάστε
–	–

ΜΕΤΟΧΗ

ΕΝΕΣΤΩΤΑΣ
προφταίνοντας
ΠΑΡΑΚΕΙΜΕΝΟΣ
έχοντας προφτάσει[2]

[1] Οι β′ τύποι (και αυτοί με το τελικό ε) κυρίως στον προφορικό λόγο και στη λογοτεχνία.
[2] Το ρ. δεν έχει παθ. μτχ. παρακειμένου, γι' αυτό δε σχηματίζει τους τύπους με το έχω + μτχ.
[3] Το ρ. σωπαίνω σχηματίζει και β′ τύπο: σώπα.

ΕΝΕΡΓΗΤΙΚΗ ΦΩΝΗ

ΟΡΙΣΤΙΚΗ

ΕΝΕΣΤΩΤΑΣ	ΠΑΡΑΤΑΤΙΚΟΣ	ΑΟΡΙΣΤΟΣ
φρεσκάρω	φρέσκαρα/φρεσκάριζα	φρέσκαρα/φρεσκάρισα
φρεσκάρεις	φρέσκαρες/φρεσκάριζες	φρέσκαρες/φρεσκάρισες
φρεσκάρει	φρέσκαρε/φρεσκάριζε	φρέσκαρε/φρεσκάρισε
φρεσκάρουμε (σπάν.-ομε)	φρεσκάραμε	φρεσκάραμε
φρεσκάρετε	φρεσκάρατε	φρεσκάρατε
φρεσκάρουν(ε)[1]	φρέσκαραν/φρεσκάραν(ε)[1]/ φρεσκάριζαν	φρέσκαραν/φρεσκάραν(ε)[1]/ φρεσκάρισαν
ΕΞΑΚΟΛ. ΜΕΛΛΟΝΤΑΣ	**ΣΥΝΟΠΤ. ΜΕΛΛΟΝΤΑΣ**	**ΠΑΡΑΚΕΙΜΕΝΟΣ**
θα φρεσκάρω	θα φρεσκάρω	έχω φρεσκάρει/
θα φρεσκάρεις	θα φρεσκάρεις	έχω φρεσκαρισμένο[2]
θα φρεσκάρει	θα φρεσκάρει	**ΥΠΕΡΣΥΝΤΕΛΙΚΟΣ**
θα φρεσκάρουμε (σπάν.-ομε)	θα φρεσκάρουμε (σπάν.-ομε)	είχα φρεσκάρει/
θα φρεσκάρετε	θα φρεσκάρετε	είχα φρεσκαρισμένο[2]
θα φρεσκάρουν(ε)[1]	θα φρεσκάρουν(ε)[1]	**ΣΥΝΤΕΛ. ΜΕΛΛΟΝΤΑΣ**
		θα έχω φρεσκάρει/
		θα έχω φρεσκαρισμένο[2]

ΥΠΟΤΑΚΤΙΚΗ

ΕΝΕΣΤΩΤΑΣ	ΑΟΡΙΣΤΟΣ	ΠΑΡΑΚΕΙΜΕΝΟΣ
[να, όταν...] φρεσκάρω	[να, όταν...] φρεσκάρω	[να, όταν...] έχω φρεσκάρει/
φρεσκάρεις	φρεσκάρεις	έχω φρεσκαρισμένο[2]
φρεσκάρει	φρεσκάρει	
φρεσκάρουμε (σπάν.-ομε)	φρεσκάρουμε (σπάν.-ομε)	
φρεσκάρετε	φρεσκάρετε	
φρεσκάρουν(ε)[1]	φρεσκάρουν(ε)[1]	

ΠΡΟΣΤΑΚΤΙΚΗ

ΕΝΕΣΤΩΤΑΣ	ΑΟΡΙΣΤΟΣ
–	–
φρέσκαρε/φρεσκάριζε	φρέσκαρε/φρεσκάρισε
–	–
–	–
φρεσκάρετε	φρεσκάρετε
–	–

ΜΕΤΟΧΗ

ΕΝΕΣΤΩΤΑΣ
φρεσκάροντας
ΠΑΡΑΚΕΙΜΕΝΟΣ
έχοντας φρεσκάρει/
έχοντας φρεσκαρισμένο[2]

[1] Οι β' τύποι (και αυτοί με το τελικό ε) κυρίως στον προφορικό λόγο και στη λογοτεχνία.
[2] Οι β' τύποι (σπάνιας χρήσης) δεν είναι πλήρως ισοδύναμοι με τους α', από άποψη σημασίας και σύνταξης. Ισχύουν μόνο όταν το ρ. είναι μεταβατικό (φρεσκάρω κάτι).

ΠΑΘΗΤΙΚΗ ΦΩΝΗ

ΟΡΙΣΤΙΚΗ

ΕΝΕΣΤΩΤΑΣ	ΠΑΡΑΤΑΤΙΚΟΣ	ΑΟΡΙΣΤΟΣ
φρεσκάρομαι	φρεσκαριζόμουν(α)[1]	φρεσκαρίστηκα
φρεσκάρεσαι	φρεσκαριζόσουν(α)[1]	φρεσκαρίστηκες
φρεσκάρεται	φρεσκαριζόταν(ε)[1,2]	φρεσκαρίστηκε
φρεσκαριζόμαστε	φρεσκαριζόμαστε/	φρεσκαριστήκαμε
φρεσκάρεστε/φρεσκαριζόσαστε[1]	φρεσκαριζόμασταν[1]	φρεσκαριστήκατε
φρεσκάρονται	φρεσκαριζόσαστε/	φρεσκαρίστηκαν/
ΕΞΑΚΟΛ. ΜΕΛΛΟΝΤΑΣ	φρεσκαριζόσασταν[1]	φρεσκαριστήκαν(ε)[1]
θα φρεσκάρομαι	φρεσκάρονταν/φρεσκαρίζονταν/	**ΠΑΡΑΚΕΙΜΕΝΟΣ**
θα φρεσκάρεσαι	φρεσκαριζόντανε[1]/φρεσκαριζόντουσαν[1]	έχω φρεσκαριστεί/
θα φρεσκάρεται	**ΣΥΝΟΠΤ. ΜΕΛΛΟΝΤΑΣ**	είμαι φρεσκαρισμένος[3]
θα φρεσκαριζόμαστε	θα φρεσκαριστώ	**ΥΠΕΡΣΥΝΤΕΛΙΚΟΣ**
θα φρεσκάρεστε/	θα φρεσκαριστείς	είχα φρεσκαριστεί/
θα φρεσκαριζόσαστε[1]	θα φρεσκαριστεί	ήμουν φρεσκαρισμένος[3]
θα φρεσκάρονται	θα φρεσκαριστούμε	**ΣΥΝΤΕΛ. ΜΕΛΛΟΝΤΑΣ**
	θα φρεσκαριστείτε	θα έχω φρεσκαριστεί/
	θα φρεσκαριστούν(ε)[1]	θα είμαι φρεσκαρισμένος[3]

ΥΠΟΤΑΚΤΙΚΗ

ΕΝΕΣΤΩΤΑΣ	ΑΟΡΙΣΤΟΣ	ΠΑΡΑΚΕΙΜΕΝΟΣ
[να, όταν...] φρεσκάρομαι	[να, όταν...] φρεσκαριστώ	[να, όταν...] έχω φρεσκαριστεί/
φρεσκάρεσαι	φρεσκαριστείς	είμαι φρεσκαρισμένος[3]
φρεσκάρεται	φρεσκαριστεί	
φρεσκαριζόμαστε	φρεσκαριστούμε	
φρεσκάρεστε/φρεσκαριζόσαστε[1]	φρεσκαριστείτε	
φρεσκάρονται	φρεσκαριστούν(ε)[1]	

ΠΡΟΣΤΑΚΤΙΚΗ

ΕΝΕΣΤΩΤΑΣ	ΑΟΡΙΣΤΟΣ
–	–
–	(φρεσκαρίσου)
–	–
–	–
φρεσκάρεστε	φρεσκαριστείτε
–	–

ΜΕΤΟΧΗ

ΕΝΕΣΤΩΤΑΣ

–

ΠΑΡΑΚΕΙΜΕΝΟΣ

φρεσκαρισμένος

[1] Οι β′ τύποι (και αυτοί με το τελικό α ή ε) κυρίως στον προφορικό λόγο και στη λογοτεχνία.
[2] Και φρεσκάρονταν στον προφ. λόγο και στη λογοτεχνία.
[3] Οι β′ τύποι (σπάνιας χρήσης) δεν είναι πλήρως ισοδύναμοι με τους α′, από άποψη σημασίας και σύνταξης.

ΕΝΕΡΓΗΤΙΚΗ ΦΩΝΗ

ΟΡΙΣΤΙΚΗ

ΕΝΕΣΤΩΤΑΣ	ΠΑΡΑΤΑΤΙΚΟΣ	ΑΟΡΙΣΤΟΣ
αμπαλάρω	αμπαλάριζα	αμπαλάρισα
αμπαλάρεις	αμπαλάριζες	αμπαλάρισες
αμπαλάρει	αμπαλάριζε	αμπαλάρισε
αμπαλάρουμε (σπάν.-ομε)	αμπαλάραμε	αμπαλάραμε
αμπαλάρετε	αμπαλάρατε	αμπαλάρατε
αμπαλάρουν(ε)[1]	αμπαλάριζαν/αμπαλάραν(ε)[1]	αμπαλάρισαν/αμπαλάραν(ε)[1]
ΕΞΑΚΟΛ. ΜΕΛΛΟΝΤΑΣ	**ΣΥΝΟΠΤ. ΜΕΛΛΟΝΤΑΣ**	**ΠΑΡΑΚΕΙΜΕΝΟΣ**
θα αμπαλάρω	θα αμπαλάρω	έχω αμπαλάρει/
θα αμπαλάρεις	θα αμπαλάρεις	έχω αμπαλαρισμένο[2]
θα αμπαλάρει	θα αμπαλάρει	**ΥΠΕΡΣΥΝΤΕΛΙΚΟΣ**
θα αμπαλάρουμε (σπάν.-ομε)	θα αμπαλάρουμε (σπάν.-ομε)	είχα αμπαλάρει/
θα αμπαλάρετε	θα αμπαλάρετε	είχα αμπαλαρισμένο[2]
θα αμπαλάρουν(ε)[1]	θα αμπαλάρουν(ε)[1]	**ΣΥΝΤΕΛ. ΜΕΛΛΟΝΤΑΣ**
		θα έχω αμπαλάρει/
		θα έχω αμπαλαρισμένο[2]

ΥΠΟΤΑΚΤΙΚΗ

ΕΝΕΣΤΩΤΑΣ	ΑΟΡΙΣΤΟΣ	ΠΑΡΑΚΕΙΜΕΝΟΣ
[να, όταν...] αμπαλάρω	[να, όταν...] αμπαλάρω	[να, όταν...] έχω αμπαλάρει/
αμπαλάρεις	αμπαλάρεις	έχω αμπαλαρισμένο[2]
αμπαλάρει	αμπαλάρει	
αμπαλάρουμε (σπάν.-ομε)	αμπαλάρουμε (σπάν.-ομε)	
αμπαλάρετε	αμπαλάρετε	
αμπαλάρουν(ε)[1]	αμπαλάρουν(ε)[1]	

ΠΡΟΣΤΑΚΤΙΚΗ

ΕΝΕΣΤΩΤΑΣ	ΑΟΡΙΣΤΟΣ
–	–
αμπαλάριζε	αμπαλάρισε
–	–
–	–
αμπαλάρετε	αμπαλάρετε
–	–

ΜΕΤΟΧΗ

ΕΝΕΣΤΩΤΑΣ
αμπαλάροντας
ΠΑΡΑΚΕΙΜΕΝΟΣ
έχοντας αμπαλάρει/
έχοντας αμπαλαρισμένο[2]

[1] Οι β′ τύποι (και αυτοί με το τελικό ε) κυρίως στον προφορικό λόγο και στη λογοτεχνία.
[2] Οι β′ τύποι (σπάνιας χρήσης) δεν είναι πλήρως ισοδύναμοι με τους α′, από άποψη σημασίας και σύνταξης. Ισχύουν μόνο όταν το ρ. είναι μεταβατικό (αμπαλάρω κάτι).

ΕΝΕΡΓΗΤΙΚΗ ΦΩΝΗ

ΟΡΙΣΤΙΚΗ

ΕΝΕΣΤΩΤΑΣ	**ΠΑΡΑΤΑΤΙΚΟΣ**	**ΑΟΡΙΣΤΟΣ**
γαρνίρω	γαρνίριζα/γάρνιρα	γαρνίρισα
γαρνίρεις	γαρνίριζες/γάρνιρες	γαρνίρισες
γαρνίρει	γαρνίριζε/γάρνιρε	γαρνίρισε
γαρνίρουμε (σπάν.-ομε)	γαρνίραμε	γαρνίραμε
γαρνίρετε	γαρνίρατε	γαρνίρατε
γαρνίρουν(ε)[1]	γαρνίριζαν/γαρνίραν(ε)[1]	γαρνίρισαν/γαρνίραν(ε)[1]
ΕΞΑΚΟΛ. ΜΕΛΛΟΝΤΑΣ	**ΣΥΝΟΠΤ. ΜΕΛΛΟΝΤΑΣ**	**ΠΑΡΑΚΕΙΜΕΝΟΣ**
θα γαρνίρω	θα γαρνίρω	έχω γαρνίρει/
θα γαρνίρεις	θα γαρνίρεις	έχω γαρνιρισμένο[2]
θα γαρνίρει	θα γαρνίρει	**ΥΠΕΡΣΥΝΤΕΛΙΚΟΣ**
θα γαρνίρουμε (σπάν.-ομε)	θα γαρνίρουμε (σπάν.-ομε)	είχα γαρνίρει/
θα γαρνίρετε	θα γαρνίρετε	είχα γαρνιρισμένο[2]
θα γαρνίρουν(ε)[1]	θα γαρνίρουν(ε)[1]	**ΣΥΝΤΕΛ. ΜΕΛΛΟΝΤΑΣ**
		θα έχω γαρνίρει/
		θα έχω γαρνιρισμένο[2]

ΥΠΟΤΑΚΤΙΚΗ

ΕΝΕΣΤΩΤΑΣ	**ΑΟΡΙΣΤΟΣ**	**ΠΑΡΑΚΕΙΜΕΝΟΣ**
[να, όταν...] γαρνίρω	[να, όταν...] γαρνίρω	[να, όταν...] έχω γαρνίρει/
γαρνίρεις	γαρνίρεις	έχω γαρνιρισμένο[2]
γαρνίρει	γαρνίρει	
γαρνίρουμε (σπάν.-ομε)	γαρνίρουμε (σπάν.-ομε)	
γαρνίρετε	γαρνίρετε	
γαρνίρουν(ε)[1]	γαρνίρουν(ε)[1]	

ΠΡΟΣΤΑΚΤΙΚΗ

ΕΝΕΣΤΩΤΑΣ	**ΑΟΡΙΣΤΟΣ**
–	–
γάρνιρε/γαρνίριζε	γάρνιρε/γαρνίρισε
–	–
–	–
γαρνίρετε	γαρνίρετε
–	–

ΜΕΤΟΧΗ

ΕΝΕΣΤΩΤΑΣ
γαρνίροντας
ΠΑΡΑΚΕΙΜΕΝΟΣ
έχοντας γαρνίρει/
έχοντας γαρνιρισμένο[2]

[1] Οι β' τύποι (και αυτοί με το τελικό ε) κυρίως στον προφορικό λόγο και στη λογοτεχνία.
[2] Οι β' τύποι (σπάνιας χρήσης) δεν είναι πλήρως ισοδύναμοι με τους α', από άποψη σημασίας και σύνταξη. Ισχύουν μόνο όταν το ρ. είναι μεταβατικό (γαρνίρω κάτι).

ΠΑΘΗΤΙΚΗ ΦΩΝΗ

ΟΡΙΣΤΙΚΗ

ΕΝΕΣΤΩΤΑΣ
γαρνίρομαι
γαρνίρεσαι
γαρνίρεται
γαρνιριζόμαστε
γαρνίρεστε/γαρνιριζόσαστε[1]
γαρνίρονται

ΕΞΑΚΟΛ. ΜΕΛΛΟΝΤΑΣ
θα γαρνίρομαι
θα γαρνίρεσαι
θα γαρνίρεται
θα γαρνιριζόμαστε
θα γαρνίρεστε/
θα γαρνιριζόσαστε[1]
θα γαρνίρονται

ΠΑΡΑΤΑΤΙΚΟΣ
γαρνιριζόμουν(α)[1]
γαρνιριζόσουν(α)[1]
γαρνιριζόταν(ε)[1,2]
γαρνιριζόμαστε/-όμασταν[1]
γαρνιριζόσαστε/-όσασταν[1]
γαρνίρονταν/γαρνιριζόντανε[1]/
γαρνιριζόντουσαν[1]

ΣΥΝΟΠΤ. ΜΕΛΛΟΝΤΑΣ
θα γαρνιριστώ
θα γαρνιριστείς
θα γαρνιριστεί
θα γαρνιριστούμε
θα γαρνιριστείτε
θα γαρνιριστούν(ε)[1]

ΑΟΡΙΣΤΟΣ
γαρνιρίστηκα
γαρνιρίστηκες
γαρνιρίστηκε
γαρνιριστήκαμε
γαρνιριστήκατε
γαρνιρίστηκαν/
γαρνιριστήκαν(ε)[1]

ΠΑΡΑΚΕΙΜΕΝΟΣ
έχω γαρνιριστεί/
είμαι γαρνιρισμένος[3]

ΥΠΕΡΣΥΝΤΕΛΙΚΟΣ
είχα γαρνιριστεί/
ήμουν γαρνιρισμένος[3]

ΣΥΝΤΕΛ. ΜΕΛΛΟΝΤΑΣ
θα έχω γαρνιριστεί/
θα είμαι γαρνιρισμένος[3]

ΥΠΟΤΑΚΤΙΚΗ

ΕΝΕΣΤΩΤΑΣ
[να, όταν...] γαρνίρομαι
γαρνίρεσαι
γαρνίρεται
γαρνιριζόμαστε
γαρνίρεστε/γαρνιριζόσαστε[1]
γαρνίρονται

ΑΟΡΙΣΤΟΣ
[να, όταν...] γαρνιριστώ
γαρνιριστείς
γαρνιριστεί
γαρνιριστούμε
γαρνιριστείτε
γαρνιριστούν(ε)[1]

ΠΑΡΑΚΕΙΜΕΝΟΣ
[να, όταν...] έχω γαρνιριστεί/
είμαι γαρνιρισμένος[3]

ΠΡΟΣΤΑΚΤΙΚΗ

ΕΝΕΣΤΩΤΑΣ
–
–
–
–
γαρνίρεστε
–

ΑΟΡΙΣΤΟΣ
–
(γαρνιρίσου)
–
–
γαρνιριστείτε
–

ΜΕΤΟΧΗ

ΕΝΕΣΤΩΤΑΣ
–

ΠΑΡΑΚΕΙΜΕΝΟΣ
γαρνιρισμένος

1. Οι β′ τύποι (και αυτοί με το τελικό α ή ε) κυρίως στον προφορικό λόγο και στη λογοτεχνία.
2. Και γαρνίρονταν στον προφ. λόγο και στη λογοτεχνία.
3. Οι β′ τύποι (σπάνιας χρήσης) δεν είναι πλήρως ισοδύναμοι με τους α′, από άποψη σημασίας και σύνταξης.

ΕΝΕΡΓΗΤΙΚΗ ΦΩΝΗ

ΟΡΙΣΤΙΚΗ

ΕΝΕΣΤΩΤΑΣ[1]
αγαπάω/αγαπώ
αγαπάς
αγαπάει/αγαπά
αγαπάμε/αγαπούμε
αγαπάτε
αγαπάνε/αγαπάν[3]/αγαπούν(ε)[1]

ΕΞΑΚΟΛ. ΜΕΛΛΟΝΤΑΣ[1]
θα αγαπάω/θα αγαπώ
θα αγαπάς
θα αγαπάει/θα αγαπά
θα αγαπάμε/θα αγαπούμε
θα αγαπάτε
θα αγαπάνε/θα αγαπάν[3]/
θα αγαπούν(ε)[1]

ΠΑΡΑΤΑΤΙΚΟΣ[2]
αγαπούσα/αγάπαγα
αγαπούσες/αγάπαγες
αγαπούσε/αγάπαγε
αγαπούσαμε/αγαπάγαμε
αγαπούσατε/αγαπάγατε
αγαπούσαν(ε)[3]/αγάπαγαν/
αγαπάγανε

ΣΥΝΟΠΤ. ΜΕΛΛΟΝΤΑΣ
θα αγαπήσω
θα αγαπήσεις
θα αγαπήσει
θα αγαπήσουμε (σπάν.-ομε)
θα αγαπήσετε
θα αγαπήσουν(ε)[3]

ΑΟΡΙΣΤΟΣ
αγάπησα
αγάπησες
αγάπησε
αγαπήσαμε
αγαπήσατε
αγάπησαν/αγαπήσαν(ε)[3]

ΠΑΡΑΚΕΙΜΕΝΟΣ
έχω αγαπήσει/
(έχω αγαπημένο)[4]

ΥΠΕΡΣΥΝΤΕΛΙΚΟΣ
είχα αγαπήσει/
(είχα αγαπημένο)[4]

ΣΥΝΤΕΛ. ΜΕΛΛΟΝΤΑΣ
θα έχω αγαπήσει/
(θα έχω αγαπημένο)[4]

ΥΠΟΤΑΚΤΙΚΗ

ΕΝΕΣΤΩΤΑΣ[1]
[να, όταν...] αγαπάω/αγαπώ
αγαπάς
αγαπάει/αγαπά
αγαπάμε/αγαπούμε
αγαπάτε
αγαπάνε/αγαπάν[3]/αγαπούν(ε)[1]

ΑΟΡΙΣΤΟΣ
[να, όταν...] αγαπήσω
αγαπήσεις
αγαπήσει
αγαπήσουμε (σπάν.-ομε)
αγαπήσετε
αγαπήσουν(ε)[3]

ΠΑΡΑΚΕΙΜΕΝΟΣ
[να, όταν...] έχω αγαπήσει/
(έχω αγαπημένο)[4]

ΠΡΟΣΤΑΚΤΙΚΗ

ΕΝΕΣΤΩΤΑΣ
–
αγάπα/αγάπαγε[2]
–
–
αγαπάτε
–

ΑΟΡΙΣΤΟΣ
–
αγάπησε/αγάπα[3]
–
–
αγαπήστε[5]
–

ΜΕΤΟΧΗ

ΕΝΕΣΤΩΤΑΣ
αγαπώντας

ΠΑΡΑΚΕΙΜΕΝΟΣ
έχοντας αγαπήσει/
(έχοντας αγαπημένο)[4]

[1] Οι τύποι σε -ώ, -ά, -ούμε, -ούν δε συνηθίζονται σε ρ. που προσιδιάζουν στον προφορικό λόγο (π.χ. καταντάω). Ο τύπο σε -ούνε εμφανίζεται σχεδόν αποκλειστικά στη λογοτεχνία.
[2] Οι τύποι με το επίθημα -αγ- (αγάπαγα κτλ.) δεν απαντώνται σε επίσημο ύφος λόγου και σε λόγια ρ. (π.χ. υπερτιμάω).
[3] Οι β′ τύποι (και αυτοί με το τελικό ε) κυρίως στον προφορικό λόγο και στη λογοτεχνία.
[4] Οι β′ τύποι (σπάνιας χρήσης) δεν είναι πλήρως ισοδύναμοι με τους α′, από άποψη σημασίας και σύνταξης. Ισχύου μόνο όταν το ρ. είναι μεταβατικό (αγαπάω κάτι).
[5] Σε λόγια ρ. και ο τύπος σε -ετε (π.χ. υπερτιμήσετε).

ΠΑΘΗΤΙΚΗ ΦΩΝΗ

ΟΡΙΣΤΙΚΗ

ΕΝΕΣΤΩΤΑΣ	ΠΑΡΑΤΑΤΙΚΟΣ	ΑΟΡΙΣΤΟΣ
αγαπιέμαι	αγαπιόμουν(α)[1]	αγαπήθηκα
αγαπιέσαι	αγαπιόσουν(α)[1]	αγαπήθηκες
αγαπιέται	αγαπιόταν(ε)[1]	αγαπήθηκε
αγαπιόμαστε	αγαπιόμαστε/αγαπιόμασταν[1]	αγαπηθήκαμε
αγαπιέστε/αγαπιόσαστε[1]	αγαπιόσαστε/αγαπιόσασταν[1]	αγαπηθήκατε
αγαπιούνται/αγαπιόνται[1]	αγαπιόνταν(ε)[1]/αγαπιούνταν[1]/ αγαπιόντουσαν[1]	αγαπήθηκαν/αγαπηθήκαν(ε)[1]
ΕΞΑΚΟΛ. ΜΕΛΛΟΝΤΑΣ	**ΣΥΝΟΠΤ. ΜΕΛΛΟΝΤΑΣ**	**ΠΑΡΑΚΕΙΜΕΝΟΣ**
θα αγαπιέμαι	θα αγαπηθώ	έχω αγαπηθεί/ είμαι αγαπημένος[2]
θα αγαπιέσαι	θα αγαπηθείς	**ΥΠΕΡΣΥΝΤΕΛΙΚΟΣ**
θα αγαπιέται	θα αγαπηθεί	είχα αγαπηθεί/ ήμουν αγαπημένος[2]
θα αγαπιόμαστε	θα αγαπηθούμε	**ΣΥΝΤΕΛ. ΜΕΛΛΟΝΤΑΣ**
θα αγαπιέστε[1]/ θα αγαπιόσαστε[1]	θα αγαπηθείτε	θα έχω αγαπηθεί/
θα αγαπιούνται/ θα αγαπιόνται[1]	θα αγαπηθούν(ε)[1]	θα είμαι αγαπημένος[2]

ΥΠΟΤΑΚΤΙΚΗ

ΕΝΕΣΤΩΤΑΣ	ΑΟΡΙΣΤΟΣ	ΠΑΡΑΚΕΙΜΕΝΟΣ
[να, όταν...] αγαπιέμαι	[να, όταν...] αγαπηθώ	[να, όταν...] έχω αγαπηθεί/ είμαι αγαπημένος[2]
αγαπιέσαι	αγαπηθείς	
αγαπιέται	αγαπηθεί	
αγαπιόμαστε	αγαπηθούμε	
αγαπιέστε/αγαπιόσαστε[1]	αγαπηθείτε	
αγαπιούνται/αγαπιόνται[1]	αγαπηθούν(ε)[1]	

ΠΡΟΣΤΑΚΤΙΚΗ

ΕΝΕΣΤΩΤΑΣ	ΑΟΡΙΣΤΟΣ
–	–
–	αγαπήσου
–	–
–	–
αγαπιέστε	αγαπηθείτε
–	–

ΜΕΤΟΧΗ

ΕΝΕΣΤΩΤΑΣ
–

ΠΑΡΑΚΕΙΜΕΝΟΣ
αγαπημένος

[1] Οι β' τύποι (και αυτοί με το τελικό α ή ε) κυρίως στον προφορικό λόγο και στη λογοτεχνία.
[2] Οι β' τύποι (σπάνιας χρήσης) δεν είναι πλήρως ισοδύναμοι με τους α', από άποψη σημασίας και σύνταξης.

ΕΝΕΡΓΗΤΙΚΗ ΦΩΝΗ

ΟΡΙΣΤΙΚΗ

ΕΝΕΣΤΩΤΑΣ	ΠΑΡΑΤΑΤΙΚΟΣ	ΑΟΡΙΣΤΟΣ
ανακτώ	ανακτούσα	ανέκτησα
ανακτάς	ανακτούσες	ανέκτησες
ανακτά	ανακτούσε	ανέκτησε
ανακτούμε	ανακτούσαμε	ανακτήσαμε
ανακτάτε	ανακτούσατε	ανακτήσατε
ανακτούν(ε)[1]	ανακτούσαν(ε)[1]	ανέκτησαν/(ανακτήσανε)[1]
ΕΞΑΚΟΛ. ΜΕΛΛΟΝΤΑΣ	**ΣΥΝΟΠΤ. ΜΕΛΛΟΝΤΑΣ**	**ΠΑΡΑΚΕΙΜΕΝΟΣ**
θα ανακτώ	θα ανακτήσω	έχω ανακτήσει[2]
θα ανακτάς	θα ανακτήσεις	**ΥΠΕΡΣΥΝΤΕΛΙΚΟΣ**
θα ανακτά	θα ανακτήσει	είχα ανακτήσει[2]
θα ανακτούμε	θα ανακτήσουμε (σπάν.-ομε)	**ΣΥΝΤΕΛ. ΜΕΛΛΟΝΤΑΣ**
θα ανακτάτε	θα ανακτήσετε	θα έχω ανακτήσει[2]
θα ανακτούν(ε)[1]	θα ανακτήσουν(ε)[1]	

ΥΠΟΤΑΚΤΙΚΗ

ΕΝΕΣΤΩΤΑΣ	ΑΟΡΙΣΤΟΣ	ΠΑΡΑΚΕΙΜΕΝΟΣ
[να, όταν...] ανακτώ	[να, όταν...] ανακτήσω	[να, όταν...] έχω ανακτήσει[2]
ανακτάς	ανακτήσεις	
ανακτά	ανακτήσει	
ανακτούμε	ανακτήσουμε (σπάν.-ομε)	
ανακτάτε	ανακτήσετε	
ανακτούν(ε)[1]	ανακτήσουν(ε)[1]	

ΠΡΟΣΤΑΚΤΙΚΗ

ΕΝΕΣΤΩΤΑΣ	ΑΟΡΙΣΤΟΣ
—	—
—	ανάκτησε
—	—
—	—
ανακτάτε	ανακτήστε/ανακτήσετε
—	—

ΜΕΤΟΧΗ

ΕΝΕΣΤΩΤΑΣ
ανακτώντας
ΠΑΡΑΚΕΙΜΕΝΟΣ
έχοντας ανακτήσει[2]

[1] Οι τύποι με το τελικό ε είναι σπάνιοι γι' αυτή την κατηγορία (λόγιων) ρ. και απαντώνται κυρίως στον προφορικό λόγο.
[2] Δε συνηθίζονται οι τύποι με το έχω + μτχ. σ' αυτή την κατηγορία ρ.

ΠΑΘΗΤΙΚΗ ΦΩΝΗ

ΟΡΙΣΤΙΚΗ

ΕΝΕΣΤΩΤΑΣ
ανακτώμαι
ανακτάσαι
ανακτάται
(ανακτόμαστε)/(ανακτώμεθα)
(ανακτάστε)/(ανακτάσθε)
ανακτώνται[1]

ΕΞΑΚΟΛ. ΜΕΛΛΟΝΤΑΣ
θα ανακτώμαι
θα ανακτάσαι
θα ανακτάται
(θα ανακτόμαστε)/
(θα ανακτώμεθα)
(θα ανακτάστε)/
(θα ανακτάσθε)
θα ανακτώνται[1]

ΠΑΡΑΤΑΤΙΚΟΣ[2]

ΣΥΝΟΠΤ. ΜΕΛΛΟΝΤΑΣ
θα ανακτηθώ
θα ανακτηθείς
θα ανακτηθεί
θα ανακτηθούμε
θα ανακτηθείτε
θα ανακτηθούν(ε)[3]

ΑΟΡΙΣΤΟΣ
ανακτήθηκα
ανακτήθηκες
ανακτήθηκε
ανακτηθήκαμε
ανακτηθήκατε
ανακτήθηκαν/
(ανακτηθήκανε)[3]

ΠΑΡΑΚΕΙΜΕΝΟΣ
έχω ανακτηθεί[4]

ΥΠΕΡΣΥΝΤΕΛΙΚΟΣ
είχα ανακτηθεί[4]

ΣΥΝΤΕΛ. ΜΕΛΛΟΝΤΑΣ
θα έχω ανακτηθεί[4]

ΥΠΟΤΑΚΤΙΚΗ

ΕΝΕΣΤΩΤΑΣ
[να, όταν...] ανακτώμαι
ανακτάσαι
ανακτάται
(ανακτόμαστε)/(ανακτώμεθα)
(ανακτάστε)/(ανακτάσθε)
ανακτώνται[1]

ΑΟΡΙΣΤΟΣ
[να, όταν...] ανακτηθώ
ανακτηθείς
ανακτηθεί
ανακτηθούμε
ανακτηθείτε
ανακτηθούν(ε)[3]

ΠΑΡΑΚΕΙΜΕΝΟΣ
[να, όταν...] έχω ανακτηθεί[4]

ΠΡΟΣΤΑΚΤΙΚΗ

ΕΝΕΣΤΩΤΑΣ	**ΑΟΡΙΣΤΟΣ**
–	–
–	ανακτήσου
–	–
–	–
(ανακτάστε)/(ανακτάσθε)	ανακτηθείτε
–	–

ΜΕΤΟΧΗ

ΕΝΕΣΤΩΤΑΣ
ανακτώμενος

ΠΑΡΑΚΕΙΜΕΝΟΣ
ανακτημένος

[1] Για ορισμένα ρ. αυτής της κατηγορίας (π.χ. επικολλώμαι), απαντάται και ο τύπος σε -ούνται (π.χ. επικολλούνται).
[2] Σπάνια απαντάται το γ΄ προσ. με τους λόγιους τύπους: ανακτάτο (διερωτάτο κτλ.), ανακτώντο (διερωτώντο κτλ.). Για ρ. όπως το εγγυώμαι, που συνηθίζονται και στον προφ. λόγο, υπάρχει και η κλίση: εγγυόμουν(α), εγγυόσουν(α), εγγυόταν(ε), εγγυόμαστε, εγγυόσαστε, εγγυόνταν(ε).
[3] Οι τύποι με το τελικό ε είναι σπάνιοι γι'αυτή την κατηγορία (λόγιων) ρ. και απαντώνται κυρίως στον προφ. λόγο.
[4] Δε συνηθίζονται οι τύποι με το είμαι + μτχ. σ' αυτή την κατηγορία ρ.

ΕΝΕΡΓΗΤΙΚΗ ΦΩΝΗ

ΟΡΙΣΤΙΚΗ

ΕΝΕΣΤΩΤΑΣ[1]
φοράω/φορώ
φοράς
φοράει/φορά
φοράμε/φορούμε
φοράτε
φοράνε/φοράν[3]/φορούν(ε)[1]

ΕΞΑΚΟΛ. ΜΕΛΛΟΝΤΑΣ[1]
θα φοράω/θα φορώ
θα φοράς
θα φοράει/θα φορά
θα φοράμε/θα φορούμε
θα φοράτε
θα φοράνε/θα φοράν[3]/
θα φορούν(ε)[1]

ΠΑΡΑΤΑΤΙΚΟΣ[2]
φορούσα/φόραγα
φορούσες/φόραγες
φορούσε/φόραγε
φορούσαμε/φοράγαμε
φορούσατε/φοράγατε
φορούσαν(ε)[3]/φόραγαν/
φοράγανε

ΣΥΝΟΠΤ. ΜΕΛΛΟΝΤΑΣ
θα φορέσω
θα φορέσεις
θα φορέσει
θα φορέσουμε (σπάν.-ομε)
θα φορέσετε
θα φορέσουν(ε)[3]

ΑΟΡΙΣΤΟΣ
φόρεσα
φόρεσες
φόρεσε
φορέσαμε
φορέσατε
φόρεσαν/φορέσαν(ε)[3]

ΠΑΡΑΚΕΙΜΕΝΟΣ
έχω φορέσει/
έχω φορεμένο[4]

ΥΠΕΡΣΥΝΤΕΛΙΚΟΣ
είχα φορέσει/
είχα φορεμένο[4]

ΣΥΝΤΕΛ. ΜΕΛΛΟΝΤΑΣ
θα έχω φορέσει/
θα έχω φορεμένο[4]

ΥΠΟΤΑΚΤΙΚΗ

ΕΝΕΣΤΩΤΑΣ[1]
[να, όταν...] φοράω/φορώ
φοράς
φοράει/φορά
φοράμε/φορούμε
φοράτε
φοράνε/φοράν[3]/φορούν(ε)[1]

ΑΟΡΙΣΤΟΣ
[να, όταν...] φορέσω
φορέσεις
φορέσει
φορέσουμε (σπάν.-ομε)
φορέσετε
φορέσουν(ε)[3]

ΠΑΡΑΚΕΙΜΕΝΟΣ
[να, όταν...]έχω φορέσει/
έχω φορεμένο[4]

ΠΡΟΣΤΑΚΤΙΚΗ

ΕΝΕΣΤΩΤΑΣ
—
φόρα/φόραγε[2]
—
—
φοράτε
—

ΑΟΡΙΣΤΟΣ
—
φόρεσε/φόρα[3]
—
—
φορέστε
—

ΜΕΤΟΧΗ

ΕΝΕΣΤΩΤΑΣ
φορώντας

ΠΑΡΑΚΕΙΜΕΝΟΣ
έχοντας φορέσει/
έχοντας φορεμένο[4]

[1] Οι τύποι σε -ώ, -ά, -ούμε, -ούν δε συνηθίζονται σε ρ. που προσιδιάζουν στον προφορικό λόγο (π.χ. στεναχωράω). Ο τύπος σε -ούνε εμφανίζεται σχεδόν αποκλειστικά στη λογοτεχνία.
[2] Οι τύποι με το επίθημα -αγ- (φόραγα κτλ.) δεν απαντώνται σε επίσημο ύφος λόγου.
[3] Οι β' τύποι (και αυτοί με το τελικό ε) κυρίως στον προφορικό λόγο και στη λογοτεχνία.
[4] Οι β' τύποι (σπάνιας χρήσης) δεν είναι πλήρως ισοδύναμοι με τους α', από άποψη σημασίας και σύνταξης. Ισχύουν μόνο όταν το ρ. είναι μεταβατικό (φοράω κάτι).

ΠΑΘΗΤΙΚΗ ΦΩΝΗ

ΟΡΙΣΤΙΚΗ

ΕΝΕΣΤΩΤΑΣ	ΠΑΡΑΤΑΤΙΚΟΣ	ΑΟΡΙΣΤΟΣ
φοριέμαι	φοριόμουν(α)[1]	φορέθηκα
φοριέσαι	φοριόσουν(α)[1]	φορέθηκες
φοριέται	φοριόταν(ε)[1]	φορέθηκε
φοριόμαστε	φοριόμαστε/φοριόμασταν[1]	φορεθήκαμε
φοριέστε/φοριόσαστε[1]	φοριόσαστε/φοριόσασταν[1]	φορεθήκατε
φοριούνται/φοριόνται[1]	φοριόνταν(ε)[1]/φοριούνταν[1]/	φορέθηκαν/φορεθήκαν(ε)[1]
ΕΞΑΚΟΛ. ΜΕΛΛΟΝΤΑΣ	φοριόντουσαν[1]	**ΠΑΡΑΚΕΙΜΕΝΟΣ**
θα φοριέμαι	**ΣΥΝΟΠΤ. ΜΕΛΛΟΝΤΑΣ**	έχω φορεθεί/
θα φοριέσαι	θα φορεθώ	είμαι φορεμένος[2]
θα φοριέται	θα φορεθείς	**ΥΠΕΡΣΥΝΤΕΛΙΚΟΣ**
θα φοριόμαστε	θα φορεθεί	είχα φορεθεί/
θα φοριέστε/θα φοριόσαστε[1]	θα φορεθούμε	ήμουν φορεμένος[2]
θα φοριούνται/	θα φορεθείτε	**ΣΥΝΤΕΛ. ΜΕΛΛΟΝΤΑΣ**
θα φοριόνται[1]	θα φορεθούν(ε)[1]	θα έχω φορεθεί/
		θα είμαι φορεμένος[2]

ΥΠΟΤΑΚΤΙΚΗ

ΕΝΕΣΤΩΤΑΣ	ΑΟΡΙΣΤΟΣ	ΠΑΡΑΚΕΙΜΕΝΟΣ
[να, όταν...] φοριέμαι	[να, όταν...] φορεθώ	[να, όταν...] έχω φορεθεί/
φοριέσαι	φορεθείς	είμαι φορεμένος[2]
φοριέται	φορεθεί	
φοριόμαστε	φορεθούμε	
φοριέστε/φοριόσαστε[1]	φορεθείτε	
φοριούνται/φοριόνται[1]	φορεθούν(ε)[1]	

ΠΡΟΣΤΑΚΤΙΚΗ

ΕΝΕΣΤΩΤΑΣ	ΑΟΡΙΣΤΟΣ
–	–
–	φορέσου
–	–
–	–
φοριέστε	φορεθείτε
–	–

ΜΕΤΟΧΗ

ΕΝΕΣΤΩΤΑΣ
–

ΠΑΡΑΚΕΙΜΕΝΟΣ
φορεμένος

[1] Οι β΄ τύποι (και αυτοί με το τελικό α ή ε) κυρίως στον προφορικό λόγο και στη λογοτεχνία.
[2] Οι β΄ τύποι (σπάνιας χρήσης) δεν είναι πλήρως ισοδύναμοι με τους α΄, από άποψη σημασίας και σύνταξης.

κοιτάω

ΕΝΕΡΓΗΤΙΚΗ ΦΩΝΗ

ΟΡΙΣΤΙΚΗ

ΕΝΕΣΤΩΤΑΣ[1]
κοιτάω/κοιτώ
κοιτάς
κοιτάει/κοιτά
κοιτάμε/κοιτούμε
κοιτάτε
κοιτάνε/κοιτάν[3]/κοιτούν(ε)[1]

ΕΞΑΚΟΛ. ΜΕΛΛΟΝΤΑΣ[1]
θα κοιτάω/θα κοιτώ
θα κοιτάς
θα κοιτάει/θα κοιτά
θα κοιτάμε/θα κοιτούμε
θα κοιτάτε
θα κοιτάνε/θα κοιτάν[3]/
θα κοιτούν(ε)[1]

ΠΑΡΑΤΑΤΙΚΟΣ[2]
κοιτούσα/κοίταγα
κοιτούσες/κοίταγες
κοιτούσε/κοίταγε
κοιτούσαμε/κοιτάγαμε
κοιτούσατε/κοιτάγατε
κοιτούσαν(ε)[3]/κοίταγαν/
κοιτάγανε

ΣΥΝΟΠΤ. ΜΕΛΛΟΝΤΑΣ
θα κοιτάξω
θα κοιτάξεις
θα κοιτάξει
θα κοιτάξουμε (σπάν.-ομε)
θα κοιτάξετε
θα κοιτάξουν(ε)[3]

ΑΟΡΙΣΤΟΣ
κοίταξα
κοίταξες
κοίταξε
κοιτάξαμε
κοιτάξατε
κοίταξαν/κοιτάξαν(ε)[3]

ΠΑΡΑΚΕΙΜΕΝΟΣ
έχω κοιτάξει/
(έχω κοιταγμένο)[4]

ΥΠΕΡΣΥΝΤΕΛΙΚΟΣ
είχα κοιτάξει/
(είχα κοιταγμένο)[4]

ΣΥΝΤΕΛ. ΜΕΛΛΟΝΤΑΣ
θα έχω κοιτάξει/
(θα έχω κοιταγμένο)[4]

ΥΠΟΤΑΚΤΙΚΗ

ΕΝΕΣΤΩΤΑΣ[1]
[να, όταν...] κοιτάω/κοιτώ
κοιτάς
κοιτάει/κοιτά
κοιτάμε/κοιτούμε
κοιτάτε
κοιτάνε/κοιτάν[3]/κοιτούν(ε)[1]

ΑΟΡΙΣΤΟΣ
[να, όταν...] κοιτάξω
κοιτάξεις
κοιτάξει
κοιτάξουμε (σπάν.-ομε)
κοιτάξετε
κοιτάξουν(ε)[3]

ΠΑΡΑΚΕΙΜΕΝΟΣ
[να, όταν...] έχω κοιτάξει/
(έχω κοιταγμένο)[4]

ΠΡΟΣΤΑΚΤΙΚΗ

ΕΝΕΣΤΩΤΑΣ
—
κοίτα/κοίταγε[2]
—
—
κοιτάτε
—

ΑΟΡΙΣΤΟΣ
—
κοίταξε/κοίτα[3]
—
—
κοιτάξτε/κοιτάχτε[3]
—

ΜΕΤΟΧΗ

ΕΝΕΣΤΩΤΑΣ
κοιτώντας

ΠΑΡΑΚΕΙΜΕΝΟΣ
έχοντας κοιτάξει/
(έχοντας κοιταγμένο)[4]

[1] Οι τύποι σε -ώ, -ά, -ούμε, -ούν δε συνηθίζονται σε ρ. που προσιδιάζουν στον προφορικό λόγο (π.χ. λοξοκοιτάω). Ο τύπος σε -ούνε εμφανίζεται σχεδόν αποκλειστικά στη λογοτεχνία.
[2] Οι τύποι με το επίθημα -αγ- (κοίταγα κτλ.) δεν απαντώνται σε επίσημο ύφος λόγου.
[3] Οι β' τύποι (και αυτοί με το τελικό ε) κυρίως στον προφορικό λόγο και στη λογοτεχνία. Σε συμπροφορά απαντάτα (παράλληλα με το κοίτα) και ο τύπος κοίταχ'το.
[4] Οι β' τύποι (σπάνιας χρήσης) δεν είναι πλήρως ισοδύναμοι με τους α', από άποψη σημασίας και σύνταξης. Ισχύου μόνο όταν το ρ. είναι μεταβατικό (κοιτάω κάτι).

ΠΑΘΗΤΙΚΗ ΦΩΝΗ

ΟΡΙΣΤΙΚΗ

ΕΝΕΣΤΩΤΑΣ	ΠΑΡΑΤΑΤΙΚΟΣ	ΑΟΡΙΣΤΟΣ
κοιτιέμαι	κοιτιόμουν(α)[1]	κοιτάχτηκα
κοιτιέσαι	κοιτιόσουν(α)[1]	κοιτάχτηκες
κοιτιέται	κοιτιόταν(ε)[1]	κοιτάχτηκε
κοιτιόμαστε	κοιτιόμαστε/κοιτιόμασταν[1]	κοιταχτήκαμε
κοιτιέστε/κοιτιόσαστε[1]	κοιτιόσαστε/κοιτιόσασταν[1]	κοιταχτήκατε
κοιτιούνται/κοιτιόνται[1]	κοιτιόνταν(ε)[1]/κοιτιούνταν[1]/	κοιτάχτηκαν/κοιταχτήκαν(ε)[1]
ΕΞΑΚΟΛ. ΜΕΛΛΟΝΤΑΣ	κοιτιόντουσαν[1]	**ΠΑΡΑΚΕΙΜΕΝΟΣ**
θα κοιτιέμαι	**ΣΥΝΟΠΤ. ΜΕΛΛΟΝΤΑΣ**	έχω κοιταχτεί/
θα κοιτιέσαι	θα κοιταχτώ	(είμαι κοιταγμένος)[2]
θα κοιτιέται	θα κοιταχτείς	**ΥΠΕΡΣΥΝΤΕΛΙΚΟΣ**
θα κοιτιόμαστε	θα κοιταχτεί	είχα κοιταχτεί/
θα κοιτιέστε/θα κοιτιόσαστε[1]	θα κοιταχτούμε	(ήμουν κοιταγμένος)[2]
θα κοιτιούνται/θα κοιτιόνται[1]	θα κοιταχτείτε	**ΣΥΝΤΕΛ. ΜΕΛΛΟΝΤΑΣ**
	θα κοιταχτούν(ε)[1]	θα έχω κοιταχτεί/
		(θα είμαι κοιταγμένος)[2]

ΥΠΟΤΑΚΤΙΚΗ

ΕΝΕΣΤΩΤΑΣ	ΑΟΡΙΣΤΟΣ	ΠΑΡΑΚΕΙΜΕΝΟΣ
[να, όταν...] κοιτιέμαι	[να, όταν...] κοιταχτώ	[να, όταν...] έχω κοιταχτεί/
κοιτιέσαι	κοιταχτείς	(είμαι κοιταγμένος)[2]
κοιτιέται	κοιταχτεί	
κοιτιόμαστε	κοιταχτούμε	
κοιτιέστε/κοιτιόσαστε[1]	κοιταχτείτε	
κοιτιούνται/κοιτιόνται[1]	κοιταχτούν(ε)[1]	

ΠΡΟΣΤΑΚΤΙΚΗ

ΕΝΕΣΤΩΤΑΣ	ΑΟΡΙΣΤΟΣ
–	–
–	κοιτάξου
–	–
–	–
κοιτιέστε	κοιταχτείτε
–	–

ΜΕΤΟΧΗ

ΕΝΕΣΤΩΤΑΣ

–

ΠΑΡΑΚΕΙΜΕΝΟΣ

κοιταγμένος

[1] Οι β' τύποι (και αυτοί με το τελικό α ή ε) κυρίως στον προφορικό λόγο και στη λογοτεχνία.
[2] Οι β' τύποι (σπάνιας χρήσης) δεν είναι πλήρως ισοδύναμοι με τους α', από άποψη σημασίας και σύνταξης.

τραβάω

66

ΕΝΕΡΓΗΤΙΚΗ ΦΩΝΗ

ΟΡΙΣΤΙΚΗ

ΕΝΕΣΤΩΤΑΣ[1]
τραβάω/τραβώ
τραβάς
τραβάει/τραβά
τραβάμε/τραβούμε
τραβάτε
τραβάνε/τραβάν[3]/
τραβούν(ε)[1]

ΕΞΑΚΟΛ. ΜΕΛΛΟΝΤΑΣ[1]
θα τραβάω/θα τραβώ
θα τραβάς
θα τραβάει/θα τραβά
θα τραβάμε/θα τραβούμε
θα τραβάτε
θα τραβάνε/θα τραβάν[3]/
θα τραβούν(ε)[1]

ΠΑΡΑΤΑΤΙΚΟΣ[2]
τραβούσα/τράβαγα
τραβούσες/τράβαγες
τραβούσε/τράβαγε
τραβούσαμε/τραβάγαμε
τραβούσατε/τραβάγατε
τραβούσαν(ε)[3]/τράβαγαν/
τραβάγανε

ΣΥΝΟΠΤ. ΜΕΛΛΟΝΤΑΣ
θα τραβήξω
θα τραβήξεις
θα τραβήξει
θα τραβήξουμε (σπάν.-ομε)
θα τραβήξετε
θα τραβήξουν(ε)[3]

ΑΟΡΙΣΤΟΣ
τράβηξα
τράβηξες
τράβηξε
τραβήξαμε
τραβήξατε
τράβηξαν/τραβήξαν(ε)[3]

ΠΑΡΑΚΕΙΜΕΝΟΣ
έχω τραβήξει/
έχω τραβηγμένο[4]

ΥΠΕΡΣΥΝΤΕΛΙΚΟΣ
είχα τραβήξει/
είχα τραβηγμένο[4]

ΣΥΝΤΕΛ. ΜΕΛΛΟΝΤΑΣ
θα έχω τραβήξει/
θα έχω τραβηγμένο[4]

ΥΠΟΤΑΚΤΙΚΗ

ΕΝΕΣΤΩΤΑΣ[1]
[να, όταν...] τραβάω/τραβώ
τραβάς
τραβάει/τραβά
τραβάμε/τραβούμε
τραβάτε
τραβάνε/τραβάν[3]/τραβούν(ε)[1]

ΑΟΡΙΣΤΟΣ
[να, όταν...] τραβήξω
τραβήξεις
τραβήξει
τραβήξουμε (σπάν.-ομε)
τραβήξετε
τραβήξουν(ε)[3]

ΠΑΡΑΚΕΙΜΕΝΟΣ
[να, όταν...] έχω τραβήξει/
έχω τραβηγμένο[4]

ΠΡΟΣΤΑΚΤΙΚΗ

ΕΝΕΣΤΩΤΑΣ
—
τράβα/τράβαγε[2]
—
—
τραβάτε
—

ΑΟΡΙΣΤΟΣ
—
τράβηξε/τράβα[3]
—
—
τραβήξτε/τραβήχτε[3]
—

ΜΕΤΟΧΗ

ΕΝΕΣΤΩΤΑΣ
τραβώντας

ΠΑΡΑΚΕΙΜΕΝΟΣ
έχοντας τραβήξει/
έχοντας τραβηγμένο[4]

[1] Οι τύποι σε -ώ, -ά, -ούμε, -ούν δε συνηθίζονται σε ρ. που προσιδιάζουν στον προφορικό λόγο (π.χ. βουτάω, ζουλάω, προγκάω κτλ.). Ο τύπος σε -ούνε εμφανίζεται σχεδόν αποκλειστικά στη λογοτεχνία.
[2] Οι τύποι με το επίθημα -αγ- (τράβαγα κτλ.) δεν απαντώνται σε επίσημο ύφος λόγου.
[3] Οι β' τύποι (και αυτοί με το τελικό ε) κυρίως στον προφορικό λόγο και στη λογοτεχνία.
[4] Οι β' τύποι (σπάνιας χρήσης) δεν είναι πλήρως ισοδύναμοι με τους α', από άποψη σημασίας και σύνταξης. Ισχύουν μόνο όταν το ρ. είναι μεταβατικό (τραβάω κάτι).

ΠΑΘΗΤΙΚΗ ΦΩΝΗ

ΟΡΙΣΤΙΚΗ

ΕΝΕΣΤΩΤΑΣ
τραβιέμαι
τραβιέσαι
τραβιέται
τραβιόμαστε
τραβιέστε/τραβιόσαστε[1]
τραβιούνται/τραβιόνται[1]

ΕΞΑΚΟΛ. ΜΕΛΛΟΝΤΑΣ
θα τραβιέμαι
θα τραβιέσαι
θα τραβιέται
θα τραβιόμαστε
θα τραβιέστε/ θα τραβιόσαστε[1]
θα τραβιούνται/ θα τραβιόνται[1]

ΠΑΡΑΤΑΤΙΚΟΣ
τραβιόμουν(α)[1]
τραβιόσουν(α)[1]
τραβιόταν(ε)[1]
τραβιόμαστε/τραβιόμασταν[1]
τραβιόσαστε/τραβιόσασταν[1]
τραβιόνταν(ε)[1]/τραβιούνταν[1]/ τραβιόντουσαν[1]

ΣΥΝΟΠΤ. ΜΕΛΛΟΝΤΑΣ
θα τραβηχτώ
θα τραβηχτείς
θα τραβηχτεί
θα τραβηχτούμε
θα τραβηχτείτε
θα τραβηχτούν(ε)[1]

ΑΟΡΙΣΤΟΣ
τραβήχτηκα
τραβήχτηκες
τραβήχτηκε
τραβηχτήκαμε
τραβηχτήκατε
τραβήχτηκαν/ τραβηχτήκαν(ε)[1]

ΠΑΡΑΚΕΙΜΕΝΟΣ
έχω τραβηχτεί/ είμαι τραβηγμένος[2]

ΥΠΕΡΣΥΝΤΕΛΙΚΟΣ
είχα τραβηχτεί/ ήμουν τραβηγμένος[2]

ΣΥΝΤΕΛ. ΜΕΛΛΟΝΤΑΣ
θα έχω τραβηχτεί/ θα είμαι τραβηγμένος[2]

ΥΠΟΤΑΚΤΙΚΗ

ΕΝΕΣΤΩΤΑΣ
[να, όταν...] τραβιέμαι
τραβιέσαι
τραβιέται
τραβιόμαστε
τραβιέστε/τραβιόσαστε[1]
τραβιούνται/τραβιόνται[1]

ΑΟΡΙΣΤΟΣ
[να, όταν...] τραβηχτώ
τραβηχτείς
τραβηχτεί
τραβηχτούμε
τραβηχτείτε
τραβηχτούν(ε)[1]

ΠΑΡΑΚΕΙΜΕΝΟΣ
[να, όταν...] έχω τραβηχτεί/ είμαι τραβηγμένος[2]

ΠΡΟΣΤΑΚΤΙΚΗ

ΕΝΕΣΤΩΤΑΣ
–
–
–
–
τραβιέστε
–

ΑΟΡΙΣΤΟΣ
–
τραβήξου
–
–
τραβηχτείτε
–

ΜΕΤΟΧΗ

ΕΝΕΣΤΩΤΑΣ
–

ΠΑΡΑΚΕΙΜΕΝΟΣ
τραβηγμένος

Οι β' τύποι (και αυτοί με το τελικό α ή ε) κυρίως στον προφορικό λόγο και στη λογοτεχνία.
Οι β' τύποι (σπάνιας χρήσης) δεν είναι πλήρως ισοδύναμοι με τους α', από άποψη σημασίας και σύνταξης.

ΕΝΕΡΓΗΤΙΚΗ ΦΩΝΗ

ΟΡΙΣΤΙΚΗ

ΕΝΕΣΤΩΤΑΣ[1]	**ΠΑΡΑΤΑΤΙΚΟΣ**[2]	**ΑΟΡΙΣΤΟΣ**
περνάω/περνώ	περνούσα/πέρναγα	πέρασα
περνάς	περνούσες/πέρναγες	πέρασες
περνάει/περνά	περνούσε/πέρναγε	πέρασε
περνάμε/περνούμε	περνούσαμε/περνάγαμε	περάσαμε
περνάτε	περνούσατε/περνάγατε	περάσατε
περνάνε/περνάν[3]/	περνούσαν(ε)[3]/πέρναγαν/	πέρασαν/περάσαν(ε)[3]
περνούν(ε)[1]	περνάγανε	**ΠΑΡΑΚΕΙΜΕΝΟΣ**
ΕΞΑΚΟΛ. ΜΕΛΛΟΝΤΑΣ[1]	**ΣΥΝΟΠΤ. ΜΕΛΛΟΝΤΑΣ**	έχω περάσει/
θα περνάω/θα περνώ	θα περάσω	έχω περασμένο[4]
θα περνάς	θα περάσεις	**ΥΠΕΡΣΥΝΤΕΛΙΚΟΣ**
θα περνάει/θα περνά	θα περάσει	είχα περάσει/
θα περνάμε/θα περνούμε	θα περάσουμε (σπάν.-ομε)	είχα περασμένο[4]
θα περνάτε	θα περάσετε	**ΣΥΝΤΕΛ. ΜΕΛΛΟΝΤΑΣ**
θα περνάνε/θα περνάν[3]/	θα περάσουν(ε)[3]	θα έχω περάσει/
θα περνούν(ε)[1]		θα έχω περασμένο[4]

ΥΠΟΤΑΚΤΙΚΗ

ΕΝΕΣΤΩΤΑΣ[1]	**ΑΟΡΙΣΤΟΣ**	**ΠΑΡΑΚΕΙΜΕΝΟΣ**
[να, όταν...] περνάω/περνώ	[να, όταν...] περάσω	[να, όταν...] έχω περάσει/
περνάς	περάσεις	έχω περασμένο[4]
περνάει/περνά	περάσει	
περνάμε/περνούμε	περάσουμε (σπάν.-ομε)	
περνάτε	περάσετε	
περνάνε/περνάν[3]/περνούν(ε)[1]	περάσουν(ε)[3]	

ΠΡΟΣΤΑΚΤΙΚΗ

ΕΝΕΣΤΩΤΑΣ	**ΑΟΡΙΣΤΟΣ**
–	–
πέρνα/πέρναγε[2]	πέρασε/πέρνα[3]
–	–
–	–
περνάτε	περάστε
–	–

ΜΕΤΟΧΗ

ΕΝΕΣΤΩΤΑΣ
περνώντας
ΠΑΡΑΚΕΙΜΕΝΟΣ
έχοντας περάσει/
έχοντας περασμένο[4]

[1] Οι τύποι σε -ώ, -ά, -ούμε, -ούν δε συνηθίζονται σε ρ. που προσιδιάζουν στον προφορικό λόγο (π.χ. ξερνάω). τύπος σε -ούνε εμφανίζεται σχεδόν αποκλειστικά στη λογοτεχνία.
[2] Οι τύποι με το επίθημα -αγ- (πέρναγα κτλ.) δεν απαντώνται σε επίσημο ύφος λόγου.
[3] Οι β′ τύποι (και αυτοί με το τελικό ε) κυρίως στον προφορικό λόγο και στη λογοτεχνία.
[4] Οι β′ τύποι (σπάνιας χρήσης) δεν είναι πλήρως ισοδύναμοι με τους α′, από άποψη σημασίας και σύνταξη. Ισχύουν μόνο όταν το ρ. είναι μεταβατικό (περνάω κάτι).

ΠΑΘΗΤΙΚΗ ΦΩΝΗ

ΟΡΙΣΤΙΚΗ

ΕΝΕΣΤΩΤΑΣ	ΠΑΡΑΤΑΤΙΚΟΣ	ΑΟΡΙΣΤΟΣ
περνιέμαι	περνιόμουν(α)[1]	περάστηκα
περνιέσαι	περνιόσουν(α)[1]	περάστηκες
περνιέται	περνιόταν(ε)[1]	περάστηκε
περνιόμαστε	περνιόμαστε/περνιόμασταν[1]	περαστήκαμε
περνιέστε/περνιόσαστε[1]	περνιόσαστε/περνιόσασταν[1]	περαστήκατε
περνιούνται/περνιόνται[1]	περνιόνταν(ε)[1]/περνιούνταν[1]/ περνιόντουσαν[1]	περάστηκαν/περαστήκαν(ε)[1]
ΕΞΑΚΟΛ. ΜΕΛΛΟΝΤΑΣ	**ΣΥΝΟΠΤ. ΜΕΛΛΟΝΤΑΣ**	**ΠΑΡΑΚΕΙΜΕΝΟΣ**
θα περνιέμαι	θα περαστώ	έχω περαστεί/ είμαι περασμένος[2]
θα περνιέσαι	θα περαστείς	**ΥΠΕΡΣΥΝΤΕΛΙΚΟΣ**
θα περνιέται	θα περαστεί	είχα περαστεί/ ήμουν περασμένος[2]
θα περνιόμαστε	θα περαστούμε	**ΣΥΝΤΕΛ. ΜΕΛΛΟΝΤΑΣ**
θα περνιέστε/ θα περνιόσαστε[1]	θα περαστείτε	θα έχω περαστεί/ θα είμαι περασμένος[2]
θα περνιούνται/ θα περνιόνται[1]	θα περαστούν(ε)[1]	

ΥΠΟΤΑΚΤΙΚΗ

ΕΝΕΣΤΩΤΑΣ	ΑΟΡΙΣΤΟΣ	ΠΑΡΑΚΕΙΜΕΝΟΣ
[να, όταν...] περνιέμαι	[να, όταν...] περαστώ	[να, όταν...] έχω περαστεί/ είμαι περασμένος[2]
περνιέσαι	περαστείς	
περνιέται	περαστεί	
περνιόμαστε	περαστούμε	
περνιέστε/περνιόσαστε[1]	περαστείτε	
περνιούνται/περνιόνται[1]	περαστούν(ε)[1]	

ΠΡΟΣΤΑΚΤΙΚΗ

ΕΝΕΣΤΩΤΑΣ	ΑΟΡΙΣΤΟΣ
–	–
–	περάσου
–	–
–	–
περνιέστε	περαστείτε
–	–

ΜΕΤΟΧΗ

ΕΝΕΣΤΩΤΑΣ
–

ΠΑΡΑΚΕΙΜΕΝΟΣ
περασμένος

Οι β' τύποι (και αυτοί με το τελικό α ή ε) κυρίως στον προφορικό λόγο και στη λογοτεχνία.
Οι β' τύποι (σπάνιας χρήσης) δεν είναι πλήρως ισοδύναμοι με τους α', από άποψη σημασίας και σύνταξης.

ΕΝΕΡΓΗΤΙΚΗ ΦΩΝΗ

ΟΡΙΣΤΙΚΗ

ΕΝΕΣΤΩΤΑΣ[1]
γυρνάω/γυρνώ
γυρνάς
γυρνάει/γυρνά
γυρνάμε/γυρνούμε
γυρνάτε
γυρνάνε/γυρνάν[3]/γυρνούν(ε)[1]

ΕΞΑΚΟΛ. ΜΕΛΛΟΝΤΑΣ[1]
θα γυρνάω/γυρνώ
θα γυρνάς
θα γυρνάει/γυρνά
θα γυρνάμε/θα γυρνούμε
θα γυρνάτε
θα γυρνάνε/θα γυρνάν[3]/
θα γυρνούν(ε)[1]

ΠΑΡΑΤΑΤΙΚΟΣ[2]
γυρνούσα/γύρναγα
γυρνούσες/γύρναγες
γυρνούσε/γύρναγε
γυρνούσαμε/γυρνάγαμε
γυρνούσατε/γυρνάγατε
γυρνούσαν(ε)[3]/γύρναγαν/
γυρνάγανε

ΣΥΝΟΠΤ. ΜΕΛΛΟΝΤΑΣ
θα γυρίσω (-ίξω για το *σφυράω* κτλ.)
θα γυρίσεις
θα γυρίσει
θα γυρίσουμε (σπάν.-ομε)
θα γυρίσετε
θα γυρίσουν(ε)[3]

ΑΟΡΙΣΤΟΣ
γύρισα (-ιξα για το *σφυράω* κτλ.)
γύρισες
γύρισε
γυρίσαμε
γυρίσατε
γύρισαν/γυρίσαν(ε)[3]

ΠΑΡΑΚΕΙΜΕΝΟΣ
έχω γυρίσει (-ίξει για το *σφυράω* κτλ.)/έχω γυρισμένο[4]

ΥΠΕΡΣΥΝΤΕΛΙΚΟΣ
είχα γυρίσει (-ίξει για το *σφυράω* κτλ.)/είχα γυρισμένο[4]

ΣΥΝΤΕΛ. ΜΕΛΛΟΝΤΑΣ
θα έχω γυρίσει (-ίξει για το *σφυράω* κτλ.)/θα έχω γυρισμένο[4]

ΥΠΟΤΑΚΤΙΚΗ

ΕΝΕΣΤΩΤΑΣ[1]
[να, όταν...] γυρνάω/γυρνώ
γυρνάς
γυρνάει/γυρνά
γυρνάμε/γυρνούμε
γυρνάτε
γυρνάνε/γυρνάν[3]/
γυρνούν(ε)[1]

ΑΟΡΙΣΤΟΣ
[να, όταν...] γυρίσω (-ίξω για το *σφυράω* κτλ.)
γυρίσεις
γυρίσει
γυρίσουμε (σπάν.-ομε)
γυρίσετε
γυρίσουν(ε)[1]

ΠΑΡΑΚΕΙΜΕΝΟΣ
[να, όταν...] έχω γυρίσει (ίξει για το *σφυράω* κτλ.)/έχω γυρισμένο[4]

ΠΡΟΣΤΑΚΤΙΚΗ

ΕΝΕΣΤΩΤΑΣ
–
γύρνα/γύρναγε[2]
–
–
γυρνάτε
–

ΑΟΡΙΣΤΟΣ
–
γύρισε (-ιξε για το *σφυράω* κτλ.)/γύρνα[3]
–
–
γυρίστε (-ίξτε για το *σφυράω* κτλ.)
–

ΜΕΤΟΧΗ

ΕΝΕΣΤΩΤΑΣ
γυρνώντας

ΠΑΡΑΚΕΙΜΕΝΟΣ
έχοντας γυρίσει (-ίξει για το *σφυράω* κτλ.)/έχοντας γυρισμένο[4]

[1] Οι τύποι σε -ώ, -ά, -ούμε, -ούν δε συνηθίζονται σε ρ. που προσιδιάζουν στον προφορικό λόγο (π.χ. γρατζουνάω). Ο τύπος σε -ούνε εμφανίζεται σχεδόν αποκλειστικά στη λογοτεχνία.
[2] Οι τύποι με το επίθημα -αγ- (γύρναγα κτλ.) δεν απαντώνται σε επίσημο ύφος λόγου.
[3] Οι β' τύποι (και αυτοί με το τελικό ε) κυρίως στον προφορικό λόγο και στη λογοτεχνία.
[4] Οι β' τύποι (σπάνιας χρήσης) δεν είναι πλήρως ισοδύναμοι με τους α', από άποψη σημασίας και σύνταξης. Χρησιμοποιούνται μόνο όταν το ρ. είναι μεταβατικό (π.χ. έχω γυρίσει το μανίκι, το έχω γυρισμένο).

ΕΝΕΡΓΗΤΙΚΗ ΦΩΝΗ

ΟΡΙΣΤΙΚΗ

ΕΝΕΣΤΩΤΑΣ	ΠΑΡΑΤΑΤΙΚΟΣ	ΑΟΡΙΣΤΟΣ
ανακλώ	ανακλούσα	ανάκλασα
ανακλάς	ανακλούσες	ανάκλασες
ανακλά	ανακλούσε	ανάκλασε
ανακλούμε	ανακλούσαμε	ανακλάσαμε
ανακλάτε	ανακλούσατε	ανακλάσατε
ανακλούν(ε)[1]	ανακλούσαν(ε)[1]	ανάκλασαν/(ανακλάσανε)[1]
ΕΞΑΚΟΛ. ΜΕΛΛΟΝΤΑΣ	**ΣΥΝΟΠΤ. ΜΕΛΛΟΝΤΑΣ**	**ΠΑΡΑΚΕΙΜΕΝΟΣ**
θα ανακλώ	θα ανακλάσω	έχω ανακλάσει[2]
θα ανακλάς	θα ανακλάσεις	**ΥΠΕΡΣΥΝΤΕΛΙΚΟΣ**
θα ανακλά	θα ανακλάσει	είχα ανακλάσει[2]
θα ανακλούμε	θα ανακλάσουμε (σπάν.-ομε)	**ΣΥΝΤΕΛ. ΜΕΛΛΟΝΤΑΣ**
θα ανακλάτε	θα ανακλάσετε	θα έχω ανακλάσει[2]
θα ανακλούν(ε)[1]	θα ανακλάσουν(ε)[1]	

ΥΠΟΤΑΚΤΙΚΗ

ΕΝΕΣΤΩΤΑΣ	ΑΟΡΙΣΤΟΣ	ΠΑΡΑΚΕΙΜΕΝΟΣ
[να, όταν...] ανακλώ	[να, όταν...] ανακλάσω	[να, όταν...] έχω ανακλάσει[2]
ανακλάς	ανακλάσεις	
ανακλά	ανακλάσει	
ανακλούμε	ανακλάσουμε (σπάν.-ομε)	
ανακλάτε	ανακλάσετε	
ανακλούν(ε)[1]	ανακλάσουν(ε)[1]	

ΠΡΟΣΤΑΚΤΙΚΗ

ΕΝΕΣΤΩΤΑΣ	ΑΟΡΙΣΤΟΣ
–	–
–	ανάκλασε
–	–
–	–
ανακλάτε	ανακλάστε/ανακλάσετε
–	–

ΜΕΤΟΧΗ

ΕΝΕΣΤΩΤΑΣ
ανακλώντας
ΠΑΡΑΚΕΙΜΕΝΟΣ
έχοντας ανακλάσει[2]

[1] Οι τύποι με το τελικό ε είναι σπάνιοι γι' αυτή την κατηγορία (λόγιων) ρ. και απαντώνται κυρίως στον προφορικό λόγο.
[2] Δε συνηθίζονται οι τύποι με το έχω + μτχ. σ' αυτή την κατηγορία ρ.

ΠΑΘΗΤΙΚΗ ΦΩΝΗ

ΟΡΙΣΤΙΚΗ

ΕΝΕΣΤΩΤΑΣ
ανακλώμαι
ανακλάσαι
ανακλάται
(ανακλόμαστε)/(ανακλώμεθα)
(ανακλάστε)/(ανακλάσθε)
ανακλώνται[1]

ΠΑΡΑΤΑΤΙΚΟΣ[2]

ΑΟΡΙΣΤΟΣ
ανακλάστηκα
ανακλάστηκες
ανακλάστηκε
ανακλαστήκαμε
ανακλαστήκατε
ανακλάστηκαν/
(ανακλαστήκανε)[3]

ΕΞΑΚΟΛ. ΜΕΛΛΟΝΤΑΣ
θα ανακλώμαι
θα ανακλάσαι
θα ανακλάται
(θα ανακλόμαστε)/
(θα ανακλώμεθα)
(θα ανακλάστε)/
(θα ανακλάσθε)
θα ανακλώνται[1]

ΣΥΝΟΠΤ. ΜΕΛΛΟΝΤΑΣ
θα ανακλαστώ
θα ανακλαστείς
θα ανακλαστεί
θα ανακλαστούμε (σπάν.-ομε)
θα ανακλαστείτε
θα ανακλαστούν(ε)[3]

ΠΑΡΑΚΕΙΜΕΝΟΣ
έχω ανακλαστεί[4]

ΥΠΕΡΣΥΝΤΕΛΙΚΟΣ
είχα ανακλαστεί[4]

ΣΥΝΤΕΛ. ΜΕΛΛΟΝΤΑΣ
θα έχω ανακλαστεί[4]

ΥΠΟΤΑΚΤΙΚΗ

ΕΝΕΣΤΩΤΑΣ
[να, όταν...] ανακλώμαι
ανακλάσαι
ανακλάται
(ανακλόμαστε)/(ανακλώμεθα)
(ανακλάστε)/(ανακλάσθε)
ανακλώνται[1]

ΑΟΡΙΣΤΟΣ
[να, όταν...] ανακλαστώ
ανακλαστείς
ανακλαστεί
ανακλαστούμε
ανακλαστείτε
ανακλαστούν(ε)[3]

ΠΑΡΑΚΕΙΜΕΝΟΣ
[να, όταν...] έχω ανακλαστεί[4]

ΠΡΟΣΤΑΚΤΙΚΗ

ΕΝΕΣΤΩΤΑΣ	ΑΟΡΙΣΤΟΣ
–	–
–	ανακλάσου
–	–
–	–
(ανακλάστε)/(ανακλάσθε)	ανακλαστείτε
–	–

ΜΕΤΟΧΗ

ΕΝΕΣΤΩΤΑΣ
ανακλώμενος

ΠΑΡΑΚΕΙΜΕΝΟΣ
ανακλασμένος

[1] Για ορισμένα ρ. αυτής της κατηγορίας (π.χ. διασπώμαι), απαντάται και ο τύπος σε -ούνται (π.χ. διασπούνται).
[2] Σπάνια απαντάται το γ' πρόσ. με τους λόγιους τύπους: ανακλάτο (διασπάτο κτλ.), ανακλώντο (διασπώντο κτλ.).
[3] Οι τύποι με το τελικό ε είναι σπάνιοι γι' αυτή την κατηγορία (λόγιων) ρ. και απαντώνται κυρίως στον προφ. λόγο.
[4] Δε συνηθίζονται οι τύποι με το είμαι + μτχ. σ' αυτή την κατηγορία ρ.

ΕΝΕΡΓΗΤΙΚΗ ΦΩΝΗ

ΟΡΙΣΤΙΚΗ

ΕΝΕΣΤΩΤΑΣ	ΠΑΡΑΤΑΤΙΚΟΣ	ΑΟΡΙΣΤΟΣ
θεωρώ	θεωρούσα	θεώρησα
θεωρείς	θεωρούσες	θεώρησες
θεωρεί	θεωρούσε	θεώρησε
θεωρούμε	θεωρούσαμε	θεωρήσαμε
θεωρείτε	θεωρούσατε	θεωρήσατε
θεωρούν(ε)[1]	θεωρούσαν(ε)[1]	θεώρησαν/θεωρήσαν(ε)[1]
ΕΞΑΚΟΛ. ΜΕΛΛΟΝΤΑΣ	**ΣΥΝΟΠΤ. ΜΕΛΛΟΝΤΑΣ**	**ΠΑΡΑΚΕΙΜΕΝΟΣ**
θα θεωρώ	θα θεωρήσω	έχω θεωρήσει/
θα θεωρείς	θα θεωρήσεις	έχω θεωρημένο[2]
θα θεωρεί	θα θεωρήσει	**ΥΠΕΡΣΥΝΤΕΛΙΚΟΣ**
θα θεωρούμε	θα θεωρήσουμε	είχα θεωρήσει/
θα θεωρείτε	θα θεωρήσετε	είχα θεωρημένο[2]
θα θεωρούν(ε)[1]	θα θεωρήσουν(ε)[1]	**ΣΥΝΤΕΛ. ΜΕΛΛΟΝΤΑΣ**
		θα έχω θεωρήσει/
		θα έχω θεωρημένο[2]

ΥΠΟΤΑΚΤΙΚΗ

ΕΝΕΣΤΩΤΑΣ	ΑΟΡΙΣΤΟΣ	ΠΑΡΑΚΕΙΜΕΝΟΣ
[να, όταν...] θεωρώ	[να, όταν...] θεωρήσω	[να, όταν...] έχω θεωρήσει/
θεωρείς	θεωρήσεις	έχω θεωρημένο[2]
θεωρεί	θεωρήσει	
θεωρούμε	θεωρήσουμε (σπάν.-ομε)	
θεωρείτε	θεωρήσετε	
θεωρούν(ε)[1]	θεωρήσουν(ε)[1]	

ΠΡΟΣΤΑΚΤΙΚΗ

ΕΝΕΣΤΩΤΑΣ	ΑΟΡΙΣΤΟΣ
–	–
–	θεώρησε
–	–
–	–
θεωρείτε	θεωρήστε/θεωρήσετε[3]
–	–

ΜΕΤΟΧΗ

ΕΝΕΣΤΩΤΑΣ
θεωρώντας
ΠΑΡΑΚΕΙΜΕΝΟΣ
έχοντας θεωρήσει/
έχοντας θεωρημένο[2]

[1] Οι τύποι με το τελικό ε (και ο β′ τύπος του αορίστου) απαντώνται κυρίως στον προφορικό λόγο και στη λογοτεχνία. Δε συνηθίζονται σε λογιότερα ρ.
[2] Οι β′ τύποι (σπάνιας χρήσης) δεν είναι πλήρως ισοδύναμοι με τους α′, από άποψη σημασίας και σύνταξης. Ισχύουν μόνο όταν το ρ. είναι μεταβατικό (θεωρώ κάτι).
[3] Ο β′ τύπος συνηθίζεται σε λογιότερα ρ. (π.χ. αναθεωρήσετε).

ΠΑΘΗΤΙΚΗ ΦΩΝΗ

ΟΡΙΣΤΙΚΗ

ΕΝΕΣΤΩΤΑΣ	ΠΑΡΑΤΑΤΙΚΟΣ	ΑΟΡΙΣΤΟΣ
θεωρούμαι	(θεωρούμουν)[1]	θεωρήθηκα
θεωρείσαι	–	θεωρήθηκες
θεωρείται	θεωρούνταν/εθεωρείτο[2]	θεωρήθηκε
θεωρούμαστε	(θεωρούμαστε)[1]	θεωρηθήκαμε
θεωρείστε	–	θεωρηθήκατε
θεωρούνται	θεωρούνταν/εθεωρούντο[2]	θεωρήθηκαν/θεωρηθήκαν(ε)[1]
ΕΞΑΚΟΛ. ΜΕΛΛΟΝΤΑΣ	**ΣΥΝΟΠΤ. ΜΕΛΛΟΝΤΑΣ**	**ΠΑΡΑΚΕΙΜΕΝΟΣ**
θα θεωρούμαι	θα θεωρηθώ	έχω θεωρηθεί/
θα θεωρείσαι	θα θεωρηθείς	είμαι θεωρημένος[3]
θα θεωρείται	θα θεωρηθεί	**ΥΠΕΡΣΥΝΤΕΛΙΚΟΣ**
θα θεωρούμαστε	θα θεωρηθούμε	είχα θεωρηθεί/
θα θεωρείστε	θα θεωρηθείτε	ήμουν θεωρημένος[3]
θα θεωρούνται	θα θεωρηθούν(ε)[1]	**ΣΥΝΤΕΛ. ΜΕΛΛΟΝΤΑΣ**
		θα έχω θεωρηθεί/
		θα είμαι θεωρημένος[3]

ΥΠΟΤΑΚΤΙΚΗ

ΕΝΕΣΤΩΤΑΣ	ΑΟΡΙΣΤΟΣ	ΠΑΡΑΚΕΙΜΕΝΟΣ
[να, όταν...] θεωρούμαι	[να, όταν...] θεωρηθώ	[να, όταν...] έχω θεωρηθεί/
θεωρείσαι	θεωρηθείς	είμαι θεωρημένος[3]
θεωρείται	θεωρηθεί	
θεωρούμαστε	θεωρηθούμε	
θεωρείστε	θεωρηθείτε	
θεωρούνται	θεωρηθούν(ε)[1]	

ΠΡΟΣΤΑΚΤΙΚΗ

ΕΝΕΣΤΩΤΑΣ	ΑΟΡΙΣΤΟΣ
–	–
–	θεωρήσου
–	–
–	–
θεωρείστε	θεωρηθείτε
–	–

ΜΕΤΟΧΗ

ΕΝΕΣΤΩΤΑΣ
θεωρούμενος
ΠΑΡΑΚΕΙΜΕΝΟΣ
θεωρημένος

[1] Οι τύποι σε παρένθεση, οι τύποι με το τελικό ε και ο β' τύπος του αορίστου απαντώνται στον προφ. λόγο και στη λογοτεχνία. Σπανίζουν σε λογιότερα ρ. (π.χ. αναθεωρούμαι).
[2] Απαντώνται και οι τύποι χωρίς την αύξηση, κυρίως σε μη επίσημο ύφος λόγου και σε σύνθετα ρ. (π.χ. επιδοτείτο, χρηματοδοτείτο κτλ.).
[3] Οι β' τύποι (σπάνιας χρήσης) δεν είναι πλήρως ισοδύναμοι με τους α', από άποψη σημασίας και σύνταξης. Για το συγκεκριμένο ρ., ισχύουν κυρίως για την έννοια «επικυρώνομαι» (π.χ. είναι θεωρημένο το διαβατήριο).

περιποιούμαι 75

ΠΑΘΗΤΙΚΗ ΦΩΝΗ

ΟΡΙΣΤΙΚΗ

ΕΝΕΣΤΩΤΑΣ
περιποιούμαι
περιποιείσαι
περιποιείται
περιποιόμαστε/περιποιούμαστε
περιποιείστε/περιποιόσαστε[1]
περιποιούνται

ΕΞΑΚΟΛ. ΜΕΛΛΟΝΤΑΣ
θα περιποιούμαι
θα περιποιείσαι
θα περιποιείται
θα περιποιόμαστε/-ούμαστε
θα περιποιείστε/-όσαστε[1]
θα περιποιούνται

ΠΑΡΑΤΑΤΙΚΟΣ
περιποιόμουν(α)[1]
περιποιόσουν(α)[1]
περιποιόταν(ε)[1]
περιποιόμαστε/περιποιόμασταν[1]
περιποιόσαστε/-όσασταν[1]
περιποιόνταν(ε)[1]/
περιποιούνταν/περιποιόντουσαν[1]

ΣΥΝΟΠΤ. ΜΕΛΛΟΝΤΑΣ
θα περιποιηθώ
θα περιποιηθείς
θα περιποιηθεί
θα περιποιηθούμε
θα περιποιηθείτε
θα περιποιηθούν(ε)[1]

ΑΟΡΙΣΤΟΣ
περιποιήθηκα
περιποιήθηκες
περιποιήθηκε
περιποιηθήκαμε
περιποιηθήκατε
περιποιήθηκαν/
περιποιηθήκαν(ε)[1]

ΠΑΡΑΚΕΙΜΕΝΟΣ
έχω περιποιηθεί[2]

ΥΠΕΡΣΥΝΤΕΛΙΚΟΣ
είχα περιποιηθεί[2]

ΣΥΝΤΕΛ. ΜΕΛΛΟΝΤΑΣ
θα έχω περιποιηθεί[2]

ΥΠΟΤΑΚΤΙΚΗ

ΕΝΕΣΤΩΤΑΣ
[να, όταν...] περιποιούμαι
περιποιείσαι
περιποιείται
περιποιόμαστε/περιποιούμαστε
περιποιείστε/περιποιόσαστε[1]
περιποιούνται

ΑΟΡΙΣΤΟΣ
[να, όταν...] περιποιηθώ
περιποιηθείς
περιποιηθεί
περιποιηθούμε
περποιηθείτε
περιποιηθούν(ε)[1]

ΠΑΡΑΚΕΙΜΕΝΟΣ
[να, όταν...] έχω περιποιηθεί[2]

ΠΡΟΣΤΑΚΤΙΚΗ

ΕΝΕΣΤΩΤΑΣ	ΑΟΡΙΣΤΟΣ
–	–
–	περιποιήσου
–	–
–	–
περιποιείστε	περιποιηθείτε
–	–

ΜΕΤΟΧΗ

ΕΝΕΣΤΩΤΑΣ
(περιποιούμενος)

ΠΑΡΑΚΕΙΜΕΝΟΣ
(περιποιημένος)[3]

[1] Οι β΄ τύποι (και αυτοί με το τελικό α ή ε) κυρίως στον προφορικό λόγο και στη λογοτεχνία. Δε συνηθίζονται για λόγια ρ. (π.χ. αποποιούμαι).
[2] Η περίφραση με το είμαι + μτχ. δε συνηθίζεται, γιατί η μτχ. περιποιημένος έχει κυρίως έννοια επιθέτου.
[3] Κυρίως ως επίθετο («φροντισμένος»).

ΕΝΕΡΓΗΤΙΚΗ ΦΩΝΗ

ΟΡΙΣΤΙΚΗ

ΕΝΕΣΤΩΤΑΣ
διαιρώ
διαιρείς
διαιρεί
διαιρούμε
διαιρείτε
διαιρούν(ε) [1]

ΠΑΡΑΤΑΤΙΚΟΣ
διαιρούσα
διαιρούσες
διαιρούσε
διαιρούσαμε
διαιρούσατε
διαιρούσαν(ε) [1]

ΑΟΡΙΣΤΟΣ
διαίρεσα
διαίρεσες
διαίρεσε
διαιρέσαμε
διαιρέσατε
διαίρεσαν/διαιρέσαν(ε) [1]

ΕΞΑΚΟΛ. ΜΕΛΛΟΝΤΑΣ
θα διαιρώ
θα διαιρείς
θα διαιρεί
θα διαιρούμε
θα διαιρείτε
θα διαιρούν(ε) [1]

ΣΥΝΟΠΤ. ΜΕΛΛΟΝΤΑΣ
θα διαιρέσω
θα διαιρέσεις
θα διαιρέσει
θα διαιρέσουμε (σπάν.-ομε)
θα διαιρέσετε
θα διαιρέσουν(ε) [1]

ΠΑΡΑΚΕΙΜΕΝΟΣ
έχω διαιρέσει/έχω διαιρεμένο [2]

ΥΠΕΡΣΥΝΤΕΛΙΚΟΣ
είχα διαιρέσει/
είχα διαιρεμένο [2]

ΣΥΝΤΕΛ. ΜΕΛΛΟΝΤΑΣ
θα έχω διαιρέσει/
θα έχω διαιρεμένο [2]

ΥΠΟΤΑΚΤΙΚΗ

ΕΝΕΣΤΩΤΑΣ
[να, όταν...] διαιρώ
διαιρείς
διαιρεί
διαιρούμε
διαιρείτε
διαιρούν(ε) [1]

ΑΟΡΙΣΤΟΣ
[να, όταν...] διαιρέσω
διαιρέσεις
διαιρέσει
διαιρέσουμε (σπάν.-ομε)
διαιρέσετε
διαιρέσουν(ε) [1]

ΠΑΡΑΚΕΙΜΕΝΟΣ
[να, όταν...] έχω διαιρέσει/
έχω διαιρεμένο [2]

ΠΡΟΣΤΑΚΤΙΚΗ

ΕΝΕΣΤΩΤΑΣ
—
— [3]
—
—
διαιρείτε
—

ΑΟΡΙΣΤΟΣ
—
διαίρεσε
—
—
διαιρέστε/διαιρέσετε [4]
—

ΜΕΤΟΧΗ

ΕΝΕΣΤΩΤΑΣ
διαιρώντας

ΠΑΡΑΚΕΙΜΕΝΟΣ
έχοντας διαιρέσει/
έχοντας διαιρεμένο [2]

[1] Οι τύποι με το τελικό ε (και ο β΄ τύπος του αορίστου) απαντώνται κυρίως στον προφορικό λόγο και στη λογοτεχνία. Δε συνηθίζονται σε λογιότερα ρ. (π.χ. αναιρώ).
[2] Οι β΄ τύποι (σπάνιας χρήσης) δεν είναι πλήρως ισοδύναμοι με τους α΄, από άποψη σημασίας και σύνταξης. Ισχύουν μόνο όταν το ρ. είναι μεταβατικό (διαιρώ κάτι).
[3] Μόνο στη στερεότυπη έκφραση «διαίρει και βασίλευε».
[4] Ο β΄ τύπος συνηθίζεται σε επίσημο ύφος λόγου και σε λογιότερα ρ. (π.χ. αναιρέσετε).

ΠΑΘΗΤΙΚΗ ΦΩΝΗ

ΟΡΙΣΤΙΚΗ

ΕΝΕΣΤΩΤΑΣ	ΠΑΡΑΤΑΤΙΚΟΣ	ΑΟΡΙΣΤΟΣ
διαιρούμαι	(διαιρούμουν)[1]	διαιρέθηκα
διαιρείσαι	—	διαιρέθηκες
διαιρείται	διαιρούνταν/διαιρείτο	διαιρέθηκε
διαιρούμαστε	(διαιρούμαστε)[1]	διαιρεθήκαμε
διαιρείστε	—	διαιρεθήκατε
διαιρούνται	διαιρούνταν/διαιρούντο	διαιρέθηκαν/διαιρεθήκαν(ε)[2]
ΕΞΑΚΟΛ. ΜΕΛΛΟΝΤΑΣ	**ΣΥΝΟΠΤ. ΜΕΛΛΟΝΤΑΣ**	**ΠΑΡΑΚΕΙΜΕΝΟΣ**
θα διαιρούμαι	θα διαιρεθώ	έχω διαιρεθεί/
θα διαιρείσαι	θα διαιρεθείς	είμαι διαιρεμένος[3]
θα διαιρείται	θα διαιρεθεί	**ΥΠΕΡΣΥΝΤΕΛΙΚΟΣ**
θα διαιρούμαστε	θα διαιρεθούμε	είχα διαιρεθεί/
θα διαιρείστε	θα διαιρεθείτε	ήμουν διαιρεμένος[3]
θα διαιρούνται	θα διαιρεθούν(ε)[2]	**ΣΥΝΤΕΛ. ΜΕΛΛΟΝΤΑΣ**
		θα έχω διαιρεθεί/
		θα είμαι διαιρεμένος[3]

ΥΠΟΤΑΚΤΙΚΗ

ΕΝΕΣΤΩΤΑΣ	ΑΟΡΙΣΤΟΣ	ΠΑΡΑΚΕΙΜΕΝΟΣ
[να, όταν...] διαιρούμαι	[να, όταν...] διαιρεθώ	[να, όταν...] έχω διαιρεθεί/
διαιρείσαι	διαιρεθείς	είμαι διαιρεμένος [3]
διαιρείται	διαιρεθεί	
διαιρούμαστε	διαιρεθούμε	
διαιρείστε	διαιρεθείτε	
διαιρούνται	διαιρεθούν(ε)[2]	

ΠΡΟΣΤΑΚΤΙΚΗ

ΕΝΕΣΤΩΤΑΣ	ΑΟΡΙΣΤΟΣ
—	—
—	διαιρέσου
—	—
—	—
διαιρείστε	διαιρεθείτε
—	—

ΜΕΤΟΧΗ

ΕΝΕΣΤΩΤΑΣ
διαιρούμενος
ΠΑΡΑΚΕΙΜΕΝΟΣ
διαιρεμένος
(και διηρημένος)

[1] Στον προφορικό λόγο και όχι για λογιότερα ρ. (π.χ. αναιρούμαι).
[2] Οι τύποι με το τελικό ε (και ο β′ τύπος του αορίστου) απαντώνται κυρίως στον προφ. λόγο και στη λογοτεχνία. Δε συνηθίζονται για λογιότερα ρ.
[3] Οι β′ τύποι (σπάνιας χρήσης) δεν είναι πλήρως ισοδύναμοι με τους α′, από άποψη σημασίας και σύνταξης.

ΠΑΘΗΤΙΚΗ ΦΩΝΗ

ΟΡΙΣΤΙΚΗ

ΕΝΕΣΤΩΤΑΣ	ΠΑΡΑΤΑΤΙΚΟΣ	ΑΟΡΙΣΤΟΣ
τελούμαι	(τελούμουν)[1]	τελέστηκα
τελείσαι	—	τελέστηκες
τελείται	τελούνταν/ετελείτο[2]	τελέστηκε
τελούμαστε	(τελούμαστε)[1]	τελεστήκαμε
τελείστε	—	τελεστήκατε
τελούνται	τελούνταν/ετελούντο[2]	τελέστηκαν/τελεστήκαν(ε)[1]
ΕΞΑΚΟΛ. ΜΕΛΛΟΝΤΑΣ	**ΣΥΝΟΠΤ. ΜΕΛΛΟΝΤΑΣ**	**ΠΑΡΑΚΕΙΜΕΝΟΣ**
θα τελούμαι	θα τελεστώ	έχω τελεστεί/
θα τελείσαι	θα τελεστείς	είμαι τελεσμένος[3]
θα τελείται	θα τελεστεί	**ΥΠΕΡΣΥΝΤΕΛΙΚΟΣ**
θα τελούμαστε	θα τελεστούμε	είχα τελεστεί/
θα τελείστε	θα τελεστείτε	ήμουν τελεσμένος[3]
θα τελούνται	θα τελεστούν(ε)[1]	**ΣΥΝΤΕΛ. ΜΕΛΛΟΝΤΑΣ**
		θα έχω τελεστεί/
		θα είμαι τελεσμένος[3]

ΥΠΟΤΑΚΤΙΚΗ

ΕΝΕΣΤΩΤΑΣ	ΑΟΡΙΣΤΟΣ	ΠΑΡΑΚΕΙΜΕΝΟΣ
[να, όταν...] τελούμαι	[να, όταν...] τελεστώ	[να, όταν...] έχω τελεστεί/
τελείσαι	τελεστείς	είμαι τελεσμένος[3]
τελείται	τελεστεί	
τελούμαστε	τελεστούμε	
τελείστε	τελεστείτε	
τελούνται	τελεστούν(ε)[1]	

ΠΡΟΣΤΑΚΤΙΚΗ

ΕΝΕΣΤΩΤΑΣ	ΑΟΡΙΣΤΟΣ
—	—
—	τελέσου
—	—
—	—
τελείστε	τελεστείτε
—	—

ΜΕΤΟΧΗ

ΕΝΕΣΤΩΤΑΣ
τελούμενος
ΠΑΡΑΚΕΙΜΕΝΟΣ
τελεσμένος

[1] Οι τύποι σε παρένθεση, οι τύποι με το τελικό ε και ο β′ τύπος του αορίστου απαντώνται στον προφ. λόγο και στη λογοτεχνία. Δε συνηθίζονται σε λογιότερα ρ. (π.χ. επιτελούμαι).
[2] Απαντώνται και οι τύποι χωρίς την αύξηση, κυρίως σε μη επίσημο ύφος λόγου και σε σύνθετα ρ. (αποτελείτο κτλ.).
[3] Οι β′ τύποι (σπάνιας χρήσης)δεν είναι πλήρως ισοδύναμοι με τους α′, από άποψη σημασίας και σύνταξης.

ΠΑΘΗΤΙΚΗ ΦΩΝΗ

ΟΡΙΣΤΙΚΗ

ΕΝΕΣΤΩΤΑΣ	ΠΑΡΑΤΑΤΙΚΟΣ	ΑΟΡΙΣΤΟΣ
κοιμάμαι (σπάν. κοιμούμαι)	κοιμόμουν(α)[1]	κοιμήθηκα
κοιμάσαι	κοιμόσουν(α)[1]	κοιμήθηκες
κοιμάται	κοιμόταν(ε)[1]	κοιμήθηκε
κοιμόμαστε/κοιμούμαστε	κοιμόμαστε/κοιμούμαστε/ κοιμόμασταν[1]	κοιμηθήκαμε
κοιμάστε/κοιμόσαστε[1]	κοιμόσαστε[1]/κοιμόσασταν[1]	κοιμηθήκατε
κοιμούνται/κοιμόνται[1]	κοιμόνταν(ε)[1]/κοιμούνταν[1]/ κοιμόντουσαν[1]	κοιμήθηκαν/κοιμηθήκαν(ε)[1]
ΕΞΑΚΟΛ. ΜΕΛΛΟΝΤΑΣ	**ΣΥΝΟΠΤ. ΜΕΛΛΟΝΤΑΣ**	**ΠΑΡΑΚΕΙΜΕΝΟΣ**
θα κοιμάμαι (σπάν. θα κοιμούμαι)	θα κοιμηθώ	έχω κοιμηθεί/ είμαι κοιμισμένος[2]
θα κοιμάσαι	θα κοιμηθείς	**ΥΠΕΡΣΥΝΤΕΛΙΚΟΣ**
θα κοιμάται	θα κοιμηθεί	είχα κοιμηθεί/ ήμουν κοιμισμένος[2]
θα κοιμόμαστε/ -ούμαστε	θα κοιμηθούμε	**ΣΥΝΤΕΛ. ΜΕΛΛΟΝΤΑΣ**
θα κοιμάστε/θα κοιμόσαστε[1]	θα κοιμηθείτε	θα έχω κοιμηθεί/
θα κοιμούνται/θα κοιμόνται[1]	θα κοιμηθούν(ε)[1]	θα είμαι κοιμισμένος[2]

ΥΠΟΤΑΚΤΙΚΗ

ΕΝΕΣΤΩΤΑΣ	ΑΟΡΙΣΤΟΣ	ΠΑΡΑΚΕΙΜΕΝΟΣ
[να, όταν...] κοιμάμαι (σπάν. κοιμούμαι)	[να, όταν...] κοιμηθώ	[να, όταν...] έχω κοιμηθεί/ είμαι κοιμισμένος[2]
κοιμάσαι	κοιμηθείς	
κοιμάται	κοιμηθεί	
κοιμόμαστε/κοιμούμαστε	κοιμηθούμε	
κοιμάστε/κοιμόσαστε[1]	κοιμηθείτε	
κοιμούνται/κοιμόνται[1]	κοιμηθούν(ε)[1]	

ΠΡΟΣΤΑΚΤΙΚΗ

ΕΝΕΣΤΩΤΑΣ	ΑΟΡΙΣΤΟΣ
–	–
–	κοιμήσου
–	–
–	–
κοιμάστε	κοιμηθείτε
–	–

ΜΕΤΟΧΗ

ΕΝΕΣΤΩΤΑΣ
(κοιμούμενος)[3]
ΠΑΡΑΚΕΙΜΕΝΟΣ
κοιμισμένος

[1] Οι β΄ τύποι (και αυτοί με το τελικό α ή ε) κυρίως στον προφ. λόγο και στη λογοτεχνία.
[2] Οι β΄ τύποι (σπάνιας χρήσης) δεν είναι πλήρως ισοδύναμοι με τους α΄, από άποψη σημασίας και σύνταξης.
[3] Η μτχ. αυτή απαντάται σπάνια (στο λογοτεχνικό λόγο κοιμάμενος). Από τα ρ. αυτής της κατηγορίας πιο συνηθισμένη είναι η μτχ. του φοβάμαι (φοβούμενος).

ΕΝΕΡΓΗΤΙΚΗ ΦΩΝΗ

ΟΡΙΣΤΙΚΗ

ΕΝΕΣΤΩΤΑΣ	ΠΑΡΑΤΑΤΙΚΟΣ	ΑΟΡΙΣΤΟΣ
αίρω	(ήρα)	(ήρα)
αίρεις	(ήρες)	(ήρες)
αίρει	(ήρε)	(ήρε)
αίρουμε (σπάν.-ομε)	(ήραμε)	(ήραμε)
αίρετε	(ήρατε)	(ήρατε)
αίρουν(ε)[1]	(ήραν)	(ήραν)
ΕΞΑΚΟΛ. ΜΕΛΛΟΝΤΑΣ	**ΣΥΝΟΠΤ. ΜΕΛΛΟΝΤΑΣ**	**ΠΑΡΑΚΕΙΜΕΝΟΣ**
θα αίρω	θα άρω	έχω άρει
θα αίρεις	θα άρεις	**ΥΠΕΡΣΥΝΤΕΛΙΚΟΣ**
θα αίρει	θα άρει	είχα άρει
θα αίρουμε (σπάν.-ομε)	θα άρουμε (σπάν.-ομε)	**ΣΥΝΤΕΛ. ΜΕΛΛΟΝΤΑΣ**
θα αίρετε	θα άρετε	θα έχω άρει
θα αίρουν(ε)[1]	θα άρουν(ε)[1]	

ΥΠΟΤΑΚΤΙΚΗ

ΕΝΕΣΤΩΤΑΣ	ΑΟΡΙΣΤΟΣ	ΠΑΡΑΚΕΙΜΕΝΟΣ
[να, όταν...] αίρω	[να, όταν...] άρω	[να, όταν...] έχω άρει
αίρεις	άρεις	
αίρει	άρει	
αίρουμε (σπάν.-ομε)	άρουμε	
αίρετε	άρετε	
αίρουν(ε)[1]	άρουν(ε)[1]	

ΠΡΟΣΤΑΚΤΙΚΗ

ΕΝΕΣΤΩΤΑΣ	ΑΟΡΙΣΤΟΣ
–	–
αίρε[2]	άρε[2]
–	–
–	–
αίρετε	άρετε
–	–

ΜΕΤΟΧΗ

ΕΝΕΣΤΩΤΑΣ
αίροντας
ΠΑΡΑΚΕΙΜΕΝΟΣ
έχοντας άρει

[1] Οι τύποι με το τελικό ε δε συνηθίζονται λόγω του λόγιου χαρακτήρα του ρ. και των σύνθετων με αυτό (π.χ. εξαίρω).
[2] Στα σύνθετα (π.χ. εξαίρω) δε συνηθίζεται.

ΠΑΘΗΤΙΚΗ ΦΩΝΗ

ΟΡΙΣΤΙΚΗ

ΕΝΕΣΤΩΤΑΣ	ΠΑΡΑΤΑΤΙΚΟΣ	ΑΟΡΙΣΤΟΣ
αίρομαι	–	(άρθηκα)
αίρεσαι	–	(άρθηκες)
αίρεται	(ήρετο)	(άρθηκε)/(ήρθη)
(αιρόμαστε)/(αιρόμεθα)	–	(αρθήκαμε)
(αίρεστε)/(αίρεσθε)	–	(αρθήκατε)
αίρονται	(αίρονταν)/(ήροντο)	(άρθηκαν)/(αρθήκανε)[1]/ (ήρθησαν)
ΕΞΑΚΟΛ. ΜΕΛΛΟΝΤΑΣ	**ΣΥΝΟΠΤ. ΜΕΛΛΟΝΤΑΣ**	**ΠΑΡΑΚΕΙΜΕΝΟΣ**
θα αίρομαι	θα αρθώ	έχω αρθεί
θα αίρεσαι	θα αρθείς	**ΥΠΕΡΣΥΝΤΕΛΙΚΟΣ**
θα αίρεται	θα αρθεί	είχα αρθεί
θα (αιρόμαστε)/θα (αιρόμεθα)	θα αρθούμε	**ΣΥΝΤΕΛ. ΜΕΛΛΟΝΤΑΣ**
θα (αίρεστε)/θα (αίρεσθε)	θα αρθείτε	θα έχω αρθεί
θα αίρονται	θα αρθούν(ε)[1]	

ΥΠΟΤΑΚΤΙΚΗ

ΕΝΕΣΤΩΤΑΣ	ΑΟΡΙΣΤΟΣ	ΠΑΡΑΚΕΙΜΕΝΟΣ
[να, όταν...] αίρομαι	[να, όταν...] αρθώ	[να, όταν...] έχω αρθεί
αίρεσαι	αρθείς	
αίρεται	αρθεί	
(αιρόμαστε)/(αιρόμεθα)	αρθούμε	
(αίρεστε)/(αίρεσθε)	αρθείτε	
αίρονται	αρθούν(ε)[1]	

ΠΡΟΣΤΑΚΤΙΚΗ

ΕΝΕΣΤΩΤΑΣ	ΑΟΡΙΣΤΟΣ
–	–
–	–
–	–
–	–
(αίρεστε)/(αίρεσθε)	αρθείτε
–	–

ΜΕΤΟΧΗ

ΕΝΕΣΤΩΤΑΣ
αιρόμενος
ΠΑΡΑΚΕΙΜΕΝΟΣ
–

[1] Οι τύποι με το τελικό ε δε συνηθίζονται λόγω του λόγιου χαρακτήρα του ρ. και των σύνθετων με αυτό (π.χ. εξαίρομαι).

ΠΑΘΗΤΙΚΗ ΦΩΝΗ

ΟΡΙΣΤΙΚΗ

ΕΝΕΣΤΩΤΑΣ	ΠΑΡΑΤΑΤΙΚΟΣ	ΑΟΡΙΣΤΟΣ
αισθάνομαι	αισθανόμουν(α)[1]	αισθάνθηκα
αισθάνεσαι	αισθανόσουν(α)[1]	αισθάνθηκες
αισθάνεται	αισθανόταν(ε)[1,2]	αισθάνθηκε
αισθανόμαστε	αισθανόμαστε/ αισθανόμασταν[1]	αισθανθήκαμε
αισθάνεστε/αισθανόσαστε[1]	αισθανόσαστε/ αισθανόσασταν[1]	αισθανθήκατε
αισθάνονται	αισθάνονταν/αισθανόντανε[1]/	αισθάνθηκαν/
ΕΞΑΚΟΛ. ΜΕΛΛΟΝΤΑΣ	αισθανόντουσαν[1]	αισθανθήκαν(ε)[1]
θα αισθάνομαι	**ΣΥΝΟΠΤ. ΜΕΛΛΟΝΤΑΣ**	**ΠΑΡΑΚΕΙΜΕΝΟΣ**
θα αισθάνεσαι	θα αισθανθώ	έχω αισθανθεί
θα αισθάνεται	θα αισθανθείς	**ΥΠΕΡΣΥΝΤΕΛΙΚΟΣ**
θα αισθανόμαστε	θα αισθανθεί	είχα αισθανθεί
θα αισθάνεστε/-όσαστε[1]	θα αισθανθούμε	**ΣΥΝΤΕΛ. ΜΕΛΛΟΝΤΑΣ**
θα αισθάνονται	θα αισθανθείτε	θα έχω αισθανθεί
	θα αισθανθούν(ε)[1]	

ΥΠΟΤΑΚΤΙΚΗ

ΕΝΕΣΤΩΤΑΣ	ΑΟΡΙΣΤΟΣ	ΠΑΡΑΚΕΙΜΕΝΟΣ
[να, όταν...] αισθάνομαι	[να, όταν...] αισθανθώ	[να, όταν...] έχω αισθανθεί
αισθάνεσαι	αισθανθείς	
αισθάνεται	αισθανθεί	
αισθανόμαστε	αισθανθούμε	
αισθάνεστε/αισθανόσαστε[1]	αισθανθείτε	
αισθάνονται	αισθανθούν(ε)[1]	

ΠΡΟΣΤΑΚΤΙΚΗ

ΕΝΕΣΤΩΤΑΣ	ΑΟΡΙΣΤΟΣ
–	–
–	–
–	–
–	–
αισθάνεστε	αισθανθείτε
–	–

ΜΕΤΟΧΗ

ΕΝΕΣΤΩΤΑΣ
αισθανόμενος
ΠΑΡΑΚΕΙΜΕΝΟΣ
–

[1] Οι β' τύποι (και αυτοί με το τελικό α ή ε) κυρίως στον προφ. λόγο και στη λογοτεχνία. Δε συνηθίζονται για λόγια σύνθετα ρ. (π.χ. διαισθάνομαι).
[2] Και αισθάνονταν στον προφ. λόγο και στη λογοτεχνία (όχι για λόγια ρ.).

ΕΝΕΡΓΗΤΙΚΗ ΦΩΝΗ

ΟΡΙΣΤΙΚΗ

ΕΝΕΣΤΩΤΑΣ	ΠΑΡΑΤΑΤΙΚΟΣ	ΑΟΡΙΣΤΟΣ
ακούω	άκουγα	άκουσα
ακούς	άκουγες	άκουσες
ακούει	άκουγε	άκουσε
ακούμε	ακούγαμε	ακούσαμε
ακούτε	ακούγατε	ακούσατε
ακούν(ε)[1]	άκουγαν/ακούγαν(ε)[1]	άκουσαν/ακούσαν(ε)[1]
ΕΞΑΚΟΛ. ΜΕΛΛΟΝΤΑΣ	**ΣΥΝΟΠΤ. ΜΕΛΛΟΝΤΑΣ**	**ΠΑΡΑΚΕΙΜΕΝΟΣ**
θα ακούω	θα ακούσω	έχω ακούσει
θα ακούς	θα ακούσεις	**ΥΠΕΡΣΥΝΤΕΛΙΚΟΣ**
θα ακούει	θα ακούσει	είχα ακούσει
θα ακούμε	θα ακούσουμε (σπάν.-ομε)	**ΣΥΝΤΕΛ. ΜΕΛΛΟΝΤΑΣ**
θα ακούτε	θα ακούσετε	θα έχω ακούσει
θα ακούν(ε)[1]	θα ακούσουν(ε)[1]	

ΥΠΟΤΑΚΤΙΚΗ

ΕΝΕΣΤΩΤΑΣ	ΑΟΡΙΣΤΟΣ	ΠΑΡΑΚΕΙΜΕΝΟΣ
[να, όταν...] ακούω	[να, όταν...] ακούσω	[να, όταν...] έχω ακούσει
ακούς	ακούσεις	
ακούει	ακούσει	
ακούμε	ακούσουμε (σπάν.-ομε)	
ακούτε	ακούσετε	
ακούν(ε)[1]	ακούσουν(ε)[1]	

ΠΡΟΣΤΑΚΤΙΚΗ

ΕΝΕΣΤΩΤΑΣ	ΑΟΡΙΣΤΟΣ
—	—
άκου[2]/άκουγε	άκουσε
—	—
—	—
ακούτε	ακούστε
—	—

ΜΕΤΟΧΗ

ΕΝΕΣΤΩΤΑΣ
ακούγοντας
ΠΑΡΑΚΕΙΜΕΝΟΣ
έχοντας ακούσει

[1] Οι β' τύποι (και αυτοί με το τελικό ε) κυρίως στον προφορικό λόγο και στη λογοτεχνία.
[2] Δε χρησιμοποιείται στα σύνθετα (π.χ. υπακούω, παρακούω).

ΠΑΘΗΤΙΚΗ ΦΩΝΗ

ΟΡΙΣΤΙΚΗ

ΕΝΕΣΤΩΤΑΣ	**ΠΑΡΑΤΑΤΙΚΟΣ**	**ΑΟΡΙΣΤΟΣ**
ακούγομαι	ακουγόμουν(α)[1]	ακούστηκα
ακούγεσαι	ακουγόσουν(α)[1]	ακούστηκες
ακούγεται	ακουγόταν(ε)[1,2]	ακούστηκε
ακουγόμαστε	ακουγόμαστε/ακουγόμασταν[1]	ακουστήκαμε
ακούγεστε/ακουγόσαστε[1]	ακουγόσαστε/-όσασταν[1]	ακουστήκατε
ακούγονται	ακούγονταν/ακουγόντανε[1]/ ακουγόντουσαν[1]	ακούστηκαν/ ακουστήκαν(ε)[1]
ΕΞΑΚΟΛ. ΜΕΛΛΟΝΤΑΣ	**ΣΥΝΟΠΤ. ΜΕΛΛΟΝΤΑΣ**	**ΠΑΡΑΚΕΙΜΕΝΟΣ**
θα ακούγομαι	θα ακουστώ	έχω ακουστεί
θα ακούγεσαι	θα ακουστείς	**ΥΠΕΡΣΥΝΤΕΛΙΚΟΣ**
θα ακούγεται	θα ακουστεί	είχα ακουστεί
θα ακουγόμαστε	θα ακουστούμε	**ΣΥΝΤΕΛ. ΜΕΛΛΟΝΤΑΣ**
θα ακούγεστε/-όσαστε[1]	θα ακουστείτε	θα έχω ακουστεί
θα ακούγονται	θα ακουστούν(ε)[1]	

ΥΠΟΤΑΚΤΙΚΗ

ΕΝΕΣΤΩΤΑΣ	**ΑΟΡΙΣΤΟΣ**	**ΠΑΡΑΚΕΙΜΕΝΟΣ**
[να, όταν...] ακούγομαι	[να, όταν...] ακουστώ	[να, όταν...] έχω ακουστεί
ακούγεσαι	ακουστείς	
ακούγεται	ακουστεί	
ακουγόμαστε	ακουστούμε	
ακούγεστε/ακουγόσαστε[1]	ακουστείτε	
ακούγονται	ακουστούν(ε)[1]	

ΠΡΟΣΤΑΚΤΙΚΗ

ΕΝΕΣΤΩΤΑΣ	**ΑΟΡΙΣΤΟΣ**
–	–
–	–
–	–
–	–
ακούγεστε	ακουστείτε
–	–

ΜΕΤΟΧΗ

ΕΝΕΣΤΩΤΑΣ
–

ΠΑΡΑΚΕΙΜΕΝΟΣ
(ακουσμένος)

[1] Οι β′ τύποι (και αυτοί με το τελικό α ή ε) κυρίως στον προφορικό λόγο και στη λογοτεχνία.
[2] Και ακούγονταν στον προφ. λόγο και στη λογοτεχνία.

ΕΝΕΡΓΗΤΙΚΗ ΦΩΝΗ

ΟΡΙΣΤΙΚΗ

ΕΝΕΣΤΩΤΑΣ	ΠΑΡΑΤΑΤΙΚΟΣ	ΑΟΡΙΣΤΟΣ
αναγγέλλω	ανάγγελλα/ανήγγελλα[2]	ανάγγειλα/ανήγγειλα[2]
αναγγέλλεις	ανάγγελλες/ανήγγελλες[2]	ανάγγειλες/ανήγγειλες[2]
αναγγέλλει	ανάγγελλε/ανήγγελλε[2]	ανάγγειλε/ανήγγειλε[2]
αναγγέλλουμε (σπάν.-ομε)	αναγγέλλαμε	αναγγείλαμε
αναγγέλλετε	αναγγέλλατε	αναγγείλατε
αναγγέλλουν(ε)[1]	ανάγγελλαν/ αναγγέλλαν(ε)[1]/ ανήγγελλαν[2]	ανάγγειλαν/ αναγγείλαν(ε)[1]/ ανήγγειλαν[2]
ΕΞΑΚΟΛ. ΜΕΛΛΟΝΤΑΣ	**ΣΥΝΟΠΤ. ΜΕΛΛΟΝΤΑΣ**	**ΠΑΡΑΚΕΙΜΕΝΟΣ**
θα αναγγέλλω	θα αναγγείλω	έχω αναγγείλει[3]
θα αναγγέλλεις	θα αναγγείλεις	**ΥΠΕΡΣΥΝΤΕΛΙΚΟΣ**
θα αναγγέλλει	θα αναγγείλει	είχα αναγγείλει[3]
θα αναγγέλλουμε (σπάν.-ομε)	θα αναγγείλουμε (σπάν.-ομε)	**ΣΥΝΤΕΛ. ΜΕΛΛΟΝΤΑΣ**
θα αναγγέλλετε	θα αναγγείλετε	θα έχω αναγγείλει[3]
θα αναγγέλλουν(ε)[1]	θα αναγγείλουν(ε)[1]	

ΥΠΟΤΑΚΤΙΚΗ

ΕΝΕΣΤΩΤΑΣ	ΑΟΡΙΣΤΟΣ	ΠΑΡΑΚΕΙΜΕΝΟΣ
[να, όταν...] αναγγέλλω	[να, όταν...] αναγγείλω	[να, όταν...] έχω αναγγείλει[3]
αναγγέλλεις	αναγγείλεις	
αναγγέλλει	αναγγείλει	
αναγγέλλουμε (σπάν.-ομε)	αναγγείλουμε (σπάν.-ομε)	
αναγγέλλετε	αναγγείλετε	
αναγγέλλουν(ε)[1]	αναγγείλουν(ε)[1]	

ΠΡΟΣΤΑΚΤΙΚΗ

ΕΝΕΣΤΩΤΑΣ	ΑΟΡΙΣΤΟΣ
–	–
ανάγγελλε	ανάγγειλε
–	–
–	–
αναγγέλλετε	αναγγείλετε/(αναγγείλτε)[4]
–	–

ΜΕΤΟΧΗ

ΕΝΕΣΤΩΤΑΣ
αναγγέλλοντας
ΠΑΡΑΚΕΙΜΕΝΟΣ
έχοντας αναγγείλει[3]

[1] Οι β' τύποι (και αυτοί με το τελικό ε) κυρίως στον προφορικό λόγο και στη λογοτεχνία. Δε συνηθίζονται για λογιότερα ρ. (π.χ. εξαγγέλλω).
[2] Οι τύποι με εσωτερική αύξηση (ανήγγελλα κτλ.) επικρατούν σε λογιότερα ρ. (π.χ. εξαγγέλλω) και σε επίσημο ύφος λόγου.
[3] Ο β' τύπος, με το έχω + παθ. μτχ., απαντάται κυρίως στο ρ. παραγγέλλω (έχω παραγγελμένο).
[4] Στον προφ. λόγο και όχι για λογιότερα ρ.

ΠΑΘΗΤΙΚΗ ΦΩΝΗ

ΟΡΙΣΤΙΚΗ

ΕΝΕΣΤΩΤΑΣ	ΠΑΡΑΤΑΤΙΚΟΣ	ΑΟΡΙΣΤΟΣ
αναγγέλλομαι	αναγγελλόμουν(α)[1]	αναγγέλθηκα
αναγγέλλεσαι	αναγγελλόσουν(α)[1]	αναγγέλθηκες
αναγγέλλεται	αναγγελλόταν(ε)[1,2]	αναγγέλθηκε
αναγγελλόμαστε	αναγγελλόμαστε[2]	αναγγελθήκαμε
αναγγέλλεστε (σπάν. -όσαστε)	αναγγελλόσαστε[2]	αναγγελθήκατε
αναγγέλλονται	αναγγέλλονταν[2]	αναγγέλθηκαν/ αναγγελθήκαν(ε)[1]
ΕΞΑΚΟΛ. ΜΕΛΛΟΝΤΑΣ	**ΣΥΝΟΠΤ. ΜΕΛΛΟΝΤΑΣ**	**ΠΑΡΑΚΕΙΜΕΝΟΣ**
θα αναγγέλλομαι	θα αναγγελθώ	έχω αναγγελθεί[3]
θα αναγγέλλεσαι	θα αναγγελθείς	**ΥΠΕΡΣΥΝΤΕΛΙΚΟΣ**
θα αναγγέλλεται	θα αναγγελθεί	είχα αναγγελθεί[3]
θα αναγγελλόμαστε	θα αναγγελθούμε	**ΣΥΝΤΕΛ. ΜΕΛΛΟΝΤΑΣ**
θα αναγγέλλεστε (σπάν. -όσαστε)	θα αναγγελθείτε	θα έχω αναγγελθεί[3]
θα αναγγέλλονται	θα αναγγελθούν(ε)[1]	

ΥΠΟΤΑΚΤΙΚΗ

ΕΝΕΣΤΩΤΑΣ	ΑΟΡΙΣΤΟΣ	ΠΑΡΑΚΕΙΜΕΝΟΣ
[να, όταν...] αναγγέλλομαι	[να, όταν...] αναγγελθώ	[να, όταν...] έχω αναγγελθεί[3]
αναγγέλλεσαι	αναγγελθείς	
αναγγέλλεται	αναγγελθεί	
αναγγελλόμαστε	αναγγελθούμε	
αναγγέλλεστε (σπάν.-όσαστε)	αναγγελθείτε	
αναγγέλλονται	αναγγελθούν(ε)[1]	

ΠΡΟΣΤΑΚΤΙΚΗ

ΕΝΕΣΤΩΤΑΣ	ΑΟΡΙΣΤΟΣ
–	–
–	–
–	–
αναγγέλλεστε	–
–	αναγγελθείτε
	–

ΜΕΤΟΧΗ

ΕΝΕΣΤΩΤΑΣ
αναγγελλόμενος
ΠΑΡΑΚΕΙΜΕΝΟΣ
αναγγελμένος

[1] Οι τύποι με το τελικό α ή ε (και ο β' τύπος του αορίστου) κυρίως στον προφορικό λόγο και στη λογοτεχνία. Είναι σπάνιοι σε λογιότερα ρ. (π.χ. εξαγγέλλομαι).
[2] Οι τύποι σε -ονταν, -όμασταν, -όσασταν, -όντουσαν (δες λύνομαι, 2) δε συνηθίζονται σ' αυτά τα ρ.
[3] Ο β' τύπος, με το είμαι + παθ. μτχ., απαντάται κυρίως στο ρ. παραγγέλλομαι (είμαι παραγγελμένος).

ΕΝΕΡΓΗΤΙΚΗ ΦΩΝΗ

ΟΡΙΣΤΙΚΗ

ΕΝΕΣΤΩΤΑΣ
αναδεικνύω
αναδεικνύεις
αναδεικνύει
αναδεικνύουμε (σπάν.-ομε)
αναδεικνύετε
αναδεικνύουν(ε)[1]

ΕΞΑΚΟΛ. ΜΕΛΛΟΝΤΑΣ
θα αναδεικνύω
θα αναδεικνύεις
θα αναδεικνύει
θα αναδεικνύουμε (σπάν.-ομε)
θα αναδεικνύετε
θα αναδεικνύουν(ε)[1]

ΠΑΡΑΤΑΤΙΚΟΣ
αναδείκνυα
αναδείκνυες
αναδείκνυε
αναδεικνύαμε
αναδεικνύατε
αναδείκνυαν/
αναδεικνύαν(ε)[1]

ΣΥΝΟΠΤ. ΜΕΛΛΟΝΤΑΣ
θα αναδείξω
θα αναδείξεις
θα αναδείξει
θα αναδείξουμε
θα αναδείξετε
θα αναδείξουν(ε)[1]

ΑΟΡΙΣΤΟΣ
ανέδειξα[2]/ανάδειξα
ανέδειξες[2]/ανάδειξες
ανέδειξε[2]/ανάδειξε
αναδείξαμε
αναδείξατε
ανέδειξαν[2]/ανάδειξαν/
αναδείξαν(ε)[1]

ΠΑΡΑΚΕΙΜΕΝΟΣ
έχω αναδείξει

ΥΠΕΡΣΥΝΤΕΛΙΚΟΣ
είχα αναδείξει

ΣΥΝΤΕΛ. ΜΕΛΛΟΝΤΑΣ
θα έχω αναδείξει

ΥΠΟΤΑΚΤΙΚΗ

ΕΝΕΣΤΩΤΑΣ
[να, όταν...] αναδεικνύω
αναδεικνύεις
αναδεικνύει
αναδεικνύουμε (σπάν.-ομε)
αναδεικνύετε
αναδεικνύουν(ε)[1]

ΑΟΡΙΣΤΟΣ
[να, όταν...] αναδείξω
αναδείξεις
αναδείξει
αναδείξουμε (σπάν.-ομε)
αναδείξετε
αναδείξουν(ε)[1]

ΠΑΡΑΚΕΙΜΕΝΟΣ
[να, όταν...] έχω αναδείξει

ΠΡΟΣΤΑΚΤΙΚΗ

ΕΝΕΣΤΩΤΑΣ
–
αναδείκνυε
–
–
αναδεικνύετε
–

ΑΟΡΙΣΤΟΣ
–
ανάδειξε
–
–
αναδείξτε/αναδείξετε[3]
–

ΜΕΤΟΧΗ

ΕΝΕΣΤΩΤΑΣ
αναδεικνύοντας

ΠΑΡΑΚΕΙΜΕΝΟΣ
έχοντας αναδείξει

Οι β' τύποι (και αυτοί με το τελικό ε) κυρίως στον προφ. λόγο και στη λογοτεχνία. Δε συνηθίζονται για λογιότερα ρ. (π.χ. καταδεικνύω).
Οι τύποι με εσωτερική αύξηση (ανέδειξα κτλ.) χρησιμοποιούνται σχεδόν αποκλειστικά σε λογιότερα ρ. (π.χ. καταδεικνύω) και σε επίσημο ύφος λόγου.
Ο β' τύπος επικρατεί σε λογιότερα ρ.

ΠΑΘΗΤΙΚΗ ΦΩΝΗ

ΟΡΙΣΤΙΚΗ

ΕΝΕΣΤΩΤΑΣ
αναδεικνύομαι
αναδεικνύεσαι
αναδεικνύεται
αναδεικνυόμαστε
αναδεικνύεστε (σπάν.-όσαστε)
αναδεικνύονται

ΕΞΑΚΟΛ. ΜΕΛΛΟΝΤΑΣ
θα αναδεικνύομαι
θα αναδεικνύεσαι
θα αναδεικνύεται
θα αναδεικνυόμαστε
θα αναδεικνύεστε (σπάν. -όσαστε)
θα αναδεικνύονται

ΠΑΡΑΤΑΤΙΚΟΣ
αναδεικνυόμουν(α)[1]
αναδεικνυόσουν(α)[1]
αναδεικνυόταν(ε)[1,2]
αναδεικνυόμαστε[2]
αναδεικνυόσαστε[2]
αναδεικνύονταν[2]

ΣΥΝΟΠΤ. ΜΕΛΛΟΝΤΑΣ[3]
θα αναδειχθ(χτ)ώ
θα αναδειχθ(χτ)είς
θα αναδειχθ(χτ)εί
θα αναδειχθ(χτ)ούμε
θα αναδειχθ(χτ)είτε
θα αναδειχθ(χτ)ούν(ε)[1]

ΑΟΡΙΣΤΟΣ[3]
αναδείχθ(χτ)ηκα
αναδείχθ(χτ)ηκες
αναδείχθ(χτ)ηκε
αναδειχθ(χτ)ήκαμε
αναδειχθ(χτ)ήκατε
αναδείχθ(χτ)ηκαν/
αναδειχθ(χτ)ήκαν(ε)[1]

ΠΑΡΑΚΕΙΜΕΝΟΣ[3]
έχω αναδειχθ(χτ)εί[4]

ΥΠΕΡΣΥΝΤΕΛΙΚΟΣ[3]
είχα αναδειχθ(χτ)εί[4]

ΣΥΝΤΕΛ. ΜΕΛΛΟΝΤΑΣ[3]
θα έχω αναδειχθ(χτ)εί[4]

ΥΠΟΤΑΚΤΙΚΗ

ΕΝΕΣΤΩΤΑΣ
[να, όταν...] αναδεικνύομαι
αναδεικνύεσαι
αναδεικνύεται
αναδεικνυόμαστε
αναδεικνύεστε (σπάν.-όσαστε)
αναδεικνύονται

ΑΟΡΙΣΤΟΣ[3]
[να, όταν...] αναδειχθ(χτ)ώ
αναδειχθ(χτ)είς
αναδειχθ(χτ)εί
αναδειχθ(χτ)ούμε
αναδειχθ(χτ)είτε
αναδειχθ(χτ)ούν(ε)[1]

ΠΑΡΑΚΕΙΜΕΝΟΣ[3]
[να, όταν...] έχω
αναδειχθ(χτ)εί[4]

ΠΡΟΣΤΑΚΤΙΚΗ

ΕΝΕΣΤΩΤΑΣ
–
–
–
–
αναδεικνύεστε
–

ΑΟΡΙΣΤΟΣ
–
αναδείξου
–
–
αναδειχθ(χτ)είτε[3]
–

ΜΕΤΟΧΗ

ΕΝΕΣΤΩΤΑΣ
αναδεικνυόμενος

ΠΑΡΑΚΕΙΜΕΝΟΣ
(αναδειγμένος)

[1] Οι τύποι με το τελικό α ή ε (και ο β' τύπος του αορίστου) απαντώνται κυρίως στον προφορικό λόγο και σ λογοτεχνία. Σπάνιοι σε λογιότερα ρ. (π.χ. καταδεικνύομαι).
[2] Οι τύποι σε -ονταν, -όμασταν, -όσασταν, -όντουσαν (δες λύνομαι, 2) δε συνηθίζονται, λόγω του λόγι χαρακτήρα των ρ. αυτής της κατηγορίας.
[3] Οι τύποι με -χτ- δε συνηθίζονται σε λογιότερα ρ. και σε επίσημο ύφος λόγου.
[4] Σπάνιοι οι β' τύποι με το είμαι + μτχ. παθ. παρακειμένου.

ΠΑΘΗΤΙΚΗ ΦΩΝΗ

ΟΡΙΣΤΙΚΗ

ΕΝΕΣΤΩΤΑΣ	ΠΑΡΑΤΑΤΙΚΟΣ	ΑΟΡΙΣΤΟΣ
αναπαριστάνομαι	αναπαριστανόμουν(α)[1]	αναπαραστάθηκα
αναπαριστάνεσαι	αναπαριστανόσουν(α)[1]	αναπαραστάθηκες
αναπαριστάνεται	αναπαριστανόταν(ε)[1,2]	αναπαραστάθηκε
αναπαριστανόμαστε	αναπαριστανόμαστε[2]	αναπαρασταθήκαμε
αναπαριστάνεστε	αναπαριστανόσαστε[2]	αναπαρασταθήκατε
αναπαριστάνονται	αναπαριστάνονταν[2]	αναπαραστάθηκαν/ αναπαρασταθήκαν(ε)[1]
ΕΞΑΚΟΛ. ΜΕΛΛΟΝΤΑΣ	**ΣΥΝΟΠΤ. ΜΕΛΛΟΝΤΑΣ**	**ΠΑΡΑΚΕΙΜΕΝΟΣ**
θα αναπαριστάνομαι	θα αναπαρασταθώ	έχω αναπαρασταθεί
θα αναπαριστάνεσαι	θα αναπαρασταθείς	**ΥΠΕΡΣΥΝΤΕΛΙΚΟΣ**
θα αναπαριστάνεται	θα αναπαρασταθεί	είχα αναπαρασταθεί
θα αναπαριστανόμαστε	θα αναπαρασταθούμε	**ΣΥΝΤΕΛ. ΜΕΛΛΟΝΤΑΣ**
θα αναπαριστάνεστε	θα αναπαρασταθείτε	θα έχω αναπαρασταθεί
θα αναπαριστάνονται	θα αναπαρασταθούν(ε)[1]	

ΥΠΟΤΑΚΤΙΚΗ

ΕΝΕΣΤΩΤΑΣ	ΑΟΡΙΣΤΟΣ	ΠΑΡΑΚΕΙΜΕΝΟΣ
[να, όταν...] αναπαριστάνομαι	[να, όταν...] αναπαρασταθώ	[να, όταν...] έχω αναπαρασταθεί
αναπαριστάνεσαι	αναπαρασταθείς	
αναπαριστάνεται	αναπαρασταθεί	
αναπαριστανόμαστε	αναπαρασταθούμε	
αναπαριστάνεστε	αναπαρασταθείτε	
αναπαριστάνονται	αναπαρασταθούν(ε)[1]	

ΠΡΟΣΤΑΚΤΙΚΗ

ΕΝΕΣΤΩΤΑΣ	ΑΟΡΙΣΤΟΣ
–	–
–	αναπαραστάσου
–	–
–	–
αναπαριστάνεστε	αναπαρασταθείτε
–	–

ΜΕΤΟΧΗ

ΕΝΕΣΤΩΤΑΣ
αναπαριστανόμενος
ΠΑΡΑΚΕΙΜΕΝΟΣ
αναπαραστημένος

[1] Οι τύποι με το τελικό α ή ε (και ο β΄ τύπος του αορίστου) απαντώνται κυρίως στον προφορικό λόγο και στη λογοτεχνία.
[2] Περιορισμένης χρήσης οι τύποι σε -ονταν, -όμασταν, -όσασταν, -όντουσαν (δες λύνομαι, 2).

ΠΑΘΗΤΙΚΗ ΦΩΝΗ

ΟΡΙΣΤΙΚΗ

ΕΝΕΣΤΩΤΑΣ
ανασκάπτομαι
ανασκάπτεσαι
ανασκάπτεται
ανασκαπτόμαστε
ανασκάπτεστε (σπάν. -όσαστε)
ανασκάπτονται

ΕΞΑΚΟΛ. ΜΕΛΛΟΝΤΑΣ
θα ανασκάπτομαι
θα ανασκάπτεσαι
θα ανασκάπτεται
θα ανασκαπτόμαστε
θα ανασκάπτεστε (σπάν. -όσαστε)
θα ανασκάπτονται

ΠΑΡΑΤΑΤΙΚΟΣ
ανασκαπτόμουν(α)[1]
ανασκαπτόσουν(α)[1]
ανασκαπτόταν(ε)[1,2]
ανασκαπτόμαστε[2]
ανασκαπτόσαστε[2]
ανασκάπτονταν[2]

ΣΥΝΟΠΤ. ΜΕΛΛΟΝΤΑΣ[3]
θα ανασκαφ(τ)ώ
θα ανασκαφ(τ)είς
θα ανασκαφ(τ)εί
θα ανασκαφ(τ)ούμε
θα ανασκαφ(τ)είτε
θα ανασκαφ(τ)ούν(ε)[1]

ΑΟΡΙΣΤΟΣ[3]
ανασκάφ(τ)ηκα
ανασκάφ(τ)ηκες
ανασκάφ(τ)ηκε
ανασκαφ(τ)ήκαμε
ανασκαφ(τ)ήκατε
ανασκάφ(τ)ηκαν/
ανασκαφ(τ)ήκαν(ε)[1]

ΠΑΡΑΚΕΙΜΕΝΟΣ
έχω ανασκαφ(τ)εί[3]/
είμαι ανασκαμμένος[4]

ΥΠΕΡΣΥΝΤΕΛΙΚΟΣ
είχα ανασκαφ(τ)εί[3]/
ήμουν ανασκαμμένος[4]

ΣΥΝΤΕΛ. ΜΕΛΛΟΝΤΑΣ
θα έχω ανασκαφ(τ)εί[3]/
θα είμαι ανασκαμμένος[4]

ΥΠΟΤΑΚΤΙΚΗ

ΕΝΕΣΤΩΤΑΣ
[να, όταν...] ανασκάπτομαι
ανασκάπτεσαι
ανασκάπτεται
ανασκαπτόμαστε
ανασκάπτεστε (σπάν.-όσαστε)
ανασκάπτονται

ΑΟΡΙΣΤΟΣ[3]
[να, όταν...] ανασκαφ(τ)ώ
ανασκαφ(τ)είς
ανασκαφ(τ)εί
ανασκαφ(τ)ούμε
ανασκαφ(τ)είτε
ανασκαφ(τ)ούν(ε)[1]

ΠΑΡΑΚΕΙΜΕΝΟΣ
[να, όταν...] έχω ανασκαφ(τ)εί[3]/
είμαι ανασκαμμένος[4]

ΠΡΟΣΤΑΚΤΙΚΗ

ΕΝΕΣΤΩΤΑΣ	ΑΟΡΙΣΤΟΣ
–	–
–	ανασκάψου
–	–
–	–
ανασκάπτεστε	ανασκαφ(τ)είτε[3]
–	–

ΜΕΤΟΧΗ

ΕΝΕΣΤΩΤΑΣ
ανασκαπτόμενος

ΠΑΡΑΚΕΙΜΕΝΟΣ
ανασκαμμένος

[1] Οι τύποι με το τελικό α ή ε (και ο β' τύπος του αορίστου) απαντώνται κυρίως στον προφορικό λόγο.
[2] Οι τύποι σε -ονταν, -όμασταν, -όσασταν, -όντουσαν (δες λύνομαι, 2) δε συνηθίζονται, λόγω του λόγιο χαρακτήρα των ρ. αυτής της κατηγορίας.
[3] Οι τύποι με -φτ- κυρίως στον προφ. λόγο.
[4] Οι β' τύποι (σπάνιας χρήσης) δεν είναι πλήρως ισοδύναμοι με τους α', από άποψη σημασίας και σύνταξης.

αναστέλλομαι 91

ΠΑΘΗΤΙΚΗ ΦΩΝΗ

ΟΡΙΣΤΙΚΗ

ΕΝΕΣΤΩΤΑΣ	ΠΑΡΑΤΑΤΙΚΟΣ	ΑΟΡΙΣΤΟΣ
αναστέλλομαι	αναστελλόμουν(α)[1]	–
αναστέλλεσαι	αναστελλόσουν(α)[1]	–
αναστέλλεται	αναστελλόταν(ε)[1,2]	ανεστάλη
αναστελλόμαστε	αναστελλόμαστε[2]	–
αναστέλλεστε (σπάν. -όσαστε)	αναστελλόσαστε[2]	–
αναστέλλονται	αναστέλλονταν[2]	ανεστάλησαν
ΕΞΑΚΟΛ. ΜΕΛΛΟΝΤΑΣ	**ΣΥΝΟΠΤ. ΜΕΛΛΟΝΤΑΣ**	**ΠΑΡΑΚΕΙΜΕΝΟΣ**
θα αναστέλλομαι	θα ανασταλώ	έχω ανασταλεί
θα αναστέλλεσαι	θα ανασταλείς	**ΥΠΕΡΣΥΝΤΕΛΙΚΟΣ**
θα αναστέλλεται	θα ανασταλεί	είχα ανασταλεί
θα αναστελλόμαστε	θα ανασταλούμε	**ΣΥΝΤΕΛ. ΜΕΛΛΟΝΤΑΣ**
θα αναστέλλεστε (σπάν. -όσαστε)	θα ανασταλείτε	θα έχω ανασταλεί
θα αναστέλλονται	θα ανασταλούν(ε)[1]	

ΥΠΟΤΑΚΤΙΚΗ

ΕΝΕΣΤΩΤΑΣ	ΑΟΡΙΣΤΟΣ	ΠΑΡΑΚΕΙΜΕΝΟΣ
[να, όταν...] αναστέλλομαι	[να, όταν...] ανασταλώ	[να, όταν...] έχω ανασταλεί
αναστέλλεσαι	ανασταλείς	
αναστέλλεται	ανασταλεί	
αναστελλόμαστε	ανασταλούμε	
αναστέλλεστε (σπάν. -όσαστε)	ανασταλείτε	
αναστέλλονται	ανασταλούν(ε)[1]	

ΠΡΟΣΤΑΚΤΙΚΗ

ΕΝΕΣΤΩΤΑΣ	ΑΟΡΙΣΤΟΣ
–	–
–	–
–	–
–	–
αναστέλλεστε	ανασταλείτε
–	–

ΜΕΤΟΧΗ

ΕΝΕΣΤΩΤΑΣ
αναστελλόμενος
ΠΑΡΑΚΕΙΜΕΝΟΣ
–

[1] Οι τύποι με το τελικό α ή ε χρησιμοποιούνται κυρίως στον προφορικό λόγο.
[2] Οι τύποι σε -ονταν, -όμασταν, -όσασταν, -όντουσαν (δες λύνομαι, 2) δε συνηθίζονται, λόγω του λόγιου χαρακτήρα των ρ. αυτής της κατηγορίας.

ΕΝΕΡΓΗΤΙΚΗ ΦΩΝΗ

ΟΡΙΣΤΙΚΗ

ΕΝΕΣΤΩΤΑΣ	ΠΑΡΑΤΑΤΙΚΟΣ	ΑΟΡΙΣΤΟΣ
ανεβαίνω	ανέβαινα	ανέβηκα
ανεβαίνεις	ανέβαινες	ανέβηκες
ανεβαίνει	ανέβαινε	ανέβηκε
ανεβαίνουμε (σπάν.-ομε)	ανεβαίναμε	ανεβήκαμε
ανεβαίνετε	ανεβαίνατε	ανεβήκατε
ανεβαίνουν(ε)[1]	ανέβαιναν/ανεβαίναν(ε)[1]	ανέβηκαν/ανεβήκαν(ε)[1]
ΕΞΑΚΟΛ. ΜΕΛΛΟΝΤΑΣ	**ΣΥΝΟΠΤ. ΜΕΛΛΟΝΤΑΣ**	**ΠΑΡΑΚΕΙΜΕΝΟΣ**
θα ανεβαίνω	θα ανέβω/θα ανεβώ	έχω ανέβει/έχω ανεβεί/ είμαι ανεβασμένος[2]
θα ανεβαίνεις	θα ανέβεις/θα ανεβείς	
θα ανεβαίνει	θα ανέβει/θα ανεβεί	**ΥΠΕΡΣΥΝΤΕΛΙΚΟΣ**
θα ανεβαίνουμε (σπάν.-ομε)	θα ανέβουμε (σπάν.-ομε)/ θα ανεβούμε	είχα ανέβει/είχα ανεβεί/ ήμουν ανεβασμένος[2]
θα ανεβαίνετε	θα ανέβετε/θα ανεβείτε	**ΣΥΝΤΕΛ. ΜΕΛΛΟΝΤΑΣ**
θα ανεβαίνουν(ε)[1]	θα ανέβουν(ε)[1]/ θα ανεβούν(ε)[1]	θα έχω ανέβει/θα έχω ανεβεί/θα είμαι ανεβασμένος[2]

ΥΠΟΤΑΚΤΙΚΗ

ΕΝΕΣΤΩΤΑΣ	ΑΟΡΙΣΤΟΣ	ΠΑΡΑΚΕΙΜΕΝΟΣ
[να, όταν...] ανεβαίνω	[να, όταν...] ανέβω/ ανεβώ	[να, όταν...] έχω ανέβει/ έχω ανεβεί/ είμαι ανεβασμένος[2]
ανεβαίνεις	ανέβεις/ανεβείς	
ανεβαίνει	ανέβει/ανεβεί	
ανεβαίνουμε (σπάν.-ομε)	ανέβουμε (σπάν.-ομε)/ ανεβούμε	
ανεβαίνετε	ανέβετε/ανεβείτε	
ανεβαίνουν(ε)[1]	ανέβουν(ε)[1]/ανεβούν(ε)[1]	

ΠΡΟΣΤΑΚΤΙΚΗ

ΕΝΕΣΤΩΤΑΣ	ΑΟΡΙΣΤΟΣ
–	–
ανέβαινε	ανέβα
–	–
–	–
ανεβαίνετε	ανεβείτε
–	–

ΜΕΤΟΧΗ

ΕΝΕΣΤΩΤΑΣ
ανεβαίνοντας
ΠΑΡΑΚΕΙΜΕΝΟΣ
έχοντας ανέβει/
έχοντας ανεβεί/
όντας ανεβασμένος[2]

[1] Οι β΄ τύποι (και αυτοί με το τελικό ε) κυρίως στον προφορικό λόγο και στη λογοτεχνία.
[2] Οι β΄ τύποι με τη μτχ. (σπάνιας χρήσης) δεν είναι πλήρως ισοδύναμοι με τους α΄, από άποψη σημασίας και σύνταξης.

ΕΝΕΡΓΗΤΙΚΗ ΦΩΝΗ

ΟΡΙΣΤΙΚΗ

ΕΝΕΣΤΩΤΑΣ	ΠΑΡΑΤΑΤΙΚΟΣ	ΑΟΡΙΣΤΟΣ
ανήκω	ανήκα	
ανήκεις	ανήκες	
ανήκει	ανήκε	
ανήκουμε (σπάν.-ομε)	ανήκαμε	
ανήκετε	ανήκατε	
ανήκουν(ε)[1]	ανήκαν(ε)[1]	
ΕΞΑΚΟΛ. ΜΕΛΛΟΝΤΑΣ	**ΣΥΝΟΠΤ. ΜΕΛΛΟΝΤΑΣ**	**ΠΑΡΑΚΕΙΜΕΝΟΣ**
θα ανήκω		
θα ανήκεις		
θα ανήκει		**ΥΠΕΡΣΥΝΤΕΛΙΚΟΣ**
θα ανήκουμε (σπάν.-ομε)		
θα ανήκετε		
θα ανήκουν(ε)[1]		**ΣΥΝΤΕΛ. ΜΕΛΛΟΝΤΑΣ**

ΥΠΟΤΑΚΤΙΚΗ

ΕΝΕΣΤΩΤΑΣ	ΑΟΡΙΣΤΟΣ	ΠΑΡΑΚΕΙΜΕΝΟΣ
[να, όταν...] ανήκω		
ανήκεις		
ανήκει		
ανήκουμε (σπάν.-ομε)		
ανήκετε		
ανήκουν(ε)[1]		

ΠΡΟΣΤΑΚΤΙΚΗ

ΕΝΕΣΤΩΤΑΣ	ΑΟΡΙΣΤΟΣ
—	
—	
—	
—	
ανήκετε	
—	

ΜΕΤΟΧΗ

ΕΝΕΣΤΩΤΑΣ
ανήκοντας
ΠΑΡΑΚΕΙΜΕΝΟΣ

[1] Οι τύποι με το τελικό ε κυρίως στον προφορικό λόγο και στη λογοτεχνία.

ΕΝΕΡΓΗΤΙΚΗ ΦΩΝΗ

ΟΡΙΣΤΙΚΗ

ΕΝΕΣΤΩΤΑΣ
αντιλέγω
αντιλέγεις
αντιλέγει
αντιλέγουμε (σπάν.-ομε)
αντιλέγετε
αντιλέγουν(ε)[1]

ΕΞΑΚΟΛ. ΜΕΛΛΟΝΤΑΣ
θα αντιλέγω
θα αντιλέγεις
θα αντιλέγει
θα αντιλέγουμε (σπάν.-ομε)
θα αντιλέγετε
θα αντιλέγουν(ε)[1]

ΠΑΡΑΤΑΤΙΚΟΣ
αντέλεγα
αντέλεγες
αντέλεγε
αντιλέγαμε
αντιλέγατε
αντέλεγαν/αντιλέγαν(ε)[1]

ΣΥΝΟΠΤ. ΜΕΛΛΟΝΤΑΣ
θα αντείπω
θα αντείπεις
θα αντείπει
θα αντείπουμε (σπάν.-ομε)
θα αντείπετε
θα αντείπουν(ε)[1]

ΑΟΡΙΣΤΟΣ
αντείπα
αντείπες
αντείπε
αντείπαμε
αντείπατε
αντείπαν(ε)[1]

ΠΑΡΑΚΕΙΜΕΝΟΣ
έχω αντείπει

ΥΠΕΡΣΥΝΤΕΛΙΚΟΣ
είχα αντείπει

ΣΥΝΤΕΛ. ΜΕΛΛΟΝΤΑΣ
θα έχω αντείπει

ΥΠΟΤΑΚΤΙΚΗ

ΕΝΕΣΤΩΤΑΣ
[να, όταν...] αντιλέγω
αντιλέγεις
αντιλέγει
αντιλέγουμε (σπάν.-ομε)
αντιλέγετε
αντιλέγουν(ε)[1]

ΑΟΡΙΣΤΟΣ
[να, όταν...] αντείπω
αντείπεις
αντείπει
αντείπουμε (σπάν.-ομε)
αντείπετε
αντείπουν(ε)[1]

ΠΑΡΑΚΕΙΜΕΝΟΣ
[να, όταν...] έχω αντείπει

ΠΡΟΣΤΑΚΤΙΚΗ

ΕΝΕΣΤΩΤΑΣ
–
αντίλεγε
–
–
αντιλέγετε
–

ΑΟΡΙΣΤΟΣ
–
άντειπε
–
–
αντείπετε
–

ΜΕΤΟΧΗ

ΕΝΕΣΤΩΤΑΣ
αντιλέγοντας

ΠΑΡΑΚΕΙΜΕΝΟΣ
έχοντας αντείπει

[1] Οι τύποι με το τελικό ε (και ο β' τύπος του παρατατικού) απαντώνται κυρίως στον προφορικό λόγο.

απαλλάσσομαι 95

ΠΑΘΗΤΙΚΗ ΦΩΝΗ

ΟΡΙΣΤΙΚΗ

ΕΝΕΣΤΩΤΑΣ
απαλλάσσομαι
απαλλάσσεσαι
απαλλάσσεται
απαλλασσόμαστε
απαλλάσσεστε (σπάν.-όσαστε)
απαλλάσσονται

ΕΞΑΚΟΛ. ΜΕΛΛΟΝΤΑΣ
θα απαλλάσσομαι
θα απαλλάσσεσαι
θα απαλλάσσεται
θα απαλλασσόμαστε
θα απαλλάσσεστε (σπάν.-όσαστε)
θα απαλλάσσονται

ΠΑΡΑΤΑΤΙΚΟΣ
απαλλασσόμουν(α)[1]
απαλλασσόσουν(α)[1]
απαλλασσόταν(ε)[1,2]
απαλλασσόμαστε[2]
απαλλασσόσαστε[2]
απαλλάσσονταν[2]

ΣΥΝΟΠΤ. ΜΕΛΛΟΝΤΑΣ[3]
θα απαλλαχθ(χτ)ώ/θα απαλλαγώ
θα απαλλαχθ(χτ)είς/θα απαλλαγείς
θα απαλλαχθ(χτ)εί/θα απαλλαγεί
θα απαλλαχθ(χτ)ούμε/
θα απαλλαγούμε
θα απαλλαχθ(χτ)είτε/θα απαλλαγείτε
θα απαλλαχθ(χτ)ούν(ε)[1]/
θα απαλλαγούν(ε)[1]

ΑΟΡΙΣΤΟΣ[3]
απαλλάχθ(χτ)ηκα
απαλλάχθ(χτ)ηκες
απαλλάχθ(χτ)ηκε[3]
απαλλαχθ(χτ)ήκαμε
απαλλαχθ(χτ)ήκατε
απαλλάχθ(χτ)ηκαν/
απαλλαχθ(χτ)ήκαν(ε)[1, 3]

ΠΑΡΑΚΕΙΜΕΝΟΣ
έχω απαλλαχθ(χτ)εί[3]/έχω
απαλλαγεί[3]/είμαι απαλλαγμένος[4]

ΥΠΕΡΣΥΝΤΕΛΙΚΟΣ
είχα απαλλαχθ(χτ)εί[3]/είχα
απαλλαγεί[3]/ήμουν απαλλαγμένος[4]

ΣΥΝΤΕΛ. ΜΕΛΛΟΝΤΑΣ
θα έχω απαλλαχθ(χτ)εί[3]/θα έχω
απαλλαγεί[3]/ θα είμαι απαλλαγμένος[4]

ΥΠΟΤΑΚΤΙΚΗ

ΕΝΕΣΤΩΤΑΣ
[να, όταν...] απαλλάσσομαι
απαλλάσσεσαι
απαλλάσσεται
απαλλασσόμαστε
απαλλάσσεστε (σπάν.-όσαστε)
απαλλάσσονται

ΑΟΡΙΣΤΟΣ[3]
[να,όταν...] απαλλαχθ(χτ)ώ/απαλλαγώ
απαλλαχθ(χτ)είς/απαλλαγείς
απαλλαχθ(χτ)εί/απαλλαγεί
απαλλαχθ(χτ)ούμε/απαλλαγούμε
απαλλαχθ(χτ)είτε/απαλλαγείτε
απαλλαχθ(χτ)ούν(ε)[1]/απαλλαγούν(ε)[1]

ΠΑΡΑΚΕΙΜΕΝΟΣ
[να, όταν...] έχω απαλλαχθ(χτ)εί[3]/
έχω απαλλαγεί[3]/είμαι απαλλαγμένος[4]

ΠΡΟΣΤΑΚΤΙΚΗ

ΕΝΕΣΤΩΤΑΣ
–
–
–
–
απαλλάσσεστε
–

ΑΟΡΙΣΤΟΣ
–
απαλλάξου
–
–
απαλλαχθ(χτ)είτε[3]/απαλλαγείτε[3]
–

ΜΕΤΟΧΗ

ΕΝΕΣΤΩΤΑΣ
απαλλασσόμενος

ΠΑΡΑΚΕΙΜΕΝΟΣ
απαλλαγμένος

[1] Οι τύποι με το τελικό α ή ε (και ο β′ τύπος του αορίστου) απαντώνται κυρίως στον προφορικό λόγο.
[2] Οι τύποι σε -ονταν, -όμασταν, -όσασταν, -όντουσαν (δες λύνομαι, 2) δε συνηθίζονται, λόγω λόγιου χαρακτήρα.
[3] Σε επίσημο ύφος λόγου επικρατούν οι τύποι με -χθ- ή -γ-. Επίσης απαντώνται και οι λόγιοι τύποι του γ′ προσ. απηλλάγη, απηλλάγησαν (αντηλλάγη, αντηλλάγησαν κτλ.).
[4] Οι τύποι με τη μτχ. δεν είναι πλήρως ισοδύναμοι με τους άλλους, από άποψη σημασίας και σύνταξης.

ΕΝΕΡΓΗΤΙΚΗ ΦΩΝΗ

ΟΡΙΣΤΙΚΗ

ΕΝΕΣΤΩΤΑΣ	**ΠΑΡΑΤΑΤΙΚΟΣ**	**ΑΟΡΙΣΤΟΣ**
απελαύνω	απέλαυνα/απήλαυνα[2]	απέλασα/απήλασα[2]
απελαύνεις	απέλαυνες/απήλαυνες[2]	απέλασες/απήλασες[2]
απελαύνει	απέλαυνε/απήλαυνε[2]	απέλασε/απήλασε[2]
απελαύνουμε (σπάν.-ομε)	απελαύναμε	απελάσαμε
απελαύνετε	απελαύνατε	απελάσατε
απελαύνουν(ε)[1]	απελαύναν(ε)[1]/απήλαυναν[2]	απέλασαν/απελάσαν(ε)[1]/ απήλασαν[2]
ΕΞΑΚΟΛ. ΜΕΛΛΟΝΤΑΣ	**ΣΥΝΟΠΤ. ΜΕΛΛΟΝΤΑΣ**	**ΠΑΡΑΚΕΙΜΕΝΟΣ**
θα απελαύνω	θα απελάσω	έχω απελάσει
θα απελαύνεις	θα απελάσεις	**ΥΠΕΡΣΥΝΤΕΛΙΚΟΣ**
θα απελαύνει	θα απελάσει	είχα απελάσει
θα απελαύνουμε (σπάν.-ομε)	θα απελάσουμε (σπάν.-ομε)	**ΣΥΝΤΕΛ. ΜΕΛΛΟΝΤΑΣ**
θα απελαύνετε	θα απελάσετε	θα έχω απελάσει
θα απελαύνουν(ε)[1]	θα απελάσουν(ε)[1]	

ΥΠΟΤΑΚΤΙΚΗ

ΕΝΕΣΤΩΤΑΣ	**ΑΟΡΙΣΤΟΣ**	**ΠΑΡΑΚΕΙΜΕΝΟΣ**
[να, όταν...] απελαύνω	[να, όταν...] απελάσω	[να, όταν...] έχω απελάσει
απελαύνεις	απελάσεις	
απελαύνει	απελάσει	
απελαύνουμε (σπάν.-ομε)	απελάσουμε (σπάν.-ομε)	
απελαύνετε	απελάσετε	
απελαύνουν(ε)[1]	απελάσουν(ε)[1]	

ΠΡΟΣΤΑΚΤΙΚΗ

ΕΝΕΣΤΩΤΑΣ	**ΑΟΡΙΣΤΟΣ**
–	–
απέλαυνε	απέλασε
–	–
–	–
απελαύνετε	απελάστε/απελάσετε
–	–

ΜΕΤΟΧΗ

ΕΝΕΣΤΩΤΑΣ
απελαύνοντας
ΠΑΡΑΚΕΙΜΕΝΟΣ
έχοντας απελάσει

[1] Οι τύποι με το τελικό ε (και ο β′ τύπος του αορίστου) απαντώνται κυρίως στον προφορικό λόγο και στη λογοτεχνία. Γενικά είναι σπάνιοι, λόγω του λόγιου χαρακτήρα του ρ.
[2] Οι τύποι με εσωτερική αύξηση (απήλασα) επικρατούν σε επίσημο ύφος λόγου.

ΠΑΘΗΤΙΚΗ ΦΩΝΗ

ΟΡΙΣΤΙΚΗ

ΕΝΕΣΤΩΤΑΣ
απελαύνομαι
απελαύνεσαι
απελαύνεται
απελαυνόμαστε
απελαύνεστε (σπάν. -όσαστε)
απελαύνονται

ΕΞΑΚΟΛ. ΜΕΛΛΟΝΤΑΣ
θα απελαύνομαι
θα απελαύνεσαι
θα απελαύνεται
θα απελαυνόμαστε
θα απελαύνεστε (σπάν. -όσαστε)
θα απελαύνονται

ΠΑΡΑΤΑΤΙΚΟΣ
απελαυνόμουν(α)[1]
απελαυνόσουν(α)[1]
απελαυνόταν(ε)[1,2]
απελαυνόμαστε[2]
απελαυνόσαστε[2]
απελαύνονταν[2]

ΣΥΝΟΠΤ. ΜΕΛΛΟΝΤΑΣ
θα απελαθώ
θα απελαθείς
θα απελαθεί
θα απελαθούμε
θα απελαθείτε
θα απελαθούν(ε)[1]

ΑΟΡΙΣΤΟΣ
απελάθηκα
απελάθηκες
απελάθηκε
απελαθήκαμε
απελαθήκατε
απελάθηκαν/
απελαθήκαν(ε)[1]

ΠΑΡΑΚΕΙΜΕΝΟΣ
έχω απελαθεί

ΥΠΕΡΣΥΝΤΕΛΙΚΟΣ
είχα απελαθεί

ΣΥΝΤΕΛ. ΜΕΛΛΟΝΤΑΣ
θα έχω απελαθεί

ΥΠΟΤΑΚΤΙΚΗ

ΕΝΕΣΤΩΤΑΣ
[να, όταν...] απελαύνομαι
απελαύνεσαι
απελαύνεται
απελαυνόμαστε
απελαύνεστε (σπάν.-όσαστε)
απελαύνονται

ΑΟΡΙΣΤΟΣ
[να, όταν...] απελαθώ
απελαθείς
απελαθεί
απελαθούμε
απελαθείτε
απελαθούν(ε)[1]

ΠΑΡΑΚΕΙΜΕΝΟΣ
[να, όταν...] έχω απελαθεί

ΠΡΟΣΤΑΚΤΙΚΗ

ΕΝΕΣΤΩΤΑΣ	ΑΟΡΙΣΤΟΣ
—	—
—	απελάσου
—	—
—	—
απελαύνεστε	απελαθείτε
—	—

ΜΕΤΟΧΗ

ΕΝΕΣΤΩΤΑΣ
απελαυνόμενος

ΠΑΡΑΚΕΙΜΕΝΟΣ
—

[1] Οι τύποι με το τελικό α ή ε (και ο β' τύπος του αορίστου) κυρίως στον προφορικό λόγο και στη λογοτεχνία. Γενικά είναι σπάνιοι, λόγω του λόγιου χαρακτήρα του ρ.

[2] Οι τύποι σε -ονταν, -όμασταν, -όσασταν, -όντουσαν (δες λύνομαι, 2) δε συνηθίζονται, λόγω του λόγιου χαρακτήρα του ρ.

ΕΝΕΡΓΗΤΙΚΗ ΦΩΝΗ

ΟΡΙΣΤΙΚΗ

ΕΝΕΣΤΩΤΑΣ	ΠΑΡΑΤΑΤΙΚΟΣ	ΑΟΡΙΣΤΟΣ
απολαμβάνω	απολάμβανα	απόλαυσα[2]
απολαμβάνεις	απολάμβανες	απόλαυσες[2]
απολαμβάνει	απολάμβανε	απόλαυσε[2]
απολαμβάνουμε (σπάν.-ομε)	απολαμβάναμε	απολαύσαμε
απολαμβάνετε	απολαμβάνατε	απολαύσατε
απολαμβάνουν(ε)[1]	απολάμβαναν/	απόλαυσαν[2]/ απολαύσαν(ε)[1]
ΕΞΑΚΟΛ. ΜΕΛΛΟΝΤΑΣ	απολαμβάναν(ε)[1]	**ΠΑΡΑΚΕΙΜΕΝΟΣ**
θα απολαμβάνω	**ΣΥΝΟΠΤ. ΜΕΛΛΟΝΤΑΣ**	έχω απολαύσει
θα απολαμβάνεις	θα απολαύσω	**ΥΠΕΡΣΥΝΤΕΛΙΚΟΣ**
θα απολαμβάνει	θα απολαύσεις	είχα απολαύσει
θα απολαμβάνουμε (σπάν.-ομε)	θα απολαύσει	**ΣΥΝΤΕΛ. ΜΕΛΛΟΝΤΑΣ**
θα απολαμβάνετε	θα απολαύσουμε (σπάν.-ομε)	θα έχω απολαύσει
θα απολαμβάνουν(ε)[1]	θα απολαύσετε	
	θα απολαύσουν(ε)[1]	

ΥΠΟΤΑΚΤΙΚΗ

ΕΝΕΣΤΩΤΑΣ	ΑΟΡΙΣΤΟΣ	ΠΑΡΑΚΕΙΜΕΝΟΣ
[να, όταν...] απολαμβάνω	[να, όταν...] απολαύσω	[να, όταν...] έχω απολαύσει
απολαμβάνεις	απολαύσεις	
απολαμβάνει	απολαύσει	
απολαμβάνουμε (σπάν.-ομε)	απολαύσουμε (σπάν.-ομε)	
απολαμβάνετε	απολαύσετε	
απολαμβάνουν(ε)[1]	απολαύσουν(ε)[1]	

ΠΡΟΣΤΑΚΤΙΚΗ

ΕΝΕΣΤΩΤΑΣ	ΑΟΡΙΣΤΟΣ
–	–
απολάμβανε	απόλαυσε
–	–
–	–
απολαμβάνετε	απολαύστε
–	–

ΜΕΤΟΧΗ

ΕΝΕΣΤΩΤΑΣ
απολαμβάνοντας
ΠΑΡΑΚΕΙΜΕΝΟΣ
έχοντας απολαύσει

[1] Οι β' τύποι (και αυτοί με το τελικό ε) κυρίως στον προφορικό λόγο και στη λογοτεχνία.
[2] Σπάνιος ο λόγιος αόριστος με εσωτερική αύξηση: απήλαυσα, απήλαυσες, απήλαυσε, απήλαυσαν.

αποπειρώμαι 99

ΠΑΘΗΤΙΚΗ ΦΩΝΗ

ΟΡΙΣΤΙΚΗ

ΕΝΕΣΤΩΤΑΣ	**ΠΑΡΑΤΑΤΙΚΟΣ**[1]	**ΑΟΡΙΣΤΟΣ**
αποπειρώμαι		αποπειράθηκα
αποπειράσαι		αποπειράθηκες
αποπειράται		αποπειράθηκε
(αποπειρώμεθα)		αποπειραθήκαμε
(αποπειράσθε)		αποπειραθήκατε
αποπειρώνται		αποπειράθηκαν/
ΕΞΑΚΟΛ. ΜΕΛΛΟΝΤΑΣ	**ΣΥΝΟΠΤ. ΜΕΛΛΟΝΤΑΣ**	αποπειραθήκαν(ε)[2]
θα αποπειρώμαι	θα αποπειραθώ	**ΠΑΡΑΚΕΙΜΕΝΟΣ**
θα αποπειράσαι	θα αποπειραθείς	έχω αποπειραθεί
θα αποπειράται	θα αποπειραθεί	**ΥΠΕΡΣΥΝΤΕΛΙΚΟΣ**
(θα αποπειρώμεθα)	θα αποπειραθούμε	είχα αποπειραθεί
(θα αποπειράσθε)	θα αποπειραθείτε	**ΣΥΝΤΕΛ. ΜΕΛΛΟΝΤΑΣ**
θα αποπειρώνται	θα αποπειραθούν(ε)[2]	θα έχω αποπειραθεί

ΥΠΟΤΑΚΤΙΚΗ

ΕΝΕΣΤΩΤΑΣ	**ΑΟΡΙΣΤΟΣ**	**ΠΑΡΑΚΕΙΜΕΝΟΣ**
[να, όταν...] αποπειρώμαι	[να, όταν...] αποπειραθώ	[να, όταν...] έχω
αποπειράσαι	αποπειραθείς	αποπειραθεί
αποπειράται	αποπειραθεί	
(αποπειρώμεθα)	αποπειραθούμε	
(αποπειράσθε)	αποπειραθείτε	
αποπειρώνται	αποπειραθούν(ε)[2]	

ΠΡΟΣΤΑΚΤΙΚΗ

ΕΝΕΣΤΩΤΑΣ	**ΑΟΡΙΣΤΟΣ**
	–
	–
	–
	–
	αποπειραθείτε
	–

ΜΕΤΟΧΗ

ΕΝΕΣΤΩΤΑΣ
αποπειρώμενος
ΠΑΡΑΚΕΙΜΕΝΟΣ
–

Σπάνια απαντάται το γ' πρόσ. με τους λόγιους τύπους: απεπειράτο, απεπειρώντο.
Οι τύποι με το τελικό ε (και ο β' τύπος του αορίστου) είναι σπάνιοι, λόγω του λόγιου χαρακτήρα του ρ.

ΠΑΘΗΤΙΚΗ ΦΩΝΗ

ΟΡΙΣΤΙΚΗ

ΕΝΕΣΤΩΤΑΣ	ΠΑΡΑΤΑΤΙΚΟΣ	ΑΟΡΙΣΤΟΣ
αποφεύγομαι	αποφευγόμουν(α)[1]	αποφεύχθηκα
αποφεύγεσαι	αποφευγόσουν(α)[1]	αποφεύχθηκες
αποφεύγεται	αποφευγόταν(ε)[1,2]	αποφεύχθηκε
αποφευγόμαστε	αποφευγόμαστε[2]	αποφευχθήκαμε
αποφεύγεστε (σπάν. -όσαστε)	αποφευγόσαστε[2]	αποφευχθήκατε
αποφεύγονται	αποφεύγονταν[2]	αποφεύχθηκαν/ αποφευχθήκαν(ε)[1]
ΕΞΑΚΟΛ. ΜΕΛΛΟΝΤΑΣ	**ΣΥΝΟΠΤ. ΜΕΛΛΟΝΤΑΣ**	**ΠΑΡΑΚΕΙΜΕΝΟΣ**
θα αποφεύγομαι	θα αποφευχθώ	έχω αποφευχθεί
θα αποφεύγεσαι	θα αποφευχθείς	**ΥΠΕΡΣΥΝΤΕΛΙΚΟΣ**
θα αποφεύγεται	θα αποφευχθεί	είχα αποφευχθεί
θα αποφευγόμαστε	θα αποφευχθούμε	**ΣΥΝΤΕΛ. ΜΕΛΛΟΝΤΑΣ**
θα αποφεύγεστε (σπάν. -όσαστε)	θα αποφευχθείτε	θα έχω αποφευχθεί
θα αποφεύγονται	θα αποφευχθούν(ε)[1]	

ΥΠΟΤΑΚΤΙΚΗ

ΕΝΕΣΤΩΤΑΣ	ΑΟΡΙΣΤΟΣ	ΠΑΡΑΚΕΙΜΕΝΟΣ
[να, όταν...] αποφεύγομαι	[να, όταν...] αποφευχθώ	[να, όταν...] έχω αποφευχθεί
αποφεύγεσαι	αποφευχθείς	
αποφεύγεται	αποφευχθεί	
αποφευγόμαστε	αποφευχθούμε	
αποφεύγεστε (σπάν.-όσαστε)	αποφευχθείτε	
αποφεύγονται	αποφευχθούν(ε)[1]	

ΠΡΟΣΤΑΚΤΙΚΗ

ΕΝΕΣΤΩΤΑΣ	ΑΟΡΙΣΤΟΣ
—	—
—	—
—	—
—	—
αποφεύγεστε	αποφευχθείτε
—	—

ΜΕΤΟΧΗ

ΕΝΕΣΤΩΤΑΣ
—

ΠΑΡΑΚΕΙΜΕΝΟΣ
—

[1] Οι τύποι με το τελικό α ή ε (και ο β΄ τύπος του αορίστου) κυρίως στον προφορικό λόγο. Σπανίζουν γενικά, λόγ του λόγιου χαρακτήρα του ρ.
[2] Οι τύποι σε -ονταν, -όμασταν, -όσασταν, -όντουσαν (δες λύνομαι, 2) δε συνηθίζονται λόγω του λόγιο χαρακτήρα του ρ.

ΕΝΕΡΓΗΤΙΚΗ ΦΩΝΗ

ΟΡΙΣΤΙΚΗ

ΕΝΕΣΤΩΤΑΣ	ΠΑΡΑΤΑΤΙΚΟΣ	ΑΟΡΙΣΤΟΣ
αρέσω	άρεσα	άρεσα
αρέσεις	άρεσες	άρεσες
αρέσει	άρεσε	άρεσε
αρέσουμε (σπάν.-ομε)	αρέσαμε	αρέσαμε
αρέσετε	αρέσατε	αρέσατε
αρέσουν(ε)[1]	άρεσαν/αρέσαν(ε)[1]	άρεσαν/αρέσαν(ε)[1]
ΕΞΑΚΟΛ. ΜΕΛΛΟΝΤΑΣ	**ΣΥΝΟΠΤ. ΜΕΛΛΟΝΤΑΣ**	**ΠΑΡΑΚΕΙΜΕΝΟΣ**
θα αρέσω	θα αρέσω	έχω αρέσει
θα αρέσεις	θα αρέσεις	**ΥΠΕΡΣΥΝΤΕΛΙΚΟΣ**
θα αρέσει	θα αρέσει	είχα αρέσει
θα αρέσουμε (σπάν.-ομε)	θα αρέσουμε (σπάν.-ομε)	**ΣΥΝΤΕΛ. ΜΕΛΛΟΝΤΑΣ**
θα αρέσετε	θα αρέσετε	θα έχω αρέσει
θα αρέσουν(ε)[1]	θα αρέσουν(ε)[1]	

ΥΠΟΤΑΚΤΙΚΗ

ΕΝΕΣΤΩΤΑΣ	ΑΟΡΙΣΤΟΣ	ΠΑΡΑΚΕΙΜΕΝΟΣ
[να, όταν...] αρέσω	[να, όταν...] αρέσω	[να, όταν...] έχω αρέσει
αρέσεις	αρέσεις	
αρέσει	αρέσει	
αρέσουμε (σπάν.-ομε)	αρέσουμε (σπάν.-ομε)	
αρέσετε	αρέσετε	
αρέσουν(ε)[1]	αρέσουν(ε)[1]	

ΠΡΟΣΤΑΚΤΙΚΗ

ΕΝΕΣΤΩΤΑΣ	ΑΟΡΙΣΤΟΣ
—	—
άρεσε	άρεσε
—	—
—	—
αρέσετε	αρέστε
—	—

ΜΕΤΟΧΗ

ΕΝΕΣΤΩΤΑΣ

—

ΠΑΡΑΚΕΙΜΕΝΟΣ

έχοντας αρέσει

[1] Οι β' τύποι (και αυτοί με το τελικό ε) κυρίως στον προφορικό λόγο και στη λογοτεχνία.

ΕΝΕΡΓΗΤΙΚΗ ΦΩΝΗ

ΟΡΙΣΤΙΚΗ

ΕΝΕΣΤΩΤΑΣ	**ΠΑΡΑΤΑΤΙΚΟΣ**	**ΑΟΡΙΣΤΟΣ**
αρταίνω	άρταινα	άρτυσα
αρταίνεις	άρταινες	άρτυσες
αρταίνει	άρταινε	άρτυσε
αρταίνουμε (σπάν.-ομε)	αρταίναμε	αρτύσαμε
αρταίνετε	αρταίνατε	αρτύσατε
αρταίνουν(ε)[1]	άρταιναν/αρταίναν(ε)[1]	άρτυσαν/αρτύσαν(ε)[1]
ΕΞΑΚΟΛ. ΜΕΛΛΟΝΤΑΣ	**ΣΥΝΟΠΤ. ΜΕΛΛΟΝΤΑΣ**	**ΠΑΡΑΚΕΙΜΕΝΟΣ**
θα αρταίνω	θα αρτύσω	έχω αρτύσει/
θα αρταίνεις	θα αρτύσεις	έχω αρτυμένο[2]
θα αρταίνει	θα αρτύσει	**ΥΠΕΡΣΥΝΤΕΛΙΚΟΣ**
θα αρταίνουμε (σπάν.-ομε)	θα αρτύσουμε (σπάν.-ομε)	είχα αρτύσει/
θα αρταίνετε	θα αρτύσετε	είχα αρτυμένο[2]
θα αρταίνουν(ε)[1]	θα αρτύσουν(ε)[1]	**ΣΥΝΤΕΛ. ΜΕΛΛΟΝΤΑΣ**
		θα έχω αρτύσει/
		θα έχω αρτυμένο[2]

ΥΠΟΤΑΚΤΙΚΗ

ΕΝΕΣΤΩΤΑΣ	**ΑΟΡΙΣΤΟΣ**	**ΠΑΡΑΚΕΙΜΕΝΟΣ**
[να, όταν...] αρταίνω	[να, όταν...] αρτύσω	[να, όταν...] έχω αρτύσει/
αρταίνεις	αρτύσεις	έχω αρτυμένο[2]
αρταίνει	αρτύσει	
αρταίνουμε (σπάν.-ομε)	αρτύσουμε (σπάν.-ομε)	
αρταίνετε	αρτύσετε	
αρταίνουν(ε)[1]	αρτύσουν(ε)[1]	

ΠΡΟΣΤΑΚΤΙΚΗ

ΕΝΕΣΤΩΤΑΣ	**ΑΟΡΙΣΤΟΣ**
–	–
άρταινε	άρτυσε
–	–
–	–
αρταίνετε	αρτύστε
–	–

ΜΕΤΟΧΗ

ΕΝΕΣΤΩΤΑΣ
αρταίνοντας
ΠΑΡΑΚΕΙΜΕΝΟΣ
έχοντας αρτύσει/
έχοντας αρτυμένο[2]

[1] Οι β' τύποι (και αυτοί με το τελικό ε) κυρίως στον προφορικό λόγο και στη λογοτεχνία.
[2] Οι β' τύποι (σπάνιας χρήσης) δεν είναι πλήρως ισοδύναμοι με τους α', από άποψη σημασίας και σύνταξης.

ΠΑΘΗΤΙΚΗ ΦΩΝΗ

ΟΡΙΣΤΙΚΗ

ΕΝΕΣΤΩΤΑΣ
αρταίνομαι
αρταίνεσαι
αρταίνεται
αρταινόμαστε
αρταίνεστε/αρταινόσαστε[1]
αρταίνονται

ΕΞΑΚΟΛ. ΜΕΛΛΟΝΤΑΣ
θα αρταίνομαι
θα αρταίνεσαι
θα αρταίνεται
θα αρταινόμαστε
θα αρταίνεστε/-όσαστε[1]
θα αρταίνονται

ΠΑΡΑΤΑΤΙΚΟΣ
αρταινόμουν(α)[1]
αρταινόσουν(α)[1]
αρταινόταν(ε)[1,2]
αρταινόμαστε/αρταινόμασταν[1]
αρταινόσαστε/αρταινόσασταν[1]
αρταίνονταν/αρταινόντανε[1]/
αρταινόντουσαν[1]

ΣΥΝΟΠΤ. ΜΕΛΛΟΝΤΑΣ
θα αρτυθώ
θα αρτυθείς
θα αρτυθεί
θα αρτυθούμε
θα αρτυθείτε
θα αρτυθούν(ε)[1]

ΑΟΡΙΣΤΟΣ
αρτύθηκα
αρτύθηκες
αρτύθηκε
αρτυθήκαμε
αρτυθήκατε
αρτύθηκαν/αρτυθήκαν(ε)[1]

ΠΑΡΑΚΕΙΜΕΝΟΣ
έχω αρτυθεί/είμαι αρτυμένος[3]

ΥΠΕΡΣΥΝΤΕΛΙΚΟΣ
είχα αρτυθεί/
ήμουν αρτυμένος[3]

ΣΥΝΤΕΛ. ΜΕΛΛΟΝΤΑΣ
θα έχω αρτυθεί/
θα είμαι αρτυμένος[3]

ΥΠΟΤΑΚΤΙΚΗ

ΕΝΕΣΤΩΤΑΣ
[να, όταν...] αρταίνομαι
αρταίνεσαι
αρταίνεται
αρταινόμαστε
αρταίνεστε/αρταινόσαστε[1]
αρταίνονται

ΑΟΡΙΣΤΟΣ
[να, όταν...] αρτυθώ
αρτυθείς
αρτυθεί
αρτυθούμε
αρτυθείτε
αρτυθούν(ε)[1]

ΠΑΡΑΚΕΙΜΕΝΟΣ
[να, όταν...] έχω αρτυθεί/
είμαι αρτυμένος[3]

ΠΡΟΣΤΑΚΤΙΚΗ

ΕΝΕΣΤΩΤΑΣ
–
–
–
–
αρταίνεστε
–

ΑΟΡΙΣΤΟΣ
–
αρτύσου
–
–
αρτυθείτε
–

ΜΕΤΟΧΗ

ΕΝΕΣΤΩΤΑΣ
–

ΠΑΡΑΚΕΙΜΕΝΟΣ
αρτυμένος

[1] Οι β′ τύποι (και αυτοί με το τελικό α ή ε) κυρίως στον προφορικό λόγο και στη λογοτεχνία.
[2] Και αρταίνονταν στον προφ. λόγο και στη λογοτεχνία.
[3] Οι β′ τύποι (σπάνιας χρήσης) δεν είναι πλήρως ισοδύναμοι με τους α′, από άποψη σημασίας και σύνταξης.

ΕΝΕΡΓΗΤΙΚΗ ΦΩΝΗ

ΟΡΙΣΤΙΚΗ

ΕΝΕΣΤΩΤΑΣ	**ΠΑΡΑΤΑΤΙΚΟΣ**	**ΑΟΡΙΣΤΟΣ**
αυξάνω	αύξανα	αύξησα
αυξάνεις	αύξανες	αύξησες
αυξάνει	αύξανε	αύξησε
αυξάνουμε (σπάν.-ομε)	αυξάναμε	αυξήσαμε
αυξάνετε	αυξάνατε	αυξήσατε
αυξάνουν(ε)[1]	αύξαναν/αυξάναν(ε)[1]	αύξησαν/αυξήσαν(ε)[1]
ΕΞΑΚΟΛ. ΜΕΛΛΟΝΤΑΣ	**ΣΥΝΟΠΤ. ΜΕΛΛΟΝΤΑΣ**	**ΠΑΡΑΚΕΙΜΕΝΟΣ**
θα αυξάνω	θα αυξήσω	έχω αυξήσει[2]
θα αυξάνεις	θα αυξήσεις	**ΥΠΕΡΣΥΝΤΕΛΙΚΟΣ**
θα αυξάνει	θα αυξήσει	είχα αυξήσει[2]
θα αυξάνουμε (σπάν.-ομε)	θα αυξήσουμε (σπάν.-ομε)	**ΣΥΝΤΕΛ. ΜΕΛΛΟΝΤΑΣ**
θα αυξάνετε	θα αυξήσετε	θα έχω αυξήσει[2]
θα αυξάνουν(ε)[1]	θα αυξήσουν(ε)[1]	

ΥΠΟΤΑΚΤΙΚΗ

ΕΝΕΣΤΩΤΑΣ	**ΑΟΡΙΣΤΟΣ**	**ΠΑΡΑΚΕΙΜΕΝΟΣ**
[να, όταν...] αυξάνω	[να, όταν...] αυξήσω	[να, όταν...] έχω αυξήσει[2]
αυξάνεις	αυξήσεις	
αυξάνει	αυξήσει	
αυξάνουμε (σπάν.-ομε)	αυξήσουμε (σπάν.-ομε)	
αυξάνετε	αυξήσετε	
αυξάνουν(ε)[1]	αυξήσουν(ε)[1]	

ΠΡΟΣΤΑΚΤΙΚΗ

ΕΝΕΣΤΩΤΑΣ	**ΑΟΡΙΣΤΟΣ**
–	–
αύξανε	αύξησε
–	–
–	–
αυξάνετε	αυξήστε[3]
–	–

ΜΕΤΟΧΗ

ΕΝΕΣΤΩΤΑΣ
αυξάνοντας
ΠΑΡΑΚΕΙΜΕΝΟΣ
έχοντας αυξήσει[2]

[1] Οι β΄ τύποι (και αυτοί με το τελικό ε) κυρίως στον προφορικό λόγο και στη λογοτεχνία. Σπάνιοι σε λογιότερ ρ., π.χ. επαυξάνω.
[2] Οι τύποι με το έχω + παθ. μτχ. παρακειμ. δε συνηθίζονται.
[3] Σε λογιότερα ρ. απαντάται και ο τύπος σε -ετε: επαυξήσετε.

ΠΑΘΗΤΙΚΗ ΦΩΝΗ

ΟΡΙΣΤΙΚΗ

ΕΝΕΣΤΩΤΑΣ	**ΠΑΡΑΤΑΤΙΚΟΣ**	**ΑΟΡΙΣΤΟΣ**
αυξάνομαι	αυξανόμουν(α)[1]	αυξήθηκα
αυξάνεσαι	αυξανόσουν(α)[1]	αυξήθηκες
αυξάνεται	αυξανόταν(ε)[1,2]	αυξήθηκε
αυξανόμαστε	αυξανόμαστε[2]	αυξηθήκαμε
αυξάνεστε (σπάν.-όσαστε)	αυξανόσαστε[2]	αυξηθήκατε
αυξάνονται	αυξάνονταν[2]	αυξήθηκαν/αυξηθήκαν(ε)[1]
ΕΞΑΚΟΛ. ΜΕΛΛΟΝΤΑΣ	**ΣΥΝΟΠΤ. ΜΕΛΛΟΝΤΑΣ**	**ΠΑΡΑΚΕΙΜΕΝΟΣ**
θα αυξάνομαι	θα αυξηθώ	έχω αυξηθεί/
θα αυξάνεσαι	θα αυξηθείς	είμαι αυξημένος[3]
θα αυξάνεται	θα αυξηθεί	**ΥΠΕΡΣΥΝΤΕΛΙΚΟΣ**
θα αυξανόμαστε	θα αυξηθούμε	είχα αυξηθεί/
θα αυξάνεστε (σπάν.	θα αυξηθείτε	ήμουν αυξημένος[3]
-όσαστε)	θα αυξηθούν(ε)[1]	**ΣΥΝΤΕΛ. ΜΕΛΛΟΝΤΑΣ**
θα αυξάνονται		θα έχω αυξηθεί/
		θα είμαι αυξημένος[3]

ΥΠΟΤΑΚΤΙΚΗ

ΕΝΕΣΤΩΤΑΣ	**ΑΟΡΙΣΤΟΣ**	**ΠΑΡΑΚΕΙΜΕΝΟΣ**
[να, όταν...] αυξάνομαι	[να, όταν...] αυξηθώ	[να, όταν...] έχω αυξηθεί/
αυξάνεσαι	αυξηθείς	είμαι αυξημένος[3]
αυξάνεται	αυξηθεί	
αυξανόμαστε	αυξηθούμε	
αυξάνεστε (σπάν.-όσαστε)	αυξηθείτε	
αυξάνονται	αυξηθούν(ε)[1]	

ΠΡΟΣΤΑΚΤΙΚΗ

ΕΝΕΣΤΩΤΑΣ	**ΑΟΡΙΣΤΟΣ**
–	–
–	αυξήσου
–	–
–	–
αυξάνεστε	αυξηθείτε
–	–

ΜΕΤΟΧΗ

ΕΝΕΣΤΩΤΑΣ
αυξανόμενος
ΠΑΡΑΚΕΙΜΕΝΟΣ
αυξημένος

[1] Οι τύποι με το τελικό α ή ε (και ο β′ τύπος του αορίστου) κυρίως στον προφορικό λόγο και στη λογοτεχνία. Σπάνιοι σε λόγια ρ. (π.χ. επαυξάνομαι).
[2] Οι τύποι σε -ονταν, -όμασταν, -όσασταν, -όντουσαν (δες λύνομαι, 2) δε συνηθίζονται για τα ρ. αυτής της κατηγορίας.
[3] Οι β′ τύποι (σπάνιας χρήσης) δεν είναι πλήρως ισοδύναμοι με τους α′, από άποψη σημασίας και σύνταξης.

ΕΝΕΡΓΗΤΙΚΗ ΦΩΝΗ

ΟΡΙΣΤΙΚΗ

ΕΝΕΣΤΩΤΑΣ	ΠΑΡΑΤΑΤΙΚΟΣ	ΑΟΡΙΣΤΟΣ
αφήνω	άφηνα	άφησα
αφήνεις	άφηνες	άφησες
αφήνει	άφηνε	άφησε
αφήνουμε (σπάν.-ομε)	αφήναμε	αφήσαμε
αφήνετε	αφήνατε	αφήσατε
αφήνουν(ε)[1]	άφηναν/αφήναν(ε)[1]	άφησαν/αφήσαν(ε)[1]
ΕΞΑΚΟΛ. ΜΕΛΛΟΝΤΑΣ	**ΣΥΝΟΠΤ. ΜΕΛΛΟΝΤΑΣ**	**ΠΑΡΑΚΕΙΜΕΝΟΣ**
θα αφήνω	θα αφήσω	έχω αφήσει/έχω αφημένο[2]
θα αφήνεις	θα αφήσεις	**ΥΠΕΡΣΥΝΤΕΛΙΚΟΣ**
θα αφήνει	θα αφήσει	είχα αφήσει/είχα αφημένο[2]
θα αφήνουμε (σπάν.-ομε)	θα αφήσουμε (σπάν.-ομε)	**ΣΥΝΤΕΛ. ΜΕΛΛΟΝΤΑΣ**
θα αφήνετε	θα αφήσετε	θα έχω αφήσει/
θα αφήνουν(ε)[1]	θα αφήσουν(ε)[1]	θα έχω αφημένο[2]

ΥΠΟΤΑΚΤΙΚΗ

ΕΝΕΣΤΩΤΑΣ	ΑΟΡΙΣΤΟΣ	ΠΑΡΑΚΕΙΜΕΝΟΣ
[να, όταν...] αφήνω	[να, όταν...] αφήσω	[να, όταν...] έχω αφήσει/
αφήνεις	αφήσεις	έχω αφημένο[2]
αφήνει	αφήσει	
αφήνουμε (σπάν.-ομε)	αφήσουμε (σπάν.-ομε)	
αφήνετε	αφήσετε	
αφήνουν(ε)[1]	αφήσουν(ε)[1]	

ΠΡΟΣΤΑΚΤΙΚΗ

ΕΝΕΣΤΩΤΑΣ	ΑΟΡΙΣΤΟΣ
—	—
άφηνε	άφησε/άσε
—	—
—	—
αφήνετε	αφήστε/άστε
—	—

ΜΕΤΟΧΗ

ΕΝΕΣΤΩΤΑΣ
αφήνοντας
ΠΑΡΑΚΕΙΜΕΝΟΣ
έχοντας αφήσει/
έχοντας αφημένο[2]

[1] Οι β' τύποι (και αυτοί με το τελικό ε) κυρίως στον προφορικό λόγο και στη λογοτεχνία.
[2] Οι β' τύποι (σπάνιας χρήσης) δεν είναι πλήρως ισοδύναμοι με τους α', από άποψη σημασίας και σύνταξης.

ΠΑΘΗΤΙΚΗ ΦΩΝΗ

ΟΡΙΣΤΙΚΗ

ΕΝΕΣΤΩΤΑΣ
αφήνομαι
αφήνεσαι
αφήνεται
αφηνόμαστε
αφήνεστε/αφηνόσαστε[1]
αφήνονται

ΕΞΑΚΟΛ. ΜΕΛΛΟΝΤΑΣ
θα αφήνομαι
θα αφήνεσαι
θα αφήνεται
θα αφηνόμαστε
θα αφήνεστε/-όσαστε[1]
θα αφήνονται

ΠΑΡΑΤΑΤΙΚΟΣ
αφηνόμουν(α)[1]
αφηνόσουν(α)[1]
αφηνόταν(ε)[1,2]
αφηνόμαστε/αφηνόμασταν[1]
αφηνόσαστε/αφηνόσασταν[1]
αφήνονταν/αφηνόντανε[1]/
αφηνόντουσαν[1]

ΣΥΝΟΠΤ. ΜΕΛΛΟΝΤΑΣ
θα αφεθώ
θα αφεθείς
θα αφεθεί
θα αφεθούμε
θα αφεθείτε
θα αφεθούν(ε)[1]

ΑΟΡΙΣΤΟΣ
αφέθηκα
αφέθηκες
αφέθηκε
αφεθήκαμε
αφεθήκατε
αφέθηκαν/αφεθήκαν(ε)[1]

ΠΑΡΑΚΕΙΜΕΝΟΣ
έχω αφεθεί/είμαι αφημένος[3]

ΥΠΕΡΣΥΝΤΕΛΙΚΟΣ
είχα αφεθεί/
ήμουν αφημένος[3]

ΣΥΝΤΕΛ. ΜΕΛΛΟΝΤΑΣ
θα έχω αφεθεί/
θα είμαι αφημένος[3]

ΥΠΟΤΑΚΤΙΚΗ

ΕΝΕΣΤΩΤΑΣ
[να, όταν...] αφήνομαι
αφήνεσαι
αφήνεται
αφηνόμαστε
αφήνεστε/αφηνόσαστε[1]
αφήνονται

ΑΟΡΙΣΤΟΣ
[να, όταν...] αφεθώ
αφεθείς
αφεθεί
αφεθούμε
αφεθείτε
αφεθούν(ε)[1]

ΠΑΡΑΚΕΙΜΕΝΟΣ
[να, όταν...] έχω αφεθεί/
είμαι αφημένος[3]

ΠΡΟΣΤΑΚΤΙΚΗ

ΕΝΕΣΤΩΤΑΣ	ΑΟΡΙΣΤΟΣ
–	–
–	αφέσου/αφήσου
–	–
–	–
αφήνεστε	αφεθείτε
–	–

ΜΕΤΟΧΗ

ΕΝΕΣΤΩΤΑΣ
–

ΠΑΡΑΚΕΙΜΕΝΟΣ
αφημένος

[1] Οι β΄ τύποι (και αυτοί με το τελικό α ή ε) κυρίως στον προφορικό λόγο και στη λογοτεχνία.
[2] Και αφήνονταν στον προφ. λόγο και στη λογοτεχνία.
[3] Οι β΄ τύποι (σπάνιας χρήσης) δεν είναι πλήρως ισοδύναμοι με τους α΄, από άποψη σημασίας και σύνταξης.

ΕΝΕΡΓΗΤΙΚΗ ΦΩΝΗ

ΟΡΙΣΤΙΚΗ

ΕΝΕΣΤΩΤΑΣ	ΠΑΡΑΤΑΤΙΚΟΣ	ΑΟΡΙΣΤΟΣ
βάζω	έβαζα	έβαλα
βάζεις	έβαζες	έβαλες
βάζει	έβαζε	έβαλε
βάζουμε (σπάν.-ομε)	βάζαμε	βάλαμε
βάζετε	βάζατε	βάλατε
βάζουν(ε)[1]	έβαζαν/βάζαν(ε)[1]	έβαλαν/βάλαν(ε)[1]
ΕΞΑΚΟΛ. ΜΕΛΛΟΝΤΑΣ	**ΣΥΝΟΠΤ. ΜΕΛΛΟΝΤΑΣ**	**ΠΑΡΑΚΕΙΜΕΝΟΣ**
θα βάζω	θα βάλω	έχω βάλει/έχω βαλμένο[2]
θα βάζεις	θα βάλεις	**ΥΠΕΡΣΥΝΤΕΛΙΚΟΣ**
θα βάζει	θα βάλει	είχα βάλει/είχα βαλμένο[2]
θα βάζουμε (σπάν.-ομε)	θα βάλουμε (σπάν.-ομε)	**ΣΥΝΤΕΛ. ΜΕΛΛΟΝΤΑΣ**
θα βάζετε	θα βάλετε	θα έχω βάλει/
θα βάζουν(ε)[1]	θα βάλουν(ε)[1]	θα έχω βαλμένο[2]

ΥΠΟΤΑΚΤΙΚΗ

ΕΝΕΣΤΩΤΑΣ	ΑΟΡΙΣΤΟΣ	ΠΑΡΑΚΕΙΜΕΝΟΣ
[να, όταν...] βάζω	[να, όταν...] βάλω	[να, όταν...] έχω βάλει/
βάζεις	βάλεις	έχω βαλμένο[2]
βάζει	βάλει	
βάζουμε (σπάν.-ομε)	βάλουμε (σπάν.-ομε)	
βάζετε	βάλετε	
βάζουν(ε)[1]	βάλουν(ε)[1]	

ΠΡΟΣΤΑΚΤΙΚΗ

ΕΝΕΣΤΩΤΑΣ	ΑΟΡΙΣΤΟΣ
—	—
βάζε	βάλε
—	—
—	—
βάζετε	βάλτε
—	—

ΜΕΤΟΧΗ

ΕΝΕΣΤΩΤΑΣ
βάζοντας
ΠΑΡΑΚΕΙΜΕΝΟΣ
έχοντας βάλει/
έχοντας βαλμένο[2]

[1] Οι β′ τύποι (και αυτοί με το τελικό ε) κυρίως στον προφορικό λόγο και στη λογοτεχνία.
[2] Οι β′ τύποι (σπάνιας χρήσης) δεν είναι πλήρως ισοδύναμοι με τους α′, από άποψη σημασίας και σύνταξης. Ισχύουν μόνο όταν το ρ. είναι μεταβατικό (βάζω κάτι).

βγαίνω 109

ΕΝΕΡΓΗΤΙΚΗ ΦΩΝΗ

ΟΡΙΣΤΙΚΗ

ΕΝΕΣΤΩΤΑΣ
βγαίνω
βγαίνεις
βγαίνει
βγαίνουμε (σπάν.-ομε)
βγαίνετε
βγαίνουν(ε)[1]

ΕΞΑΚΟΛ. ΜΕΛΛΟΝΤΑΣ
θα βγαίνω
θα βγαίνεις
θα βγαίνει
θα βγαίνουμε (σπάν.-ομε)
θα βγαίνετε
θα βγαίνουν(ε)[1]

ΠΑΡΑΤΑΤΙΚΟΣ
έβγαινα
έβγαινες
έβγαινε
βγαίναμε
βγαίνατε
έβγαιναν/βγαίναν(ε)[1]

ΣΥΝΟΠΤ. ΜΕΛΛΟΝΤΑΣ
θα βγω/θά βγω[1]
θα βγεις/θά βγεις[1]
θα βγει/θά βγει[1]
θα βγούμε/θά βγουμε[1]
θα βγείτε/θά βγετε[1]
θα βγουν/θα βγούνε[1]/
θά βγουν(ε)[1]

ΑΟΡΙΣΤΟΣ
βγήκα
βγήκες
βγήκε
βγήκαμε
βγήκατε
βγήκαν(ε)[1]

ΠΑΡΑΚΕΙΜΕΝΟΣ
έχω βγει/είμαι βγαλμένος[2]

ΥΠΕΡΣΥΝΤΕΛΙΚΟΣ
είχα βγει/
ήμουν βγαλμένος[2]

ΣΥΝΤΕΛ. ΜΕΛΛΟΝΤΑΣ
θα έχω βγει/
θα είμαι βγαλμένος[2]

ΥΠΟΤΑΚΤΙΚΗ

ΕΝΕΣΤΩΤΑΣ
[να, όταν...] βγαίνω
βγαίνεις
βγαίνει
βγαίνουμε (σπάν.-ομε)
βγαίνετε
βγαίνουν(ε)[1]

ΑΟΡΙΣΤΟΣ[1]
[να, όταν...] βγω[3]
βγεις[3]
βγει[3]
βγούμε[3]
βγείτε[3]
βγουν[3]/βγούνε[1,3]

ΠΑΡΑΚΕΙΜΕΝΟΣ
[να, όταν...] έχω βγει/
είμαι βγαλμένος[2]

ΠΡΟΣΤΑΚΤΙΚΗ

ΕΝΕΣΤΩΤΑΣ
—
βγαίνε[4]
—
—
βγαίνετε
—

ΑΟΡΙΣΤΟΣ
—
βγες/έβγα[1]
—
—
βγείτε/βγέστε[1]
—

ΜΕΤΟΧΗ

ΕΝΕΣΤΩΤΑΣ
βγαίνοντας

ΠΑΡΑΚΕΙΜΕΝΟΣ
έχοντας βγει/
όντας βγαλμένος[2]

[1] Οι β′ τύποι (και αυτοί με το τελικό ε) κυρίως στον προφ. λόγο και στη λογοτεχνία. Οι τύποι του συνοπτ. μέλλοντα και του αορ. με τον τόνο στο θα ή στο να δε συνηθίζονται για όλα τα σύνθετα (π.χ. παραβγαίνω, με την έννοια του «συναγωνίζομαι»). Στα σύνθετα δεν απαντώνται και οι τύποι έβγα – βγέστε.
[2] Οι β′ τύποι (σπάνιας χρήσης) δεν είναι πλήρως ισοδύναμοι με τους α′, από άποψη σημασίας και σύνταξης.
[3] Ισχύει ό,τι για το συνοπτ. μέλλ.: νά βγω κτλ.
[4] Στα σύνθετα ο τόνος ανεβαίνει: παράβγαινε.

ΕΝΕΡΓΗΤΙΚΗ ΦΩΝΗ

ΟΡΙΣΤΙΚΗ

ΕΝΕΣΤΩΤΑΣ	ΠΑΡΑΤΑΤΙΚΟΣ	ΑΟΡΙΣΤΟΣ
βλέπω	έβλεπα	είδα
βλέπεις	έβλεπες	είδες
βλέπει	έβλεπε	είδε
βλέπουμε (σπάν.-ομε)	βλέπαμε	είδαμε
βλέπετε	βλέπατε	είδατε
βλέπουν(ε)[1]	έβλεπαν/βλέπαν(ε)[1]	είδαν(ε)[1]
ΕΞΑΚΟΛ. ΜΕΛΛΟΝΤΑΣ	**ΣΥΝΟΠΤ. ΜΕΛΛΟΝΤΑΣ**	**ΠΑΡΑΚΕΙΜΕΝΟΣ**
θα βλέπω	θα δω (σπάν. ιδώ)	έχω δει (σπάν. ιδεί)
θα βλέπεις	θα δεις (σπάν. ιδείς)	**ΥΠΕΡΣΥΝΤΕΛΙΚΟΣ**
θα βλέπει	θα δει (σπάν. ιδεί)	είχα δει (σπάν. ιδεί)
θα βλέπουμε (σπάν.-ομε)	θα δούμε (σπάν. ιδούμε)	**ΣΥΝΤΕΛ. ΜΕΛΛΟΝΤΑΣ**
θα βλέπετε	θα δείτε (σπάν. ιδείτε)	θα έχω δει (σπάν. ιδεί)
θα βλέπουν(ε)[1]	θα δουν/θα δούνε[1] (σπάν. ιδούν[ε][1])	

ΥΠΟΤΑΚΤΙΚΗ

ΕΝΕΣΤΩΤΑΣ	ΑΟΡΙΣΤΟΣ	ΠΑΡΑΚΕΙΜΕΝΟΣ
[να, όταν...] βλέπω	[να, όταν...] δω (σπάν. ιδώ)	[να, όταν...] έχω δει (σπάν. ιδεί)
βλέπεις	δεις (σπάν. ιδείς)	
βλέπει	δει (σπάν. ιδεί)	
βλέπουμε (σπάν.-ομε)	δούμε (σπάν. ιδούμε)	
βλέπετε	δείτε (σπάν. ιδείτε)	
βλέπουν(ε)[1]	δουν/δούνε[1](σπάν. ιδούν[ε][1])	

ΠΡΟΣΤΑΚΤΙΚΗ

ΕΝΕΣΤΩΤΑΣ	ΑΟΡΙΣΤΟΣ
—	—
βλέπε	δες (σπάν. ιδέ[ς])
—	—
—	—
βλέπετε	δείτε/δέστε[2](σπάν. ιδέστε)
—	—

ΜΕΤΟΧΗ

ΕΝΕΣΤΩΤΑΣ
βλέποντας
ΠΑΡΑΚΕΙΜΕΝΟΣ
έχοντας δει (σπάν. ιδεί)

[1] Οι τύποι με το τελικό ε (και ο β' τύπος του παρατατικού) κυρίως στον προφορικό λόγο και στη λογοτεχνία.
[2] Κυρίως στον προφ. λόγο και στη λογοτεχνία.

βλέπομαι 111

ΠΑΘΗΤΙΚΗ ΦΩΝΗ

ΟΡΙΣΤΙΚΗ

ΕΝΕΣΤΩΤΑΣ
βλέπομαι
βλέπεσαι
βλέπεται
βλεπόμαστε
βλέπεστε/βλεπόσαστε[1]
βλέπονται

ΕΞΑΚΟΛ. ΜΕΛΛΟΝΤΑΣ
θα βλέπομαι
θα βλέπεσαι
θα βλέπεται
θα βλεπόμαστε
θα βλέπεστε/-όσαστε[1]
θα βλέπονται

ΠΑΡΑΤΑΤΙΚΟΣ
βλεπόμουν(α)[1]
βλεπόσουν(α)[1]
βλεπόταν(ε)[1,2]
βλεπόμαστε/βλεπόμασταν[1]
βλεπόσαστε/βλεπόσασταν[1]
βλέπονταν/βλεπόντανε[1]/
βλεπόντουσαν[1]

ΣΥΝΟΠΤ. ΜΕΛΛΟΝΤΑΣ
θα ιδωθώ
θα ιδωθείς
θα ιδωθεί
θα ιδωθούμε
θα ιδωθείτε
θα ιδωθούν(ε)[1]

ΑΟΡΙΣΤΟΣ
ειδώθηκα
ειδώθηκες
ειδώθηκε
ειδωθήκαμε
ειδωθήκατε
ειδώθηκαν/ειδωθήκαν(ε)[1]

ΠΑΡΑΚΕΙΜΕΝΟΣ
έχω ιδωθεί/είμαι ιδωμένος[3]

ΥΠΕΡΣΥΝΤΕΛΙΚΟΣ
είχα ιδωθεί/
ήμουν ιδωμένος[3]

ΣΥΝΤΕΛ. ΜΕΛΛΟΝΤΑΣ
θα έχω ιδωθεί/
θα είμαι ιδωμένος[3]

ΥΠΟΤΑΚΤΙΚΗ

ΕΝΕΣΤΩΤΑΣ
[να, όταν...] βλέπομαι
βλέπεσαι
βλέπεται
βλεπόμαστε
βλέπεστε/βλεπόσαστε[1]
βλέπονται

ΑΟΡΙΣΤΟΣ
[να, όταν...] ιδωθώ
ιδωθείς
ιδωθεί
ιδωθούμε
ιδωθείτε
ιδωθούν(ε)[1]

ΠΑΡΑΚΕΙΜΕΝΟΣ
[να, όταν...] έχω ιδωθεί/
είμαι ιδωμένος[3]

ΠΡΟΣΤΑΚΤΙΚΗ

ΕΝΕΣΤΩΤΑΣ
–
–
–
–
βλέπεστε
–

ΑΟΡΙΣΤΟΣ
–
–
–
–
ιδωθείτε
–

ΜΕΤΟΧΗ

ΕΝΕΣΤΩΤΑΣ
–

ΠΑΡΑΚΕΙΜΕΝΟΣ
ιδωμένος

[1] Οι β' τύποι (και αυτοί με το τελικό α ή ε) κυρίως στον προφορικό λόγο και στη λογοτεχνία.
[2] Και βλέπονταν στον προφ. λόγο και στη λογοτεχνία.
[3] Οι β' τύποι (σπάνιας χρήσης) δεν είναι πλήρως ισοδύναμοι με τους α', από άποψη σημασίας και σύνταξης.

ΕΝΕΡΓΗΤΙΚΗ ΦΩΝΗ

ΟΡΙΣΤΙΚΗ

ΕΝΕΣΤΩΤΑΣ	ΠΑΡΑΤΑΤΙΚΟΣ	ΑΟΡΙΣΤΟΣ
βόσκω	έβοσκα	βόσκησα
βόσκεις	έβοσκες	βόσκησες
βόσκει	έβοσκε	βόσκησε
βόσκουμε (σπάν.-ομε)	βόσκαμε	βοσκήσαμε
βόσκετε	βόσκατε	βοσκήσατε
βόσκουν(ε)[1]	έβοσκαν/βόσκαν(ε)[1]	βόσκησαν/βοσκήσαν(ε)[1]
ΕΞΑΚΟΛ. ΜΕΛΛΟΝΤΑΣ	**ΣΥΝΟΠΤ. ΜΕΛΛΟΝΤΑΣ**	**ΠΑΡΑΚΕΙΜΕΝΟΣ**
θα βόσκω	θα βοσκήσω	έχω βοσκήσει
θα βόσκεις	θα βοσκήσεις	**ΥΠΕΡΣΥΝΤΕΛΙΚΟΣ**
θα βόσκει	θα βοσκήσει	είχα βοσκήσει
θα βόσκουμε (σπάν.-ομε)	θα βοσκήσουμε (σπάν.-ομε)	**ΣΥΝΤΕΛ. ΜΕΛΛΟΝΤΑΣ**
θα βόσκετε	θα βοσκήσετε	θα έχω βοσκήσει
θα βόσκουν(ε)[1]	θα βοσκήσουν(ε)[1]	

ΥΠΟΤΑΚΤΙΚΗ

ΕΝΕΣΤΩΤΑΣ	ΑΟΡΙΣΤΟΣ	ΠΑΡΑΚΕΙΜΕΝΟΣ
[να, όταν...] βόσκω	[να, όταν...] βοσκήσω	[να, όταν...] έχω βοσκήσει
βόσκεις	βοσκήσεις	
βόσκει	βοσκήσει	
βόσκουμε (σπάν.-ομε)	βοσκήσουμε (σπάν.-ομε)	
βόσκετε	βοσκήσετε	
βόσκουν(ε)[1]	βοσκήσουν(ε)[1]	

ΠΡΟΣΤΑΚΤΙΚΗ

ΕΝΕΣΤΩΤΑΣ	ΑΟΡΙΣΤΟΣ
–	–
βόσκε	βόσκησε
–	–
–	–
βόσκετε	βοσκήστε
–	–

ΜΕΤΟΧΗ

ΕΝΕΣΤΩΤΑΣ
βόσκοντας
ΠΑΡΑΚΕΙΜΕΝΟΣ
έχοντας βοσκήσει

[1] Οι β΄ τύποι (και αυτοί με το τελικό ε) κυρίως στον προφορικό λόγο και στη λογοτεχνία.

ΠΑΘΗΤΙΚΗ ΦΩΝΗ

ΟΡΙΣΤΙΚΗ

ΕΝΕΣΤΩΤΑΣ
βρέχομαι
βρέχεσαι
βρέχεται
βρεχόμαστε
βρέχεστε/βρεχόσαστε[1]
βρέχονται

ΕΞΑΚΟΛ. ΜΕΛΛΟΝΤΑΣ
θα βρέχομαι
θα βρέχεσαι
θα βρέχεται
θα βρεχόμαστε
θα βρέχεστε/-όσαστε[1]
θα βρέχονται

ΠΑΡΑΤΑΤΙΚΟΣ
βρεχόμουν(α)[1]
βρεχόσουν(α)[1]
βρεχόταν(ε)[1,2]
βρεχόμαστε/βρεχόμασταν[1]
βρεχόσαστε/βρεχόσασταν[1]
βρέχονταν/βρεχόντανε[1]/
βρεχόντουσαν[1]

ΣΥΝΟΠΤ. ΜΕΛΛΟΝΤΑΣ
θα βραχώ
θα βραχείς
θα βραχεί
θα βραχούμε
θα βραχείτε
θα βραχούν(ε)[1]

ΑΟΡΙΣΤΟΣ
βράχηκα
βράχηκες
βράχηκε
βραχήκαμε
βραχήκατε
βράχηκαν/βραχήκαν(ε)[1]

ΠΑΡΑΚΕΙΜΕΝΟΣ
έχω βραχεί/
είμαι βρε(γ)μένος[3]

ΥΠΕΡΣΥΝΤΕΛΙΚΟΣ
είχα βραχεί/
ήμουν βρε(γ)μένος[3]

ΣΥΝΤΕΛ. ΜΕΛΛΟΝΤΑΣ
θα έχω βραχεί/
θα είμαι βρε(γ)μένος[3]

ΥΠΟΤΑΚΤΙΚΗ

ΕΝΕΣΤΩΤΑΣ
[να, όταν...] βρέχομαι
βρέχεσαι
βρέχεται
βρεχόμαστε
βρέχεστε/βρεχόσαστε[1]
βρέχονται

ΑΟΡΙΣΤΟΣ
[να, όταν...] βραχώ
βραχείς
βραχεί
βραχούμε
βραχείτε
βραχούν(ε)[1]

ΠΑΡΑΚΕΙΜΕΝΟΣ
[να, όταν...] έχω βραχεί/
είμαι βρε(γ)μένος[3]

ΠΡΟΣΤΑΚΤΙΚΗ

ΕΝΕΣΤΩΤΑΣ	ΑΟΡΙΣΤΟΣ
—	—
—	βρέξου
—	—
—	—
βρέχεστε	βραχείτε
—	—

ΜΕΤΟΧΗ

ΕΝΕΣΤΩΤΑΣ
—

ΠΑΡΑΚΕΙΜΕΝΟΣ
βρε(γ)μένος

[1] Οι β' τύποι (και αυτοί με το τελικό α ή ε) κυρίως στον προφορικό λόγο και στη λογοτεχνία.
[2] Και βρέχονταν στον προφ. λόγο και στη λογοτεχνία.
[3] Οι β' τύποι δεν είναι πλήρως ισοδύναμοι με τους α', από άποψη σημασίας και σύνταξης.

ΕΝΕΡΓΗΤΙΚΗ ΦΩΝΗ

ΟΡΙΣΤΙΚΗ

ΕΝΕΣΤΩΤΑΣ
βρίσκω
βρίσκεις
βρίσκει
βρίσκουμε (σπάν.-ομε)
βρίσκετε
βρίσκουν(ε)[1]

ΕΞΑΚΟΛ. ΜΕΛΛΟΝΤΑΣ
θα βρίσκω
θα βρίσκεις
θα βρίσκει
θα βρίσκουμε (σπάν.-ομε)
θα βρίσκετε
θα βρίσκουν(ε)[1]

ΠΑΡΑΤΑΤΙΚΟΣ
έβρισκα
έβρισκες
έβρισκε
βρίσκαμε
βρίσκατε
έβρισκαν/βρίσκαν(ε)[1]

ΣΥΝΟΠΤ. ΜΕΛΛΟΝΤΑΣ[2]
θα βρω/θά βρω[1]
θα βρεις/θά βρεις[1]
θα βρει/θά βρει[1]
θα βρούμε/θά βρουμε[1]
θα βρείτε/θά βρετε[1]
θα βρουν/θα βρούνε[1]/
θά βρουν(ε)[1]

ΑΟΡΙΣΤΟΣ[2]
βρήκα
βρήκες
βρήκε
βρήκαμε
βρήκατε
βρήκαν(ε)[1]

ΠΑΡΑΚΕΙΜΕΝΟΣ
έχω βρει[2]

ΥΠΕΡΣΥΝΤΕΛΙΚΟΣ
είχα βρει[2]

ΣΥΝΤΕΛ. ΜΕΛΛΟΝΤΑΣ
θα έχω βρει[2]

ΥΠΟΤΑΚΤΙΚΗ

ΕΝΕΣΤΩΤΑΣ
[να, όταν...] βρίσκω
βρίσκεις
βρίσκει
βρίσκουμε (σπάν.-ομε)
βρίσκετε
βρίσκουν(ε)[1]

ΑΟΡΙΣΤΟΣ[1,3]
[να, όταν...] βρω[2]
βρεις[2]
βρει[2]
βρούμε[2]
βρείτε[2]
βρουν[2]/βρούνε[1,2]

ΠΑΡΑΚΕΙΜΕΝΟΣ
[να, όταν...] έχω βρει[2]

ΠΡΟΣΤΑΚΤΙΚΗ

ΕΝΕΣΤΩΤΑΣ
—
βρίσκε
—
—
βρίσκετε
—

ΑΟΡΙΣΤΟΣ
—
βρες
—
—
βρείτε/βρέστε[1]
—

ΜΕΤΟΧΗ

ΕΝΕΣΤΩΤΑΣ
βρίσκοντας

ΠΑΡΑΚΕΙΜΕΝΟΣ
έχοντας βρει[2]

[1] Οι β' τύποι (και αυτοί με το τελικό ε) κυρίως στον προφορικό λόγο και στη λογοτεχνία. Οι τύποι με τον τόνο στο θα ή στο να δε συνηθίζονται για τα σύνθετα (π.χ. καταβρίσκω–καταβρώ), όπως και ο τύπος της προστ. βρέστε.
[2] Στο λογοτεχν. κυρίως λόγο απαντώνται και οι τύποι ήβρα, ήβρες κτλ., θα έβρω, να έβρω, έχω έβρει κτλ.
[3] Ισχύει ό,τι και για το θα βρω : νά βρω κτλ.

ΠΑΘΗΤΙΚΗ ΦΩΝΗ

ΟΡΙΣΤΙΚΗ

ΕΝΕΣΤΩΤΑΣ	**ΠΑΡΑΤΑΤΙΚΟΣ**	**ΑΟΡΙΣΤΟΣ**
βρίσκομαι	βρισκόμουν(α)[1]	βρέθηκα
βρίσκεσαι	βρισκόσουν(α)[1]	βρέθηκες
βρίσκεται	βρισκόταν(ε)[1,2]	βρέθηκε
βρισκόμαστε	βρισκόμαστε/βρισκόμασταν[1]	βρεθήκαμε
βρίσκεστε/βρισκόσαστε[1]	βρισκόσαστε/βρισκόσασταν[1]	βρεθήκατε
βρίσκονται	βρίσκονταν/βρισκόντανε[1]/	βρέθηκαν/βρεθήκαν(ε)[1]
ΕΞΑΚΟΛ. ΜΕΛΛΟΝΤΑΣ	βρισκόντουσαν[1]	**ΠΑΡΑΚΕΙΜΕΝΟΣ**
θα βρίσκομαι	**ΣΥΝΟΠΤ. ΜΕΛΛΟΝΤΑΣ**	έχω βρεθεί
θα βρίσκεσαι	θα βρεθώ	**ΥΠΕΡΣΥΝΤΕΛΙΚΟΣ**
θα βρίσκεται	θα βρεθείς	είχα βρεθεί
θα βρισκόμαστε	θα βρεθεί	**ΣΥΝΤΕΛ. ΜΕΛΛΟΝΤΑΣ**
θα βρίσκεστε/-όσαστε[1]	θα βρεθούμε	θα έχω βρεθεί
θα βρίσκονται	θα βρεθείτε	
	θα βρεθούν(ε)[1]	

ΥΠΟΤΑΚΤΙΚΗ

ΕΝΕΣΤΩΤΑΣ	**ΑΟΡΙΣΤΟΣ**	**ΠΑΡΑΚΕΙΜΕΝΟΣ**
[να, όταν...] βρίσκομαι	[να, όταν...] βρεθώ	[να, όταν...] έχω βρεθεί
βρίσκεσαι	βρεθείς	
βρίσκεται	βρεθεί	
βρισκόμαστε	βρεθούμε	
βρίσκεστε/βρισκόσαστε[1]	βρεθείτε	
βρίσκονται	βρεθούν(ε)[1]	

ΠΡΟΣΤΑΚΤΙΚΗ

ΕΝΕΣΤΩΤΑΣ	**ΑΟΡΙΣΤΟΣ**
–	–
–	–
–	–
–	–
βρίσκεστε	βρεθείτε
–	–

ΜΕΤΟΧΗ

ΕΝΕΣΤΩΤΑΣ
(βρισκόμενος)
ΠΑΡΑΚΕΙΜΕΝΟΣ
–

[1] Οι β' τύποι (και αυτοί με το τελικό α ή ε) κυρίως στον προφορικό λόγο και στη λογοτεχνία.
[2] Και βρίσκονταν στον προφ. λόγο και στη λογοτεχνία.

ΕΝΕΡΓΗΤΙΚΗ ΦΩΝΗ

ΟΡΙΣΤΙΚΗ

ΕΝΕΣΤΩΤΑΣ	ΠΑΡΑΤΑΤΙΚΟΣ	ΑΟΡΙΣΤΟΣ
βυζαίνω	βύζαινα	βύζαξα
βυζαίνεις	βύζαινες	βύζαξες
βυζαίνει	βύζαινε	βύζαξε
βυζαίνουμε (σπάν.-ομε)	βυζαίναμε	βυζάξαμε
βυζαίνετε	βυζαίνατε	βυζάξατε
βυζαίνουν(ε)[1]	βύζαιναν/βυζαίναν(ε)[1]	βύζαξαν/βυζάξαν(ε)[1]
ΕΞΑΚΟΛ. ΜΕΛΛΟΝΤΑΣ	**ΣΥΝΟΠΤ. ΜΕΛΛΟΝΤΑΣ**	**ΠΑΡΑΚΕΙΜΕΝΟΣ**
θα βυζαίνω	θα βυζάξω	έχω βυζάξει/
θα βυζαίνεις	θα βυζάξεις	έχω βυζαγμένο[2]
θα βυζαίνει	θα βυζάξει	**ΥΠΕΡΣΥΝΤΕΛΙΚΟΣ**
θα βυζαίνουμε (σπάν.-ομε)	θα βυζάξουμε (σπάν.-ομε)	είχα βυζάξει/
θα βυζαίνετε	θα βυζάξετε	είχα βυζαγμένο[2]
θα βυζαίνουν(ε)[1]	θα βυζάξουν(ε)[1]	**ΣΥΝΤΕΛ. ΜΕΛΛΟΝΤΑΣ**
		θα έχω βυζάξει/
		θα έχω βυζαγμένο[2]

ΥΠΟΤΑΚΤΙΚΗ

ΕΝΕΣΤΩΤΑΣ	ΑΟΡΙΣΤΟΣ	ΠΑΡΑΚΕΙΜΕΝΟΣ
[να, όταν...] βυζαίνω	[να, όταν...] βυζάξω	[να, όταν...] έχω βυζάξει/
βυζαίνεις	βυζάξεις	έχω βυζαγμένο[2]
βυζαίνει	βυζάξει	
βυζαίνουμε (σπάν.-ομε)	βυζάξουμε (σπάν.-ομε)	
βυζαίνετε	βυζάξετε	
βυζαίνουν(ε)[1]	βυζάξουν(ε)[1]	

ΠΡΟΣΤΑΚΤΙΚΗ

ΕΝΕΣΤΩΤΑΣ	ΑΟΡΙΣΤΟΣ
—	—
βύζαινε	βύζαξε[3]
—	—
—	—
βυζαίνετε	βυζάξτε/βυζάχτε[1]
—	—

ΜΕΤΟΧΗ

ΕΝΕΣΤΩΤΑΣ
βυζαίνοντας
ΠΑΡΑΚΕΙΜΕΝΟΣ
έχοντας βυζάξει/
έχοντας βυζαγμένο[2]

[1] Οι β' τύποι (και αυτοί με το τελικό ε) κυρίως στον προφορικό λόγο και στη λογοτεχνία.
[2] Οι β' τύποι (σπάνιας χρήσης) δεν είναι πλήρως ισοδύναμοι με τους α'. Χρησιμοποιούνται μόνο όταν το ρ. είναι μεταβατικό (βυζαίνω κάτι).
[3] Σε συμπροφορά, απαντάται (στον προφ. λόγο) και ο τύπος: βύζαχ'το, ανάλογος με τον τύπο βυζάχτε του β' πληθ.

ΠΑΘΗΤΙΚΗ ΦΩΝΗ

ΟΡΙΣΤΙΚΗ

ΕΝΕΣΤΩΤΑΣ	ΠΑΡΑΤΑΤΙΚΟΣ	ΑΟΡΙΣΤΟΣ
βυζαίνομαι	βυζαινόμουν(α)[1]	βυζάχτηκα
βυζαίνεσαι	βυζαινόσουν(α)[1]	βυζάχτηκες
βυζαίνεται	βυζαινόταν(ε)[1,2]	βυζάχτηκε
βυζαινόμαστε	βυζαινόμαστε/βυζαινόμασταν[1]	βυζαχτήκαμε
βυζαίνεστε/βυζαινόσαστε[1]	βυζαινόσαστε/βυζαινόσασταν[1]	βυζαχτήκατε
βυζαίνονται	βυζαίνονταν/βυζαινόντανε[1]/	βυζάχτηκαν/βυζαχτήκαν(ε)[1]
ΕΞΑΚΟΛ. ΜΕΛΛΟΝΤΑΣ	βυζαινόντουσαν[1]	**ΠΑΡΑΚΕΙΜΕΝΟΣ**
θα βυζαίνομαι	**ΣΥΝΟΠΤ. ΜΕΛΛΟΝΤΑΣ**	έχω βυζαχτεί/
θα βυζαίνεσαι	θα βυζαχτώ	είμαι βυζαγμένος[3]
θα βυζαίνεται	θα βυζαχτείς	**ΥΠΕΡΣΥΝΤΕΛΙΚΟΣ**
θα βυζαινόμαστε	θα βυζαχτεί	είχα βυζαχτεί/
θα βυζαίνεστε/-όσαστε[1]	θα βυζαχτούμε	ήμουν βυζαγμένος[3]
θα βυζαίνονται	θα βυζαχτείτε	**ΣΥΝΤΕΛ. ΜΕΛΛΟΝΤΑΣ**
	θα βυζαχτούν(ε)[1]	θα έχω βυζαχτεί/
		θα είμαι βυζαγμένος[3]

ΥΠΟΤΑΚΤΙΚΗ

ΕΝΕΣΤΩΤΑΣ	ΑΟΡΙΣΤΟΣ	ΠΑΡΑΚΕΙΜΕΝΟΣ
[να, όταν...] βυζαίνομαι	[να, όταν...] βυζαχτώ	[να, όταν...] έχω βυζαχτεί/
βυζαίνεσαι	βυζαχτείς	είμαι βυζαγμένος[3]
βυζαίνεται	βυζαχτεί	
βυζαινόμαστε	βυζαχτούμε	
βυζαίνεστε/βυζαινόσαστε[1]	βυζαχτείτε	
βυζαίνονται	βυζαχτούν(ε)[1]	

ΠΡΟΣΤΑΚΤΙΚΗ

ΕΝΕΣΤΩΤΑΣ	ΑΟΡΙΣΤΟΣ
–	–
–	βυζάξου
–	–
–	–
βυζαίνεστε	βυζαχτείτε
–	–

ΜΕΤΟΧΗ

ΕΝΕΣΤΩΤΑΣ
–

ΠΑΡΑΚΕΙΜΕΝΟΣ
βυζαγμένος

[1] Οι β' τύποι (και αυτοί με το τελικό α ή ε) κυρίως στον προφορικό λόγο και στη λογοτεχνία.
[2] Και βυζαίνονταν στον προφ. λόγο και στη λογοτεχνία.
[3] Οι β' τύποι (σπάνιας χρήσης) δεν είναι πλήρως ισοδύναμοι με τους α', από άποψη σημασίας και σύνταξης.

ΕΝΕΡΓΗΤΙΚΗ ΦΩΝΗ

ΟΡΙΣΤΙΚΗ

ΕΝΕΣΤΩΤΑΣ	ΠΑΡΑΤΑΤΙΚΟΣ	ΑΟΡΙΣΤΟΣ
γδέρνω	έγδερνα	έγδαρα
γδέρνεις	έγδερνες	έγδαρες
γδέρνει	έγδερνε	έγδαρε
γδέρνουμε (σπάν.-ομε)	γδέρναμε	γδάραμε
γδέρνετε	γδέρνατε	γδάρατε
γδέρνουν(ε)[1]	έγδερναν/γδέρναν(ε)[1]	έγδαραν/γδάραν(ε)[1]
ΕΞΑΚΟΛ. ΜΕΛΛΟΝΤΑΣ	**ΣΥΝΟΠΤ. ΜΕΛΛΟΝΤΑΣ**	**ΠΑΡΑΚΕΙΜΕΝΟΣ**
θα γδέρνω	θα γδάρω	έχω γδάρει/έχω γδαρμένο[2]
θα γδέρνεις	θα γδάρεις	**ΥΠΕΡΣΥΝΤΕΛΙΚΟΣ**
θα γδέρνει	θα γδάρει	είχα γδάρει/
θα γδέρνουμε (σπάν.-ομε)	θα γδάρουμε (σπάν.-ομε)	είχα γδαρμένο[2]
θα γδέρνετε	θα γδάρετε	**ΣΥΝΤΕΛ. ΜΕΛΛΟΝΤΑΣ**
θα γδέρνουν(ε)[1]	θα γδάρουν(ε)[1]	θα έχω γδάρει/
		θα έχω γδαρμένο[2]

ΥΠΟΤΑΚΤΙΚΗ

ΕΝΕΣΤΩΤΑΣ	ΑΟΡΙΣΤΟΣ	ΠΑΡΑΚΕΙΜΕΝΟΣ
[να, όταν...] γδέρνω	[να, όταν...] γδάρω	[να, όταν...] έχω γδάρει/
γδέρνεις	γδάρεις	έχω γδαρμένο[2]
γδέρνει	γδάρει	
γδέρνουμε (σπάν.-ομε)	γδάρουμε (σπάν.-ομε)	
γδέρνετε	γδάρετε	
γδέρνουν(ε)[1]	γδάρουν(ε)[1]	

ΠΡΟΣΤΑΚΤΙΚΗ

ΕΝΕΣΤΩΤΑΣ	ΑΟΡΙΣΤΟΣ
—	—
γδέρνε	γδάρε
—	—
—	—
γδέρνετε	γδάρτε
—	—

ΜΕΤΟΧΗ

ΕΝΕΣΤΩΤΑΣ
γδέρνοντας
ΠΑΡΑΚΕΙΜΕΝΟΣ
έχοντας γδάρει/
έχοντας γδαρμένο[2]

[1] Οι β' τύποι (και αυτοί με το τελικό ε) κυρίως στον προφορικό λόγο και στη λογοτεχνία.
[2] Οι β' τύποι (σπάνιας χρήσης) δεν είναι πλήρως ισοδύναμοι με τους α', από άποψη σημασίας και σύνταξης.

ΠΑΘΗΤΙΚΗ ΦΩΝΗ

ΟΡΙΣΤΙΚΗ

ΕΝΕΣΤΩΤΑΣ
γδέρνομαι
γδέρνεσαι
γδέρνεται
γδερνόμαστε
γδέρνεστε/γδερνόσαστε[1]
γδέρνονται

ΕΞΑΚΟΛ. ΜΕΛΛΟΝΤΑΣ
θα γδέρνομαι
θα γδέρνεσαι
θα γδέρνεται
θα γδερνόμαστε
θα γδέρνεστε/-όσαστε[1]
θα γδέρνονται

ΠΑΡΑΤΑΤΙΚΟΣ
γδερνόμουν(α)[1]
γδερνόσουν(α)[1]
γδερνόταν(ε)[1,2]
γδερνόμαστε/γδερνόμασταν[1]
γδερνόσαστε/γδερνόσασταν[1]
γδέρνονταν/γδερνόντανε[1]/
γδερνόντουσαν[1]

ΣΥΝΟΠΤ. ΜΕΛΛΟΝΤΑΣ
θα γδαρθώ
θα γδαρθείς
θα γδαρθεί
θα γδαρθούμε
θα γδαρθείτε
θα γδαρθούν(ε)[1]

ΑΟΡΙΣΤΟΣ
γδάρθηκα
γδάρθηκες
γδάρθηκε
γδαρθήκαμε
γδαρθήκατε
γδάρθηκαν/γδαρθήκαν(ε)[1]

ΠΑΡΑΚΕΙΜΕΝΟΣ
έχω γδαρθεί/
είμαι γδαρμένος[3]

ΥΠΕΡΣΥΝΤΕΛΙΚΟΣ
είχα γδαρθεί/
ήμουν γδαρμένος[3]

ΣΥΝΤΕΛ. ΜΕΛΛΟΝΤΑΣ
θα έχω γδαρθεί/
θα είμαι γδαρμένος[3]

ΥΠΟΤΑΚΤΙΚΗ

ΕΝΕΣΤΩΤΑΣ
[να, όταν...] γδέρνομαι
γδέρνεσαι
γδέρνεται
γδερνόμαστε
γδέρνεστε/γδερνόσαστε[1]
γδέρνονται

ΑΟΡΙΣΤΟΣ
[να, όταν...] γδαρθώ
γδαρθείς
γδαρθεί
γδαρθούμε
γδαρθείτε
γδαρθούν(ε)[1]

ΠΑΡΑΚΕΙΜΕΝΟΣ
[να, όταν...] έχω γδαρθεί/
είμαι γδαρμένος[3]

ΠΡΟΣΤΑΚΤΙΚΗ

ΕΝΕΣΤΩΤΑΣ	ΑΟΡΙΣΤΟΣ
—	—
—	(γδάρσου)
—	—
—	—
γδέρνεστε	γδαρθείτε
—	—

ΜΕΤΟΧΗ

ΕΝΕΣΤΩΤΑΣ
—

ΠΑΡΑΚΕΙΜΕΝΟΣ
γδαρμένος

1 Οι β' τύποι (και αυτοί με το τελικό α ή ε) κυρίως στον προφορικό λόγο και στη λογοτεχνία.
2 Και γδέρνονταν στον προφ. λόγο και στη λογοτεχνία.
3 Οι β' τύποι δεν είναι πλήρως ισοδύναμοι με τους α', από άποψη σημασίας και σύνταξης.

γέρνω **120**

ΕΝΕΡΓΗΤΙΚΗ ΦΩΝΗ

ΟΡΙΣΤΙΚΗ

ΕΝΕΣΤΩΤΑΣ	**ΠΑΡΑΤΑΤΙΚΟΣ**	**ΑΟΡΙΣΤΟΣ**
γέρνω	έγερνα	έγειρα
γέρνεις	έγερνες	έγειρες
γέρνει	έγερνε	έγειρε
γέρνουμε (σπάν.-ομε)	γέρναμε	γείραμε
γέρνετε	γέρνατε	γείρατε
γέρνουν(ε)[1]	έγερναν/γέρναν(ε)[1]	έγειραν/γείραν(ε)[1]
ΕΞΑΚΟΛ. ΜΕΛΛΟΝΤΑΣ	**ΣΥΝΟΠΤ. ΜΕΛΛΟΝΤΑΣ**	**ΠΑΡΑΚΕΙΜΕΝΟΣ**
θα γέρνω	θα γείρω	έχω γείρει/έχω γερμένο[2]
θα γέρνεις	θα γείρεις	**ΥΠΕΡΣΥΝΤΕΛΙΚΟΣ**
θα γέρνει	θα γείρει	είχα γείρει/είχα γερμένο[2]
θα γέρνουμε (σπάν.-ομε)	θα γείρουμε (σπάν.-ομε)	**ΣΥΝΤΕΛ. ΜΕΛΛΟΝΤΑΣ**
θα γέρνετε	θα γείρετε	θα έχω γείρει/
θα γέρνουν(ε)[1]	θα γείρουν(ε)[1]	θα έχω γερμένο[2]

ΥΠΟΤΑΚΤΙΚΗ

ΕΝΕΣΤΩΤΑΣ	**ΑΟΡΙΣΤΟΣ**	**ΠΑΡΑΚΕΙΜΕΝΟΣ**
[να, όταν...] γέρνω	[να, όταν...] γείρω	[να, όταν...] έχω γείρει/
γέρνεις	γείρεις	έχω γερμένο[2]
γέρνει	γείρει	
γέρνουμε (σπάν.-ομε)	γείρουμε (σπάν.-ομε)	
γέρνετε	γείρετε	
γέρνουν(ε)[1]	γείρουν(ε)[1]	

ΠΡΟΣΤΑΚΤΙΚΗ

ΕΝΕΣΤΩΤΑΣ	**ΑΟΡΙΣΤΟΣ**
—	—
γέρνε	γείρε
—	—
—	—
γέρνετε	γείρτε
—	—

ΜΕΤΟΧΗ

ΕΝΕΣΤΩΤΑΣ
γέρνοντας
ΠΑΡΑΚΕΙΜΕΝΟΣ
έχοντας γείρει/
έχοντας γερμένο[2]

[1] Οι β' τύποι (και αυτοί με το τελικό ε) κυρίως στον προφορικό λόγο και στη λογοτεχνία.
[2] Οι β' τύποι (σπάνιας χρήσης) δεν είναι πλήρως ισοδύναμοι με τους α'. Χρησιμοποιούνται μόνο όταν το ρ. έ μεταβατική έννοια (γέρνω κάτι).

ΠΑΘΗΤΙΚΗ ΦΩΝΗ

ΟΡΙΣΤΙΚΗ

ΕΝΕΣΤΩΤΑΣ	**ΠΑΡΑΤΑΤΙΚΟΣ**	**ΑΟΡΙΣΤΟΣ**[3]
γίνομαι	γινόμουν(α)[1]	έγινα
γίνεσαι	γινόσουν(α)[1]	έγινες
γίνεται	γινόταν(ε)[1,2]	έγινε
γινόμαστε	γινόμαστε/γινόμασταν[1]	γίναμε
γίνεστε/γινόσαστε[1]	γινόσαστε/γινόσασταν[1]	γίνατε
γίνονται	γίνονταν/γινόντανε[1]/	έγιναν/γίναν(ε)[1]
ΕΞΑΚΟΛ. ΜΕΛΛΟΝΤΑΣ	γινόντουσαν[1]	**ΠΑΡΑΚΕΙΜΕΝΟΣ**
θα γίνομαι	**ΣΥΝΟΠΤ. ΜΕΛΛΟΝΤΑΣ**[3]	έχω γίνει/
θα γίνεσαι	θα γίνω	(είμαι γινωμένος)[4]
θα γίνεται	θα γίνεις	**ΥΠΕΡΣΥΝΤΕΛΙΚΟΣ**
θα γινόμαστε	θα γίνει	είχα γίνει/
θα γίνεστε/θα γινόσαστε[1]	θα γίνουμε (σπάν.-ομε)	(ήμουν γινωμένος)[4]
θα γίνονται	θα γίνετε	**ΣΥΝΤΕΛ. ΜΕΛΛΟΝΤΑΣ**
	θα γίνουν(ε)[1]	θα έχω γίνει/
		(θα είμαι γινωμένος)[4]

ΥΠΟΤΑΚΤΙΚΗ

ΕΝΕΣΤΩΤΑΣ	**ΑΟΡΙΣΤΟΣ**[3]	**ΠΑΡΑΚΕΙΜΕΝΟΣ**
[να, όταν...] γίνομαι	[να, όταν...] γίνω	[να, όταν...] έχω γίνει/
γίνεσαι	γίνεις	(είμαι γινωμένος)[4]
γίνεται	γίνει	
γινόμαστε	γίνουμε (σπάν.-ομε)	
γίνεστε/γινόσαστε[1]	γίνετε	
γίνονται	γίνουν(ε)[1]	

ΠΡΟΣΤΑΚΤΙΚΗ

ΕΝΕΣΤΩΤΑΣ	**ΑΟΡΙΣΤΟΣ**[3]
–	–
–	γίνε/(γίνου)
–	–
–	–
γίνεστε	γίνετε
–	–

ΜΕΤΟΧΗ

ΕΝΕΣΤΩΤΑΣ

–

ΠΑΡΑΚΕΙΜΕΝΟΣ

γινωμένος[4]

Οι β΄ τύποι (και αυτοί με το τελικό α ή ε) κυρίως στον προφορικό λόγο και στη λογοτεχνία.
Και γίνονταν στον προφ. λόγο και στη λογοτεχνία.
Οι τύποι του αορ. γίνηκα και του συνοπτ. μέλλ. και αορ. υποτ. γενώ/γινώ (και προστ. γενείτε/γινείτε) είναι διαλεκτικοί και δε συνηθίζονται στην κοινή νεοελληνική.
Η μτχ. γινωμένος έχει κυρίως την έννοια «ώριμος», επομένως η ισοδυναμία ισχύει βασικά για την έννοια «ωριμάζω» του γίνομαι.

ΠΑΘΗΤΙΚΗ ΦΩΝΗ

ΟΡΙΣΤΙΚΗ

ΕΝΕΣΤΩΤΑΣ
γράφομαι
γράφεσαι
γράφεται
γραφόμαστε
γράφεστε/γραφόσαστε[1]
γράφονται

ΕΞΑΚΟΛ. ΜΕΛΛΟΝΤΑΣ
θα γράφομαι
θα γράφεσαι
θα γράφεται
θα γραφόμαστε
θα γράφεστε/θα γραφόσαστε[1]
θα γράφονται

ΠΑΡΑΤΑΤΙΚΟΣ
γραφόμουν(α)[1]
γραφόσουν(α)[1]
γραφόταν(ε)[1,2]
γραφόμαστε/γραφόμασταν[1]
γραφόσαστε/γραφόσασταν[1]
γράφονταν/γραφόντανε[1]/
γραφόντουσαν[1]

ΣΥΝΟΠΤ. ΜΕΛΛΟΝΤΑΣ[3]
θα γραφ(τ)ώ
θα γραφ(τ)είς
θα γραφ(τ)εί
θα γραφ(τ)ούμε
θα γραφ(τ)είτε
θα γραφ(τ)ούν(ε)[1]

ΑΟΡΙΣΤΟΣ[3]
γράφ(τ)ηκα
γράφ(τ)ηκες
γράφ(τ)ηκε
γραφ(τ)ήκαμε
γραφ(τ)ήκατε
γράφ(τ)ηκαν/γραφ(τ)ήκαν(ε)[1]

ΠΑΡΑΚΕΙΜΕΝΟΣ
έχω γραφ(τ)εί[3]/
είμαι γραμμένος[4]

ΥΠΕΡΣΥΝΤΕΛΙΚΟΣ
είχα γραφ(τ)εί[3]/
ήμουν γραμμένος[4]

ΣΥΝΤΕΛ. ΜΕΛΛΟΝΤΑΣ
θα έχω γραφ(τ)εί[3]/
θα είμαι γραμμένος[4]

ΥΠΟΤΑΚΤΙΚΗ

ΕΝΕΣΤΩΤΑΣ
[να, όταν...] γράφομαι
γράφεσαι
γράφεται
γραφόμαστε
γράφεστε/γραφόσαστε[1]
γράφονται

ΑΟΡΙΣΤΟΣ[3]
[να, όταν...] γραφ(τ)ώ
γραφ(τ)είς
γραφ(τ)εί
γραφ(τ)ούμε
γραφ(τ)είτε
γραφ(τ)ούν(ε)[1]

ΠΑΡΑΚΕΙΜΕΝΟΣ
[να, όταν...] έχω γραφ(τ)εί[3]/
είμαι γραμμένος[4]

ΠΡΟΣΤΑΚΤΙΚΗ

ΕΝΕΣΤΩΤΑΣ	ΑΟΡΙΣΤΟΣ
–	–
–	γράψου
–	–
–	–
γράφεστε	γραφ(τ)είτε[3]
–	–

ΜΕΤΟΧΗ

ΕΝΕΣΤΩΤΑΣ
γραφόμενος

ΠΑΡΑΚΕΙΜΕΝΟΣ
γραμμένος

[1] Οι β΄ τύποι (και αυτοί με το τελικό α ή ε) κυρίως στον προφορικό λόγο και στη λογοτεχνία.
[2] Και γράφονταν κυρίως στον προφ. λόγο και στη λογοτεχνία.
[3] Οι τύποι χωρίς το τ (γράφηκα, γραφώ κτλ.)συνηθίζονται σε επίσημο ύφος λόγου και σε λόγια σύνθετα (π. παραγράφομαι).
[4] Οι β΄ τύποι (σπάνιας χρήσης) δεν είναι πλήρως ισοδύναμοι με τους α΄, από άποψη σημασίας και σύνταξης.

διαβλέπω

ΕΝΕΡΓΗΤΙΚΗ ΦΩΝΗ

ΟΡΙΣΤΙΚΗ

ΕΝΕΣΤΩΤΑΣ
διαβλέπω
διαβλέπεις
διαβλέπει
διαβλέπουμε (σπάν.-ομε)
διαβλέπετε
διαβλέπουν(ε)[1]

ΕΞΑΚΟΛ. ΜΕΛΛΟΝΤΑΣ
θα διαβλέπω
θα διαβλέπεις
θα διαβλέπει
θα διαβλέπουμε (σπάν.-ομε)
θα διαβλέπετε
θα διαβλέπουν(ε)[1]

ΠΑΡΑΤΑΤΙΚΟΣ
διέβλεπα
διέβλεπες
διέβλεπε
διαβλέπαμε
διαβλέπατε
διέβλεπαν/διαβλέπαν(ε)[1]

ΣΥΝΟΠΤ. ΜΕΛΛΟΝΤΑΣ
θα διαβλέψω
θα διαβλέψεις
θα διαβλέψει
θα διαβλέψουμε (σπάν.-ομε)
θα διαβλέψετε
θα διαβλέψουν(ε)[1]

ΑΟΡΙΣΤΟΣ
διέβλεψα/διείδα
διέβλεψες/διείδες
διέβλεψε/διείδε
διαβλέψαμε/διείδαμε
διαβλέψατε/διείδατε
διέβλεψαν/διαβλέψαν(ε)[1]/
διείδαν(ε)[1]

ΠΑΡΑΚΕΙΜΕΝΟΣ
έχω διαβλέψει

ΥΠΕΡΣΥΝΤΕΛΙΚΟΣ
είχα διαβλέψει

ΣΥΝΤΕΛ. ΜΕΛΛΟΝΤΑΣ
θα έχω διαβλέψει

ΥΠΟΤΑΚΤΙΚΗ

ΕΝΕΣΤΩΤΑΣ
[να, όταν...] διαβλέπω
διαβλέπεις
διαβλέπει
διαβλέπουμε (σπάν.-ομε)
διαβλέπετε
διαβλέπουν(ε)[1]

ΑΟΡΙΣΤΟΣ
[να, όταν...] διαβλέψω
διαβλέψεις
διαβλέψει
διαβλέψουμε (σπάν.-ομε)
διαβλέψετε
διαβλέψουν(ε)[1]

ΠΑΡΑΚΕΙΜΕΝΟΣ
[να, όταν...] έχω διαβλέψει

ΠΡΟΣΤΑΚΤΙΚΗ

ΕΝΕΣΤΩΤΑΣ
–
διάβλεπε
–
–
διαβλέπετε
–

ΑΟΡΙΣΤΟΣ
–
διάβλεψε
–
–
διαβλέψετε
–

ΜΕΤΟΧΗ

ΕΝΕΣΤΩΤΑΣ
διαβλέποντας

ΠΑΡΑΚΕΙΜΕΝΟΣ
έχοντας διαβλέψει

[1] Οι β' τύποι (και αυτοί με το τελικό ε) απαντώνται κυρίως στον προφορικό λόγο. Είναι γενικά σπάνιοι, λόγω του λόγιου χαρακτήρα του ρ.

ΠΑΘΗΤΙΚΗ ΦΩΝΗ

ΟΡΙΣΤΙΚΗ

ΕΝΕΣΤΩΤΑΣ
διακόπτομαι
διακόπτεσαι
διακόπτεται
διακοπτόμαστε
διακόπτεστε (σπάν. -όσαστε)
διακόπτονται

ΕΞΑΚΟΛ. ΜΕΛΛΟΝΤΑΣ
θα διακόπτομαι
θα διακόπτεσαι
θα διακόπτεται
θα διακοπτόμαστε
θα διακόπτεστε (σπάν. -όσαστε)
θα διακόπτονται

ΠΑΡΑΤΑΤΙΚΟΣ
διακοπτόμουν(α)[1]
διακοπτόσουν(α)[1]
διακοπτόταν(ε)[1,2]
διακοπτόμαστε[2]
διακοπτόσαστε[2]
διακόπτονταν[2]

ΣΥΝΟΠΤ. ΜΕΛΛΟΝΤΑΣ
θα διακοπώ
θα διακοπείς
θα διακοπεί
θα διακοπούμε
θα διακοπείτε
θα διακοπούν(ε)[1]

ΑΟΡΙΣΤΟΣ
διακόπηκα
διακόπηκες
διακόπηκε
διακοπήκαμε
διακοπήκατε
διακόπηκαν/διακοπήκαν(ε)[1]

ΠΑΡΑΚΕΙΜΕΝΟΣ
έχω διακοπεί

ΥΠΕΡΣΥΝΤΕΛΙΚΟΣ
είχα διακοπεί

ΣΥΝΤΕΛ. ΜΕΛΛΟΝΤΑΣ
θα έχω διακοπεί

ΥΠΟΤΑΚΤΙΚΗ

ΕΝΕΣΤΩΤΑΣ
[να, όταν...] διακόπτομαι
διακόπτεσαι
διακόπτεται
διακοπτόμαστε
διακόπτεστε (σπάν.-όσαστε)
διακόπτονται

ΑΟΡΙΣΤΟΣ
[να, όταν...] διακοπώ
διακοπείς
διακοπεί
διακοπούμε
διακοπείτε
διακοπούν(ε)[1]

ΠΑΡΑΚΕΙΜΕΝΟΣ
[να, όταν...] έχω διακοπεί

ΠΡΟΣΤΑΚΤΙΚΗ

ΕΝΕΣΤΩΤΑΣ
–
–
–
–
διακόπτεστε
–

ΑΟΡΙΣΤΟΣ
–
διακόψου
–
–
διακοπείτε
–

ΜΕΤΟΧΗ

ΕΝΕΣΤΩΤΑΣ
διακοπτόμενος

ΠΑΡΑΚΕΙΜΕΝΟΣ
(διακεκομμένος)[3]

[1] Οι τύποι με το τελικό α ή ε (και ο β' τύπος του αορίστου) κυρίως στον προφορικό λόγο και στη λογοτεχνία. Σπανίζουν σε λογιότερα ρ. (π.χ. ανακόπτομαι).
[2] Οι τύποι σε -ονταν, -όμασταν, -όσασταν, -όντουσαν (δες λύνομαι, 2) δε συνηθίζονται.
[3] Ως επίθετο («μη συνεχής», π.χ. «διακεκομμένη γραμμή»).

ΕΝΕΡΓΗΤΙΚΗ ΦΩΝΗ

ΟΡΙΣΤΙΚΗ

ΕΝΕΣΤΩΤΑΣ	ΠΑΡΑΤΑΤΙΚΟΣ	ΑΟΡΙΣΤΟΣ
διανέμω	διένεμα	διένειμα
διανέμεις	διένεμες	διένειμες
διανέμει	διένεμε	διένειμε
διανέμουμε (σπάν.-ομε)	διανέμαμε	διανείμαμε
διανέμετε	διανέματε	διανείματε
διανέμουν(ε)[1]	διένεμαν/διανέμανε[1]	διένειμαν/διανείμανε[1]
ΕΞΑΚΟΛ. ΜΕΛΛΟΝΤΑΣ	**ΣΥΝΟΠΤ. ΜΕΛΛΟΝΤΑΣ**	**ΠΑΡΑΚΕΙΜΕΝΟΣ**
θα διανέμω	θα διανείμω	έχω διανείμει/
θα διανέμεις	θα διανείμεις	(έχω διανεμημένο)[2]
θα διανέμει	θα διανείμει	**ΥΠΕΡΣΥΝΤΕΛΙΚΟΣ**
θα διανέμουμε (σπάν.-ομε)	θα διανείμουμε (σπάν.-ομε)	είχα διανείμει/
θα διανέμετε	θα διανείμετε	(είχα διανεμημένο)[2]
θα διανέμουν(ε)[1]	θα διανείμουν(ε)[1]	**ΣΥΝΤΕΛ. ΜΕΛΛΟΝΤΑΣ**
		θα έχω διανείμει/
		(θα έχω διανεμημένο)[2]

ΥΠΟΤΑΚΤΙΚΗ

ΕΝΕΣΤΩΤΑΣ	ΑΟΡΙΣΤΟΣ	ΠΑΡΑΚΕΙΜΕΝΟΣ
[να, όταν...] διανέμω	[να, όταν...] διανείμω	[να, όταν...] έχω διανείμει/
διανέμεις	διανείμεις	(έχω διανεμημένο)[2]
διανέμει	διανείμει	
διανέμουμε (σπάν.-ομε)	διανείμουμε (σπάν.-ομε)	
διανέμετε	διανείμετε	
διανέμουν(ε)[1]	διανείμουν(ε)[1]	

ΠΡΟΣΤΑΚΤΙΚΗ

ΕΝΕΣΤΩΤΑΣ	ΑΟΡΙΣΤΟΣ
–	–
(διάνεμε)	(διάνειμε)
–	–
–	–
διανέμετε	διανείμετε
–	–

ΜΕΤΟΧΗ

ΕΝΕΣΤΩΤΑΣ
διανέμοντας
ΠΑΡΑΚΕΙΜΕΝΟΣ
έχοντας διανείμει/
(έχοντας διανεμημένο)[2]

[1] Οι τύποι με το τελικό ε απαντώνται κυρίως στον προφορικό λόγο. Σπανίζουν γενικά λόγω του λόγιου χαρακτήρα του ρ.
[2] Οι β' τύποι (σπάνιας χρήσης) δεν είναι πλήρως ισοδύναμοι με τους α', από άποψη σημασίας και σύνταξης.

διανέμομαι

126

ΠΑΘΗΤΙΚΗ ΦΩΝΗ

ΟΡΙΣΤΙΚΗ

ΕΝΕΣΤΩΤΑΣ
διανέμομαι
διανέμεσαι
διανέμεται
διανεμόμαστε
διανέμεστε (σπάν.-όσαστε)
διανέμονται

ΕΞΑΚΟΛ. ΜΕΛΛΟΝΤΑΣ
θα διανέμομαι
θα διανέμεσαι
θα διανέμεται
θα διανεμόμαστε
θα διανέμεστε (σπάν.
-όσαστε)
θα διανέμονται

ΠΑΡΑΤΑΤΙΚΟΣ
διανεμόμουν(α)[1]
διανεμόσουν(α)[1]
διανεμόταν(ε)[1,2]
διανεμόμαστε[2]
διανεμόσαστε[2]
διανέμονταν[2]

ΣΥΝΟΠΤ. ΜΕΛΛΟΝΤΑΣ
θα διανεμηθώ
θα διανεμηθείς
θα διανεμηθεί
θα διανεμηθούμε
θα διανεμηθείτε
θα διανεμηθούν(ε)[1]

ΑΟΡΙΣΤΟΣ
διανεμήθηκα
διανεμήθηκες
διανεμήθηκε
διανεμηθήκαμε
διανεμηθήκατε
διανεμήθηκαν/
διανεμηθήκαν(ε)[1]

ΠΑΡΑΚΕΙΜΕΝΟΣ
έχω διανεμηθεί/
είμαι διανεμημένος[3]

ΥΠΕΡΣΥΝΤΕΛΙΚΟΣ
είχα διανεμηθεί/
ήμουν διανεμημένος[3]

ΣΥΝΤΕΛ. ΜΕΛΛΟΝΤΑΣ
θα έχω διανεμηθεί/
θα είμαι διανεμημένος[3]

ΥΠΟΤΑΚΤΙΚΗ

ΕΝΕΣΤΩΤΑΣ
[να, όταν...] διανέμομαι
διανέμεσαι
διανέμεται
διανεμόμαστε
διανέμεστε (σπάν.-όσαστε)
διανέμονται

ΑΟΡΙΣΤΟΣ
[να, όταν...] διανεμηθώ
διανεμηθείς
διανεμηθεί
διανεμηθούμε
διανεμηθείτε
διανεμηθούν(ε)[1]

ΠΑΡΑΚΕΙΜΕΝΟΣ
[να, όταν...] έχω
διανεμηθεί/είμαι
διανεμημένος[3]

ΠΡΟΣΤΑΚΤΙΚΗ

ΕΝΕΣΤΩΤΑΣ
—
—
—
—
διανέμεστε
—

ΑΟΡΙΣΤΟΣ
—
—
—
—
διανεμηθείτε
—

ΜΕΤΟΧΗ

ΕΝΕΣΤΩΤΑΣ
διανεμόμενος

ΠΑΡΑΚΕΙΜΕΝΟΣ
διανεμημένος

[1] Οι τύποι με το τελικό α ή ε (και ο β΄ τύπος του αορίστου) κυρίως στον προφορικό λόγο και στη λογοτεχνία. Γενικά σπανίζουν λόγω του λόγιου χαρακτήρα του ρ.
[2] Οι τύποι σε -ονταν, -όμασταν, -όσασταν, -όντουσαν δε συνηθίζονται, λόγω του λόγιου χαρακτήρα του ρ.
[3] Οι β΄ τύποι δεν είναι πλήρως ισοδύναμοι με τους α΄, από άποψη σημασίας και σύνταξης.

ΠΑΘΗΤΙΚΗ ΦΩΝΗ

ΟΡΙΣΤΙΚΗ

ΕΝΕΣΤΩΤΑΣ	ΠΑΡΑΤΑΤΙΚΟΣ	ΑΟΡΙΣΤΟΣ
διαχέομαι	διαχεόμουν(α)[1]	διαχύθηκα
διαχέεσαι	διαχεόσουν(α)[1]	διαχύθηκες
διαχέεται	διαχεόταν(ε)[1,2]	διαχύθηκε
διαχεόμαστε	διαχεόμαστε[2]	διαχυθήκαμε
διαχέεστε (σπάν.-όσαστε)	διαχεόσαστε[2]	διαχυθήκατε
διαχέονται	διαχέονταν[2]	διαχύθηκαν/διαχυθήκαν(ε)[1]
ΕΞΑΚΟΛ. ΜΕΛΛΟΝΤΑΣ	**ΣΥΝΟΠΤ. ΜΕΛΛΟΝΤΑΣ**	**ΠΑΡΑΚΕΙΜΕΝΟΣ**
θα διαχέομαι	θα διαχυθώ	έχω διαχυθεί
θα διαχέεσαι	θα διαχυθείς	**ΥΠΕΡΣΥΝΤΕΛΙΚΟΣ**
θα διαχέεται	θα διαχυθεί	είχα διαχυθεί
θα διαχεόμαστε	θα διαχυθούμε	**ΣΥΝΤΕΛ. ΜΕΛΛΟΝΤΑΣ**
θα διαχέεστε (σπάν. -όσαστε)	θα διαχυθείτε	θα έχω διαχυθεί
θα διαχέονται	θα διαχυθούν(ε)[1]	

ΥΠΟΤΑΚΤΙΚΗ

ΕΝΕΣΤΩΤΑΣ	ΑΟΡΙΣΤΟΣ	ΠΑΡΑΚΕΙΜΕΝΟΣ
[να, όταν...] διαχέομαι	[να, όταν...] διαχυθώ	[να, όταν...] έχω διαχυθεί
διαχέεσαι	διαχυθείς	
διαχέεται	διαχυθεί	
διαχεόμαστε	διαχυθούμε	
διαχέεστε (σπάν.-όσαστε)	διαχυθείτε	
διαχέονται	διαχυθούν(ε)[1]	

ΠΡΟΣΤΑΚΤΙΚΗ

ΕΝΕΣΤΩΤΑΣ	ΑΟΡΙΣΤΟΣ
–	–
–	(διαχύσου)
–	–
–	–
διαχέεστε	διαχυθείτε
–	–

ΜΕΤΟΧΗ

ΕΝΕΣΤΩΤΑΣ
διαχεόμενος
ΠΑΡΑΚΕΙΜΕΝΟΣ
(διαχυμένος)

[1] Οι τύποι με το τελικό α ή ε (και ο β' τύπος του αορίστου) κυρίως στον προφορικό λόγο και στη λογοτεχνία. Γενικά σπανίζουν, λόγω του λόγιου χαρακτήρα του ρ.
[2] Οι τύποι σε -ονταν, -όμασταν, -όσασταν, -όντουσαν (δες λύνομαι, 2) δε συνηθίζονται, λόγω λόγιου χαρακτήρα.

ΕΝΕΡΓΗΤΙΚΗ ΦΩΝΗ

ΟΡΙΣΤΙΚΗ

ΕΝΕΣΤΩΤΑΣ	ΠΑΡΑΤΑΤΙΚΟΣ	ΑΟΡΙΣΤΟΣ
διαψεύδω	διέψευδα	διέψευσα
διαψεύδεις	διέψευδες	διέψευσες
διαψεύδει	διέψευδε	διέψευσε
διαψεύδουμε (σπάν.-ομε)	διαψεύδαμε	διαψεύσαμε
διαψεύδετε	διαψεύδατε	διαψεύσατε
διαψεύδουν(ε)[1]	διέψευδαν/διαψεύδαν(ε)[1]	διέψευσαν/διαψεύσαν(ε)[1]
ΕΞΑΚΟΛ. ΜΕΛΛΟΝΤΑΣ	**ΣΥΝΟΠΤ. ΜΕΛΛΟΝΤΑΣ**	**ΠΑΡΑΚΕΙΜΕΝΟΣ**
θα διαψεύδω	θα διαψεύσω	έχω διαψεύσει
θα διαψεύδεις	θα διαψεύσεις	**ΥΠΕΡΣΥΝΤΕΛΙΚΟΣ**
θα διαψεύδει	θα διαψεύσει	είχα διαψεύσει
θα διαψεύδουμε (σπάν.-ομε)	θα διαψεύσουμε (σπάν.-ομε)	**ΣΥΝΤΕΛ. ΜΕΛΛΟΝΤΑΣ**
θα διαψεύδετε	θα διαψεύσετε	θα έχω διαψεύσει
θα διαψεύδουν(ε)[1]	θα διαψεύσουν(ε)[1]	

ΥΠΟΤΑΚΤΙΚΗ

ΕΝΕΣΤΩΤΑΣ	ΑΟΡΙΣΤΟΣ	ΠΑΡΑΚΕΙΜΕΝΟΣ
[να, όταν...] διαψεύδω	[να, όταν...] διαψεύσω	[να, όταν...] έχω διαψεύσει
διαψεύδεις	διαψεύσεις	
διαψεύδει	διαψεύσει	
διαψεύδουμε	διαψεύσουμε (σπάν.-ομε)	
διαψεύδετε	διαψεύσετε	
διαψεύδουν(ε)[1]	διαψεύσουν(ε)[1]	

ΠΡΟΣΤΑΚΤΙΚΗ

ΕΝΕΣΤΩΤΑΣ	ΑΟΡΙΣΤΟΣ
—	—
διάψευδε	διάψευσε
—	—
—	—
διαψεύδετε	διαψεύστε/διαψεύσετε
—	—

ΜΕΤΟΧΗ

ΕΝΕΣΤΩΤΑΣ
διαψεύδοντας
ΠΑΡΑΚΕΙΜΕΝΟΣ
έχοντας διαψεύσει

[1] Οι β′ τύποι (και αυτοί με το τελικό ε) κυρίως στον προφορικό λόγο και στη λογοτεχνία. Γενικά σπανίζουν, λόγω του λόγιου χαρακτήρα του ρ.

διαψεύδομαι 129

ΠΑΘΗΤΙΚΗ ΦΩΝΗ

ΟΡΙΣΤΙΚΗ

ΕΝΕΣΤΩΤΑΣ	ΠΑΡΑΤΑΤΙΚΟΣ	ΑΟΡΙΣΤΟΣ
διαψεύδομαι	διαψευδόμουν(α)[1]	διαψεύστηκα
διαψεύδεσαι	διαψευδόσουν(α)[1]	διαψεύστηκες
διαψεύδεται	διαψευδόταν(ε)[1,2]	διαψεύστηκε
διαψευδόμαστε	διαψευδόμαστε[2]	διαψευστήκαμε
διαψεύδεστε (σπάν.-όσαστε)	διαψευδόσαστε[2]	διαψευστήκατε
διαψεύδονται	διαψεύδονταν[2]	διαψεύστηκαν/διαψευστήκαν(ε)[1]
ΕΞΑΚΟΛ. ΜΕΛΛΟΝΤΑΣ	**ΣΥΝΟΠΤ. ΜΕΛΛΟΝΤΑΣ**	**ΠΑΡΑΚΕΙΜΕΝΟΣ**
θα διαψεύδομαι	θα διαψευστώ	έχω διαψευστεί/
θα διαψεύδεσαι	θα διαψευστείς	(είμαι διαψευσμένος)[3]
θα διαψεύδεται	θα διαψευστεί	**ΥΠΕΡΣΥΝΤΕΛΙΚΟΣ**
θα διαψευδόμαστε	θα διαψευστούμε	είχα διαψευστεί/
θα διαψεύδεστε (σπάν.-όσαστε)	θα διαψευστείτε	(ήμουν διαψευσμένος)[3]
θα διαψεύδονται	θα διαψευστούν(ε)[1]	**ΣΥΝΤΕΛ. ΜΕΛΛΟΝΤΑΣ**
		θα έχω διαψευστεί/
		(θα είμαι διαψευσμένος)[3]

ΥΠΟΤΑΚΤΙΚΗ

ΕΝΕΣΤΩΤΑΣ	ΑΟΡΙΣΤΟΣ	ΠΑΡΑΚΕΙΜΕΝΟΣ
[να, όταν...] διαψεύδομαι	[να, όταν...] διαψευστώ	[να, όταν...] έχω διαψευστεί/
διαψεύδεσαι	διαψευστείς	(είμαι διαψευσμένος)[3]
διαψεύδεται	διαψευστεί	
διαψευδόμαστε	διαψευστούμε	
διαψεύδεστε (σπάν. -όσαστε)	διαψευστείτε	
διαψεύδονται	διαψευστούν(ε)[1]	

ΠΡΟΣΤΑΚΤΙΚΗ

ΕΝΕΣΤΩΤΑΣ	ΑΟΡΙΣΤΟΣ
–	–
–	διαψεύσου
–	–
–	–
διαψεύδεστε	διαψευστείτε
–	–

ΜΕΤΟΧΗ

ΕΝΕΣΤΩΤΑΣ
(διαψευδόμενος)
ΠΑΡΑΚΕΙΜΕΝΟΣ
διαψευσμένος

[1] Οι τύποι με το τελικό α ή ε (και ο β' τύπος του αορίστου) κυρίως στον προφορικό λόγο και στη λογοτεχνία. Σπανίζουν γενικά, λόγω του λόγιου χαρακτήρα του ρ.
[2] Οι τύποι σε -ονταν, -όμασταν, -όσασταν, -όντουσαν (δες λύνομαι, 2) δε συνηθίζονται, λόγω του λόγιου χαρακτήρα του ρ.
[3] Οι β' τύποι (σπάνιας χρήσης) δεν είναι πλήρως ισοδύναμοι με τους α', από άποψη σημασίας και σύνταξης.

ΠΑΘΗΤΙΚΗ ΦΩΝΗ

ΟΡΙΣΤΙΚΗ

ΕΝΕΣΤΩΤΑΣ	ΠΑΡΑΤΑΤΙΚΟΣ	ΑΟΡΙΣΤΟΣ
δικαιούμαι	(δικαιούμουν)[1]	
δικαιούσαι	–	
δικαιούται	δικαιούνταν/εδικαιούτο	
δικαιούμαστε/(δικαιούμεθα)	(δικαιούμαστε)[1]	
δικαιούστε/(δικαιούσθε)	–	
δικαιούνται	δικαιούνταν/εδικαιούντο	
ΕΞΑΚΟΛ. ΜΕΛΛΟΝΤΑΣ	**ΣΥΝΟΠΤ. ΜΕΛΛΟΝΤΑΣ**	**ΠΑΡΑΚΕΙΜΕΝΟΣ**
θα δικαιούμαι		
θα δικαιούσαι		
θα δικαιούται		**ΥΠΕΡΣΥΝΤΕΛΙΚΟΣ**
θα δικαιούμαστε/ (θα δικαιούμεθα)		
θα δικαιούστε/ (θα δικαιούσθε)		**ΣΥΝΤΕΛ. ΜΕΛΛΟΝΤΑΣ**
θα δικαιούνται		

ΥΠΟΤΑΚΤΙΚΗ

ΕΝΕΣΤΩΤΑΣ	ΑΟΡΙΣΤΟΣ	ΠΑΡΑΚΕΙΜΕΝΟΣ
[να, όταν...] δικαιούμαι		
δικαιούσαι		
δικαιούται		
δικαιούμαστε/(δικαιούμεθα)		
δικαιούστε/(δικαιούσθε)		
δικαιούνται		

ΠΡΟΣΤΑΚΤΙΚΗ

ΕΝΕΣΤΩΤΑΣ	ΑΟΡΙΣΤΟΣ

ΜΕΤΟΧΗ

ΕΝΕΣΤΩΤΑΣ
(δικαιούμενος)
ΠΑΡΑΚΕΙΜΕΝΟΣ

[1] Απαντάται (σπάνια) στον προφορικό λόγο.

ΕΝΕΡΓΗΤΙΚΗ ΦΩΝΗ

ΟΡΙΣΤΙΚΗ

ΕΝΕΣΤΩΤΑΣ	ΠΑΡΑΤΑΤΙΚΟΣ	ΑΟΡΙΣΤΟΣ
δίνω	έδινα	έδωσα
δίνεις	έδινες	έδωσες
δίνει	έδινε	έδωσε
δίνουμε (σπάν.-ομε)	δίναμε	δώσαμε
δίνετε	δίνατε	δώσατε
δίνουν(ε)[1]	έδιναν/δίναν(ε)[1]	έδωσαν/δώσαν(ε)[1]
ΕΞΑΚΟΛ. ΜΕΛΛΟΝΤΑΣ	**ΣΥΝΟΠΤ. ΜΕΛΛΟΝΤΑΣ**	**ΠΑΡΑΚΕΙΜΕΝΟΣ**
θα δίνω	θα δώσω	έχω δώσει/(έχω δοσμένο)[2]
θα δίνεις	θα δώσεις	**ΥΠΕΡΣΥΝΤΕΛΙΚΟΣ**
θα δίνει	θα δώσει	είχα δώσει/(είχα δοσμένο)[2]
θα δίνουμε (σπάν.-ομε)	θα δώσουμε (σπάν.-ομε)	**ΣΥΝΤΕΛ. ΜΕΛΛΟΝΤΑΣ**
θα δίνετε	θα δώσετε	θα έχω δώσει/
θα δίνουν(ε)[1]	θα δώσουν(ε)[1]	(θα έχω δοσμένο)[2]

ΥΠΟΤΑΚΤΙΚΗ

ΕΝΕΣΤΩΤΑΣ	ΑΟΡΙΣΤΟΣ	ΠΑΡΑΚΕΙΜΕΝΟΣ
[να, όταν...] δίνω	[να, όταν...] δώσω	[να, όταν...] έχω δώσει/
δίνεις	δώσεις	(έχω δοσμένο)[2]
δίνει	δώσει	
δίνουμε (σπάν.-ομε)	δώσουμε (σπάν.-ομε)	
δίνετε	δώσετε	
δίνουν(ε)[1]	δώσουν(ε)[1]	

ΠΡΟΣΤΑΚΤΙΚΗ

ΕΝΕΣΤΩΤΑΣ	ΑΟΡΙΣΤΟΣ
–	–
δίνε[3]	δώσε[3]
–	–
–	–
δίνετε	δώστε
–	–

ΜΕΤΟΧΗ

ΕΝΕΣΤΩΤΑΣ
δίνοντας
ΠΑΡΑΚΕΙΜΕΝΟΣ
έχοντας δώσει/
(έχοντας δοσμένο)[2]

[1] Οι β' τύποι (και αυτοί με το τελικό ε) κυρίως στον προφορικό λόγο και στη λογοτεχνία.
[2] Οι β' τύποι (σπάνιας χρήσης) δεν είναι πλήρως ισοδύναμοι με τους α', από άποψη σημασίας και σύνταξης. Ισχύουν μόνο όταν το ρ. είναι μεταβατικό (δίνω κάτι).
[3] Στα σύνθετα ρ. ο τόνος ανεβαίνει: παράδινε – παράδωσε.

δίνομαι

132

ΠΑΘΗΤΙΚΗ ΦΩΝΗ

ΟΡΙΣΤΙΚΗ

ΕΝΕΣΤΩΤΑΣ
δίνομαι
δίνεσαι
δίνεται
δινόμαστε
δίνεστε/δινόσαστε[1]
δίνονται

ΕΞΑΚΟΛ. ΜΕΛΛΟΝΤΑΣ
θα δίνομαι
θα δίνεσαι
θα δίνεται
θα δινόμαστε
θα δίνεστε/θα δινόσαστε[1]
θα δίνονται

ΠΑΡΑΤΑΤΙΚΟΣ
δινόμουν(α)[1]
δινόσουν(α)[1]
δινόταν(ε)[1,2]
δινόμαστε/δινόμασταν[1]
δινόσαστε/δινόσασταν[1]
δίνονταν/δινόντανε[1]/
δινόντουσαν[1]

ΣΥΝΟΠΤ. ΜΕΛΛΟΝΤΑΣ
θα δοθώ
θα δοθείς
θα δοθεί
θα δοθούμε
θα δοθείτε
θα δοθούν(ε)[1]

ΑΟΡΙΣΤΟΣ
δόθηκα
δόθηκες
δόθηκε
δοθήκαμε
δοθήκατε
δόθηκαν/δοθήκαν(ε)[1]

ΠΑΡΑΚΕΙΜΕΝΟΣ
έχω δοθεί/
(είμαι δοσμένος)[3]

ΥΠΕΡΣΥΝΤΕΛΙΚΟΣ
είχα δοθεί/
(ήμουν δοσμένος)[3]

ΣΥΝΤΕΛ. ΜΕΛΛΟΝΤΑΣ
θα έχω δοθεί/
(θα είμαι δοσμένος)[3]

ΥΠΟΤΑΚΤΙΚΗ

ΕΝΕΣΤΩΤΑΣ
[να, όταν...] δίνομαι
δίνεσαι
δίνεται
δινόμαστε
δίνεστε/δινόσαστε[1]
δίνονται

ΑΟΡΙΣΤΟΣ
[να, όταν...] δοθώ
δοθείς
δοθεί
δοθούμε
δοθείτε
δοθούν(ε)[1]

ΠΑΡΑΚΕΙΜΕΝΟΣ
[να, όταν...] έχω δοθεί/
(είμαι δοσμένος)[3]

ΠΡΟΣΤΑΚΤΙΚΗ

ΕΝΕΣΤΩΤΑΣ
–
–
–
–
δίνεστε
–

ΑΟΡΙΣΤΟΣ
–
δώσου
–
–
δοθείτε
–

ΜΕΤΟΧΗ

ΕΝΕΣΤΩΤΑΣ
–

ΠΑΡΑΚΕΙΜΕΝΟΣ
δοσμένος

[1] Οι β′ τύποι (και αυτοί με το τελικό α ή ε) κυρίως στον προφορικό λόγο και στη λογοτεχνία.
[2] Και δίνονταν στον προφ. λόγο και στη λογοτεχνία.
[3] Οι β′ τύποι (σπάνιας χρήσης) δεν είναι πλήρως ισοδύναμοι με τους α′, από άποψη σημασίας και σύνταξης.

ΠΑΘΗΤΙΚΗ ΦΩΝΗ

ΟΡΙΣΤΙΚΗ

ΕΝΕΣΤΩΤΑΣ	ΠΑΡΑΤΑΤΙΚΟΣ	ΑΟΡΙΣΤΟΣ
εγκαθίσταμαι	–	εγκαταστάθηκα
εγκαθίστασαι	–	εγκαταστάθηκες
εγκαθίσταται	εγκαθίστατο	εγκαταστάθηκε
(εγκαθιστάμεθα)	–	εγκατασταθήκαμε
(εγκαθίστασθε)	–	εγκατασταθήκατε
εγκαθίστανται	εγκαθίσταντο	εγκαταστάθηκαν/ εγκατασταθήκαν(ε)[1]
ΕΞΑΚΟΛ. ΜΕΛΛΟΝΤΑΣ	**ΣΥΝΟΠΤ. ΜΕΛΛΟΝΤΑΣ**	**ΠΑΡΑΚΕΙΜΕΝΟΣ**
θα εγκαθίσταμαι	θα εγκατασταθώ	έχω εγκατασταθεί/
θα εγκαθίστασαι	θα εγκατασταθείς	είμαι εγκατεστημένος[2]
θα εγκαθίσταται	θα εγκατασταθεί	**ΥΠΕΡΣΥΝΤΕΛΙΚΟΣ**
(θα εγκαθιστάμεθα)	θα εγκατασταθούμε	είχα εγκατασταθεί/
(θα εγκαθίστασθε)	θα εγκατασταθείτε	ήμουν εγκατεστημένος[2]
θα εγκαθίστανται	θα εγκατασταθούν(ε)[1]	**ΣΥΝΤΕΛ. ΜΕΛΛΟΝΤΑΣ**
		θα έχω εγκατασταθεί/
		θα είμαι εγκατεστημένος[2]

ΥΠΟΤΑΚΤΙΚΗ

ΕΝΕΣΤΩΤΑΣ	ΑΟΡΙΣΤΟΣ	ΠΑΡΑΚΕΙΜΕΝΟΣ
[να, όταν...] εγκαθίσταμαι	[να, όταν...] εγκατασταθώ	[να, όταν...] έχω
εγκαθίστασαι	εγκατασταθείς	εγκατασταθεί/είμαι
εγκαθίσταται	εγκατασταθεί	εγκατεστημένος[2]
(εγκαθιστάμεθα)	εγκατασταθούμε	
(εγκαθίστασθε)	εγκατασταθείτε	
εγκαθίστανται	εγκατασταθούν(ε)[1]	

ΠΡΟΣΤΑΚΤΙΚΗ

ΕΝΕΣΤΩΤΑΣ	ΑΟΡΙΣΤΟΣ
–	–
–	εγκαταστήσου
–	–
–	–
(εγκαθίστασθε)	εγκατασταθείτε
–	–

ΜΕΤΟΧΗ

ΕΝΕΣΤΩΤΑΣ
εγκαθιστάμενος
ΠΑΡΑΚΕΙΜΕΝΟΣ
εγκατεστημένος
(σπάν. εγκαταστημένος)

[1] Οι τύποι με το τελικό ε (και ο β′ τύπος του αορίστου) απαντώνται κυρίως στον προφορικό λόγο, σπανίζουν όμως λόγω του λόγιου χαρακτήρα του ρ.
[2] Οι β′ τύποι (σπάνιας χρήσης) δεν είναι πλήρως ισοδύναμοι με τους α′, από άποψη σημασίας και σύνταξης.

ΟΡΙΣΤΙΚΗ

ΕΝΕΣΤΩΤΑΣ	ΠΑΡΑΤΑΤΙΚΟΣ	ΑΟΡΙΣΤΟΣ
είμαι	ήμουν(α)[1]	
είσαι	ήσουν(α)[1]	
είναι	ήταν(ε)[1]	
είμαστε	ήμαστε/ήμασταν[1]	
είστε/είσαστε	ήσαστε/ήσασταν[1]	
είναι	ήταν(ε)[1]/ήσαν(ε)[1]	
ΕΞΑΚΟΛ. ΜΕΛΛΟΝΤΑΣ	**ΣΥΝΟΠΤ. ΜΕΛΛΟΝΤΑΣ**	**ΠΑΡΑΚΕΙΜΕΝΟΣ**
θα είμαι		
θα είσαι		
θα είναι		**ΥΠΕΡΣΥΝΤΕΛΙΚΟΣ**
θα είμαστε		
θα είστε/θα είσαστε		
θα είναι		**ΣΥΝΤΕΛ. ΜΕΛΛΟΝΤΑΣ**

ΥΠΟΤΑΚΤΙΚΗ

ΕΝΕΣΤΩΤΑΣ	ΑΟΡΙΣΤΟΣ	ΠΑΡΑΚΕΙΜΕΝΟΣ
[να, όταν...] είμαι		
είσαι		
είναι		
είμαστε		
είστε/είσαστε		
είναι		

ΠΡΟΣΤΑΚΤΙΚΗ

ΕΝΕΣΤΩΤΑΣ	ΑΟΡΙΣΤΟΣ

ΜΕΤΟΧΗ

ΕΝΕΣΤΩΤΑΣ
όντας
ΠΑΡΑΚΕΙΜΕΝΟΣ

[1] Οι β′ τύποι (και αυτοί με το τελικό α ή ε) κυρίως στον προφορικό λόγο και στη λογοτεχνία.

ΕΝΕΡΓΗΤΙΚΗ ΦΩΝΗ

ΟΡΙΣΤΙΚΗ

ΕΝΕΣΤΩΤΑΣ	ΠΑΡΑΤΑΤΙΚΟΣ	ΑΟΡΙΣΤΟΣ
εισάγω	εισήγα	εισήγαγα
εισάγεις	εισήγες	εισήγαγες
εισάγει	εισήγε	εισήγαγε
εισάγουμε (σπάν.-ομε)	εισήγαμε	εισαγάγαμε
εισάγετε	εισήγατε	εισαγάγατε
εισάγουν(ε)[1]	εισήγαν	εισήγαγαν
ΕΞΑΚΟΛ. ΜΕΛΛΟΝΤΑΣ	**ΣΥΝΟΠΤ. ΜΕΛΛΟΝΤΑΣ**	**ΠΑΡΑΚΕΙΜΕΝΟΣ**
θα εισάγω	θα εισαγάγω	έχω εισαγάγει
θα εισάγεις	θα εισαγάγεις	**ΥΠΕΡΣΥΝΤΕΛΙΚΟΣ**
θα εισάγει	θα εισαγάγει	είχα εισαγάγει
θα εισάγουμε (σπάν.-ομε)	θα εισαγάγουμε (σπάν.-ομε)	**ΣΥΝΤΕΛ. ΜΕΛΛΟΝΤΑΣ**
θα εισάγετε	θα εισαγάγετε	θα έχω εισαγάγει
θα εισάγουν(ε)[1]	θα εισαγάγουν(ε)[1]	

ΥΠΟΤΑΚΤΙΚΗ

ΕΝΕΣΤΩΤΑΣ	ΑΟΡΙΣΤΟΣ	ΠΑΡΑΚΕΙΜΕΝΟΣ
[να, όταν...] εισάγω	[να, όταν...] εισαγάγω	[να, όταν...] έχω εισαγάγει
εισάγεις	εισαγάγεις	
εισάγει	εισαγάγει	
εισάγουμε (σπάν.-ομε)	εισαγάγουμε (σπάν.-ομε)	
εισάγετε	εισαγάγετε	
εισάγουν(ε)[1]	εισαγάγουν(ε)[1]	

ΠΡΟΣΤΑΚΤΙΚΗ

ΕΝΕΣΤΩΤΑΣ	ΑΟΡΙΣΤΟΣ
–	–
–	–
–	–
–	–
εισάγετε	εισαγάγετε
–	–

ΜΕΤΟΧΗ

ΕΝΕΣΤΩΤΑΣ
εισάγοντας
ΠΑΡΑΚΕΙΜΕΝΟΣ
έχοντας εισαγάγει

[1] Οι τύποι με το τελικό ε απαντώνται κυρίως στον προφορικό λόγο, γενικά όμως σπανίζουν λόγω του λόγιου χαρακτήρα των ρ. με β΄ συνθετικό το -άγω.

ΠΑΘΗΤΙΚΗ ΦΩΝΗ

ΟΡΙΣΤΙΚΗ

ΕΝΕΣΤΩΤΑΣ	ΠΑΡΑΤΑΤΙΚΟΣ	ΑΟΡΙΣΤΟΣ[3]
εισάγομαι	εισαγόμουν(α)[1]	(εισάχθηκα)
εισάγεσαι	εισαγόσουν(α)[1]	(εισάχθηκες)
εισάγεται	εισαγόταν(ε)[1,2]	(εισάχθηκε)/εισήχθη
εισαγόμαστε	εισαγόμαστε[2]	(εισαχθήκαμε)
εισάγεστε (σπάν.-όσαστε)	εισαγόσαστε[2]	(εισαχθήκατε)
εισάγονται	εισάγονταν[2]	(εισάχθηκαν)/εισήχθησαν
ΕΞΑΚΟΛ. ΜΕΛΛΟΝΤΑΣ	**ΣΥΝΟΠΤ. ΜΕΛΛΟΝΤΑΣ**	**ΠΑΡΑΚΕΙΜΕΝΟΣ**
θα εισάγομαι	θα εισαχθώ	έχω εισαχθεί
θα εισάγεσαι	θα εισαχθείς	**ΥΠΕΡΣΥΝΤΕΛΙΚΟΣ**
θα εισάγεται	θα εισαχθεί	είχα εισαχθεί
θα εισαγόμαστε	θα εισαχθούμε	**ΣΥΝΤΕΛ. ΜΕΛΛΟΝΤΑΣ**
θα εισάγεστε (σπάν. -όσαστε)	θα εισαχθείτε	θα έχω εισαχθεί
θα εισάγονται	θα εισαχθούν(ε)[1]	

ΥΠΟΤΑΚΤΙΚΗ

ΕΝΕΣΤΩΤΑΣ	ΑΟΡΙΣΤΟΣ	ΠΑΡΑΚΕΙΜΕΝΟΣ
[να, όταν...] εισάγομαι	[να, όταν...] εισαχθώ	[να, όταν...] έχω εισαχθεί
εισάγεσαι	εισαχθείς	
εισάγεται	εισαχθεί	
εισαγόμαστε	εισαχθούμε	
εισάγεστε (σπάν.-όσαστε)	εισαχθείτε	
εισάγονται	εισαχθούν(ε)[1]	

ΠΡΟΣΤΑΚΤΙΚΗ

ΕΝΕΣΤΩΤΑΣ	ΑΟΡΙΣΤΟΣ
—	—
—	—
—	—
—	—
εισάγεστε	εισαχθείτε
—	—

ΜΕΤΟΧΗ

ΕΝΕΣΤΩΤΑΣ
εισαγόμενος
ΠΑΡΑΚΕΙΜΕΝΟΣ
(εισαγμένος)

[1] Οι τύποι με το τελικό α ή ε απαντώνται κυρίως στον προφορικό λόγο, σπανίζουν όμως γενικά, λόγω του λόγιου χαρακτήρα των ρ. με β' συνθετικό το -άγομαι.
[2] Οι τύποι σε -ονταν, -όμασταν, -όσασταν, -όντουσαν (δες λύνομαι, 2) δε συνηθίζονται, λόγω του λόγιου χαρακτήρα των ρ.
[3] Επικρατούν κυρίως οι λόγιοι τύποι του γ' προσ. σε -ήχθη, -ήχθησαν. Η κλίση σε -άχθηκα είναι σπάνια, εκτός ίσως από το ρ. παράγομαι.

ΕΝΕΡΓΗΤΙΚΗ ΦΩΝΗ

ΟΡΙΣΤΙΚΗ

ΕΝΕΣΤΩΤΑΣ	ΠΑΡΑΤΑΤΙΚΟΣ	ΑΟΡΙΣΤΟΣ
εκθέτω	εξέθετα	εξέθεσα
εκθέτεις	εξέθετες	εξέθεσες
εκθέτει	εξέθετε	εξέθεσε
εκθέτουμε (σπάν.-ομε)	εκθέταμε	εκθέσαμε
εκθέτετε	εκθέτατε	εκθέσατε
εκθέτουν(ε)[1]	εξέθεταν/εκθέταν(ε)[1]	εξέθεσαν/εκθέσαν(ε)[1]
ΕΞΑΚΟΛ. ΜΕΛΛΟΝΤΑΣ	**ΣΥΝΟΠΤ. ΜΕΛΛΟΝΤΑΣ**	**ΠΑΡΑΚΕΙΜΕΝΟΣ**
θα εκθέτω	θα εκθέσω	έχω εκθέσει[2]
θα εκθέτεις	θα εκθέσεις	**ΥΠΕΡΣΥΝΤΕΛΙΚΟΣ**
θα εκθέτει	θα εκθέσει	είχα εκθέσει[2]
θα εκθέτουμε (σπάν.-ομε)	θα εκθέσουμε (σπάν.-ομε)	**ΣΥΝΤΕΛ. ΜΕΛΛΟΝΤΑΣ**
θα εκθέτετε	θα εκθέσετε	θα έχω εκθέσει[2]
θα εκθέτουν(ε)[1]	θα εκθέσουν(ε)[1]	

ΥΠΟΤΑΚΤΙΚΗ

ΕΝΕΣΤΩΤΑΣ	ΑΟΡΙΣΤΟΣ	ΠΑΡΑΚΕΙΜΕΝΟΣ
[να, όταν...] εκθέτω	[να, όταν...] εκθέσω	[να, όταν...] έχω εκθέσει[2]
εκθέτεις	εκθέσεις	
εκθέτει	εκθέσει	
εκθέτουμε (σπάν.-ομε)	εκθέσουμε (σπάν.-ομε)	
εκθέτετε	εκθέσετε	
εκθέτουν(ε)[1]	εκθέσουν(ε)[1]	

ΠΡΟΣΤΑΚΤΙΚΗ

ΕΝΕΣΤΩΤΑΣ	ΑΟΡΙΣΤΟΣ
–	–
(έκθετε)	(έκθεσε)
–	–
–	–
εκθέτετε	εκθέστε/εκθέσετε
–	–

ΜΕΤΟΧΗ

ΕΝΕΣΤΩΤΑΣ
εκθέτοντας
ΠΑΡΑΚΕΙΜΕΝΟΣ
έχοντας εκθέσει[2]

[1] Οι β΄ τύποι (και αυτοί με το τελικό ε) απαντώνται κυρίως στον προφορικό λόγο και στη λογοτεχνία, γενικά όμως σπανίζουν, λόγω του λόγιου χαρακτήρα των ρ. με β΄ συνθετικό το -θέτω.
[2] Σπάνια απαντώνται οι ισοδύναμοι τύποι με το έχω + μτχ. παθ. παρακειμ.

εκτίθεμαι 138

ΠΑΘΗΤΙΚΗ ΦΩΝΗ

ΟΡΙΣΤΙΚΗ

ΕΝΕΣΤΩΤΑΣ	**ΠΑΡΑΤΑΤΙΚΟΣ**	**ΑΟΡΙΣΤΟΣ**
εκτίθεμαι	–	εκτέθηκα
εκτίθεσαι	–	εκτέθηκες
εκτίθεται	(εξετίθετο)	εκτέθηκε
(εκτιθέμεθα)	–	εκτεθήκαμε
(εκτίθεσθε)	–	εκτεθήκατε
εκτίθενται[1]	(εξετίθεντο)	εκτέθηκαν/εκτεθήκαν(ε)[2]
ΕΞΑΚΟΛ. ΜΕΛΛΟΝΤΑΣ	**ΣΥΝΟΠΤ. ΜΕΛΛΟΝΤΑΣ**	**ΠΑΡΑΚΕΙΜΕΝΟΣ**
θα εκτίθεμαι	θα εκτεθώ	έχω εκτεθεί/
θα εκτίθεσαι	θα εκτεθείς	είμαι εκτεθειμένος[3]
θα εκτίθεται	θα εκτεθεί	**ΥΠΕΡΣΥΝΤΕΛΙΚΟΣ**
(θα εκτιθέμεθα)	θα εκτεθούμε	είχα εκτεθεί/
(θα εκτίθεσθε)	θα εκτεθείτε	ήμουν εκτεθειμένος[3]
θα εκτίθενται[1]	θα εκτεθούν(ε)[2]	**ΣΥΝΤΕΛ. ΜΕΛΛΟΝΤΑΣ**
		θα έχω εκτεθεί/
		θα είμαι εκτεθειμένος[3]

ΥΠΟΤΑΚΤΙΚΗ

ΕΝΕΣΤΩΤΑΣ	**ΑΟΡΙΣΤΟΣ**	**ΠΑΡΑΚΕΙΜΕΝΟΣ**
[να, όταν...] εκτίθεμαι	[να, όταν...] εκτεθώ	[να, όταν...] έχω εκτεθεί/
εκτίθεσαι	εκτεθείς	είμαι εκτεθειμένος[3]
εκτίθεται	εκτεθεί	
(εκτιθέμεθα)	εκτεθούμε	
(εκτίθεσθε)	εκτεθείτε	
εκτίθενται[1]	εκτεθούν(ε)[2]	

ΠΡΟΣΤΑΚΤΙΚΗ

ΕΝΕΣΤΩΤΑΣ	**ΑΟΡΙΣΤΟΣ**
–	–
–	(εκθέσου)
–	–
–	–
(εκτίθεσθε)	εκτεθείτε
–	–

ΜΕΤΟΧΗ

ΕΝΕΣΤΩΤΑΣ
εκτιθέμενος
ΠΑΡΑΚΕΙΜΕΝΟΣ
εκτεθειμένος

[1] Σε ορισμένα από τα ρ. της κατηγορίας αυτής απαντάται και ο τύπος σε -θέτομαι (π.χ. μεταθέτονται, παρα-θέτονται).
[2] Οι τύποι με το τελικό ε (και ο β' τύπος του αορίστου) απαντώνται κυρίως στον προφορικό λόγο και στη λογοτεχνία, γενικά όμως σπανίζουν, λόγω του λόγιου χαρακτήρα των ρ. με β' συνθετικό το -τίθεμαι.
[3] Οι β' τύποι (σπάνιας χρήσης) δεν είναι πλήρως ισοδύναμοι με τους α', από άποψη σημασίας και σύνταξης.

ΕΝΕΡΓΗΤΙΚΗ ΦΩΝΗ

ΟΡΙΣΤΙΚΗ

ΕΝΕΣΤΩΤΑΣ	ΠΑΡΑΤΑΤΙΚΟΣ	ΑΟΡΙΣΤΟΣ
εκλέγω	εξέλεγα	εξέλεξα
εκλέγεις	εξέλεγες	εξέλεξες
εκλέγει	εξέλεγε	εξέλεξε
εκλέγουμε (σπάν.-ομε)	εκλέγαμε	εκλέξαμε
εκλέγετε	εκλέγατε	εκλέξατε
εκλέγουν(ε)[1]	εξέλεγαν/εκλέγαν(ε)[1]	εξέλεξαν/εκλέξαν(ε)[1]
ΕΞΑΚΟΛ. ΜΕΛΛΟΝΤΑΣ	**ΣΥΝΟΠΤ. ΜΕΛΛΟΝΤΑΣ**	**ΠΑΡΑΚΕΙΜΕΝΟΣ**
θα εκλέγω	θα εκλέξω	έχω εκλέξει
θα εκλέγεις	θα εκλέξεις	**ΥΠΕΡΣΥΝΤΕΛΙΚΟΣ**
θα εκλέγει	θα εκλέξει	είχα εκλέξει
θα εκλέγουμε (σπάν.-ομε)	θα εκλέξουμε (σπάν.-ομε)	**ΣΥΝΤΕΛ. ΜΕΛΛΟΝΤΑΣ**
θα εκλέγετε	θα εκλέξετε	θα έχω εκλέξει
θα εκλέγουν(ε)[1]	θα εκλέξουν(ε)[1]	

ΥΠΟΤΑΚΤΙΚΗ

ΕΝΕΣΤΩΤΑΣ	ΑΟΡΙΣΤΟΣ	ΠΑΡΑΚΕΙΜΕΝΟΣ
[να, όταν...] εκλέγω	[να, όταν...] εκλέξω	[να, όταν...] έχω εκλέξει
εκλέγεις	εκλέξεις	
εκλέγει	εκλέξει	
εκλέγουμε (σπάν.-ομε)	εκλέξουμε (σπάν.-ομε)	
εκλέγετε	εκλέξετε	
εκλέγουν(ε)[1]	εκλέξουν(ε)[1]	

ΠΡΟΣΤΑΚΤΙΚΗ

ΕΝΕΣΤΩΤΑΣ	ΑΟΡΙΣΤΟΣ
—	—
(έκλεγε)	(έκλεξε)
—	—
—	—
εκλέγετε	εκλέξτε/εκλέξετε[2]
—	—

ΜΕΤΟΧΗ

ΕΝΕΣΤΩΤΑΣ
εκλέγοντας
ΠΑΡΑΚΕΙΜΕΝΟΣ
έχοντας εκλέξει

[1] Οι β′ τύποι (και αυτοί με το τελικό ε) εμφανίζονται κυρίως στον προφορικό λόγο και στη λογοτεχνία. Σπανίζουν σε λογιότερα ρ. (π.χ. συλλέγω).
[2] Ο β′ τύπος συνηθίζεται σε επίσημο ύφος λόγου.

ΠΑΘΗΤΙΚΗ ΦΩΝΗ

ΟΡΙΣΤΙΚΗ

ΕΝΕΣΤΩΤΑΣ	ΠΑΡΑΤΑΤΙΚΟΣ	ΑΟΡΙΣΤΟΣ[3]
εκλέγομαι	εκλεγόμουν(α)[1]	εκλέχθ(χτ)ηκα
εκλέγεσαι	εκλεγόσουν(α)[1]	εκλέχθ(χτ)ηκες
εκλέγεται	εκλεγόταν(ε)[1,2]	εκλέχθ(χτ)ηκε/εξελέγη
εκλεγόμαστε	εκλεγόμαστε[2]	εκλεχθ(χτ)ήκαμε
εκλέγεστε (σπάν.-όσαστε)	εκλεγόσαστε[2]	εκλεχθ(χτ)ήκατε
εκλέγονται	εκλέγονταν[2]	εκλέχθ(χτ)ηκαν/εκλεχθ(χτ)ήκαν(ε)[1]/ εξελέγησαν
ΕΞΑΚΟΛ. ΜΕΛΛΟΝΤΑΣ	**ΣΥΝΟΠΤ. ΜΕΛΛΟΝΤΑΣ[3]**	**ΠΑΡΑΚΕΙΜΕΝΟΣ**
θα εκλέγομαι	θα εκλεχθ(χτ)ώ/θα εκλεγώ	έχω εκλεχθ(χτ)εί[3]/έχω εκλεγεί[3]/ είμαι εκλεγμένος[4]
θα εκλέγεσαι	θα εκλεχθ(χτ)είς/θα εκλεγείς	**ΥΠΕΡΣΥΝΤΕΛΙΚΟΣ**
θα εκλέγεται	θα εκλεχθ(χτ)εί/θα εκλεγεί	είχα εκλεχθ(χτ)εί[3]/είχα εκλεγεί[3]/ ήμουν εκλεγμένος[4]
θα εκλεγόμαστε	θα εκλεχθ(χτ)ούμε/θα εκλεγούμε	**ΣΥΝΤΕΛ. ΜΕΛΛΟΝΤΑΣ**
θα εκλέγεστε (σπάν.-όσαστε)	θα εκλεχθ(χτ)είτε/θα εκλεγείτε	θα έχω εκλεχθ(χτ)εί[3]/θα έχω εκλεγεί[3]/θα είμαι εκλεγμένος[4]
θα εκλέγονται	θα εκλεχθ(χτ)ούν(ε)[1]/θα εκλεγούν(ε)[1]	

ΥΠΟΤΑΚΤΙΚΗ

ΕΝΕΣΤΩΤΑΣ	ΑΟΡΙΣΤΟΣ[3]	ΠΑΡΑΚΕΙΜΕΝΟΣ
[να, όταν...] εκλέγομαι	[να, όταν...] εκλεχθ(χτ)ώ/εκλεγώ	[να, όταν...] έχω εκλεχθ(χτ)εί[3]/ έχω εκλεγεί[3]/είμαι εκλεγμένος[4]
εκλέγεσαι	εκλεχθ(χτ)είς/εκλεγείς	
εκλέγεται	εκλεχθ(χτ)εί/εκλεγεί	
εκλεγόμαστε	εκλεχθ(χτ)ούμε/εκλεγούμε	
εκλέγεστε (σπάν.-όσαστε)	εκλεχθ(χτ)είτε/εκλεγείτε	
εκλέγονται	εκλεχθ(χτ)ούν(ε)[1]/εκλεγούν(ε)[1]	

ΠΡΟΣΤΑΚΤΙΚΗ

ΕΝΕΣΤΩΤΑΣ	ΑΟΡΙΣΤΟΣ
–	–
–	(εκλέξου)
–	–
–	–
εκλέγεστε	εκλεχθ(χτ)είτε[3]/εκλεγείτε[3]
–	–

ΜΕΤΟΧΗ

ΕΝΕΣΤΩΤΑΣ
εκλεγόμενος
ΠΑΡΑΚΕΙΜΕΝΟΣ
εκλεγμένος

[1] Οι τύποι με το τελικό α ή ε κυρίως στον προφορικό λόγο και στη λογοτεχνία. Σπάνιοι σε λογιότερα ρ. (π.χ συλλέγομαι).
[2] Οι τύποι σε -ονταν, -όμασταν, -όσασταν, -όντουσαν (δες λύνομαι, 2) δε συνηθίζονται.
[3] Σε επίσημο ύφος λόγου επικρατούν οι τύποι με -χθ- ή -γ-.
[4] Οι β΄ τύποι (σπάνιας χρήσης) δεν είναι πλήρως ισοδύναμοι με τους α΄, από άποψη σημασίας και σύνταξης.

ΕΝΕΡΓΗΤΙΚΗ ΦΩΝΗ

ΟΡΙΣΤΙΚΗ

ΕΝΕΣΤΩΤΑΣ	ΠΑΡΑΤΑΤΙΚΟΣ	ΑΟΡΙΣΤΟΣ
εκπίπτω	εξέπιπτα	εξέπεσα
εκπίπτεις	εξέπιπτες	εξέπεσες
εκπίπτει	εξέπιπτε	εξέπεσε
εκπίπτουμε (σπάν.-ομε)	εκπίπταμε	εκπέσαμε
εκπίπτετε	εκπίπτατε	εκπέσατε
εκπίπτουν(ε)[1]	εξέπιπταν/εκπίπτανε[1]	εξέπεσαν/εκπέσανε[1]
ΕΞΑΚΟΛ. ΜΕΛΛΟΝΤΑΣ	**ΣΥΝΟΠΤ. ΜΕΛΛΟΝΤΑΣ**	**ΠΑΡΑΚΕΙΜΕΝΟΣ**
θα εκπίπτω	θα εκπέσω	έχω εκπέσει
θα εκπίπτεις	θα εκπέσεις	**ΥΠΕΡΣΥΝΤΕΛΙΚΟΣ**
θα εκπίπτει	θα εκπέσει	είχα εκπέσει
θα εκπίπτουμε (σπάν.-ομε)	θα εκπέσουμε (σπάν.-ομε)	**ΣΥΝΤΕΛ. ΜΕΛΛΟΝΤΑΣ**
θα εκπίπτετε	θα εκπέσετε	θα έχω εκπέσει
θα εκπίπτουν(ε)[1]	θα εκπέσουν(ε)[1]	

ΥΠΟΤΑΚΤΙΚΗ

ΕΝΕΣΤΩΤΑΣ	ΑΟΡΙΣΤΟΣ	ΠΑΡΑΚΕΙΜΕΝΟΣ
[να, όταν...] εκπίπτω	[να, όταν...] εκπέσω	[να, όταν...] έχω εκπέσει
εκπίπτεις	εκπέσεις	
εκπίπτει	εκπέσει	
εκπίπτουμε (σπάν.-ομε)	εκπέσουμε (σπάν.-ομε)	
εκπίπτετε	εκπέσετε	
εκπίπτουν(ε)[1]	εκπέσουν(ε)[1]	

ΠΡΟΣΤΑΚΤΙΚΗ

ΕΝΕΣΤΩΤΑΣ	ΑΟΡΙΣΤΟΣ
–	–
–	(έκπεσε)
–	–
–	–
εκπίπτετε	εκπέσετε
–	–

ΜΕΤΟΧΗ

ΕΝΕΣΤΩΤΑΣ
εκπίπτοντας
ΠΑΡΑΚΕΙΜΕΝΟΣ
έχοντας εκπέσει

[1] Οι τύποι με το τελικό ε απαντώνται κυρίως στον προφορικό λόγο, σπανίζουν όμως γενικά, λόγω του λόγιου χαρακτήρα του ρ.

ΠΑΘΗΤΙΚΗ ΦΩΝΗ

ΟΡΙΣΤΙΚΗ

ΕΝΕΣΤΩΤΑΣ	**ΠΑΡΑΤΑΤΙΚΟΣ**	**ΑΟΡΙΣΤΟΣ**
εκρήγνυμαι		–
εκρήγνυσαι		–
εκρήγνυται		εξερράγη
(εκρηγνύμεθα)		–
(εκρήγνυσθε)		–
εκρήγνυνται		εξερράγησαν
ΕΞΑΚΟΛ. ΜΕΛΛΟΝΤΑΣ	**ΣΥΝΟΠΤ. ΜΕΛΛΟΝΤΑΣ**	**ΠΑΡΑΚΕΙΜΕΝΟΣ**
θα εκρήγνυμαι	θα εκραγώ	έχω εκραγεί
θα εκρήγνυσαι	θα εκραγείς	**ΥΠΕΡΣΥΝΤΕΛΙΚΟΣ**
θα εκρήγνυται	θα εκραγεί	είχα εκραγεί
(θα εκρηγνύμεθα)	θα εκραγούμε	**ΣΥΝΤΕΛ. ΜΕΛΛΟΝΤΑΣ**
(θα εκρήγνυσθε)	θα εκραγείτε	θα έχω εκραγεί
θα εκρήγνυνται	θα εκραγούν(ε)[1]	

ΥΠΟΤΑΚΤΙΚΗ

ΕΝΕΣΤΩΤΑΣ	**ΑΟΡΙΣΤΟΣ**	**ΠΑΡΑΚΕΙΜΕΝΟΣ**
[να, όταν...] εκρήγνυμαι	[να, όταν...] εκραγώ	[να, όταν...] έχω εκραγεί
εκρήγνυσαι	εκραγείς	
εκρήγνυται	εκραγεί	
(εκρηγνύμεθα)	εκραγούμε	
(εκρήγνυσθε)	εκραγείτε	
εκρήγνυνται	εκραγούν(ε)[1]	

ΠΡΟΣΤΑΚΤΙΚΗ

ΕΝΕΣΤΩΤΑΣ	**ΑΟΡΙΣΤΟΣ**
–	–
–	–
–	–
–	–
(εκρήγνυσθε)	εκραγείτε
–	–

ΜΕΤΟΧΗ

ΕΝΕΣΤΩΤΑΣ
–

ΠΑΡΑΚΕΙΜΕΝΟΣ
–

[1] Οι τύποι με το τελικό ε απαντώνται κυρίως στον προφορικό λόγο, σπανίζουν όμως γενικά, λόγω του λόγιου χαρακτήρα του ρ.

ΕΝΕΡΓΗΤΙΚΗ ΦΩΝΗ

ΟΡΙΣΤΙΚΗ

ΕΝΕΣΤΩΤΑΣ	**ΠΑΡΑΤΑΤΙΚΟΣ**	**ΑΟΡΙΣΤΟΣ**
εξεγείρω	εξήγειρα[2]/εξέγειρα	εξήγειρα[2]/εξέγειρα
εξεγείρεις	εξήγειρες[2]/εξέγειρες	εξήγειρες[2]/εξέγειρες
εξεγείρει	εξήγειρε[2]/εξέγειρε	εξήγειρε[2]/εξέγειρε
εξεγείρουμε (σπάν.-ομε)	εξεγείραμε	εξεγείραμε
εξεγείρετε	εξεγείρατε	εξεγείρατε
εξεγείρουν(ε)[1]	εξήγειραν[2]/εξεγείραν(ε)[1]	εξήγειραν[2]/εξεγείραν(ε)[1]
ΕΞΑΚΟΛ. ΜΕΛΛΟΝΤΑΣ	**ΣΥΝΟΠΤ. ΜΕΛΛΟΝΤΑΣ**	**ΠΑΡΑΚΕΙΜΕΝΟΣ**
θα εξεγείρω	θα εξεγείρω	έχω εξεγείρει
θα εξεγείρεις	θα εξεγείρεις	**ΥΠΕΡΣΥΝΤΕΛΙΚΟΣ**
θα εξεγείρει	θα εξεγείρει	είχα εξεγείρει
θα εξεγείρουμε (σπάν.-ομε)	θα εξεγείρουμε (σπάν.-ομε)	**ΣΥΝΤΕΛ. ΜΕΛΛΟΝΤΑΣ**
θα εξεγείρετε	θα εξεγείρετε	θα έχω εξεγείρει
θα εξεγείρουν(ε)[1]	θα εξεγείρουν(ε)[1]	

ΥΠΟΤΑΚΤΙΚΗ

ΕΝΕΣΤΩΤΑΣ	**ΑΟΡΙΣΤΟΣ**	**ΠΑΡΑΚΕΙΜΕΝΟΣ**
[να, όταν...] εξεγείρω	[να, όταν...] εξεγείρω	[να, όταν...] έχω εξεγείρει
εξεγείρεις	εξεγείρεις	
εξεγείρει	εξεγείρει	
εξεγείρουμε (σπάν.-ομε)	εξεγείρουμε (σπάν.-ομε)	
εξεγείρετε	εξεγείρετε	
εξεγείρουν(ε)[1]	εξεγείρουν(ε)[1]	

ΠΡΟΣΤΑΚΤΙΚΗ

ΕΝΕΣΤΩΤΑΣ	**ΑΟΡΙΣΤΟΣ**
–	–
εξέγειρε	εξέγειρε
–	–
–	–
εξεγείρετε	εξεγείρετε
–	–

ΜΕΤΟΧΗ

ΕΝΕΣΤΩΤΑΣ
εξεγείροντας
ΠΑΡΑΚΕΙΜΕΝΟΣ
έχοντας εξεγείρει

[1] Οι β' τύποι (και αυτοί με το τελικό ε) εμφανίζονται κυρίως στον προφορικό λόγο και στη λογοτεχνία. Δε συνηθίζονται για λογιότερα ρ. (π.χ. ανεγείρω).
[2] Οι τύποι με εσωτερική αύξηση (εξήγειρα κτλ.) είναι συνηθέστεροι, λόγω του λόγιου γενικά χαρακτήρα των ρ. με β' συνθετικό το -εγείρω. Επικρατούν σε ρ. όπως το ανεγείρω.

ΠΑΘΗΤΙΚΗ ΦΩΝΗ

ΟΡΙΣΤΙΚΗ

ΕΝΕΣΤΩΤΑΣ	ΠΑΡΑΤΑΤΙΚΟΣ	ΑΟΡΙΣΤΟΣ
εξεγείρομαι	εξεγειρόμουν(α)[1]	εξεγέρθηκα
εξεγείρεσαι	εξεγειρόσουν(α)[1]	εξεγέρθηκες
εξεγείρεται	εξεγειρόταν(ε)[1,2]	εξεγέρθηκε
εξεγειρόμαστε	εξεγειρόμαστε[2]	εξεγερθήκαμε
εξεγείρεστε (σπάν. -όσαστε)	εξεγειρόσαστε[2]	εξεγερθήκατε
εξεγείρονται	εξεγείρονταν[2]	εξεγέρθηκαν/εξεγερθήκαν(ε)[1]
ΕΞΑΚΟΛ. ΜΕΛΛΟΝΤΑΣ	**ΣΥΝΟΠΤ. ΜΕΛΛΟΝΤΑΣ**	**ΠΑΡΑΚΕΙΜΕΝΟΣ**
θα εξεγείρομαι	θα εξεγερθώ	έχω εξεγερθεί/ (είμαι εξεγερμένος)[3]
θα εξεγείρεσαι	θα εξεγερθείς	**ΥΠΕΡΣΥΝΤΕΛΙΚΟΣ**
θα εξεγείρεται	θα εξεγερθεί	είχα εξεγερθεί/ (ήμουν εξεγερμένος)[3]
θα εξεγειρόμαστε	θα εξεγερθούμε	**ΣΥΝΤΕΛ. ΜΕΛΛΟΝΤΑΣ**
θα εξεγείρεστε (σπάν. -όσαστε)	θα εξεγερθείτε	θα έχω εξεγερθεί/ (θα είμαι εξεγερμένος)[3]
θα εξεγείρονται	θα εξεγερθούν(ε)[1]	

ΥΠΟΤΑΚΤΙΚΗ

ΕΝΕΣΤΩΤΑΣ	ΑΟΡΙΣΤΟΣ	ΠΑΡΑΚΕΙΜΕΝΟΣ
[να, όταν...] εξεγείρομαι	[να, όταν...] εξεγερθώ	[να, όταν...] έχω εξεγερθεί/ (είμαι εξεγερμένος)[3]
εξεγείρεσαι	εξεγερθείς	
εξεγείρεται	εξεγερθεί	
εξεγειρόμαστε	εξεγερθούμε	
εξεγείρεστε (σπάν.-όσαστε)	εξεγερθείτε	
εξεγείρονται	εξεγερθούν(ε)[1]	

ΠΡΟΣΤΑΚΤΙΚΗ

ΕΝΕΣΤΩΤΑΣ	ΑΟΡΙΣΤΟΣ
–	–
–	(εξεγέρσου)
–	–
–	–
εξεγείρεστε	εξεγερθείτε
–	–

ΜΕΤΟΧΗ

ΕΝΕΣΤΩΤΑΣ
εξεγειρόμενος
ΠΑΡΑΚΕΙΜΕΝΟΣ
εξεγερμένος

[1] Οι τύποι με το τελικό α ή ε (και ο β′ τύπος του αορίστου) κυρίως στον προφορικό λόγο και στη λογοτεχνία.
[2] Οι τύποι σε -ονταν, -όμασταν, -όσασταν, -όντουσαν (δες λύνομαι, 2) δε συνηθίζονται, λόγω του λόγιου χαρακτήρα των ρ. με β′ συνθετικό το -εγείρομαι.
[3] Οι β′ τύποι (σπάνιας χρήσης) δεν είναι πλήρως ισοδύναμοι με τους α′, από άποψη σημασίας και σύνταξης.

ΕΝΕΡΓΗΤΙΚΗ ΦΩΝΗ

ΟΡΙΣΤΙΚΗ

ΕΝΕΣΤΩΤΑΣ	**ΠΑΡΑΤΑΤΙΚΟΣ**	**ΑΟΡΙΣΤΟΣ**[2]
επεμβαίνω	επενέβαινα	(επέμβηκα)
επεμβαίνεις	επενέβαινες	(επέμβηκες)
επεμβαίνει	επενέβαινε	(επέμβηκε)/επενέβη
επεμβαίνουμε (σπάν.-ομε)	επεμβαίναμε	(επεμβήκαμε)
επεμβαίνετε	επεμβαίνατε	(επεμβήκατε)
επεμβαίνουν(ε)[1]	επενέβαιναν/επεμβαίναν(ε)[1]	(επεμβήκανε)/επενέβησαν
ΕΞΑΚΟΛ. ΜΕΛΛΟΝΤΑΣ	**ΣΥΝΟΠΤ. ΜΕΛΛΟΝΤΑΣ**[3]	**ΠΑΡΑΚΕΙΜΕΝΟΣ**
θα επεμβαίνω	θα επέμβω	έχω επέμβει[3]
θα επεμβαίνεις	θα επέμβεις	**ΥΠΕΡΣΥΝΤΕΛΙΚΟΣ**
θα επεμβαίνει	θα επέμβει	είχα επέμβει[3]
θα επεμβαίνουμε (σπάν.-ομε)	θα επέμβουμε (σπάν.-ομε)	**ΣΥΝΤΕΛ. ΜΕΛΛΟΝΤΑΣ**
θα επεμβαίνετε	θα επέμβετε	θα έχω επέμβει[3]
θα επεμβαίνουν(ε)[1]	θα επέμβουν(ε)[1]	

ΥΠΟΤΑΚΤΙΚΗ

ΕΝΕΣΤΩΤΑΣ	**ΑΟΡΙΣΤΟΣ**[3]	**ΠΑΡΑΚΕΙΜΕΝΟΣ**
[να, όταν...] επεμβαίνω	[να, όταν...] επέμβω	[να, όταν...] έχω επέμβει[3]
επεμβαίνεις	επέμβεις	
επεμβαίνει	επέμβει	
επεμβαίνουμε (σπάν.-ομε)	επέμβουμε (σπάν.-ομε)	
επεμβαίνετε	επέμβετε	
επεμβαίνουν(ε)[1]	επέμβουν(ε)[1]	

ΠΡΟΣΤΑΚΤΙΚΗ

ΕΝΕΣΤΩΤΑΣ	**ΑΟΡΙΣΤΟΣ**[3]
–	–
επέμβαινε	–
–	–
–	–
επεμβαίνετε	επέμβετε
–	–

ΜΕΤΟΧΗ

ΕΝΕΣΤΩΤΑΣ
επεμβαίνοντας
ΠΑΡΑΚΕΙΜΕΝΟΣ
έχοντας επέμβει[3]

[1] Οι τύποι με το τελικό ε (και ο β′ τύπος του παρατατικού) εμφανίζονται κυρίως στον προφορικό λόγο.
[2] Επικρατούν οι λόγιοι τύποι του γ′ προσ. σε -έβη, -έβησαν. Οι άλλοι τύποι (επέμβηκα κτλ.) είναι σπάνιοι ή ανύπαρκτοι για λογιότερα ρ. (π.χ. επιβαίνω).
[3] Ορισμένα ρ. σύνθετα με το -βαίνω, όπως παραβαίνω, επιβαίνω κτλ., σχηματίζουν τύπους ως εξής: παραβώ, παραβείς, παραβεί, παραβούμε, παραβείτε, παραβούν(ε), έχω παραβεί, (προστ.) παραβείτε.

ΕΝΕΡΓΗΤΙΚΗ ΦΩΝΗ

ΟΡΙΣΤΙΚΗ

ΕΝΕΣΤΩΤΑΣ	**ΠΑΡΑΤΑΤΙΚΟΣ**	**ΑΟΡΙΣΤΟΣ**
επιβάλλω	επέβαλλα	επέβαλα
επιβάλλεις	επέβαλλες	επέβαλες
επιβάλλει	επέβαλλε	επέβαλε
επιβάλλουμε (σπάν.-ομε)	επιβάλλαμε	επιβάλαμε
επιβάλλετε	επιβάλλατε	επιβάλατε
επιβάλλουν(ε)[1]	επέβαλλαν/επιβάλλαν(ε)[1]	επέβαλαν/επιβάλαν(ε)[1]
ΕΞΑΚΟΛ. ΜΕΛΛΟΝΤΑΣ	**ΣΥΝΟΠΤ. ΜΕΛΛΟΝΤΑΣ**	**ΠΑΡΑΚΕΙΜΕΝΟΣ**
θα επιβάλλω	θα επιβάλω	έχω επιβάλει
θα επιβάλλεις	θα επιβάλεις	**ΥΠΕΡΣΥΝΤΕΛΙΚΟΣ**
θα επιβάλλει	θα επιβάλει	είχα επιβάλει
θα επιβάλλουμε (σπάν.-ομε)	θα επιβάλουμε (σπάν.-ομε)	**ΣΥΝΤΕΛ. ΜΕΛΛΟΝΤΑΣ**
θα επιβάλλετε	θα επιβάλετε	θα έχω επιβάλει
θα επιβάλλουν(ε)[1]	θα επιβάλουν(ε)[1]	

ΥΠΟΤΑΚΤΙΚΗ

ΕΝΕΣΤΩΤΑΣ	**ΑΟΡΙΣΤΟΣ**	**ΠΑΡΑΚΕΙΜΕΝΟΣ**
[να, όταν...] επιβάλλω	[να, όταν...] επιβάλω	[να, όταν...] έχω επιβάλει
επιβάλλεις	επιβάλεις	
επιβάλλει	επιβάλει	
επιβάλλουμε (σπάν.-ομε)	επιβάλουμε (σπάν.-ομε)	
επιβάλλετε	επιβάλετε	
επιβάλλουν(ε)[1]	επιβάλουν(ε)[1]	

ΠΡΟΣΤΑΚΤΙΚΗ

ΕΝΕΣΤΩΤΑΣ	**ΑΟΡΙΣΤΟΣ**
–	–
επίβαλλε	επίβαλε
–	–
–	–
επιβάλλετε	επιβάλετε
–	–

ΜΕΤΟΧΗ

ΕΝΕΣΤΩΤΑΣ
επιβάλλοντας
ΠΑΡΑΚΕΙΜΕΝΟΣ
έχοντας επιβάλει

[1] Οι β′ τύποι (και αυτοί με το τελικό ε) απαντώνται κυρίως στον προφορικό λόγο και στη λογοτεχνία. Γενικά είνα[ι] σπάνιοι, λόγω του λόγιου χαρακτήρα των ρ. με β′ συνθετικό το -βάλλω.

ΠΑΘΗΤΙΚΗ ΦΩΝΗ

ΟΡΙΣΤΙΚΗ

ΕΝΕΣΤΩΤΑΣ	ΠΑΡΑΤΑΤΙΚΟΣ	ΑΟΡΙΣΤΟΣ
επιβάλλομαι	επιβαλλόμουν(α)[1]	επιβλήθηκα
επιβάλλεσαι	επιβαλλόσουν(α)[1]	επιβλήθηκες
επιβάλλεται	επιβαλλόταν(ε)[1,2]	επιβλήθηκε
επιβαλλόμαστε	επιβαλλόμαστε[2]	επιβληθήκαμε
επιβάλλεστε (σπάν. -όσαστε)	επιβαλλόσαστε[2]	επιβληθήκατε
επιβάλλονται	επιβάλλονταν[2]	επιβλήθηκαν/επιβληθήκαν(ε)[1]
ΕΞΑΚΟΛ. ΜΕΛΛΟΝΤΑΣ	**ΣΥΝΟΠΤ. ΜΕΛΛΟΝΤΑΣ**	**ΠΑΡΑΚΕΙΜΕΝΟΣ**
θα επιβάλλομαι	θα επιβληθώ	έχω επιβληθεί/
θα επιβάλλεσαι	θα επιβληθείς	είμαι επιβεβλημένος[3]
θα επιβάλλεται	θα επιβληθεί	**ΥΠΕΡΣΥΝΤΕΛΙΚΟΣ**
θα επιβαλλόμαστε	θα επιβληθούμε	είχα επιβληθεί/
θα επιβάλλεστε (σπάν. -όσαστε)	θα επιβληθείτε	ήμουν επιβεβλημένος[3]
θα επιβάλλονται	θα επιβληθούν(ε)[1]	**ΣΥΝΤΕΛ. ΜΕΛΛΟΝΤΑΣ**
		θα έχω επιβληθεί/
		θα είμαι επιβεβλημένος[3]

ΥΠΟΤΑΚΤΙΚΗ

ΕΝΕΣΤΩΤΑΣ	ΑΟΡΙΣΤΟΣ	ΠΑΡΑΚΕΙΜΕΝΟΣ
[να, όταν...] επιβάλλομαι	[να, όταν...] επιβληθώ	[να, όταν...] έχω επιβληθεί/
επιβάλλεσαι	επιβληθείς	είμαι επιβεβλημένος[3]
επιβάλλεται	επιβληθεί	
επιβαλλόμαστε	επιβληθούμε	
επιβάλλεστε (σπάν.-όσαστε)	επιβληθείτε	
επιβάλλονται	επιβληθούν(ε)[1]	

ΠΡΟΣΤΑΚΤΙΚΗ

ΕΝΕΣΤΩΤΑΣ	ΑΟΡΙΣΤΟΣ
–	–
–	–
–	–
–	–
επιβάλλεστε	επιβληθείτε
–	–

ΜΕΤΟΧΗ

ΕΝΕΣΤΩΤΑΣ
επιβαλλόμενος
ΠΑΡΑΚΕΙΜΕΝΟΣ
επιβεβλημένος

1. Οι τύποι με το τελικό α ή ε (και ο β′ τύπος του αορίστου) κυρίως στον προφορικό λόγο και στη λογοτεχνία. Δε συνηθίζονται γενικά, λόγω του λόγιου χαρακτήρα των ρ. σε -βάλλομαι.
2. Οι τύποι σε -ονταν, -όμασταν, -όσασταν, -όντουσαν (δες λύνομαι, 2) δε συνηθίζονται.
3. Οι β′ τύποι (σπάνιας χρήσης) δεν είναι πλήρως ισοδύναμοι με τους α′, από άποψη σημασίας και σύνταξης.

ΕΝΕΡΓΗΤΙΚΗ ΦΩΝΗ

ΟΡΙΣΤΙΚΗ

ΕΝΕΣΤΩΤΑΣ
επιτυγχάνω/πετυχαίνω
επιτυγχάνεις/πετυχαίνεις
επιτυγχάνει/πετυχαίνει
επιτυγχάνουμε[1]/πετυχαίνουμε[1]
επιτυγχάνετε/πετυχαίνετε
επιτυγχάνουν(ε)[2]/πετυχαίνουν(ε)[2]

ΕΞΑΚΟΛ. ΜΕΛΛΟΝΤΑΣ
θα επιτυγχάνω/θα πετυχαίνω
θα επιτυγχάνεις/θα πετυχαίνεις
θα επιτυγχάνει/θα πετυχαίνει
θα επιτυγχάνουμε[1]/
θα πετυχαίνουμε[1]
θα επιτυγχάνετε/θα πετυχαίνετε
θα επιτυγχάνουν(ε)[2]/
θα πετυχαίνουν(ε)[2]

ΠΑΡΑΤΑΤΙΚΟΣ
επιτύγχανα/πετύχαινα
επιτύγχανες/πετύχαινες
επιτύγχανε/πετύχαινε
επιτυγχάναμε/πετυχαίναμε
επιτυγχάνατε/πετυχαίνατε
επιτύγχαναν/πετύχαιναν/
πετυχαίναν(ε)[2]

ΣΥΝΟΠΤ. ΜΕΛΛΟΝΤΑΣ
θα επιτύχω/θα πετύχω
θα επιτύχεις/θα πετύχεις
θα επιτύχει/θα πετύχει
θα επιτύχουμε[1]/θα πετύχουμε[1]
θα επιτύχετε/θα πετύχετε
θα επιτύχουν(ε)[2]/θα πετύχουν(ε)[2]

ΑΟΡΙΣΤΟΣ
(ε)πέτυχα
(ε)πέτυχες
(ε)πέτυχε
πετύχαμε
πετύχατε
(ε)πέτυχαν/πετύχαν(ε)[2]

ΠΑΡΑΚΕΙΜΕΝΟΣ
έχω επιτύχει/έχω πετύχει

ΥΠΕΡΣΥΝΤΕΛΙΚΟΣ
είχα επιτύχει/είχα πετύχει

ΣΥΝΤΕΛ. ΜΕΛΛΟΝΤΑΣ
θα έχω επιτύχει/θα έχω πετύχει

ΥΠΟΤΑΚΤΙΚΗ

ΕΝΕΣΤΩΤΑΣ
[να, όταν...]
επιτυγχάνω/πετυχαίνω
επιτυγχάνεις/πετυχαίνεις
επιτυγχάνει/πετυχαίνει
επιτυγχάνουμε[1]/πετυχαίνουμε[1]
επιτυγχάνετε/πετυχαίνετε
επιτυγχάνουν(ε)[2]/πετυχαίνουν(ε)[2]

ΑΟΡΙΣΤΟΣ
[να, όταν...] επιτύχω/πετύχω
επιτύχεις/πετύχεις
επιτύχει/πετύχει
επιτύχουμε[1]/πετύχουμε[1]
επιτύχετε/πετύχετε
επιτύχουν(ε)[2]/πετύχουν(ε)[2]

ΠΑΡΑΚΕΙΜΕΝΟΣ
[να, όταν...] έχω επιτύχει/
έχω πετύχει

ΠΡΟΣΤΑΚΤΙΚΗ

ΕΝΕΣΤΩΤΑΣ
–
επιτύγχανε/πετύχαινε
–
–
επιτυγχάνετε/πετυχαίνετε
–

ΑΟΡΙΣΤΟΣ
–
πέτυχε
–
–
επιτύχετε/πετύχετε
–

ΜΕΤΟΧΗ

ΕΝΕΣΤΩΤΑΣ
επιτυγχάνοντας/πετυχαίνοντας

ΠΑΡΑΚΕΙΜΕΝΟΣ
έχοντας επιτύχει/έχοντας πετύχει

[1] Σπάνια σε -ομε (επιτυγχάνομε κτλ.).
[2] Οι β' τύποι (και αυτοί με το τελικό ε) εμφανίζονται κυρίως στον προφορικό λόγο και στη λογοτεχνία.

ΠΑΘΗΤΙΚΗ ΦΩΝΗ

ΟΡΙΣΤΙΚΗ

ΕΝΕΣΤΩΤΑΣ	ΠΑΡΑΤΑΤΙΚΟΣ	ΑΟΡΙΣΤΟΣ
επιτυγχάνομαι	–	επιτεύχθηκα
επιτυγχάνεσαι	–	επιτεύχθηκες
επιτυγχάνεται	(επιτυγχανόταν)	επιτεύχθηκε
επιτυγχανόμαστε	–	επιτευχθήκαμε
επιτυγχάνεστε	–	επιτευχθήκατε
επιτυγχάνονται	(επιτυγχάνονταν)	επιτεύχθηκαν/
ΕΞΑΚΟΛ. ΜΕΛΛΟΝΤΑΣ	**ΣΥΝΟΠΤ. ΜΕΛΛΟΝΤΑΣ**	επιτευχθήκαν(ε)[1]
θα επιτυγχάνομαι	θα επιτευχθώ	**ΠΑΡΑΚΕΙΜΕΝΟΣ**
θα επιτυγχάνεσαι	θα επιτευχθείς	έχω επιτευχθεί
θα επιτυγχάνεται	θα επιτευχθεί	**ΥΠΕΡΣΥΝΤΕΛΙΚΟΣ**
θα επιτυγχανόμαστε	θα επιτευχθούμε	είχα επιτευχθεί
θα επιτυγχάνεστε	θα επιτευχθείτε	**ΣΥΝΤΕΛ. ΜΕΛΛΟΝΤΑΣ**
θα επιτυγχάνονται	θα επιτευχθούν(ε)[1]	θα έχω επιτευχθεί

ΥΠΟΤΑΚΤΙΚΗ

ΕΝΕΣΤΩΤΑΣ	ΑΟΡΙΣΤΟΣ	ΠΑΡΑΚΕΙΜΕΝΟΣ
[να, όταν...] επιτυγχάνομαι	[να, όταν...] επιτευχθώ	[να, όταν...] έχω επιτευχθεί
επιτυγχάνεσαι	επιτευχθείς	
επιτυγχάνεται	επιτευχθεί	
επιτυγχανόμαστε	επιτευχθούμε	
επιτυγχάνεστε	επιτευχθείτε	
επιτυγχάνονται	επιτευχθούν(ε)[1]	

ΠΡΟΣΤΑΚΤΙΚΗ

ΕΝΕΣΤΩΤΑΣ	ΑΟΡΙΣΤΟΣ
–	–
–	–
–	–
–	–
επιτυγχάνεστε	επιτευχθείτε
–	–

ΜΕΤΟΧΗ

ΕΝΕΣΤΩΤΑΣ
(επιτυγχανόμενος)
ΠΑΡΑΚΕΙΜΕΝΟΣ
επιτυχημένος

Οι τύποι με το τελικό ε (και ο β' τύπος του αορίστου) εμφανίζονται κυρίως στον προφορικό λόγο, σπανίζουν όμως γενικά, λόγω του λόγιου χαρακτήρα του ρ.

ΠΑΘΗΤΙΚΗ ΦΩΝΗ

ΟΡΙΣΤΙΚΗ

ΕΝΕΣΤΩΤΑΣ	ΠΑΡΑΤΑΤΙΚΟΣ	ΑΟΡΙΣΤΟΣ[3]
έρχομαι	ερχόμουν(α)[1]	ήρθα/ήλθα
έρχεσαι	ερχόσουν(α)[1]	ήρθες/ήλθες
έρχεται	ερχόταν(ε)[1,2]	ήρθε/ήλθε
ερχόμαστε	ερχόμαστε/ερχόμασταν[1]	ήρθαμε/ήλθαμε
έρχεστε/ερχόσαστε[1]	ερχόσαστε/ερχόσασταν[1]	ήρθατε/ήλθατε
έρχονται	έρχονταν/ερχόντανε[1]/ ερχόντουσαν[1]	ήρθαν(ε)[1]/ήλθαν(ε)[1]
ΕΞΑΚΟΛ. ΜΕΛΛΟΝΤΑΣ	**ΣΥΝΟΠΤ. ΜΕΛΛΟΝΤΑΣ[3]**	**ΠΑΡΑΚΕΙΜΕΝΟΣ**
θα έρχομαι	θα έρθω/θα έλθω	έχω έρθει/έχω έλθει[3]
θα έρχεσαι	θα έρθεις/θα έλθεις	**ΥΠΕΡΣΥΝΤΕΛΙΚΟΣ**
θα έρχεται	θα έρθει/θα έλθει	είχα έρθει/είχα έλθει[3]
θα ερχόμαστε	θα έρθουμε[4]/θα έλθουμε[4]	**ΣΥΝΤΕΛ. ΜΕΛΛΟΝΤΑΣ**
θα έρχεστε/θα ερχόσαστε[1]	θα έρθετε/θα έλθετε	θα έχω έρθει/θα έχω έλθει[3]
θα έρχονται	θα έρθουν(ε)[1]/θα έλθουν(ε)[1]	

ΥΠΟΤΑΚΤΙΚΗ

ΕΝΕΣΤΩΤΑΣ	ΑΟΡΙΣΤΟΣ[3]	ΠΑΡΑΚΕΙΜΕΝΟΣ
[να, όταν...] έρχομαι	[να, όταν...] έρθω/έλθω	[να, όταν...] έχω έρθει/ έχω έλθει[3]
έρχεσαι	έρθεις/έλθεις	
έρχεται	έρθει/έλθει	
ερχόμαστε	έρθουμε[4]/έλθουμε[4]	
έρχεστε/ερχόσαστε[1]	έρθετε/έλθετε	
έρχονται	έρθουν(ε)[1]/έλθουν(ε)[1]	

ΠΡΟΣΤΑΚΤΙΚΗ

ΕΝΕΣΤΩΤΑΣ	ΑΟΡΙΣΤΟΣ
–	–
–	έλα
–	–
–	–
έρχεστε	ελάτε
–	–

ΜΕΤΟΧΗ

ΕΝΕΣΤΩΤΑΣ
ερχόμενος
ΠΑΡΑΚΕΙΜΕΝΟΣ
–

[1] Οι β΄ τύποι (και αυτοί με το τελικό α ή ε) κυρίως στον προφορικό λόγο και στη λογοτεχνία.
[2] Και έρχονταν στον προφ. λόγο και στη λογοτεχνία.
[3] Οι τύποι ήλθα, έλθω κτλ. είναι σπάνιοι και εμφανίζονται συνήθως σε επίσημο ύφος λόγου.
[4] Σπάνια σε -ομε (έρθομε κτλ.).

ΠΑΘΗΤΙΚΗ ΦΩΝΗ

ΟΡΙΣΤΙΚΗ

ΕΝΕΣΤΩΤΑΣ
εύχομαι
εύχεσαι
εύχεται
ευχόμαστε
εύχεστε/ευχόσαστε[1]
εύχονται

ΕΞΑΚΟΛ. ΜΕΛΛΟΝΤΑΣ
θα εύχομαι
θα εύχεσαι
θα εύχεται
θα ευχόμαστε
θα εύχεστε/θα ευχόσαστε[1]
θα εύχονται

ΠΑΡΑΤΑΤΙΚΟΣ
ευχόμουν(α)[1]
ευχόσουν(α)[1]
ευχόταν(ε)[1,2]
ευχόμαστε/ευχόμασταν[1]
ευχόσαστε/ευχόσασταν[1]
εύχονταν/ευχόντανε[1]/
ευχόντουσαν[1]

ΣΥΝΟΠΤ. ΜΕΛΛΟΝΤΑΣ
θα ευχηθώ
θα ευχηθείς
θα ευχηθεί
θα ευχηθούμε
θα ευχηθείτε
θα ευχηθούν(ε)[1]

ΑΟΡΙΣΤΟΣ
ευχήθηκα
ευχήθηκες
ευχήθηκε
ευχηθήκαμε
ευχηθήκατε
ευχήθηκαν/ευχηθήκαν(ε)[1]

ΠΑΡΑΚΕΙΜΕΝΟΣ
έχω ευχηθεί

ΥΠΕΡΣΥΝΤΕΛΙΚΟΣ
είχα ευχηθεί

ΣΥΝΤΕΛ. ΜΕΛΛΟΝΤΑΣ
θα έχω ευχηθεί

ΥΠΟΤΑΚΤΙΚΗ

ΕΝΕΣΤΩΤΑΣ
[να, όταν...] εύχομαι
εύχεσαι
εύχεται
ευχόμαστε
εύχεστε/ευχόσαστε[1]
εύχονται

ΑΟΡΙΣΤΟΣ
[να, όταν...] ευχηθώ
ευχηθείς
ευχηθεί
ευχηθούμε
ευχηθείτε
ευχηθούν(ε)[1]

ΠΑΡΑΚΕΙΜΕΝΟΣ
[να, όταν...] έχω ευχηθεί

ΠΡΟΣΤΑΚΤΙΚΗ

ΕΝΕΣΤΩΤΑΣ
–
–
–
–
εύχεστε
–

ΑΟΡΙΣΤΟΣ
–
ευχήσου
–
–
ευχηθείτε
–

ΜΕΤΟΧΗ

ΕΝΕΣΤΩΤΑΣ
ευχόμενος

ΠΑΡΑΚΕΙΜΕΝΟΣ
–

[1] Οι β' τύποι (και αυτοί με το τελικό α ή ε) κυρίως στον προφορικό λόγο και στη λογοτεχνία.
[2] Και εύχονταν στον προφ. λόγο και στη λογοτεχνία.

ΕΝΕΡΓΗΤΙΚΗ ΦΩΝΗ

ΟΡΙΣΤΙΚΗ

ΕΝΕΣΤΩΤΑΣ	ΠΑΡΑΤΑΤΙΚΟΣ	ΑΟΡΙΣΤΟΣ[2]
εφευρίσκω	εφεύρισκα	εφεύρα/εφηύρα
εφευρίσκεις	εφεύρισκες	εφεύρες/εφηύρες
εφευρίσκει	εφεύρισκε	εφεύρε/εφηύρε
εφευρίσκουμε (σπάν.-ομε)	εφευρίσκαμε	εφεύραμε/εφηύραμε
εφευρίσκετε	εφευρίσκατε	εφεύρατε/εφηύρατε
εφευρίσκουν(ε)[1]	εφεύρισκαν/εφευρίσκαν(ε)[1]	εφεύραν(ε)[1]/εφηύραν
ΕΞΑΚΟΛ. ΜΕΛΛΟΝΤΑΣ	**ΣΥΝΟΠΤ. ΜΕΛΛΟΝΤΑΣ**	**ΠΑΡΑΚΕΙΜΕΝΟΣ**
θα εφευρίσκω	θα εφεύρω	έχω εφεύρει
θα εφευρίσκεις	θα εφεύρεις	**ΥΠΕΡΣΥΝΤΕΛΙΚΟΣ**
θα εφευρίσκει	θα εφεύρει	είχα εφεύρει
θα εφευρίσκουμε (σπάν.-ομε)	θα εφεύρουμε (σπάν.-ομε)	**ΣΥΝΤΕΛ. ΜΕΛΛΟΝΤΑΣ**
θα εφευρίσκετε	θα εφεύρετε	θα έχω εφεύρει
θα εφευρίσκουν(ε)[1]	θα εφεύρουν(ε)[1]	

ΥΠΟΤΑΚΤΙΚΗ

ΕΝΕΣΤΩΤΑΣ	ΑΟΡΙΣΤΟΣ	ΠΑΡΑΚΕΙΜΕΝΟΣ
[να, όταν...] εφευρίσκω	[να, όταν...] εφεύρω	[να, όταν...] έχω εφεύρει
εφευρίσκεις	εφεύρεις	
εφευρίσκει	εφεύρει	
εφευρίσκουμε (σπάν.-ομε)	εφεύρουμε (σπάν.-ομε)	
εφευρίσκετε	εφεύρετε	
εφευρίσκουν(ε)[1]	εφεύρουν(ε)[1]	

ΠΡΟΣΤΑΚΤΙΚΗ

ΕΝΕΣΤΩΤΑΣ	ΑΟΡΙΣΤΟΣ
–	–
εφεύρισκε	εφεύρε
–	–
–	–
εφευρίσκετε	εφεύρετε
–	–

ΜΕΤΟΧΗ

ΕΝΕΣΤΩΤΑΣ
εφευρίσκοντας
ΠΑΡΑΚΕΙΜΕΝΟΣ
έχοντας εφεύρει

[1] Οι β′ τύποι (και αυτοί με το τελικό α ή ε) κυρίως στον προφορικό λόγο και στη λογοτεχνία. Είναι γεν σπάνιοι, λόγω του λόγιου χαρακτήρα των ρ. με β′ συνθετικό το -ευρίσκω.
[2] Οι τύποι με εσωτερική αύξηση (εφηύρα) επικρατούν σε επίσημο ύφος λόγου.

ΠΑΘΗΤΙΚΗ ΦΩΝΗ

ΟΡΙΣΤΙΚΗ

ΕΝΕΣΤΩΤΑΣ
εφευρίσκομαι
εφευρίσκεσαι
εφευρίσκεται
εφευρισκόμαστε
εφευρίσκεστε (σπάν. -όσαστε)
εφευρίσκονται

ΕΞΑΚΟΛ. ΜΕΛΛΟΝΤΑΣ
θα εφευρίσκομαι
θα εφευρίσκεσαι
θα εφευρίσκεται
θα εφευρισκόμαστε
θα εφευρίσκεστε (σπάν. -όσαστε)
θα εφευρίσκονται

ΠΑΡΑΤΑΤΙΚΟΣ
εφευρισκόμουν(α)[1]
εφευρισκόσουν(α)[1]
εφευρισκόταν(ε)[1,2]
εφευρισκόμαστε[2]
εφευρισκόσαστε[2]
εφευρίσκονταν[2]

ΣΥΝΟΠΤ. ΜΕΛΛΟΝΤΑΣ
θα εφευρεθώ
θα εφευρεθείς
θα εφευρεθεί
θα εφευρεθούμε
θα εφευρεθείτε
θα εφευρεθούν(ε)[1]

ΑΟΡΙΣΤΟΣ
εφευρέθηκα
εφευρέθηκες
εφευρέθηκε
εφευρεθήκαμε
εφευρεθήκατε
εφευρέθηκαν/
εφευρεθήκαν(ε)[1]

ΠΑΡΑΚΕΙΜΕΝΟΣ
έχω εφευρεθεί

ΥΠΕΡΣΥΝΤΕΛΙΚΟΣ
είχα εφευρεθεί

ΣΥΝΤΕΛ. ΜΕΛΛΟΝΤΑΣ
θα έχω εφευρεθεί

ΥΠΟΤΑΚΤΙΚΗ

ΕΝΕΣΤΩΤΑΣ
[να, όταν...] εφευρίσκομαι
εφευρίσκεσαι
εφευρίσκεται
εφευρισκόμαστε
εφευρίσκεστε (σπάν.-όσαστε)
εφευρίσκονται

ΑΟΡΙΣΤΟΣ
[να, όταν...] εφευρεθώ
εφευρεθείς
εφευρεθεί
εφευρεθούμε
εφευρεθείτε
εφευρεθούν(ε)[1]

ΠΑΡΑΚΕΙΜΕΝΟΣ
[να, όταν...] έχω εφευρεθεί

ΠΡΟΣΤΑΚΤΙΚΗ

ΕΝΕΣΤΩΤΑΣ
—
—
—
—
εφευρίσκεστε
—

ΑΟΡΙΣΤΟΣ
—
(εφευρέσου)
—
—
εφευρεθείτε
—

ΜΕΤΟΧΗ

ΕΝΕΣΤΩΤΑΣ
εφευρισκόμενος

ΠΑΡΑΚΕΙΜΕΝΟΣ
—

[1] Οι τύποι με το τελικό α ή ε (και ο β΄ τύπος του αορίστου) κυρίως στον προφορικό λόγο. Σπανίζουν σε λογιότερα ρ. (π.χ. εξευρίσκομαι).
[2] Οι τύποι σε -ονταν, -όμασταν, -όσασταν, -όντουσαν (δες λύνομαι, 2) δε συνηθίζονται.

ΟΡΙΣΤΙΚΗ

ΕΝΕΣΤΩΤΑΣ	ΠΑΡΑΤΑΤΙΚΟΣ	ΑΟΡΙΣΤΟΣ
έχω	είχα	
έχεις	είχες	
έχει	είχε	
έχουμε (σπάν.-ομε)	είχαμε	
έχετε	είχατε	
έχουν(ε)[1]	είχαν(ε)[1]	
ΕΞΑΚΟΛ. ΜΕΛΛΟΝΤΑΣ	**ΣΥΝΟΠΤ. ΜΕΛΛΟΝΤΑΣ**	
θα έχω		**ΠΑΡΑΚΕΙΜΕΝΟΣ**
θα έχεις		
θα έχει		**ΥΠΕΡΣΥΝΤΕΛΙΚΟΣ**
θα έχουμε (σπάν.-ομε)		
θα έχετε		**ΣΥΝΤΕΛ. ΜΕΛΛΟΝΤΑΣ**
θα έχουν(ε)[1]		

ΥΠΟΤΑΚΤΙΚΗ

ΕΝΕΣΤΩΤΑΣ	ΑΟΡΙΣΤΟΣ	ΠΑΡΑΚΕΙΜΕΝΟΣ
[να, όταν...] έχω		
έχεις		
έχει		
έχουμε (σπάν.-ομε)		
έχετε		
έχουν(ε)[1]		

ΠΡΟΣΤΑΚΤΙΚΗ

ΕΝΕΣΤΩΤΑΣ	ΑΟΡΙΣΤΟΣ
–	
έχε	
–	
–	
έχετε	
–	

ΜΕΤΟΧΗ

ΕΝΕΣΤΩΤΑΣ
έχοντας
ΠΑΡΑΚΕΙΜΕΝΟΣ

[1] Οι τύποι με το τελικό ε απαντώνται κυρίως στον προφορικό λόγο και στη λογοτεχνία.

ΠΑΘΗΤΙΚΗ ΦΩΝΗ

ΟΡΙΣΤΙΚΗ

ΕΝΕΣΤΩΤΑΣ	ΠΑΡΑΤΑΤΙΚΟΣ	ΑΟΡΙΣΤΟΣ[3]
θάβομαι	θαβόμουν(α)[1]	θάφτηκα/τάφηκα
θάβεσαι	θαβόσουν(α)[1]	θάφτηκες/τάφηκες
θάβεται	θαβόταν(ε)[1,2]	θάφτηκε/τάφηκε
θαβόμαστε	θαβόμαστε/θαβόμασταν[1]	θαφτήκαμε/ταφήκαμε
θάβεστε/θαβόσαστε[1]	θαβόσαστε/θαβόσασταν[1]	θαφτήκατε/ταφήκατε
θάβονται	θάβονταν/θαβόντανε[1]/	θάφτηκαν/θαφτήκαν(ε)[1]/
ΕΞΑΚΟΛ. ΜΕΛΛΟΝΤΑΣ	θαβόντουσαν[1]	τάφηκαν/ταφήκαν(ε)[1]
θα θάβομαι	**ΣΥΝΟΠΤ. ΜΕΛΛΟΝΤΑΣ[3]**	**ΠΑΡΑΚΕΙΜΕΝΟΣ[3]**
θα θάβεσαι	θα θαφτώ/θα ταφώ	έχω θαφτεί/έχω ταφεί/
θα θάβεται	θα θαφτείς/θα ταφείς	είμαι θαμμένος[4]
θα θαβόμαστε	θα θαφτεί/θα ταφεί	**ΥΠΕΡΣΥΝΤΕΛΙΚΟΣ[3]**
θα θάβεστε/θα θαβόσαστε[1]	θα θαφτούμε/θα ταφούμε	είχα θαφτεί/είχα ταφεί/
θα θάβονται	θα θαφτείτε/θα ταφείτε	ήμουν θαμμένος[4]
	θα θαφτούν(ε)[1]/θα ταφούν(ε)[1]	**ΣΥΝΤΕΛ. ΜΕΛΛΟΝΤΑΣ[3]**
		θα έχω θαφτεί/θα έχω ταφεί/
		θα είμαι θαμμένος[4]

ΥΠΟΤΑΚΤΙΚΗ

ΕΝΕΣΤΩΤΑΣ	ΑΟΡΙΣΤΟΣ[3]	ΠΑΡΑΚΕΙΜΕΝΟΣ[3]
[να, όταν...] θάβομαι	[να, όταν...] θαφτώ/ταφώ	[να, όταν...] έχω θαφτεί/
θάβεσαι	θαφτείς/ταφείς	έχω ταφεί/είμαι θαμμένος[4]
θάβεται	θαφτεί/ταφεί	
θαβόμαστε	θαφτούμε/ταφούμε	
θάβεστε/θαβόσαστε[1]	θαφτείτε/ταφείτε	
θάβονται	θαφτούν(ε)[1]/ταφούν(ε)[1]	

ΠΡΟΣΤΑΚΤΙΚΗ

ΕΝΕΣΤΩΤΑΣ	ΑΟΡΙΣΤΟΣ
–	–
–	θάψου
–	–
–	–
θάβεστε	θαφτείτε/ταφείτε[3]
–	–

ΜΕΤΟΧΗ

ΕΝΕΣΤΩΤΑΣ
–

ΠΑΡΑΚΕΙΜΕΝΟΣ
θαμμένος

Οι β' τύποι (και αυτοί με το τελικό α ή ε) κυρίως στον προφορικό λόγο και στη λογοτεχνία.
Και θάβονταν στον προφ. λόγο και στη λογοτεχνία.
Οι τύποι θάφτηκα, θαφτώ κτλ. διαφοροποιούνται σε ορισμένες έννοιες από τους τύπους τάφηκα, ταφώ κτλ., οι οποίοι, επιπλέον, χαρακτηρίζουν επίσημο ύφος λόγου.
Οι τύποι με τη μτχ. (σπάνιας χρήσης) δεν είναι πλήρως ισοδύναμοι με τους άλλους, από άποψη σημασίας και σύνταξης.

ΕΝΕΡΓΗΤΙΚΗ ΦΩΝΗ

ΟΡΙΣΤΙΚΗ

ΕΝΕΣΤΩΤΑΣ	ΠΑΡΑΤΑΤΙΚΟΣ	ΑΟΡΙΣΤΟΣ
θαρρώ	θαρρούσα	θάρρεψα
θαρρείς	θαρρούσες	θάρρεψες
θαρρεί	θαρρούσε	θάρρεψε
θαρρούμε	θαρρούσαμε	θαρρέψαμε
θαρρείτε	θαρρούσατε	θαρρέψατε
θαρρούν(ε)[1]	θαρρούσαν(ε)[1]	θάρρεψαν/θαρρέψαν(ε)[1]
ΕΞΑΚΟΛ. ΜΕΛΛΟΝΤΑΣ	**ΣΥΝΟΠΤ. ΜΕΛΛΟΝΤΑΣ**	**ΠΑΡΑΚΕΙΜΕΝΟΣ**
θα θαρρώ	θα θαρρέψω	έχω θαρρέψει
θα θαρρείς	θα θαρρέψεις	**ΥΠΕΡΣΥΝΤΕΛΙΚΟΣ**
θα θαρρεί	θα θαρρέψει	είχα θαρρέψει
θα θαρρούμε	θα θαρρέψουμε (σπάν.-ομε)	**ΣΥΝΤΕΛ. ΜΕΛΛΟΝΤΑΣ**
θα θαρρείτε	θα θαρρέψετε	θα έχω θαρρέψει
θα θαρρούν(ε)[1]	θα θαρρέψουν(ε)[1]	

ΥΠΟΤΑΚΤΙΚΗ

ΕΝΕΣΤΩΤΑΣ	ΑΟΡΙΣΤΟΣ	ΠΑΡΑΚΕΙΜΕΝΟΣ
[να, όταν...] θαρρώ	[να, όταν...] θαρρέψω	[να, όταν...] έχω θαρρέψει
θαρρείς	θαρρέψεις	
θαρρεί	θαρρέψει	
θαρρούμε	θαρρέψουμε (σπάν.-ομε)	
θαρρείτε	θαρρέψετε	
θαρρούν(ε)[1]	θαρρέψουν(ε)[1]	

ΠΡΟΣΤΑΚΤΙΚΗ

ΕΝΕΣΤΩΤΑΣ	ΑΟΡΙΣΤΟΣ
–	–
–	θάρρεψε
–	–
–	–
θαρρείτε	θαρρέψτε
–	–

ΜΕΤΟΧΗ

ΕΝΕΣΤΩΤΑΣ
θαρρώντας
ΠΑΡΑΚΕΙΜΕΝΟΣ
έχοντας θαρρέψει

[1] Οι τύποι με το τελικό ε (και ο β΄ τύπος του αορίστου) συνηθίζονται κυρίως στον προφορικό λόγο και στ[η] λογοτεχνία.

ΕΝΕΡΓΗΤΙΚΗ ΦΩΝΗ

ΟΡΙΣΤΙΚΗ

ΕΝΕΣΤΩΤΑΣ	ΠΑΡΑΤΑΤΙΚΟΣ	ΑΟΡΙΣΤΟΣ
θέλω	ήθελα	θέλησα
θέλεις/θες[1]	ήθελες	θέλησες
θέλει	ήθελε	θέλησε
θέλουμε (σπάν.-ομε)	θέλαμε	θελήσαμε
θέλετε	θέλατε	θελήσατε
θέλουν(ε)[1]	ήθελαν/θέλαν(ε)[1]	θέλησαν/θελήσαν(ε)[1]
ΕΞΑΚΟΛ. ΜΕΛΛΟΝΤΑΣ	**ΣΥΝΟΠΤ. ΜΕΛΛΟΝΤΑΣ**	**ΠΑΡΑΚΕΙΜΕΝΟΣ**
θα θέλω	θα θελήσω	έχω θελήσει
θα θέλεις/θα θες[1]	θα θελήσεις	**ΥΠΕΡΣΥΝΤΕΛΙΚΟΣ**
θα θέλει	θα θελήσει	είχα θελήσει
θα θέλουμε (σπάν.-ομε)	θα θελήσουμε (σπάν.-ομε)	**ΣΥΝΤΕΛ. ΜΕΛΛΟΝΤΑΣ**
θα θέλετε	θα θελήσετε	θα έχω θελήσει
θα θέλουν(ε)[1]	θα θελήσουν(ε)[1]	

ΥΠΟΤΑΚΤΙΚΗ

ΕΝΕΣΤΩΤΑΣ	ΑΟΡΙΣΤΟΣ	ΠΑΡΑΚΕΙΜΕΝΟΣ
[να, όταν...] θέλω	[να, όταν...] θελήσω	[να, όταν...] έχω θελήσει
θέλεις/θες[1]	θελήσεις	
θέλει	θελήσει	
θέλουμε (σπάν.-ομε)	θελήσουμε (σπάν.-ομε)	
θέλετε	θελήσετε	
θέλουν(ε)[1]	θελήσουν(ε)[1]	

ΠΡΟΣΤΑΚΤΙΚΗ

ΕΝΕΣΤΩΤΑΣ	ΑΟΡΙΣΤΟΣ
—	—
θέλε	θέλησε
—	—
—	—
θέλετε	θελήστε
—	—

ΜΕΤΟΧΗ

ΕΝΕΣΤΩΤΑΣ
θέλοντας
ΠΑΡΑΚΕΙΜΕΝΟΣ
—

[1] Οι β΄ τύποι (και αυτοί με το τελικό ε) εμφανίζονται κυρίως στον προφορικό λόγο και στη λογοτεχνία.

ΕΝΕΡΓΗΤΙΚΗ ΦΩΝΗ

ΟΡΙΣΤΙΚΗ

ΕΝΕΣΤΩΤΑΣ	ΠΑΡΑΤΑΤΙΚΟΣ	ΑΟΡΙΣΤΟΣ
καθιστώ	καθιστούσα	κατέστησα
καθιστάς	καθιστούσες	κατέστησες
καθιστά	καθιστούσε	κατέστησε
καθιστούμε	καθιστούσαμε	καταστήσαμε
καθιστάτε	καθιστούσατε	καταστήσατε
καθιστούν(ε)[1]	καθιστούσαν(ε)[1]	κατέστησαν/καταστήσαν(ε)[1]
ΕΞΑΚΟΛ. ΜΕΛΛΟΝΤΑΣ	**ΣΥΝΟΠΤ. ΜΕΛΛΟΝΤΑΣ**	**ΠΑΡΑΚΕΙΜΕΝΟΣ**
θα καθιστώ	θα καταστήσω	έχω καταστήσει
θα καθιστάς	θα καταστήσεις	**ΥΠΕΡΣΥΝΤΕΛΙΚΟΣ**
θα καθιστά	θα καταστήσει	είχα καταστήσει
θα καθιστούμε	θα καταστήσουμε (σπάν.-ομε)	**ΣΥΝΤΕΛ. ΜΕΛΛΟΝΤΑΣ**
θα καθιστάτε	θα καταστήσετε	θα έχω καταστήσει
θα καθιστούν(ε)[1]	θα καταστήσουν(ε)[1]	

ΥΠΟΤΑΚΤΙΚΗ

ΕΝΕΣΤΩΤΑΣ	ΑΟΡΙΣΤΟΣ	ΠΑΡΑΚΕΙΜΕΝΟΣ
[να, όταν...] καθιστώ	[να, όταν...] καταστήσω	[να, όταν...] έχω καταστήσει
καθιστάς	καταστήσεις	
καθιστά	καταστήσει	
καθιστούμε	καταστήσουμε (σπάν.-ομε)	
καθιστάτε	καταστήσετε	
καθιστούν(ε)[1]	καταστήσουν(ε)[1]	

ΠΡΟΣΤΑΚΤΙΚΗ

ΕΝΕΣΤΩΤΑΣ	ΑΟΡΙΣΤΟΣ
–	–
–	κατάστησε
–	–
–	–
καθιστάτε	καταστήστε/καταστήσετε
–	–

ΜΕΤΟΧΗ

ΕΝΕΣΤΩΤΑΣ
καθιστώντας
ΠΑΡΑΚΕΙΜΕΝΟΣ
έχοντας καταστήσει

[1] Οι τύποι με το τελικό ε (και ο β' τύπος του αορίστου) εμφανίζονται κυρίως στον προφορικό λόγο. Γενικά είνα σπάνιοι, λόγω του λόγιου χαρακτήρα των ρ. αυτής της κατηγορίας.

ΠΑΘΗΤΙΚΗ ΦΩΝΗ

ΟΡΙΣΤΙΚΗ

ΕΝΕΣΤΩΤΑΣ	**ΠΑΡΑΤΑΤΙΚΟΣ**	**ΑΟΡΙΣΤΟΣ**
καθίσταμαι	–	–
καθίστασαι	–	–
καθίσταται	καθίστατο	κατέστη
(καθιστάμεθα)	–	–
(καθίστασθε)	–	–
καθίστανται	καθίσταντο	κατέστησαν
ΕΞΑΚΟΛ. ΜΕΛΛΟΝΤΑΣ	**ΣΥΝΟΠΤ. ΜΕΛΛΟΝΤΑΣ**	**ΠΑΡΑΚΕΙΜΕΝΟΣ**
θα καθίσταμαι	θα καταστώ	έχω καταστεί
θα καθίστασαι	θα καταστείς	**ΥΠΕΡΣΥΝΤΕΛΙΚΟΣ**
θα καθίσταται	θα καταστεί	είχα καταστεί
(θα καθιστάμεθα)	θα καταστούμε	**ΣΥΝΤΕΛ. ΜΕΛΛΟΝΤΑΣ**
(θα καθίστασθε)	θα καταστείτε	θα έχω καταστεί
θα καθίστανται	θα καταστούν(ε)[1]	

ΥΠΟΤΑΚΤΙΚΗ

ΕΝΕΣΤΩΤΑΣ	**ΑΟΡΙΣΤΟΣ**	**ΠΑΡΑΚΕΙΜΕΝΟΣ**
[να, όταν...] καθίσταμαι	[να, όταν...] καταστώ	[να, όταν...] έχω καταστεί
καθίστασαι	καταστείς	
καθίσταται	καταστεί	
(καθιστάμεθα)	καταστούμε	
(καθίστασθε)	καταστείτε	
καθίστανται	καταστούν(ε)[1]	

ΠΡΟΣΤΑΚΤΙΚΗ

ΕΝΕΣΤΩΤΑΣ	**ΑΟΡΙΣΤΟΣ**
–	–
–	καταστήσου
–	–
–	–
(καθίστασθε)	καταστείτε
–	–

ΜΕΤΟΧΗ

ΕΝΕΣΤΩΤΑΣ
καθιστάμενος
ΠΑΡΑΚΕΙΜΕΝΟΣ
κατεστημένος[2]

[1] Οι τύποι με το τελικό ε εμφανίζονται κυρίως στον προφορικό λόγο. Γενικά είναι σπάνιοι, λόγω του λόγιου χαρακτήρα των ρ. με β΄ συνθετικό το -ίσταμαι.
[2] Χρησιμοποιείται κυρίως ως ουσιαστικοποιημένη μτχ. στο ουδέτερο γένος (το κατεστημένο).

ΠΑΘΗΤΙΚΗ ΦΩΝΗ

ΟΡΙΣΤΙΚΗ

ΕΝΕΣΤΩΤΑΣ
κάθομαι
κάθεσαι
κάθεται
καθόμαστε
κάθεστε/καθόσαστε[1]
κάθονται

ΕΞΑΚΟΛ. ΜΕΛΛΟΝΤΑΣ
θα κάθομαι
θα κάθεσαι
θα κάθεται
θα καθόμαστε
θα κάθεστε/θα καθόσαστε[1]
θα κάθονται

ΠΑΡΑΤΑΤΙΚΟΣ
καθόμουν(α)[1]
καθόσουν(α)[1]
καθόταν(ε)[1,2]
καθόμαστε/καθόμασταν[1]
καθόσαστε/καθόσασταν[1]
κάθονταν/καθόντανε[1]/
καθόντουσαν[1]

ΣΥΝΟΠΤ. ΜΕΛΛΟΝΤΑΣ[4]
θα κάτσω/θα καθίσω
θα κάτσεις/θα καθίσεις
θα κάτσει/θα καθίσει
θα κάτσουμε[3]/
θα καθίσουμε[3]
θα κάτσετε/θα καθίσετε
θα κάτσουν(ε)[1]/
θα καθίσουν(ε)[1]

ΑΟΡΙΣΤΟΣ[4]
έκατσα/κάθισα
έκατσες/κάθισες
έκατσε/κάθισε
κάτσαμε/καθίσαμε
κάτσατε/καθίσατε
έκατσαν/κάτσαν(ε)[1]/
κάθισαν/καθίσαν(ε)[1]

ΠΑΡΑΚΕΙΜΕΝΟΣ
έχω κάτσει[4]/έχω καθίσει/
είμαι καθισμένος

ΥΠΕΡΣΥΝΤΕΛΙΚΟΣ
είχα κάτσει[4]/είχα καθίσει/
ήμουν καθισμένος

ΣΥΝΤΕΛ. ΜΕΛΛΟΝΤΑΣ
θα έχω κάτσει[4]/θα έχω
καθίσει/θα είμαι καθισμένος

ΥΠΟΤΑΚΤΙΚΗ

ΕΝΕΣΤΩΤΑΣ
[να, όταν...] κάθομαι
κάθεσαι
κάθεται
καθόμαστε
κάθεστε/καθόσαστε[1]
κάθονται

ΑΟΡΙΣΤΟΣ[4]
[να, όταν...] κάτσω/καθίσω
κάτσεις/καθίσεις
κάτσει/καθίσει
κάτσουμε[3]/καθίσουμε[3]
κάτσετε/καθίσετε
κάτσουν(ε)[1]/καθίσουν(ε)[1]

ΠΑΡΑΚΕΙΜΕΝΟΣ
[να, όταν...] έχω κάτσει[4]/έχω
καθίσει/είμαι καθισμένος

ΠΡΟΣΤΑΚΤΙΚΗ

ΕΝΕΣΤΩΤΑΣ
–
–
–
–
κάθεστε
–

ΑΟΡΙΣΤΟΣ[4]
–
κάτσε/κάθισε
–
–
κάτσετε/καθίστε
–

ΜΕΤΟΧΗ

ΕΝΕΣΤΩΤΑΣ
–

ΠΑΡΑΚΕΙΜΕΝΟΣ
καθισμένος

[1] Οι β΄ τύποι (και αυτοί με το τελικό α ή ε) κυρίως στον προφορικό λόγο και στη λογοτεχνία.
[2] Και κάθονταν στον προφ. λόγο και στη λογοτεχνία.
[3] Σπάνια σε -ομε (καθίσομε κτλ.).
[4] Οι τύποι έκατσα, κάτσω κτλ. δεν απαντώνται σε λόγια σύνθετα (π.χ. κατακάθομαι).

ΕΝΕΡΓΗΤΙΚΗ ΦΩΝΗ

ΟΡΙΣΤΙΚΗ

ΕΝΕΣΤΩΤΑΣ	ΠΑΡΑΤΑΤΙΚΟΣ	ΑΟΡΙΣΤΟΣ
καίω	έκαιγα	έκαψα
καις	έκαιγες	έκαψες
καίει	έκαιγε	έκαψε
καίμε	καίγαμε	κάψαμε
καίτε	καίγατε	κάψατε
καίνε/καιν[1]	έκαιγαν/καίγαν(ε)[1]	έκαψαν/κάψαν(ε)[1]
ΕΞΑΚΟΛ. ΜΕΛΛΟΝΤΑΣ	**ΣΥΝΟΠΤ. ΜΕΛΛΟΝΤΑΣ**	**ΠΑΡΑΚΕΙΜΕΝΟΣ**
θα καίω	θα κάψω	έχω κάψει/έχω καμένο[2]
θα καις	θα κάψεις	**ΥΠΕΡΣΥΝΤΕΛΙΚΟΣ**
θα καίει	θα κάψει	είχα κάψει/είχα καμένο[2]
θα καίμε	θα κάψουμε (σπάν.-ομε)	**ΣΥΝΤΕΛ. ΜΕΛΛΟΝΤΑΣ**
θα καίτε	θα κάψετε	θα έχω κάψει/
θα καίνε/θα καιν[1]	θα κάψουν(ε)[1]	θα έχω καμένο[2]

ΥΠΟΤΑΚΤΙΚΗ

ΕΝΕΣΤΩΤΑΣ	ΑΟΡΙΣΤΟΣ	ΠΑΡΑΚΕΙΜΕΝΟΣ
[να, όταν...] καίω	[να, όταν...] κάψω	[να, όταν...] έχω κάψει/
καις	κάψεις	έχω καμένο[2]
καίει	κάψει	
καίμε	κάψουμε (σπάν.-ομε)	
καίτε	κάψετε	
καίνε/καιν[1]	κάψουν(ε)[1]	

ΠΡΟΣΤΑΚΤΙΚΗ

ΕΝΕΣΤΩΤΑΣ	ΑΟΡΙΣΤΟΣ
–	–
καίγε	κάψε[3]
–	–
–	–
καίτε	κάψτε/καύτε[1]
–	–

ΜΕΤΟΧΗ

ΕΝΕΣΤΩΤΑΣ
καίγοντας
ΠΑΡΑΚΕΙΜΕΝΟΣ
έχοντας κάψει/
έχοντας καμένο[2]

[1] Οι β' τύποι (και αυτοί με το τελικό ε) εμφανίζονται κυρίως στον προφορικό λόγο και στη λογοτεχνία.
[2] Οι β' τύποι (σπάνιας χρήσης) δεν είναι πλήρως ισοδύναμοι με τους α', από άποψη σημασίας και σύνταξης.
[3] Στον προφορικό λόγο, σε συμπροφορά, συνηθίζεται και ο τύπος καύ'το, αντίστοιχος με το καύτε.

ΠΑΘΗΤΙΚΗ ΦΩΝΗ

ΟΡΙΣΤΙΚΗ

ΕΝΕΣΤΩΤΑΣ	ΠΑΡΑΤΑΤΙΚΟΣ	ΑΟΡΙΣΤΟΣ
καίγομαι	καιγόμουν(α)[1]	κάηκα
καίγεσαι	καιγόσουν(α)[1]	κάηκες
καίγεται	καιγόταν(ε)[1,2]	κάηκε
καιγόμαστε	καιγόμαστε/καιγόμασταν[1]	καήκαμε
καίγεστε/καιγόσαστε[1]	καιγόσαστε/καιγόσασταν[1]	καήκατε
καίγονται	καίγονταν/καιγόντανε[1]/ καιγόντουσαν[1]	κάηκαν/καήκαν(ε)[1]
ΕΞΑΚΟΛ. ΜΕΛΛΟΝΤΑΣ	**ΣΥΝΟΠΤ. ΜΕΛΛΟΝΤΑΣ**	**ΠΑΡΑΚΕΙΜΕΝΟΣ**
θα καίγομαι	θα καώ	έχω καεί/είμαι καμένος[3]
θα καίγεσαι	θα καείς	**ΥΠΕΡΣΥΝΤΕΛΙΚΟΣ**
θα καίγεται	θα καεί	είχα καεί/ήμουν καμένος[3]
θα καιγόμαστε	θα καούμε	**ΣΥΝΤΕΛ. ΜΕΛΛΟΝΤΑΣ**
θα καίγεστε/θα καιγόσαστε[1]	θα καείτε	θα έχω καεί/ θα είμαι καμένος[3]
θα καίγονται	θα καούν(ε)[1]	

ΥΠΟΤΑΚΤΙΚΗ

ΕΝΕΣΤΩΤΑΣ	ΑΟΡΙΣΤΟΣ	ΠΑΡΑΚΕΙΜΕΝΟΣ
[να, όταν...] καίγομαι	[να, όταν...] καώ	[να, όταν...] έχω καεί/ είμαι καμένος[3]
καίγεσαι	καείς	
καίγεται	καεί	
καιγόμαστε	καούμε	
καίγεστε/καιγόσαστε[1]	καείτε	
καίγονται	καούν(ε)[1]	

ΠΡΟΣΤΑΚΤΙΚΗ

ΕΝΕΣΤΩΤΑΣ	ΑΟΡΙΣΤΟΣ
–	–
–	κάψου
–	–
–	–
καίγεστε	καείτε
–	–

ΜΕΤΟΧΗ

ΕΝΕΣΤΩΤΑΣ[4]
–

ΠΑΡΑΚΕΙΜΕΝΟΣ
καμένος

[1] Οι β' τύποι (και αυτοί με το τελικό α ή ε) κυρίως στον προφορικό λόγο και στη λογοτεχνία.
[2] Και καίγονταν στον προφ. λόγο και στη λογοτεχνία.
[3] Οι β' τύποι δεν είναι πλήρως ισοδύναμοι με τους α', από άποψη σημασίας και σύνταξης.
[4] Απαντάται κυρίως η λόγια μτχ. σε στερεότυπες εκφράσεις (π.χ. «καιόμενη βάτος»).

ΠΑΘΗΤΙΚΗ ΦΩΝΗ

ΟΡΙΣΤΙΚΗ

ΕΝΕΣΤΩΤΑΣ	ΠΑΡΑΤΑΤΙΚΟΣ	ΑΟΡΙΣΤΟΣ[3]
καλούμαι	–	κλήθηκα
καλείσαι	–	κλήθηκες
καλείται	καλούνταν/εκαλείτο[1]	κλήθηκε
καλούμαστε	–	κληθήκαμε
καλείστε	–	κληθήκατε
καλούνται	καλούνταν/εκαλούντο[1]	κλήθηκαν/κληθήκαν(ε)[2]
ΕΞΑΚΟΛ. ΜΕΛΛΟΝΤΑΣ	**ΣΥΝΟΠΤ. ΜΕΛΛΟΝΤΑΣ[3]**	**ΠΑΡΑΚΕΙΜΕΝΟΣ[3]**
θα καλούμαι	θα κληθώ	έχω κληθεί
θα καλείσαι	θα κληθείς	**ΥΠΕΡΣΥΝΤΕΛΙΚΟΣ[3]**
θα καλείται	θα κληθεί	είχα κληθεί
θα καλούμαστε	θα κληθούμε	**ΣΥΝΤΕΛ. ΜΕΛΛΟΝΤΑΣ[3]**
θα καλείστε	θα κληθείτε	θα έχω κληθεί
θα καλούνται	θα κληθούν(ε)[2]	

ΥΠΟΤΑΚΤΙΚΗ

ΕΝΕΣΤΩΤΑΣ	ΑΟΡΙΣΤΟΣ[3]	ΠΑΡΑΚΕΙΜΕΝΟΣ[3]
[να, όταν...] καλούμαι	[να, όταν...] κληθώ	[να, όταν...] έχω κληθεί
καλείσαι	κληθείς	
καλείται	κληθεί	
καλούμαστε	κληθούμε	
καλείστε	κληθείτε	
καλούνται	κληθούν(ε)[2]	

ΠΡΟΣΤΑΚΤΙΚΗ

ΕΝΕΣΤΩΤΑΣ	ΑΟΡΙΣΤΟΣ[3]
–	–
–	–
–	–
–	–
καλείστε	κληθείτε
–	–

ΜΕΤΟΧΗ

ΕΝΕΣΤΩΤΑΣ
καλούμενος
ΠΑΡΑΚΕΙΜΕΝΟΣ[3]
–

1 Στα σύνθετα ρ. δε συνηθίζεται η αύξηση: προσκαλείτο, προσκαλούντο.
2 Οι τύποι με το τελικό ε (και ο β′ τύπος του αορίστου) απαντώνται κυρίως στον προφορικό λόγο και στη λογοτεχνία.
3 Για τη σημασιολογική σχέση με τους τύπους καλέστηκα, καλεστώ, καλεσμένος κτλ. δες σημ. για το ρ. καλούμαι στις Σημειώσεις του βιβλίου.

ΕΝΕΡΓΗΤΙΚΗ ΦΩΝΗ

ΟΡΙΣΤΙΚΗ

ΕΝΕΣΤΩΤΑΣ
κάνω
κάνεις
κάνει
κάνουμε (σπάν.-ομε)
κάνετε
κάνουν(ε)[1]

ΕΞΑΚΟΛ. ΜΕΛΛΟΝΤΑΣ
θα κάνω
θα κάνεις
θα κάνει
θα κάνουμε (σπάν.-ομε)
θα κάνετε
θα κάνουν(ε)[1]

ΠΑΡΑΤΑΤΙΚΟΣ
έκανα
έκανες
έκανε
κάναμε
κάνατε
έκαναν/κάναν(ε)[1]

ΣΥΝΟΠΤ. ΜΕΛΛΟΝΤΑΣ[2]
θα κάνω/θα κάμω
θα κάνεις/θα κάμεις
θα κάνει/θα κάμει
θα κάνουμε[3]/θα κάμουμε[3]
θα κάνετε/θα κάμετε
θα κάνουν(ε)[1]/
θα κάμουν(ε)[1]

ΑΟΡΙΣΤΟΣ[2]
έκανα/έκαμα
έκανες/έκαμες
έκανε/έκαμε
κάναμε/κάμαμε
κάνατε/κάματε
έκαναν/κάναν(ε)[1]/έκαμαν/
κάμαν(ε)[1]

ΠΑΡΑΚΕΙΜΕΝΟΣ
έχω κάνει/έχω κάμει[2]/
έχω καμωμένο[4]

ΥΠΕΡΣΥΝΤΕΛΙΚΟΣ
είχα κάνει/είχα κάμει[2]/
είχα καμωμένο[4]

ΣΥΝΤΕΛ. ΜΕΛΛΟΝΤΑΣ
θα έχω κάνει/θα έχω
κάμει[2]/θα έχω καμωμένο[4]

ΥΠΟΤΑΚΤΙΚΗ

ΕΝΕΣΤΩΤΑΣ
[να, όταν...] κάνω
κάνεις
κάνει
κάνουμε (σπάν.-ομε)
κάνετε
κάνουν(ε)[1]

ΑΟΡΙΣΤΟΣ[2]
[να, όταν...] κάνω/κάμω
κάνεις/κάμεις
κάνει/κάμει
κάνουμε[3]/κάμουμε[3]
κάνετε/κάμετε
κάνουν(ε)[1]/κάμουν(ε)[1]

ΠΑΡΑΚΕΙΜΕΝΟΣ
[να, όταν...] έχω κάνει/
έχω κάμει[2]/έχω καμωμένο[4]

ΠΡΟΣΤΑΚΤΙΚΗ

ΕΝΕΣΤΩΤΑΣ
—
κάνε
—
—
κάνετε
—

ΑΟΡΙΣΤΟΣ[2]
—
κάνε/κάμε
—
—
κάντε/κάμετε
—

ΜΕΤΟΧΗ

ΕΝΕΣΤΩΤΑΣ
κάνοντας

ΠΑΡΑΚΕΙΜΕΝΟΣ
έχοντας κάνει/έχοντας
κάμει[2]/έχοντας καμωμένο[4]

[1] Οι β′ τύποι (και αυτοί με το τελικό ε) κυρίως στον προφορικό λόγο και στη λογοτεχνία.
[2] Οι τύποι έκαμα, κάμω κτλ. είναι σπάνιοι. Συνηθίζονται περισσότερο στα σύνθετα (π.χ. προκάμω).
[3] Σπάνια σε -ομε (κάνομε κτλ.).
[4] Οι τύποι με τη μτχ. (σπάνιας χρήσης) δεν είναι πλήρως ισοδύναμοι με τους α′, από άποψη σημασίας κ σύνταξης.

ΕΝΕΡΓΗΤΙΚΗ ΦΩΝΗ

ΟΡΙΣΤΙΚΗ

ΕΝΕΣΤΩΤΑΣ
καταλαμβάνω
καταλαμβάνεις
καταλαμβάνει
καταλαμβάνουμε (σπάν.-ομε)
καταλαμβάνετε
καταλαμβάνουν(ε)[1]

ΕΞΑΚΟΛ. ΜΕΛΛΟΝΤΑΣ
θα καταλαμβάνω
θα καταλαμβάνεις
θα καταλαμβάνει
θα καταλαμβάνουμε (σπάν.-ομε)
θα καταλαμβάνετε
θα καταλαμβάνουν(ε)[1]

ΠΑΡΑΤΑΤΙΚΟΣ
καταλάμβανα
καταλάμβανες
καταλάμβανε
καταλαμβάναμε
καταλαμβάνατε
καταλάμβαναν/
καταλαμβάναν(ε)[1]

ΣΥΝΟΠΤ. ΜΕΛΛΟΝΤΑΣ
θα καταλάβω
θα καταλάβεις
θα καταλάβει
θα καταλάβουμε (σπάν.-ομε)
θα καταλάβετε
θα καταλάβουν(ε)[1]

ΑΟΡΙΣΤΟΣ
κατέλαβα
κατέλαβες
κατέλαβε
καταλάβαμε
καταλάβατε
κατέλαβαν/καταλάβαν(ε)[1]

ΠΑΡΑΚΕΙΜΕΝΟΣ
έχω καταλάβει

ΥΠΕΡΣΥΝΤΕΛΙΚΟΣ
είχα καταλάβει

ΣΥΝΤΕΛ. ΜΕΛΛΟΝΤΑΣ
θα έχω καταλάβει

ΥΠΟΤΑΚΤΙΚΗ

ΕΝΕΣΤΩΤΑΣ
[να, όταν...] καταλαμβάνω
καταλαμβάνεις
καταλαμβάνει
καταλαμβάνουμε (σπάν.-ομε)
καταλαμβάνετε
καταλαμβάνουν(ε)[1]

ΑΟΡΙΣΤΟΣ
[να, όταν...] καταλάβω
καταλάβεις
καταλάβει
καταλάβουμε (σπάν.-ομε)
καταλάβετε
καταλάβουν(ε)[1]

ΠΑΡΑΚΕΙΜΕΝΟΣ
[να, όταν...] έχω καταλάβει

ΠΡΟΣΤΑΚΤΙΚΗ

ΕΝΕΣΤΩΤΑΣ	ΑΟΡΙΣΤΟΣ
–	–
καταλάμβανε	κατάλαβε
–	–
–	–
καταλαμβάνετε	καταλάβετε
–	–

ΜΕΤΟΧΗ

ΕΝΕΣΤΩΤΑΣ
καταλαμβάνοντας

ΠΑΡΑΚΕΙΜΕΝΟΣ
έχοντας καταλάβει

[1] Οι β΄ τύποι (και αυτοί με το τελικό ε) εμφανίζονται κυρίως στον προφορικό λόγο και στη λογοτεχνία. Δε συνηθίζονται γενικά, λόγω του λόγιου χαρακτήρα των ρ. με β΄ συνθετικό το -λαμβάνω.

καταλαμβάνομαι 166

ΠΑΘΗΤΙΚΗ ΦΩΝΗ

ΟΡΙΣΤΙΚΗ

ΕΝΕΣΤΩΤΑΣ	**ΠΑΡΑΤΑΤΙΚΟΣ**	**ΑΟΡΙΣΤΟΣ**[3]
καταλαμβάνομαι	καταλαμβανόμουν(α)[1]	καταλήφθηκα
καταλαμβάνεσαι	καταλαμβανόσουν(α)[1]	καταλήφθηκες
καταλαμβάνεται	καταλαμβανόταν(ε)[1,2]	καταλήφθηκε/κατελήφθη
καταλαμβανόμαστε	καταλαμβανόμαστε[2]	καταληφθήκαμε
καταλαμβάνεστε (σπάν. -όσαστε)	καταλαμβανόσαστε[2]	καταληφθήκατε
καταλαμβάνονται	καταλαμβάνονταν[2]	καταλήφθηκαν/ κατελήφθησαν
ΕΞΑΚΟΛ. ΜΕΛΛΟΝΤΑΣ	**ΣΥΝΟΠΤ. ΜΕΛΛΟΝΤΑΣ**	**ΠΑΡΑΚΕΙΜΕΝΟΣ**
θα καταλαμβάνομαι	θα καταληφθώ	έχω καταληφθεί/
θα καταλαμβάνεσαι	θα καταληφθείς	είμαι κατειλημμένος[4]
θα καταλαμβάνεται	θα καταληφθεί	**ΥΠΕΡΣΥΝΤΕΛΙΚΟΣ**
θα καταλαμβανόμαστε	θα καταληφθούμε	είχα καταληφθεί/
θα καταλαμβάνεστε (σπάν. -όσαστε)	θα καταληφθείτε	ήμουν κατειλημμένος[4]
θα καταλαμβάνονται	θα καταληφθούν(ε)[1]	**ΣΥΝΤΕΛ. ΜΕΛΛΟΝΤΑΣ**
		θα έχω καταληφθεί/
		θα είμαι κατειλημμένος[4]

ΥΠΟΤΑΚΤΙΚΗ

ΕΝΕΣΤΩΤΑΣ	**ΑΟΡΙΣΤΟΣ**	**ΠΑΡΑΚΕΙΜΕΝΟΣ**
[να, όταν...] καταλαμβάνομαι	[να, όταν...] καταληφθώ	[να, όταν...] έχω καταληφθεί/
καταλαμβάνεσαι	καταληφθείς	είμαι κατειλημμένος[4]
καταλαμβάνεται	καταληφθεί	
καταλαμβανόμαστε	καταληφθούμε	
καταλαμβάνεστε (σπάν. -όσαστε)	καταληφθείτε	
καταλαμβάνονται	καταληφθούν(ε)[1]	

ΠΡΟΣΤΑΚΤΙΚΗ

ΕΝΕΣΤΩΤΑΣ	**ΑΟΡΙΣΤΟΣ**
–	–
–	–
–	–
–	–
καταλαμβάνεστε	καταληφθείτε
–	–

ΜΕΤΟΧΗ

ΕΝΕΣΤΩΤΑΣ
καταλαμβανόμενος
ΠΑΡΑΚΕΙΜΕΝΟΣ
κατειλημμένος

[1] Οι τύποι με το τελικό α ή ε κυρίως στον προφορικό λόγο και στη λογοτεχνία. Δε συνηθίζονται για λογιότερα ρ (π.χ. εκλαμβάνομαι).
[2] Οι τύποι σε -ονταν, -όμασταν, -όσασταν, -όντουσαν (δες λύνομαι, 2) δε συνηθίζονται.
[3] Το ρ. συλλαμβάνομαι παρουσιάζει μόνο τους λόγιους τύπους του γ΄ προσ.: συνελήφθη, συνελήφθησαν.
[4] Οι β΄ τύποι (σπάνιας χρήσης) δεν είναι πλήρως ισοδύναμοι με τους α΄, από άποψη σημασίας και σύνταξης.

ΕΝΕΡΓΗΤΙΚΗ ΦΩΝΗ

ΟΡΙΣΤΙΚΗ

ΕΝΕΣΤΩΤΑΣ	ΠΑΡΑΤΑΤΙΚΟΣ	ΑΟΡΙΣΤΟΣ
καταπίνω	κατάπινα	κατάπια
καταπίνεις	κατάπινες	κατάπιες
καταπίνει	κατάπινε	κατάπιε
καταπίνουμε (σπάν.-ομε)	καταπίναμε	κατάπιαμε
καταπίνετε	καταπίνατε	κατάπιατε
καταπίνουν(ε)[1]	κατάπιναν/καταπίναν(ε)[1]	κατάπιαν(ε)[1]
ΕΞΑΚΟΛ. ΜΕΛΛΟΝΤΑΣ	**ΣΥΝΟΠΤ. ΜΕΛΛΟΝΤΑΣ**	**ΠΑΡΑΚΕΙΜΕΝΟΣ**
θα καταπίνω	θα καταπιώ	έχω καταπιεί
θα καταπίνεις	θα καταπιείς	**ΥΠΕΡΣΥΝΤΕΛΙΚΟΣ**
θα καταπίνει	θα καταπιεί	είχα καταπιεί
θα καταπίνουμε (σπάν.-ομε)	θα καταπιούμε	**ΣΥΝΤΕΛ. ΜΕΛΛΟΝΤΑΣ**
θα καταπίνετε	θα καταπιείτε	θα έχω καταπιεί
θα καταπίνουν(ε)[1]	θα καταπιούν(ε)[1]	

ΥΠΟΤΑΚΤΙΚΗ

ΕΝΕΣΤΩΤΑΣ	ΑΟΡΙΣΤΟΣ	ΠΑΡΑΚΕΙΜΕΝΟΣ
[να, όταν...] καταπίνω	[να, όταν...] καταπιώ	[να, όταν...] έχω καταπιεί
καταπίνεις	καταπιείς	
καταπίνει	καταπιεί	
καταπίνουμε (σπάν.-ομε)	καταπιούμε	
καταπίνετε	καταπιείτε	
καταπίνουν(ε)[1]	καταπιούν(ε)[1]	

ΠΡΟΣΤΑΚΤΙΚΗ

ΕΝΕΣΤΩΤΑΣ	ΑΟΡΙΣΤΟΣ
–	–
κατάπινε	κατάπιε
–	–
–	–
καταπίνετε	καταπιείτε
–	–

ΜΕΤΟΧΗ

ΕΝΕΣΤΩΤΑΣ
καταπίνοντας
ΠΑΡΑΚΕΙΜΕΝΟΣ
έχοντας καταπιεί

[1] Οι τύποι με το τελικό ε (και ο β' τύπος του παρατατικού) συνηθίζονται στον προφορικό λόγο και στη λογοτεχνία.

ΕΝΕΡΓΗΤΙΚΗ ΦΩΝΗ

ΟΡΙΣΤΙΚΗ

ΕΝΕΣΤΩΤΑΣ	**ΠΑΡΑΤΑΤΙΚΟΣ**[2]	**ΑΟΡΙΣΤΟΣ**
κατάσχω		κατάσχεσα
κατάσχεις		κατάσχεσες
κατάσχει		κατάσχεσε
κατάσχουμε (σπάν.-ομε)		κατασχέσαμε
κατάσχετε		κατασχέσατε
κατάσχουν(ε)[1]		κατάσχεσαν/κατασχέσαν(ε)[1]
ΕΞΑΚΟΛ. ΜΕΛΛΟΝΤΑΣ	**ΣΥΝΟΠΤ. ΜΕΛΛΟΝΤΑΣ**	**ΠΑΡΑΚΕΙΜΕΝΟΣ**
θα κατάσχω	θα κατασχέσω	έχω κατασχέσει
θα κατάσχεις	θα κατασχέσεις	**ΥΠΕΡΣΥΝΤΕΛΙΚΟΣ**
θα κατάσχει	θα κατασχέσει	είχα κατασχέσει
θα κατάσχουμε (σπάν.-ομε)	θα κατασχέσουμε (σπάν. -ομε)	**ΣΥΝΤΕΛ. ΜΕΛΛΟΝΤΑΣ**
θα κατάσχετε	θα κατασχέσετε	θα έχω κατασχέσει
θα κατάσχουν(ε)[1]	θα κατασχέσουν(ε)[1]	

ΥΠΟΤΑΚΤΙΚΗ

ΕΝΕΣΤΩΤΑΣ	**ΑΟΡΙΣΤΟΣ**	**ΠΑΡΑΚΕΙΜΕΝΟΣ**
[να, όταν...] κατάσχω	[να, όταν...] κατασχέσω	[να, όταν...] έχω κατασχέσει
κατάσχεις	κατασχέσεις	
κατάσχει	κατασχέσει	
κατάσχουμε (σπάν.-ομε)	κατασχέσουμε (σπάν.-ομε)	
κατάσχετε	κατασχέσετε	
κατάσχουν(ε)[1]	κατασχέσουν(ε)[1]	

ΠΡΟΣΤΑΚΤΙΚΗ

ΕΝΕΣΤΩΤΑΣ	**ΑΟΡΙΣΤΟΣ**
–	–
–	κατάσχεσε
–	–
–	–
κατάσχετε	κατασχέστε/κατασχέσετε
–	–

ΜΕΤΟΧΗ

ΕΝΕΣΤΩΤΑΣ
κατάσχοντας
ΠΑΡΑΚΕΙΜΕΝΟΣ
έχοντας κατασχέσει

[1] Οι τύποι με το τελικό ε (και ο β' τύπος του αορίστου) εμφανίζονται κυρίως στον προφορικό λόγο. Γενικά είναι σπάνιοι, λόγω του λόγιου χαρακτήρα του ρ.
[2] Συνήθως χρησιμοποιείται περίφραση: έκανα κατάσχεση, λόγω του αδόκιμου των τύπων κατέσχα, κατέσχες κτλ.

ΠΑΘΗΤΙΚΗ ΦΩΝΗ

ΟΡΙΣΤΙΚΗ

ΕΝΕΣΤΩΤΑΣ	ΠΑΡΑΤΑΤΙΚΟΣ	ΑΟΡΙΣΤΟΣ
κατάσχομαι	κατασχόμουν(α)[1]	κατασχέθηκα
κατάσχεσαι	κατασχόσουν(α)[1]	κατασχέθηκες
κατάσχεται	κατασχόταν(ε)[1,2]	κατασχέθηκε
κατασχόμαστε	κατασχόμαστε[2]	κατασχεθήκαμε
κατάσχεστε	(κατασχόσαστε)[2]	κατασχεθήκατε
κατάσχονται	κατάσχονταν[2]	κατασχέθηκαν/
ΕΞΑΚΟΛ. ΜΕΛΛΟΝΤΑΣ	**ΣΥΝΟΠΤ. ΜΕΛΛΟΝΤΑΣ**	κατασχεθήκαν(ε)[1]
θα κατάσχομαι	θα κατασχεθώ	**ΠΑΡΑΚΕΙΜΕΝΟΣ**
θα κατάσχεσαι	θα κατασχεθείς	έχω κατασχεθεί
θα κατάσχεται	θα κατασχεθεί	**ΥΠΕΡΣΥΝΤΕΛΙΚΟΣ**
θα κατασχόμαστε	θα κατασχεθούμε	είχα κατασχεθεί
θα κατάσχεστε	θα κατασχεθείτε	**ΣΥΝΤΕΛ. ΜΕΛΛΟΝΤΑΣ**
θα κατάσχονται	θα κατασχεθούν(ε)[1]	θα έχω κατασχεθεί

ΥΠΟΤΑΚΤΙΚΗ

ΕΝΕΣΤΩΤΑΣ	ΑΟΡΙΣΤΟΣ	ΠΑΡΑΚΕΙΜΕΝΟΣ
[να, όταν...] κατάσχομαι	[να, όταν...] κατασχεθώ	[να, όταν...] έχω
κατάσχεσαι	κατασχεθείς	κατασχεθεί
κατάσχεται	κατασχεθεί	
κατασχόμαστε	κατασχεθούμε	
κατάσχεστε	κατασχεθείτε	
κατάσχονται	κατασχεθούν(ε)[1]	

ΠΡΟΣΤΑΚΤΙΚΗ

ΕΝΕΣΤΩΤΑΣ	ΑΟΡΙΣΤΟΣ
–	–
–	κατασχέσου
–	–
–	–
κατάσχεστε	κατασχεθείτε
–	–

ΜΕΤΟΧΗ

ΕΝΕΣΤΩΤΑΣ
κατασχόμενος
ΠΑΡΑΚΕΙΜΕΝΟΣ
–

[1] Οι τύποι με το τελικό α ή ε (και ο β' τύπος του αορίστου) εμφανίζονται κυρίως στον προφορικό λόγο.
[2] Οι τύποι σε -ονταν, -όμασταν, -όσασταν, -όντουσαν (δες λύνομαι, 2) δε συνηθίζονται.

ΠΑΘΗΤΙΚΗ ΦΩΝΗ

ΟΡΙΣΤΙΚΗ

ΕΝΕΣΤΩΤΑΣ	**ΠΑΡΑΤΑΤΙΚΟΣ**	**ΑΟΡΙΣΤΟΣ**
κλαίγομαι	κλαιγόμουν(α)[1]	κλαύτηκα
κλαίγεσαι	κλαιγόσουν(α)[1]	κλαύτηκες
κλαίγεται	κλαιγόταν(ε)[1,2]	κλαύτηκε
κλαιγόμαστε	κλαιγόμαστε/κλαιγόμασταν[1]	κλαυτήκαμε
κλαίγεστε/κλαιγόσαστε[1]	κλαιγόσαστε/κλαιγόσασταν[1]	κλαυτήκατε
κλαίγονται	κλαίγονταν/κλαιγόντανε[1]/	κλαύτηκαν/κλαυτήκαν(ε)[1]
ΕΞΑΚΟΛ. ΜΕΛΛΟΝΤΑΣ	κλαιγόντουσαν[1]	**ΠΑΡΑΚΕΙΜΕΝΟΣ**
θα κλαίγομαι	**ΣΥΝΟΠΤ. ΜΕΛΛΟΝΤΑΣ**	έχω κλαυτεί
θα κλαίγεσαι	θα κλαυτώ	**ΥΠΕΡΣΥΝΤΕΛΙΚΟΣ**
θα κλαίγεται	θα κλαυτείς	είχα κλαυτεί
θα κλαιγόμαστε	θα κλαυτεί	**ΣΥΝΤΕΛ. ΜΕΛΛΟΝΤΑΣ**
θα κλαίγεστε/	θα κλαυτούμε	θα έχω κλαυτεί
θα κλαιγόσαστε[1]	θα κλαυτείτε	
θα κλαίγονται	θα κλαυτούν(ε)[1]	

ΥΠΟΤΑΚΤΙΚΗ

ΕΝΕΣΤΩΤΑΣ	**ΑΟΡΙΣΤΟΣ**	**ΠΑΡΑΚΕΙΜΕΝΟΣ**
[να, όταν...] κλαίγομαι	[να, όταν...] κλαυτώ	[να, όταν...] έχω κλαυτεί
κλαίγεσαι	κλαυτείς	
κλαίγεται	κλαυτεί	
κλαιγόμαστε	κλαυτούμε	
κλαίγεστε/κλαιγόσαστε[1]	κλαυτείτε	
κλαίγονται	κλαυτούν(ε)[1]	

ΠΡΟΣΤΑΚΤΙΚΗ

ΕΝΕΣΤΩΤΑΣ	**ΑΟΡΙΣΤΟΣ**
–	–
–	κλάψου
–	–
–	–
κλαίγεστε	κλαυτείτε
–	–

ΜΕΤΟΧΗ

ΕΝΕΣΤΩΤΑΣ
–

ΠΑΡΑΚΕΙΜΕΝΟΣ
κλαμένος[3]

[1] Οι β′ τύποι (και αυτοί με το τελικό α ή ε) κυρίως στον προφορικό λόγο και στη λογοτεχνία.
[2] Και κλαίγονταν στον προφ. λόγο και στη λογοτεχνία.
[3] Σημαίνει: «αυτός που έχει κλάψει ή κλαίει», επομένως δεν μπορεί να σχηματίσει ισοδύναμες εκφράσεις μ τύπους όπως έχω κλαυτεί («έχω παραπονεθεί»).

κόβομαι 171

ΠΑΘΗΤΙΚΗ ΦΩΝΗ

ΟΡΙΣΤΙΚΗ

ΕΝΕΣΤΩΤΑΣ
κόβομαι
κόβεσαι
κόβεται
κοβόμαστε
κόβεστε/κοβόσαστε[1]
κόβονται

ΕΞΑΚΟΛ. ΜΕΛΛΟΝΤΑΣ
θα κόβομαι
θα κόβεσαι
θα κόβεται
θα κοβόμαστε
θα κόβεστε/θα κοβόσαστε[1]
θα κόβονται

ΠΑΡΑΤΑΤΙΚΟΣ
κοβόμουν(α)[1]
κοβόσουν(α)[1]
κοβόταν(ε)[1,2]
κοβόμαστε/κοβόμασταν[1]
κοβόσαστε/κοβόσασταν[1]
κόβονταν/κοβόντανε[1]
κοβόντουσαν[1]

ΣΥΝΟΠΤ. ΜΕΛΛΟΝΤΑΣ
θα κοπώ
θα κοπείς
θα κοπεί
θα κοπούμε
θα κοπείτε
θα κοπούν(ε)[1]

ΑΟΡΙΣΤΟΣ
κόπηκα
κόπηκες
κόπηκε
κοπήκαμε
κοπήκατε
κόπηκαν/κοπήκαν(ε)[1]

ΠΑΡΑΚΕΙΜΕΝΟΣ
έχω κοπεί/είμαι κομμένος[3]

ΥΠΕΡΣΥΝΤΕΛΙΚΟΣ
είχα κοπεί/
ήμουν κομμένος[3]

ΣΥΝΤΕΛ. ΜΕΛΛΟΝΤΑΣ
θα έχω κοπεί/
θα είμαι κομμένος[3]

ΥΠΟΤΑΚΤΙΚΗ

ΕΝΕΣΤΩΤΑΣ
[να, όταν...] κόβομαι
κόβεσαι
κόβεται
κοβόμαστε
κόβεστε/κοβόσαστε[1]
κόβονται

ΑΟΡΙΣΤΟΣ
[να, όταν...] κοπώ
κοπείς
κοπεί
κοπούμε
κοπείτε
κοπούν(ε)[1]

ΠΑΡΑΚΕΙΜΕΝΟΣ
[να, όταν...] έχω κοπεί/
είμαι κομμένος[3]

ΠΡΟΣΤΑΚΤΙΚΗ

ΕΝΕΣΤΩΤΑΣ	**ΑΟΡΙΣΤΟΣ**
–	–
–	κόψου
–	–
–	–
κόβεστε	κοπείτε
–	–

ΜΕΤΟΧΗ

ΕΝΕΣΤΩΤΑΣ
–

ΠΑΡΑΚΕΙΜΕΝΟΣ
κομμένος

[1] Οι β' τύποι (και αυτοί με το τελικό α ή ε) κυρίως στον προφορικό λόγο και στη λογοτεχνία.
[2] Και κόβονταν στον προφ. λόγο και στη λογοτεχνία.
[3] Οι β' τύποι (σπάνιας χρήσης) δεν είναι πλήρως ισοδύναμοι με τους α', από άποψη σημασίας και σύνταξης.

ΕΝΕΡΓΗΤΙΚΗ ΦΩΝΗ

ΟΡΙΣΤΙΚΗ

ΕΝΕΣΤΩΤΑΣ	ΠΑΡΑΤΑΤΙΚΟΣ	ΑΟΡΙΣΤΟΣ
κρίνω	έκρινα	έκρινα
κρίνεις	έκρινες	έκρινες
κρίνει	έκρινε	έκρινε
κρίνουμε (σπάν.-ομε)	κρίναμε	κρίναμε
κρίνετε	κρίνατε	κρίνατε
κρίνουν(ε)[1]	έκριναν/κρίναν(ε)[1]	έκριναν/κρίναν(ε)[1]
ΕΞΑΚΟΛ. ΜΕΛΛΟΝΤΑΣ	**ΣΥΝΟΠΤ. ΜΕΛΛΟΝΤΑΣ**	**ΠΑΡΑΚΕΙΜΕΝΟΣ**
θα κρίνω	θα κρίνω	έχω κρίνει[2]
θα κρίνεις	θα κρίνεις	**ΥΠΕΡΣΥΝΤΕΛΙΚΟΣ**
θα κρίνει	θα κρίνει	είχα κρίνει[2]
θα κρίνουμε (σπάν.-ομε)	θα κρίνουμε (σπάν.-ομε)	**ΣΥΝΤΕΛ. ΜΕΛΛΟΝΤΑΣ**
θα κρίνετε	θα κρίνετε	θα έχω κρίνει[2]
θα κρίνουν(ε)[1]	θα κρίνουν(ε)[1]	

ΥΠΟΤΑΚΤΙΚΗ

ΕΝΕΣΤΩΤΑΣ	ΑΟΡΙΣΤΟΣ	ΠΑΡΑΚΕΙΜΕΝΟΣ
[να, όταν...] κρίνω	[να, όταν...] κρίνω	[να, όταν...] έχω κρίνει[2]
κρίνεις	κρίνεις	
κρίνει	κρίνει	
κρίνουμε (σπάν.-ομε)	κρίνουμε (σπάν.-ομε)	
κρίνετε	κρίνετε	
κρίνουν(ε)[1]	κρίνουν(ε)[1]	

ΠΡΟΣΤΑΚΤΙΚΗ

ΕΝΕΣΤΩΤΑΣ	ΑΟΡΙΣΤΟΣ
—	—
κρίνε[3]	κρίνε[3]
—	—
—	—
κρίνετε	κρίνετε
—	—

ΜΕΤΟΧΗ

ΕΝΕΣΤΩΤΑΣ
κρίνοντας
ΠΑΡΑΚΕΙΜΕΝΟΣ
έχοντας κρίνει[2]

[1] Οι β' τύποι (και αυτοί με το τελικό ε) κυρίως στον προφορικό λόγο και στη λογοτεχνία. Σπάνιοι σε λόγια ρ (π.χ. επικρίνω).
[2] Οι τύποι με το έχω + παθ. μτχ. παρακειμέν. δε συνηθίζονται για το συγκεκριμένο ρήμα.
[3] Ο τόνος ανεβαίνει στα σύνθετα: επίκρινε.

ΠΑΘΗΤΙΚΗ ΦΩΝΗ

ΟΡΙΣΤΙΚΗ

ΕΝΕΣΤΩΤΑΣ	ΠΑΡΑΤΑΤΙΚΟΣ	ΑΟΡΙΣΤΟΣ
κυλιέμαι	κυλιόμουν(α)[1]	κυλίστηκα
κυλιέσαι	κυλιόσουν(α)[1]	κυλίστηκες
κυλιέται	κυλιόταν(ε)[1]	κυλίστηκε
κυλιόμαστε	κυλιόμαστε/κυλιόμασταν[1]	κυλιστήκαμε
κυλιέστε/κυλιόσαστε[1]	κυλιόσαστε/κυλιόσασταν[1]	κυλιστήκατε
κυλιούνται/κυλιόνται[1]	κυλιόνταν(ε)[1]/κυλιούνταν[1]/ κυλιόντουσαν[1]	κυλίστηκαν/κυλιστήκαν(ε)[1]
ΕΞΑΚΟΛ. ΜΕΛΛΟΝΤΑΣ	**ΣΥΝΟΠΤ. ΜΕΛΛΟΝΤΑΣ**	**ΠΑΡΑΚΕΙΜΕΝΟΣ**
θα κυλιέμαι	θα κυλιστώ	έχω κυλιστεί/ είμαι κυλισμένος[2]
θα κυλιέσαι	θα κυλιστείς	**ΥΠΕΡΣΥΝΤΕΛΙΚΟΣ**
θα κυλιέται	θα κυλιστεί	είχα κυλιστεί/ ήμουν κυλισμένος[2]
θα κυλιόμαστε	θα κυλιστούμε	**ΣΥΝΤΕΛ. ΜΕΛΛΟΝΤΑΣ**
θα κυλιέστε/θα κυλιόσαστε[1]	θα κυλιστείτε	θα έχω κυλιστεί/ θα είμαι κυλισμένος[2]
θα κυλιούνται/θα κυλιόνται[1]	θα κυλιστούν(ε)[1]	

ΥΠΟΤΑΚΤΙΚΗ

ΕΝΕΣΤΩΤΑΣ	ΑΟΡΙΣΤΟΣ	ΠΑΡΑΚΕΙΜΕΝΟΣ
[να, όταν...] κυλιέμαι	[να, όταν...] κυλιστώ	[να, όταν...] έχω κυλιστεί/ είμαι κυλισμένος[2]
κυλιέσαι	κυλιστείς	
κυλιέται	κυλιστεί	
κυλιόμαστε	κυλιστούμε	
κυλιέστε/κυλιόσαστε[1]	κυλιστείτε	
κυλιούνται/κυλιόνται[1]	κυλιστούν(ε)[1]	

ΠΡΟΣΤΑΚΤΙΚΗ

ΕΝΕΣΤΩΤΑΣ	ΑΟΡΙΣΤΟΣ
—	—
—	κυλίσου
—	—
—	—
κυλιέστε	κυλιστείτε
—	—

ΜΕΤΟΧΗ

ΕΝΕΣΤΩΤΑΣ[3]

—

ΠΑΡΑΚΕΙΜΕΝΟΣ

κυλισμένος

[1] Οι β' τύποι (και αυτοί με το τελικό α ή ε) κυρίως στον προφορικό λόγο και στη λογοτεχνία.
[2] Οι β' τύποι (σπάνιας χρήσης) δεν είναι πλήρως ισοδύναμοι με τους α', από άποψη σημασίας και σύνταξης.
[3] Χρησιμοποιείται η λόγια μτχ. ως επίθετο (π.χ. «κυλιόμενες σκάλες»).

λέω 174

ΕΝΕΡΓΗΤΙΚΗ ΦΩΝΗ

ΟΡΙΣΤΙΚΗ

ΕΝΕΣΤΩΤΑΣ[1]	**ΠΑΡΑΤΑΤΙΚΟΣ**	**ΑΟΡΙΣΤΟΣ**
λέω/(λέγω)	έλεγα	είπα
λες/(λέγεις)	έλεγες	είπες
λέει/(λέγει)	έλεγε	είπε
λέμε/(λέγο[υ]με)	λέγαμε	είπαμε
λέτε/(λέγετε)	λέγατε	είπατε
λένε/λεν[2]/(λέγουν[ε][2])	έλεγαν/λέγαν(ε)[2]	είπαν(ε)[2]
ΕΞΑΚΟΛ. ΜΕΛΛΟΝΤΑΣ[1]	**ΣΥΝΟΠΤ. ΜΕΛΛΟΝΤΑΣ**	**ΠΑΡΑΚΕΙΜΕΝΟΣ**
θα λέω/(θα λέγω)	θα πω	έχω πει[3]
θα λες/(θα λέγεις)	θα πεις	**ΥΠΕΡΣΥΝΤΕΛΙΚΟΣ**
θα λέει/(θα λέγει)	θα πει	είχα πει[3]
θα λέμε/(θα λέγο[υ]με)	θα πούμε	**ΣΥΝΤΕΛ. ΜΕΛΛΟΝΤΑΣ**
θα λέτε/(θα λέγετε)	θα πείτε	θα έχω πει[3]
θα λένε/θα λεν[2]/ (θα λέγουν[ε][2])	θα πουν/θα πούνε[2]	

ΥΠΟΤΑΚΤΙΚΗ

ΕΝΕΣΤΩΤΑΣ[1]	**ΑΟΡΙΣΤΟΣ**	**ΠΑΡΑΚΕΙΜΕΝΟΣ**
[να, όταν...] λέω/(λέγω)	[να, όταν...] πω	[να, όταν...] έχω πει[3]
λες/(λέγεις)	πεις	
λέει/(λέγει)	πει	
λέμε/(λέγο[υ]με)	πούμε	
λέτε/(λέγετε)	πείτε	
λένε/λεν[2]/(λέγουν[ε][2])	πουν/πούνε[2]	

ΠΡΟΣΤΑΚΤΙΚΗ

ΕΝΕΣΤΩΤΑΣ	**ΑΟΡΙΣΤΟΣ**
–	–
λέγε	πες
–	–
–	–
λέγετε/λέτε	πείτε/πέστε
–	–

ΜΕΤΟΧΗ

ΕΝΕΣΤΩΤΑΣ
λέγοντας
ΠΑΡΑΚΕΙΜΕΝΟΣ
έχοντας πει[3]

[1] Η κλίση λέγω, λέγεις κτλ. είναι σπάνια.
[2] Οι β' τύποι (και αυτοί με το τελικό ε) απαντώνται κυρίως στον προφορικό λόγο και στη λογοτεχνία.
[3] Οι τύποι με το έχω + παθ. μτχ. παρακειμέν. δε συνηθίζονται.

ΠΑΘΗΤΙΚΗ ΦΩΝΗ

ΟΡΙΣΤΙΚΗ

ΕΝΕΣΤΩΤΑΣ
λέγομαι
λέγεσαι
λέγεται
λεγόμαστε
λέγεστε/λεγόσαστε[1]
λέγονται

ΕΞΑΚΟΛ. ΜΕΛΛΟΝΤΑΣ
θα λέγομαι
θα λέγεσαι
θα λέγεται
θα λεγόμαστε
θα λέγεστε/θα λεγόσαστε[1]
θα λέγονται

ΠΑΡΑΤΑΤΙΚΟΣ
λεγόμουν(α)[1]
λεγόσουν(α)[1]
λεγόταν(ε)[1,2]
λεγόμαστε/λεγόμασταν[1]
λεγόσαστε/λεγόσασταν[1]
λέγονταν/λεγόντανε[1]/
λεγόντουσαν[1]

ΣΥΝΟΠΤ. ΜΕΛΛΟΝΤΑΣ[3]
θα ειπωθώ/θα λεχθώ
θα ειπωθείς/θα λεχθείς
θα ειπωθεί/θα λεχθεί
θα ειπωθούμε/θα λεχθούμε
θα ειπωθείτε/θα λεχθείτε
θα ειπωθούν(ε)[1]/
θα λεχθούν(ε)[1]

ΑΟΡΙΣΤΟΣ[3]
ειπώθηκα/λέχθηκα
ειπώθηκες/λέχθηκες
ειπώθηκε/λέχθηκε
ειπωθήκαμε/λεχθήκαμε
ειπωθήκατε/λεχθήκατε
ειπώθηκαν/ειπωθήκαν(ε)[1]/
λέχθηκαν/λεχθήκαν(ε)[1]

ΠΑΡΑΚΕΙΜΕΝΟΣ
έχω ειπωθεί/είμαι
ειπωμένος[4]/έχω λεχθεί[3]

ΥΠΕΡΣΥΝΤΕΛΙΚΟΣ
είχα ειπωθεί/ήμουν
ειπωμένος[4]/είχα λεχθεί[3]

ΣΥΝΤΕΛ. ΜΕΛΛΟΝΤΑΣ
θα έχω ειπωθεί/θα είμαι
ειπωμένος[4]/θα έχω λεχθεί[3]

ΥΠΟΤΑΚΤΙΚΗ

ΕΝΕΣΤΩΤΑΣ
[να, όταν...] λέγομαι
λέγεσαι
λέγεται
λεγόμαστε
λέγεστε/λεγόσαστε[1]
λέγονται

ΑΟΡΙΣΤΟΣ[3]
[να, όταν...] ειπωθώ/λεχθώ
ειπωθείς/λεχθείς
ειπωθεί/λεχθεί
ειπωθούμε/λεχθούμε
ειπωθείτε/λεχθείτε
ειπωθούν(ε)[1]/λεχθούν(ε)[1]

ΠΑΡΑΚΕΙΜΕΝΟΣ
[να, όταν...] έχω
ειπωθεί/είμαι ειπωμένος[4]/
έχω λεχθεί[3]

ΠΡΟΣΤΑΚΤΙΚΗ

ΕΝΕΣΤΩΤΑΣ
—
—
—
—
λέγεστε
—

ΑΟΡΙΣΤΟΣ[3]
—
—
—
—
ειπωθείτε/λεχθείτε
—

ΜΕΤΟΧΗ

ΕΝΕΣΤΩΤΑΣ
(λεγόμενος)[5]

ΠΑΡΑΚΕΙΜΕΝΟΣ
ειπωμένος

[1] Οι β' τύποι (και αυτοί με το τελικό α ή ε) κυρίως στον προφορικό λόγο και στη λογοτεχνία.
[2] Και λέγονταν στον προφ. λόγο και στη λογοτεχνία.
[3] Οι τύποι λέχθηκα, λεχθώ κτλ. εμφανίζονται συχνά σε επίσημο ύφος λόγου.
[4] Οι β' τύποι (σπάνιας χρήσης) δεν είναι πλήρως ισοδύναμοι με τους α', από άποψη σημασίας και σύνταξης.
[5] Χρησιμοποιείται κυρίως με την έννοια: «αυτός στον οποίο αποδίδεται ορισμένο προσδιοριστικό όνομα» (π.χ. «στους λεγόμενους προοδευτικούς»).

ΕΝΕΡΓΗΤΙΚΗ ΦΩΝΗ

ΟΡΙΣΤΙΚΗ

ΕΝΕΣΤΩΤΑΣ	**ΠΑΡΑΤΑΤΙΚΟΣ**	**ΑΟΡΙΣΤΟΣ**
μαθαίνω	μάθαινα	έμαθα
μαθαίνεις	μάθαινες	έμαθες
μαθαίνει	μάθαινε	έμαθε
μαθαίνουμε (σπάν.-ομε)	μαθαίναμε	μάθαμε
μαθαίνετε	μαθαίνατε	μάθατε
μαθαίνουν(ε)[1]	μάθαιναν/μαθαίναν(ε)[1]	έμαθαν/μάθαν(ε)[1]
ΕΞΑΚΟΛ. ΜΕΛΛΟΝΤΑΣ	**ΣΥΝΟΠΤ. ΜΕΛΛΟΝΤΑΣ**	**ΠΑΡΑΚΕΙΜΕΝΟΣ**
θα μαθαίνω	θα μάθω	έχω μάθει[2]
θα μαθαίνεις	θα μάθεις	**ΥΠΕΡΣΥΝΤΕΛΙΚΟΣ**
θα μαθαίνει	θα μάθει	είχα μάθει[2]
θα μαθαίνουμε (σπάν.-ομε)	θα μάθουμε (σπάν.-ομε)	**ΣΥΝΤΕΛ. ΜΕΛΛΟΝΤΑΣ**
θα μαθαίνετε	θα μάθετε	θα έχω μάθει[2]
θα μαθαίνουν(ε)[1]	θα μάθουν(ε)[1]	

ΥΠΟΤΑΚΤΙΚΗ

ΕΝΕΣΤΩΤΑΣ	**ΑΟΡΙΣΤΟΣ**	**ΠΑΡΑΚΕΙΜΕΝΟΣ**
[να, όταν...] μαθαίνω	[να, όταν...] μάθω	[να, όταν...] έχω μάθει[2]
μαθαίνεις	μάθεις	
μαθαίνει	μάθει	
μαθαίνουμε (σπάν.-ομε)	μάθουμε (σπάν.-ομε)	
μαθαίνετε	μάθετε	
μαθαίνουν(ε)[1]	μάθουν(ε)[1]	

ΠΡΟΣΤΑΚΤΙΚΗ

ΕΝΕΣΤΩΤΑΣ	**ΑΟΡΙΣΤΟΣ**
—	—
μάθαινε	μάθε
—	—
—	—
μαθαίνετε	μάθετε
—	—

ΜΕΤΟΧΗ

ΕΝΕΣΤΩΤΑΣ
μαθαίνοντας
ΠΑΡΑΚΕΙΜΕΝΟΣ
έχοντας μάθει[2]

[1] Οι β' τύποι (και αυτοί με το τελικό ε) κυρίως στον προφορικό λόγο και στη λογοτεχνία.
[2] Ανάλογα με την έννοια του ρ., ισοδυναμούν πότε με το «έχω μαθημένο», πότε με το «είμαι μαθημένος».

ΕΝΕΡΓΗΤΙΚΗ ΦΩΝΗ

ΟΡΙΣΤΙΚΗ

ΕΝΕΣΤΩΤΑΣ[1]	ΠΑΡΑΤΑΤΙΚΟΣ[2]	ΑΟΡΙΣΤΟΣ
μεθάω/μεθώ	μεθούσα/μέθαγα	μέθυσα
μεθάς	μεθούσες/μέθαγες	μέθυσες
μεθάει/μεθά	μεθούσε/μέθαγε	μέθυσε
μεθάμε/μεθούμε	μεθούσαμε/μεθάγαμε	μεθύσαμε
μεθάτε	μεθούσατε/μεθάγατε	μεθύσατε
μεθάνε/μεθάν[3]/μεθούν(ε)[1]	μεθούσαν(ε)[3]/μέθαγαν/ μεθάγανε	μέθυσαν/μεθύσαν(ε)[3]
ΕΞΑΚΟΛ. ΜΕΛΛΟΝΤΑΣ	**ΣΥΝΟΠΤ. ΜΕΛΛΟΝΤΑΣ**	**ΠΑΡΑΚΕΙΜΕΝΟΣ**
θα μεθάω/θα μεθώ	θα μεθύσω	έχω μεθύσει/ (είμαι μεθυσμένος)[4]
θα μεθάς	θα μεθύσεις	**ΥΠΕΡΣΥΝΤΕΛΙΚΟΣ**
θα μεθάει/θα μεθά	θα μεθύσει	είχα μεθύσει/ (ήμουν μεθυσμένος)[4]
θα μεθάμε/θα μεθούμε	θα μεθύσουμε (σπάν.-ομε)	**ΣΥΝΤΕΛ. ΜΕΛΛΟΝΤΑΣ**
θα μεθάτε	θα μεθύσετε	θα έχω μεθύσει/ (θα είμαι μεθυσμένος)[4]
θα μεθάνε/θα μεθάν[3]/ θα μεθούν(ε)[1]	θα μεθύσουν(ε)[3]	

ΥΠΟΤΑΚΤΙΚΗ

ΕΝΕΣΤΩΤΑΣ[1]	ΑΟΡΙΣΤΟΣ	ΠΑΡΑΚΕΙΜΕΝΟΣ
[να, όταν...]μεθάω/μεθώ	[να, όταν...] μεθύσω	[να, όταν...] έχω μεθύσει/ (είμαι μεθυσμένος)[4]
μεθάς	μεθύσεις	
μεθάει/μεθά	μεθύσει	
μεθάμε/μεθούμε	μεθύσουμε (σπάν.-ομε)	
μεθάτε	μεθύσετε	
μεθάνε/μεθάν[3]/μεθούν(ε)[1]	μεθύσουν(ε)[3]	

ΠΡΟΣΤΑΚΤΙΚΗ

ΕΝΕΣΤΩΤΑΣ	ΑΟΡΙΣΤΟΣ
—	—
μέθα/μέθαγε[2]	μέθυσε
—	—
—	—
μεθάτε	μεθύστε
—	—

ΜΕΤΟΧΗ

ΕΝΕΣΤΩΤΑΣ
μεθώντας
ΠΑΡΑΚΕΙΜΕΝΟΣ
έχοντας μεθύσει[4]

[1] Οι τύποι σε -ώ, -ά, -ούμε, -ούν είναι σχετικά σπάνιοι στον προφ. λόγο. Ο τύπος σε -ούνε εμφανίζεται σχεδόν αποκλειστικά στη λογοτεχνία.
[2] Οι τύποι μέθαγα, μέθαγες κτλ. συνηθίζονται κυρίως στον προφορικό λόγο και στη λογοτεχνία.
[3] Οι β' τύποι (και αυτοί με το τελικό ε) κυρίως στον προφ. λόγο και στη λογοτεχνία.
[4] Οι β' τύποι χρησιμοποιούνται μόνο όταν το ρ. έχει παθητική έννοια (έχω μεθύσει ο ίδιος). Η περίφραση έχοντας μεθύσει ισοδυναμεί με τη μτχ. μεθυσμένος ή με την περίφρ. όντας μεθυσμένος.

ΕΝΕΡΓΗΤΙΚΗ ΦΩΝΗ

ΟΡΙΣΤΙΚΗ

ΕΝΕΣΤΩΤΑΣ	ΠΑΡΑΤΑΤΙΚΟΣ	ΑΟΡΙΣΤΟΣ
μένω	έμενα	έμεινα
μένεις	έμενες	έμεινες
μένει	έμενε	έμεινε
μένουμε (σπάν.-ομε)	μέναμε	μείναμε
μένετε	μένατε	μείνατε
μένουν(ε)[1]	έμεναν/μέναν(ε)[1]	έμειναν/μείναν(ε)[1]
ΕΞΑΚΟΛ. ΜΕΛΛΟΝΤΑΣ	**ΣΥΝΟΠΤ. ΜΕΛΛΟΝΤΑΣ**	**ΠΑΡΑΚΕΙΜΕΝΟΣ**
θα μένω	θα μείνω	έχω μείνει
θα μένεις	θα μείνεις	**ΥΠΕΡΣΥΝΤΕΛΙΚΟΣ**
θα μένει	θα μείνει	είχα μείνει
θα μένουμε (σπάν.-ομε)	θα μείνουμε (σπάν.-ομε)	**ΣΥΝΤΕΛ. ΜΕΛΛΟΝΤΑΣ**
θα μένετε	θα μείνετε	θα έχω μείνει
θα μένουν(ε)[1]	θα μείνουν(ε)[1]	

ΥΠΟΤΑΚΤΙΚΗ

ΕΝΕΣΤΩΤΑΣ	ΑΟΡΙΣΤΟΣ	ΠΑΡΑΚΕΙΜΕΝΟΣ
[να, όταν...] μένω	[να, όταν...] μείνω	[να, όταν...] έχω μείνει
μένεις	μείνεις	
μένει	μείνει	
μένουμε (σπάν.-ομε)	μείνουμε (σπάν.-ομε)	
μένετε	μείνετε	
μένουν(ε)[1]	μείνουν(ε)[1]	

ΠΡΟΣΤΑΚΤΙΚΗ

ΕΝΕΣΤΩΤΑΣ	ΑΟΡΙΣΤΟΣ
—	—
μένε[2]	μείνε[2]
—	—
—	—
μένετε	μείνετε[2]
—	—

ΜΕΤΟΧΗ

ΕΝΕΣΤΩΤΑΣ
μένοντας
ΠΑΡΑΚΕΙΜΕΝΟΣ
έχοντας μείνει

[1] Οι β′ τύποι (και αυτοί με το τελικό ε) κυρίως στον προφορικό λόγο και στη λογοτεχνία. Σπανίζουν σε λόγια ρ. (π.χ. αναμένω).
[2] Στα σύνθετα ανεβαίνει ο τόνος: περίμενε. Όσον αφορά το ρ. περιμένω, απαντώνται συχνά οι τύποι του ενεστ. προστ. με λειτουργία αορίστου.

μπαίνω 179

ΕΝΕΡΓΗΤΙΚΗ ΦΩΝΗ

ΟΡΙΣΤΙΚΗ

ΕΝΕΣΤΩΤΑΣ	**ΠΑΡΑΤΑΤΙΚΟΣ**	**ΑΟΡΙΣΤΟΣ**
μπαίνω	έμπαινα	μπήκα
μπαίνεις	έμπαινες	μπήκες
μπαίνει	έμπαινε	μπήκε
μπαίνουμε (σπάν.-ομε)	μπαίναμε	μπήκαμε
μπαίνετε	μπαίνατε	μπήκατε
μπαίνουν(ε)[1]	έμπαιναν/μπαίναν(ε)[1]	μπήκαν(ε)[1]
ΕΞΑΚΟΛ. ΜΕΛΛΟΝΤΑΣ	**ΣΥΝΟΠΤ. ΜΕΛΛΟΝΤΑΣ**	**ΠΑΡΑΚΕΙΜΕΝΟΣ**
θα μπαίνω	θα μπω/θά μπω[1]	έχω μπει/
θα μπαίνεις	θα μπεις/θά μπεις[1]	(είμαι μπασμένος)[2]
θα μπαίνει	θα μπει/θά μπει[1]	**ΥΠΕΡΣΥΝΤΕΛΙΚΟΣ**
θα μπαίνουμε (σπάν.-ομε)	θα μπούμε	είχα μπει/
θα μπαίνετε	θα μπείτε	(ήμουν μπασμένος)[2]
θα μπαίνουν(ε)[1]	θα μπουν/θα μπούνε[1]/	**ΣΥΝΤΕΛ. ΜΕΛΛΟΝΤΑΣ**
	θά μπουν[1]	θα έχω μπει/
		(θα είμαι μπασμένος)[2]

ΥΠΟΤΑΚΤΙΚΗ

ΕΝΕΣΤΩΤΑΣ	**ΑΟΡΙΣΤΟΣ**	**ΠΑΡΑΚΕΙΜΕΝΟΣ**
[να, όταν...] μπαίνω	[να, όταν...] μπω[3]	[να, όταν...] έχω μπει/
μπαίνεις	μπεις[3]	(είμαι μπασμένος)[2]
μπαίνει	μπει[3]	
μπαίνουμε (σπάν.-ομε)	μπούμε	
μπαίνετε	μπείτε	
μπαίνουν(ε)[1]	μπουν[3]/μπούνε[1,3]	

ΠΡΟΣΤΑΚΤΙΚΗ

ΕΝΕΣΤΩΤΑΣ	**ΑΟΡΙΣΤΟΣ**
—	—
μπαίνε	μπες/έμπα[1]
—	—
—	—
μπαίνετε	μπείτε/μπέστε[1]
—	—

ΜΕΤΟΧΗ

ΕΝΕΣΤΩΤΑΣ
μπαίνοντας
ΠΑΡΑΚΕΙΜΕΝΟΣ
έχοντας μπει/
(όντας μπασμένος)[2]

Οι β΄ τύποι (και αυτοί με το τελικό ε) κυρίως στον προφορικό λόγο και στη λογοτεχνία.
Οι β΄ τύποι χρησιμοποιούνται για συγκεκριμένες μόνο σημασίες του ρ. (π.χ. «μαζεύω», «σουρώνω») και δεν είναι πλήρως ισοδύναμοι με τους α΄.
Ισχύει ό,τι για τον συνοπτ. μέλλ.: νά μπω κτλ.

ΠΑΘΗΤΙΚΗ ΦΩΝΗ

ΟΡΙΣΤΙΚΗ

ΕΝΕΣΤΩΤΑΣ	ΠΑΡΑΤΑΤΙΚΟΣ	ΑΟΡΙΣΤΟΣ[3]
ντρέπομαι	ντρεπόμουν(α)[1]	ντράπηκα
ντρέπεσαι	ντρεπόσουν(α)[1]	ντράπηκες
ντρέπεται	ντρεπόταν(ε)[1,2]	ντράπηκε
ντρεπόμαστε	ντρεπόμαστε/ντρεπόμασταν[1]	ντραπήκαμε
ντρέπεστε/ντρεπόσαστε[1]	ντρεπόσαστε/-όσασταν[1]	ντραπήκατε
ντρέπονται	ντρέπονταν/ντρεπόντανε[1]/	ντράπηκαν/ντραπήκαν(ε)[1]
ΕΞΑΚΟΛ. ΜΕΛΛΟΝΤΑΣ	ντρεπόντουσαν[1]	**ΠΑΡΑΚΕΙΜΕΝΟΣ**
θα ντρέπομαι	**ΣΥΝΟΠΤ. ΜΕΛΛΟΝΤΑΣ**	έχω ντραπεί
θα ντρέπεσαι	θα ντραπώ	**ΥΠΕΡΣΥΝΤΕΛΙΚΟΣ**
θα ντρέπεται	θα ντραπείς	είχα ντραπεί
θα ντρεπόμαστε	θα ντραπεί	**ΣΥΝΤΕΛ. ΜΕΛΛΟΝΤΑΣ**
θα ντρέπεστε/-όσαστε[1]	θα ντραπούμε	θα έχω ντραπεί
θα ντρέπονται	θα ντραπείτε	
	θα ντραπούν(ε)[1]	

ΥΠΟΤΑΚΤΙΚΗ

ΕΝΕΣΤΩΤΑΣ	ΑΟΡΙΣΤΟΣ	ΠΑΡΑΚΕΙΜΕΝΟΣ
[να, όταν...] ντρέπομαι	[να, όταν...] ντραπώ	[να, όταν...] έχω ντραπεί
ντρέπεσαι	ντραπείς	
ντρέπεται	ντραπεί	
ντρεπόμαστε	ντραπούμε	
ντρέπεστε/ντρεπόσαστε[1]	ντραπείτε	
ντρέπονται	ντραπούν(ε)[1]	

ΠΡΟΣΤΑΚΤΙΚΗ

ΕΝΕΣΤΩΤΑΣ	ΑΟΡΙΣΤΟΣ
–	–
–	–
–	–
–	–
ντρέπεστε	ντραπείτε
–	–

ΜΕΤΟΧΗ

ΕΝΕΣΤΩΤΑΣ
–

ΠΑΡΑΚΕΙΜΕΝΟΣ
–

[1] Οι β' τύποι (και αυτοί με το τελικό α ή ε) κυρίως στον προφορικό λόγο και στη λογοτεχνία. Δε συνηθίζονται σε λόγια ρ. (π.χ. εκτρέπομαι).
[2] Και ντρέπονταν στον προφ. λόγο και στη λογοτεχνία (και όχι για λόγια ρ.).
[3] Σε λόγια ρ., π.χ. εκτρέπομαι, συνηθίζονται οι λόγιοι τύποι του γ' προσ.: εξετράπη, εξετράπησαν.

ξαίνομαι 181

ΠΑΘΗΤΙΚΗ ΦΩΝΗ

ΟΡΙΣΤΙΚΗ

ΕΝΕΣΤΩΤΑΣ
ξαίνομαι
ξαίνεσαι
ξαίνεται
ξαινόμαστε
ξαίνεστε/(ξαινόσαστε)
ξαίνονται

ΕΞΑΚΟΛ. ΜΕΛΛΟΝΤΑΣ
θα ξαίνομαι
θα ξαίνεσαι
θα ξαίνεται
θα ξαινόμαστε
θα ξαίνεστε/(θα ξαινόσαστε)
θα ξαίνονται

ΠΑΡΑΤΑΤΙΚΟΣ
ξαινόμουν(α)[1]
ξαινόσουν(α)[1]
ξαινόταν(ε)[1,2]
ξαινόμαστε/ξαινόμασταν[1]
ξαινόσαστε/ξαινόσασταν[1]
ξαίνονταν/ξαινόντανε[1]/
ξαινόντουσαν[1]

ΣΥΝΟΠΤ. ΜΕΛΛΟΝΤΑΣ
θα ξαστώ
θα ξαστείς
θα ξαστεί
θα ξαστούμε
θα ξαστείτε
θα ξαστούν(ε)[1]

ΑΟΡΙΣΤΟΣ
ξάστηκα
ξάστηκες
ξάστηκε
ξαστήκαμε
ξαστήκατε
ξάστηκαν/ξαστήκαν(ε)[1]

ΠΑΡΑΚΕΙΜΕΝΟΣ
έχω ξαστεί/είμαι ξασμένος[3]

ΥΠΕΡΣΥΝΤΕΛΙΚΟΣ
είχα ξαστεί/ήμουν ξασμένος[3]

ΣΥΝΤΕΛ. ΜΕΛΛΟΝΤΑΣ
θα έχω ξαστεί/
θα είμαι ξασμένος[3]

ΥΠΟΤΑΚΤΙΚΗ

ΕΝΕΣΤΩΤΑΣ
[να, όταν...] ξαίνομαι
ξαίνεσαι
ξαίνεται
ξαινόμαστε
ξαίνεστε/(ξαινόσαστε)
ξαίνονται

ΑΟΡΙΣΤΟΣ
[να, όταν...] ξαστώ
ξαστείς
ξαστεί
ξαστούμε
ξαστείτε
ξαστούν(ε)[1]

ΠΑΡΑΚΕΙΜΕΝΟΣ
[να, όταν...] έχω ξαστεί/
είμαι ξασμένος[3]

ΠΡΟΣΤΑΚΤΙΚΗ

ΕΝΕΣΤΩΤΑΣ
–
–
–
–
ξαίνεστε
–

ΑΟΡΙΣΤΟΣ
–
ξάσου
–
–
ξαστείτε
–

ΜΕΤΟΧΗ

ΕΝΕΣΤΩΤΑΣ
–

ΠΑΡΑΚΕΙΜΕΝΟΣ
ξασμένος

Οι β΄ τύποι (και αυτοί με το τελικό α ή ε) κυρίως στον προφορικό λόγο και στη λογοτεχνία.
Και ξαίνονταν στον προφ. λόγο και στη λογοτεχνία.
Οι β΄ τύποι (σπάνιας χρήσης) δεν είναι πλήρως ισοδύναμοι με τους α΄, από άποψη σημασίας και σύνταξης.

ΠΑΘΗΤΙΚΗ ΦΩΝΗ

ΟΡΙΣΤΙΚΗ

ΕΝΕΣΤΩΤΑΣ
ξεβγάζομαι
ξεβγάζεσαι
ξεβγάζεται
ξεβγαζόμαστε
ξεβγάζεστε/ξεβγαζόσαστε[1]
ξεβγάζονται

ΕΞΑΚΟΛ. ΜΕΛΛΟΝΤΑΣ
θα ξεβγάζομαι
θα ξεβγάζεσαι
θα ξεβγάζεται
θα ξεβγαζόμαστε
θα ξεβγάζεστε/
θα ξεβγαζόσαστε[1]
θα ξεβγάζονται

ΠΑΡΑΤΑΤΙΚΟΣ
ξεβγαζόμουν(α)[1]
ξεβγαζόσουν(α)[1]
ξεβγαζόταν(ε)[1,2]
ξεβγαζόμαστε/-όμασταν[1]
ξεβγαζόσαστε/-όσασταν[1]
ξεβγάζονταν/ξεβγαζόντανε[1]/
ξεβγαζόντουσαν[1]

ΣΥΝΟΠΤ. ΜΕΛΛΟΝΤΑΣ
θα ξεβγαλθώ
θα ξεβγαλθείς
θα ξεβγαλθεί
θα ξεβγαλθούμε
θα ξεβγαλθείτε
θα ξεβγαλθούν(ε)[1]

ΑΟΡΙΣΤΟΣ
ξεβγάλθηκα
ξεβγάλθηκες
ξεβγάλθηκε
ξεβγαλθήκαμε
ξεβγαλθήκατε
ξεβγάλθηκαν/ξεβγαλθήκαν(ε)[1]

ΠΑΡΑΚΕΙΜΕΝΟΣ
έχω ξεβγαλθεί/
είμαι ξεβγαλμένος[3]

ΥΠΕΡΣΥΝΤΕΛΙΚΟΣ
είχα ξεβγαλθεί/
ήμουν ξεβγαλμένος[3]

ΣΥΝΤΕΛ. ΜΕΛΛΟΝΤΑΣ
θα έχω ξεβγαλθεί/
θα είμαι ξεβγαλμένος[3]

ΥΠΟΤΑΚΤΙΚΗ

ΕΝΕΣΤΩΤΑΣ
[να, όταν...] ξεβγάζομαι
ξεβγάζεσαι
ξεβγάζεται
ξεβγαζόμαστε
ξεβγάζεστε/ξεβγαζόσαστε[1]
ξεβγάζονται

ΑΟΡΙΣΤΟΣ
[να, όταν...] ξεβγαλθώ
ξεβγαλθείς
ξεβγαλθεί
ξεβγαλθούμε
ξεβγαλθείτε
ξεβγαλθούν(ε)[1]

ΠΑΡΑΚΕΙΜΕΝΟΣ
[να, όταν...] έχω ξεβγαλθεί/
είμαι ξεβγαλμένος[3]

ΠΡΟΣΤΑΚΤΙΚΗ

ΕΝΕΣΤΩΤΑΣ
–
–
–
–
ξεβγάζεστε
–

ΑΟΡΙΣΤΟΣ
–
–
–
–
ξεβγαλθείτε
–

ΜΕΤΟΧΗ

ΕΝΕΣΤΩΤΑΣ
–

ΠΑΡΑΚΕΙΜΕΝΟΣ
ξεβγαλμένος

[1] Οι β' τύποι (και αυτοί με το τελικό α ή ε) κυρίως στον προφορικό λόγο και στη λογοτεχνία.
[2] Και ξεβγάζονταν στον προφ. λόγο και στη λογοτεχνία.
[3] Οι β' τύποι (σπάνιας χρήσης) δεν είναι πλήρως ισοδύναμοι με τους α', από άποψη σημασίας και σύνταξης.

ΠΑΘΗΤΙΚΗ ΦΩΝΗ

ΟΡΙΣΤΙΚΗ

ΕΝΕΣΤΩΤΑΣ
ξυπολιέμαι
ξυπολιέσαι
ξυπολιέται
ξυπολιόμαστε
ξυπολιέστε/ξυπολιόσαστε[1]
ξυπολιούνται/ξυπολιόνται[1]

ΕΞΑΚΟΛ. ΜΕΛΛΟΝΤΑΣ
θα ξυπολιέμαι
θα ξυπολιέσαι
θα ξυπολιέται
θα ξυπολιόμαστε
θα ξυπολιέστε/
θα ξυπολιόσαστε[1]
θα ξυπολιούνται/
θα ξυπολιόνται[1]

ΠΑΡΑΤΑΤΙΚΟΣ
ξυπολιόμουν(α)[1]
ξυπολιόσουν(α)[1]
ξυπολιόταν(ε)[1]
ξυπολιόμαστε/ξυπολιόμασταν[1]
ξυπολιόσαστε/
ξυπολιόσασταν[1]
ξυπολιόνταν(ε)[1]/ξυπολιού–
νταν[1]/ξυπολιόντουσαν[1]

ΣΥΝΟΠΤ. ΜΕΛΛΟΝΤΑΣ
θα ξυπολυθώ
θα ξυπολυθείς
θα ξυπολυθεί
θα ξυπολυθούμε
θα ξυπολυθείτε
θα ξυπολυθούν(ε)[1]

ΑΟΡΙΣΤΟΣ
ξυπολύθηκα
ξυπολύθηκες
ξυπολύθηκε
ξυπολυθήκαμε
ξυπολυθήκατε
ξυπολύθηκαν/ξυπολυθήκαν(ε)[1]

ΠΑΡΑΚΕΙΜΕΝΟΣ
έχω ξυπολυθεί

ΥΠΕΡΣΥΝΤΕΛΙΚΟΣ
είχα ξυπολυθεί

ΣΥΝΤΕΛ. ΜΕΛΛΟΝΤΑΣ
θα έχω ξυπολυθεί

ΥΠΟΤΑΚΤΙΚΗ

ΕΝΕΣΤΩΤΑΣ
[να, όταν...] ξυπολιέμαι
ξυπολιέσαι
ξυπολιέται
ξυπολιόμαστε
ξυπολιέστε/ξυπολιόσαστε[1]
ξυπολιούνται/ξυπολιόνται[1]

ΑΟΡΙΣΤΟΣ
[να, όταν...] ξυπολυθώ
ξυπολυθείς
ξυπολυθεί
ξυπολυθούμε
ξυπολυθείτε
ξυπολυθούν(ε)[1]

ΠΑΡΑΚΕΙΜΕΝΟΣ
[να, όταν...] έχω ξυπολυθεί

ΠΡΟΣΤΑΚΤΙΚΗ

ΕΝΕΣΤΩΤΑΣ	ΑΟΡΙΣΤΟΣ
–	–
–	ξυπολύσου
–	–
–	–
ξυπολιέστε	ξυπολυθείτε
–	–

ΜΕΤΟΧΗ

ΕΝΕΣΤΩΤΑΣ
–

ΠΑΡΑΚΕΙΜΕΝΟΣ
–

[1] Οι β' τύποι (και αυτοί με το τελικό α ή ε) κυρίως στον προφορικό λόγο και στη λογοτεχνία.

ΕΝΕΡΓΗΤΙΚΗ ΦΩΝΗ

ΟΡΙΣΤΙΚΗ

ΕΝΕΣΤΩΤΑΣ	ΠΑΡΑΤΑΤΙΚΟΣ	ΑΟΡΙΣΤΟΣ
οφείλω	όφειλα	
οφείλεις	όφειλες	
οφείλει	όφειλε	
οφείλουμε (σπάν.-ομε)	οφείλαμε	
οφείλετε	οφείλατε	
οφείλουν(ε)[1]	όφειλαν/οφείλαν(ε)[1]	
ΕΞΑΚΟΛ. ΜΕΛΛΟΝΤΑΣ	**ΣΥΝΟΠΤ. ΜΕΛΛΟΝΤΑΣ**	**ΠΑΡΑΚΕΙΜΕΝΟΣ**
θα οφείλω		
θα οφείλεις		
θα οφείλει		**ΥΠΕΡΣΥΝΤΕΛΙΚΟΣ**
θα οφείλουμε (σπάν.-ομε)		
θα οφείλετε		
θα οφείλουν(ε)[1]		**ΣΥΝΤΕΛ. ΜΕΛΛΟΝΤΑΣ**

ΥΠΟΤΑΚΤΙΚΗ

ΕΝΕΣΤΩΤΑΣ	ΑΟΡΙΣΤΟΣ	ΠΑΡΑΚΕΙΜΕΝΟΣ
[να, όταν...] οφείλω		
οφείλεις		
οφείλει		
οφείλουμε (σπάν.-ομε)		
οφείλετε		
οφείλουν(ε)[1]		

ΠΡΟΣΤΑΚΤΙΚΗ

ΕΝΕΣΤΩΤΑΣ	ΑΟΡΙΣΤΟΣ
—	
όφειλε	
—	
—	
οφείλετε	
—	

ΜΕΤΟΧΗ

ΕΝΕΣΤΩΤΑΣ
οφείλοντας
ΠΑΡΑΚΕΙΜΕΝΟΣ

[1] Οι τύποι με το τελικό ε (και ο β' τύπος του παρατατ.) εμφανίζονται κυρίως στον προφορικό λόγο και σ λογοτεχνία.

ΕΝΕΡΓΗΤΙΚΗ ΦΩΝΗ

ΟΡΙΣΤΙΚΗ

ΕΝΕΣΤΩΤΑΣ
παίρνω
παίρνεις
παίρνει
παίρνουμε (σπάν.-ομε)
παίρνετε
παίρνουν(ε)[1]

ΕΞΑΚΟΛ. ΜΕΛΛΟΝΤΑΣ
θα παίρνω
θα παίρνεις
θα παίρνει
θα παίρνουμε (σπάν.-ομε)
θα παίρνετε
θα παίρνουν(ε)[1]

ΠΑΡΑΤΑΤΙΚΟΣ
έπαιρνα
έπαιρνες
έπαιρνε
παίρναμε
παίρνατε
έπαιρναν/παίρναν(ε)[1]

ΣΥΝΟΠΤ. ΜΕΛΛΟΝΤΑΣ
θα πάρω
θα πάρεις
θα πάρει
θα πάρουμε (σπάν.-ομε)
θα πάρετε
θα πάρουν(ε)[1]

ΑΟΡΙΣΤΟΣ
πήρα
πήρες
πήρε
πήραμε
πήρατε
πήραν(ε)[1]

ΠΑΡΑΚΕΙΜΕΝΟΣ
έχω πάρει

ΥΠΕΡΣΥΝΤΕΛΙΚΟΣ
είχα πάρει

ΣΥΝΤΕΛ. ΜΕΛΛΟΝΤΑΣ
θα έχω πάρει

ΥΠΟΤΑΚΤΙΚΗ

ΕΝΕΣΤΩΤΑΣ
[να, όταν...] παίρνω
παίρνεις
παίρνει
παίρνουμε (σπάν.-ομε)
παίρνετε
παίρνουν(ε)[1]

ΑΟΡΙΣΤΟΣ
[να, όταν...] πάρω
πάρεις
πάρει
πάρουμε (σπάν.-ομε)
πάρετε
πάρουν(ε)[1]

ΠΑΡΑΚΕΙΜΕΝΟΣ
[να, όταν...] έχω πάρει

ΠΡΟΣΤΑΚΤΙΚΗ

ΕΝΕΣΤΩΤΑΣ
—
παίρνε
—
—
παίρνετε
—

ΑΟΡΙΣΤΟΣ
—
πάρε
—
—
πάρτε
—

ΜΕΤΟΧΗ

ΕΝΕΣΤΩΤΑΣ
παίρνοντας

ΠΑΡΑΚΕΙΜΕΝΟΣ
έχοντας πάρει

[1] Οι τύποι με το τελικό ε (και ο β' τύπος του παρατατ.) χρησιμοποιούνται κυρίως στον προφορικό λόγο και στη λογοτεχνία.

ΕΝΕΡΓΗΤΙΚΗ ΦΩΝΗ

ΟΡΙΣΤΙΚΗ

ΕΝΕΣΤΩΤΑΣ	**ΠΑΡΑΤΑΤΙΚΟΣ**	**ΑΟΡΙΣΤΟΣ[2]**
παραδίδω	παρέδιδα	παρέδωσα/παράδωσα
παραδίδεις	παρέδιδες	παρέδωσες/παράδωσες
παραδίδει	παρέδιδε	παρέδωσε/παράδωσε
παραδίδουμε (σπάν.-ομε)	παραδίδαμε	παραδώσαμε
παραδίδετε	παραδίδατε	παραδώσατε
παραδίδουν(ε)[1]	παρέδιδαν/παραδίδαν(ε)[1]	παρέδωσαν/παραδώσαν(ε)[1]
ΕΞΑΚΟΛ. ΜΕΛΛΟΝΤΑΣ	**ΣΥΝΟΠΤ. ΜΕΛΛΟΝΤΑΣ**	**ΠΑΡΑΚΕΙΜΕΝΟΣ**
θα παραδίδω	θα παραδώσω	έχω παραδώσει
θα παραδίδεις	θα παραδώσεις	**ΥΠΕΡΣΥΝΤΕΛΙΚΟΣ**
θα παραδίδει	θα παραδώσει	είχα παραδώσει
θα παραδίδουμε (σπάν.-ομε)	θα παραδώσουμε (σπάν.-ομε)	**ΣΥΝΤΕΛ. ΜΕΛΛΟΝΤΑΣ**
θα παραδίδετε	θα παραδώσετε	θα έχω παραδώσει
θα παραδίδουν(ε)[1]	θα παραδώσουν(ε)[1]	

ΥΠΟΤΑΚΤΙΚΗ

ΕΝΕΣΤΩΤΑΣ	**ΑΟΡΙΣΤΟΣ**	**ΠΑΡΑΚΕΙΜΕΝΟΣ**
[να, όταν...] παραδίδω	[να, όταν...] παραδώσω	[να, όταν...] έχω παραδώσει
παραδίδεις	παραδώσεις	
παραδίδει	παραδώσει	
παραδίδουμε (σπάν.-ομε)	παραδώσουμε (σπάν.-ομε)	
παραδίδετε	παραδώσετε	
παραδίδουν(ε)[1]	παραδώσουν(ε)[1]	

ΠΡΟΣΤΑΚΤΙΚΗ

ΕΝΕΣΤΩΤΑΣ	**ΑΟΡΙΣΤΟΣ**
–	–
παράδιδε	παράδωσε
–	–
–	–
παραδίδετε	παραδώστε/παραδώσετε[3]
–	–

ΜΕΤΟΧΗ

ΕΝΕΣΤΩΤΑΣ
παραδίδοντας
ΠΑΡΑΚΕΙΜΕΝΟΣ
έχοντας παραδώσει

[1] Οι β′ τύποι (και αυτοί με το τελικό ε) χρησιμοποιούνται κυρίως στον προφορικό λόγο και στη λογοτεχνί Σπανίζουν σε λογιότερα ρ. (π.χ. εκδίδω).
[2] Οι τύποι χωρίς εσωτερ. αύξηση (παράδωσα) απαντώνται κυρίως στον προφ. λόγο και στη λογοτεχνία.
[3] Ο β′ τύπος συνηθίζεται σε επίσημο ύφος λόγου και σε λογιότερα ρ. (π.χ. εκδίδω).

παραδίδομαι 187

ΠΑΘΗΤΙΚΗ ΦΩΝΗ

ΟΡΙΣΤΙΚΗ

ΕΝΕΣΤΩΤΑΣ	ΠΑΡΑΤΑΤΙΚΟΣ	ΑΟΡΙΣΤΟΣ
παραδίδομαι	παραδιδόμουν(α)[1]	παραδόθηκα
παραδίδεσαι	παραδιδόσουν(α)[1]	παραδόθηκες
παραδίδεται	παραδιδόταν(ε)[1,2]	παραδόθηκε
παραδιδόμαστε	παραδιδόμαστε[2]	παραδοθήκαμε
παραδίδεστε (σπάν.-όσαστε)	παραδιδόσαστε[2]	παραδοθήκατε
παραδίδονται	παραδίδονταν[2]	παραδόθηκαν/παραδοθήκαν(ε)[1]
ΕΞΑΚΟΛ. ΜΕΛΛΟΝΤΑΣ	**ΣΥΝΟΠΤ. ΜΕΛΛΟΝΤΑΣ**	**ΠΑΡΑΚΕΙΜΕΝΟΣ**
θα παραδίδομαι	θα παραδοθώ	έχω παραδοθεί/
θα παραδίδεσαι	θα παραδοθείς	(είμαι παραδομένος)[3]
θα παραδίδεται	θα παραδοθεί	**ΥΠΕΡΣΥΝΤΕΛΙΚΟΣ**
θα παραδιδόμαστε	θα παραδοθούμε	είχα παραδοθεί/
θα παραδίδεστε (σπάν. -όσαστε)	θα παραδοθείτε	(ήμουν παραδομένος)[3]
θα παραδίδονται	θα παραδοθούν(ε)[1]	**ΣΥΝΤΕΛ. ΜΕΛΛΟΝΤΑΣ**
		θα έχω παραδοθεί/
		(θα είμαι παραδομένος)[3]

ΥΠΟΤΑΚΤΙΚΗ

ΕΝΕΣΤΩΤΑΣ	ΑΟΡΙΣΤΟΣ	ΠΑΡΑΚΕΙΜΕΝΟΣ
[να, όταν...] παραδίδομαι	[να, όταν...] παραδοθώ	[να, όταν...] έχω παραδοθεί/
παραδίδεσαι	παραδοθείς	(είμαι παραδομένος)[3]
παραδίδεται	παραδοθεί	
παραδιδόμαστε	παραδοθούμε	
παραδίδεστε (σπάν.-όσαστε)	παραδοθείτε	
παραδίδονται	παραδοθούν(ε)[1]	

ΠΡΟΣΤΑΚΤΙΚΗ

ΕΝΕΣΤΩΤΑΣ	ΑΟΡΙΣΤΟΣ
–	–
–	παραδώσου
–	–
–	–
παραδίδεστε	παραδοθείτε
–	–

ΜΕΤΟΧΗ

ΕΝΕΣΤΩΤΑΣ
παραδιδόμενος
ΠΑΡΑΚΕΙΜΕΝΟΣ
παραδομένος

Οι τύποι με το τελικό α ή ε (και ο β′ τύπος του αορίστου) απαντώνται κυρίως στον προφορικό λόγο και στη λογοτεχνία. Σπανίζουν σε λογιότερα ρ. (π.χ. εκδίδομαι).
Οι τύποι σε -ονταν, -όμασταν, -όσασταν, -όντουσαν (δες λύνομαι, 2) δε συνηθίζονται.
Οι β′ τύποι (σπάνιας χρήσης) δεν είναι πλήρως ισοδύναμοι με τους α′, από άποψη σημασίας και σύνταξης.

ΠΑΘΗΤΙΚΗ ΦΩΝΗ

ΟΡΙΣΤΙΚΗ

ΕΝΕΣΤΩΤΑΣ
παρατείνομαι
παρατείνεσαι
παρατείνεται
παρατεινόμαστε
παρατείνεστε (σπάν. -όσαστε)
παρατείνονται

ΕΞΑΚΟΛ. ΜΕΛΛΟΝΤΑΣ
θα παρατείνομαι
θα παρατείνεσαι
θα παρατείνεται
θα παρατεινόμαστε
θα παρατείνεστε (σπάν. -όσαστε)
θα παρατείνονται

ΠΑΡΑΤΑΤΙΚΟΣ
παρατεινόμουν(α)[1]
παρατεινόσουν(α)[1]
παρατεινόταν(ε)[1,2]
παρατεινόμαστε[2]
παρατεινόσαστε[2]
παρατείνονταν[2]

ΣΥΝΟΠΤ. ΜΕΛΛΟΝΤΑΣ
θα παραταθώ
θα παραταθείς
θα παραταθεί
θα παραταθούμε
θα παραταθείτε
θα παραταθούν(ε)[1]

ΑΟΡΙΣΤΟΣ
παρατάθηκα
παρατάθηκες
παρατάθηκε
παραταθήκαμε
παραταθήκατε
παρατάθηκαν/
παραταθήκαν(ε)[1]

ΠΑΡΑΚΕΙΜΕΝΟΣ
έχω παραταθεί

ΥΠΕΡΣΥΝΤΕΛΙΚΟΣ
είχα παραταθεί

ΣΥΝΤΕΛ. ΜΕΛΛΟΝΤΑΣ
θα έχω παραταθεί

ΥΠΟΤΑΚΤΙΚΗ

ΕΝΕΣΤΩΤΑΣ
[να, όταν...] παρατείνομαι
παρατείνεσαι
παρατείνεται
παρατεινόμαστε
παρατείνεστε (σπάν.-όσαστε)
παρατείνονται

ΑΟΡΙΣΤΟΣ
[να, όταν...] παραταθώ
παραταθείς
παραταθεί
παραταθούμε
παραταθείτε
παραταθούν(ε)[1]

ΠΑΡΑΚΕΙΜΕΝΟΣ
[να, όταν...] έχω παραταθεί

ΠΡΟΣΤΑΚΤΙΚΗ

ΕΝΕΣΤΩΤΑΣ	ΑΟΡΙΣΤΟΣ
–	–
–	–
–	–
–	–
παρατείνεστε	παραταθείτε
–	–

ΜΕΤΟΧΗ

ΕΝΕΣΤΩΤΑΣ
παρατεινόμενος

ΠΑΡΑΚΕΙΜΕΝΟΣ
(παρατεταμένος)[3]

[1] Οι τύποι με το τελικό α ή ε (και ο β′ τύπος του αορίστου) απαντώνται κυρίως στον προφορικό λόγο και στ λογοτεχνία.
[2] Οι τύποι σε -ονταν, -όμασταν, -όσασταν, -όντουσαν (δες λύνομαι, 2) δε συνηθίζονται.
[3] Ως επίθετο («αυτός που διαρκεί»).

ΕΝΕΡΓΗΤΙΚΗ ΦΩΝΗ

ΟΡΙΣΤΙΚΗ

ΕΝΕΣΤΩΤΑΣ	ΠΑΡΑΤΑΤΙΚΟΣ	ΑΟΡΙΣΤΟΣ
παρεισφρέω	παρεισέφρεα	παρεισέφρησα
παρεισφρέεις	παρεισέφρεες	παρεισέφρησες
παρεισφρέει	παρεισέφρεε	παρεισέφρησε
παρεισφρέουμε (σπάν.-ομε)	παρεισφρέαμε	παρεισφρήσαμε
παρεισφρέετε	παρεισφρέατε	παρεισφρήσατε
παρεισφρέουν(ε)[1]	παρεισέφρεαν/παρεισφρέαν(ε)[1]	παρεισέφρησαν/
ΕΞΑΚΟΛ. ΜΕΛΛΟΝΤΑΣ	**ΣΥΝΟΠΤ. ΜΕΛΛΟΝΤΑΣ**	παρεισφρήσαν(ε)[1]
θα παρεισφρέω	θα παρεισφρήσω	**ΠΑΡΑΚΕΙΜΕΝΟΣ**
θα παρεισφρέεις	θα παρεισφρήσεις	έχω παρεισφρήσει
θα παρεισφρέει	θα παρεισφρήσει	**ΥΠΕΡΣΥΝΤΕΛΙΚΟΣ**
θα παρεισφρέουμε (σπάν.-ομε)	θα παρεισφρήσουμε (σπάν.-ομε)	είχα παρεισφρήσει
θα παρεισφρέετε	θα παρεισφρήσετε	**ΣΥΝΤΕΛ. ΜΕΛΛΟΝΤΑΣ**
θα παρεισφρέουν(ε)[1]	θα παρεισφρήσουν(ε)[1]	θα έχω παρεισφρήσει

ΥΠΟΤΑΚΤΙΚΗ

ΕΝΕΣΤΩΤΑΣ	ΑΟΡΙΣΤΟΣ	ΠΑΡΑΚΕΙΜΕΝΟΣ
[να, όταν...] παρεισφρέω	[να, όταν...] παρεισφρήσω	[να, όταν...] έχω παρεισφρήσει
παρεισφρέεις	παρεισφρήσεις	
παρεισφρέει	παρεισφρήσει	
παρεισφρέουμε (σπάν.-ομε)	παρεισφρήσουμε (σπάν.-ομε)	
παρεισφρέετε	παρεισφρήσετε	
παρεισφρέουν(ε)[1]	παρεισφρήσουν(ε)[1]	

ΠΡΟΣΤΑΚΤΙΚΗ

ΕΝΕΣΤΩΤΑΣ	ΑΟΡΙΣΤΟΣ
–	–
(παρείσφρεε)	παρείσφρησε
–	–
–	–
παρεισφρέετε	παρεισφρήστε/παρεισφρήσετε
–	–

ΜΕΤΟΧΗ

ΕΝΕΣΤΩΤΑΣ
παρεισφρέοντας
ΠΑΡΑΚΕΙΜΕΝΟΣ
έχοντας παρεισφρήσει

[1] Οι β΄ τύποι (και αυτοί με το τελικό ε) απαντώνται κυρίως στον προφορικό λόγο. Γενικά είναι σπάνιοι, λόγω του λόγιου χαρακτήρα του ρ.

παρέχω

190

ΕΝΕΡΓΗΤΙΚΗ ΦΩΝΗ

ΟΡΙΣΤΙΚΗ

ΕΝΕΣΤΩΤΑΣ	**ΠΑΡΑΤΑΤΙΚΟΣ**	**ΑΟΡΙΣΤΟΣ**[3]
παρέχω	παρείχα	(παρείχα)
παρέχεις	παρείχες	(παρείχες)
παρέχει	παρείχε	(παρείχε)
παρέχουμε (σπάν.-ομε)	παρείχαμε	(παρείχαμε)
παρέχετε	παρείχατε	(παρείχατε)
παρέχουν(ε)[1]	παρείχαν(ε)[1]	(παρείχαν[ε][1])
ΕΞΑΚΟΛ. ΜΕΛΛΟΝΤΑΣ	**ΣΥΝΟΠΤ. ΜΕΛΛΟΝΤΑΣ**[2]	**ΠΑΡΑΚΕΙΜΕΝΟΣ**
θα παρέχω	θα παράσχω	έχω παράσχει
θα παρέχεις	θα παράσχεις	**ΥΠΕΡΣΥΝΤΕΛΙΚΟΣ**
θα παρέχει	θα παράσχει	είχα παράσχει
θα παρέχουμε (σπάν.-ομε)	θα παράσχουμε (σπάν.-ομε)	**ΣΥΝΤΕΛ. ΜΕΛΛΟΝΤΑΣ**
θα παρέχετε	θα παράσχετε	θα έχω παράσχει
θα παρέχουν(ε)[1]	θα παράσχουν(ε)[1]	

ΥΠΟΤΑΚΤΙΚΗ

ΕΝΕΣΤΩΤΑΣ	**ΑΟΡΙΣΤΟΣ**[2]	**ΠΑΡΑΚΕΙΜΕΝΟΣ**
[να, όταν...] παρέχω	[να, όταν...] παράσχω	[να, όταν...] έχω παράσχει
παρέχεις	παράσχεις	
παρέχει	παράσχει	
παρέχουμε (σπάν.-ομε)	παράσχουμε (σπάν.-ομε)	
παρέχετε	παράσχετε	
παρέχουν(ε)[1]	παράσχουν(ε)[1]	

ΠΡΟΣΤΑΚΤΙΚΗ

ΕΝΕΣΤΩΤΑΣ	**ΑΟΡΙΣΤΟΣ**
–	–
–	–
–	–
–	–
παρέχετε	παράσχετε[2]
–	–

ΜΕΤΟΧΗ

ΕΝΕΣΤΩΤΑΣ
παρέχοντας
ΠΑΡΑΚΕΙΜΕΝΟΣ
έχοντας παράσχει

[1] Οι τύποι με το τελικό ε απαντώνται κυρίως στον προφορικό λόγο και στη λογοτεχνία.
[2] Σε μη επίσημο ύφος λόγου απαντώνται συχνά οι τύποι παρέχω, παρέχεις κτλ. και με σημασία συνοπτ. μέλλ και αορ. υποτακτικής και προστακτικής .
[3] Οι λόγιοι τύποι παρέσχον κτλ. δε συνηθίζονται, εκτός ίσως από το γ΄ προσ. ενικ.: παρέσχε.

ΠΑΘΗΤΙΚΗ ΦΩΝΗ

ΟΡΙΣΤΙΚΗ

ΕΝΕΣΤΩΤΑΣ	**ΠΑΡΑΤΑΤΙΚΟΣ**	**ΑΟΡΙΣΤΟΣ**
παρέχομαι	παρεχόμουν(α)[1]	παρασχέθηκα
παρέχεσαι	παρεχόσουν(α)[1]	παρασχέθηκες
παρέχεται	παρεχόταν(ε)[1,2]	παρασχέθηκε
παρεχόμαστε	παρεχόμαστε[2]	παρασχεθήκαμε
παρέχεστε	(παρεχόσαστε)[2]	παρασχεθήκατε
παρέχονται	παρέχονταν[2]	παρασχέθηκαν/
ΕΞΑΚΟΛ. ΜΕΛΛΟΝΤΑΣ	**ΣΥΝΟΠΤ. ΜΕΛΛΟΝΤΑΣ**	παρασχεθήκαν(ε)[1]
θα παρέχομαι	θα παρασχεθώ	**ΠΑΡΑΚΕΙΜΕΝΟΣ**
θα παρέχεσαι	θα παρασχεθείς	έχω παρασχεθεί
θα παρέχεται	θα παρασχεθεί	**ΥΠΕΡΣΥΝΤΕΛΙΚΟΣ**
θα παρεχόμαστε	θα παρασχεθούμε	είχα παρασχεθεί
θα παρέχεστε	θα παρασχεθείτε	**ΣΥΝΤΕΛ. ΜΕΛΛΟΝΤΑΣ**
θα παρέχονται	θα παρασχεθούν(ε)[1]	θα έχω παρασχεθεί

ΥΠΟΤΑΚΤΙΚΗ

ΕΝΕΣΤΩΤΑΣ	**ΑΟΡΙΣΤΟΣ**	**ΠΑΡΑΚΕΙΜΕΝΟΣ**
[να, όταν...] παρέχομαι	[να, όταν...] παρασχεθώ	[να, όταν...] έχω
παρέχεσαι	παρασχεθείς	παρασχεθεί
παρέχεται	παρασχεθεί	
παρεχόμαστε	παρασχεθούμε	
παρέχεστε	παρασχεθείτε	
παρέχονται	παρασχεθούν(ε)[1]	

ΠΡΟΣΤΑΚΤΙΚΗ

ΕΝΕΣΤΩΤΑΣ	**ΑΟΡΙΣΤΟΣ**
—	—
—	—[3]
—	—
—	—
παρέχεστε	παρασχεθείτε
—	—

ΜΕΤΟΧΗ

ΕΝΕΣΤΩΤΑΣ
παρεχόμενος
ΠΑΡΑΚΕΙΜΕΝΟΣ
—

[1] Οι τύποι με το τελικό α ή ε (και ο β' τύπος του αορίστου) κυρίως στον προφορικό λόγο και στη λογοτεχνία.
[2] Οι τύποι σε -ονταν, -όμασταν, -όσασταν, -όντουσαν (δες λύνομαι, 2) είναι σπάνιοι.
[3] Μόνο στην εκκλησιαστική γλώσσα: «παράσχου, Κύριε».

πάω/πηγαίνω

192

ΕΝΕΡΓΗΤΙΚΗ ΦΩΝΗ

ΟΡΙΣΤΙΚΗ

ΕΝΕΣΤΩΤΑΣ[1]
πάω/πηγαίνω
πας/πηγαίνεις
πάει/πηγαίνει
πάμε/πηγαίνουμε[2]
πάτε/πηγαίνετε
πάνε/παν[3]/πηγαίνουν/
πηγαίνουνε[3]

ΕΞΑΚΟΛ. ΜΕΛΛΟΝΤΑΣ
θα πηγαίνω
θα πηγαίνεις
θα πηγαίνει
θα πηγαίνουμε[2]
θα πηγαίνετε
θα πηγαίνουν(ε)[3]

ΠΑΡΑΤΑΤΙΚΟΣ
πήγαινα
πήγαινες
πήγαινε
πηγαίναμε
πηγαίνατε
πήγαιναν/πηγαίναν(ε)[3]

ΣΥΝΟΠΤ. ΜΕΛΛΟΝΤΑΣ
θα πάω
θα πας
θα πάει
θα πάμε
θα πάτε
θα πάνε/θα παν[3]

ΑΟΡΙΣΤΟΣ
πήγα
πήγες
πήγε
πήγαμε
πήγατε
πήγαν(ε)[3]

ΠΑΡΑΚΕΙΜΕΝΟΣ
έχω πάει

ΥΠΕΡΣΥΝΤΕΛΙΚΟΣ
είχα πάει

ΣΥΝΤΕΛ. ΜΕΛΛΟΝΤΑΣ
θα έχω πάει

ΥΠΟΤΑΚΤΙΚΗ

ΕΝΕΣΤΩΤΑΣ
[να, όταν...] πηγαίνω
πηγαίνεις
πηγαίνει
πηγαίνουμε[2]
πηγαίνετε
πηγαίνουν(ε)[3]

ΑΟΡΙΣΤΟΣ
[να, όταν...] πάω
πας
πάει
πάμε
πάτε
πάνε/παν[3]

ΠΑΡΑΚΕΙΜΕΝΟΣ
[να, όταν...] έχω πάει

ΠΡΟΣΤΑΚΤΙΚΗ

ΕΝΕΣΤΩΤΑΣ
–
πήγαινε
–
–
πηγαίνετε
–

ΑΟΡΙΣΤΟΣ
–
πήγαινε[4]
–
–
πάτε/πηγαίν(ε)τε[4]
–

ΜΕΤΟΧΗ

ΕΝΕΣΤΩΤΑΣ
πηγαίνοντας

ΠΑΡΑΚΕΙΜΕΝΟΣ
έχοντας πάει

[1] Οι τύποι πάω και πηγαίνω δεν έχουν πάντοτε την ίδια σημασία.
[2] Σπάνια σε -ομε (πηγαίνομε).
[3] Οι β΄ τύποι (και αυτοί με το τελικό ε) κυρίως στον προφορικό λόγο και στη λογοτεχνία.
[4] Στον προφ. λόγο απαντώνται και οι τύποι: άμε, αμέτε.

ΕΝΕΡΓΗΤΙΚΗ ΦΩΝΗ

ΟΡΙΣΤΙΚΗ

ΕΝΕΣΤΩΤΑΣ	ΠΑΡΑΤΑΤΙΚΟΣ	ΑΟΡΙΣΤΟΣ
πέφτω	έπεφτα	έπεσα
πέφτεις	έπεφτες	έπεσες
πέφτει	έπεφτε	έπεσε
πέφτουμε (σπάν.-ομε)	πέφταμε	πέσαμε
πέφτετε	πέφτατε	πέσατε
πέφτουν(ε)[1]	έπεφταν/πέφταν(ε)[1]	έπεσαν/πέσαν(ε)[1]
ΕΞΑΚΟΛ. ΜΕΛΛΟΝΤΑΣ	**ΣΥΝΟΠΤ. ΜΕΛΛΟΝΤΑΣ**	**ΠΑΡΑΚΕΙΜΕΝΟΣ**
θα πέφτω	θα πέσω	έχω πέσει/είμαι πεσμένος[2]
θα πέφτεις	θα πέσεις	**ΥΠΕΡΣΥΝΤΕΛΙΚΟΣ**
θα πέφτει	θα πέσει	είχα πέσει/
θα πέφτουμε (σπάν.-ομε)	θα πέσουμε (σπάν.-ομε)	ήμουν πεσμένος[2]
θα πέφτετε	θα πέσετε	**ΣΥΝΤΕΛ. ΜΕΛΛΟΝΤΑΣ**
θα πέφτουν(ε)[1]	θα πέσουν(ε)[1]	θα έχω πέσει/
		θα είμαι πεσμένος[2]

ΥΠΟΤΑΚΤΙΚΗ

ΕΝΕΣΤΩΤΑΣ	ΑΟΡΙΣΤΟΣ	ΠΑΡΑΚΕΙΜΕΝΟΣ
[να, όταν...] πέφτω	[να, όταν...] πέσω	[να, όταν...] έχω πέσει/
πέφτεις	πέσεις	είμαι πεσμένος[2]
πέφτει	πέσει	
πέφτουμε (σπάν.-ομε)	πέσουμε (σπάν.-ομε)	
πέφτετε	πέσετε	
πέφτουν(ε)[1]	πέσουν(ε)[1]	

ΠΡΟΣΤΑΚΤΙΚΗ

ΕΝΕΣΤΩΤΑΣ	ΑΟΡΙΣΤΟΣ
–	–
πέφτε	πέσε
–	–
–	–
πέφτετε	πέστε
–	–

ΜΕΤΟΧΗ

ΕΝΕΣΤΩΤΑΣ
πέφτοντας
ΠΑΡΑΚΕΙΜΕΝΟΣ
έχοντας πέσει[2]

[1] Οι β΄ τύποι (και αυτοί με το τελικό ε) κυρίως στον προφορικό λόγο και στη λογοτεχνία.
[2] Οι β΄ τύποι (σπάνιας χρήσης) δεν είναι πλήρως ισοδύναμοι με τους α΄, από άποψη σημασίας και σύνταξης. Η περίφραση έχοντας πέσει ισοδυναμεί με τη μτχ. πεσμένος ή με την περίφραση όντας πεσμένος.

ΕΝΕΡΓΗΤΙΚΗ ΦΩΝΗ

ΟΡΙΣΤΙΚΗ

ΕΝΕΣΤΩΤΑΣ	ΠΑΡΑΤΑΤΙΚΟΣ	ΑΟΡΙΣΤΟΣ
πίνω	έπινα	ήπια
πίνεις	έπινες	ήπιες
πίνει	έπινε	ήπιε
πίνουμε (σπάν.-ομε)	πίναμε	ήπιαμε
πίνετε	πίνατε	ήπιατε
πίνουν(ε)[1]	έπιναν/πίναν(ε)[1]	ήπιαν(ε)[1]
ΕΞΑΚΟΛ. ΜΕΛΛΟΝΤΑΣ	**ΣΥΝΟΠΤ. ΜΕΛΛΟΝΤΑΣ**	**ΠΑΡΑΚΕΙΜΕΝΟΣ**
θα πίνω	θα πιω	έχω πιει[2]
θα πίνεις	θα πιεις	**ΥΠΕΡΣΥΝΤΕΛΙΚΟΣ**
θα πίνει	θα πιει	είχα πιει[2]
θα πίνουμε (σπάν.-ομε)	θα πιούμε	**ΣΥΝΤΕΛ. ΜΕΛΛΟΝΤΑΣ**
θα πίνετε	θα πιείτε	θα έχω πιει[2]
θα πίνουν(ε)[1]	θα πιουν/θα πιούνε[1]	

ΥΠΟΤΑΚΤΙΚΗ

ΕΝΕΣΤΩΤΑΣ	ΑΟΡΙΣΤΟΣ	ΠΑΡΑΚΕΙΜΕΝΟΣ
[να, όταν...] πίνω	[να, όταν...] πιω	[να, όταν...] έχω πιει[2]
πίνεις	πιεις	
πίνει	πιει	
πίνουμε (σπάν.-ομε)	πιούμε	
πίνετε	πιείτε	
πίνουν(ε)[1]	πιουν/πιούνε[1]	

ΠΡΟΣΤΑΚΤΙΚΗ

ΕΝΕΣΤΩΤΑΣ	ΑΟΡΙΣΤΟΣ
–	–
πίνε	πιες/πιε[1]
–	–
–	–
πίνετε	πιείτε/πιέ(σ)τε[1]
–	–

ΜΕΤΟΧΗ

ΕΝΕΣΤΩΤΑΣ
πίνοντας
ΠΑΡΑΚΕΙΜΕΝΟΣ
έχοντας πιει[2]

[1] Οι β' τύποι (και αυτοί με το τελικό ε) κυρίως στον προφορικό λόγο και στη λογοτεχνία.
[2] Όταν το ρ. έχει την έννοια «έχω μεθύσει», χρησιμοποιούνται ως ισοδύναμοι και οι τύποι είμαι πιωμένος κτλ.

πλένω 195

ΕΝΕΡΓΗΤΙΚΗ ΦΩΝΗ

ΟΡΙΣΤΙΚΗ

ΕΝΕΣΤΩΤΑΣ	**ΠΑΡΑΤΑΤΙΚΟΣ**	**ΑΟΡΙΣΤΟΣ**
πλένω	έπλενα	έπλυνα
πλένεις	έπλενες	έπλυνες
πλένει	έπλενε	έπλυνε
πλένουμε (σπάν.-ομε)	πλέναμε	πλύναμε
πλένετε	πλένατε	πλύνατε
πλένουν(ε)[1]	έπλεναν/πλέναν(ε)[1]	έπλυναν/πλύναν(ε)[1]
ΕΞΑΚΟΛ. ΜΕΛΛΟΝΤΑΣ	**ΣΥΝΟΠΤ. ΜΕΛΛΟΝΤΑΣ**	**ΠΑΡΑΚΕΙΜΕΝΟΣ**
θα πλένω	θα πλύνω	έχω πλύνει/έχω πλυμένο[2]
θα πλένεις	θα πλύνεις	**ΥΠΕΡΣΥΝΤΕΛΙΚΟΣ**
θα πλένει	θα πλύνει	είχα πλύνει/είχα πλυμένο[2]
θα πλένουμε (σπάν.-ομε)	θα πλύνουμε (σπάν.-ομε)	**ΣΥΝΤΕΛ. ΜΕΛΛΟΝΤΑΣ**
θα πλένετε	θα πλύνετε	θα έχω πλύνει/
θα πλένουν(ε)[1]	θα πλύνουν(ε)[1]	θα έχω πλυμένο[2]

ΥΠΟΤΑΚΤΙΚΗ

ΕΝΕΣΤΩΤΑΣ	**ΑΟΡΙΣΤΟΣ**	**ΠΑΡΑΚΕΙΜΕΝΟΣ**
[να, όταν...] πλένω	[να, όταν...] πλύνω	[να, όταν...] έχω πλύνει/
πλένεις	πλύνεις	έχω πλυμένο[2]
πλένει	πλύνει	
πλένουμε (σπάν.-ομε)	πλύνουμε (σπάν.-ομε)	
πλένετε	πλύνετε	
πλένουν(ε)[1]	πλύνουν(ε)[1]	

ΠΡΟΣΤΑΚΤΙΚΗ

ΕΝΕΣΤΩΤΑΣ	**ΑΟΡΙΣΤΟΣ**
—	—
πλένε	πλύνε
—	—
—	—
πλένετε	πλύντε/πλύνετε
—	—

ΜΕΤΟΧΗ

ΕΝΕΣΤΩΤΑΣ
πλένοντας
ΠΑΡΑΚΕΙΜΕΝΟΣ
έχοντας πλύνει/
έχοντας πλυμένο[2]

Οι β΄ τύποι (και αυτοί με το τελικό ε) κυρίως στον προφορικό λόγο και στη λογοτεχνία.
Οι β΄ τύποι (σπάνιας χρήσης) δεν είναι πλήρως ισοδύναμοι με τους α΄, από άποψη σημασίας και σύνταξης. Ισχύουν μόνο όταν το ρ. είναι μεταβατικό (πλένω κάτι).

πλένομαι

196

ΠΑΘΗΤΙΚΗ ΦΩΝΗ

ΟΡΙΣΤΙΚΗ

ΕΝΕΣΤΩΤΑΣ
πλένομαι
πλένεσαι
πλένεται
πλενόμαστε
πλένεστε/πλενόσαστε[1]
πλένονται

ΕΞΑΚΟΛ. ΜΕΛΛΟΝΤΑΣ
θα πλένομαι
θα πλένεσαι
θα πλένεται
θα πλενόμαστε
θα πλένεστε/-όσαστε[1]
θα πλένονται

ΠΑΡΑΤΑΤΙΚΟΣ
πλενόμουν(α)[1]
πλενόσουν(α)[1]
πλενόταν(ε)[1,2]
πλενόμαστε/πλενόμασταν[1]
πλενόσαστε/πλενόσασταν[1]
πλένονταν/πλενόντανε[1]/
πλενόντουσαν[1]

ΣΥΝΟΠΤ. ΜΕΛΛΟΝΤΑΣ
θα πλυθώ
θα πλυθείς
θα πλυθεί
θα πλυθούμε
θα πλυθείτε
θα πλυθούν(ε)[1]

ΑΟΡΙΣΤΟΣ
πλύθηκα
πλύθηκες
πλύθηκε
πλυθήκαμε
πλυθήκατε
πλύθηκαν/πλυθήκαν(ε)[1]

ΠΑΡΑΚΕΙΜΕΝΟΣ
έχω πλυθεί/
είμαι πλυμένος[3]

ΥΠΕΡΣΥΝΤΕΛΙΚΟΣ
είχα πλυθεί/
ήμουν πλυμένος[3]

ΣΥΝΤΕΛ. ΜΕΛΛΟΝΤΑΣ
θα έχω πλυθεί/
θα είμαι πλυμένος[3]

ΥΠΟΤΑΚΤΙΚΗ

ΕΝΕΣΤΩΤΑΣ
[να, όταν...] πλένομαι
πλένεσαι
πλένεται
πλενόμαστε
πλένεστε/πλενόσαστε[1]
πλένονται

ΑΟΡΙΣΤΟΣ
[να, όταν...] πλυθώ
πλυθείς
πλυθεί
πλυθούμε
πλυθείτε
πλυθούν(ε)[1]

ΠΑΡΑΚΕΙΜΕΝΟΣ
[να, όταν...] έχω πλυθεί/
είμαι πλυμένος[3]

ΠΡΟΣΤΑΚΤΙΚΗ

ΕΝΕΣΤΩΤΑΣ	**ΑΟΡΙΣΤΟΣ**
—	—
—	πλύσου
—	—
—	—
πλένεστε	πλυθείτε
—	—

ΜΕΤΟΧΗ

ΕΝΕΣΤΩΤΑΣ
—

ΠΑΡΑΚΕΙΜΕΝΟΣ
πλυμένος

[1] Οι β′ τύποι (και αυτοί με το τελικό α ή ε) κυρίως στον προφορικό λόγο και στη λογοτεχνία.
[2] Και πλένονταν στον προφ. λόγο και στη λογοτεχνία.
[3] Οι β′ τύποι (σπάνιας χρήσης) δεν είναι πλήρως ισοδύναμοι με τους α′, από άποψη σημασίας και σύνταξης.

πληρώ 197

ΕΝΕΡΓΗΤΙΚΗ ΦΩΝΗ

ΟΡΙΣΤΙΚΗ

ΕΝΕΣΤΩΤΑΣ	ΠΑΡΑΤΑΤΙΚΟΣ	ΑΟΡΙΣΤΟΣ
πληρώ	πληρούσα	
πληροίς	πληρούσες	
πληροί	πληρούσε	
πληρούμε	πληρούσαμε	
πληροίτε	πληρούσατε	
πληρούν(ε)[1]	πληρούσαν(ε)[1]	
ΕΞΑΚΟΛ. ΜΕΛΛΟΝΤΑΣ	**ΣΥΝΟΠΤ. ΜΕΛΛΟΝΤΑΣ**	**ΠΑΡΑΚΕΙΜΕΝΟΣ**
θα πληρώ		
θα πληροίς		
θα πληροί		**ΥΠΕΡΣΥΝΤΕΛΙΚΟΣ**
θα πληρούμε		
θα πληροίτε		
θα πληρούν(ε)[1]		**ΣΥΝΤΕΛ. ΜΕΛΛΟΝΤΑΣ**

ΥΠΟΤΑΚΤΙΚΗ

ΕΝΕΣΤΩΤΑΣ	ΑΟΡΙΣΤΟΣ	ΠΑΡΑΚΕΙΜΕΝΟΣ
[να, όταν...] πληρώ		
πληροίς		
πληροί		
πληρούμε		
πληροίτε		
πληρούν(ε)[1]		

ΠΡΟΣΤΑΚΤΙΚΗ

ΕΝΕΣΤΩΤΑΣ	ΑΟΡΙΣΤΟΣ
—	
—	
—	
—	
πληροίτε	
—	

ΜΕΤΟΧΗ

ΕΝΕΣΤΩΤΑΣ
πληρώντας
ΠΑΡΑΚΕΙΜΕΝΟΣ

[1] Οι τύποι με το τελικό ε απαντώνται κυρίως στον προφορικό λόγο. Γενικά είναι σπάνιοι, λόγω του λόγιου χαρακτήρα του ρ.

ΠΑΘΗΤΙΚΗ ΦΩΝΗ

ΟΡΙΣΤΙΚΗ

ΕΝΕΣΤΩΤΑΣ	**ΠΑΡΑΤΑΤΙΚΟΣ**	**ΑΟΡΙΣΤΟΣ**
πλήττομαι	–	πλήγηκα
πλήττεσαι	–	πλήγηκες
πλήττεται	(επλήττετο)	πλήγηκε/επλήγη[2]
πληττόμαστε	–	πληγήκαμε
πλήττεστε	–	πληγήκατε
πλήττονται	(πλήττονταν)/(επλήττοντο)	πλήγηκαν/πληγήκανε[1]/ επλήγησαν[2]
ΕΞΑΚΟΛ. ΜΕΛΛΟΝΤΑΣ	**ΣΥΝΟΠΤ. ΜΕΛΛΟΝΤΑΣ[2]**	**ΠΑΡΑΚΕΙΜΕΝΟΣ**
θα πλήττομαι	θα πληγώ	έχω πληγεί[2]
θα πλήττεσαι	θα πληγείς	**ΥΠΕΡΣΥΝΤΕΛΙΚΟΣ**
θα πλήττεται	θα πληγεί	είχα πληγεί[2]
θα πληττόμαστε	θα πληγούμε	**ΣΥΝΤΕΛ. ΜΕΛΛΟΝΤΑΣ**
θα πλήττεστε	θα πληγείτε	θα έχω πληγεί[2]
θα πλήττονται	θα πληγούν(ε)[1]	

ΥΠΟΤΑΚΤΙΚΗ

ΕΝΕΣΤΩΤΑΣ	**ΑΟΡΙΣΤΟΣ[2]**	**ΠΑΡΑΚΕΙΜΕΝΟΣ**
[να, όταν...] πλήττομαι	[να, όταν...] πληγώ	[να, όταν...] έχω πληγεί[2]
πλήττεσαι	πληγείς	
πλήττεται	πληγεί	
πληττόμαστε	πληγούμε	
πλήττεστε	πληγείτε	
πλήττονται	πληγούν(ε)[1]	

ΠΡΟΣΤΑΚΤΙΚΗ

ΕΝΕΣΤΩΤΑΣ	**ΑΟΡΙΣΤΟΣ**
–	–
–	–
–	–
–	–
πλήττεστε	πληγείτε[2]
–	–

ΜΕΤΟΧΗ

ΕΝΕΣΤΩΤΑΣ
πληττόμενος
ΠΑΡΑΚΕΙΜΕΝΟΣ
–

[1] Οι τύποι με το τελικό ε απαντώνται κυρίως στον προφορικό λόγο. Γενικά είναι σπάνιοι, λόγω του λόγιου χαρακτήρα του ρ.
[2] Το ρήμα εκπλήττομαι σχηματίζει τους αντίστοιχους τύπους εξεπλάγη – εξεπλάγησαν και εκπλαγώ, εκπλαγεί κτλ.

πνίγομαι 199

ΠΑΘΗΤΙΚΗ ΦΩΝΗ

ΟΡΙΣΤΙΚΗ

ΕΝΕΣΤΩΤΑΣ	**ΠΑΡΑΤΑΤΙΚΟΣ**	**ΑΟΡΙΣΤΟΣ**
πνίγομαι	πνιγόμουν(α)[1]	πνίγηκα
πνίγεσαι	πνιγόσουν(α)[1]	πνίγηκες
πνίγεται	πνιγόταν(ε)[1,2]	πνίγηκε
πνιγόμαστε	πνιγόμαστε/πνιγόμασταν[1]	πνιγήκαμε
πνίγεστε/πνιγόσαστε[1]	πνιγόσαστε/πνιγόσασταν[1]	πνιγήκατε
πνίγονται	πνίγονταν/πνιγόντανε[1]/	πνίγηκαν/πνιγήκαν(ε)[1]
ΕΞΑΚΟΛ. ΜΕΛΛΟΝΤΑΣ	πνιγόντουσαν[1]	**ΠΑΡΑΚΕΙΜΕΝΟΣ**
θα πνίγομαι	**ΣΥΝΟΠΤ. ΜΕΛΛΟΝΤΑΣ**	έχω πνιγεί/είμαι πνιγμένος[3]
θα πνίγεσαι	θα πνιγώ	**ΥΠΕΡΣΥΝΤΕΛΙΚΟΣ**
θα πνίγεται	θα πνιγείς	είχα πνιγεί/
θα πνιγόμαστε	θα πνιγεί	ήμουν πνιγμένος[3]
θα πνίγεστε/θα πνιγόσαστε[1]	θα πνιγούμε	**ΣΥΝΤΕΛ. ΜΕΛΛΟΝΤΑΣ**
θα πνίγονται	θα πνιγείτε	θα έχω πνιγεί/
	θα πνιγούν(ε)[1]	θα είμαι πνιγμένος[3]

ΥΠΟΤΑΚΤΙΚΗ

ΕΝΕΣΤΩΤΑΣ	**ΑΟΡΙΣΤΟΣ**	**ΠΑΡΑΚΕΙΜΕΝΟΣ**
[να, όταν...] πνίγομαι	[να, όταν...] πνιγώ	[να, όταν...] έχω πνιγεί/
πνίγεσαι	πνιγείς	είμαι πνιγμένος[3]
πνίγεται	πνιγεί	
πνιγόμαστε	πνιγούμε	
πνίγεστε/πνιγόσαστε[1]	πνιγείτε	
πνίγονται	πνιγούν(ε)[1]	

ΠΡΟΣΤΑΚΤΙΚΗ

ΕΝΕΣΤΩΤΑΣ	**ΑΟΡΙΣΤΟΣ**
—	—
—	πνίξου
—	—
—	—
πνίγεστε	πνιγείτε
—	—

ΜΕΤΟΧΗ

ΕΝΕΣΤΩΤΑΣ

—

ΠΑΡΑΚΕΙΜΕΝΟΣ

πνιγμένος

Οι β΄ τύποι (και αυτοί με το τελικό α ή ε) κυρίως στον προφορικό λόγο και στη λογοτεχνία.
Και πνίγονταν στον προφ. λόγο και στη λογοτεχνία.
Οι β΄ τύποι (σπάνιας χρήσης) δεν είναι πλήρως ισοδύναμοι με τους α΄, από άποψη σημασίας και σύνταξης.

ΕΝΕΡΓΗΤΙΚΗ ΦΩΝΗ

ΟΡΙΣΤΙΚΗ

ΕΝΕΣΤΩΤΑΣ	ΠΑΡΑΤΑΤΙΚΟΣ	ΑΟΡΙΣΤΟΣ
προλαβαίνω	προλάβαινα	πρόλαβα
προλαβαίνεις	προλάβαινες	πρόλαβες
προλαβαίνει	προλάβαινε	πρόλαβε
προλαβαίνουμε (σπάν.-ομε)	προλαβαίναμε	προλάβαμε
προλαβαίνετε	προλαβαίνατε	προλάβατε
προλαβαίνουν(ε)[1]	προλάβαιναν/προλαβαίναν(ε)[1]	πρόλαβαν/προλάβαν(ε)[1]
ΕΞΑΚΟΛ. ΜΕΛΛΟΝΤΑΣ	**ΣΥΝΟΠΤ. ΜΕΛΛΟΝΤΑΣ**	**ΠΑΡΑΚΕΙΜΕΝΟΣ**
θα προλαβαίνω	θα προλάβω	έχω προλάβει
θα προλαβαίνεις	θα προλάβεις	**ΥΠΕΡΣΥΝΤΕΛΙΚΟΣ**
θα προλαβαίνει	θα προλάβει	είχα προλάβει
θα προλαβαίνουμε (σπάν.-ομε)	θα προλάβουμε (σπάν.-ομε)	**ΣΥΝΤΕΛ. ΜΕΛΛΟΝΤΑΣ**
θα προλαβαίνετε	θα προλάβετε	θα έχω προλάβει
θα προλαβαίνουν(ε)[1]	θα προλάβουν(ε)[1]	

ΥΠΟΤΑΚΤΙΚΗ

ΕΝΕΣΤΩΤΑΣ	ΑΟΡΙΣΤΟΣ	ΠΑΡΑΚΕΙΜΕΝΟΣ
[να, όταν...] προλαβαίνω	[να, όταν...] προλάβω	[να, όταν...] έχω προλάβει
προλαβαίνεις	προλάβεις	
προλαβαίνει	προλάβει	
προλαβαίνουμε (σπάν.-ομε)	προλάβουμε (σπάν.-ομε)	
προλαβαίνετε	προλάβετε	
προλαβαίνουν(ε)[1]	προλάβουν(ε)[1]	

ΠΡΟΣΤΑΚΤΙΚΗ

ΕΝΕΣΤΩΤΑΣ	ΑΟΡΙΣΤΟΣ
–	–
προλάβαινε	πρόλαβε
–	–
–	–
προλαβαίνετε	προλάβετε
–	–

ΜΕΤΟΧΗ

ΕΝΕΣΤΩΤΑΣ
προλαβαίνοντας
ΠΑΡΑΚΕΙΜΕΝΟΣ
έχοντας προλάβει

[1] Οι β΄ τύποι (και αυτοί με το τελικό ε) κυρίως στον προφορικό λόγο και στη λογοτεχνία.

ΠΑΘΗΤΙΚΗ ΦΩΝΗ

ΟΡΙΣΤΙΚΗ

ΕΝΕΣΤΩΤΑΣ
σέβομαι
σέβεσαι
σέβεται
σεβόμαστε
σέβεστε/σεβόσαστε[1]
σέβονται

ΕΞΑΚΟΛ. ΜΕΛΛΟΝΤΑΣ
θα σέβομαι
θα σέβεσαι
θα σέβεται
θα σεβόμαστε
θα σέβεστε/θα σεβόσαστε[1]
θα σέβονται

ΠΑΡΑΤΑΤΙΚΟΣ
σεβόμουν(α)[1]
σεβόσουν(α)[1]
σεβόταν(ε)[1,2]
σεβόμαστε/σεβόμασταν[1]
σεβόσαστε/σεβόσασταν[1]
σέβονταν/σεβόντανε[1]/
σεβόντουσαν[1]

ΣΥΝΟΠΤ. ΜΕΛΛΟΝΤΑΣ
θα σεβαστώ
θα σεβαστείς
θα σεβαστεί
θα σεβαστούμε
θα σεβαστείτε
θα σεβαστούν(ε)[1]

ΑΟΡΙΣΤΟΣ
σεβάστηκα
σεβάστηκες
σεβάστηκε
σεβαστήκαμε
σεβαστήκατε
σεβάστηκαν/σεβαστήκαν(ε)[1]

ΠΑΡΑΚΕΙΜΕΝΟΣ
έχω σεβαστεί

ΥΠΕΡΣΥΝΤΕΛΙΚΟΣ
είχα σεβαστεί

ΣΥΝΤΕΛ. ΜΕΛΛΟΝΤΑΣ
θα έχω σεβαστεί

ΥΠΟΤΑΚΤΙΚΗ

ΕΝΕΣΤΩΤΑΣ
[να, όταν...] σέβομαι
σέβεσαι
σέβεται
σεβόμαστε
σέβεστε/σεβόσαστε[1]
σέβονται

ΑΟΡΙΣΤΟΣ
[να, όταν...] σεβαστώ
σεβαστείς
σεβαστεί
σεβαστούμε
σεβαστείτε
σεβαστούν(ε)[1]

ΠΑΡΑΚΕΙΜΕΝΟΣ
[να, όταν...] έχω σεβαστεί

ΠΡΟΣΤΑΚΤΙΚΗ

ΕΝΕΣΤΩΤΑΣ	ΑΟΡΙΣΤΟΣ
–	–
–	σεβάσου
–	–
–	–
σέβεστε	σεβαστείτε
–	–

ΜΕΤΟΧΗ

ΕΝΕΣΤΩΤΑΣ
σεβόμενος

ΠΑΡΑΚΕΙΜΕΝΟΣ
–

[1] Οι β' τύποι (και αυτοί με το τελικό α ή ε) κυρίως στον προφορικό λόγο και στη λογοτεχνία.

σειώ 202

ΕΝΕΡΓΗΤΙΚΗ ΦΩΝΗ

ΟΡΙΣΤΙΚΗ

ΕΝΕΣΤΩΤΑΣ	**ΠΑΡΑΤΑΤΙΚΟΣ**	**ΑΟΡΙΣΤΟΣ**
σειώ	σειούσα	έσεισα
σειείς	σειούσες	έσεισες
σειεί	σειούσε	έσεισε
σειούμε	σειούσαμε	σείσαμε
σειείτε	σειούσατε	σείσατε
σειούν(ε)[1]	σειούσαν(ε)[1]	έσεισαν/σείσαν(ε)[1]
ΕΞΑΚΟΛ. ΜΕΛΛΟΝΤΑΣ	**ΣΥΝΟΠΤ. ΜΕΛΛΟΝΤΑΣ**	**ΠΑΡΑΚΕΙΜΕΝΟΣ**
θα σειώ	θα σείσω	έχω σείσει
θα σειείς	θα σείσεις	**ΥΠΕΡΣΥΝΤΕΛΙΚΟΣ**
θα σειεί	θα σείσει	είχα σείσει
θα σειούμε	θα σείσουμε (σπάν.-ομε)	**ΣΥΝΤΕΛ. ΜΕΛΛΟΝΤΑΣ**
θα σειείτε	θα σείσετε	θα έχω σείσει
θα σειούν(ε)[1]	θα σείσουν(ε)[1]	

ΥΠΟΤΑΚΤΙΚΗ

ΕΝΕΣΤΩΤΑΣ	**ΑΟΡΙΣΤΟΣ**	**ΠΑΡΑΚΕΙΜΕΝΟΣ**
[να, όταν...] σειώ	[να, όταν...] σείσω	[να, όταν...] έχω σείσει
σειείς	σείσεις	
σειεί	σείσει	
σειούμε	σείσουμε (σπάν.-ομε)	
σειείτε	σείσετε	
σειούν(ε)[1]	σείσουν(ε)[1]	

ΠΡΟΣΤΑΚΤΙΚΗ

ΕΝΕΣΤΩΤΑΣ	**ΑΟΡΙΣΤΟΣ**
–	–
–	σείσε
–	–
–	–
σειείτε	σείστε
–	–

ΜΕΤΟΧΗ

ΕΝΕΣΤΩΤΑΣ
σειώντας
ΠΑΡΑΚΕΙΜΕΝΟΣ
έχοντας σείσει

[1] Οι τύποι με το τελικό ε (και ο β′ τύπος του αορίστου) εμφανίζονται κυρίως στον προφορικό λόγο και στ λογοτεχνία.

ΠΑΘΗΤΙΚΗ ΦΩΝΗ

ΟΡΙΣΤΙΚΗ

ΕΝΕΣΤΩΤΑΣ
σειέμαι
σειέσαι
σειέται
σειόμαστε
σειέστε/σειόσαστε[1]
σειούνται/σειόνται[1]

ΕΞΑΚΟΛ. ΜΕΛΛΟΝΤΑΣ
θα σειέμαι
θα σειέσαι
θα σειέται
θα σειόμαστε
θα σειέστε/θα σειόσαστε[1]
θα σειούνται/θα σειόνται[1]

ΠΑΡΑΤΑΤΙΚΟΣ
σειόμουν(α)[1]
σειόσουν(α)[1]
σειόταν(ε)[1]
σειόμαστε/σειόμασταν[1]
σειόσαστε/σειόσασταν[1]
σειόνταν(ε)[1]/σειούνταν[1]/
σειόντουσαν[1]

ΣΥΝΟΠΤ. ΜΕΛΛΟΝΤΑΣ
θα σειστώ
θα σειστείς
θα σειστεί
θα σειστούμε
θα σειστείτε
θα σειστούν(ε)[1]

ΑΟΡΙΣΤΟΣ
σείστηκα
σείστηκες
σείστηκε
σειστήκαμε
σειστήκατε
σείστηκαν/σειστήκαν(ε)[1]

ΠΑΡΑΚΕΙΜΕΝΟΣ
έχω σειστεί

ΥΠΕΡΣΥΝΤΕΛΙΚΟΣ
είχα σειστεί

ΣΥΝΤΕΛ. ΜΕΛΛΟΝΤΑΣ
θα έχω σειστεί

ΥΠΟΤΑΚΤΙΚΗ

ΕΝΕΣΤΩΤΑΣ
[να, όταν...] σειέμαι
σειέσαι
σειέται
σειόμαστε
σειέστε/σειόσαστε[1]
σειούνται/σειόνται[1]

ΑΟΡΙΣΤΟΣ
[να, όταν...] σειστώ
σειστείς
σειστεί
σειστούμε
σειστείτε
σειστούν(ε)[1]

ΠΑΡΑΚΕΙΜΕΝΟΣ
[να, όταν...] έχω σειστεί

ΠΡΟΣΤΑΚΤΙΚΗ

ΕΝΕΣΤΩΤΑΣ
—
—
—
—
σειέστε
—

ΑΟΡΙΣΤΟΣ
—
σείσου
—
—
σειστείτε
—

ΜΕΤΟΧΗ

ΕΝΕΣΤΩΤΑΣ[2]
—

ΠΑΡΑΚΕΙΜΕΝΟΣ
—

[1] Οι β′ τύποι (και αυτοί με το τελικό α ή ε) κυρίως στον προφορικό λόγο και στη λογοτεχνία.
[2] Απαντάται μόνο ο τύπος σεινάμενος.

ΕΝΕΡΓΗΤΙΚΗ ΦΩΝΗ

ΟΡΙΣΤΙΚΗ

ΕΝΕΣΤΩΤΑΣ	ΠΑΡΑΤΑΤΙΚΟΣ	ΑΟΡΙΣΤΟΣ
σέρνω	έσερνα	έσυρα
σέρνεις	έσερνες	έσυρες
σέρνει	έσερνε	έσυρε
σέρνουμε (σπάν.-ομε)	σέρναμε	σύραμε
σέρνετε	σέρνατε	σύρατε
σέρνουν(ε)[1]	έσερναν/σέρναν(ε)[1]	έσυραν/σύραν(ε)[1]
ΕΞΑΚΟΛ. ΜΕΛΛΟΝΤΑΣ	**ΣΥΝΟΠΤ. ΜΕΛΛΟΝΤΑΣ**	**ΠΑΡΑΚΕΙΜΕΝΟΣ**
θα σέρνω	θα σύρω	έχω σύρει
θα σέρνεις	θα σύρεις	**ΥΠΕΡΣΥΝΤΕΛΙΚΟΣ**
θα σέρνει	θα σύρει	είχα σύρει
θα σέρνουμε (σπάν.-ομε)	θα σύρουμε (σπάν.-ομε)	**ΣΥΝΤΕΛ. ΜΕΛΛΟΝΤΑΣ**
θα σέρνετε	θα σύρετε	θα έχω σύρει
θα σέρνουν(ε)[1]	θα σύρουν(ε)[1]	

ΥΠΟΤΑΚΤΙΚΗ

ΕΝΕΣΤΩΤΑΣ	ΑΟΡΙΣΤΟΣ	ΠΑΡΑΚΕΙΜΕΝΟΣ
[να, όταν...] σέρνω	[να, όταν...] σύρω	[να, όταν...] έχω σύρει
σέρνεις	σύρεις	
σέρνει	σύρει	
σέρνουμε (σπάν.-ομε)	σύρουμε (σπάν.-ομε)	
σέρνετε	σύρετε	
σέρνουν(ε)[1]	σύρουν(ε)[1]	

ΠΡΟΣΤΑΚΤΙΚΗ

ΕΝΕΣΤΩΤΑΣ	ΑΟΡΙΣΤΟΣ
–	–
σέρνε	σύρε
–	–
–	–
σέρνετε	σύρτε
–	–

ΜΕΤΟΧΗ

ΕΝΕΣΤΩΤΑΣ
σέρνοντας
ΠΑΡΑΚΕΙΜΕΝΟΣ
έχοντας σύρει

[1] Οι β' τύποι (και αυτοί με το τελικό ε) κυρίως στον προφορικό λόγο και στη λογοτεχνία.

ΠΑΘΗΤΙΚΗ ΦΩΝΗ

ΟΡΙΣΤΙΚΗ

ΕΝΕΣΤΩΤΑΣ	ΠΑΡΑΤΑΤΙΚΟΣ	ΑΟΡΙΣΤΟΣ
σέρνομαι	σερνόμουν(α)[1]	σύρθηκα
σέρνεσαι	σερνόσουν(α)[1]	σύρθηκες
σέρνεται	σερνόταν(ε)[1,2]	σύρθηκε
σερνόμαστε	σερνόμαστε/σερνόμασταν[1]	συρθήκαμε
σέρνεστε/σερνόσαστε[1]	σερνόσαστε/σερνόσασταν[1]	συρθήκατε
σέρνονται	σέρνονταν/σερνόντανε[1]/	σύρθηκαν/συρθήκαν(ε)[1]
ΕΞΑΚΟΛ. ΜΕΛΛΟΝΤΑΣ	σερνόντουσαν[1]	**ΠΑΡΑΚΕΙΜΕΝΟΣ**
θα σέρνομαι	**ΣΥΝΟΠΤ. ΜΕΛΛΟΝΤΑΣ**	έχω συρθεί
θα σέρνεσαι	θα συρθώ	**ΥΠΕΡΣΥΝΤΕΛΙΚΟΣ**
θα σέρνεται	θα συρθείς	είχα συρθεί
θα σερνόμαστε	θα συρθεί	**ΣΥΝΤΕΛ. ΜΕΛΛΟΝΤΑΣ**
θα σέρνεστε/-όσαστε[1]	θα συρθούμε	θα έχω συρθεί
θα σέρνονται	θα συρθείτε	
	θα συρθούν(ε)[1]	

ΥΠΟΤΑΚΤΙΚΗ

ΕΝΕΣΤΩΤΑΣ	ΑΟΡΙΣΤΟΣ	ΠΑΡΑΚΕΙΜΕΝΟΣ
[να, όταν...] σέρνομαι	[να, όταν...] συρθώ	[να, όταν...] έχω συρθεί
σέρνεσαι	συρθείς	
σέρνεται	συρθεί	
σερνόμαστε	συρθούμε	
σέρνεστε/σερνόσαστε[1]	συρθείτε	
σέρνονται	συρθούν(ε)[1]	

ΠΡΟΣΤΑΚΤΙΚΗ

ΕΝΕΣΤΩΤΑΣ	ΑΟΡΙΣΤΟΣ
–	–
–	–
–	–
–	–
σέρνεστε	συρθείτε
–	–

ΜΕΤΟΧΗ

ΕΝΕΣΤΩΤΑΣ
σερνόμενος
(σπάν. σερνάμενος)
ΠΑΡΑΚΕΙΜΕΝΟΣ
συρμένος

[1] Οι β′ τύποι (και αυτοί με το τελικό α ή ε) κυρίως στον προφορικό λόγο και στη λογοτεχνία.
[2] Και σέρνονταν στον προφ. λόγο και στη λογοτεχνία.

ΕΝΕΡΓΗΤΙΚΗ ΦΩΝΗ

ΟΡΙΣΤΙΚΗ

ΕΝΕΣΤΩΤΑΣ
σπάω
σπας
σπάει
σπάμε
σπάτε
σπάνε/σπαν[1]

ΕΞΑΚΟΛ. ΜΕΛΛΟΝΤΑΣ
θα σπάω
θα σπας
θα σπάει
θα σπάμε
θα σπάτε
θα σπάνε/θα σπαν[1]

ΠΑΡΑΤΑΤΙΚΟΣ
έσπαγα
έσπαγες
έσπαγε
σπάγαμε
σπάγατε
έσπαγαν/σπάγαν(ε)[1]

ΣΥΝΟΠΤ. ΜΕΛΛΟΝΤΑΣ
θα σπάσω
θα σπάσεις
θα σπάσει
θα σπάσουμε (σπάν.-ομε)
θα σπάσετε
θα σπάσουν(ε)[1]

ΑΟΡΙΣΤΟΣ
έσπασα
έσπασες
έσπασε
σπάσαμε
σπάσατε
έσπασαν/σπάσαν(ε)[1]

ΠΑΡΑΚΕΙΜΕΝΟΣ
έχω σπάσει/έχω σπασμένο[2]

ΥΠΕΡΣΥΝΤΕΛΙΚΟΣ
είχα σπάσει/
είχα σπασμένο[2]

ΣΥΝΤΕΛ. ΜΕΛΛΟΝΤΑΣ
θα έχω σπάσει/
θα έχω σπασμένο[2]

ΥΠΟΤΑΚΤΙΚΗ

ΕΝΕΣΤΩΤΑΣ
[να, όταν...] σπάω
σπας
σπάει
σπάμε
σπάτε
σπάνε/σπαν[1]

ΑΟΡΙΣΤΟΣ
[να, όταν...] σπάσω
σπάσεις
σπάσει
σπάσουμε (σπάν.-ομε)
σπάσετε
σπάσουν(ε)[1]

ΠΑΡΑΚΕΙΜΕΝΟΣ
[να, όταν...] έχω σπάσει/
έχω σπασμένο[2]

ΠΡΟΣΤΑΚΤΙΚΗ

ΕΝΕΣΤΩΤΑΣ
–
–
–
–
σπάτε
–

ΑΟΡΙΣΤΟΣ
–
σπάσε
–
–
σπάστε
–

ΜΕΤΟΧΗ

ΕΝΕΣΤΩΤΑΣ
–

ΠΑΡΑΚΕΙΜΕΝΟΣ
έχοντας σπάσει/
έχοντας σπασμένο[2]

[1] Οι β' τύποι (και αυτοί με το τελικό ε) κυρίως στον προφορικό λόγο και στη λογοτεχνία.
[2] Οι β' τύποι χρησιμοποιούνται μόνο όταν το ρ. είναι μεταβατικό (σπάω κάτι).

ΠΑΘΗΤΙΚΗ ΦΩΝΗ

ΟΡΙΣΤΙΚΗ

ΕΝΕΣΤΩΤΑΣ	ΠΑΡΑΤΑΤΙΚΟΣ	ΑΟΡΙΣΤΟΣ
στέκομαι/στέκω	στεκόμουν(α)[2]/έστεκα	στάθηκα
στέκεσαι/στέκεις	στεκόσουν(α)[2]/έστεκες	στάθηκες
στέκεται/στέκει	στεκόταν(ε)[2,3]/έστεκε	στάθηκε
στεκόμαστε/στέκουμε[1]	στεκόμαστε/στεκόμασταν[2]/στέκαμε	σταθήκαμε
στέκεστε/στεκόσαστε[2]/στέκετε	στεκόσαστε/στεκόσασταν[2]/στέκατε	σταθήκατε
στέκονται/στέκουν(ε)[2]	στέκονταν/στεκόντανε[2]/στεκόντουσαν[2]/έστεκαν/στέκαν(ε)[2]	στάθηκαν/σταθήκαν(ε)[2]
ΕΞΑΚΟΛ. ΜΕΛΛΟΝΤΑΣ	**ΣΥΝΟΠΤ. ΜΕΛΛΟΝΤΑΣ**	**ΠΑΡΑΚΕΙΜΕΝΟΣ**
θα στέκομαι/θα στέκω	θα σταθώ	έχω σταθεί
θα στέκεσαι/θα στέκεις	θα σταθείς	**ΥΠΕΡΣΥΝΤΕΛΙΚΟΣ**
θα στέκεται/θα στέκει	θα σταθεί	είχα σταθεί
θα στεκόμαστε/θα στέκουμε[1]	θα σταθούμε	**ΣΥΝΤΕΛ. ΜΕΛΛΟΝΤΑΣ**
θα στέκεστε/θα στεκόσαστε[2]/θα στέκετε	θα σταθείτε	θα έχω σταθεί
θα στέκονται/θα στέκουν(ε)[2]	θα σταθούν(ε)[2]	

ΥΠΟΤΑΚΤΙΚΗ

ΕΝΕΣΤΩΤΑΣ	ΑΟΡΙΣΤΟΣ	ΠΑΡΑΚΕΙΜΕΝΟΣ
[να, όταν...] στέκομαι/στέκω	[να, όταν...] σταθώ	[να, όταν...] έχω σταθεί
στέκεσαι/στέκεις	σταθείς	
στέκεται/στέκει	σταθεί	
στεκόμαστε/στέκουμε[1]	σταθούμε	
στέκεστε/στεκόσαστε[2]/στέκετε	σταθείτε	
στέκονται/στέκουν(ε)[2]	σταθούν(ε)[2]	

ΠΡΟΣΤΑΚΤΙΚΗ

ΕΝΕΣΤΩΤΑΣ	ΑΟΡΙΣΤΟΣ
–	–
–	στάσου[4]
–	–
–	–
στέκεστε/στέκετε	σταθείτε[4]
–	–

ΜΕΤΟΧΗ

ΕΝΕΣΤΩΤΑΣ[5]
–

ΠΑΡΑΚΕΙΜΕΝΟΣ
–

[1] Σπάνια σε -ομε (στέκομε).
[2] Οι β' τύποι (και αυτοί με το τελικό α ή ε) κυρίως στον προφορικό λόγο και στη λογοτεχνία.
[3] Και στέκονταν στον προφορικό λόγο και στη λογοτεχνία.
[4] Στον προφ. λόγο, κυρίως ιδιωματικά, απαντώνται και οι τύποι: στέκα, στεκάτε.
[5] Μόνο στο σύνθετο καλοστεκούμενος.

ΕΝΕΡΓΗΤΙΚΗ ΦΩΝΗ

ΟΡΙΣΤΙΚΗ

ΕΝΕΣΤΩΤΑΣ	**ΠΑΡΑΤΑΤΙΚΟΣ**	**ΑΟΡΙΣΤΟΣ**
στέλνω	έστελνα	έστειλα
στέλνεις	έστελνες	έστειλες
στέλνει	έστελνε	έστειλε
στέλνουμε (σπάν.-ομε)	στέλναμε	στείλαμε
στέλνετε	στέλνατε	στείλατε
στέλνουν(ε)[1]	έστελναν/στέλναν(ε)[1]	έστειλαν/στείλαν(ε)[1]
ΕΞΑΚΟΛ. ΜΕΛΛΟΝΤΑΣ	**ΣΥΝΟΠΤ. ΜΕΛΛΟΝΤΑΣ**	**ΠΑΡΑΚΕΙΜΕΝΟΣ**
θα στέλνω	θα στείλω	έχω στείλει/έχω σταλμένο[2]
θα στέλνεις	θα στείλεις	**ΥΠΕΡΣΥΝΤΕΛΙΚΟΣ**
θα στέλνει	θα στείλει	είχα στείλει/είχα σταλμένο[2]
θα στέλνουμε (σπάν.-ομε)	θα στείλουμε (σπάν.-ομε)	**ΣΥΝΤΕΛ. ΜΕΛΛΟΝΤΑΣ**
θα στέλνετε	θα στείλετε	θα έχω στείλει/
θα στέλνουν(ε)[1]	θα στείλουν(ε)[1]	θα έχω σταλμένο[2]

ΥΠΟΤΑΚΤΙΚΗ

ΕΝΕΣΤΩΤΑΣ	**ΑΟΡΙΣΤΟΣ**	**ΠΑΡΑΚΕΙΜΕΝΟΣ**
[να, όταν...] στέλνω	[να, όταν...] στείλω	[να, όταν...] έχω στείλει/
στέλνεις	στείλεις	έχω σταλμένο[2]
στέλνει	στείλει	
στέλνουμε (σπάν.-ομε)	στείλουμε (σπάν.-ομε)	
στέλνετε	στείλετε	
στέλνουν(ε)[1]	στείλουν(ε)[1]	

ΠΡΟΣΤΑΚΤΙΚΗ

ΕΝΕΣΤΩΤΑΣ	**ΑΟΡΙΣΤΟΣ**
–	–
στέλνε	στείλε
–	–
–	–
στέλνετε	στείλτε/στείλετε
–	–

ΜΕΤΟΧΗ

ΕΝΕΣΤΩΤΑΣ
στέλνοντας
ΠΑΡΑΚΕΙΜΕΝΟΣ
έχοντας στείλει/
έχοντας σταλμένο[2]

[1] Οι β′ τύποι (και αυτοί με το τελικό ε) κυρίως στον προφορικό λόγο και στη λογοτεχνία.
[2] Οι β′ τύποι (σπάνιας χρήσης) δεν είναι πλήρως ισοδύναμοι με τους α′, από άποψη σημασίας και σύνταξης.

ΠΑΘΗΤΙΚΗ ΦΩΝΗ

ΟΡΙΣΤΙΚΗ

ΕΝΕΣΤΩΤΑΣ	ΠΑΡΑΤΑΤΙΚΟΣ	ΑΟΡΙΣΤΟΣ
στέλνομαι	στελνόμουν(α)[1]	στάλθηκα
στέλνεσαι	στελνόσουν(α)[1]	στάλθηκες
στέλνεται	στελνόταν(ε)[1,2]	στάλθηκε/εστάλη[3]
στελνόμαστε	στελνόμαστε/στελνόμασταν[1]	σταλθήκαμε
στέλνεστε/στελνόσαστε[1]	στελνόσαστε/στελνόσασταν[1]	σταλθήκατε
στέλνονται	στέλνονταν/στελνόντανε[1]/	στάλθηκαν/σταλθήκαν(ε)[1]/
ΕΞΑΚΟΛ. ΜΕΛΛΟΝΤΑΣ	στελνόντουσαν[1]	εστάλησαν[3]
θα στέλνομαι	**ΣΥΝΟΠΤ. ΜΕΛΛΟΝΤΑΣ[3]**	**ΠΑΡΑΚΕΙΜΕΝΟΣ**
θα στέλνεσαι	θα σταλ(θ)ώ	έχω σταλ(θ)εί[3]/είμαι σταλμένος[4]
θα στέλνεται	θα σταλ(θ)είς	**ΥΠΕΡΣΥΝΤΕΛΙΚΟΣ**
θα στελνόμαστε	θα σταλ(θ)εί	είχα σταλ(θ)εί[3]/
θα στέλνεστε/θα στελνόσαστε[1]	θα σταλ(θ)ούμε	ήμουν σταλμένος[4]
θα στέλνονται	θα σταλ(θ)είτε	**ΣΥΝΤΕΛ. ΜΕΛΛΟΝΤΑΣ**
	θα σταλ(θ)ούν(ε)[1]	θα έχω σταλ(θ)εί[3]/
		θα είμαι σταλμένος[4]

ΥΠΟΤΑΚΤΙΚΗ

ΕΝΕΣΤΩΤΑΣ	ΑΟΡΙΣΤΟΣ[3]	ΠΑΡΑΚΕΙΜΕΝΟΣ
[να, όταν...] στέλνομαι	[να, όταν...] σταλ(θ)ώ	[να, όταν...] έχω σταλ(θ)εί[3]/
στέλνεσαι	σταλ(θ)είς	είμαι σταλμένος[4]
στέλνεται	σταλ(θ)εί	
στελνόμαστε	σταλ(θ)ούμε	
στέλνεστε/στελνόσαστε[1]	σταλ(θ)είτε	
στέλνονται	σταλ(θ)ούν(ε)[1]	

ΠΡΟΣΤΑΚΤΙΚΗ

ΕΝΕΣΤΩΤΑΣ	ΑΟΡΙΣΤΟΣ
–	–
–	–
–	–
–	–
στέλνεστε	σταλ(θ)είτε[3]
–	–

ΜΕΤΟΧΗ

ΕΝΕΣΤΩΤΑΣ
–

ΠΑΡΑΚΕΙΜΕΝΟΣ
σταλμένος

[1] Οι β′ τύποι (και αυτοί με το τελικό α ή ε) κυρίως στον προφορικό λόγο και στη λογοτεχνία.
[2] Και στέλνονταν στον προφ. λόγο και στη λογοτεχνία.
[3] Σε επίσημο ύφος προτιμώνται οι τύποι χωρίς το -θ- (εστάλη, εστάλησαν, θα σταλώ, έχω σταλεί κτλ.).
[4] Οι β′ τύποι (σπάνιας χρήσης) δεν είναι πλήρως ισοδύναμοι με τους α′, από άποψη σημασίας και σύνταξης.

ΠΑΘΗΤΙΚΗ ΦΩΝΗ

ΟΡΙΣΤΙΚΗ

ΕΝΕΣΤΩΤΑΣ	**ΠΑΡΑΤΑΤΙΚΟΣ**	**ΑΟΡΙΣΤΟΣ**
στρέφομαι	στρεφόμουν(α)[1]	στράφηκα
στρέφεσαι	στρεφόσουν(α)[1]	στράφηκες
στρέφεται	στρεφόταν(ε)[1,2]	στράφηκε
στρεφόμαστε	στρεφόμαστε/στρεφόμασταν[1]	στραφήκαμε
στρέφεστε/στρεφόσαστε[1]	στρεφόσαστε/στρεφόσασταν[1]	στραφήκατε
στρέφονται	στρέφονταν/στρεφόντανε[1]/	στράφηκαν/στραφήκαν(ε)[1]
ΕΞΑΚΟΛ. ΜΕΛΛΟΝΤΑΣ	στρεφόντουσαν[1]	**ΠΑΡΑΚΕΙΜΕΝΟΣ**
θα στρέφομαι	**ΣΥΝΟΠΤ. ΜΕΛΛΟΝΤΑΣ**	έχω στραφεί/
θα στρέφεσαι	θα στραφώ	είμαι στραμμένος[3]
θα στρέφεται	θα στραφείς	**ΥΠΕΡΣΥΝΤΕΛΙΚΟΣ**
θα στρεφόμαστε	θα στραφεί	είχα στραφεί/
θα στρέφεστε/-όσαστε[1]	θα στραφούμε	ήμουν στραμμένος[3]
θα στρέφονται	θα στραφείτε	**ΣΥΝΤΕΛ. ΜΕΛΛΟΝΤΑΣ**
	θα στραφούν(ε)[1]	θα έχω στραφεί/
		θα είμαι στραμμένος[3]

ΥΠΟΤΑΚΤΙΚΗ

ΕΝΕΣΤΩΤΑΣ	**ΑΟΡΙΣΤΟΣ**	**ΠΑΡΑΚΕΙΜΕΝΟΣ**
[να, όταν...] στρέφομαι	[να, όταν...] στραφώ	[να, όταν...] έχω στραφεί/
στρέφεσαι	στραφείς	είμαι στραμμένος[3]
στρέφεται	στραφεί	
στρεφόμαστε	στραφούμε	
στρέφεστε/στρεφόσαστε[1]	στραφείτε	
στρέφονται	στραφούν(ε)[1]	

ΠΡΟΣΤΑΚΤΙΚΗ

ΕΝΕΣΤΩΤΑΣ	**ΑΟΡΙΣΤΟΣ**
–	–
–	στρέψου
–	–
–	–
στρέφεστε	στραφείτε
–	–

ΜΕΤΟΧΗ

ΕΝΕΣΤΩΤΑΣ
στρεφόμενος
ΠΑΡΑΚΕΙΜΕΝΟΣ
στραμμένος

[1] Οι β΄ τύποι (και αυτοί με το τελικό α ή ε) κυρίως στον προφορικό λόγο και στη λογοτεχνία. Δε συνηθίζονται γι λόγια ρ. (π.χ. αποστρέφομαι).
[2] Και στρέφονταν στον προφ. λόγο και στη λογοτεχνία.
[3] Οι β΄ τύποι (σπάνιας χρήσης) δεν είναι πλήρως ισοδύναμοι με τους α΄, από άποψη σημασίας και σύνταξης.

ΕΝΕΡΓΗΤΙΚΗ ΦΩΝΗ

ΟΡΙΣΤΙΚΗ

ΕΝΕΣΤΩΤΑΣ	ΠΑΡΑΤΑΤΙΚΟΣ	ΑΟΡΙΣΤΟΣ
συγχαίρω	συνέχαιρα	συγχάρηκα
συγχαίρεις	συνέχαιρες	συγχάρηκες
συγχαίρει	συνέχαιρε	συγχάρηκε/συνεχάρη[2]
συγχαίρουμε (σπάν.-ομε)	συγχαίραμε	συγχαρήκαμε
συγχαίρετε	συγχαίρατε	συγχαρήκατε
συγχαίρουν(ε)[1]	συνέχαιραν/συγχαίρανε[1]	συγχάρηκαν/συγχαρήκαν(ε)[1]/
ΕΞΑΚΟΛ. ΜΕΛΛΟΝΤΑΣ	**ΣΥΝΟΠΤ. ΜΕΛΛΟΝΤΑΣ**	συνεχάρησαν[2]
θα συγχαίρω	θα συγχαρώ	**ΠΑΡΑΚΕΙΜΕΝΟΣ**
θα συγχαίρεις	θα συγχαρείς	έχω συγχαρεί
θα συγχαίρει	θα συγχαρεί	**ΥΠΕΡΣΥΝΤΕΛΙΚΟΣ**
θα συγχαίρουμε (σπάν.-ομε)	θα συγχαρούμε	είχα συγχαρεί
θα συγχαίρετε	θα συγχαρείτε	**ΣΥΝΤΕΛ. ΜΕΛΛΟΝΤΑΣ**
θα συγχαίρουν(ε)[1]	θα συγχαρούν(ε)[1]	θα έχω συγχαρεί

ΥΠΟΤΑΚΤΙΚΗ

ΕΝΕΣΤΩΤΑΣ	ΑΟΡΙΣΤΟΣ	ΠΑΡΑΚΕΙΜΕΝΟΣ
[να, όταν...] συγχαίρω	[να, όταν...] συγχαρώ	[να, όταν...] έχω συγχαρεί
συγχαίρεις	συγχαρείς	
συγχαίρει	συγχαρεί	
συγχαίρουμε (σπάν.-ομε)	συγχαρούμε	
συγχαίρετε	συγχαρείτε	
συγχαίρουν(ε)[1]	συγχαρούν(ε)[1]	

ΠΡΟΣΤΑΚΤΙΚΗ

ΕΝΕΣΤΩΤΑΣ	ΑΟΡΙΣΤΟΣ
–	–
–	–
–	–
–	–
συγχαίρετε	συγχαρείτε
–	–

ΜΕΤΟΧΗ

ΕΝΕΣΤΩΤΑΣ
–

ΠΑΡΑΚΕΙΜΕΝΟΣ
έχοντας συγχαρεί

Οι β' τύποι (και αυτοί με το τελικό ε) απαντώνται κυρίως στον προφορικό λόγο. Γενικά είναι σπάνιοι, λόγω του λόγιου χαρακτήρα του ρ.
Οι τύποι συνεχάρη – συνεχάρησαν εμφανίζονται σε επίσημο ύφος λόγου.

ΠΑΘΗΤΙΚΗ ΦΩΝΗ

ΟΡΙΣΤΙΚΗ

ΕΝΕΣΤΩΤΑΣ
συμπλέκομαι
συμπλέκεσαι
συμπλέκεται
συμπλεκόμαστε
συμπλέκεστε (σπάν. -όσαστε)
συμπλέκονται

ΕΞΑΚΟΛ. ΜΕΛΛΟΝΤΑΣ
θα συμπλέκομαι
θα συμπλέκεσαι
θα συμπλέκεται
θα συμπλεκόμαστε
θα συμπλέκεστε (σπάν. -όσαστε)
θα συμπλέκονται

ΠΑΡΑΤΑΤΙΚΟΣ
συμπλεκόμουν(α)[1]
συμπλεκόσουν(α)[1]
συμπλεκόταν(ε)[1,2]
συμπλεκόμαστε[2]
συμπλεκόσαστε[2]
συμπλέκονταν[2]

ΣΥΝΟΠΤ. ΜΕΛΛΟΝΤΑΣ
θα συμπλακώ
θα συμπλακείς
θα συμπλακεί
θα συμπλακούμε
θα συμπλακείτε
θα συμπλακούν(ε)[1]

ΑΟΡΙΣΤΟΣ
–
–
συνεπλάκη
–
–
συνεπλάκησαν

ΠΑΡΑΚΕΙΜΕΝΟΣ
έχω συμπλακεί

ΥΠΕΡΣΥΝΤΕΛΙΚΟΣ
είχα συμπλακεί

ΣΥΝΤΕΛ. ΜΕΛΛΟΝΤΑΣ
θα έχω συμπλακεί

ΥΠΟΤΑΚΤΙΚΗ

ΕΝΕΣΤΩΤΑΣ
[να, όταν...] συμπλέκομαι
συμπλέκεσαι
συμπλέκεται
συμπλεκόμαστε
συμπλέκεστε (σπάν.-όσαστε)
συμπλέκονται

ΑΟΡΙΣΤΟΣ
[να, όταν...] συμπλακώ
συμπλακείς
συμπλακεί
συμπλακούμε
συμπλακείτε
συμπλακούν(ε)[1]

ΠΑΡΑΚΕΙΜΕΝΟΣ
[να, όταν...] έχω συμπλακεί

ΠΡΟΣΤΑΚΤΙΚΗ

ΕΝΕΣΤΩΤΑΣ
–
–
–
–
συμπλέκεστε
–

ΑΟΡΙΣΤΟΣ
–
–
–
–
συμπλακείτε
–

ΜΕΤΟΧΗ

ΕΝΕΣΤΩΤΑΣ
συμπλεκόμενος

ΠΑΡΑΚΕΙΜΕΝΟΣ
–

[1] Οι τύποι με το τελικό α ή ε απαντώνται κυρίως στον προφορικό λόγο. Γενικά είναι σπάνιοι, λόγω του λόγι χαρακτήρα του ρ.
[2] Οι τύποι σε -ονταν, -όμασταν, -όσασταν, -όντουσαν (δες λύνομαι, 2) δε συνηθίζονται.

ΕΝΕΡΓΗΤΙΚΗ ΦΩΝΗ

ΟΡΙΣΤΙΚΗ

ΕΝΕΣΤΩΤΑΣ
συνάπτω
συνάπτεις
συνάπτει
συνάπτουμε (σπάν.-ομε)
συνάπτετε
συνάπτουν(ε)[1]

ΕΞΑΚΟΛ. ΜΕΛΛΟΝΤΑΣ
θα συνάπτω
θα συνάπτεις
θα συνάπτει
θα συνάπτουμε (σπάν.-ομε)
θα συνάπτετε
θα συνάπτουν(ε)[1]

ΠΑΡΑΤΑΤΙΚΟΣ
σύναπτα/συνήπτα[2]
σύναπτες/συνήπτες[2]
σύναπτε/συνήπτε[2]
συνάπταμε
συνάπτατε
σύναπταν/συνάπτανε[1]/
συνήπταν[2]

ΣΥΝΟΠΤ. ΜΕΛΛΟΝΤΑΣ
θα συνάψω
θα συνάψεις
θα συνάψει
θα συνάψουμε (σπάν.-ομε)
θα συνάψετε
θα συνάψουν(ε)[1]

ΑΟΡΙΣΤΟΣ
σύναψα/συνήψα[2]
σύναψες/συνήψες[2]
σύναψε/συνήψε[2]
συνάψαμε
συνάψατε
σύναψαν/συνάψαν(ε)[1]/
συνήψαν[2]

ΠΑΡΑΚΕΙΜΕΝΟΣ
έχω συνάψει

ΥΠΕΡΣΥΝΤΕΛΙΚΟΣ
είχα συνάψει

ΣΥΝΤΕΛ. ΜΕΛΛΟΝΤΑΣ
θα έχω συνάψει

ΥΠΟΤΑΚΤΙΚΗ

ΕΝΕΣΤΩΤΑΣ
[να, όταν...] συνάπτω
συνάπτεις
συνάπτει
συνάπτουμε (σπάν.-ομε)
συνάπτετε
συνάπτουν(ε)[1]

ΑΟΡΙΣΤΟΣ
[να, όταν...] συνάψω
συνάψεις
συνάψει
συνάψουμε (σπάν.-ομε)
συνάψετε
συνάψουν(ε)[1]

ΠΑΡΑΚΕΙΜΕΝΟΣ
[να, όταν...] έχω συνάψει

ΠΡΟΣΤΑΚΤΙΚΗ

ΕΝΕΣΤΩΤΑΣ
—
σύναπτε
—
—
συνάπτετε
—

ΑΟΡΙΣΤΟΣ
—
σύναψε
—
—
συνάψτε/συνάψετε
—

ΜΕΤΟΧΗ

ΕΝΕΣΤΩΤΑΣ
συνάπτοντας

ΠΑΡΑΚΕΙΜΕΝΟΣ
έχοντας συνάψει

Οι τύποι με το τελικό ε (και ο β΄ τύπος του αορίστου) απαντώνται κυρίως στον προφορικό λόγο. Γενικά είναι σπάνιοι, λόγω του λόγιου χαρακτήρα του ρ.
Οι τύποι με την εσωτερική αύξηση (συνήπτα, συνήψα) συνηθίζονται κυρίως σε επίσημο ύφος λόγου για το συνάπτω, επικρατούν όμως για τα εξάπτω, προσάπτω. Δεν απαντώνται στο σύνθετο επισυνάπτω.

ΠΑΘΗΤΙΚΗ ΦΩΝΗ

ΟΡΙΣΤΙΚΗ

ΕΝΕΣΤΩΤΑΣ
συνέρχομαι
συνέρχεσαι
συνέρχεται
συνερχόμαστε
συνέρχεστε (σπάν.-όσαστε)
συνέρχονται

ΕΞΑΚΟΛ. ΜΕΛΛΟΝΤΑΣ
θα συνέρχομαι
θα συνέρχεσαι
θα συνέρχεται
θα συνερχόμαστε
θα συνέρχεστε (σπάν. -όσαστε)
θα συνέρχονται

ΠΑΡΑΤΑΤΙΚΟΣ
συνερχόμουν(α)[1]
συνερχόσουν(α)[1]
συνερχόταν(ε)[1,2]
συνερχόμαστε[2]
συνερχόσαστε[2]
συνέρχονταν[2]

ΣΥΝΟΠΤ. ΜΕΛΛΟΝΤΑΣ
θα συνέλθω
θα συνέλθεις
θα συνέλθει
θα συνέλθουμε (σπάν.-ομε)
θα συνέλθετε
θα συνέλθουν(ε)[1]

ΑΟΡΙΣΤΟΣ
συνήλθα
συνήλθες
συνήλθε
συνήλθαμε
συνήλθατε
συνήλθαν(ε)[1]

ΠΑΡΑΚΕΙΜΕΝΟΣ
έχω συνέλθει

ΥΠΕΡΣΥΝΤΕΛΙΚΟΣ
είχα συνέλθει

ΣΥΝΤΕΛ. ΜΕΛΛΟΝΤΑΣ
θα έχω συνέλθει

ΥΠΟΤΑΚΤΙΚΗ

ΕΝΕΣΤΩΤΑΣ
[να, όταν...] συνέρχομαι
συνέρχεσαι
συνέρχεται
συνερχόμαστε
συνέρχεστε (σπάν.-όσαστε)
συνέρχονται

ΑΟΡΙΣΤΟΣ
[να, όταν...] συνέλθω
συνέλθεις
συνέλθει
συνέλθουμε (σπάν.-ομε)
συνέλθετε
συνέλθουν(ε)[1]

ΠΑΡΑΚΕΙΜΕΝΟΣ
[να, όταν...] έχω συνέλθει

ΠΡΟΣΤΑΚΤΙΚΗ

ΕΝΕΣΤΩΤΑΣ	ΑΟΡΙΣΤΟΣ
–	–
–	σύνελθε
–	–
–	–
συνέρχεστε	συνέλθετε
–	–

ΜΕΤΟΧΗ

ΕΝΕΣΤΩΤΑΣ
συνερχόμενος

ΠΑΡΑΚΕΙΜΕΝΟΣ
-

[1] Οι τύποι με το τελικό α ή ε απαντώνται κυρίως στον προφορικό λόγο και στη λογοτεχνία. Σπανίζουν λογιότερα ρ. (π.χ. διέρχομαι, παρέρχομαι).
[2] Οι τύποι σε -ονταν, -όμασταν, -όσασταν, -όντουσαν (δες λύνομαι, 2) δε συνηθίζονται.

ΕΝΕΡΓΗΤΙΚΗ ΦΩΝΗ

ΟΡΙΣΤΙΚΗ

ΕΝΕΣΤΩΤΑΣ
συντρέχω
συντρέχεις
συντρέχει
συντρέχουμε[1]
συντρέχετε
συντρέχουν(ε)[2]

ΕΞΑΚΟΛ. ΜΕΛΛΟΝΤΑΣ
θα συντρέχω
θα συντρέχεις
θα συντρέχει
θα συντρέχουμε[1]
θα συντρέχετε
θα συντρέχουν(ε)[2]

ΠΑΡΑΤΑΤΙΚΟΣ
συνέτρεχα
συνέτρεχες
συνέτρεχε
συντρέχαμε
συντρέχατε
συνέτρεχαν/συντρέχαν(ε)[2]

ΣΥΝΟΠΤ. ΜΕΛΛΟΝΤΑΣ
θα συντρέξω/θα συνδράμω
θα συντρέξεις/θα συνδράμεις
θα συντρέξει/θα συνδράμει
θα συντρέξουμε[1]/
θα συνδράμουμε[1]
θα συντρέξετε/θα συνδράμετε
θα συντρέξουν(ε)[2]/
θα συνδράμουν(ε)[2]

ΑΟΡΙΣΤΟΣ
συνέτρεξα/συνέδραμα
συνέτρεξες/συνέδραμες
συνέτρεξε/συνέδραμε
συντρέξαμε/συνδράμαμε
συντρέξατε/συνδράματε
συνέτρεξαν/συντρέξαν(ε)[2]/
συνέδραμαν/συνδράμαν(ε)[2]

ΠΑΡΑΚΕΙΜΕΝΟΣ
έχω συντρέξει/έχω συνδράμει

ΥΠΕΡΣΥΝΤΕΛΙΚΟΣ
είχα συντρέξει/είχα συνδράμει

ΣΥΝΤΕΛ. ΜΕΛΛΟΝΤΑΣ
θα έχω συντρέξει/
θα έχω συνδράμει

ΥΠΟΤΑΚΤΙΚΗ

ΕΝΕΣΤΩΤΑΣ
[να, όταν...] συντρέχω
συντρέχεις
συντρέχει
συντρέχουμε[1]
συντρέχετε
συντρέχουν(ε)[2]

ΑΟΡΙΣΤΟΣ
[να, όταν...] συντρέξω/συνδράμω
συντρέξεις/συνδράμεις
συντρέξει/συνδράμει
συντρέξουμε[1]/συνδράμουμε[1]
συντρέξετε/συνδράμετε
συντρέξουν(ε)[2]/συνδράμουν(ε)[2]

ΠΑΡΑΚΕΙΜΕΝΟΣ
[να, όταν...] έχω συντρέξει/
έχω συνδράμει

ΠΡΟΣΤΑΚΤΙΚΗ

ΕΝΕΣΤΩΤΑΣ
–
σύντρεχε
–
–
συντρέχετε
–

ΑΟΡΙΣΤΟΣ
–
σύντρεξε/σύνδραμε
–
–
συντρέξτε/συνδράμετε
–

ΜΕΤΟΧΗ

ΕΝΕΣΤΩΤΑΣ
συντρέχοντας

ΠΑΡΑΚΕΙΜΕΝΟΣ
έχοντας συντρέξει/
έχοντας συνδράμει

[1] Σπάνια σε -ομε (συντρέχομε κτλ.).
[2] Οι β΄ τύποι (και αυτοί με το τελικό ε) κυρίως στον προφορικό λόγο και στη λογοτεχνία.

ΠΑΘΗΤΙΚΗ ΦΩΝΗ

ΟΡΙΣΤΙΚΗ

ΕΝΕΣΤΩΤΑΣ
συντρίβομαι
συντρίβεσαι
συντρίβεται
συντριβόμαστε
συντρίβεστε/συντριβόσαστε[1]
συντρίβονται

ΕΞΑΚΟΛ. ΜΕΛΛΟΝΤΑΣ
θα συντρίβομαι
θα συντρίβεσαι
θα συντρίβεται
θα συντριβόμαστε
θα συντρίβεστε/-όσαστε[1]
θα συντρίβονται

ΠΑΡΑΤΑΤΙΚΟΣ
συντριβόμουν(α)[1]
συντριβόσουν(α)[1]
συντριβόταν(ε)[1,2]
συντριβόμαστε/συντριβόμασταν[1]
συντριβόσαστε/συντριβόσασταν[1]
συντρίβονταν/συντριβόντανε[1]/
συντριβόντουσαν[1]

ΣΥΝΟΠΤ. ΜΕΛΛΟΝΤΑΣ[3]
θα συντριφτώ/θα συντριβώ
θα συντριφτείς/θα συντριβείς
θα συντριφτεί/θα συντριβεί
θα συντριφτούμε/θα συντριβούμε
θα συντριφτείτε/θα συντριβείτε
θα συντριφτούν(ε)[1]/
θα συντριβούν(ε)[1]

ΑΟΡΙΣΤΟΣ[3]
συντρίφτηκα
συντρίφτηκες
συντρίφτηκε/συνετρίβη
συντριφτήκαμε
συντριφτήκατε
συντρίφτηκαν/συντριφτήκαν(ε)[1]/
συνετρίβησαν

ΠΑΡΑΚΕΙΜΕΝΟΣ
έχω συντριφτεί[3]/έχω συντριβεί

ΥΠΕΡΣΥΝΤΕΛΙΚΟΣ
είχα συντριφτεί[3]/είχα συντριβεί

ΣΥΝΤΕΛ. ΜΕΛΛΟΝΤΑΣ
θα έχω συντριφτεί[3]/
θα έχω συντριβεί

ΥΠΟΤΑΚΤΙΚΗ

ΕΝΕΣΤΩΤΑΣ
[να, όταν...] συντρίβομαι
συντρίβεσαι
συντρίβεται
συντριβόμαστε
συντρίβεστε/συντριβόσαστε[1]
συντρίβονται

ΑΟΡΙΣΤΟΣ[3]
[να, όταν...] συντριφτώ/συντριβώ
συντριφτείς/συντριβείς
συντριφτεί/συντριβεί
συντριφτούμε/συντριβούμε
συντριφτείτε/συντριβείτε
συντριφτούν(ε)[1]/συντριβούν(ε)[1]

ΠΑΡΑΚΕΙΜΕΝΟΣ
[να, όταν...] έχω συντριφτεί[3]/
έχω συντριβεί

ΠΡΟΣΤΑΚΤΙΚΗ

ΕΝΕΣΤΩΤΑΣ
–
–
–
–
συντρίβεστε
–

ΑΟΡΙΣΤΟΣ
–
συντρίψου
–
–
συντριφτείτε[3]/συντριβείτε
–

ΜΕΤΟΧΗ

ΕΝΕΣΤΩΤΑΣ
συντριβόμενος

ΠΑΡΑΚΕΙΜΕΝΟΣ
(συντετριμμένος)[4]

[1] Οι β΄ τύποι (και αυτοί με το τελικό α ή ε) κυρίως στον προφορικό λόγο και στη λογοτεχνία.
[2] Και συντρίβονταν στον προφ. λόγο και στη λογοτεχνία.
[3] Οι τύποι με -φτ- δε συνηθίζονται σε επίσημο ύφος λόγου.
[4] Κυρίως με την έννοια : «αυτός που νιώθει ψυχική συντριβή».

ΕΝΕΡΓΗΤΙΚΗ ΦΩΝΗ

ΟΡΙΣΤΙΚΗ

ΕΝΕΣΤΩΤΑΣ	ΠΑΡΑΤΑΤΙΚΟΣ	ΑΟΡΙΣΤΟΣ
σύρω	έσυρα	έσυρα
σύρεις	έσυρες	έσυρες
σύρει	έσυρε	έσυρε
σύρουμε (σπάν.-ομε)	σύραμε	σύραμε
σύρετε	σύρατε	σύρατε
σύρουν(ε)[1]	έσυραν/σύραν(ε)[1]	έσυραν/σύραν(ε)[1]
ΕΞΑΚΟΛ. ΜΕΛΛΟΝΤΑΣ	**ΣΥΝΟΠΤ. ΜΕΛΛΟΝΤΑΣ**	**ΠΑΡΑΚΕΙΜΕΝΟΣ**
θα σύρω	θα σύρω	έχω σύρει
θα σύρεις	θα σύρεις	**ΥΠΕΡΣΥΝΤΕΛΙΚΟΣ**
θα σύρει	θα σύρει	είχα σύρει
θα σύρουμε (σπάν.-ομε)	θα σύρουμε (σπάν.-ομε)	**ΣΥΝΤΕΛ. ΜΕΛΛΟΝΤΑΣ**
θα σύρετε	θα σύρετε	θα έχω σύρει
θα σύρουν(ε)[1]	θα σύρουν(ε)[1]	

ΥΠΟΤΑΚΤΙΚΗ

ΕΝΕΣΤΩΤΑΣ	ΑΟΡΙΣΤΟΣ	ΠΑΡΑΚΕΙΜΕΝΟΣ
[να, όταν...] σύρω	[να, όταν...] σύρω	[να, όταν...] έχω σύρει
σύρεις	σύρεις	
σύρει	σύρει	
σύρουμε (σπάν.-ομε)	σύρουμε (σπάν.-ομε)	
σύρετε	σύρετε	
σύρουν(ε)[1]	σύρουν(ε)[1]	

ΠΡΟΣΤΑΚΤΙΚΗ

ΕΝΕΣΤΩΤΑΣ	ΑΟΡΙΣΤΟΣ
—	—
σύρε	σύρε
—	—
—	—
σύρετε	σύρτε/σύρετε[2]
—	—

ΜΕΤΟΧΗ

ΕΝΕΣΤΩΤΑΣ
σύροντας
ΠΑΡΑΚΕΙΜΕΝΟΣ
έχοντας σύρει

Οι β′ τύποι (και αυτοί με το τελικό ε) κυρίως στον προφορικό λόγο και στη λογοτεχνία. Δε συνηθίζονται σε λόγια σύνθετα (π.χ. ανασύρω).
Ο β′ τύπος επικρατεί σε λόγια σύνθετα (π.χ. ανασύρω, αναφέρω).

ΠΑΘΗΤΙΚΗ ΦΩΝΗ

ΟΡΙΣΤΙΚΗ

ΕΝΕΣΤΩΤΑΣ
σύρομαι
σύρεσαι
σύρεται
συρόμαστε
σύρεστε/συρόσαστε[1]
σύρονται

ΕΞΑΚΟΛ. ΜΕΛΛΟΝΤΑΣ
θα σύρομαι
θα σύρεσαι
θα σύρεται
θα συρόμαστε
θα σύρεστε/θα συρόσαστε[1]
θα σύρονται

ΠΑΡΑΤΑΤΙΚΟΣ
συρόμουν(α)[1]
συρόσουν(α)[1]
συρόταν(ε)[1,2]
συρόμαστε/συρόμασταν[1]
συρόσαστε/συρόσασταν[1]
σύρονταν/συρόντανε[1]/
συρόντουσαν[1]

ΣΥΝΟΠΤ. ΜΕΛΛΟΝΤΑΣ
θα συρθώ
θα συρθείς
θα συρθεί
θα συρθούμε
θα συρθείτε
θα συρθούν(ε)[1]

ΑΟΡΙΣΤΟΣ
σύρθηκα
σύρθηκες
σύρθηκε
συρθήκαμε
συρθήκατε
σύρθηκαν/συρθήκαν(ε)[1]

ΠΑΡΑΚΕΙΜΕΝΟΣ
έχω συρθεί

ΥΠΕΡΣΥΝΤΕΛΙΚΟΣ
είχα συρθεί

ΣΥΝΤΕΛ. ΜΕΛΛΟΝΤΑΣ
θα έχω συρθεί

ΥΠΟΤΑΚΤΙΚΗ

ΕΝΕΣΤΩΤΑΣ
[να, όταν...] σύρομαι
σύρεσαι
σύρεται
συρόμαστε
σύρεστε/συρόσαστε[1]
σύρονται

ΑΟΡΙΣΤΟΣ
[να, όταν...] συρθώ
συρθείς
συρθεί
συρθούμε
συρθείτε
συρθούν(ε)[1]

ΠΑΡΑΚΕΙΜΕΝΟΣ
[να, όταν...] έχω συρθεί

ΠΡΟΣΤΑΚΤΙΚΗ

ΕΝΕΣΤΩΤΑΣ
–
–
–
–
σύρεστε
–

ΑΟΡΙΣΤΟΣ
–
(σύρσου)
–
–
συρθείτε
–

ΜΕΤΟΧΗ

ΕΝΕΣΤΩΤΑΣ
συρόμενος[3]

ΠΑΡΑΚΕΙΜΕΝΟΣ
συρμένος

[1] Οι β΄ τύποι (και αυτοί με το τελικό ε) κυρίως στον προφορικό λόγο και στη λογοτεχνία. Δε συνηθίζονται σε λόγια ρ. (π.χ. διασύρομαι).
[2] Και σύρονταν στον προφ. λόγο και στη λογοτεχνία. Σπάνια σε λόγια ρ.
[3] Η μτχ. του συγκεκριμένου ρ. εμφανίζεται κυρίως ως επίθετο («συρόμενες πόρτες»: που ανοίγουν και κλείνουν με σύρσιμο).

ΕΝΕΡΓΗΤΙΚΗ ΦΩΝΗ

ΟΡΙΣΤΙΚΗ

ΕΝΕΣΤΩΤΑΣ	ΠΑΡΑΤΑΤΙΚΟΣ	ΑΟΡΙΣΤΟΣ
τρέφω	έτρεφα	έθρεψα
τρέφεις	έτρεφες	έθρεψες
τρέφει	έτρεφε	έθρεψε
τρέφουμε (σπάν.-ομε)	τρέφαμε	θρέψαμε
τρέφετε	τρέφατε	θρέψατε
τρέφουν(ε)[1]	έτρεφαν/τρέφαν(ε)[1]	έθρεψαν/θρέψαν(ε)[1]
ΕΞΑΚΟΛ. ΜΕΛΛΟΝΤΑΣ	**ΣΥΝΟΠΤ. ΜΕΛΛΟΝΤΑΣ**	**ΠΑΡΑΚΕΙΜΕΝΟΣ**
θα τρέφω	θα θρέψω	έχω θρέψει/έχω θρεμμένο[2]
θα τρέφεις	θα θρέψεις	**ΥΠΕΡΣΥΝΤΕΛΙΚΟΣ**
θα τρέφει	θα θρέψει	είχα θρέψει/
θα τρέφουμε (σπάν.-ομε)	θα θρέψουμε (σπάν.-ομε)	είχα θρεμμένο[2]
θα τρέφετε	θα θρέψετε	**ΣΥΝΤΕΛ. ΜΕΛΛΟΝΤΑΣ**
θα τρέφουν(ε)[1]	θα θρέψουν(ε)[1]	θα έχω θρέψει/
		θα έχω θρεμμένο[2]

ΥΠΟΤΑΚΤΙΚΗ

ΕΝΕΣΤΩΤΑΣ	ΑΟΡΙΣΤΟΣ	ΠΑΡΑΚΕΙΜΕΝΟΣ
[να, όταν...] τρέφω	[να, όταν...] θρέψω	[να, όταν...] έχω θρέψει/
τρέφεις	θρέψεις	έχω θρεμμένο[2]
τρέφει	θρέψει	
τρέφουμε (σπάν.-ομε)	θρέψουμε (σπάν.-ομε)	
τρέφετε	θρέψετε	
τρέφουν(ε)[1]	θρέψουν(ε)[1]	

ΠΡΟΣΤΑΚΤΙΚΗ

ΕΝΕΣΤΩΤΑΣ	ΑΟΡΙΣΤΟΣ
–	–
τρέφε	θρέψε
–	–
–	–
τρέφετε	θρέψτε
–	–

ΜΕΤΟΧΗ

ΕΝΕΣΤΩΤΑΣ
τρέφοντας
ΠΑΡΑΚΕΙΜΕΝΟΣ
έχοντας θρέψει/
έχοντας θρεμμένο[2]

[1] Οι β' τύποι (και αυτοί με το τελικό ε) κυρίως στον προφορικό λόγο και στη λογοτεχνία. Δε συνηθίζονται σε λόγια σύνθετα (π.χ. εκτρέφω).
[2] Οι β' τύποι (σπάνιας χρήσης) χρησιμοποιούνται ως ισοδύναμοι μόνο όταν το ρ. είναι μεταβατικό (τρέφω κάτι ή κάποιον).

ΠΑΘΗΤΙΚΗ ΦΩΝΗ

ΟΡΙΣΤΙΚΗ

ΕΝΕΣΤΩΤΑΣ
τρέφομαι
τρέφεσαι
τρέφεται
τρεφόμαστε
τρέφεστε/τρεφόσαστε[1]
τρέφονται

ΕΞΑΚΟΛ. ΜΕΛΛΟΝΤΑΣ
θα τρέφομαι
θα τρέφεσαι
θα τρέφεται
θα τρεφόμαστε
θα τρέφεστε/-όσαστε[1]
θα τρέφονται

ΠΑΡΑΤΑΤΙΚΟΣ
τρεφόμουν(α)[1]
τρεφόσουν(α)[1]
τρεφόταν(ε)[1,2]
τρεφόμαστε/τρεφόμασταν[1]
τρεφόσαστε/τρεφόσασταν[1]
τρέφονταν/τρεφόντανε[1]/
τρεφόντουσαν[1]

ΣΥΝΟΠΤ. ΜΕΛΛΟΝΤΑΣ[3]
θα τραφώ/θα θραφώ
θα τραφείς/θα θραφείς
θα τραφεί/θα θραφεί
θα τραφούμε/θα θραφούμε
θα τραφείτε/θα θραφείτε
θα τραφούν(ε)[1]/
θα θραφούν(ε)[1]

ΑΟΡΙΣΤΟΣ[3]
τράφηκα/θράφηκα
τράφηκες/θράφηκες
τράφηκε/θράφηκε
τραφήκαμε/θραφήκαμε
τραφήκατε/θραφήκατε
τράφηκαν/τραφήκαν(ε)[1]/
θράφηκαν/θραφήκαν(ε)[1]

ΠΑΡΑΚΕΙΜΕΝΟΣ
έχω τραφεί[3]/έχω θραφεί/
είμαι θρεμμένος[4]

ΥΠΕΡΣΥΝΤΕΛΙΚΟΣ
είχα τραφεί[3]/είχα
θραφεί/ήμουν θρεμμένος[4]

ΣΥΝΤΕΛ. ΜΕΛΛΟΝΤΑΣ
θα έχω τραφεί[3]/θα έχω
θραφεί/θα είμαι θρεμμένος[4]

ΥΠΟΤΑΚΤΙΚΗ

ΕΝΕΣΤΩΤΑΣ
[να, όταν...] τρέφομαι
τρέφεσαι
τρέφεται
τρεφόμαστε
τρέφεστε/τρεφόσαστε[1]
τρέφονται

ΑΟΡΙΣΤΟΣ[3]
[να, όταν...]τραφώ/θραφώ
τραφείς/θραφείς
τραφεί/θραφεί
τραφούμε/θραφούμε
τραφείτε/θραφείτε
τραφούν(ε)[1]/θραφούν(ε)[1]

ΠΑΡΑΚΕΙΜΕΝΟΣ
[να, όταν...] έχω τραφεί[3]/
έχω θραφεί/
είμαι θρεμμένος[4]

ΠΡΟΣΤΑΚΤΙΚΗ

ΕΝΕΣΤΩΤΑΣ	**ΑΟΡΙΣΤΟΣ[3]**
–	–
–	θρέψου
–	–
–	–
τρέφεστε	τραφείτε/θραφείτε
–	–

ΜΕΤΟΧΗ

ΕΝΕΣΤΩΤΑΣ
τρεφόμενος

ΠΑΡΑΚΕΙΜΕΝΟΣ
θρεμμένος

[1] Οι β΄ τύποι (και αυτοί με το τελικό α ή ε) κυρίως στον προφορικό λόγο και στη λογοτεχνία. Σπάνιοι σε λόγια σύνθετα (π.χ. εκτρέφομαι).
[2] Και τρέφονταν στον προφ. λόγο και στη λογοτεχνία (όχι σε λόγια ρ.).
[3] Οι τύποι τράφηκα, τραφώ κτλ. επικρατούν στα λόγια σύνθετα (π.χ. εκτρέφομαι).
[4] Οι β΄ τύποι (σπάνιας χρήσης) δεν είναι πλήρως ισοδύναμοι με τους α΄, από άποψη σημασίας και σύνταξης.

ΕΝΕΡΓΗΤΙΚΗ ΦΩΝΗ

ΟΡΙΣΤΙΚΗ

ΕΝΕΣΤΩΤΑΣ[1]
τρώω/(τρώγω)
τρως/(τρώγεις)
τρώει/(τρώγει)
τρώμε/(τρώγο[υ]με)
τρώτε/(τρώγετε)
τρώνε/τρων[2]/(τρώγουν[ε][2])

ΕΞΑΚΟΛ. ΜΕΛΛΟΝΤΑΣ[1]
θα τρώω/(θα τρώγω)
θα τρως/(θα τρώγεις)
θα τρώει/(θα τρώγει)
θα τρώμε/(θα τρώγο[υ]με)
θα τρώτε/(θα τρώγετε)
θα τρώνε/θα τρων[2]/(θα τρώγουν[ε][2])

ΠΑΡΑΤΑΤΙΚΟΣ
έτρωγα
έτρωγες
έτρωγε
τρώγαμε
τρώγατε
έτρωγαν/τρώγαν(ε)[2]

ΣΥΝΟΠΤ. ΜΕΛΛΟΝΤΑΣ
θα φάω
θα φας
θα φάει
θα φάμε
θα φάτε
θα φάνε/θα φαν[2]

ΑΟΡΙΣΤΟΣ
έφαγα
έφαγες
έφαγε
φάγαμε
φάγατε
έφαγαν/φάγαν(ε)[2]

ΠΑΡΑΚΕΙΜΕΝΟΣ
έχω φάει/(έχω φαγωμένο)[3]

ΥΠΕΡΣΥΝΤΕΛΙΚΟΣ
είχα φάει/(είχα φαγωμένο)[3]

ΣΥΝΤΕΛ. ΜΕΛΛΟΝΤΑΣ
θα έχω φάει/
(θα έχω φαγωμένο)[3]

ΥΠΟΤΑΚΤΙΚΗ

ΕΝΕΣΤΩΤΑΣ[1]
[να, όταν...] τρώω/(τρώγω)
τρως/(τρώγεις)
τρώει/(τρώγει)
τρώμε/(τρώγο[υ]με)
τρώτε/(τρώγετε)
τρώνε/τρων[2]/(τρώγουν[ε][2])

ΑΟΡΙΣΤΟΣ
[να, όταν...] φάω
φας
φάει
φάμε
φάτε
φάνε/φαν[2]

ΠΑΡΑΚΕΙΜΕΝΟΣ
[να, όταν...] έχω φάει/
(έχω φαγωμένο)[3]

ΠΡΟΣΤΑΚΤΙΚΗ

ΕΝΕΣΤΩΤΑΣ	**ΑΟΡΙΣΤΟΣ**
—	—
τρώγε	φάε[4]
—	—
—	—
τρώτε/(τρώγετε)[2]	φάτε[4]
—	—

ΜΕΤΟΧΗ

ΕΝΕΣΤΩΤΑΣ
τρώγοντας

ΠΑΡΑΚΕΙΜΕΝΟΣ
έχοντας φάει/
(έχοντας φαγωμένο)[3]

[1] Οι τύποι τρώγω, τρώγεις κτλ. είναι σπάνιοι. Απαντώνται στο σύνθετο ρ. συντρώγω.
[2] Οι β' τύποι (και αυτοί με το τελικό ε) απαντώνται κυρίως στον προφορικό λόγο και στη λογοτεχνία.
[3] Οι β' τύποι χρησιμοποιούνται (σπάνια) ως ισοδύναμοι, μόνο όταν το ρ. είναι μεταβατικό (τρώω κάτι).
[4] Σύμφαγε, συμφάγετε για το ρ. συντρώγω.

ΠΑΘΗΤΙΚΗ ΦΩΝΗ

ΟΡΙΣΤΙΚΗ

ΕΝΕΣΤΩΤΑΣ	ΠΑΡΑΤΑΤΙΚΟΣ	ΑΟΡΙΣΤΟΣ
τρώγομαι	τρωγόμουν(α)[1]	φαγώθηκα
τρώγεσαι	τρωγόσουν(α)[1]	φαγώθηκες
τρώγεται	τρωγόταν(ε)[1,2]	φαγώθηκε
τρωγόμαστε	τρωγόμαστε/τρωγόμασταν[1]	φαγωθήκαμε
τρώγεστε/τρωγόσαστε[1]	τρωγόσαστε/τρωγόσασταν[1]	φαγωθήκατε
τρώγονται	τρώγονταν/τρωγόντανε[1]/ τρωγόντουσαν[1]	φαγώθηκαν/φαγωθήκαν(ε)[1]
ΕΞΑΚΟΛ. ΜΕΛΛΟΝΤΑΣ	**ΣΥΝΟΠΤ. ΜΕΛΛΟΝΤΑΣ**	**ΠΑΡΑΚΕΙΜΕΝΟΣ**
θα τρώγομαι	θα φαγωθώ	έχω φαγωθεί/ είμαι φαγωμένος[3]
θα τρώγεσαι	θα φαγωθείς	**ΥΠΕΡΣΥΝΤΕΛΙΚΟΣ**
θα τρώγεται	θα φαγωθεί	είχα φαγωθεί/ ήμουν φαγωμένος[3]
θα τρωγόμαστε	θα φαγωθούμε	**ΣΥΝΤΕΛ. ΜΕΛΛΟΝΤΑΣ**
θα τρώγεστε/-όσαστε[1]	θα φαγωθείτε	θα έχω φαγωθεί/ θα είμαι φαγωμένος[3]
θα τρώγονται	θα φαγωθούν(ε)[1]	

ΥΠΟΤΑΚΤΙΚΗ

ΕΝΕΣΤΩΤΑΣ	ΑΟΡΙΣΤΟΣ	ΠΑΡΑΚΕΙΜΕΝΟΣ
[να, όταν...] τρώγομαι	[να, όταν...] φαγωθώ	[να, όταν...] έχω φαγωθεί/ είμαι φαγωμένος[3]
τρώγεσαι	φαγωθείς	
τρώγεται	φαγωθεί	
τρωγόμαστε	φαγωθούμε	
τρώγεστε/τρωγόσαστε[1]	φαγωθείτε	
τρώγονται	φαγωθούν(ε)[1]	

ΠΡΟΣΤΑΚΤΙΚΗ

ΕΝΕΣΤΩΤΑΣ	ΑΟΡΙΣΤΟΣ
—	—
—	—
—	—
—	—
τρώγεστε	φαγωθείτε
—	—

ΜΕΤΟΧΗ

ΕΝΕΣΤΩΤΑΣ
—

ΠΑΡΑΚΕΙΜΕΝΟΣ
φαγωμένος[3]

[1] Οι β' τύποι (και αυτοί με το τελικό α ή ε) κυρίως στον προφορικό λόγο και στη λογοτεχνία.
[2] Και τρώγονταν στον προφ. λόγο και στη λογοτεχνία.
[3] Η ισοδυναμία ισχύει μόνο για την έννοια «με έχει φάει κάποιος ή κάτι». Η μτχ. φαγωμένος έχει διπλή σημασία, «αυτός που τον έχουν φάει» και «αυτός που έχει φάει (ο ίδιος)».

ΕΝΕΡΓΗΤΙΚΗ ΦΩΝΗ

ΟΡΙΣΤΙΚΗ

ΕΝΕΣΤΩΤΑΣ	**ΠΑΡΑΤΑΤΙΚΟΣ**	**ΑΟΡΙΣΤΟΣ**
υπάρχω	υπήρχα	υπήρξα
υπάρχεις	υπήρχες	υπήρξες
υπάρχει	υπήρχε	υπήρξε
υπάρχουμε (σπάν.-ομε)	υπήρχαμε	υπήρξαμε
υπάρχετε	υπήρχατε	υπήρξατε
υπάρχουν(ε)[1]	υπήρχαν(ε)[1]	υπήρξαν(ε)[1]
ΕΞΑΚΟΛ. ΜΕΛΛΟΝΤΑΣ	**ΣΥΝΟΠΤ. ΜΕΛΛΟΝΤΑΣ**	**ΠΑΡΑΚΕΙΜΕΝΟΣ**
θα υπάρχω	θα υπάρξω	έχω υπάρξει
θα υπάρχεις	θα υπάρξεις	**ΥΠΕΡΣΥΝΤΕΛΙΚΟΣ**
θα υπάρχει	θα υπάρξει	είχα υπάρξει
θα υπάρχουμε (σπάν.-ομε)	θα υπάρξουμε (σπάν.-ομε)	**ΣΥΝΤΕΛ. ΜΕΛΛΟΝΤΑΣ**
θα υπάρχετε	θα υπάρξετε	θα έχω υπάρξει
θα υπάρχουν(ε)[1]	θα υπάρξουν(ε)[1]	

ΥΠΟΤΑΚΤΙΚΗ

ΕΝΕΣΤΩΤΑΣ	**ΑΟΡΙΣΤΟΣ**	**ΠΑΡΑΚΕΙΜΕΝΟΣ**
[να, όταν...] υπάρχω	[να, όταν...] υπάρξω	[να, όταν...] έχω υπάρξει
υπάρχεις	υπάρξεις	
υπάρχει	υπάρξει	
υπάρχουμε (σπάν.-ομε)	υπάρξουμε (σπάν.-ομε)	
υπάρχετε	υπάρξετε	
υπάρχουν(ε)[1]	υπάρξουν(ε)[1]	

ΠΡΟΣΤΑΚΤΙΚΗ

ΕΝΕΣΤΩΤΑΣ	**ΑΟΡΙΣΤΟΣ**
–	–
–	–
–	–
–	–
υπάρχετε	υπάρξτε/υπάρξετε
–	–

ΜΕΤΟΧΗ

ΕΝΕΣΤΩΤΑΣ
υπάρχοντας
ΠΑΡΑΚΕΙΜΕΝΟΣ
έχοντας υπάρξει

[1] Οι τύποι με το τελικό ε απαντώνται κυρίως στον προφορικό λόγο και στη λογοτεχνία.

ΠΑΘΗΤΙΚΗ ΦΩΝΗ

ΟΡΙΣΤΙΚΗ

ΕΝΕΣΤΩΤΑΣ	ΠΑΡΑΤΑΤΙΚΟΣ	ΑΟΡΙΣΤΟΣ
υποκλέπτομαι	υποκλεπτόμουν(α)[1]	υποκλάπηκα
υποκλέπτεσαι	υποκλεπτόσουν(α)[1]	υποκλάπηκες
υποκλέπτεται	υποκλεπτόταν(ε)[1,2]	υποκλάπηκε/(υπεκλάπη)[3]
υποκλεπτόμαστε	υποκλεπτόμαστε[2]	υποκλαπήκαμε
υποκλέπτεστε	(υποκλεπτόσαστε)[2]	υποκλαπήκατε
υποκλέπτονται	υποκλέπτονταν[2]	υποκλάπηκαν/(υπεκλάπησαν)[3]
ΕΞΑΚΟΛ. ΜΕΛΛΟΝΤΑΣ	**ΣΥΝΟΠΤ. ΜΕΛΛΟΝΤΑΣ**	**ΠΑΡΑΚΕΙΜΕΝΟΣ**
θα υποκλέπτομαι	θα υποκλαπώ	έχω υποκλαπεί
θα υποκλέπτεσαι	θα υποκλαπείς	**ΥΠΕΡΣΥΝΤΕΛΙΚΟΣ**
θα υποκλέπτεται	θα υποκλαπεί	είχα υποκλαπεί
θα υποκλεπτόμαστε	θα υποκλαπούμε	**ΣΥΝΤΕΛ. ΜΕΛΛΟΝΤΑΣ**
θα υποκλέπτεστε	θα υποκλαπείτε	θα έχω υποκλαπεί
θα υποκλέπτονται	θα υποκλαπούν(ε)[1]	

ΥΠΟΤΑΚΤΙΚΗ

ΕΝΕΣΤΩΤΑΣ	ΑΟΡΙΣΤΟΣ	ΠΑΡΑΚΕΙΜΕΝΟΣ
[να, όταν...] υποκλέπτομαι	[να, όταν...] υποκλαπώ	[να, όταν...] έχω υποκλαπεί
υποκλέπτεσαι	υποκλαπείς	
υποκλέπτεται	υποκλαπεί	
υποκλεπτόμαστε	υποκλαπούμε	
υποκλέπτεστε	υποκλαπείτε	
υποκλέπτονται	υποκλαπούν(ε)[1]	

ΠΡΟΣΤΑΚΤΙΚΗ

ΕΝΕΣΤΩΤΑΣ	ΑΟΡΙΣΤΟΣ
–	–
–	–
–	–
–	–
υποκλέπτεστε	υποκλαπείτε
–	–

ΜΕΤΟΧΗ

ΕΝΕΣΤΩΤΑΣ
υποκλεπτόμενος
ΠΑΡΑΚΕΙΜΕΝΟΣ
–

[1] Οι τύποι με το τελικό α ή ε απαντώνται κυρίως στον προφορικό λόγο. Σπανίζουν γενικά, λόγω του λόγιου χαρακτήρα του ρ.
[2] Οι τύποι σε -ονταν, -όμασταν, -όσασταν, -όντουσαν (δες λύνομαι, 2) δε συνηθίζονται.
[3] Σε επίσημο ύφος λόγου.

φαίνομαι

225

ΠΑΘΗΤΙΚΗ ΦΩΝΗ

ΟΡΙΣΤΙΚΗ

ΕΝΕΣΤΩΤΑΣ
φαίνομαι
φαίνεσαι
φαίνεται
φαινόμαστε
φαίνεστε/φαινόσαστε[1]
φαίνονται

ΕΞΑΚΟΛ. ΜΕΛΛΟΝΤΑΣ
θα φαίνομαι
θα φαίνεσαι
θα φαίνεται
θα φαινόμαστε
θα φαίνεστε/θα φαινόσαστε[1]
θα φαίνονται

ΠΑΡΑΤΑΤΙΚΟΣ
φαινόμουν(α)[1]
φαινόσουν(α)[1]
φαινόταν(ε)[1,2]
φαινόμαστε/φαινόμασταν[1]
φαινόσαστε/φαινόσασταν[1]
φαίνονταν/φαινόντανε[1]/
φαινόντουσαν[1]

ΣΥΝΟΠΤ. ΜΕΛΛΟΝΤΑΣ
θα φανώ
θα φανείς
θα φανεί
θα φανούμε
θα φανείτε
θα φανούν(ε)[1]

ΑΟΡΙΣΤΟΣ
φάνηκα
φάνηκες
φάνηκε
φανήκαμε
φανήκατε
φάνηκαν/φανήκαν(ε)[1]

ΠΑΡΑΚΕΙΜΕΝΟΣ
έχω φανεί

ΥΠΕΡΣΥΝΤΕΛΙΚΟΣ
είχα φανεί

ΣΥΝΤΕΛ. ΜΕΛΛΟΝΤΑΣ
θα έχω φανεί

ΥΠΟΤΑΚΤΙΚΗ

ΕΝΕΣΤΩΤΑΣ
[να, όταν...] φαίνομαι
φαίνεσαι
φαίνεται
φαινόμαστε
φαίνεστε/φαινόσαστε[1]
φαίνονται

ΑΟΡΙΣΤΟΣ
[να, όταν...] φανώ
φανείς
φανεί
φανούμε
φανείτε
φανούν(ε)[1]

ΠΑΡΑΚΕΙΜΕΝΟΣ
[να, όταν...] έχω φανεί

ΠΡΟΣΤΑΚΤΙΚΗ

ΕΝΕΣΤΩΤΑΣ
–
–
–
–
φαίνεστε
–

ΑΟΡΙΣΤΟΣ
–
(φανού)
–
–
φανείτε
–

ΜΕΤΟΧΗ

ΕΝΕΣΤΩΤΑΣ[3]
–

ΠΑΡΑΚΕΙΜΕΝΟΣ
–

[1] Οι β′ τύποι (και αυτοί με το τελικό α ή ε) απαντώνται κυρίως στον προφορικό λόγο και στη λογοτεχνία. Σπανίζουν σε λόγια σύνθετα (π.χ. διαφαίνομαι).
[2] Και φαίνονταν στον προφ. λόγο και στη λογοτεχνία (όχι σε λόγια ρ.).
[3] Μόνο σε λόγια σύνθετα: διαφαινόμενος, υποφαινόμενος κτλ.

ΕΝΕΡΓΗΤΙΚΗ ΦΩΝΗ

ΟΡΙΣΤΙΚΗ

ΕΝΕΣΤΩΤΑΣ	ΠΑΡΑΤΑΤΙΚΟΣ	ΑΟΡΙΣΤΟΣ
φέρνω	έφερνα	έφερα
φέρνεις	έφερνες	έφερες
φέρνει	έφερνε	έφερε
φέρνουμε (σπάν.-ομε)	φέρναμε	φέραμε
φέρνετε	φέρνατε	φέρατε
φέρνουν(ε)[1]	έφερναν/φέρναν(ε)[1]	έφεραν/φέραν(ε)[1]
ΕΞΑΚΟΛ. ΜΕΛΛΟΝΤΑΣ	**ΣΥΝΟΠΤ. ΜΕΛΛΟΝΤΑΣ**	**ΠΑΡΑΚΕΙΜΕΝΟΣ**
θα φέρνω	θα φέρω	έχω φέρει/(έχω φερμένο)[2]
θα φέρνεις	θα φέρεις	**ΥΠΕΡΣΥΝΤΕΛΙΚΟΣ**
θα φέρνει	θα φέρει	είχα φέρει/(είχα φερμένο)[2]
θα φέρνουμε (σπάν.-ομε)	θα φέρουμε (σπάν.-ομε)	**ΣΥΝΤΕΛ. ΜΕΛΛΟΝΤΑΣ**
θα φέρνετε	θα φέρετε	θα έχω φέρει/
θα φέρνουν(ε)[1]	θα φέρουν(ε)[1]	(θα έχω φερμένο)[2]

ΥΠΟΤΑΚΤΙΚΗ

ΕΝΕΣΤΩΤΑΣ	ΑΟΡΙΣΤΟΣ	ΠΑΡΑΚΕΙΜΕΝΟΣ
[να, όταν...] φέρνω	[να, όταν...] φέρω	[να, όταν...] έχω φέρει/
φέρνεις	φέρεις	(έχω φερμένο)[2]
φέρνει	φέρει	
φέρνουμε (σπάν.-ομε)	φέρουμε (σπάν.-ομε)	
φέρνετε	φέρετε	
φέρνουν(ε)[1]	φέρουν(ε)[1]	

ΠΡΟΣΤΑΚΤΙΚΗ

ΕΝΕΣΤΩΤΑΣ	ΑΟΡΙΣΤΟΣ
–	–
φέρνε	φέρε
–	–
–	–
φέρνετε	φέρτε
–	–

ΜΕΤΟΧΗ

ΕΝΕΣΤΩΤΑΣ
φέρνοντας
ΠΑΡΑΚΕΙΜΕΝΟΣ
έχοντας φέρει/
(έχοντας φερμένο)[2]

[1] Οι β' τύποι (και αυτοί με το τελικό ε) κυρίως στον προφορικό λόγο και στη λογοτεχνία.
[2] Οι β' τύποι χρησιμοποιούνται (σπάνια) όταν το ρ. είναι μεταβατικό: έχω φέρει κάτι (π.χ. «αυτό το έχω φερμένο απο την Αμερική»).

φέρνομαι 227

ΠΑΘΗΤΙΚΗ ΦΩΝΗ

ΟΡΙΣΤΙΚΗ

ΕΝΕΣΤΩΤΑΣ
φέρνομαι
φέρνεσαι
φέρνεται
φερνόμαστε
φέρνεστε/φερνόσαστε[1]
φέρνονται

ΕΞΑΚΟΛ. ΜΕΛΛΟΝΤΑΣ
θα φέρνομαι
θα φέρνεσαι
θα φέρνεται
θα φερνόμαστε
θα φέρνεστε/-όσαστε[1]
θα φέρνονται

ΠΑΡΑΤΑΤΙΚΟΣ
φερνόμουν(α)[1]
φερνόσουν(α)[1]
φερνόταν(ε)[1,2]
φερνόμαστε/φερνόμασταν[1]
φερνόσαστε/φερνόσασταν[1]
φέρνονταν/φερνόντανε[1]/
φερνόντουσαν[1]

ΣΥΝΟΠΤ. ΜΕΛΛΟΝΤΑΣ
θα φερθώ
θα φερθείς
θα φερθεί
θα φερθούμε
θα φερθείτε
θα φερθούν(ε)[1]

ΑΟΡΙΣΤΟΣ
φέρθηκα
φέρθηκες
φέρθηκε
φερθήκαμε
φερθήκατε
φέρθηκαν/φερθήκαν(ε)[1]

ΠΑΡΑΚΕΙΜΕΝΟΣ
έχω φερθεί

ΥΠΕΡΣΥΝΤΕΛΙΚΟΣ
είχα φερθεί

ΣΥΝΤΕΛ. ΜΕΛΛΟΝΤΑΣ
θα έχω φερθεί

ΥΠΟΤΑΚΤΙΚΗ

ΕΝΕΣΤΩΤΑΣ
[να, όταν...] φέρνομαι
φέρνεσαι
φέρνεται
φερνόμαστε
φέρνεστε/φερνόσαστε[1]
φέρνονται

ΑΟΡΙΣΤΟΣ
[να, όταν...] φερθώ
φερθείς
φερθεί
φερθούμε
φερθείτε
φερθούν(ε)[1]

ΠΑΡΑΚΕΙΜΕΝΟΣ
[να, όταν...] έχω φερθεί

ΠΡΟΣΤΑΚΤΙΚΗ

ΕΝΕΣΤΩΤΑΣ
—
—
—
—
φέρνεστε
—

ΑΟΡΙΣΤΟΣ
—
φέρσου
—
—
φερθείτε
—

ΜΕΤΟΧΗ

ΕΝΕΣΤΩΤΑΣ
—

ΠΑΡΑΚΕΙΜΕΝΟΣ
φερμένος[3]

Οι β' τύποι (και αυτοί με το τελικό α ή ε) κυρίως στον προφορικό λόγο και στη λογοτεχνία.
Και φέρνονταν στον προφ. λόγο και στη λογοτεχνία.
Η μτχ. έχει την έννοια : «αυτός που τον έχουν φέρει από κάπου»· γι' αυτό δεν μπορεί να σχηματίσει ισοδύναμη περίφραση με το έχω φερθεί κτλ.

ΕΝΕΡΓΗΤΙΚΗ ΦΩΝΗ

ΟΡΙΣΤΙΚΗ

ΕΝΕΣΤΩΤΑΣ	**ΠΑΡΑΤΑΤΙΚΟΣ**	**ΑΟΡΙΣΤΟΣ**
φεύγω	έφευγα	έφυγα
φεύγεις	έφευγες	έφυγες
φεύγει	έφευγε	έφυγε
φεύγουμε (σπάν.-ομε)	φεύγαμε	φύγαμε
φεύγετε	φεύγατε	φύγατε
φεύγουν(ε)[1]	έφευγαν/φεύγαν(ε)[1]	έφυγαν/φύγαν(ε)[1]
ΕΞΑΚΟΛ. ΜΕΛΛΟΝΤΑΣ	**ΣΥΝΟΠΤ. ΜΕΛΛΟΝΤΑΣ**	**ΠΑΡΑΚΕΙΜΕΝΟΣ**
θα φεύγω	θα φύγω	έχω φύγει
θα φεύγεις	θα φύγεις	**ΥΠΕΡΣΥΝΤΕΛΙΚΟΣ**
θα φεύγει	θα φύγει	είχα φύγει
θα φεύγουμε (σπάν.-ομε)	θα φύγουμε (σπάν.-ομε)	**ΣΥΝΤΕΛ. ΜΕΛΛΟΝΤΑΣ**
θα φεύγετε	θα φύγετε	θα έχω φύγει
θα φεύγουν(ε)[1]	θα φύγουν(ε)[1]	

ΥΠΟΤΑΚΤΙΚΗ

ΕΝΕΣΤΩΤΑΣ	**ΑΟΡΙΣΤΟΣ**	**ΠΑΡΑΚΕΙΜΕΝΟΣ**
[να, όταν...] φεύγω	[να, όταν...] φύγω	[να, όταν...] έχω φύγει
φεύγεις	φύγεις	
φεύγει	φύγει	
φεύγουμε (σπάν.-ομε)	φύγουμε (σπάν.-ομε)	
φεύγετε	φύγετε	
φεύγουν(ε)[1]	φύγουν(ε)[1]	

ΠΡΟΣΤΑΚΤΙΚΗ

ΕΝΕΣΤΩΤΑΣ	**ΑΟΡΙΣΤΟΣ**
—	—
φεύγε[2]	φύγε[2]/φεύγα[1]
—	—
—	—
φεύγετε	φύγετε/φευγάτε[1]
—	—

ΜΕΤΟΧΗ

ΕΝΕΣΤΩΤΑΣ
φεύγοντας
ΠΑΡΑΚΕΙΜΕΝΟΣ
έχοντας φύγει

[1] Οι β' τύποι (και αυτοί με το τελικό ε) απαντώνται στον προφορικό λόγο και στη λογοτεχνία. Δε συνηθίζονται σ λόγια σύνθετα (π.χ. προσφεύγω, διαφεύγω κτλ.).
[2] Στα σύνθετα ανεβαίνει ο τόνος: πρόσφευγε, πρόσφυγε.

φθείρομαι 229

ΠΑΘΗΤΙΚΗ ΦΩΝΗ

ΟΡΙΣΤΙΚΗ

ΕΝΕΣΤΩΤΑΣ	ΠΑΡΑΤΑΤΙΚΟΣ	ΑΟΡΙΣΤΟΣ
φθείρομαι	φθειρόμουν(α)[1]	φθάρηκα
φθείρεσαι	φθειρόσουν(α)[1]	φθάρηκες
φθείρεται	φθειρόταν(ε)[1,2]	φθάρηκε
φθειρόμαστε	φθειρόμαστε[2]	φθαρήκαμε
φθείρεστε (σπάν.-όσαστε)	φθειρόσαστε[2]	φθαρήκατε
φθείρονται	φθείρονταν[2]	φθάρηκαν/φθαρήκαν(ε)[1]
ΕΞΑΚΟΛ. ΜΕΛΛΟΝΤΑΣ	**ΣΥΝΟΠΤ. ΜΕΛΛΟΝΤΑΣ**	**ΠΑΡΑΚΕΙΜΕΝΟΣ**
θα φθείρομαι	θα φθαρώ	έχω φθαρεί/
θα φθείρεσαι	θα φθαρείς	είμαι φθαρμένος[3]
θα φθείρεται	θα φθαρεί	**ΥΠΕΡΣΥΝΤΕΛΙΚΟΣ**
θα φθειρόμαστε	θα φθαρούμε	είχα φθαρεί/
θα φθείρεστε (σπάν.	θα φθαρείτε	ήμουν φθαρμένος[3]
-όσαστε)	θα φθαρούν(ε)[1]	**ΣΥΝΤΕΛ. ΜΕΛΛΟΝΤΑΣ**
θα φθείρονται		θα έχω φθαρεί/
		θα είμαι φθαρμένος[3]

ΥΠΟΤΑΚΤΙΚΗ

ΕΝΕΣΤΩΤΑΣ	ΑΟΡΙΣΤΟΣ	ΠΑΡΑΚΕΙΜΕΝΟΣ
[να, όταν...] φθείρομαι	[να, όταν...] φθαρώ	[να, όταν...] έχω φθαρεί/
φθείρεσαι	φθαρείς	είμαι φθαρμένος[3]
φθείρεται	φθαρεί	
φθειρόμαστε	φθαρούμε	
φθείρεστε (σπάν.-όσαστε)	φθαρείτε	
φθείρονται	φθαρούν(ε)[1]	

ΠΡΟΣΤΑΚΤΙΚΗ

ΕΝΕΣΤΩΤΑΣ	ΑΟΡΙΣΤΟΣ
—	—
—	—
—	—
—	—
φθείρεστε	φθαρείτε
—	—

ΜΕΤΟΧΗ

ΕΝΕΣΤΩΤΑΣ
φθειρόμενος
ΠΑΡΑΚΕΙΜΕΝΟΣ
φθαρμένος

[1] Οι τύποι με το τελικό α ή ε (και ο β' τύπος του αορίστου) απαντώνται κυρίως στον προφορικό λόγο. Δε συνηθίζονται στα σύνθετα (π.χ. διαφθείρομαι).
[2] Οι τύποι σε -ονταν, -όμασταν, -όσασταν, -όντουσαν (δες λύνομαι, 2) δε συνηθίζονται.
[3] Οι β' τύποι (σπάνιας χρήσης) δεν είναι πλήρως ισοδύναμοι με τους α', από άποψη σημασίας και σύνταξης.

ΕΝΕΡΓΗΤΙΚΗ ΦΩΝΗ

ΟΡΙΣΤΙΚΗ

ΕΝΕΣΤΩΤΑΣ	ΠΑΡΑΤΑΤΙΚΟΣ	ΑΟΡΙΣΤΟΣ
φταίω	έφταιγα	έφταιξα
φταις	έφταιγες	έφταιξες
φταίει	έφταιγε	έφταιξε
φταίμε	φταίγαμε	φταίξαμε
φταίτε	φταίγατε	φταίξατε
φταίνε/φταιν[1]	έφταιγαν/φταίγαν(ε)[1]	έφταιξαν/φταίξαν(ε)[1]
ΕΞΑΚΟΛ. ΜΕΛΛΟΝΤΑΣ	**ΣΥΝΟΠΤ. ΜΕΛΛΟΝΤΑΣ**	**ΠΑΡΑΚΕΙΜΕΝΟΣ**
θα φταίω	θα φταίξω	έχω φταίξει
θα φταις	θα φταίξεις	**ΥΠΕΡΣΥΝΤΕΛΙΚΟΣ**
θα φταίει	θα φταίξει	είχα φταίξει
θα φταίμε	θα φταίξουμε (σπάν.-ομε)	**ΣΥΝΤΕΛ. ΜΕΛΛΟΝΤΑΣ**
θα φταίτε	θα φταίξετε	θα έχω φταίξει
θα φταίνε/θα φταιν[1]	θα φταίξουν(ε)[1]	

ΥΠΟΤΑΚΤΙΚΗ

ΕΝΕΣΤΩΤΑΣ	ΑΟΡΙΣΤΟΣ	ΠΑΡΑΚΕΙΜΕΝΟΣ
[να, όταν...] φταίω	[να, όταν...] φταίξω	[να, όταν...] έχω φταίξει
φταις	φταίξεις	
φταίει	φταίξει	
φταίμε	φταίξουμε (σπάν.-ομε)	
φταίτε	φταίξετε	
φταίνε/φταιν[1]	φταίξουν(ε)[1]	

ΠΡΟΣΤΑΚΤΙΚΗ

ΕΝΕΣΤΩΤΑΣ	ΑΟΡΙΣΤΟΣ
–	–
–	φταίξε
–	–
–	–
φταίτε	φταίξτε
–	–

ΜΕΤΟΧΗ

ΕΝΕΣΤΩΤΑΣ
(φταίγοντας)
ΠΑΡΑΚΕΙΜΕΝΟΣ
έχοντας φταίξει

[1] Οι β΄ τύποι (και αυτοί με το τελικό ε) απαντώνται κυρίως στον προφορικό λόγο και στη λογοτεχνία.

ΕΝΕΡΓΗΤΙΚΗ ΦΩΝΗ

ΟΡΙΣΤΙΚΗ

ΕΝΕΣΤΩΤΑΣ[1]	**ΠΑΡΑΤΑΤΙΚΟΣ**	**ΑΟΡΙΣΤΟΣ**
φυλάω	φύλαγα	φύλαξα
φυλάς	φύλαγες	φύλαξες
φυλάει	φύλαγε	φύλαξε
φυλάμε	φυλάγαμε	φυλάξαμε
φυλάτε	φυλάγατε	φυλάξατε
φυλάνε/φυλάν[2]	φύλαγαν/φυλάγαν(ε)[2]	φύλαξαν/φυλάξαν(ε)[2]
ΕΞΑΚΟΛ. ΜΕΛΛΟΝΤΑΣ[1]	**ΣΥΝΟΠΤ. ΜΕΛΛΟΝΤΑΣ**	**ΠΑΡΑΚΕΙΜΕΝΟΣ**
θα φυλάω	θα φυλάξω	έχω φυλάξει/
θα φυλάς	θα φυλάξεις	έχω φυλαγμένο[3]
θα φυλάει	θα φυλάξει	**ΥΠΕΡΣΥΝΤΕΛΙΚΟΣ**
θα φυλάμε	θα φυλάξουμε (σπάν.-ομε)	είχα φυλάξει/
θα φυλάτε	θα φυλάξετε	είχα φυλαγμένο[3]
θα φυλάνε/θα φυλάν[2]	θα φυλάξουν(ε)[2]	**ΣΥΝΤΕΛ. ΜΕΛΛΟΝΤΑΣ**
		θα έχω φυλάξει/
		θα έχω φυλαγμένο[3]

ΥΠΟΤΑΚΤΙΚΗ

ΕΝΕΣΤΩΤΑΣ[1]	**ΑΟΡΙΣΤΟΣ**	**ΠΑΡΑΚΕΙΜΕΝΟΣ**
[να, όταν...] φυλάω	[να, όταν...] φυλάξω	[να, όταν...] έχω φυλάξει/
φυλάς	φυλάξεις	έχω φυλαγμένο[3]
φυλάει	φυλάξει	
φυλάμε	φυλάξουμε (σπάν.-ομε)	
φυλάτε	φυλάξετε	
φυλάνε/φυλάν[2]	φυλάξουν(ε)[2]	

ΠΡΟΣΤΑΚΤΙΚΗ

ΕΝΕΣΤΩΤΑΣ	**ΑΟΡΙΣΤΟΣ**
—	—
φύλα/φύλαγε	φύλαξε
—	—
—	—
φυλάτε	φυλάξτε
—	—

ΜΕΤΟΧΗ

ΕΝΕΣΤΩΤΑΣ
φυλώντας/φυλάγοντας
ΠΑΡΑΚΕΙΜΕΝΟΣ
έχοντας φυλάξει/
έχοντας φυλαγμένο[3]

[1] Η κλίση φυλάγω κτλ. (κατά το τυλίγω) είναι σπάνια.
[2] Οι β΄ τύποι (και αυτοί με το τελικό ε) απαντώνται κυρίως στον προφορικό λόγο και στη λογοτεχνία.
[3] Οι β΄ τύποι (σπάνιας χρήσης) δεν είναι πλήρως ισοδύναμοι με τους α΄, από άποψη σημασίας και σύνταξης.

ΠΑΘΗΤΙΚΗ ΦΩΝΗ

ΟΡΙΣΤΙΚΗ

ΕΝΕΣΤΩΤΑΣ
φωτογραφίζομαι
φωτογραφίζεσαι
φωτογραφίζεται
φωτογραφιζόμαστε
φωτογραφίζεστε/-όσαστε[1]
φωτογραφίζονται

ΕΞΑΚΟΛ. ΜΕΛΛΟΝΤΑΣ
θα φωτογραφίζομαι
θα φωτογραφίζεσαι
θα φωτογραφίζεται
θα φωτογραφιζόμαστε
θα φωτογραφίζεστε/-όσαστε[1]
θα φωτογραφίζονται

ΠΑΡΑΤΑΤΙΚΟΣ
φωτογραφιζόμουν(α)[1]
φωτογραφιζόσουν(α)[1]
φωτογραφιζόταν(ε)[1,2]
φωτογραφιζόμαστε/-όμασταν[1]
φωτογραφιζόσαστε/-όσασταν[1]
φωτογραφίζονταν/-όντανε[1]/
φωτογραφιζόντουσαν[1]

ΣΥΝΟΠΤ. ΜΕΛΛΟΝΤΑΣ
θα φωτογραφηθώ
θα φωτογραφηθείς
θα φωτογραφηθεί
θα φωτογραφηθούμε
θα φωτογραφηθείτε
θα φωτογραφηθούν(ε)[1]

ΑΟΡΙΣΤΟΣ
φωτογραφήθηκα
φωτογραφήθηκες
φωτογραφήθηκε
φωτογραφηθήκαμε
φωτογραφηθήκατε
φωτογραφήθηκαν/-ηθήκαν(ε)[1]

ΠΑΡΑΚΕΙΜΕΝΟΣ
έχω φωτογραφηθεί/
είμαι φωτογραφημένος[3]

ΥΠΕΡΣΥΝΤΕΛΙΚΟΣ
είχα φωτογραφηθεί/
ήμουν φωτογραφημένος[3]

ΣΥΝΤΕΛ. ΜΕΛΛΟΝΤΑΣ
θα έχω φωτογραφηθεί/
θα είμαι φωτογραφημένος[3]

ΥΠΟΤΑΚΤΙΚΗ

ΕΝΕΣΤΩΤΑΣ
[να, όταν...] φωτογραφίζομαι
φωτογραφίζεσαι
φωτογραφίζεται
φωτογραφιζόμαστε
φωτογραφίζεστε/-όσαστε[1]
φωτογραφίζονται

ΑΟΡΙΣΤΟΣ
[να, όταν..] φωτογραφηθώ
φωτογραφηθείς
φωτογραφηθεί
φωτογραφηθούμε
φωτογραφηθείτε
φωτογραφηθούν(ε)[1]

ΠΑΡΑΚΕΙΜΕΝΟΣ
[να, όταν...] έχω
φωτογραφηθεί/είμαι
φωτογραφημένος[3]

ΠΡΟΣΤΑΚΤΙΚΗ

ΕΝΕΣΤΩΤΑΣ	ΑΟΡΙΣΤΟΣ
–	–
–	φωτογραφήσου
–	–
–	–
φωτογραφίζεστε	φωτογραφηθείτε
–	–

ΜΕΤΟΧΗ

ΕΝΕΣΤΩΤΑΣ
φωτογραφιζόμενος

ΠΑΡΑΚΕΙΜΕΝΟΣ
φωτογραφημένος

[1] Οι β' τύποι (και αυτοί με το τελικό α ή ε) κυρίως στον προφορικό λόγο και στη λογοτεχνία.
[2] Και φωτογραφίζονταν στον προφ. λόγο και στη λογοτεχνία.
[3] Οι β' τύποι (σπάνιας χρήσης) δεν είναι πλήρως ισοδύναμοι με τους α', από άποψη σημασίας και σύνταξης.

ψάλλω 233

ΕΝΕΡΓΗΤΙΚΗ ΦΩΝΗ

ΟΡΙΣΤΙΚΗ

ΕΝΕΣΤΩΤΑΣ	**ΠΑΡΑΤΑΤΙΚΟΣ**	**ΑΟΡΙΣΤΟΣ**
ψάλλω	έψαλλα	έψαλα
ψάλλεις	έψαλλες	έψαλες
ψάλλει	έψαλλε	έψαλε
ψάλλουμε (σπάν.-ομε)	ψάλλαμε	ψάλαμε
ψάλλετε	ψάλλατε	ψάλατε
ψάλλουν(ε)[1]	έψαλλαν/ψάλλαν(ε)[1]	έψαλαν/ψάλαν(ε)[1]
ΕΞΑΚΟΛ. ΜΕΛΛΟΝΤΑΣ	**ΣΥΝΟΠΤ. ΜΕΛΛΟΝΤΑΣ**	**ΠΑΡΑΚΕΙΜΕΝΟΣ**
θα ψάλλω	θα ψάλω	έχω ψάλει
θα ψάλλεις	θα ψάλεις	**ΥΠΕΡΣΥΝΤΕΛΙΚΟΣ**
θα ψάλλει	θα ψάλει	είχα ψάλει
θα ψάλλουμε (σπάν.-ομε)	θα ψάλουμε (σπάν.-ομε)	**ΣΥΝΤΕΛ. ΜΕΛΛΟΝΤΑΣ**
θα ψάλλετε	θα ψάλετε	θα έχω ψάλει
θα ψάλλουν(ε)[1]	θα ψάλουν(ε)[1]	

ΥΠΟΤΑΚΤΙΚΗ

ΕΝΕΣΤΩΤΑΣ	**ΑΟΡΙΣΤΟΣ**	**ΠΑΡΑΚΕΙΜΕΝΟΣ**
[να, όταν...] ψάλλω	[να, όταν...] ψάλω	[να, όταν...] έχω ψάλει
ψάλλεις	ψάλεις	
ψάλλει	ψάλει	
ψάλλουμε (σπάν.-ομε)	ψάλουμε (σπάν.-ομε)	
ψάλλετε	ψάλετε	
ψάλλουν(ε)[1]	ψάλουν(ε)[1]	

ΠΡΟΣΤΑΚΤΙΚΗ

ΕΝΕΣΤΩΤΑΣ	**ΑΟΡΙΣΤΟΣ**
—	—
ψάλλε	ψάλε
—	—
—	—
ψάλλετε	ψάλτε/ψάλετε
—	—

ΜΕΤΟΧΗ

ΕΝΕΣΤΩΤΑΣ
ψάλλοντας
ΠΑΡΑΚΕΙΜΕΝΟΣ
έχοντας ψάλει

[1] Οι β′ τύποι (και αυτοί με το τελικό ε) κυρίως στον προφορικό λόγο και στη λογοτεχνία.

ΠΑΘΗΤΙΚΗ ΦΩΝΗ

ΟΡΙΣΤΙΚΗ

ΕΝΕΣΤΩΤΑΣ	ΠΑΡΑΤΑΤΙΚΟΣ	ΑΟΡΙΣΤΟΣ
ψάλλομαι	ψαλλόμουν(α)[1]	(ψάλθηκα)
ψάλλεσαι	ψαλλόσουν(α)[1]	(ψάλθηκες)
ψάλλεται	ψαλλόταν(ε)[1,2]	(ψάλθηκε)/εψάλη[3]
ψαλλόμαστε	ψαλλόμαστε[2]	(ψαλθήκαμε)
ψάλλεστε	ψαλλόσαστε[2]	(ψαλθήκατε)
ψάλλονται	ψάλλονταν[2]	(ψάλθηκαν)/εψάλησαν[3]
ΕΞΑΚΟΛ. ΜΕΛΛΟΝΤΑΣ	**ΣΥΝΟΠΤ. ΜΕΛΛΟΝΤΑΣ**	**ΠΑΡΑΚΕΙΜΕΝΟΣ**
θα ψάλλομαι	θα ψαλώ	έχω ψαλεί/είμαι ψαλμένος[4]
θα ψάλλεσαι	θα ψαλείς	**ΥΠΕΡΣΥΝΤΕΛΙΚΟΣ**
θα ψάλλεται	θα ψαλεί	είχα ψαλεί/
θα ψαλλόμαστε	θα ψαλούμε	ήμουν ψαλμένος[4]
θα ψάλλεστε	θα ψαλείτε	**ΣΥΝΤΕΛ. ΜΕΛΛΟΝΤΑΣ**
θα ψάλλονται	θα ψαλούν(ε)[1]	θα έχω ψαλεί/
		θα είμαι ψαλμένος[4]

ΥΠΟΤΑΚΤΙΚΗ

ΕΝΕΣΤΩΤΑΣ	ΑΟΡΙΣΤΟΣ	ΠΑΡΑΚΕΙΜΕΝΟΣ
[να, όταν...] ψάλλομαι	[να, όταν...] ψαλώ	[να, όταν...] έχω ψαλεί/
ψάλλεσαι	ψαλείς	είμαι ψαλμένος[4]
ψάλλεται	ψαλεί	
ψαλλόμαστε	ψαλούμε	
ψάλλεστε	ψαλείτε	
ψάλλονται	ψαλούν(ε)[1]	

ΠΡΟΣΤΑΚΤΙΚΗ

ΕΝΕΣΤΩΤΑΣ	ΑΟΡΙΣΤΟΣ
–	–
–	–
–	–
–	–
ψάλλεστε	ψαλείτε
–	–

ΜΕΤΟΧΗ

ΕΝΕΣΤΩΤΑΣ
ψαλλόμενος
ΠΑΡΑΚΕΙΜΕΝΟΣ
ψαλμένος

[1] Οι τύποι με το τελικό α ή ε απαντώνται κυρίως στον προφορικό λόγο και στη λογοτεχνία. Γενικά είναι σπάνιοι, λόγω του λόγιου χαρακτήρα του ρ.
[2] Οι τύποι σε -ονταν, -όμασταν, -όσασταν, -όντουσαν (δες λύνομαι, 2) δε συνηθίζονται.
[3] Επικρατούν σε επίσημο ύφος λόγου.
[4] Οι β' τύποι (σπάνιας χρήσης) δεν είναι πλήρως ισοδύναμοι με τους α', από άποψη σημασίας και σύνταξης.

ΕΝΕΡΓΗΤΙΚΗ ΦΩΝΗ

ΟΡΙΣΤΙΚΗ

ΕΝΕΣΤΩΤΑΣ	ΠΑΡΑΤΑΤΙΚΟΣ	ΑΟΡΙΣΤΟΣ
ψέλνω	έψελνα	έψαλα
ψέλνεις	έψελνες	έψαλες
ψέλνει	έψελνε	έψαλε
ψέλνουμε (σπάν.-ομε)	ψέλναμε	ψάλαμε
ψέλνετε	ψέλνατε	ψάλατε
ψέλνουν(ε)[1]	έψελναν/ψέλναν(ε)[1]	έψαλαν/ψάλαν(ε)[1]
ΕΞΑΚΟΛ. ΜΕΛΛΟΝΤΑΣ	**ΣΥΝΟΠΤ. ΜΕΛΛΟΝΤΑΣ**	**ΠΑΡΑΚΕΙΜΕΝΟΣ**
θα ψέλνω	θα ψάλω	έχω ψάλει
θα ψέλνεις	θα ψάλεις	**ΥΠΕΡΣΥΝΤΕΛΙΚΟΣ**
θα ψέλνει	θα ψάλει	είχα ψάλει
θα ψέλνουμε (σπάν.-ομε)	θα ψάλουμε (σπάν.-ομε)	**ΣΥΝΤΕΛ. ΜΕΛΛΟΝΤΑΣ**
θα ψέλνετε	θα ψάλετε	θα έχω ψάλει
θα ψέλνουν(ε)[1]	θα ψάλουν(ε)[1]	

ΥΠΟΤΑΚΤΙΚΗ

ΕΝΕΣΤΩΤΑΣ	ΑΟΡΙΣΤΟΣ	ΠΑΡΑΚΕΙΜΕΝΟΣ
[να, όταν...] ψέλνω	[να, όταν...] ψάλω	[να, όταν...] έχω ψάλει
ψέλνεις	ψάλεις	
ψέλνει	ψάλει	
ψέλνουμε (σπάν.-ομε)	ψάλουμε (σπάν.-ομε)	
ψέλνετε	ψάλετε	
ψέλνουν(ε)[1]	ψάλουν(ε)[1]	

ΠΡΟΣΤΑΚΤΙΚΗ

ΕΝΕΣΤΩΤΑΣ	ΑΟΡΙΣΤΟΣ
—	—
ψέλνε	ψάλε
—	—
—	—
ψέλνετε	ψάλτε/ψάλετε
—	—

ΜΕΤΟΧΗ

ΕΝΕΣΤΩΤΑΣ
ψέλνοντας
ΠΑΡΑΚΕΙΜΕΝΟΣ
έχοντας ψάλει

Οι β' τύποι (και αυτοί με το τελικό ε) απαντώνται κυρίως στον προφορικό λόγο και στη λογοτεχνία.

ΣΗΜΕΙΩΣΕΙΣ

Α

αγαπίζω: σημαίνει κυρίως → συμφιλιώνομαι (και σπάνια → συμφιλιώνω). Δεν πρέπει να γίνεται σύγχυση με τους αοριστικούς τύπους του *αγαπώ* (επιτέλους *αγαπίσανε* μετά τόσους καβγάδες, αλλά: ποτέ δεν *αγαπήσανε* πραγματικά τη δουλειά τους).

αγιάζω, -ομαι: χρησιμοποιείται κυρίως στην ενεργητική φωνή, με ενεργητική και παθητική διάθεση (→ κάνω κάτι άγιο ή γίνομαι άγιος).

αγκαλιάζομαι: κυρίως με αξία αλληλοπάθειας, π.χ. *αγκαλιαστήκαμε* (→ αγκάλιασε ο ένας τον άλλον).

αγριεύομαι: η έννοια του ρήματος διαφοροποιείται στην παθητική φωνή. Σημαίνει → τρομάζω (ο ίδιος), φοβάμαι.

αγχώνομαι: με την ίδια σημασία απαντάται, σπάνια, και ο τύπος *άγχομαι* (32, μόνο στον ενεστ.).

άγω, -ομαι: κυρίως σε στερεότυπες εκφρ., όπως *άγεται και φέρεται.*

αδυνατώ: δεν πρέπει να συγχέεται η έννοιά του με την έννοια του *αδυνατίζω. Το αδυνατώ* σημαίνει → δεν μπορώ, βρίσκομαι σε αδυναμία να κάνω κάτι.

αιματοκυλάω: σύμφωνα με τη Γραμματική Τριανταφυλλίδη, όταν οι δύο τύποι σε *-άω* και σε *-ίζω* έχουν την ίδια σημασία (όπως *αιματοκυλάω/ αιματοκυλίζω*), τότε επικρατεί ο αόριστος σε *-ισα.*

ακινητοποιώ, -ούμαι: σπάνια χρησιμοποιείται και ο τύπος *ακινητώ* (73, μόνο στον ενεστ.) με την έννοια → ακινητοποιώ κάτι ή → ακινητοποιούμαι.

ακμάζω: σε επίσημο ύφος λόγου απαντάται και η λόγια αύξηση (*ήκμαζα, ήκμασα*).

ακολουθώ, -ούμαι: στον προφορικό λόγο και στη λογοτεχνία απαντάται και η κλίση σε *-άω* (58, 59). Συχνή η προστακτική *ακολούθα, ακολουθάτε.*

ακούω, ακούγομαι: σπάνια απαντάται η κλίση κατά το *αποκλείω* (40, 41) (... *άκουα* γέλια, *ακούονταν* γέλια και χειροκροτήματα [Διηγ. Τσίρκα, σελ. 46, 51]).

ακτινοβολώ: (με κλίση κατά το *θεωρώ*) απαντάται ορισμένες φορές και στην παθητική φωνή (*ακτινοβολούμαι, ακτινοβολήθηκα, ακτινοβολημένος*) με την έννοια → δέχομαι ακτινοβολία (ηλεκτρομαγνητική κτλ.).

αλαλιάζω: δε συνηθίζεται η παθητική φωνή, γιατί η ενεργητική φωνή έχει και την έννοια → ζαλίζω, αναστατώνω και την έννοια → ζαλίζομαι, αναστατώνομαι (από υπερβολική φασαρία κτλ.).

αληθεύει: κυρίως με την έννοια → είναι αληθινό (*αληθεύει* η φήμη ότι θα γίνουν αυξήσεις; ή *αληθεύει* ότι θα γίνουν αυξήσεις;).

αλλάζομαι: στην παθητική φωνή περιορίζεται κυρίως στην έννοια → αντικαθίσταμαι (εφόσον το ρούχο φορεθεί, δεν μπορεί να *αλλαχτεί*). Στην ενεργητική φωνή έχει και ενεργητική και παθητική διάθεση (αλλάζω κάτι ή αλλάζω ο ίδιος).

αμαρτάνω: χρησιμοποιείται η λόγια μτχ. *ημαρτημένος* ως επίθετο με την έννοια → λαθεμένος.

αμφισβητούμαι: στον απλό προφορικό λόγο συνηθίζεται και η κλίση του ρ. σε *-ιέμαι*, κυρίως στον παρατατικό (*αμφισβητιόμουνα*), κατά το *αγαπιέμαι* (59). Συχνά χρησιμοποιείται η μτχ. παθητικού ενεστώτα *αμφισβητούμενος* με έννοια επιθέτου (→ αμφιλεγόμενος).

αναβράζω: εύχρηστη είναι η λόγια μτχ. *αναβράζων* στην έκφραση *αναβράζοντα δισκία* (→ χάπια που διαλύονται σχηματίζοντας φυσαλίδες).

ανάβομαι: σπάνια χρησιμοποιείται η παθητική φωνή (εκτός από τη μτχ. *αναμμένος*) και κυρίως με την έννοια → μου βάζει κάποιος φωτιά (τα ξύλα δεν *ανάβονται* εύκολα όταν βραχούν).

αναγεννώμαι, -ιέμαι: η ενεργητική φωνή (*αναγεννώ*, 60) δε συνηθίζεται.

ανάγομαι: σπάνια η χρήση του αορίστου· συνήθως προτιμάται ο παρακείμενος (*έχω αναχθεί*) και οι τύποι της υποτακτικής (*να αναχθώ* κτλ.).

αναζητώ: η κλίση κατά το *θεωρώ* είναι σπάνια και χαρακτηρίζει κυρίως επίσημο ύφος λόγου. Αντίθετα, στην παθητική φωνή επικρατεί η κλίση κατά το *θεωρούμαι*, με σπάνια την κλίση κατά το *αγαπιέμαι* (59), κυρίως στον παρατατικό (*αναζητιόμουνα*).

αναζωογονούμαι: στον απλό προφορικό λόγο συνηθίζεται και η κλίση του ρ. σε *-ιέμαι*, κυρίως στον παρατατικό (*αναζωογονιόμουνα*), κατά το *αγαπιέμαι* (59).

αναθεματίζομαι: η μτχ. *αναθεματισμένος* χρησιμοποιείται και ως επίθετο και ως ουσιαστικό (→ αυτός που αξίζει ανάθεμα, κατάρα).

ανακάθομαι: για τον αόρ. σε *-ισα* δες σημείωση **καθίζω – κάθομαι.**

ανακατεύω, -ομαι – ανακατώνω, -ομαι: έχουν σχεδόν την ίδια σημασία, αλλά το *ανακατώνω, -ομαι* απαντάται κυρίως στον απλό προφορικό λόγο.

ανακύπτω: κυρίως στο γ΄ πρόσ. ενικού και πληθυντικού, με την έννοια → εμφανίζεται, προκύπτει (κατά τη συζήτηση *ανέκυψαν* νέα προβλήματα).

αναμένω: συνήθως χρησιμοποιούνται οι τύποι του ενεστώτα. Τυποποιημένη έκφραση της τηλεφωνικής υπηρεσίας: *αναμείνατε* (λόγια προστακτική αντί του *αναμείνετε*) στο ακουστικό σας.

αναμετριέμαι: στην παθητική φωνή η έννοια διαφοροποιείται → έρχομαι σε αναμέτρηση (σύγκρουση) για την ανάδειξη του καλύτερου ή ισχυρότερου.

αναποδογυρίζω, -ομαι: με την έννοια → γυρίζω κάτι ή γυρίζω ο ίδιος ανάποδα, ανατρέπω ή ανατρέπομαι. Σπάνια χρησιμοποιείται στην παθητική φωνή, με την έννοια → με αναποδογύρισε κάποιος.

αναπτύσσομαι: η μτχ. *αναπτυγμένος/ ανεπτυγμένος* έχει κυρίως έννοια επιθέτου → αυτός που διακρίνεται για μεγάλη σωματική ή οικονομική, πολιτιστική κτλ. ανάπτυξη (*αναπτυγμένο* παιδί, *αναπτυγμένες* χώρες).

αναρχούμαι: συχνά χρησιμοποιείται η μτχ. *αναρχούμενος* ως επίθετο → αυτός που διακρίνεται για αναρχία (*αναρχούμενο* κράτος).

ανασκουμπώνομαι: χρησιμοποιείται κυρίως η παθητική φωνή, με την έννοια → σηκώνω τα μανίκια μου για να δουλέψω ή γενικά ετοιμάζομαι να δουλέψω, να δράσω δυναμικά.

ανασυγκροτούμαι: στον απλό προφορικό λόγο συνηθίζεται και η κλίση του παρατατικού σε *-ιόμουνα* (*ανασυγκροτιόμουνα*) κατά το *αγαπιέμαι* (59).

ανασυνιστώ, -αμαι: χρησιμοποιούνται κυρίως οι τύποι του αορίστου.

ανατιμώ: στον απλό προφορικό λόγο απαντάται και η κλίση κατά το *αγαπάω* (58).

αναψηλαφώ: έχει επικρατήσει η κλίση σε *-ώ*, *-είς* και δε χρησιμοποιείται ο τύπος σε *-ίζω* (δες π.χ. *ψηλαφίζω*). Επομένως, εφόσον δεν υπάρχει ισοδύναμος τύπος σε *-ίζω*, στο αοριστικό θέμα κρατάμε το **η** (*αναψηλάφησα* κτλ.).

ανεβάζω – ανεβαίνω: από άποψη σημασίας, το *ανεβαίνω* χρησιμοποιείται και ως παθητικό του *ανεβάζω*. Π.χ. το Εθνικό θέατρο *ανέβασε* νέο έργο – νέο έργο *ανέβηκε* στο Εθνικό Θέατρο.

ανεμίζω: κινώ κάτι (π.χ. σημαία) ή κινούμαι στον αέρα. Ο παθητικός τύπος *ανεμίζομαι* που αναφέρεται στα λεξικά είναι πολύ σπάνιος (δες κυρίως *ψυχανεμίζομαι*).

ανθίζω: στα ρεμπέτικα τραγούδια συναντάται ο παθητικός τύπος *ανθίζομαι* με την έννοια → καταλαβαίνω, «παίρνω μυρωδιά».

ανθρωπεύω: κυρίως με παθητική διάθεση γίνομαι άνθρωπος (να βρεις κι εσύ καμιά δουλειά, να κάνεις οικογένεια, *να ανθρωπέψεις!*).

ανθώ: σύμφωνα με τη Γραμματική Τριανταφυλλίδη, όταν οι δύο τύποι του ενεστώτα σε *-ώ* και σε *-ίζω* έχουν την ίδια σημασία, τότε επικρατεί ο αόριστος σε *-ισα*. Θεωρούμε ότι στην περίπτωση του *ανθώ* και του *ανθίζω* δεν εφαρμόζεται ο κανόνας, γιατί δεν ταυτίζεται η σημασία τους. Το *ανθώ*, εκτός από *ανθίζω*, έχει και την έννοια του *ακμάζω* (η βιομηχανία *ανθεί* στις ευρωπαϊκές μεγαλουπόλεις).

ανταλλάσσω: σε επίσημο ύφος λόγου απαντάται και η λόγια αύξηση (*αντ**ή**λλασσα*, *αντ**ή**λλαξα*).

ανταμώνω, -ομαι: μερικές φορές το *ανταμώνω* έχει και την έννοια *ανταμώνομαι*, π.χ. γρήγορα *θα ανταμώσουμε* (*θα ανταμωθούμε*).

ανταπαντώ: στον προφορικό λόγο απαντάται στον ενεστ. και η κλίση κατά το *αγαπάω* (58).

ανταριάζω: κυρίως με παθητική αξία → κυριεύομαι από αντάρα (ομίχλη, καταχνιά ή ταραχή, αναστάτωση).

ανταρτεύω: κυρίως με παθητική αξία → γίνομαι αντάρτης, επαναστατώ.

αντέχω: στον απλό προφορικό λόγο και στη λογοτεχνία χρησιμοποιείται και ο παθητικός ενεστώτας, κυρίως στο γ΄ πρόσ. (Πόσο *αντέχεται* η αληθινή αλήθεια, η μαγεία; [Αντίπ. Εραστής, σελ. 53]).

αντιδιαστέλλομαι: σπάνια η χρήση του αορίστου· συνήθως απαντώνται οι τύποι της υποτακτικής (*να αντιδιασταλώ* κτλ.).

αντιδρώ: στον απλό προφορικό λόγο απαντάται μερικές φορές στον ενεστ. και η κλίση σε *-άω* (κατά το *περνάω*, 68).

αντίκειται: η μτχ. χρησιμοποιείται κυρίως ως ουσιαστικό (*το αντικείμενο*).

αντιπολιτεύομαι: η μτχ. ενεστώτα *αντιπολιτευόμενος* χρησιμοποιείται κυρίως ως επίθετο (οι αντιπολιτευόμενες εφημερίδες → οι εφημερίδες που ασκούν αντιπολίτευση).

αντιστοιχίζω – αντιστοιχώ: οι έννοιες των δύο ρημάτων δεν ταυτίζονται. Το *αντιστοιχίζω* σημαίνει → θέτω σε αντιστοιχία κάτι με άλλο, ενώ το *αντιστοιχώ* σημαίνει → αναλογώ, ισοδυναμώ με κάτι.

αξιολογούμαι: στον απλό προφορικό λόγο απαντάται και η κλίση του παρατατικού σε *-ιόμουνα* (*αξιολογιόμουνα*) κατά το *αγαπιέμαι* (59).

αξιώνομαι: στην παθητική φωνή η έννοια του ρήματος διαφοροποιείται και σημαίνει → κατορθώνω (Γιατί κι αυτή η γενιά νίκη δεν *αξιώθηκε* [Αντίπ. Εραστής, σελ. 106]).

απάγω: στον απλό προφορικό λόγο χρησιμοποιείται και ο τύπος *απαγάγω* στον ενεστώτα (βλ. και το ανάλογο φαινόμενο του *κατάσχω*, που προήλθε από τον αόριστο του κατέχω).

απαθανατίζω, -ομαι: από τις λέξεις *από* + *αθάνατος*, επομένως διατηρείται το **α** (και όχι απ**ο**θανατίζω).

απαλλάσσω: σε επίσημο ύφος λόγου απαντάται και η εσωτερική αύξηση (απ**ή**λλασσα, απ**ή**λλαξα).

απαντάω, -ώμαι: το *απαντώμαι* κυρίως με την έννοια → βρίσκομαι (σε κείμενο κτλ.). Με αυτή την έννοια χρησιμοποιείται ορισμένες φορές και ο τύπος *απαντά*.

απασχολούμαι: στον απλό προφορικό λόγο χρησιμοποιείται και ο τύπος *απασχολιέμαι* (κατά το *αγαπιέμαι*, 59).

απατώμαι: η έννοια διαφοροποιείται από το *απατιέμαι*· σημαίνει → κάνω λάθος, γελιέμαι (σε στερεότυπες κυρίως εκφράσεις, του τύπου *αν δεν απατώμαι* ή *απατάσαι αν...* κτλ.).

απειλούμαι: στον απλό προφορικό λόγο απαντάται και η κλίση κατά το *αγαπιέμαι* (59), κυρίως στον παρατατικό (*απειλιόμουν*).

απελευθερώνομαι: η μτχ. *απελευθερωμένος* χρησιμοποιείται και ως επίθετο, με την ειδική έννοια → απαλλαγμένος από κοινωνικές συμβάσεις και προκαταλήψεις.

απευθύνομαι: η μτχ. παρακειμένου απαντάται μόνο ως ουσιαστικό (*το απευθυσμένο*, τμήμα του παχέος εντέρου).

(αποβιώνω): εύχρηστος είναι κυρίως ο αόριστος *απεβίωσα*, ο οποίος διατηρεί την αύξηση παρότι δεν τονίζεται.

αποβλέπω: εύχρηστος κυρίως ο ενεστώτας, με την έννοια → αποσκοπώ. Στον αόριστο δεν πρέπει να γίνεται σύγχυση με τον τύπο *απόειδα* (που χρησιμοποιείται μόνο στην έκφραση *είδα και απόειδα* → απελπίστηκα μετά από άκαρπη προσπάθεια, αναμονή κτλ.).

απογειώνω: με σύγχρονη μεταφορική κυρίως έννοια (συναρπάζω, εξυψώνω, π.χ. το θέαμα αυτό είναι καταπληκτικό, σε *απογειώνει!*).

(απογίνομαι): εύχρηστος ο αόριστος *απέγινα* και *απόγινα* με τις έννοιες → καταλήγω, φτάνω σε κάποια κατάσταση ή χειροτερεύω.

αποδεικνύομαι: η λόγια μτχ. *αποδεδειγμένος* κυρίως σε εκφράσεις όπως *είναι αποδεδειγμένο ότι...* (για τρόπο συμπεριφοράς, φαινόμενο κτλ. που παρατηρείται συχνά, που έχει αποδειχθεί στην πράξη η συχνή του εμφάνιση).

αποζητάω: στην κοινή νεοελληνική είναι σπάνια η κλίση του ρήματος κατά το *θεωρώ* (73).

αποθαλασσώνω: η ενεργ. φωνή χρησιμοποιείται λιγότερο σε σχέση με την παθητική.

αποθαρρύνομαι: η μτχ. *αποθαρρημένος* γράφεται με **η** γιατί προέρχεται από το ρήμα *θαρρώ*.

αποκλίνω: στην επιστημονική ορολογία χρησιμοποιείται και η λόγια μτχ. ενεστώτα (π.χ. *αποκλίνουσα* νόηση).

αποκόβω: (με αόριστο *απόκοψα*) έχει και τη σημασία → (για μητέρα) παύω να θηλάζω το παιδί μου.

αποκοιμίζω: σπάνια η εμφάνιση του ρήματος στην παθητική φωνή (*αποκοιμίζομαι*, 34).

απολαμβάνω: συναντάται μερικές φορές και ο λόγιος αόριστος *απήλαυσα*. Σπάνια χρησιμοποιείται ο λόγιος ενεστώτας *απολαύω σε* εκφράσεις όπως: *απολαύει* της εμπιστοσύνης (→ έχει την εμπιστοσύνη...).

απολύω: (με αόριστο *απόλυσα*) έχει και τη σημασία → (για εκκλησιαστική ακολουθία) τελειώνω.

απομνημονεύω: η παθητική φωνή (*απομνημονεύομαι*, 20) χρησιμοποιείται σπάνια.

απομυζώ: στον απλό προφορικό λόγο απαντάται μερικές φορές στον ενεστ. και η κλίση κατά το *αγαπάω* (58).

αποπλανώ: στον απλό προφορικό λόγο απαντάται στον ενεστ. και η κλίση κατά το *αγαπάω* (58).

απορώ: η μτχ. *απορημένος* χρησιμοποιείται ως επίθετο (→ γεμάτος απορία, αμηχανία, έκπληξη).

αποσβολώνομαι: η μτχ. *αποσβολωμένος* χρησιμοποιείται κυρίως ως επίθετο (→ άφωνος από έκπληξη, απορία κτλ.).

αποσκιρτώ: στον απλό προφορικό λόγο απαντάται στον ενεστ. και η κλίση κατά το *αγαπάω* (58).

αποσπώ: στον απλό προφορικό λόγο απαντάται στον ενεστ. και η κλίση κατά το *περνάω* (68).

αποστάζω: σπάνια χρησιμοποιείται στην παθητική φωνή (*αποστάζομαι*, 24). Η μτχ. *αποσταγμένος/ απεσταγμένος* και ως επίθετο.

αποστέλλομαι: η μτχ. *απεσταλμένος* χρησιμοποιείται κυρίως ως ουσιαστικό.

αποστρέφω, -ομαι: με την έννοια → στρέφω προς την άλλη μεριά (του *απόστρεφε* το πρόσωπο απ' τα βλέμματα των άλλων [Κυρία Κούλα, σελ. 30]) δεν έχει παθητική φωνή. Το *αποστρέφομαι* σημαίνει → απεχθάνομαι.

αποτείνω: χρησιμοποιείται κυρίως στην έκφραση *αποτείνω τον λόγο* (→ απευθύνω τον λόγο). Δεν πρέπει να γίνεται σύγχυση με το *αποτίω* (→ αποδίδω, π.χ. φόρο τιμής).

αποτείνομαι: συχνό λάθος αποτελεί ο σχηματισμός των αοριστικών τύπων με **ν**, π.χ. να *αποτανθώ*, αντί του σωστού *αποταθώ*.

αποτιμώ, -ώμαι: στον απλό προφορικό λόγο απαντάται στον ενεστ. και η κλίση κατά το *αγαπάω* (58).

αποτινάζομαι – αποτινάσσομαι: κυρίως χρησιμοποιείται η ενεργητική φωνή του ρήματος.

αποτίω, -ομαι: ο αρχαίος τύπος ήταν *αποτίνω* (σπάνια *αποτίω*), στη νεοελληνική όμως επικράτησε το *αποτίω*.

αποτυχαίνω: η μτχ. *αποτυχημένος* (→ αυτός που δεν έχει επιτύχει) χρησιμοποιείται κυρίως ως επίθετο.

αποφασίζομαι: η μτχ. *αποφασισμένος* χρησιμοποιείται και με ενεργητική διάθεση → αυτός που έχει πάρει την απόφαση να κάνει κάτι (συνήθως παρακινδυνευμένο).

αποφοιτώ: σπάνια η κλίση του ενεστ. κατά το *αγαπάω* (58), κυρίως στον προφορικό λόγο.

αποχαιρετάω: σύμφωνα με τη Γραμματική Τριανταφυλλίδη, όταν οι δύο τύποι του ενεστώτα σε *-ώ* και σε *-ίζω* έχουν την ίδια σημασία, τότε επικρατεί ο αόριστος σε *-ισα*.

αποχαιρετίζομαι, -ιέμαι: κυρίως με αξία αλληλοπάθειας (π.χ. *αποχαιρετιστήκαμε* → αποχαιρέτισε ο ένας τον άλλο).

αποχαλινώνω: η ενεργητική φωνή χρησιμοποιείται λιγότερο σε σχέση με την παθητική.

αποχωρώ: δεν πρέπει να συγχέεται η έννοιά του με αυτήν του *αποχωρίζω*. Το *αποχωρώ* σημαίνει → φεύγω (από κάποιο μέρος ή από κάποια θέση που κατέχω κτλ.).

αραιώνω, -ομαι: χρησιμοποιείται σπάνια στην παθητική φωνή, κυρίως με την έννοια → με αραιώνει κάποιος. Το *αραιώνω* σημαίνει και → κάνω κάτι αραιό ή λιγότερο πυκνό και → γίνομαι αραιός ή λιγότερο πυκνός.

αρέσκομαι: δε χρησιμοποιείται ως παθητικό του *αρέσω*. Έχει την έννοια → μου αρέσει να... Είναι λόγιος τύπος, σπάνιας χρήσης.

αρκούμαι: από άποψη σημασίας, δεν είναι το παθητικό του *αρκώ*, αλλά σημαίνει → είμαι ικανοποιημένος με κάτι που έχω ή περιορίζομαι να κάνω κάτι, χωρίς να επιδιώκω περισσότερα.

αρμόζει: εύχρηστη η λόγια μτχ. ενεστώτα *αρμόζων, -ουσα, -ον* ως επίθετο.

αρπάζομαι: χρησιμοποιείται σπάνια ως παθητικό του *αρπάζω*. Έχει κυρίως τη σημασία → οργίζομαι, εκνευρίζομαι (από κάτι που άκουσα κτλ.) ή καβγαδίζω, έρχομαι σε συμπλοκή με κάποιον.

αρραβωνιάζομαι: από άποψη σημασίας, δεν είναι το παθητικό του *αρραβωνιάζω*, αλλά σημαίνει → κάνω τους αρραβώνες μου με κάποιον ή κάποια.

αρρωσταίνω: η μτχ. *αρρωστημένος* χρησιμοποιείται κυρίως ως επίθετο (→ νοσηρός).

αρταίνομαι: η μτχ. *αρτυμένος* σημαίνει και → το μη νηστίσιμο και → αυτόν που έφαγε μη νηστίσιμη τροφή (σε εποχή νηστείας).

αρχινάω: έχει την ίδια έννοια με το *αρχίζω*, αλλά απαντάται σπάνια, κυρίως στον απλό προφορικό λόγο και στη λογοτεχνία.

ασχημαίνω – ασχημίζω: το *ασχημίζω* έχει κυρίως ενεργητική αξία (→ κάνω κάτι ή κάποιον άσχημο), ενώ το *ασχημαίνω* σημαίνει και → κάνω κάτι ή κάποιον άσχημο και → γίνομαι ή φαίνομαι άσχημος.

αυξάνω: έχει και τη σημασία του *αυξάνομαι*. Σπάνιος ο τύπος *αυξαίνω*.

αυξάνομαι: η μτχ. *αυξημένος* χρησιμοποιείται συχνά ως επίθετο (→ μεγάλος σε μέγεθος, ένταση κτλ.) (π.χ. η αγορά καλείται να αντιμετωπίσει *αυξημένες* ανάγκες ζήτησης).

αφαιρούμαι – αφαιριέμαι: αποσπώμαι από το περιβάλλον, δε συγκεντρώνομαι σε αυτό που γίνεται γύρω μου. Η μτχ. *αφηρημένος* χρησιμοποιείται ως επίθετο (*αφηρημένος* μαθητής, *αφηρημένο* ύφος → που δείχνει αφηρημάδα, *αφηρημένη* τέχνη → που δεν απεικονίζει με άμεσο τρόπο την αισθητή πραγματικότητα κτλ.).

αφορίζομαι: η μτχ. απαντάται και με τον τύπο *αφορεσμένος*, που σημαίνει και τον διάβολο, τον σατανά.

B

βάλθηκα: δεν αποτελεί παθητικό τύπο του *βάζω*, αλλά έχει τελείως ξεχωριστή έννοια → αρχίζω να κάνω κάτι (π.χ. *βάλθηκε* να τρέχει). Δε λέμε λοιπόν: αυτό *βάλθηκε* σωστά, αλλά αυτό *μπήκε* (*τοποθετήθηκε* κτλ.) σωστά.

βαθμολογούμαι: στον απλό προφορικό λόγο απαντάται και η κλίση κατά το *αγαπιέμαι* (59), κυρίως στον παρατατικό (*βαθμολογιόμουν*).

βάλλομαι: σπανίως χρησιμοποιείται ο αόριστος *βλήθηκα*, προκειμένου για βολές όπλου.

βαραίνω: με την έννοια → έχω βαρύτητα, σπουδαιότητα (η άποψή του *βαραίνει*) απαντάται και ο τύπος *βαρύνω*.

βαράω: η μτχ. *βαρεμένος* έχει αποκτήσει ιδιαίτερη σημασία στην κοινή νεοελληνική → τρελαμένος, τρελός (αυτός που του *την έχει βαρέσει*).

βαριεστάω: εύχρηστη είναι κυρίως η μτχ. *βαριεστημένος* (σπάνια *βαριεστισμένος*, από το *βαριεστίζω*, το οποίο δε συνηθίζεται) που χρησιμοποιείται ως επίθετο (→ αυτός που δείχνει βαρεμάρα, έλλειψη ενδιαφέροντος, διάθεσης).

βαρύνω: η σημασία του, σε σχέση με το *βαραίνω*, έχει περιοριστεί κυρίως στο → έχω βαρύτητα, σπουδαιότητα, ενώ συνηθισμένη είναι η χρήση του ρήματος με την έννοια → αποτελώ στοιχείο εις βάρος κάποιου (τα αδικήματα που *βαρύνουν* τον κατηγορούμενο / ο κατηγορούμενος *βαρύνεται για* αδικήματα...). Εύχρηστη είναι η λόγια μτχ. *βαρύνων, -ουσα, -ον* ως επίθετο (π.χ. *βαρύνουσα* [→ πολύ σημαντική] άποψη).

βαρύνομαι: η μτχ. *βεβαρημένος* χρησιμοποιείται ως επίθετο (*βεβαρημένο* ποινικό μητρώο → με πολλά αδικήματα). Το **η** προέρχεται από το *βαρώ*.

βαστάζω: η έννοια του ρήματος δεν πρέπει να ταυτίζεται με αυτήν του *βαστάω*. Σημαίνει → σηκώνω, φέρω κάτι στους ώμους μου ως φορτίο (Την ετικέτα της γεροντοκόρης, που τόσες και τόσες εργαζόμενες *βαστάζουν* σαν Γολγοθά... [Κυρία Κούλα, σελ. 21]).

βγάζω: στη Γραμματική Τριανταφυλλίδη αναφέρεται και παθητική φωνή με αόριστο *βγάλθηκα*. Στην έρευνά μας δε συναντήσαμε παθητικούς τύπους του *βγάζω* (εκτός βέβαια από τη μτχ. *βγαλμένος*) και θεωρούμε ότι στη θέση τους χρησιμοποιούνται οι τύποι του *βγαίνω* (π.χ. *βγάζω* κάτι από τη θέση του → *βγήκε* από τη θέση του).

βιάζομαι: με προφορά βιάζομαι (→ δείχνω βιασύνη) συνήθως δεν έχει ενεργητική φωνή.

βιάζω: καμιά φορά απαντάται και ο τύπος *έβιαζα* με την έννοια → αναγκάζω (Μια κεκτημένη ταχύτητα την *έβιαζε* να ετοιμάζει φαγητό [Κυρία Κούλα, σελ. 58]).

βιάζομαι (προφ. βι-άζομαι): η λόγια μτχ. *βεβιασμένος* χρησιμοποιείται σήμερα ως επίθετο (*βεβιασμένο* χαμόγελο → μη φυσικό, κάτω από άσκηση πίεσης, βίας).

βλάπτομαι: η μτχ. *βλαμμένος* χρησιμοποιείται κυρίως με την έννοια → χαζός, διανοητικά καθυστερημένος.

βλασφημώ: η σύγχρονη έννοια του *βλασφημώ* δεν ταυτίζεται με εκείνη του *βλασφημάω*, όπως αναφέρεται στα λεξικά. Το *βλασφημώ* (περιορισμένης χρήσης στον προφορικό λόγο, ως λόγιο) σημαίνει προσβάλλω την ιερότητα όντος ή πράγματος (π.χ. μη *βλασφημείτε* τα θεία).

βλάφτομαι: δες σημείωση για **βλάπτομαι.** Το συμφωνικό σύμπλεγμα **φτ** χρησιμοποιείται κυρίως στον προφορικό λόγο.

βλέπομαι: εκτός από την έννοια → αξίζει να με δει κανείς (αυτό το έργο δε *βλέπεται*), έχει κυρίως αξία αλληλοπάθειας (μάτια που δε *βλέπονται* γρήγορα ξεχνιούνται).

βογκάω: συναντάται και η γραφή *βογγάω*. Σύμφωνα με τη Γραμματική Τριανταφυλλίδη, σωστότερο είναι το *βογκάω*, ως εξέλιξη του αρχαίου *γογγύζω*, με το οποίο δεν είναι πλέον φανερή η σχέση.

βοηθιέμαι: από τον λόγιο τύπο *βοηθούμαι* έχει επιβιώσει στον σύγχρονο λόγο η μτχ. ενεστώτα *βοηθούμενος*.

βραδύνω: χωρίς παθητική φωνή, κυρίως με την έννοια → κινούμαι, ενεργώ αργά. Απαντάται όμως και η έκφραση *βραδύνω* το βήμα (→ αρχίζω να περπατάω αργά).

βράζομαι: επειδή το *βράζω* έχει και ενεργητική και παθητική αξία (→ υποβάλλω σε βρασμό ή υφίσταμαι βρασμό), σπάνια χρησιμοποιείται η παθητική φωνή (εκτός από τη μτχ. *βρασμένος*) και κυρίως με την έννοια → υφίσταμαι βρασμό από κάποιον (το μπιμπερό πρέπει να *βράζεται* πριν δοθεί στο μωρό).

βραχυκυκλώνω: χρησιμοποιείται και με την έννοια *βραχυκυκλώνομαι* (→ παθαίνω βραχυκύκλωμα).

βρίζομαι: στην παθητική φωνή χρησιμοποιείται κυρίως με αξία αλληλοπάθειας (*βρίζονται* άσχημα μεταξύ τους).

βρομάω: για τη γραφή με **ο** (και όχι με **ω**) ακολουθούμε την ετυμολογία του Ανδριώτη.

βρομίζω: για τη γραφή με **ο** (και όχι με **ω**) ακολουθούμε την ετυμολογία του Ανδριώτη. Δες και σημείωση για **βρομίζομαι.**

βρομίζομαι: χρησιμοποιείται σπάνια η παθητική φωνή (εκτός από τη μτχ. *βρομισμένος*), με την έννοια → λερώνομαι, κυρίως όταν πρόκειται να δηλωθεί το ποιητικό αίτιο, η αιτία που προκαλεί το βρόμισμα, ενώ το *βρομίζω* με την έννοια → λερώνομαι δεν εμπεριέχει δήλωση ποιητικού αιτίου. Έτσι, λέμε: το σπίτι *βρομίζει* όταν μείνει κλειστό, αλλά τα χέρια μου *βρομίστηκαν* από τις λάσπες.

βρομοκοπάω: για τη γραφή με **ο** (και όχι με **ω**) ακολουθούμε την ετυμολογία του Ανδριώτη.

Γ

γαλουχούμαι: σε μη επίσημο ύφος λόγου κλίνεται και κατά το *αγαπιέμαι* (59) (*γαλουχιέμαι*).

γαντζώνομαι: στην παθητική φωνή η έννοια διαχωρίζεται από αυτήν της ενεργητικής. Σημαίνει κυρίως → πιάνομαι, κρατιέμαι γερά από κάπου ή στηρίζομαι ολοκληρωτικά.

γελιέμαι: στην παθητική φωνή η έννοια διαχωρίζεται από αυτήν της ενεργητικής. Σημαίνει → κάνω λάθος, απατώμαι (*είσαι γελασμένος*, αν νομίζεις ότι η συμπεριφορά σου δε θα έχει συνέπειες).

γεμίζω: χωρίς παθητική φωνή, γιατί σημαίνει και → καταλαμβάνω, καλύπτω τελείως κτλ. και → καταλαμβάνομαι, καλύπτομαι τελείως κτλ. Σε ορισμένα λεξικά απαντάται το *γεμίζομαι* ως παθητικό της έννοιας *γεμίζω όπλο* (→ του βάζω εκρηκτική ύλη).

γιγαντώνομαι: σε ορισμένα λεξικά αναφέρεται και ενεργητική φωνή (*γιγαντώνω*, 3).

γλείφομαι: στην παθητική φωνή, η έννοια διαχωρίζεται από αυτήν της ενεργητικής. Σημαίνει → γλείφω τα χείλη μου και (μεταφορικά) λιμπίζομαι, επιθυμώ να γευτώ κάτι.

γλυκαίνομαι: στην παθητική φωνή η έννοια διαχωρίζεται από αυτήν της ενεργητικής. Σημαίνει → μου αρέσει κάτι, έλκομαι από κάτι.

γλυκίζω: δεν πρέπει να συγχέεται η έννοια με αυτήν του *γλυκαίνω*. Το *γλυκίζω* σημαίνει → έχω γεύση προς το γλυκό.

γλυκομιλάω: η κλίση κατά το *θεωρώ* (*γλυκομιλείς* κτλ.) δε συνηθίζεται στην κοινή νεοελληνική.

γλυκοφιλάω: η κλίση κατά το *θεωρώ* (*γλυκοφιλείς* κτλ.) δε συνηθίζεται στην κοινή νεοελληνική.

γνωμοδοτώ: σε ορισμένα λεξικά αναφέρεται και παθητική φωνή, χωρίς αυτό να μπορεί να αιτιολογηθεί από την έννοια του ρήματος (→ διατυπώνω έγκυρη γνώμη σε θέμα της αρμοδιότητάς μου).

γνωρίζομαι: στην παθητική φωνή το ρήμα απαντάται με την έννοια → κάνω τη γνωριμία (*γνωρίζομαι* με κάποιον) ή με αλληλοπαθητική αξία (*γνωριζόμαστε*, δηλ. → ξέρει ο ένας τον άλλον).

γομώνω: σπάνια η εμφάνιση του ρήματος στην παθητική φωνή (*γομώνομαι*, 4).

γρατσ(τζ)ουνάω: σύμφωνα με τη Γραμματική Τριανταφυλλίδη, όταν οι δύο τύποι σε *-ώ* και σε *-ίζω* έχουν την ίδια σημασία, τότε επικρατεί ο αόριστος σε *-ισα*.

γρικιέμαι: σε σχέση με την ενεργητική φωνή, η παθητική φωνή απαντάται λιγότερο συχνά.

γρο(ν)θοκοπιέμαι: εκτός από παθητικό του *γρο(ν)θοκοπώ*, έχει και αλληλοπαθητική αξία (*γρο[ν]θοκοπιούνται* → χτυπάει ο ένας τον άλλον).

γυρεύω: σε ορισμένα λεξικά αναφέρεται και παθητική φωνή, χωρίς αυτό να μπορεί να αιτιολογηθεί από τις έννοιες του ρήματος.

γυρνάω: λόγω ισοδυναμίας με το *γυρίζω*, επικρατεί ο αόρ. σε *-ισα*.

γυρίζομαι: η χρήση του ρήματος στην παθητική φωνή είναι περιορισμένη. Σημαίνει κυρίως → κινηματογραφούμαι, βιντεοσκοπούμαι κτλ.

Δ

δανείζομαι: χρησιμοποιείται μερικές φορές ως παθητικό του *δανείζω* (αυτά τα βιβλία δε *δανείζονται*) και άλλοτε με την έννοια → παίρνω κάποιο ξένο στοιχείο και το υιοθετώ (οι ευρωπαϊκές γλώσσες έχουν *δανειστεί* από τα αρχαία ελληνικά πολλούς επιστημονικούς όρους). Με αυτή την έννοια απαντάται συνήθως και η μτχ. *δανεισμένος*.

δέρνομαι: δε χρησιμοποιείται συνήθως ως παθητικό του *δέρνω* (*δέρνομαι* από κάποιον) αλλά με αξία αλληλοπάθειας (*δέρνονται* μεταξύ τους) ή με την έννοια → θρηνώ, οδύρομαι.

δημιουργούμαι: στον απλό προφορικό λόγο απαντάται στον παρατατικό η κλίση κατά το *αγαπιέμαι* (59): *δημιουργιόμουν*.

διαβάζομαι: η μτχ. *διαβασμένος* σημαίνει και → έχω διαβαστεί (το βιβλίο αυτό είναι *διαβασμένο*) και → έχω διαβάσει ο ίδιος ή γενικά έχω προετοιμαστεί με μελέτη (πήγα *διαβασμένος* στο μάθημα).

διαβεβαιώνω: χρησιμοποιείται μερικές φορές, κυρίως στο α΄ ενικό πρόσωπο, ο λόγιος τύπος *διαβεβαιώ* (κατά το *πληρώ*, 197).

διαβιβάζω: σε επίσημο ύφος λόγου απαντάται και η λόγια αύξηση (*διεβίβαζα, διεβίβασα*).

διαδίδομαι: η μτχ. *διαδεδομένος* χρησιμοποιείται κυρίως ως επίθετο (→ αυτός που γνωρίζει μεγάλη διάδοση, π.χ. *διαδεδομένη* άποψη, συνήθεια κτλ.).

διαδραματίζομαι: χρησιμοποιείται κυρίως στο γ΄ πρόσ. εν. και πληθ. αριθμού (*διαδραματίζονται* συμπλοκές → γίνονται συμπλοκές).

(διαθέτω) – διατίθεμαι: η μτχ. *διατεθειμένος* χρησιμοποιείται κυρίως σε εκφράσεις όπως: δεν είναι *διατεθειμένος* (→ δεν έχει σκοπό) να κάνει υποχωρήσεις.

διακόπτομαι: η μτχ. *διακεκομμένος* χρησιμοποιείται ως επίθετο (*διακεκομμένη* γραμμή → μη συνεχής).

διακρίνομαι: η μτχ. *διακεκριμένος* χρησιμοποιείται ως επίθετο (→ ξεχωριστός, εκλεκτός, διαπρεπής κτλ.).

διακυβερνώ: σπάνια η κλίση κατά το *αγαπάω* (58), στον προφορικό λόγο.

διαλέγομαι: καμιά σχέση με το παθητικό του *διαλέγω*. Σημαίνει → συζητώ, κάνω διάλογο.

διαλύω: στον λόγο μη μορφωμένων ατόμων απαντάται και ο τύπος του ενεστώτα *διαλυάω* (κατά το *αγαπάω*).

διαμαρτύρομαι: δες σημείωση για *διαμαρτυρούμαι*.

διαμαρτυρούμαι: (για γραμμάτιο) κτλ. → υφίσταμαι διαμαρτύρηση. Επομένως δεν πρέπει να γίνεται σύγχυση με το *διαμαρτύρομαι* → εκφράζω διαμαρτυρία.

διαμηνύω: σε επίσημο ύφος λόγου απαντάται και ο λόγιος αόριστος *διεμήνυσα*. Σπάνια είναι η χρήση του ρήματος στην παθητική φωνή (*διαμηνύομαι*).

διανυκτερεύω: εύχρηστη η λόγια μτχ. ενεστώτα *διανυκτερεύων, -ουσα, -ον* (*διανυκτερεύοντα* φαρμακεία).

διανύω: σχηματίζεται από την πρόθ. *διά* + *ανύω*, γι' αυτό είναι λάθος ο τύπος του αορίστου *διένυσα* που συναντάμε μερικές φορές. Ο λόγιος τύπος του αορίστου είναι *διήνυσα*.

διαπνέομαι: σε ορισμένα λεξικά απαντάται και στην ενεργητική φωνή *διαπνέω* → (γι άνεμο) πνέω διαμέσου ή (μεταφορικά) εμπνέω (τον *διαπνέει* φιλοπατρία). Περισσότερο συνηθισμένη στη νέα ελληνική είναι η παθητική φωνή, με την έννοια → κυριαρχούμαι (από κάποιο συναίσθημα κτλ.).

διαπομπεύομαι: στον απλό προφορικό λόγο χρησιμοποιείται και η μτχ. *πομπεμένος* (*διαπομπευμένος*).

διαπραγματεύομαι: η χρήση του ρήματος με την έννοια → πραγματεύομαι (εξετάζω, εκθέτω, αναλύω ένα θέμα) είναι λαθεμένη. Το *διαπραγματεύομαι* σημαίνει → κάνω διαπραγματεύσεις.

(διαρρηγνύω): σπάνια χρησιμοποιείται ο ενεστωτικός τύπος, κυρίως σε στερεότυπες εκφράσεις όπως *διαρρηγνύει τα ιμάτιά του* → διαμαρτύρεται ή απορεί με έντονο τρόπο. Μερικές φορές απαντώνται ορισμένοι λόγιοι τύποι της παθητικής φωνής, π.χ. *έχουν διαρραγεί* κτλ.

διασκεδάζομαι: στην παθητική φωνή έχει μόνο την έννοια → διασκορπίζομαι, διαλύομαι (να *διασκεδαστούν* οι αμφιβολίες).

διασκελίζω: στα λεξικά αναφέρεται και παθητική φωνή, ενώ στο ρ. *δρασκελίζω*, με παρόμοια έννοια, δεν αναφέρεται.

διασπώ: στον απλό προφορικό λόγο κλίνεται στον ενεστ. και κατά το *περνάω* (68).

διαστρέφομαι: η μτχ. *διεστραμμένος* χρησιμοποιείται ως επίθετο → αυτός που παρουσιάζει (σεξουαλική κυρίως) διαστροφή.

διατάσσω, -ομαι: στα λεξικά αναφέρεται ότι το ρήμα έχει και την έννοια του *διατάζω* (→ δίνω διαταγή σε κάποιον), ενώ στη σύγχρονη γλώσσα έχει διαχωριστεί η σημασία του και σημαίνει → τοποθετώ σε ορισμένη σειρά, τάξη. Η μτχ. *διατεταγμένος* χρησιμοποιείται ως επίθετο σε στερεότυπες εκφράσεις όπως: *διατεταγμένη* υπηρεσία κτλ. (→ με την έννοια της διαταγής).

διατελώ: απαντάται και ο λόγιος τύπος του αορίστου *διετέλεσα*, με άτονη εσωτερική αύξηση.

διαφθείρομαι: η μτχ. *διεφθαρμένος* χρησιμοποιείται κυρίως ως επίθετο → αυτός που διακρίνεται για διαφθορά, ανηθικότητα, εξαχρείωση.

διαφιλονικώ: από την παθητική φωνή εύχρηστος είναι κυρίως ο τύπος της μτχ. ενεστώτα *διαφιλονικούμενος* (→ αντικείμενο φιλονικίας).

διαχειρίζομαι: μόνο ως μεταβατικό (διαχειρίζομαι κάτι).

διδάσκω: εύχρηστη η λόγια μτχ. ενεστώτα ως ουσιαστικό (ο *διδάσκων*, η *διδάσκουσα*).

διερευνώ: σε μη επίσημο ύφος λόγου απαντάται και η κλίση του ενεστώτα κατά το *αγαπάω* (58).

διευθύνομαι: χρησιμοποιείται ορισμένες φορές (λανθασμένα) και με την έννοια → κατευθύνομαι κάπου, οπότε απαντάται και ο αόριστος *διευθύνθηκα*.

διευρύνομαι: η μτχ. *διευρυμένος* χρησιμοποιείται συχνά ως επίθετο (συνεδρίασε το υπουργικό συμβούλιο με *διευρυμένη* σύνθεση → με περισσότερα μέλη απ' ό,τι συνήθως).

διίσταμαι: εύχρηστη κυρίως η μτχ. ως επίθετο (*διιστάμενες* απόψεις → σε διαφωνία μεταξύ τους).

δικαιολογούμαι: σε μη επίσημο ύφος λόγου απαντάται και η κλίση κατά το *αγαπιέμαι* (59). Η μτχ. *δικαιολογημένος* χρησιμοποιείται κυρίως ως επίθετο με την έννοια → αυτός για τον οποίο υπάρχει (ή μπορεί να βρεθεί) κάποια δικαιολογία (η αντίδραση του κοινού στις ανατιμήσεις είναι απόλυτα *δικαιολογημένη*).

δικτυώνομαι: η μτχ. *δικτυωμένος* χρησιμοποιείται κυρίως ως επίθετο → αυτός που έχει οργανωμένο σύστημα επαφών (για επαγγελματική κτλ. εξέλιξη).

δίνομαι: απαντάται και η λόγια μτχ. *δεδομένος* ως επίθετο (π.χ. σε *δεδομένη* χρονική στιγμή: → συγκεκριμένη, ορισμένη) ή σε εκφράσεις όπως *δεδομένου ότι* ... (→ με βάση, με γνωστό ότι...) ή ως ουσιαστικό (τα *δεδομένα*).

διοικώ: εύχρηστη η λόγια μτχ. ενεστώτα σε εκφράσεις όπως *η διοικούσα επιτροπή*.

διώκω, -ομαι: το ρήμα σημαίνει → υποβάλλω σε (δικαστική κυρίως) δίωξη και δεν πρέπει να συγχέεται με το *διώχνω* → απομακρύνω βίαια από κάπου.

δολοφονούμαι: σε μη επίσημο ύφος λόγου απαντάται και η κλίση (κυρίως του παρατατικού) κατά το *αγαπιέμαι* (59): *δολοφονιόμουν*.

δουλεύομαι: η λόγια μτχ. *δεδουλευμένος* χρησιμοποιείται προκειμένου να χαρακτηριστούν μισθοί κτλ. (*δεδουλευμένα* ημερομίσθια).

δρασκελίζω: μερικές φορές απαντάται και ο τύπος *δρασκελάω* (*δρασκέλισα*, κατά το *γυρνάω – γύρισα*, 70).

δρομολογούμαι: σε μη επίσημο ύφος λόγου απαντάται και η κλίση (κυρίως του παρατατικού) κατά το *αγαπιέμαι* (59): *δρομολογιόμουν*.

δυσαρεστούμαι: η μτχ. *δυσαρεστημένος* χρησιμοποιείται κυρίως ως επίθετο (→ αυτός που δείχνει δυσαρέσκεια).

δυσκολεύομαι: στην παθητική φωνή η έννοια διαφοροποιείται από αυτήν της ενεργητικής (→ κάνω κάτι με δυσκολία, αντιμετωπίζω δυσκολίες).

δυστυχώ: η μτχ. *δυστυχισμένος* χρησιμοποιείται ως επίθετο (→ δυστυχής, δύστυχος κτλ.).

δυσφημίζω: μερικές φορές χρησιμοποιείται και ο παλιότερος τύπος *δυσφημώ* (κατά το *θεωρώ*, 73, αλλά με αόριστο σε *-ισα*, με βάση το *δυσφημίζω*).

E

εγγυώμαι: η μτχ. *εγγυημένος* χρησιμοποιείται κυρίως ως επίθετο (*εγγυημένης* αξίας → για την οποία παρέχονται εγγυήσεις).

εγείρω: κυρίως σε στερεότυπες εκφράσεις όπως *εγείρει* (→ προβάλλει) απαιτήσεις.

εγκληματώ – εγκλιματίζω: δεν πρέπει να γίνεται σύγχυση στους αοριστικούς τύπους *εγκλημάτησα* → διέπραξα έγκλημα, *εγκλιμάτισα* → συνηθίζω (οργανισμό κτλ.) σε διαφορετικό κλίμα.

εγχειρίζω: με την έννοια → επιδίδω (επιστολή κτλ.) χρησιμοποιείται και ο τύπος του αορίστου *ενεχείρισα*.

εδέησε: σε εκφράσεις όπως: *εδέησε* να 'ρθεις! (→ επιτέλους ήρθες!).

εικονογραφούμαι: η μτχ. *εικονογραφημένος* χρησιμοποιείται κυρίως ως επίθετο (*εικονογραφημένες* ιστορίες → με εικόνες).

είμαι: εύχρηστη η λόγια μτχ. *ων, ούσα, ον* σε εκφράσεις όπως *εκ του μη όντος* ή ως ουσιαστικό (*το ον, του όντος*).

εισάγομαι: η μτχ. ενεστώτα *εισαγόμενος* χρησιμοποιείται ευρύτατα ως επίθετο (*εισαγόμενα* προϊόντα → προϊόντα εισαγωγής). Η μτχ. παρακειμένου *εισηγμένος* χρησιμοποιείται κυρίως με την έννοια (για εταιρεία) → που έχει εισαχθεί στο χρηματιστήριο.

εκατοστίζω: χρησιμοποιείται ο αόριστο (υποτακτική) σε ευχές, όπως *να τα εκατοστίσεις* → να ζήσεις εκατό χρόνια.

εκβράζω, -ομαι: έχει αντικατασταθεί κυρίως από το ρ. *ξεβράζω*.

εκθειάζω: σε επίσημο ύφος λόγου απαντάται και η λόγια αύξηση (*εξεθείαζα, εξεθείασα*).

εκλείπω: χρησιμοποιείται ακόμη και ο λόγιος αόριστος σε στερεότυπες εκφράσεις όπως *εξέλιπε ο* κίνδυνος και στη μτχ. *εκλιπών* (→ ο μακαρίτης).

εκμεταλλεύομαι: μόνο ως μεταβατικό (εκμεταλλεύομαι κάτι ή κάποιον).

εκπίπτω: μόνο ως αμετάβατο, π.χ. οι φόροι *εκπίπτουν*. Η χρήση του ρ. ως μεταβατικού (εκπίπτω κάτι) είναι λαθεμένη.

εκτείνομαι: η μτχ. *εκτεταμένος* χρησιμοποιείται ως επίθετο (→ μεγάλης έκτασης).

εκτιμάω: οι τύποι *εκτιμώ* (*-άς, -ά...*) απαντώνται κυρίως σε εκφράσεις όπως *εκτιμώ* (→ κρίνω) ότι...

εκτίω, -ομαι: ο αρχαίος τύπος ήταν *εκτίνω* (σπάν. *εκτίω*), στη νεοελληνική όμως επικράτησε το *εκτίω*.

εκφυλίζω: σε σχέση με την παθητική, η ενεργητική φωνή είναι λιγότερο εύχρηστη.

ενδείκνυται: η μτχ. *ενδεδειγμένος* χρησιμοποιείται κυρίως ως επίθετο.

ενδιαφέρω: απαντάται και η λόγια μτχ. ενεστώτα (*ενδιαφέρων, -ουσα, -ον*) ως επίθετο ή ουσιαστικό (*το ενδιαφέρον*).

ενδιαφέρομαι: η μτχ. ενεστώτα *ενδιαφερόμενος* χρησιμοποιείται κυρίως ως επίθετο και ουσιαστικό (→ αυτός που έχει ενδιαφέρον για κάτι, που τον αφορά άμεσα κάτι ή έχει ρόλο σε κάτι).

ενεργούμαι: στην παθητική φωνή το ρ. σημαίνει → έχω κένωση του εντέρου, ενώ ως παθητικό του *ενεργώ* απαντάται το *διενεργούμαι*.

ενέχομαι: σε ορισμένα λεξικά καταχωρίζεται ξεχωριστά από το *ενέχω*, γιατί η σημασία του είναι τελείως διαφορετική (*ενέχω* → περιέχω, *ενέχομαι* → είμαι αναμειγμένος σε αξιόποινη πράξη).

εξαερίζω – εξαερώνω: οι έννοιες των δύο ρημάτων είναι διαφορετικές· *εξαερίζω* → ανανεώνω τον αέρα (δωματίου κτλ.) – *εξαερώνω* → μεταβάλλω σε αέρα ή αέριο, ή αφαιρώ τον αέρα (από σωλήνα κτλ.).

εξαπλώνομαι: στα λεξικά απαντάται και ο τύπος της ενεργητικής φωνής *εξαπλώνω* (→ εκτείνω, ανοίγω), ο οποίος δε συνηθίζεται.

εξαρτώ: στον απλό προφορικό λόγο απαντάται στον ενεστ. και η κλίση κατά το *αγαπάω* (58).

εξαρτιέμαι: κυρίως στον προφορικό και στον λογοτεχνικό λόγο.

εξασθενίζω – εξασθενώ: τα δύο ρήματα διαφέρουν από άποψη σημασίας· το *εξασθενίζω* έχει την έννοια → κάνω κάτι λιγότερο έντονο, λιγότερο ισχυρό (η αρρώστια *εξασθενίζει* τον οργανισμό), το *εξασθενώ* → χάνω την ένταση, την αρχική μου δύναμη (οι άνεμοι *εξασθενούν* βαθμιαία).

εξελίσσομαι: απαντάται σπάνια στην ενεργητική φωνή (*εξελίσσω*) με την έννοια → αναπτύσσω, βελτιώνω προοδευτικά. Η μτχ. *εξελιγμένος* χρησιμοποιείται κυρίως ως επίθετο (→ αυτός που βρίσκεται σε ανώτερο στάδιο εξέλιξης, προόδου, πολιτισμού).

εξερευνώ: στον απλό προφορικό λόγο απαντάται στον ενεστ. και η κλίση κατά το *αγαπάω* (58).

εξέχω: εύχρηστη η λόγια μτχ. ενεστώτα (εξέχων, *-ουσα, -ον*) ως επίθετο.

εξηγούμαι: στον απλό προφορικό λόγο κλίνεται και κατά το *αγαπιέμαι* (59). Εκτός από παθητικό του *εξηγώ*, το ρήμα έχει και την έννοια → δίνω εξηγήσεις για κάτι. Η μτχ. *εξηγημένος* είναι σπάνια, σε εκφράσεις όπως *για να 'μαστε εξηγημένοι* (→ για να 'χουμε ξεκάθαρους όρους συμφωνίας) και *είναι πολύ εξηγημένος* (→ τίμιος και καθαρός στις συναλλαγές του, στις σχέσεις του).

εξομολογώ, -άω, εξομολογούμαι, -ιέμαι: η κλίση σε -*άω*, -*ιέμαι* κυρίως στον απλό προφορικό λόγο (βλ. και *ξομολογάω*). Η κλίση κατά το *θεωρώ* συνηθίζεται περισσότερο. Το ρήμα παρουσιάζει σημασιολογική διαφοροποίηση από την ενεργητική στην παθητική φωνή: *εξομολογώ* → (για ιερέα κυρίως) ακούω την εξομολόγηση κάποιου, *εξομολογούμαι* → κάνω εξομολόγηση σε κάποιον, του εκμυστηρεύομαι κάτι.

επαμφοτερίζω: χρησιμοποιείται κυρίως η λόγια μτχ. ενεστώτα *επαμφοτερίζων, -ουσα, -ον* ως επίθετο (*επαμφοτερίζουσα* στάση → διφορούμενη, αμφιταλαντευόμενη).

επαναλαμβάνομαι: η μτχ. *επανειλημμένος* χρησιμοποιείται κυρίως ως επίθετο → συνεχής, αλλεπάλληλος (*επανειλημμένες* διακοπές ρεύματος).

επείγει – επείγομαι: εύχρηστη είναι η λόγια μτχ. *επείγων, -ουσα, -ον* ως επίθετο. Το *επείγομαι* σημαίνει → βιάζομαι (να γίνει κάτι).

επεξεργάζομαι: μόνο με μεταβατική αξία → *επεξεργάζομαι* κάτι. Είναι λάθος εκφράσεις όπως τα κείμενα *επεξεργάζονται* από τους ειδικούς (σωστό: τα κείμενα *επεξεργάζονται* οι ειδικοί). Επομένως η ισοδυναμία στους περιφραστικούς χρόνους είναι *έχω επεξεργαστεί* (κάτι) / (το) *έχω επεξεργασμένο*.

έπεται: έχει διασωθεί η μτχ. *επόμενος* ως επίθετο → αυτός που είναι μετά (χρονικά ή τοπικά) από άλλον.

επιβαρύνομαι: η μτχ. *επιβαρημένος* με **η** προέρχεται από το *βαρώ*.

επιδίδομαι: μόνο στον ενεστώτα σημαίνει και → ασχολούμαι ιδιαίτερα με κάτι, έχω επίδοση σε κάτι (*επιδίδεται* στον αθλητισμό).

επιδικάζω: απαντάται και η λόγια άτονη εσωτερική αύξηση *επεδίκαζα – επεδίκασα*.

επιδιώκω: απαντάται και η λόγια άτονη εσωτερική αύξηση *επεδίωκα – επεδίωξα*.

επιδρώ: στον απλό προφορικό λόγο κλίνεται καμιά φορά στον ενεστώτα και κατά το *περνάω* (68).

επιζητώ: στον απλό προφορικό λόγο κλίνεται καμιά φορά στον ενεστώτα και κατά το *αγαπάω* (58).

επιζώ: εύχρηστη η λόγια μτχ. ενεστώτα ως ουσιαστικό (*οι επιζώντες*).

επικοινωνώ: στην παθητική φωνή εύχρηστοι μόνον οι τύποι *επικοινωνείται – επικοινωνούνται* και *επικοινωνήθηκε – επικοινωνήθηκαν* με την έννοια → διαδίδεται μέσω επικοινωνίας, όπως με τα μέσα κοινωνικής δικτύωσης (π.χ. Πώς επικοινωνείται ο φεμινισμός σήμερα στην Ελλάδα; [διαδίκτυο]).

επικολλώ: στον απλό προφορικό λόγο κλίνεται καμιά φορά στον ενεστώτα και κατά το *αγαπάω* (58).

επιλαμβάνομαι: χρησιμοποιείται σπάνια, σε λόγιες εκφράσεις όπως *επιλαμβάνομαι* του θέματος (→ ασχολούμαι με το θέμα).

επιλέγομαι: με την έννοια → επονομάζομαι χρησιμοποιείται μόνο η μτχ. *επιλεγόμενος* (→ επονομαζόμενος).

επιπλήττω: σπάνια η παθητική φωνή (*επιπλήττομαι*, στον ενεστ.).

επισημαίνω: απαντάται και η λόγια μορφή αύξησης *επεσήμαινα – επεσήμανα*.

επισυνάπτω: απαντάται και η λόγια άτονη αύξηση (*επεσύναπτα – επεσύναψα*).

επιτελώ: απαντάται και η λόγια άτονη αύξηση (*επετέλεσα*).

επιτηδεύομαι: στην κοινή νεοελληνική έχει επικρατήσει η σημασία → είμαι επιτήδειος, επιδέξιος σε κάτι. Η μτχ. *επιτηδευμένος* χρησιμοποιείται ως επίθετο (→ προσποιητός).

επιτιμώ: απαντάται και η λόγια άτονη αύξηση (*επετίμησα*). Στον προφορικό λόγο κλίνεται στον ενεστώτα και κατά το *αγαπάω* (58).

επιτρέπομαι: η λόγια μετοχή *επιτετραμμένος* χρησιμοποιείται κυρίως για να δηλώσει τον διπλωματικό αντιπρόσωπο με καθήκοντα πρεσβευτή.

επιτυγχάνομαι: η μτχ. *επιτυχημένος* χρησιμοποιείται κυρίως ως επίθετο (*επιτυχημένο* αστείο → πετυχημένο, *επιτυχημένος* ηθοποιός → αναγνωρισμένης αξίας).

επιφυλάσσομαι: χρησιμοποιείται σπάνια ως παθητικό του *επιφυλάσσω*. Έχει κυρίως την έννοια → δεν προβαίνω σε άμεση ενέργεια, διατηρώ τη δυνατότητα να κάνω κάτι στο μέλλον σε κατάλληλο χρόνο (*επιφυλάσσομαι* να διατυπώσω την άποψή μου).

ερημώνομαι: επειδή απαντάται το *ερημώνω* και με παθητική έννοια (τον χειμώνα οι ακρογιαλιές *ερημώνουν* → μένουν έρημες), η χρήση της παθητικής φωνής είναι περιορισμένη.

ευλογάω: κυρίως χρησιμοποιείται ο τύπος *βλογάω*.

ευλογούμαι: στον απλό προφορικό λόγο απαντάται και η κλίση κατά το *αγαπιέμαι* (59), κυρίως στον παρατατικό (*ευλογιόμουν*).

ευτυχώ: η μτχ. *ευτυχισμένος* χρησιμοποιείται ως επίθετο (→ αυτός που νιώθει, δείχνει ευτυχία ή διακρίνεται για ευτυχία).

ευχαριστούμαι, -ιέμαι: η μτχ. *ευχαριστημένος* χρησιμοποιείται κυρίως ως επίθετο (→ αυτός που δείχνει ευχαρίστηση).

εφημερεύω: εύχρηστη είναι και η λόγια μτχ. ενεστώτα σε εκφράσεις όπως *εφημερεύων ιατρός*, *εφημερεύον φαρμακείο* κτλ.

εφορμώ: στον απλό προφορικό λόγο κλίνεται στον ενεστώτα και κατά το *αγαπάω* (58).

Z

αβώνω: στα λεξικά αναφέρεται και παθητική φωνή (*ζαβώνομαι*), η οποία δε χρησιμοποιείται συνήθως. Το ρ. σημαίνει και → κάνω κάτι ζαβό (στραβό) και → γίνομαι ζαβός (στραβός).

αρώνω: στα λεξικά αναφέρεται και παθητική φωνή (*ζαρώνομαι*), η οποία δε συνηθίζεται. Το ρ. σημαίνει και → κάνω κάτι να αποκτήσει ζάρες και αποκτώ ζάρες.

αχαρώνω: στα λεξικά αναφέρεται και παθητική φωνή (*ζαχαρώνομαι*), η οποία δε συνηθίζεται. Το ρ. σημαίνει κυρίως → (για μέλι ή φρούτο κτλ.) εμφανίζω κρυστάλλους ζάχαρης / ερωτοτροπώ. Με την πρώτη έννοια απαντάται μερικές φορές και ο τύπος *ζαχαριάζω*.

ζεματάω: μόνο στον ενεστώτα και στον παρατατικό έχει και τη σημασία → είμαι καυτός (π.χ. *ζεματάει* ο ήλιος σήμερα). Το *-ισα* έχει επικρατήσει λόγω ισοδυναμίας με το *ζεματίζω*.

ζηλεύω: η μτχ. *ζηλεμένος* χρησιμοποιείται ως επίθετο → ζηλευτός, αξιοζήλευτος.

ζημιώνω: έχει και τη σημασία του *ζημιώνομαι* (→ παθαίνω ζημιά).

ζητώ, -ούμαι: η κλίση κατά το *θεωρώ* είναι σπάνια, σε επίσημο ύφος λόγου και σε τυποποιημένες εκφράσεις, όπως ποιος τον *ζητεί* παρακαλώ; (σε τηλεφωνική συνομιλία), ή σε αγγελίες (*Ζητείται* υπάλληλος κτλ.).

ζουλάω και **ζουπάω:** προέρχονται αντίστοιχα από τα ρ. *ζουλίζω* και *ζουπίζω*, τα οποία όμως δε χρησιμοποιούνται σήμερα. Οι τύποι σε *-άω* έχουν επικρατήσει στην κοινή νεοελληνική (δες και Γραμματική Τριανταφυλλίδη 1941, σελ. 351, 354).

ζυγιάζω – ζυγίζω: είναι κοινή μόνο η έννοια του υπολογισμού του βάρους κάποιου πράγματος. Το ρ. *ζυγιάζω* σημαίνει κυρίως → τοποθετώ σε θέση ισορροπίας (π.χ. ο αετός *ζυγιάζει* τα φτερά του).

ζώνομαι: δε χρησιμοποιείται συνήθως ως παθητικό του *ζώνω*, αλλά με την έννοια → φοράω στη μέση (άρματα, σπαθί κτλ.).

Η

ημερώνω: χρησιμοποιείται και με την έννοια του *ημερώνομαι* (→ γίνομαι ήμερος ή καταπραΰνομαι, μαλακώνω).

Θ

θάβομαι: ο τύπος *τάφηκα* (*να ταφώ* κτλ.) χρησιμοποιείται ως ισοδύναμο του *θάφτηκα* κυρίως για την έννοια → ενταφιάζομαι.

θαμπώνομαι: μόνο με την έννοια → εντυπωσιάζομαι, αφού το *θαμπώνω* έχει και ενεργητική και παθητική αξία (→ κάνω κάτι θαμπό ή γίνομαι θαμπός).

θέλω: χρησιμοποιείται η λόγια μτχ. *ηθελημένος* ως επίθετο (→ σκόπιμος, με πρόθεση).

θερμομετρώ: στον απλό προφορικό λόγο απαντάται στον ενεστώτα και η κλίση κατά το *αγαπάω* (58).

θερμομετρούμαι: στον απλό προφορικό λό-
γο απαντάται και η κλίση κατά το *αγαπιέμ*
(59), κυρίως στον παρατατικό (*θερμομετρι-*
μουν).

θλίβομαι: η μτχ. *θλιμμένος* χρησιμοποιείτ
κυρίως ως επίθετο → αυτός που νιώθει
φανερώνει θλίψη. Χρησιμοποιείται ορισμ
νες φορές και η λόγια μτχ. *τεθλιμμένος* μ
ειρωνικό τόνο (*τεθλιμμένοι* συγγενείς).

θωρακίζομαι: εύχρηστη η λόγια μτχ. *τεθωρ-*
κισμένος ως επίθετο ή ουσιαστικό.

Ι

ίπταμαι: κυρίως χρησιμοποιείται η μτχ. *ιπτάμενος* ως επίθετο (π.χ. *ιπτάμενος* δίσκος).

ισιάζω – ισιώνω: το *ισιάζω* διαφέρει σημασιολογικά από το *ισιώνω*, γιατί έχει κυρίως την έννοια → κάνω κάτι ίσιο (και όχι → γίνομαι ίσιος).

ισορροπώ: η μτχ. *ισορροπημένος* χρησιμοποιείται ως επίθετο → αυτός που έχει ή φανερώνει διανοητική ή ψυχική ισορροπία.

ισχύω: εύχρηστη η λόγια μτχ. ενεστώτα *ισχύων, -ουσα, -ον*.

Κ

καβαλάω: η μτχ. *καβαλημένος* χρησιμοποιείται ως επίθετο (→ αυτός που έχει καβαλήσει το καλάμι, νομίζει ότι είναι σπουδαίος).

καθαρογραφώ, καθαρογραφούμαι: οι αρχικοί αυτοί τύποι τείνουν να εκλείψουν και να αντικατασταθούν από τους νεότερους *καθαρογράφω, -ομαι*.

καθίζω – κάθομαι: άλλοτε είχαν την ίδια έννοια, γι' αυτό επικράτησε ο αόριστος σε *-ισα* (*κάθισα*). Σήμερα το *καθίζω* περιορίζεται στην έννοια → βάζω κάποιον να καθίσει. Μερικές φορές η μτχ. *καθίζοντας* αναπληρώνει τη μτχ. ενεστώτα του *κάθομαι*, που δεν είναι δόκιμη (… *καθίζοντας* δίπλα στον Μίμη [Κυρία Κούλα, σελ. 46]).

καθυποτάσσω: σπάνια η παθητική φωνή (*καθυποτάσσομαι*).

καθυστερώ: η μτχ. *καθυστερημένος* χρησιμοποιείται κυρίως ως επίθετο → αυτός που ήρθε ή έγινε με καθυστέρηση ή διακρίνεται για καθυστέρηση. Η παθητική φωνή είναι σπάνια, εκτός από τη μτχ. παθ. ενεστώτα *καθυστερούμενος*, π.χ. *καθυστερούμενες* οφειλές.

καίω, καίγομαι: σπάνια απαντάται η κλίση *καίεις, καίο(υ)με, καίετε* κτλ. και *καίομαι, καίεσαι* κτλ. (*Καίοντας* με ξερό θυμάρι τους ανέμους [Ελύτης, σελ. 33]).

κακοκαρδίζω: σε ορισμένα λεξικά αναφέρεται και παθητική φωνή. Το ρ. έχει και τις δύο έννοιες → στενοχωρώ, στενοχωριέμαι.

καλο(ε)ξετάζω: σπάνια η παθητική φωνή.

καλοκαρδίζω: σε ορισμένα λεξικά αναφέρεται και παθητική φωνή. Το ρ. σημαίνει κυρίως → κάνω κάποιον να χαρεί, και σπάνια → χαίρομαι ο ίδιος.

καλομαθαίνω: ο τύπος *καλόμαθα* αντιστοιχεί στην έννοια → *κακομαθαίνω*, ενώ το *καλοέμαθα* στην έννοια → μαθαίνω κάτι καλά.

καλούμαι: οι τύποι *καλέστηκα* (*να καλεστώ* κτλ.) και *καλεσμένος* χρησιμοποιούνται κυρίως με την έννοια → προσκαλούμαι, ενώ οι τύποι *κλήθηκα* (*να κληθώ* κτλ.) με την έννοια → μου ζητούν να παρευρεθώ σε κάτι, να κάνω κάτι κτλ. (*κλήθηκε* ο μάρτυρας να καταθέσει στο δικαστήριο).

κάμπτομαι: η μτχ. *κεκαμμένος* χρησιμοποιείται κυρίως ως επίθετο (→ σε στάση, σε θέση κάμψης).

καπνίζω: η μτχ. *καπνισμένος* αντιστοιχεί μόνο στην έννοια → υποβάλλω στην επίδραση του καπνού (*καπνισμένες* κυψέλες μελισσών κτλ.).

καρποφορώ: στον απλό προφορικό λόγο και στη λογοτεχνία απαντάται και η κλίση σε -*άω* (κατά το *αγαπάω*, 58), στον ενεστώτα.

καρτεράω: απαντάται (σπάνια) και η κλίση κατά το *θεωρώ* (73).

καταβάλλομαι: ο λόγιος τύπος της μτχ. (*καταβεβλημένος*) χρησιμοποιείται ευρύτατα με την έννοια → εξαντλημένος, καταπονημένος σωματικά και ψυχικά.

καταβρέχομαι: στην παθητική φωνή ξεχωρίζουν οι σημασίες του ρήματος και από άποψη μορφής. Οι τύποι *καταβρέχτηκα, να καταβρεχτώ* κτλ. έχουν την έννοια → βρέχομαι σε όλη μου την έκταση (η άσφαλτος πρέπει να *καταβρεχτεί*), ενώ οι τύποι *καταβράχηκα, να καταβραχώ* κτλ. έχουν την έννοια → βρέχομαι υπερβολικά, μουσκεύομαι (δεν πήρα μαζί μου ομπρέλα και *καταβράχηκα*).

καταζητούμαι: η μτχ. ενεστώτα *καταζητούμενος* χρησιμοποιείται ευρύτατα ως ουσιαστικό.

κατακάθομαι: για τον αόριστο σε -*ισα* δες *σημείωση* καθίζω – κάθομαι.

κατακαίω: ο αόριστος *κατάκαψα* αντιστοιχεί κυρίως στην έννοια → καίω πολύ, υπερβολικά κάποιον ή κάτι, ενώ ο αόριστος *κατέκαψα* στην έννοια → καίω ολοσχερώς (έκταση γης κτλ.). Σπάνια, σε επίσημο ύφος λόγου, για τη δεύτερη έννοια χρησιμοποιούνται και οι λόγιοι τύποι *κατακαίεις* κτλ., *κατέκαυσα, κατακαίομαι*.

κατακρατώ, -ούμαι: στον απλό προφορικό λόγο απαντάται και η κλίση κατά το *αγαπάω* (58) και το *αγαπιέμαι* (59), κυρίως στον παρατατικό: *κατακρατιόμουν*.

καταμετρώ, -ούμαι: στον απλό προφορικό λόγο απαντάται και η κλίση κατά το *αγαπάω* (58) και *αγαπιέμαι* (59), κυρίως στον παρατατικό: *καταμετριόμουν*.

κατανικώ: στον απλό προφορικό λόγο κλίνεται στον ενεστώτα και κατά το *αγαπάω* (58).

καταξοδεύομαι: στην παθητική φωνή διαφοροποιείται η έννοια του ρ. (→ κάνω πολλά έξοδα). Μόνο με την έννοια → ξοδεύω ολοκληρωτικά κάτι (π.χ. χρήματα) υπάρχει αντιστοιχία ενεργητικής και παθητικής φωνής, ενώ απαντάται και η μτχ. *καταξοδεμένος*.

καταπατάω: η κλίση σε -*άω* χαρακτηρίζει μη επίσημο ύφος λόγου.

καταπατούμαι: απαντάται ορισμένες φορές και η κλίση κατά το *ανακτώμαι* (61) ή το *αγαπιέμαι* (59).

καταπέφτω – (καταπίπτω): η σημασία έχει διαφοροποιηθεί. Το *καταπέφτω* σημαίνει → χάνω τις δυνάμεις μου (από αρρώστια κτλ.), ενώ το *καταπίπτω* (με εύχρηστο κυρίως τον αόριστο *κατέπεσα*) σημαίνει → πέφτω από ψηλά, π.χ. το αεροπλάνο *κατέπεσε* και συνετρίβη.

καταπολεμώ, -ώμαι: παρά το γεγονός ότι προέρχεται από το αρχαίο ρ. *πολεμέω, πολεμούμαι*, έχει επικρατήσει στην κοινή νεοελληνική η κλίση σε -*ώμαι* ([Χειρόγρ. Ρωξάνης, σελ. 109] *καταπολεμάται*).

καταριέμαι: η μτχ. *καταραμένος* σημαίνει → αυτός που αξίζει κατάρες. Επίσης απαντάται η λόγια μτχ. ενεστώτα *καταρώμενος*, αλλά και η μτχ. της δημοτικής *καταριώντας* με ισοδύναμο νόημα (Χειρόγρ. Ρωξάνης, σελ. 20).

κατατρέχω: σπάνια είναι η παθητική φωνή (*κατατρέχομαι*). Συνήθως απαντάται μόνο η μτχ. παθ. παρακειμένου (*κατατρεγμένος*).

καταφέρνω – καταφέρομαι: με την έννοια → δίνω (χτύπημα) απαντώνται και οι τύποι *καταφέρω*, *κατέφερα* (π.χ. του *κατέφερε* καίριο πλήγμα). Το ρ. *καταφέρομαι* έχει αποκτήσει τελείως διαφορετική σημασία → κατηγορώ, κατακρίνω με έντονο τρόπο.

καταχρώμαι: μόνο ως μεταβατικό (καταχρώμαι κάτι).

καταχωρίζω, -ομαι: Το ρ. είναι σύνθετο από το *κατά* + *χωρίζω* (και όχι από το *κατά* + *χωρώ*), επομένως είναι λαθεμένοι οι τύποι *καταχωρώ*, *καταχώρησα*, *καταχωρούμαι* κτλ.

καταψύχομαι: η μτχ. *κατεψυγμένος* (ή *καταψυγμένος*) χρησιμοποιείται κυρίως ως επίθετο → συντηρημένος στην κατάψυξη.

κατεβάζω – κατεβαίνω: από άποψη σημασίας, το *κατεβαίνω* χρησιμοποιείται και ως παθητικό του *κατεβάζω* (π.χ. η ασπιρίνη τού *κατέβασε* τον πυρετό – ο πυρετός του *κατέβηκε* με την ασπιρίνη).

κατεργάζομαι: μόνο με μεταβατική αξία (*κατεργάζομαι* κάτι). Επομένως η ισοδυναμία στους περιφραστικούς χρόνους είναι *έχω κατεργαστεί* (κάτι) / (το) *έχω κατεργασμένο*.

κατέχω: από την παθητική φωνή χρησιμοποιείται κυρίως η μτχ. ενεστώτα *κατεχόμενος*, π.χ. *κατεχόμενα* εδάφη (→ που βρίσκονται κάτω από ξένη κατοχή). Δεν πρέπει να γίνεται σύγχυση με το ρ. *κατέχω* (παρατατ. *κάτεχα*), που σημαίνει → γνωρίζω.

κατηγορώ: στον απλό προφορικό και στον λογοτεχνικό λόγο απαντάται και η κλίση κατά το *αγαπάω* (58).

κατοικούμαι: σε μη επίσημο ύφος λόγου κλίνεται και κατά το *αγαπιέμαι* (59), κυρίως στον παρατατικό.

κατουριέμαι: από άποψη σημασίας δεν είναι παθητικό του *κατουράω*, αλλά σημαίνει → θέλω να κατουρήσω ή «τα κάνω» πάνω μου.

κελαηδάω: η κλίση κατά το *θεωρώ* (73) δεν απαντάται στην κοινή νεοελληνική αλλά κυρίως σε διαλέκτους. Σπάνια χρησιμοποιούνται και οι τύποι *κελαδώ*, *κελάδησα*, χωρίς το **η**.

κεραυνοβολούμαι: στον απλό προφορικό λόγο απαντάται και η κλίση κατά το *αγαπιέμαι* (59), κυρίως στον παρατατικό (*κεραυνοβολιόμουν*).

κερδίζομαι: η μτχ. *κερδισμένος* σημαίνει και → αυτόν που έχει κερδηθεί (παίρνω τα *κερδισμένα* μου και φεύγω από το παιχνίδι) και → αυτόν που έχει κερδίσει ή γενικά αποκομίσει κάποιο όφελος (από όλη αυτή την ιστορία θα βγει *κερδισμένος*).

κερώνω: σπάνια η παθητική φωνή (*κερώνομαι*), εκτός από τη μτχ. παθ. παρακειμένου *κερωμένος*.

κινάω: χρησιμοποιείται κυρίως με την έννοια → ξεκινάω (π.χ. *κινάει* να φύγει), αλλά στον απλό προφορικό λόγο και με τις άλλες έννοιες του *κινώ*.

κινούμαι: στον απλό προφορικό λόγο απαντάται και η κλίση κατά το *αγαπιέμαι* (59), κυρίως στον παρατατικό (*κινιόμουν*).

κλαίω: σπάνια απαντώνται οι τύποι *κλαίγω*, *κλαίγεις* κτλ.

κλαίγομαι: η έννοια διαφοροποιείται στην παθητική φωνή. Το ρ. σημαίνει → παραπονιέμαι, εκτός από τη μτχ. *κλαμένος*, που συνδέεται νοηματικά με την ενεργητική φωνή (→ αυτός που κλαίει ή έχει κλάψει).

κλέβομαι: ο αόριστος *κλέφτηκα* χρησιμοποιείται μόνο με την έννοια της απαγωγής γυναίκας με σκοπό τον γάμο (π.χ. αυτή *κλέφτηκε* με τον τάδε ή αυτοί *κλέφτηκαν* για να παντρευτούνε).

κλείνομαι: η λόγια μτχ. *κεκλεισμένος* έχει επιβιώσει στην έκφραση *κεκλεισμένων των θυρών*.

κληρώνομαι: η έννοια διαφοροποιείται στην παθητική φωνή. Το *κληρώνομαι* σημαίνει κυρίως → εκλέγομαι με κλήρο, ενώ το *κληρώνω* χρησιμοποιείται κυρίως για την κλήρωση λαχείων κτλ.

κλίνομαι: η παθητική φωνή χρησιμοποιείται μόνο για την κλίση ρημάτων, ενώ η μτχ. *κεκλιμένος* έχει ρόλο επιθέτου (→ αυτός που παρουσιάζει κλίση, επικλινής).

κοιτάζομαι – κοιτιέμαι: η παθητική φωνή διαφοροποιείται νοηματικά από την ενεργητική. Σημαίνει → κοιτάω τον εαυτό μου (στον καθρέφτη) ή → κάνω ιατρικές εξετάσεις. Επίσης έχει έννοια αλληλοπάθειας: *κοιτάζονται* ή *κοιτιούνται* μεταξύ τους.

κοντράρομαι: στην παθητική φωνή το ρ. σημαίνει → συγκρούομαι με κάποιον, επομένως έχει παραπλήσια έννοια με αυτήν του *κοντράρω* (κάποιον) → εναντιώνομαι, έρχομαι σε αντιπαράθεση με κάποιον.

κοπανάω: ο τύπος *κοπανίζω* (Τριανταφυλλίδης, 1941, σελ. 358) δε χρησιμοποιείται πια στην κοινή νεοελληνική. Έχουν επιβιώσει η μτχ. *κοπανισμένος* και το επίθετο *κοπανιστός*.

κοπιάζω: η προστακτική αορίστου *κόπιασε – κοπιάστε* χρησιμοποιείται και ως πρόσκληση σε κάποιον να περάσει, να μπει σε κάποιον χώρο.

κορέστηκα: στην επιστημονική ορολογία απαντάται και η λόγια μτχ. *κεκορεσμένος*.

κοστολογούμαι: στον απλό προφορικό λόγο απαντάται και η κλίση κατά το *αγαπιέμαι* (59), κυρίως στον παρατατικό (*κοστολογιόμουν*).

κουμπώνομαι: σπάνια χρησιμοποιείται ως παθητικό του *κουμπώνω*. Συνήθως σημαίνει → κουμπώνω το ρούχο μου ή δείχνω επιφυλακτικότητα, καχυποψία.

κουτουλάω: σε ορισμένα λεξικά απαντάται και ο τύπος *κουτουλίζω*, ο οποίος, τουλάχιστον στην κοινή νεοελληνική, δε συνηθίζεται.

κράζω: η μτχ. *κραγμένος* απαντάται με την έννοια → *ξεφωνημένος* (δες σημείωση *ξεφωνίζω*).

κρατάω: η κλίση κατά το *θεωρώ* (73) –*κρατώ*, *-είς*, *-εί* κτλ.– δε συνηθίζεται στην κοινή νεοελληνική. Η λόγια μτχ. ενεστώτα *κρατούντες* χρησιμοποιείται ως ουσιαστικό (→ αυτοί που κυβερνούν).

κρατούμαι: κυρίως με την έννοια → φυλακίζομαι προσωρινά (χωρίς να έχει προηγηθεί δίκη). Εύχρηστη η μτχ. ενεστώτα *κρατούμενος* και ως ουσιαστικό.

κρέμομαι – κρεμιέμαι: υπάρχει διαφοροποίηση εννοιών. Το *κρέμομαι* σημαίνει → είμαι στερεωμένος ή στηρίζομαι κάπου από το πάνω μέρος (π.χ. το πολύφωτο *κρέμεται* στο ταβάνι) / αιωρούμαι / βασίζομαι σε κάποιον ή κάτι ολοκληρωτικά, εξαρτώμαι. Το *κρεμιέμαι* σημαίνει κυρίως → με κρεμάει κάποιος κάπου (π.χ. το πολύφωτο *κρεμιέται* συνήθως πάνω από το τραπέζι της τραπεζαρίας) / απαγχονίζομαι.

κυβερνάω: χρησιμοποιείται και η λόγια μτχ. ενεστώτα *κυβερνώντες* ως ουσιαστικό (→ αυτοί που κυβερνούν).

κυκλοφορώ: στον απλό προφορικό και στον λογοτεχνικό λόγο απαντάται και η κλίση κατά το *αγαπάω* (58).

κυλιέμαι: στην παθητική φωνή το ρήμα περιορίζεται κυρίως στη σημασία → μετακινούμαι πάνω στο έδαφος με περιστροφική ή παρόμοια κίνηση (π.χ. *κυλιέται* μέσα στη λάσπη). Εύχρηστη είναι η λόγια μτχ. ενεστώτα *κυλιόμενος* για σκάλα με μηχανισμό που κινείται «κυλώντας», για απεργία που κλιμακώνεται σταδιακά κτλ.

κυριαρχούμαι: σπάνια η παθητική φωνή, με την έννοια → είμαι κυριευμένος από κάτι (κυρίως για έντονες συναισθηματικές καταστάσεις).

Λ

λαθεύω: η μτχ. *λαθεμένος* χρησιμοποιείται κυρίως ως επίθετο (→ μη σωστός, λανθασμένος).

λακάω: σύμφωνα με τη Γραμματική Τριανταφυλλίδη, όταν οι δύο τύποι του ενεστώτα σε *-ώ* και σε *-ίζω* έχουν την ίδια σημασία, τότε επικρατεί ο αόριστος σε *-ισα*.

λαλώ – λαλάω: η κλίση σε *-άω* τείνει να επικρατήσει στην κοινή νεοελληνική (χωρίς τον δεύτερο τύπο *λαλά* του β΄ ενικού και με το επίθημα *-αγ-* μόνο στον πληθυντικό του παρατατικού: *λαλάγαμε* κτλ.). Από την παθητική φωνή εύχρηστοι τύποι είναι μόνο η μτχ. ενεστώτα ως ουσιαστικό: η *λαλουμένη* (→ η λαϊκή, η δημοτική γλώσσα) και η μτχ. παρακειμένου *λαλημένος* ως επίθετο: τρελαμένος.

λαμβάνομαι: ο τύπος *ελήφθη* (παρά το γεγονός ότι είναι λόγιος) χρησιμοποιείται ευρύτατα στη λήψη ραδιοσημάτων, στη στερεότυπη έκφραση *ελήφθη, over*. Η λόγια μτχ. *ειλημμένος* έχει επιβιώσει στην έκφραση: προ *ειλημμένων* (ήδη παρμένων) αποφάσεων.

λαναρίζω: σπάνια η παθητική φωνή (*λαναρίζομαι*).

λανθάνω: χρησιμοποιείται η λόγια μτχ. ενεστώτα *λανθάνων, -ουσα, -ον*, ως επίθετο (→ αυτός που υπάρχει αλλά δε φανερώνεται άμεσα).

λαχταρίζω – λαχταράω: δεν πρέπει να συγχέονται οι έννοιες των δύο ρημάτων. Το *λαχταρίζω* σημαίνει → σκιρτάω, σπαρταράω / τρομάζω, τρομοκρατούμαι, ενώ το *λαχταράω* → επιθυμώ έντονα.

λεηλατούμαι: στον απλό προφορικό λόγο απαντάται και η κλίση κατά το *αγαπιέμαι* (59), κυρίως στον παρατατικό (*λεηλατιόμουν*).

λειτουργάω – λειτουργώ: η διπλοτυπία ισχύει μόνο για την έννοια → τελώ τη θεία λειτουργία. Η παθητική φωνή σημαίνει → παρακολουθώ τη θεία λειτουργία.

λειτουργώ: το ρ. καταχωρίζεται χωριστά γιατί δεν παρουσιάζει διπλοτυπία, ούτε εμφανίζεται στην παθητική φωνή. Έχει την έννοια → είμαι σε λειτουργία, έχω συγκεκριμένη συμπεριφορά, επίδραση κτλ.

λιάζω: λιγότερο συχνό σε σχέση με την παθητική φωνή.

λιγουριάζω – λιγώνω: το *λιγουριάζω* σημαίνει κυρίως → προκαλώ ή αισθάνομαι κορεσμό από το πολύ φαΐ, συνήθως γλυκό, ενώ το *λιγώνω* → προκαλώ λιγούρα ή ζαλάδα.

λιμάζω: εύχρηστη είναι κυρίως η μτχ. *λιμασμένος* (→ υπερβολικά πεινασμένος).

λιμνάζω: εύχρηστη η λόγια μτχ. ενεστώτα σε εκφράσεις όπως *λιμνάζοντα ύδατα*.

λιντσάρω: σπάνια η παθητική φωνή (*λιντσάρομαι*).

λυγάω: σύμφωνα με τη Γραμματική Τριανταφυλλίδη, όταν οι δύο τύποι σε *-ώ* και *σε - ίζω* έχουν την ίδια σημασία, τότε επικρατεί ο αόριστος σε *-ισα*.

λυγιέμαι: δεν αποτελεί παθητικό του *λυγάω*, αλλά έχει μόνο την ειδική έννοια → κουνάω, λυγίζω ρυθμικά το σώμα μου (σε χορό κτλ.).

λύνομαι: η λόγια μορφή *λύομαι* έχει επιβιώσει σε στερεότυπες εκφράσεις όπως *λύεται η συνεδρίαση* και στη μτχ. ενεστώτα *λυόμενος* (για σπίτι κτλ.).

λυπάμαι: η μτχ. *λυπημένος* χρησιμοποιείται κυρίως ως επίθετο (→ αυτός που νιώθει ή εκφράζει, φανερώνει λύπη).

M

μαγνητοφωνούμαι: στον απλό προφορικό λόγο κλίνεται και κατά το *αγαπιέμαι* (59), κυρίως στον παρατατικό (*μαγνητοφωνιόμουν*).

μαζώνω, -ομαι: περίπου συνώνυμο του *μαζεύω*, απαντάται όμως σπανιότερα στην κοινή νεοελληνική.

μαθαίνω – μαθεύομαι: στον απλό προφορικό λόγο χρησιμοποιείται και ο ενεστώτας της παθητικής φωνής (*μαθαίνομαι*) (... *μαθαίνεται* ο έρωτας έτσι; [Χειρόγρ. Ρωξάνης, σελ. 82]). Ο Τριανταφυλλίδης (1941, σελ. 365) αναφέρει τον τύπο *μαθαίνομαι* με αόριστο *μαθεύτηκα*, στην κοινή νεοελληνική όμως απαντάται κυρίως το *μαθεύτηκε* (και *μαθεύτηκαν*) με διαφορετική έννοια → έγινε γνωστό. Η μτχ. *μαθημένος* σημαίνει κυρίως → αυτός που απέκτησε κάποια συγκεκριμένη συνήθεια (π.χ. δεν είναι *μαθημένος* στο ψυχρό κλίμα).

μαλώνω: η μτχ. *μαλωμένος* σημαίνει κυρίως → αυτός που έχει μαλώσει (καβγαδίσει, φιλονικήσει) με κάποιον και όχι → αυτός που τον έχουν μαλώσει.

μανουβράρω: σπάνια η παθητική φωνή (*μανουβράρομαι*).

μαρτυράω – μαρτυρώ: με την έννοια → βασανίζομαι, παιδεύομαι χρησιμοποιείται κυρίως στον αόριστο (*μαρτύρησα*). Απαντάται στο γ΄ πρόσωπο του ενεστ. με την ειδική έννοια → φανερώνει, αποτελεί μαρτυρία (Η ύπαρξη του οβελίσκου *μαρτυρεί* πως ο χώρος αυτός ανήκει στη Γαλλική Δημοκρατία [Καθημ. 5/4/91]). Το *μαρτυρείται* σημαίνει και → αναφέρεται (σε κείμενο, πηγή κτλ.).

μασουλάω: σύμφωνα με τη Γραμματική Τριανταφυλλίδη, εφόσον υπάρχει ισοδύναμος τύπος σε *-ίζω*, επικρατεί ο αόρ. *σε -ισα*.

μαυρίζω: σε ορισμένα λεξικά αναφέρεται και παθητική φωνή (*μαυρίζομαι*), πιθανόν με την έννοια → καταψηφίζομαι.

μέλει – μέλλει: δεν πρέπει να συγχέονται οι έννοιες των ρημάτων. Το *μέλει* σημαίνει → ενδιαφέρει (τι σε *μέλει* εσένανε;), ενώ το *μέλλει* (ή *μέλλεται*) → είναι μοιραίο (όποιου του *μέλλει* να πνιγεί, ποτέ του δεν πεθαίνει). Εύχρηστες είναι οι λόγιες μτχ. ενεστώτα *μέλλων, -ουσα, -ον* (ως επίθετα) και *το μέλλον* και *τα μελλούμενα* (ως ουσιαστικά).

μελετώμαι: η λόγια κλίση σε *-ώμαι* συνηθίζεται περισσότερο για τις έννοιες → ερευνώμαι, εξετάζομαι (π.χ. *μελετάται* η κατασκευή υπόγειου σιδηροδρόμου).

μεριμνώ: σε μη επίσημο ύφος λόγου κλίνεται στον ενεστώτα και κατά το *αγαπάω* (58).

μεταβιβάζω: σε επίσημο ύφος λόγου απαντάται και η άτονη εσωτερική αύξηση (*μετεβίβαζα, μετεβίβασα*).

μεταγράφομαι: χρησιμοποιείται ορισμένες φορές και με την έννοια του *μετεγγράφομαι* (όπως και το ουσ. *μεταγραφή* αντί του σωστού *μετεγγραφή*).

μετακινούμαι: στον απλό προφορικό λόγο απαντάται και η κλίση κατά το *αγαπιέμαι* (59), κυρίως στον παρατατικό (*μετακινιόμουν*).

μεταλαβαίνω: σπάνιοι οι λόγιοι τύποι *μεταλαμβάνω, μετέλαβα* (κατά το *καταλαμβάνω*, 165).

μεταλαμπαδεύω: σπάνια η παθητική φωνή (*μεταλαμπαδεύομαι*, 20).

μεταμφιέζω: συνηθίζονται κυρίως οι τύποι της παθητικής φωνής.

μετανιώνω – μετανοώ: το *μετανοώ* περιορίζεται κυρίως στην έννοια → μετανιώνω για λάθος ή κακό που έκανα. Έτσι, δεν μπορούμε να πούμε π.χ. ξεκίνησα να πάω εκδρομή, αλλά *μετανόησα* (*μετάνιωσα*, άλλαξα γνώμη) και γύρισα πίσω.

μεταπωλώ: μόνο σε επίσημο ύφος λόγου. Σπάνια η χρησιμοποίηση της παθητικής φωνής (*μεταπωλούμαι*, 74).

μεταχειρίζομαι: η μτχ. *μεταχειρισμένος* χρησιμοποιείται ως επίθετο (*μεταχειρισμένο* αυτοκίνητο → όχι καινούριο, χρησιμοποιημένο). Το ρήμα είναι μεταβατικό (*μεταχειρίζομαι* κάτι).

μηνάω – μηνύω: οι έννοιες των ρημάτων είναι διαφορετικές. Το *μηνάω* σημαίνει → στέλνω μήνυμα, παραγγέλνω, ενώ το *μηνύω* → κάνω μήνυση.

μιλιέμαι: η παθητική φωνή χρησιμοποιείται κυρίως με τη σημασία → (για γλώσσα) χρησιμοποιούμαι, π.χ. τα γαλλικά *μιλιούνται* ακόμα στις παλιές αποικίες, και με την έννοια αλληλοπάθειας, π.χ. δε *μιλιούνται* (→ δε μιλάει ο ένας στον άλλον) μετά την παρεξήγηση που έγινε. Η μτχ. *μιλημένος* έχει ιδιαίτερη σημασία → αυτός με τον οποίο (ή για τον οποίο) έχει προηγηθεί συνεννόηση, π.χ. Ήταν *μιλημένος* ο μάρτυρας και δεν είπε στο δικαστήριο όλα όσα ήξερε.

μισούμαι: στον απλό προφορικό λόγο απαντάται και η κλίση κατά το *αγαπιέμαι* (59), κυρίως όταν έχει αξία αλληλοπάθειας (... ξεμέθυστοι *μισιούνται* [ενν. μισεί ο ένας τον άλλον] [Υπνοβ., σελ. 94]).

μοιραίνω: σπάνια η παθητική φωνή (*μοιραίνομαι*).

μονιάζω – μονοιάζω: δεν πρέπει να γίνεται σύγχυση. Το *μονιάζω* σημαίνει → (για ζώο) φωλιάζω, ενώ το *μονοιάζω* συμφιλιώνω ή συμφιλιώνομαι.

μονώνομαι: η λόγια μτχ. *μεμονωμένος* έχει επιβιώσει ως επίθετο (→ αυτός που δε συνδέεται με άλλον, που αποτελεί ξεχωριστό φαινόμενο, ξεχωριστή περίπτωση).

μουγγαίνομαι: ακολουθούμε την ετυμολογία του Ανδριώτη, από το *μογγός* < μογ(γ)ιλάλος.

μουρμουράω: σύμφωνα με τη Γραμματική Τριανταφυλλίδη, εφόσον υπάρχει ισοδύναμος τύπος σε *-ίζω*, επικρατεί ο αόριστος σε *-ισα*.

μπάζω – μπαίνω: από άποψη σημασίας το *μπαίνω* χρησιμεύει και ως παθητικό του *μπάζω*, π.χ. τον *έμπασε* στο δωμάτιο – *μπήκε* στο δωμάτιο.

μπλοκάρω: και με την έννοια → *μπλοκάρομαι* (... *είχαν* σχεδόν και οι δυο *μπλοκάρει* [Αντίπ. Εραστής, σελ. 25]).

μπουκώνω: σπάνια η παθητική φωνή (*μπουκώνομαι*). Το ρ. έχει και ενεργητική και παθητική διάθεση (→ μπουκώνω κάτι ή μπουκώνω ο ίδιος).

μπουμπουνίζει: σπάνια ως προσωπικό (Τι θα πει «πανεπιστήμιο», που μας *μπουμπουνίζουνε* τώρα κάθε τόσο πως άνοιξε εδώ ή εκεί; [Κοιτάσμ., σελ. 145]).

μυρίζομαι: στην παθητική φωνή η έννοια διαφοροποιείται. Σημαίνει → αντιλαμβάνομαι κάποια μυρωδιά ή (κυρίως) → υποψιάζομαι, προαισθάνομαι.

Ν

νεκροφιλάω: σπάνια κλίνεται κατά το *θεωρώ* (73).

νεκρώνω: και με την έννοια → *νεκρώνομαι.*

νεοτερίζω: απαντάται και η γραφή *νεωτερίζω.* Προτιμήσαμε το **ο,** γιατί υπάρχει ο τύπος του επιθέτου *νεότερος.*

νοστιμεύομαι: η έννοια διαφοροποιείται στην παθητική φωνή. Σημαίνει → επιθυμώ κάτι έντονα, το λαχταράω.

νυχτώνει: σπάνια απαντάται και ως προσωπικό (*νυχτώνω*), με την έννοια του *νυχτώνομαι* (→ με βρίσκει η νύχτα).

Ξ

ξανθαίνω – ξανθίζω: οι έννοιες των δύο ρημάτων δεν ταυτίζονται. Το *ξανθαίνω* σημαίνει γενικά → κάνω κάτι ξανθό ή γίνομαι ξανθός, ενώ το *ξανθίζω* χρησιμοποιείται σε ειδικές περιπτώσεις, π.χ. *ξανθίζετε* το κρεμμύδι σε καυτό βούτυρο.

ξανοίγομαι: η έννοια διαφοροποιείται στην παθητική φωνή. Σημαίνει → κάνω υπερβολικά έξοδα ή ριψοκίνδυνες οικονομικές επιχειρήσεις / δείχνω εμπιστοσύνη σε κάποιον και του «ανοίγω» την καρδιά μου.

ξαπλώνομαι: στην παθητική φωνή σπάνια χρησιμοποιείται με την έννοια του *ξαπλώνω* (... *ξαπλώνομαι,* και απ' το κρεβάτι μου πάλι κοιτάζω τις βουνοκορφές [Υπνοβ., σελ. 123]), ενώ είναι συχνότερη η έννοια → με ρίχνει κάποιος κάτω. Στον προφορικό λόγο και στη λογοτεχνία απαντάται ορισμένες φορές και με τη σημασία → απλώνομαι (σε έναν χώρο κτλ.) (Η πλήξη του... *ξαπλώθηκε* στο δωμάτιο [Υπνοβ., σελ. 151]).

ξεβάφομαι: στην παθητική φωνή έχει κυρίως την έννοια → καθαρίζω το πρόσωπό μου από βάψιμο, μακιγιάζ.

ξεκινάω: η μτχ. *ξεκινημένος* εντοπίστηκε στο υλικό μας σε μικρές αγγελίες για κατοικίδια ζώα (π.χ. Πωλείται αγγλικό σέτερ... *ξεκινημένο* → του οποίου δηλ. έχει αρχίσει η διαδικασία εκπαίδευσης [*Τα Νέα*, 16/5/91, σελ. 63]) και στη λογοτεχνία (Και αμέσως ένιωσε *ξεκινημένη* από μακριά η στερνή χλωμάδα να τον κυριεύει [Ελύτης, σελ. 112]).

ξελέω: χρησιμοποιείται κυρίως στον ενεστώτα και στον αόριστο οριστικής, σε εκφράσεις όπως λέω και *ξελέω,* είπα – *ξείπα* (για κάτι που λέγεται και αναιρείται διαδοχικά).

ξεμυτάω: σύμφωνα με τη Γραμματική Τριανταφυλλίδη, όταν υπάρχει ισοδύναμος τύπος σε *-ίζω,* τότε επικρατεί ο αόριστος σε *-ισα.*

ξενυχτάω: ο τύπος *ξενυχτίζω* δε συνηθίζεται.

ξεπετιέμαι – ξεπετάγομαι: η έννοια διαφοροποιείται στην παθητική φωνή. Το ρ. σημαίνει → ξεπηδάω / περνάω στην παιδική ή στη νεανική ηλικία.

ξεφτάω: σύμφωνα με τη Γραμματική Τριανταφυλλίδη, όταν οι δύο τύποι σε *-άω* και σε *-ίζω* έχουν την ίδια σημασία, τότε επικρατεί ο αόριστος σε *-ισα*.

ξεφωνίζω: ο τύπος *ξεφωνώ*, που αναφέρεται σε ορισμένα λεξικά, δε συνηθίζεται στην κοινή νεοελληνική. Απαντάται μόνο η μτχ. *ξεφωνημένος* ως επίθετο, για άτομο του οποίου κάποια (θεωρούμενη ανήθικη) ιδιότητα είναι ευρύτατα γνωστή, π.χ. για ομοφυλόφιλο, πόρνη κτλ.

ξεχρεώνω: απαντάται και με παθητική σημασία → απαλλάσσομαι από χρέη (κυρίως για άνθρωπο, ενώ για άψυχο υποκείμενο χρησιμοποιείται το *ξεχρεώνομαι*, π.χ. το σπίτι δεν *έχει ξεχρεωθεί* ακόμα).

ξεχωρίζω: σπάνια η χρήση του ρήματος στην παθητική φωνή (*ξεχωρίζομαι*, 34), με την έννοια → με τοποθετεί κάποιος ξεχωριστά, με ξεχωρίζει από άλλα.

ξεψυχάω: η μτχ. *ξεψυχισμένος* χρησιμοποιείται κυρίως ως επίθετο (π.χ. *ξεψυχισμένη* φωνή → αδύναμη, χωρίς ένταση).

ξημερώνει: στον προφορικό λόγο απαντάται καμιά φορά και ως προσωπικό, με την έννοια του *ξημερώνομαι*.

ξιπάζομαι: η μτχ. *ξιπασμένος* έχει έννοια επιθέτου (→ αλαζόνας, υπερόπτης, φαντασμένος).

ξυπολιέμαι: ως παράγωγο του *ξυπόλυτος* (από το αρχ. ρ. *εξυπολύω*) διατηρεί στον αόριστο το **υ** (*ξυπολύθηκα*), λόγω της σχέσης με το ρ. *λύω*. Η προέλευση από το ρ. *ξυπολάω δε* φαίνεται πιθανή.

Ο

ογκώνομαι: κυρίως ως σύνθετο (*διογκώνομαι*, *εξογκώνομαι*).

οδηγώ: στον απλό προφορικό λόγο απαντάται και η κλίση σε *-άω* (κατά το *αγαπάω*, 58) κυρίως για οδήγηση αυτοκινήτου, μηχανής κτλ.

οικειοποιούμαι: μόνο με ενεργητική μεταβατική σημασία (*οικειοποιούμαι* κάτι → κάνω [ή εμφανίζω ως] δικό μου κάτι ξένο).

ομιλώ, -ούμαι: σε στερεότυπες εκφράσεις όπως *ομιλείτε* παρακαλώ ή στη μτχ. *ομιλούμενος* (→ προφορικός).

ονειρεύομαι: η μτχ. *ονειρεμένος* χρησιμοποιείται ως επίθετο → τόσο ωραίος, ώστε να μοιάζει με όνειρο.

ονοματίζω: χρησιμοποιείται λιγότερο συχνά από το *ονομάζω*, με το οποίο έχει παρόμοια σημασία.

ορίζω: η προστακτική αορίστου *ορίστε* χρησιμοποιείται και ως απάντηση σε κάλεσμα (π.χ. *ορίστε*, τι θέλετε;) ή ως ερώτηση (*πώς;*), επιφωνηματική έκφραση (*να!*) κτλ.

ορίζομαι: η μτχ. *ορισμένος* απαντάται και ως επίθετο, π.χ. σε *ορισμένη* (→ δεδομένη, συγκεκριμένη) χρονική στιγμή.

ορκίζομαι: σημαίνει κυρίως → δίνω όρκο, υπόσχομαι με όρκο ή βεβαιώνω κατηγορηματικά. Σπάνια χρησιμοποιείται ως παθητικό του *ορκίζω*.

ορμώμαι: η έννοια έχει διαχωριστεί από αυτήν του *ορμάω*. Το *ορμώμαι* σημαίνει και → έχω κάτι ως αφετηρία ή ως αιτία, αφορμή, και → κατάγομαι. Εύχρηστη η μτχ. *ορμώμενος*.

οροθετώ, -ούμαι: συνήθως χρησιμοποιείται με στενότερη έννοια από αυτήν του *οριοθετώ*. Σημαίνει κυρίως → καθορίζω σύνορα.

Π

παθιάζομαι: η μτχ. *παθιασμένος* χρησιμοποιείται κυρίως ως επίθετο (→ γεμάτος πάθος).

παιδεύομαι: η αρχαία έννοια → μορφώνω έχει επιβιώσει στη μτχ. *πεπαιδευμένος* (μορφωμένος).

παινεύομαι: σπάνια χρησιμοποιείται ως παθητικό του *παινεύω* (με την έννοια → επαινούμαι από κάποιον). Συνήθως σημαίνει → καυχιέμαι.

παντρεύομαι: χρησιμοποιείται ως παθητικό του *παντρεύω* μόνο για την έννοια → συνταιριάζω. Αλλιώς σημαίνει έρχομαι σε γάμο με κάποιον (ή κάποια).

παραβλέπω: η έννοια διαφοροποιείται ανάλογα με τον τρόπο που σχηματίζεται ο αόριστος. Με αόρ. *παρέβλεψα* (πρόθ. *παρά*) σημαίνει → κάνω πως δε βλέπω, ανέχομαι ή παραμελώ, αδιαφορώ για κάτι. Με αόρ. *παραείδα* (επίρρ. *πάρα*) σημαίνει → βλέπω πολύ καλά (σε εκφράσεις όπως: βλέπω και *παραβλέπω*).

παραγεμίζω: σπάνια η παθητική φωνή (*παραγεμίζομαι*).

παραγνωρίζω, -ομαι: ως σύνθετο με την πρόθ. *παρά* σημαίνει → δεν αναγνωρίζω, δεν εκτιμώ σωστά την αξία ατόμου ή πράγματος. Ως σύνθετο με το επίρρ. *πάρα* σημαίνει → γνωρίζω πολύ καλά (σε εκφράσεις όπως: το γνωρίζω και το *παραγνωρίζω*). Στην παθητική φωνή, το σύνθετο ρήμα με το επίρρ. *πάρα* χρησιμοποιείται κυρίως σε εκφράσεις όπως: *παραγνωριστήκαμε*, με την έννοια → έχουμε υπερβολική οικειότητα.

παραγράφω: η έννοια διαφοροποιείται ανάλογα με τον σχηματισμό του αορίστου. Με αόρ. *παρέγραψα* (πρόθ. *παρά*) έχει την έννοια του → καταργώ (συνέπειες αδικήματος κτλ.). Με αόρ. *παράγραψα* (επίρρ. *πάρα*) επιτείνει την έννοια του *γράφω* (σε εκφράσεις όπως: το 'γραψα και το *παράγραψα*).

παραδέρνω: ως σύνθετο με την πρόθ. *παρά* χρησιμοποιείται κυρίως στον ενεστ. και στον παρατατ. και σημαίνει → κλυδωνίζομαι σε φουρτούνα / καταταλαιπωρούμαι, βασανίζομαι. Ως σύνθετο με το επίρρ. *πάρα* σημαίνει → δέρνω πολύ (και με αόρ. *παράδειρα*).

παραδέχομαι: εύχρηστη η λόγια μτχ. *παραδεδεγμένος* ως επίθετο (→ γενικά παραδεκτός).

παραιτούμαι: στον απλό προφορικό λόγο απαντάται και η κλίση κατά το *αγαπιέμαι* (59), κυρίως στον παρατατικό (*παραιτιόμουν*). Η ενεργητική φωνή απαντάται μερικές φορές, σε μη επίσημο ύφος λόγου, με την έννοια → αναγκάζω σε παραίτηση κάποιον (τον *παραίτησε* από υπουργό).

παρακαλώ: η κλίση σε *-ώ*, *-είς* (76) επικρατεί σε στερεότυπες εκφράσεις όπως: σε *παρακαλώ* ή απλά *παρακαλώ*, με τις οποίες ζητάει κάποιος ευγενικά κάτι ή επιτρέπει σε κάποιον κάτι κτλ. Η κλίση σε *-άω*, *-άς* (62) χρησιμοποιείται γενικότερα στον προφορικό λόγο για να δηλώσει παράκληση, ικεσία (π.χ. *παρακαλάω* να 'ρθει το καλοκαίρι για να ξεκουραστώ επιτέλους).

παρακαλούμαι: σε τυπικές εκφράσεις ευγένειας, όπως: *παρακαλούνται* οι κύριοι επιβάτες να παραμείνουν στις θέσεις τους.

παρακινούμαι: στον απλό προφορικό λόγο απαντάται και η κλίση κατά το *αγαπιέμαι* (59), κυρίως στον παρατατ. (*παρακινιόμουν*).

παρακμάζω: σε επίσημο ύφος λόγου απαντάται και η λόγια αύξηση (*παρήκμαζα, παρήκμασα*).

παρακολουθώ, -ούμαι: στον απλό προφορικό λόγο απαντάται και η κλίση κατά το *αγαπάω* (58) και κατά το *αγαπιέμαι* (59), κυρίως στον παρατατ. (*παρακολουθιόμουν*).

παρακούω: ως σύνθετο με την πρόθ. *παρά* σημαίνει → δεν υπακούω, ενώ ως σύνθετο με το επίρρ. *πάρα* σημαίνει → ακούω πολύ καλά (σε εκφράσεις όπως: ακούω και *παρακούω*).

παρακρατώ – παρακρατάω: η διαφορά κλίσης (σε *-είς* ή σε *-άς*) αντιστοιχεί συνήθως σε διαφορά σημασίας. Στην πρώτη περίπτωση το ρ. είναι σύνθετο με την πρόθ. *παρά* και σημαίνει → κρατάω μέρος αγαθού ή ποσού (για πληρωμή φόρου κτλ.). Στη δεύτερη περίπτωση το ρ. είναι σύνθετο με το επίρρ. *πάρα* και σημαίνει → κρατάω πολύ ή υπερβολικά.

παραμένω: ως σύνθετο με την πρόθ. *παρά* και με αόριστο *παρέμεινα* σημαίνει → μένω για ορισμένο χρόνο κάπου ή μένω στην ίδια κατάσταση. Ως σύνθετο με το επίρρ. *πάρα* σημαίνει → μένω κάπου για περισσότερο χρόνο απ' ό,τι πρέπει.

παραμιλάω: ως σύνθετο με την πρόθ. *παρά* χρησιμοποιείται στον ενεστ. και στον παρατατ. με την έννοια → λέω ασυνάρτητα λόγια. Ως σύνθετο με το επίρρ. *πάρα* (και αόρ. *παραμίλησα*) σημαίνει → μιλάω πολύ ή υπερβολικά.

παραμορφώνομαι: ως σύνθετο με την πρόθ. *παρά* σημαίνει → αλλοιώνομαι. Ως σύνθετο με το επίρρ. *πάρα* σημαίνει → (ειρωνικά) μορφώνομαι πολύ.

παραξενεύομαι: η μτχ. *παραξενεμένος* χρησιμοποιείται κυρίως ως επίθετο (→ γεμάτος έκπληξη, απορία).

(παραπέφτω): απαντώνται κυρίως οι τύποι με το αοριστικό θέμα (*παράπεσα, να παραπέσω* κτλ.).

παραπονούμαι, -ιέμαι: η μτχ. *παραπονεμένος* χρησιμοποιείται κυρίως ως επίθετο (→ γεμάτος παράπονο).

παρασέρνω: απαντάται σπάνια σε σχέση με το *παρασύρω*, κυρίως με την έννοια → παίρνω ή τραβάω με δύναμη προς κάποια κατεύθυνση (... ο τόπος σαν το μεγάλο πλατανόφυλλο που *παρασέρνει* ο χείμαρρος του ήλιου [Σεφέρης, σελ. 190]).

(παρατάω) – παρατιέμαι: από την παθητική φωνή χρησιμοποιείται κυρίως η μτχ. *παρατημένος*.

παρατείνομαι: η μτχ. *παρατεταμένος* χρησιμοποιείται κυρίως ως επίθετο (→ μεγάλης διάρκειας, π.χ. *παρατεταμένη* σιωπή).

παρατηρούμαι: χρησιμοποιείται κυρίως στο γ΄ πρόσ. (*παρατηρείται, παρατηρούνται* κτλ.).

παρατραβάω: η μτχ. *παρατραβηγμένος* χρησιμοποιείται κυρίως ως επίθετο, για να χαρακτηρίσει κάτι ως υπερβολικό, παράλογο, εξωπραγματικό.

παρεισφρέω: συχνό λάθος αποτελεί η γραφή *παρεισφρύω*, λόγω συσχέτισης με το *διεισδύω*, με το οποίο έχει παρόμοια έννοια.

παρενοχλώ: σπάνια η παθητική φωνή (*παρενοχλούμαι*, 74).

παρεξηγιέμαι: κυρίως στον προφορικό λόγο και στη λογοτεχνία.

παρέρχομαι: η λόγια μτχ. αορίστου έχει επιβιώσει ως ουσιαστικό (το *παρελθόν*).

παρηγοράω, -ιέμαι: κυρίως στον προφορικό λόγο και στη λογοτεχνία.

(παριστάνω) παρασταίνω: πολύ λιγότερο εύχρηστος τύπος από το *παριστάνω*.

παριστάνομαι: κυρίως με την έννοια → εικονίζομαι, περιγράφομαι ως... Η Γραμματική (ΟΕΔΒ, 1988) αναφέρει αόριστο *παραστάθηκα*, ο οποίος δε συνηθίζεται.

πασπατεύω: σπάνια η παθητική φωνή (*πασπατεύομαι*, 18).

πάσχω: σε ορισμένα λεξικά αναφέρεται ο αόριστος *έπαθα*. Λόγω της ειδικής έννοιας που έχει στα νέα ελληνικά (→ υποφέρω από), δεν απαντάται στον αόριστο.

πατάω: η κλίση σε *-ώ*, *-είς* (κατά το *θεωρώ*, 73) δε συνηθίζεται στην κοινή νεοελληνική. Έχει επιβιώσει σε στερεότυπες εκφράσεις, όπως: *πατείς με πατώ* σε (για μεγάλο συνωστισμό).

πατιέμαι: οι λόγιες μτχ. (από το *πατούμαι*) απαντώνται ως ουσιαστικά (τα *πατούμενα* [→ τα παπούτσια] και η *πεπατημένη* [→ ο συνηθισμένος τρόπος ενέργειας]).

παύω: με αόρ. *έπαυσα* έχει την ειδική έννοια → απολύω, απομακρύνω κάποιον από θέση εργασίας, αξίωμα κτλ. (με αντίστοιχη έννοια στην παθητική φωνή).

πάω – πηγαίνω: οι δύο τύποι δεν αντιστοιχούν πάντοτε στις ίδιες σημασίες. Το *πάω* χρησιμοποιείται σε πολλές εκφράσεις, όπως: *πάω* για..., *πάω* να..., *πάω* χαμένος, πού θα *πάει*, *πάει* να πει, *πάει* κι έρχεται κτλ.

πεδικλώνομαι: η ενεργητική φωνή απαντάται πολύ σπάνια (*πεδικλώνω*, 3).

περιβάλλω: η λόγια μτχ. ενεστώτα απαντάται ως επίθετο (ο *περιβάλλων* χώρος) ή ως ουσιαστικό (το *περιβάλλον*).

περιγράφομαι: η μτχ. *περιγεγραμμένος* χρησιμοποιείται όταν το ρ. έχει την ειδική έννοια → γράφω γεωμετρικό σχήμα γύρω από άλλο.

περιεργάζομαι: μόνο ως μεταβατικό (περιεργάζομαι κάτι).

περιέχομαι: η μτχ. ενεστώτα απαντάται κυρίως στο ουδέτερο γένος ως ουσιαστικό (*το περιεχόμενο* και *τα περιεχόμενα*).

περιλαβαίνω – περιλαμβάνω: οι δύο τύποι διαφοροποιούνται ως προς τη σημασία. Το *περιλαβαίνω* σημαίνει → αρπάζω, τσακώνω (π.χ. θα σε *περιλάβω* και θα φας το ξύλο της χρονιάς σου!). Το *περιλαμβάνω* σημαίνει κυρίως → περιέχω ή συνυπολογίζω. Σε ορισμένα λεξικά αναφέρεται το *περιλαβαίνω* και με την έννοια του *περιλαμβάνω*, αυτή όμως η χρήση είναι σπανιότατη στην κοινή νεοελληνική.

περιμένω: ο αόρ. *περίμεινα* είναι σπάνιος. Από άποψη σημασίας, κυριαρχούν οι τύποι με το ενεστωτικό θέμα (*μεν-*), γιατί η ενέργεια που εκφράζεται (η αναμονή) συνήθως έχει κάποια διάρκεια.

περιοδεύω: εύχρηστη η λόγια μτχ. ενεστώτα σε εκφράσεις όπως: *περιοδεύων θίασος*.

περιορίζομαι: η μτχ. *περιορισμένος* απαντάται συνήθως ως επίθετο (→ αυτός που έχει ορισμένα όρια ή έχει στενά όρια ή είναι λιγοστός).

περιπλέκομαι: στην παθητική φωνή απαντώνται κυρίως οι τύποι *να περιπλακώ*, *έχω περιπλακεί* κτλ. (κατά το *συμπλέκομαι*, 212).

περιποιούμαι: η μτχ. *περιποιημένος* χρησιμοποιείται ως επίθετο (→ αυτός που η εμφάνισή του κτλ. δείχνει ιδιαίτερη φροντίδα, περιποίηση). Η ενεργητική φωνή *περιποιώ* έχει επιβιώσει μόνο στην έκφραση *περιποιώ* τιμή (→ τιμώ, προσδίδω τιμή, αξία).

περισπώμαι: η αρχική έννοια (→ αποσπώ την προσοχή κάποιου από την ασχολία του) είναι σπάνια στην κοινή νεοελληνική (έχει επιβιώσει στο επίθ. *απερίσπαστος*), γι' αυτό και δεν απαντάται η ενεργητική φωνή *περισπώ*. Το *περισπώμαι* χρησιμοποιήθηκε για να δηλώσει τον τονισμό με *περισπωμένη* στο πολυτονικό σύστημα.

περισσεύω: η παθητική φωνή μόνο στη μτχ. *περισσευούμενα*.

περιφρονούμαι: στον απλό προφορικό λόγο απαντάται και η κλίση κατά το *αγαπιέμαι* (59).

περονιάζω: σπάνια η παθητική φωνή (*περονιάζομαι*, 36).

περπατάω: η μτχ. *περπατημένος* απαντάται κυρίως με την ειδική έννοια → αυτός που έχει πολλές σεξουαλικές σχέσεις ή γενικότερα εμπειρίες.

πετιέμαι – πετάγομαι: το *πετιέμαι* (και σπάνια το *πετάγομαι*) χρησιμοποιείται ως παθητικό του *πετάω* κυρίως με την έννοια → με απορρίπτει κάποιος ως άχρηστο (π.χ. τα σκουπίδια πρέπει να *πετιούνται* στα καλάθια). Συνήθως το *πετιέμαι* και το *πετάγομαι* απαντώνται με τις έννοιες → σηκώνομαι απότομα / πηγαίνω κάπου στα γρήγορα / παρεμβαίνω άκαιρα σε συνομιλία. Από το αρχαίο ρ. *πέτομαι* προέρχεται η μτχ. *πετούμενος* ή *πετάμενος* σε εκφράσεις όπως: ούτε πουλί *πετάμενο δεν* περνάει από εδώ.

πετροβολάω, -ιέμαι: η κλίση κατά το *θεωρώ, θεωρούμαι* (73, 74) δε συνηθίζεται στην κοινή νεοελληνική.

πετυχαίνω: η μτχ. *πετυχημένος* χρησιμοποιείται κυρίως ως επίθετο (→ αυτός που έγινε με επιτυχία ή έχει επιτυχία ή είναι πολύ καλός στο είδος του).

πέφτω: από το αρχαίο ρ. *πίπτω* έχει επιβιώσει η μτχ. αορίστου *πεσόντες* (για νεκρούς σε πεδίο μάχης).

πηδιέμαι: η παθητική φωνή χρησιμοποιείται μόνο με την έννοια → έρχομαι σε συνουσία, σε σεξουαλική επαφή με κάποιον ή κάποια.

πιέζομαι: η λόγια μτχ. *πεπιεσμένος* έχει επιβιώσει με την ειδική έννοια → αυτός που έγινε με συμπίεση ή είναι υπό πίεση (π.χ. *πεπιεσμένο* χαρτί, *πεπιεσμένος* αέρας).

πικραίνω – πικρίζω: δεν πρέπει να γίνεται σύγχυση. Το *πικραίνω* αναφέρεται σε αισθήματα πίκρας, ενώ το *πικρίζω σε* πικρή γεύση.

πιλαλάω: ακολουθούμε την ετυμολογία από τη μεσαιωνική λέξη *επιλαλώ*. Σύμφωνα με άλλη άποψη, πρέπει να γραφτεί με **η** γιατί προέρχεται από το μεσν. *πηλαλώ* < *απηλάλησα* (αόρ. του *απολαλώ*).

πίνομαι: στη Γραμματική Τριανταφυλλίδη αναφέρεται ο τύπος του αορίστου *πιώθηκα, ο* οποίος δε συνηθίζεται στην κοινή νεοελληνική. Το ρήμα απαντάται κυρίως στον ενεστ. και στον παρατατ. Η μτχ. *πιωμένος* σημαίνει → αυτός που έχει πιει, έχει μεθύσει.

πιπιλάω: σύμφωνα με τη Γραμματική Τριανταφυλλίδη, όταν υπάρχει ισοδύναμος τύπος σε *-ίζω*, επικρατεί ο αόριστος σε *-ισα*.

πιτσιλάω: ισχύει η προηγούμενη σημείωση για το *πιπιλάω*.

πλανιέμαι: στη Γραμματική Τριανταφυλλίδη αναφέρεται και η ενεργητική φωνή (*πλανώ, πλάνεσα*), η οποία δε συνηθίζεται. Με την έννοια → ξελογιάζω, ξεγελώ, χρησιμοποιείται το ρ. *πλανεύω*.

πλατσουράω: σύμφωνα με τη Γραμματική Τριανταφυλλίδη, εφόσον υπάρχει ισοδύναμος τύπος σε *-ίζω*, επικρατεί ο αόριστος σε *-ισα*.

πλατύνω: η μτχ. *πεπλατυσμένος* απαντάται κυρίως ως επίθετο (→ πλατύς και σχεδόν επίπεδος).

πλειοψηφώ: έχει επικρατήσει αντί του παλιότερου *πλειονοψηφώ*.

πλευριτώνομαι: στα λεξικά αναφέρεται και ενεργητικός τύπος *πλευριτώνω*, ακόμα και με παθητική έννοια (→ παθαίνω πλευρίτιδα). Είναι σπάνιος σε σχέση με το *πλευριτώνομαι*.

πλέω: από την παθητική φωνή χρησιμοποιείται μόνο η ουσιαστικοποιημένη μτχ. *το πλεούμενο*.

πληρώ, -ούμαι: το *πληρώ* έχει την έννοια → ανταποκρίνομαι (σε όρους, προϋποθέσεις κτλ.). Το *πληρούμαι* χρησιμοποιείται κυρίως στο γ΄ πρόσωπο για να δηλώσει ότι υπάρχουν συγκεκριμένοι όροι, προϋποθέσεις κτλ. Ορισμένες φορές (σπάνια) απαντάται και με την έννοια της κατάληψης θέσεων προσωπικού κτλ. (έννοια που υπάρχει στη λέξη *πλήρωση*).

πλησιάζω: απαντάται (σπάνια) ο ενεστώτας της παθητικής φωνής *πλησιάζομαι* (με την έννοια → προσεγγίζομαι).

ποδοπατάω: η κλίση σε *-ώ, -εις* (κατά το *θεωρώ*, 73) δε συνηθίζεται στην κοινή νεοελληνική.

ποθώ: η παθητική φωνή είναι πολύ σπάνια (Μόνο εγώ ξέρω πόσο αγαπήθηκε και *ποθήθηκε* η αδελφή μου [Χάρτ. Σεπτέμβρης, σελ. 155]), όπως και η μτχ. το *ποθούμενο* (→ το επιθυμητό).

πολεμιέμαι: στην παθητική φωνή περιορίζεται στην ειδική έννοια → με πολεμάνε, είμαι αντικείμενο έχθρας, επίθεσης κτλ.

πολιορκούμαι: στον απλό προφορικό λόγο απαντάται και η κλίση κατά το *αγαπιέμαι* (59).

πολυλογώ: στον απλό προφορικό λόγο απαντάται στον ενεστ. και η κλίση κατά το *αγαπάω* (58).

πονάω: η κλίση σε *-ώ, -είς* (κατά το *θεωρώ*, 73) δε συνηθίζεται στην κοινή νεοελληνική. Η μτχ. *πονεμένος* χρησιμοποιείται κυρίως ως επίθετο (→ αυτός που πονάει ή είναι λυπημένος, δυστυχισμένος).

πραγματεύομαι: δες σημείωση **διαπραγματεύομαι**.

πραγματώνω, -ομαι: έχει στενότερη έννοια σε σχέση με το *πραγματοποιώ*. Χρησιμοποιείται κυρίως για να δηλώσει πραγματοποίηση στόχων, επιδιώξεων κτλ.

πράττω: σε στερεότυπες κυρίως εκφράσεις, όπως: καλώς *έπραξες*. Η λόγια παθητική μτχ. παρακειμένου έχει επιβιώσει ως ουσιαστικό (τα *πεπραγμένα* → για πράξεις και αποφάσεις συμβουλίου, οργάνου κτλ.).

πρέπει: σπάνια απαντάται ως προσωπικό (Κορίτσια ωραία... που μας *πρέπατε* [Ελύτης, σελ. 58]) και ουσιαστικοποιημένη μτχ. *το πρέπον*.

προάγομαι: η μτχ. *προηγμένος* χρησιμοποιείται ως επίθετο (→ αυτός που βρίσκεται σε υψηλό επίπεδο ανάπτυξης, π.χ. *προηγμένη* τεχνολογία).

προβάλλω: με την έννοια → εμφανίζομαι, παρουσιάζομαι, χρησιμοποιείται μόνο ο τύπος *πρόβαλα* του αορίστου.

προβλέπω: με την έννοια της πρόβλεψης μελλοντικού γεγονότος απαντάται (σπάνια) και ο αόριστος *προείδα*.

προεδρεύω: απαντάται η λόγια μτχ. ενεστώτα (*ο προεδρεύων*).

προηγούμαι: η μτχ. ενεστώτα *προηγούμενος* χρησιμοποιείται ευρύτατα ως επίθετο (π.χ. την *προηγούμενη* μέρα) και ως ουσιαστικό (*το προηγούμενο, τα προηγούμενα*).

προΐσταμαι: η μτχ. ενεστώτα απαντάται κυρίως ως ουσιαστικό (*ο προϊστάμενος, η προϊσταμένη*, με την έννοια του επικεφαλής σε υπηρεσία κτλ.).

προκαταλαμβάνω: η μτχ. *προκατειλημμένος* χρησιμοποιείται κυρίως ως επίθετο (→ αυτός που δείχνει προκατάληψη).

πρόκειται: η μτχ. χρησιμοποιείται ως ουσιαστικό (*το προκείμενο*) και σε στερεότυπες εκφράσεις, όπως: *προκειμένου* να..., επί του *προκειμένου* κτλ.

προκόβω: η μτχ. *προκομμένος* χρησιμοποιείται κυρίως ως επίθετο (→ εργατικός, φιλόπονος) ή με ειρωνική έννοια ως ουσιαστικό (πού είναι ο *προκομμένος* σου;).

προλαβαίνω – προλαμβάνω, -ομαι: τα δύο ρ. έχουν ως κοινή την έννοια → εμποδίζω, με έγκαιρη παρέμβαση, να γίνει κάτι δυσάρεστο. Με αυτή την έννοια απαντάται και η παθητική φωνή *προλαμβάνομαι*. Ο παθητικός αόριστος δε συνηθίζεται· συνηθίζεται κυρίως ο αόριστος υποτακτικής (να *προληφθώ*).

προλέγω: από την παθητική φωνή έχει επιβιώσει μόνο η μτχ. ενεστώτα ως ουσιαστικό (*τα προλεγόμενα*, με την έννοια του εκτενούς προλόγου).

προοδεύω: η μτχ. *προοδευμένος* χρησιμοποιείται κυρίως ως επίθετο (→ αυτός που βρίσκεται σε ανώτερο στάδιο εξέλιξης, προόδου).

προοιωνίζεται: το ρήμα ανήκει στα αποθετικά, που δε διαθέτουν ενεργητική φωνή, και σημαίνει → προβλέπω, προδιαγράφω μελλοντική εξέλιξη. Ορισμένες φορές απαντάται και η κλίση στην ενεργητική φωνή (π.χ. Τι *προοιωνίζουν* οι καταθέσεις για την οικονομία μας).

προπονώ, -ούμαι: στον απλό προφορικό λόγο απαντάται και η κλίση κατά το *αγαπάω*, *αγαπιέμαι* (58, 59).

προσαγορεύω: σπάνια η παθητική φωνή (*προσαγορεύομαι*, 20).

προσάπτω: ο αόριστος *προσήψα* δε συνηθίζεται. Απαντώνται κυρίως οι τύποι της υποτακτικής (να *προσάψω* κτλ.).

προσδένομαι: ο τύπος της προστακτικής αορίστου *προσδεθείτε* χρησιμοποιείται στις αεροπορικές πτήσεις ως παράγγελμα για να κουμπώσουν οι επιβάτες τη ζώνη τους.

προσεγγίζομαι: κυρίως με τις έννοιες → με πλησιάζει κάποιος (π.χ. είναι απόμακρος άνθρωπος, δεν *προσεγγίζεται* εύκολα) ή → εξετάζομαι με ορισμένο τρόπο (π.χ. το ζήτημα *προσεγγίζεται* από πολιτική σκοπιά).

προσέχω: η μτχ. *προσεγμένος* χρησιμοποιείται ως επίθετο (→ αυτός που έγινε με προσοχή, επιμέλεια, φροντίδα).

προσκυνάω: η μτχ. *προσκυνημένος* αντιστοιχεί κυρίως στην ειδική έννοια → δηλώνω υποταγή σε κατακτητή.

προσλαμβάνω: η λόγια μτχ. ενεστώτα απαντάται στον όρο της ψυχολογίας *προσλαμβάνουσες* παραστάσεις.

προσπέφτω – προσπίπτω: οι έννοιες διαφοροποιούνται. Το *προσπέφτω* σημαίνει → πέφτω στα γόνατα και εκλιπαρώ, ενώ το *προσπίπτω* σημαίνει → (για ακτίνα κτλ.) στη φορά μου συναντώ επιφάνεια ή σημείο.

προσποιούμαι: σε ορισμένα λεξικά αναφέρεται και μτχ. *προσποιημένος*, η οποία εντοπίστηκε στο υλικό μας μόνο σε ένα σημείο (με μια *προσποιημένη* απάθεια [Διηγ. Τσίρκα, σελ. 114]), με την έννοια → προσποιητός.

προσπορίζομαι: η ενεργητική φωνή απαντάται σπάνια (*προσπορίζω*, 33).

προσφωνώ: σπάνια η παθητική φωνή (*προσφωνούμαι*, 74).

προτείνω: με την έννοια → προβάλλω κάτι, επιδέχεται εσωτερική αύξηση (*προέτεινα*).

προτείνομαι: η μτχ. *προτεταμένος* χρησιμοποιείται ως επίθετο (→ αυτός που εξέχει προς τα μπρος, π.χ. *προτεταμένα* ζυγωματικά).

προτιμώμαι: η κλίση σε *-ώμαι* κυριαρχεί σε επίσημο ύφος λόγου.

προφυλάω: ορισμένες φορές απαντάται και ο τύπος *προφυλάγω* (με κλίση κατά το *τυλίγω*, 21).

προχωράω – προχωρώ: η κλίση κατά το *θεωρώ* εμφανίζεται κυρίως σε επίσημο ύφος λόγου. Η μτχ. *προχωρημένος* απαντάται ως επίθετο, με τις έννοιες → αυτός που βρίσκεται προς το τέλος χρονικής περιόδου, εξέλιξης κτλ. (π.χ. *προχωρημένο* στάδιο επεξεργασίας) / ανεπτυγμένος, προοδευμένος ή πρωτοποριακός κτλ.

πρωτεύω: εύχρηστη η λόγια μτχ. ενεστώτα *πρωτεύων, -ουσα, -ον* ως επίθετο (π.χ. *πρωτεύουσας* σημασίας, δηλ. → πρωταρχικής σημασίας).

πωλώ, -ούμαι: απαντάται σε επίσημο ύφος λόγου και σε στερεότυπες εκφράσεις, κυρίως στην παθητική φωνή (*πωλείται, πωλούνται*, σε αγγελίες πώλησης κτλ.). Περισσότερο διαδεδομένο είναι το ρ. *πουλάω*.

Ρ

ραγίζω: σπάνια η παθητική φωνή (... ο καθρέφτης *ραγίζεται* [Ελύτης, σελ. 116]). Το *ραγίζω* σημαίνει και → προκαλώ σχισμή, ρωγμή και → παθαίνω σχισμή, ρωγμή.

(ρέβω): σύμφωνα με το Ετυμολογικό Λεξικό του Ανδριώτη, προέρχεται από το *έρρεψα* < *έρρευσα*, αόρ. του αρχαίου ρ. *ρέω*, κατά το σχήμα *έτριψα* < *τρίβω*. Στη Μεγάλη Γραμματική του Τριανταφυλλίδη (1941, 347) αναφέρεται ο τύπος *ρεύω* χωρίς ερμηνεία. Δεν πρέπει να γίνεται σύγχυση με το ρ. *ρεύομαι*, που παράγεται από το αρχαίο ρ. *ερεύγομαι*.

ρεύομαι: δες προηγούμενη σημείωση.

ρέω: εύχρηστη η λόγια μτχ. ενεστώτα *ρέων, ρέουσα, ρέον*, σε εκφράσεις όπως: *ρέουσα ομιλία* κτλ. Στους αυξημένους τύπους δε διπλασιάζεται το **ρ,** παρά μόνο στα λόγια σύνθετα (π.χ. *διαρρέω – διέρρευσα*).

ρημάζω: η παθητική φωνή (*ρημάζομαι*, 24) είναι σπάνια. Το *ρημάζω* σημαίνει και → καταστρέφω και → καταστρέφομαι.

ρίχνομαι: από άποψη σημασίας, αποτελεί παθητικό του *ρίχνω*, κυρίως όταν έχει την έννοια → αδικούμαι σε συναλλαγή, μοιρασιά κτλ. Κατά τα άλλα, απαντάται με τις ειδικές έννοιες → επιτίθεμαι, ορμάω / επιδίδομαι σε κάτι με ζήλο, με πάθος.

Σ

σαλεύω: η μτχ. *σαλεμένος* αντιστοιχεί κυρίως στη σημασία → *μου σάλεψε* (τρελάθηκα).

σαλτάρω: η μτχ. *σαλταρισμένος* έχει κυρίως τις έννοιες τρελαμένος ή υπερβολικά αγχωμένος, εκνευρισμένος.

σειέμαι: στις εκφράσεις *σειέμαι και λυγιέμαι* και *σεινάμενη κουνάμενη* έχει την ειδική έννοια → περπατάω καμαρωτά.

σελώνω: σπάνια η παθητική φωνή (*σελώνομαι*, 4).

σεριανάω: η κατάληξη *-ισα* επικρατεί λόγω ισοδυναμίας με το *σεριανίζω*.

σέρνομαι: η μτχ. ενεστώτα συνηθίζεται και με τον τύπο *σερνάμενος*, που μπορεί να έχει και έννοια επιθέτου (... με μια βραχνή και *σερνάμενη* φωνή [Τσίρκα, Διηγ., σελ. 198], δηλ. αργόσυρτη και χαμηλή).

σημαίνω: η μτχ. *σεσημασμένος* χρησιμοποιείται με την ειδική έννοια → (για κακοποιό κτλ.) γνωστός στην αστυνομία, που έχει επισημανθεί από τις αστυνομικές αρχές. Στη γλωσσολογία και στη σημειολογία χρησιμοποιούνται οι μτχ. *σημαίνον* και *σημαινόμενο*.

σιγουρεύω, -ομαι: στην παθητική φωνή διαφοροποιείται η σημασία. Το *σιγουρεύω* σημαίνει → κάνω κάτι σίγουρο, σταθερό, ασφαλές, ενώ το *σιγουρεύομαι* → βεβαιώνομαι για κάτι. Ο τύπος *σιγουράρω*, που αναφέρεται σε ορισμένα λεξικά (κατά το *αμπαλάρω*, 55), είναι σπάνιος.

σιχαίνομαι: η μτχ. *σιχαμένος* χρησιμοποιείται ως επίθετο (→ αυτός που προκαλεί σιχασιά).

σκάω – σκάζω: ο τύπος *σκάζω* είναι λιγότερο συχνός από τον τύπο *σκάω*, ο οποίος κυριαρχεί και σε διάφορες εκφράσεις, όπως: *το σκάω, τα σκάω, σκάω* μύτη κτλ.

σκιάζω: η διαφορά προφοράς και η διαφορά ως προς τον σχηματισμό των αοριστικών τύπων αντιστοιχούν σε διαφορά σημασίας. Το *σκι-άζω* σημαίνει → καλύπτω με σκιά, ενώ το *σκιάζω* σημαίνει → φοβίζω, τρομάζω.

σκορπίζω, -άω: σύμφωνα με τη Γραμματική Τριανταφυλλίδη, εφόσον υπάρχει ισοδύναμος τύπος σε *-ίζω*, επικρατεί ο αόριστος σε *-ισα*. Το *σκορπίζω* έχει και παθητική αξία → διαλύομαι (π.χ. *σκόρπισε* η παρέα).

σκοτίζομαι: σπάνια χρησιμοποιείται ως παθητικό του *σκοτίζω*. Συνήθως απαντάται με την έννοια → ενδιαφέρομαι (όπως π.χ. στην ειρωνική έκφραση *σκοτίστηκα!* → πολύ που με νοιάζει!).

σκουντουφλάω – σκουντουφλιάζω: δεν πρέπει να γίνεται σύγχυση εννοιών. Το *σκουντουφλιάζω* σημαίνει → γίνομαι σκουντούφλης, σκυθρωπός, ενώ το *σκουντουφλάω* → σκοντάφτω ή παραπατάω.

σκυλοβρίζομαι: δες σημείωση **βρίζομαι**.

σοβαρεύω, -ομαι: η έννοια διαφοροποιείται από την ενεργητική στην παθητική φωνή. Το *σοβαρεύω* σημαίνει → γίνομαι σοβαρός ή παίρνω σοβαρό ύφος. Το *σοβαρεύομαι* σημαίνει → φέρνομαι, ενεργώ με σοβαρότητα.

σούρνω: χρησιμοποιείται στον προφορικό και στον λογοτεχνικό λόγο μερικές φορές με την έννοια → σέρνω. Συνηθισμένη είναι η έκφραση τα *σούρνω* σε κάποιον (→ τον κατσαδιάζω).

σπαράζομαι: η έννοια διαφοροποιείται στην παθητική φωνή. Το *σπαράζομαι* σημαίνει → υφίσταμαι, περνάω τραγική δοκιμασία (λόγω εσωτερικής διαμάχης κτλ.).

σπαταλάω: ο τύπος *σπαταλίζω*, που αναφέρεται σε ορισμένα λεξικά, δε συνηθίζεται στην κοινή νεοελληνική.

σπάζω: λιγότερο εύχρηστος τύπος σε σχέση με το *σπάω*. Στη λογοτεχνική γλώσσα απαντάται και ο τύπος *σπω* (*Σπούσαν* πίσω της αφάνες φως [Ελύτης, σελ. 77]).

σπάζομαι: με την ειδική έννοια → ενοχλούμαι υπερβολικά από κάτι (απ' όπου και το επίθετο *σπαστικός* → πολύ ενοχλητικός, εκνευριστικός).

σπεύδω: η μτχ. *εσπευσμένος* χρησιμοποιείται ως επίθετο (→ αυτός που γίνεται με μεγάλη σπουδή, βιασύνη, π.χ. *εσπευσμένη* εισαγωγή στο χειρουργείο).

σπουδάζω: η μτχ. *σπουδασμένος* (ή *σπουδαγμένος*) χρησιμοποιείται συχνά ως επίθετο (→ μορφωμένος).

σταχολογάω – σταχυολογώ: οι έννοιες διαφέρουν. Το *σταχολογάω* σημαίνει → μαζεύω τα στάχυα μετά τον θερισμό, ενώ το *σταχυολογώ* → επιλέγω και συγκεντρώνω (γνωμικά κτλ.).

στερεώνω – στεριώνω: σε ορισμένα λεξικά αναφέρονται ως συνώνυμα. Το *στερεώνω* σημαίνει κυρίως → τοποθετώ σε μια θέση με τρόπο σταθερό και μόνιμο. Το *στεριώνω* σημαίνει κυρίως → σταθεροποιούμαι σε κάποιο μέρος, θέση εργασίας κτλ. (π.χ. έχει αλλάξει πολλές δουλειές· δεν μπορεί να *στεριώσει* σε καμιά). Στη λογοτεχνική γλώσσα βρίσκουμε: «σάμπως να *στέριωνα* μ' ένα φτενό δοκάρι δυο ετοιμόρροπους τοίχους» (Ελένη, σελ. 20).

στερούμαι: στην παθητική φωνή σημαίνει κυρίως → δεν έχω κάτι ή κάποιον (π.χ. *έχει στερηθεί* από μικρός τους γονείς του) / μου λείπει κάτι ή δεν έχω κάποια ιδιότητα (π.χ. *στερείται* οικονομικών πόρων, *στερείται* αξίας).

στέφομαι: η μτχ. *εστεμμένος* χρησιμοποιείται ως επίθετο (→ αυτός που έχει βασιλικό αξίωμα).

στοιχειώνω: η μτχ. *στοιχειωμένος* χρησιμοποιείται ως επίθετο (→ αυτός που κατοικείται από στοιχειά, π.χ. *στοιχειωμένο* δάσος). Η παθητική φωνή είναι σπάνια (*στοιχειώνομαι*).

στουμπάω: σύμφωνα με τον Τριανταφυλλίδη (1941, σελ. 358), «όσα ρήματα έχουν **ι** στον ενεστώτα, ακόμα και όταν είναι διπλοσχημάτιστα, γράφονται στον αόριστο με το ίδιο **ι** που έχουν και στον ενεστώτα». Στην περίπτωση αυτή έχουμε ισοδύναμο τύπο σε *-ίζω* (*στουμπίζω*).

στουμπώνω – στουπώνω: τα δύο ρήματα έχουν διαφορετικές έννοιες. Το *στουμπώνω* σημαίνει → γεμίζω υπερβολικά / φράζω, βουλώνω / ταΐζω ή τρώω υπερβολικά. Το *στουπώνω* σημαίνει → φράζω, βουλώνω με στουπί / στεγνώνω με στυπόχαρτο κείμενο γραμμένο στο χέρι.

στραβοπατάω: η μτχ. *στραβοπατημένος* χρησιμοποιείται κυρίως για παπούτσια που έχουν χάσει τη φόρμα τους, γιατί τα πατάει κανείς στραβά.

στραβώνομαι: στην παθητική φωνή το ρήμα έχει τις ειδικές σημασίες → δε βλέπω καλά ή καθόλου / κουράζω υπερβολικά τα μάτια μου. Η έννοια του στραβού (όχι ίσιου) περιέχεται μόνο στην ενεργητική φωνή (*στραβώνω*).

στραγγίζομαι: η παθητική φωνή χρησιμοποιείται σπάνια, κυρίως με την έννοια → με στραγγίζει κάποιος, με στουρώνει (π.χ. αφού *στραγγιστούν* τα μακαρόνια, σερβίρονται με βούτυρο).

στραμπουλάω: ο τύπος *στραμπουλίζω*, που αναφέρεται σε ορισμένα λεξικά και στη Μεγάλη Γραμματική του Τριανταφυλλίδη (1941, σελ. 354), δε χρησιμοποιείται στην κοινή νεοελληνική.

στρίβομαι: η παθητική φωνή χρησιμοποιείται σπάνια, σε σχέση με την ενεργητική, κυρίως με την έννοια → (για νήμα κτλ.) τυλίγομαι γύρω από άλλο ή τυλίγομαι ελικοειδώς γύρω από κάτι κτλ.

στριγγλίζω: από το μεσαιωνικό *στριγγίζω* < αρχ. στριγξ (νυχτοκόρακας). Σύμφωνα με άλλη άποψη, προέρχεται από τη *στρίγκλα* < λατιν. strigula.

στριφογυρνάω: λόγω ισοδυναμίας με το *στριφογυρίζω*, επικρατεί το **ι** στους αοριστικούς τύπους.

στροβιλίζω: ορισμένες φορές έχει και την έννοια του *στροβιλίζομαι* (π.χ. στον νου μου *στροβιλίζουν* μαύρες σκέψεις).

στρογγυλεύω: σπάνια η παθητική φωνή (*στρογγυλεύομαι*). Το ρήμα σημαίνει και → κάνω κάτι στρογγυλό και → γίνομαι στρογγυλός.

στρογγυλοκάθομαι: δες σημείωση για **καθίζω – κάθομαι**.

συγκινούμαι: στον απλό προφορικό λόγο απαντάται και η κλίση κατά το *αγαπιέμαι* (59), κυρίως στον παρατατικό (*συγκινιόμουν*).

συγκλίνω: στην επιστημονική ορολογία έχουν επιβιώσει οι λόγιες μτχ. ενεστώτα, π.χ. *συγκλίνων* φακός, *συγκλίνοντες* οφθαλμοί κτλ.

συγκοινωνώ: η λόγια μτχ. ενεστώτα διατηρείται στην έκφραση *συγκοινωνούντα* δοχεία.

συγκρίνομαι: η λόγια μτχ. *συγκεκριμένος* χρησιμοποιείται μόνο ως επίθετο (→ σαφής, ορισμένος ή πραγματικός, μη αφηρημένος, μη φανταστικός).

συγχέομαι: η μτχ. *συγκεχυμένος* απαντάται ως επίθετο (→ ακαθόριστος, ασαφής, μπερδεμένος, π.χ. *συγκεχυμένη* κατάσταση).

συγχωρούμαι, -ιέμαι: η μτχ. *συγχωρεμένος* απαντάται και ως ουσιαστικό με την έννοια → αυτός που αξίζει να συγχωρηθεί, ο πεθαμένος.

συζητάω: η κλίση σε *-ώ, -είς* (κατά το *θεωρώ*, 73) δε συνηθίζεται στην κοινή νεοελληνική. Περισσότερο απαντάται η παθητική φωνή (*συζητούμαι*), κυρίως στο γ΄ πρόσ., σε επίσημο ύφος λόγου.

συλλογίζομαι, -ιέμαι: η μτχ. *συλλογισμένος* χρησιμοποιείται ως επίθετο, με την έννοια → σκεφτικός, βυθισμένος σε σκέψεις.

συμβαίνει: η λόγια μτχ. αορίστου διατηρείται ως ουσιαστικό (*το συμβάν*).

συμβάλλομαι: στην παθητική φωνή η έννοια διαφοροποιείται. Το ρήμα σημαίνει → κάνω σύμβαση, συμβόλαιο με κάποιον (π.χ. τα *συμβαλλόμενα* μέρη, αυτοί μεταξύ των οποίων γίνεται η σύμβαση). Η μτχ. *συμβεβλημένος* σημαίνει → αυτός που έχει κάνει ειδικού τύπου επαγγελματική συμφωνία με το κράτος, με οργανισμό κτλ.

συμβουλεύομαι: η έννοια διαφοροποιείται στην παθητική φωνή. Το ρήμα σημαίνει → ζητάω συμβουλή ή γνώμη, πληροφορία για κάτι (π.χ. *συμβουλευτείτε* τον Χρυσό Οδηγό).

συμπαθώ: η λόγια μτχ. ενεστώτα έχει επιβιώσει ως ουσιαστικό (*οι συμπαθούντες* → αυτοί που υποστηρίζουν κάποιο πολιτικό κόμμα χωρίς να είναι μέλη). Στον απλό προφορικό λόγο απαντάται ορισμένες φορές και η κλίση κατά το *αγαπάω* (58), κυρίως σε εκφράσεις όπως: *συμπάθα με* (→ με το συμπάθιο, χωρίς παρεξήγηση).

συμπτύσσομαι: η μτχ. *συνεπτυγμένος* χρησιμοποιείται κυρίως ως επίθετο, για να χαρακτηρίσει κείμενα κτλ. που παρουσιάζονται σε συντομευμένη μορφή.

συμφέρει: διατηρείται η λόγια μτχ. ενεστώτα ως επίθετο (*συμφέρων, -ουσα, -ον*) ή ως ουσιαστικό (*το συμφέρον*).

συμφωνούμαι: η παθητική φωνή δεν απαντάται συχνά, σε σχέση με την ενεργητική. Έχει κυρίως την έννοια → είμαι αντικείμενο συμφωνίας.

συνάγω – συνάζω: σε ορισμένα λεξικά αναφέρεται το *συνάγω* ως συνώνυμο του *συνάζω* (→ συγκεντρώνω, μαζεύω σε ορισμένο μέρος). Στην κοινή νεοελληνική το *συνάγω* χρησιμοποιείται κυρίως με την έννοια → συμπεραίνω.

συναιρούμαι: η μτχ. *συνηρημένος* (σπάνια *συναιρεμένος*) χρησιμοποιείται κυρίως ως επίθετο, για να χαρακτηρίσει τα ρήματα που προέρχονται από συναίρεση.

συναλλάζω – συναλλάσσομαι: οι έννοιες διαφοροποιούνται. Το *συναλλάζω* σημαίνει → χρησιμοποιώ διαδοχικά, αλλάζω ρούχα κτλ. Το *συναλλάσσομαι* → έχω εμπορικές συναλλαγές.

συναντιέμαι, -ώμαι: στην παθητική φωνή το ρήμα έχει κυρίως την έννοια → έρχομαι σε συνάντηση, σε επαφή με κάποιον ή κάτι (π.χ. οι παράλληλες ευθείες δε *συναντώνται*) ή σε αθλητική κτλ. αναμέτρηση. Το *συναντώμαι* μπορεί να έχει και την ειδική έννοια → βρίσκομαι, υπάρχω κάπου. Συνήθως η κλίση σε *-ώμαι* χαρακτηρίζει επίσημο ύφος λόγου.

συνάπτομαι: η μτχ. *συνημμένος* χρησιμοποιείται κυρίως για κάτι (π.χ. έγγραφο) που συνάπτεται, παρουσιάζεται μαζί με άλλο.

συναρμολογούμαι: στον απλό προφορικό λόγο απαντάται και η κλίση κατά το *αγαπιέμαι* (59).

συνασπίζω: συχνότερης χρήσης είναι η παθητική φωνή (*συνασπίζομαι*).

συνεννοούμαι: στον απλό προφορικό λόγο απαντάται και ο τύπος *συνεννογιέμαι*, με κλίση κατά το *αγαπιέμαι* (59).

συνηθίζω: η μτχ. *συνηθισμένος* χρησιμοποιείται ορισμένες φορές στην περίφραση *είμαι συνηθισμένος* (με την έννοια → *έχω συνηθίσει* να κάνω κάτι κτλ.) και συχνά ως επίθετο με τις έννοιες → αυτός που έχει γίνει συνήθεια ή είναι σύμφωνος με καθιερωμένη συνήθεια / αυτός που γίνεται, συμβαίνει συχνά / όχι αξιόλογος, όχι ξεχωριστός.

συνιστώ, συνίσταμαι – συνιστώ, συνιστώμαι: το πρώτο ρήμα σημαίνει → συγκροτώ, σχηματίζω ή αποτελώ. Στην παθητική φωνή (*συνίσταμαι*) σημαίνει → αποτελούμαι ή έχω ορισμένες ιδιότητες, ορισμένο περιεχόμενο. (Με ειδικές έννοιες χρησιμοποιούνται οι ουσιαστικοποιημένες μτχ. *η συνιστώσα* και *η συνισταμένη*). Το δεύτερο ρήμα (με παθητική φωνή *συνιστώμαι*) σημαίνει → συμβουλεύω, υποδεικνύω σε κάποιον κάτι ή υποδεικνύω κάποιον ως κατάλληλο και άξιο.

συνταράζω: σπάνια η παθητική φωνή (*συνταράζομαι*, 24).

συντάσσομαι: η μτχ. παρακειμένου απαντάται και ως ουσιαστικό (*η συντεταγμένη*).

συντελώ, -ούμαι: σε επίσημο ύφος λόγου απαντάται και η λόγια άτονη αύξηση αορίστου (*συνετέλεσα*). Η έννοια διαφοροποιείται από την ενεργητική στην παθητική φωνή. Το *συντελώ* σημαίνει → βοηθώ, συμβάλλω, ενώ το *συντελούμαι* → πραγματοποιούμαι. Η μτχ. *συντελεσμένος* απαντάται και στη γραμματική ορολογία, για να δηλώσει χρόνο ή τρόπο ενέργειας που εκφράζει κάτι που έχει συντελεστεί, έχει τελειώσει.

συρράπτομαι: δε συνηθίζεται ο αόριστος οριστικής.

συσκοτίζομαι: η παθητική φωνή απαντάται λιγότερο συχνά σε σχέση με την ενεργητική.

συστέλλομαι: δε συνηθίζεται ο αόριστος οριστικής. Η μτχ. *συνεσταλμένος* χρησιμοποιείται κυρίως ως επίθετο → αυτός που δείχνει συστολή, ντροπαλός.

συστήνω, -ομαι: η βασική έννοια είναι → παρουσιάζω κάποιον σε άλλον για να γίνει αμοιβαία γνωριμία, και στην παθητική φωνή (*συστήνομαι*) → παρουσιάζομαι σε άγνωστό μου άτομο αναφέροντας το όνομά μου. Στον προφορικό λόγο μερικές φορές το *συστήνω* χρησιμοποιείται και με την έννοια → συμβουλεύω, υποδεικνύω, αντί του (σωστότερου) *συνιστώ*. Η μτχ. *συστημένος* σημαίνει κυρίως → αυτός που παραπέμπεται με συστάσεις για τα προσόντα του ή (για γράμμα, δέμα κτλ.) με εξασφαλισμένη παράδοση στον παραλήπτη, έναντι καταβολής επιπλέον ποσού.

σφαλίζω: ο τύπος *σφαλ(ν)ώ* (*-άς*), που αναφέρεται από τον Τριανταφυλλίδη (1941, σελ. 351, 354), δε συνηθίζεται στην κοινή νεοελληνική. Επειδή πάντως υπάρχει ισοδύναμος τύπος σε *-ίζω* (*σφαλίζω*), ο αόριστος στην περίπτωση του *σφαλ(ν)ώ* είναι ο ίδιος (*σφάλιζα* ή *σφάλισα*).

σφάλλω: η μτχ. *εσφαλμένος* χρησιμοποιείται ως επίθετο (→ αυτός που περιέχει σφάλμα, λαθεμένος).

σφυράω: ο αόριστος *σφύριξα* επικρατεί, λόγω ισοδυναμίας με το *σφυρίζω*.

σφυρίζομαι: κυρίως με την ειδική έννοια → αποδοκιμάζομαι με σφυρίγματα.

σχετίζω, -ομαι: στην ενεργητική φωνή πιο εύχρηστο είναι το ρ. *συσχετίζω*, με την ίδια έννοια. Στην παθητική φωνή (*σχετίζομαι*) σημαίνει → έχω σχέση με κάτι ή κάποιον.

σχολάω: απαντάται μερικές φορές και ο τύπος *σχολνάω* (*Σχολνούσαν* γραφεία, καταστήματα… [Κυρία Κούλα, σελ. 26]).

σώνω, -ομαι: εκτός από την έννοια του *σώζω*, έχει και τις έννοιες → εξαντλώ, τελειώνω κάτι ή προφταίνω, προλαβαίνω να κάνω κάτι. Με αυτές τις σημασίες συνήθως απαντάται και η μτχ. *σωμένος*. Το απρόσ. *σώνει* σημαίνει → φτάνει, αρκεί.

Τ

ταιριάζω: η παθητική φωνή (*ταιριάζομαι*, 36 ή 24) είναι σπάνια.

ταλαιπωρούμαι: στον απλό προφορικό λόγο απαντάται και η κλίση κατά το *αγαπιέμαι* (59), κυρίως στον παρατατικό (*ταλαιπωριόμουν*).

τανύζομαι: σπάνια η ενεργητική φωνή (*τανύζω*, 33).

ταξιδεύω: η μτχ. *ταξιδεμένος* χρησιμοποιείται κυρίως με την έννοια → αυτός που έχει κάνει πολλά ταξίδια.

τάσσομαι: η λόγια μτχ. *τεταγμένος* χρησιμοποιείται ως ουσιαστικό (*η τεταγμένη*).

τείνω: η μτχ. *τεταμένος* απαντάται ως επίθετο → (για κατάσταση, σχέση κτλ.) που βρίσκεται σε μεγάλη ένταση.

τελεύω: ως συνώνυμο του *τελειώνω* απαντάται κυρίως στη λογοτεχνική γλώσσα.

τελώ: η μτχ. *τετελεσμένος* χρησιμοποιείται κυρίως ως επίθετο σε εκφράσεις όπως: προ *τετελεσμένων* γεγονότων (→ μπροστά σε ήδη διαμορφωμένη κατάσταση, σε ήδη συντελεσμένες πράξεις).

τέμνω: η λόγια μτχ. ενεστώτα έχει επιβιώσει στη μαθηματική ορολογία ως ουσιαστικό (*η τέμνουσα*).

τηλεφωνιέμαι: στην παθητική φωνή σημαίνει → μιλάω στο τηλέφωνο με κάποιον (π.χ. θα *τηλεφωνηθούμε* αύριο, για να κλείσουμε ραντεβού).

τηρώ: η κλίση σε *-άω* απαντάται μόνο στο ρ. *τηράω, τήραξα* (→ βλέπω), διαλεκτικής προέλευσης.

τιθασεύω: σπάνια η παθητική φωνή (*τιθασεύομαι*, 18).

τιμώμαι: χρησιμοποιείται κυρίως σε επίσημο ύφος λόγου, με την έννοια → έχω ορισμένη τιμή, κοστίζω.

τολμάω: η κλίση σε *-ώ, -άς, -ά* συνηθίζεται κυρίως σε επίσημο ύφος λόγου και σε στερεότυπες εκφράσεις, όπως: *τολμώ* να πω, δεν *τολμώ* να το πιστέψω κτλ.

τοποθετούμαι: στον απλό προφορικό λόγο απαντάται και η κλίση κατά το *αγαπιέμαι* (59), κυρίως στον παρατατικό (*τοποθετιόμουν*).

τρακάρω: στον προφορικό λόγο απαντάται μερικές φορές και παθητική φωνή (*τρακάρομαι*, 54), με την ειδική έννοια → παθαίνω τρακ. Με αυτή την έννοια χρησιμοποιείται συνήθως και η μτχ. *τρακαρισμένος*.

τραπεζώνω: λιγότερο εύχρηστη η παθητική φωνή (*τραπεζώνομαι*, 4).

τρέμω: με τη σημασία → αυτός που τρέμει απαντάται η μτχ. *τρεμάμενος*.

τρέχω: η λόγια μτχ. ενεστώτα *τρέχων, -ουσα, -ον* απαντάται ως επίθετο (→ αυτός που ισχύει τώρα ή αφορά το τωρινό χρονικό διάστημα ή το άμεσο μέλλον). Η μτχ. *τρεχούμενος* (σπάνια *τρεχάμενος*) χρησιμοποιείται ως επίθετο για νερό που κυλάει, «τρέχει», ενώ υπάρχει και η έκφραση *τρεχούμενος* (ανοιχτός) λογαριασμός.

τρίβομαι: εύχρηστη η λόγια μτχ. *τετριμμένος* ως επίθετο (→ κοινός, κοινότοπος).

τριγυρνάω: από τις έννοιες του *τριγυρίζω* (με το οποίο θεωρείται ισοδύναμο, γι' αυτό επικρατεί ο αόριστος σε *-ισα*) έχει κυρίως την έννοια → περιφέρομαι, γυρίζω από δω και από κει.

τρομοκρατούμαι: στον απλό προφορικό λόγο απαντάται και η κλίση κατά το *αγαπιέμαι* (59), κυρίως στον παρατατικό (*τρομοκρατιόμουν*).

τρυπώνομαι: η παθητική φωνή χρησιμοποιείται σπάνια, μόνο με την έννοια → (για ρούχο) ράβομαι με τρύπωμα.

τσακώνω, -ομαι: η έννοια διαφοροποιείται από την ενεργητική στην παθητική φωνή. Το *τσακώνω* σημαίνει → πιάνω, συλλαμβάνω κάποιον, ενώ το *τσακώνομαι* → καβγαδίζω, μαλώνω με κάποιον.

τσιλημπουρδάω: σύμφωνα με τη Γραμματική Τριανταφυλλίδη, εφόσον υπάρχει ισοδύναμος τύπος σε *-ίζω*, επικρατεί ο αόριστος σε *-ισα*.

τυχαίνει: η λόγια μτχ. αορίστου έχει επιβιώσει ως επίρρημα (*τυχόν, αν τυχόν, μη τυχόν* κτλ. → ίσως, κατά τύχη) ή σε εκφράσεις όπως: *ο πρώτος τυχών* → ο καθένας, ο ασήμαντος, χωρίς ιδιαίτερη αξία.

Υ

υπακούω: η κλίση κατά το *αποκλείω* (40) απαντάται σπάνια (Κι όμως όλα μού *υπακούουν* [Ελύτης, σελ. 114]).

υπάρχω: η λόγια μτχ. ενεστώτα έχει επιβιώσει ως επίθετο (*υπάρχων, -ουσα, -ον*) → αυτός που υπάρχει, ισχύει τώρα, στην τωρινή εποχή.

υπερασπίζω, -ομαι: τα δύο ρήματα έχουν την ίδια σημασία → προστατεύω ή υποστηρίζω ενάντια σε επίθεση, προσβολή ή ως συνήγορος σε δίκη.

υπερβάλλω: η λόγια μτχ. ενεστώτα *υπερβάλλων, -ουσα, -ον* έχει επιβιώσει σε εκφράσεις όπως: *υπερβάλλων* (→ υπερβολικός) ζήλος.

υπερκερώ, -ώμαι: απαντώνται κυρίως οι τύποι με το αοριστικό θέμα (*υπερκέρασα, υπερκεράστηκα* κτλ.).

υπερνικώ: στον απλό προφορικό λόγο απαντάται και η κλίση κατά το *αγαπάω* (58).

υπερπηδώ: στον απλό προφορικό λόγο απαντάται και η κλίση κατά το *αγαπάω* (58).

υποβόσκω: χρησιμοποιείται και η λόγια μτχ. ενεστώτα *υποβόσκων, -ουσα, -ον* σε εκφράσεις όπως: *υποβόσκουσα* (→ σε λανθάνουσα κατάσταση αλλά με διαβρωτικά αποτελέσματα) κρίση. Δες και σημείωση **υποφώσκω.**

υπογράφομαι: η μτχ. παρακειμένου χρησιμοποιείται και ως ουσιαστικό (*η υπογεγραμμένη* → τονικό σημάδι που γραφόταν κάποτε κάτω από ορισμένα φωνήεντα).

(υποθέτω) – υποτίθεται: ο αόριστος υποτακτικής χρησιμοποιείται κυρίως σε εκφράσεις όπως: αν *υποτεθεί* (→ αν υποθέσει κανείς, στην περίπτωση που ...). Εύχρηστη είναι κα η μτχ. *υποτιθέμενος* (→ αυτός για τον οποίο υποθέτουμε κάτι, χωρίς βεβαιότητα).

υπόκειμαι: η μτχ. χρησιμοποιείται και ως επίθετο (*υποκείμενος* → αυτός που βρίσκεται κάτω από άλλο, π.χ. *υποκείμενα* στρώματα, σε αντιδιαστολή με το *υπερκείμενος*) και ως ουσιαστικό (*το υποκείμενο*).

υποσκάπτομαι: σπάνια η χρήση του αορίστου.

υπόσχομαι: η μτχ. *υποσχεμένος*, που αναφέρεται σε ορισμένα λεξικά, δε συνηθίζεται στην κοινή νεοελληνική. Ο λόγιος τύπος απαντάται ως ουσιαστικό (*τα υπεσχημένα* → αυτά που έχει υποσχεθεί κάποιος).

υποφέρω: στον απλό προφορικό λόγο απαντάται και ο ενεστώτας της παθητικής φωνής, σε εκφράσεις όπως: δεν *υποφέρεται* (→ δεν μπορεί να το αντέξει κανείς).

υποφώσκω: δεν πρέπει να γίνεται σύγχυση με το *υποβόσκω*. Το *υποφώσκω* σημαίνει → αχνοφέγγω, θαμποφέγγω.

υποχρεούμαι: κυρίως σε φράσεις όπως: το κατάστημα *υποχρεούται* να εκδίδει αποδείξεις λιανικής πώλησης, με την έννοια → έχω την υποχρέωση, υπόκειμαι στην υποχρέωση να κάνω κάτι. Η αντικατάσταση από το *υποχρεώνομαι δεν* είναι δυνατή, παρά μόνο από την περίφραση → *είμαι υποχρεωμένος*.

υποψιάζομαι: η μτχ. *υποψιασμένος* έχει κυρίως την έννοια → αυτός που (λόγω εμπειρίας, προβληματισμού κτλ.) έχει τη δυνατότητα να αντιληφθεί ευκολότερα κάτι.

υφίσταμαι: η μτχ. *υφιστάμενος* απαντάται και ως ουσιαστικό (→ ο κατώτερος στην ιεραρχία, σε σχέση με τον ανώτερό του).

Φ

φαγώνομαι: η κοινή έννοια με το *τρώγομαι* είναι κυρίως → καβγαδίζω, τσακώνομαι με κάποιον. Το *φαγώνομαι* έχει και τις σημασίες → φθείρομαι, καταστρέφομαι από μακρόχρονη χρήση κτλ. (π.χ. *φαγωμένες* σόλες παπουτσιών) και → ψάχνω, επιδιώκω με μεγάλη επιμονή, κυρίως στον αόριστο, σε εκφράσεις όπως: *φαγώθηκε* να κάνει κάτι.

φαίνομαι: η μτχ. χρησιμοποιείται ως ουσιαστικό (*το φαινόμενο*).

φαντάζομαι: η μτχ. *φαντασμένος* χρησιμοποιείται ως επίθετο (→ αυτός που έχει μεγάλη ιδέα για τον εαυτό του).

φαντάζω: δεν έχει σημασιολογική σχέση με το *φαντάζομαι*. Σημαίνει → προκαλώ έντονη εντύπωση ή γενικά φαίνομαι (Οποιαδήποτε άλλη σχέση *φάνταζε* περιττή [Κυρία Κούλα, σελ. 35]).

φέγγω: συνήθως ως απρόσωπο, με την έννοια → ξημερώνει ή φωτίζει, μπορεί όμως να έχει και την έννοια → είμαι υπερβολικά αδυνατισμένος (π.χ. *έφεξε* το πρόσωπό του από τον πυρετό). Στη λογοτεχνία απαντάται και ως προσωπικό, με την έννοια → φωτίζω (Ω γη της Βοιωτίας που σε *φέγγει* ο άνεμος [Ελύτης, σελ. 35]). Στην έκφραση *μου 'φεξε* σημαίνει → μου έτυχε κάτι πολύ ευνοϊκό.

φελάω: στον προφορικό λόγο και συνήθως με άρνηση (δε *φελάει* → δεν ωφελεί).

φέρνω, -ομαι – φέρω, -ομαι: το *φέρω* έχει στενότερη σημασία από το *φέρνω*. Σημαίνει συνήθως → έχω επάνω μου κάτι (ως φυσικό, μόνιμο ή παροδικό στοιχείο) ή έχω ορισμένη υπογραφή, επιγραφή κτλ. Το *φέρομαι* σημαίνει → θεωρούμαι ή αναφέρομαι ως... Μαζί με το *φέρνομαι* έχει και την έννοια → συμπεριφέρομαι. Η μτχ. *φερμένος* απαντάται μόνο με την έννοια → αυτός που τον έχουν φέρει από κάπου.

φημίζομαι: δε συνηθίζεται ο αόριστος. Η μτχ. *φημισμένος* απαντάται ως επίθετο (→ ξακουστός).

φθίνω: απαντάται και η λόγια μτχ. ενεστώτα ως επίθετο, κυρίως στο θηλυκό (*φθίνουσα* πορεία → που παρουσιάζει συνεχή μείωση).

φιλάω, -ιέμαι: το *φιλώ* κυριαρχεί σε στερεότυπες εκφράσεις όπως: σας *φιλώ* (με την έννοια → σας χαιρετώ). Το *φιλιέμαι* χρησιμοποιείται κυρίως με αξία αλληλοπάθειας → ανταλλάσσω φιλιά με κάποιον.

φιλοσοφώ: η μτχ. *φιλοσοφημένος* χρησιμοποιείται κυρίως ως επίθετο (→ αυτός που διακρίνεται για φιλοσοφική ενασχόληση, βαθύ προβληματισμό).

φοβάμαι: ο τύπος *φοβούμαι* είναι σπάνιος και απαντάται κυρίως σε εκφράσεις όπως: *φοβούμαι ότι* (→ υποψιάζομαι ότι θα γίνει κάτι δυσάρεστο).

φοιτώ: στον απλό προφορικό λόγο απαντάται στον ενεστώτα και η κλίση κατά το *αγαπάω* (59).

φοράω: η κλίση σε *-ώ, -είς* (κατά το *θεωρώ*, 73) δε συνηθίζεται στην κοινή νεοελληνική.

φορολογώ, -ούμαι: στον απλό προφορικό λόγο απαντάται και η κλίση κατά το *αγαπάω, αγαπιέμαι* (58, 59).

φουσκώνω: σε ορισμένα λεξικά αναφέρεται και παθητική φωνή (*φουσκώνομαι*, 4). Το ρήμα σημαίνει και → διογκώνω, αυξάνω κάτι σε όγκο και → διογκώνομαι, αυξάνομαι σε όγκο.

φράζομαι: στην παθητική φωνή περιορίζεται κυρίως στην έννοια → περικλείομαι με φράχτη, περιφράζομαι.

φροντίζω: η μτχ. *φροντισμένος* χρησιμοποιείται κυρίως ως επίθετο (→ περιποιημένος, επιμελημένος).

φτάνω: η μτχ. *φτασμένος* χρησιμοποιείται κυρίως με την ειδική έννοια → πετυχημένος και αναγνωρισμένος στον τομέα του (π.χ. *φτασμένος* καλλιτέχνης).

φτερουγάω: ο αόριστος σε *-ισα*, λόγω ισοδυναμίας με το *φτερουγίζω*.

φωτίζομαι: η λόγια μτχ. παρακειμένου απαντάται ως επίθετο, κυρίως ειρωνικά (*πεφωτισμένος* → σοφός).

Χ

χαϊδεύομαι: δε χρησιμοποιείται συνήθως ως παθητικό του *χαϊδεύω*, αλλά με την ειδική έννοια → (με νάζια κτλ.) επιδιώκω χάδια. Η μτχ. *χαϊδεμένος* έχει συχνά την έννοια → καλομαθημένος.

χαιρετάω, -ιέμαι – χαιρετίζω, -ομαι: κανονικά το *χαιρετάω* χρησιμοποιείται στην περίπτωση που απευθυνόμαστε σε κάποιον την ώρα που τον συναντάμε ή τον αποχωριζόμαστε (ή τον επισκεπτόμαστε για ευχές).

Το *χαιρετίζω* χρησιμοποιείται για επίσημο τρόπο χαιρετισμού (π.χ. τη συγκέντρωση διαμαρτυρίας *χαιρετίζει* ο σύλλογος τάδε) ή για ευνοϊκή υποδοχή (π.χ. η πρόταση *χαιρετίστηκε* με ενθουσιασμό), αναγνώριση, ανακήρυξη (π.χ. *χαιρετίστηκε* ως σωτήρας). Το *χαιρετιέμαι* σημαίνει κυρίως → ανταλλάσσω χαιρετισμό με κάποιον.

χαίρομαι: η μτχ. *χαρούμενος* (από το *χαιρόμενος*) χρησιμοποιείται ως επίθετο (→ γεμάτος χαρά).

χαρίζομαι: απαντάται κυρίως με την ειδική έννοια → ευνοώ κάποιον μεροληπτικά. Η μτχ. *χαρισμένος* αντιστοιχεί στη σημασία του *χαρίζω* → δωρίζω.

χέζομαι: από άποψη σημασίας δεν είναι παθητικό του *χέζω*, αλλά σημαίνει → «τα κάνω» πάνω μου ή αισθάνομαι έντονη ανάγκη για αφόδευση.

(χιλιάζω): κυρίως ως ευχή (να τα *χιλιάσεις* → να ζήσεις χίλια χρόνια).

χορεύομαι: κυρίως στο γ΄ πρόσ., με την έννοια → (για μουσικό κομμάτι) είναι κατάλληλο να το χορέψει κανείς.

χρειάζομαι: η μτχ. ενεστώτα χρησιμοποιείται ως ουσιαστικό (*τα χρειαζούμενα* → τα απαραίτητα, τα αναγκαία).

χρήζει: σε εκφράσεις όπως: *χρήζει* βοηθείας (→ έχει ανάγκη από βοήθεια).

χρηματίζω – χρηματίζομαι: οι έννοιες διαφοροποιούνται. Το *χρηματίζω* σημαίνει → ασκώ (κυρίως δημόσια) υπηρεσία. *Το χρηματίζομαι* → δωροδοκούμαι.

χρωστάω: από την παθητική φωνή έχει επιβιώσει η μτχ. ενεστώτα (*τα χρεωστούμενα*).

Ψ

ψάχνομαι: κυρίως με την έννοια → κάνω αυτοέρευνα, αυτοανάλυση.

ψέλνω, -ομαι: εκτός από την έννοια του *ψάλλω*, έχει και την έννοια → λέω κάτι σε κάποιον με συνεχή και μονότονο τρόπο. Η παθητική φωνή *ψέλνομαι* χρησιμοποιείται σπάνια σε σχέση με το *ψάλλομαι.*

ψηλαφίζω: απαντάται μερικές φορές και ο παλιότερος τύπος *ψηλαφώ* (κατά το *θεωρώ*, 73, αλλά με αόριστο *ψηλάφισα*, λόγω ισοδυναμίας με το *ψηλαφίζω*).

ψηφάω: (κυρίως με άρνηση) → λογαριάζω, υπολογίζω.

ψυχολογώ: η μτχ. *ψυχολογημένος* χρησιμοποιείται κυρίως ως επίθετο → αυτός που γίνεται μετά από (ή φανερώνει) ορθή ψυχολογική εκτίμηση.

ψυχραίνομαι: συνήθως με την έννοια → παύω να έχω φιλικές σχέσεις με κάποιον.

ψωνίζομαι: με την ειδική έννοια → (για πόρνη κτλ.) ψάχνω να βρω πελάτη.

ΒΙΒΛΙΟΓΡΑΦΙΑ

Ανδριώτης, Ν. (1971), *Ετυμολογικό λεξικό της κοινής νεοελληνικής*, Παν/μιο Θεσ/νίκης, Ινστιτούτο Νεοελληνικών Σπουδών, 1η έκδ. 1951.

Browning, R. (1972), *Η ελληνική γλώσσα, μεσαιωνική και νέα*, μτφρ. από τα αγγλικά από τον Δ. Σωτηρόπουλο, Αθήνα, εκδ. Παπαδήμα.

Chantraine, P. (1990), *Ιστορική μορφολογία της ελληνικής γλώσσας*, μτφρ. από τα γαλλικά από τον Ν. Κ. Αγκαβανάκη, Αθήνα, εκδ. Καρδαμίτσα.

Holton, D., Mackridge, P. & Φιλιππάκη-Warburton, Ει. (1999). *Γραμματική της Ελληνικής Γλώσσας*, Αθήνα, Εκδ. Πατάκη.

Householder, F. W., Kazazis, K. & Koutsoudas, A. (1964), *Reference Grammar of Literary Dhimotiki*, Bloomington and the Hague.

Iordanidou, A. (1985), *La diglossie en Grèce: étude d'un cas précis, le participe*, διδ. διατριβή, Paris VII, thesis.ekt.gr/thesisBookReader/id/11501#page/1/mode/2up.

Iordanidou, A. (1994), «Morphological variation of the passive imperfect in Modern Greek», *Themes in Greek Linguistics, Papers from the First International Conference on Greek Linguistics*, Reading, September 1993, I. Philippaki-Warburton, E. Nikolaidis, M. Sifianou (eds), J. Benjamins Publ. Company, 1994, σ. 373-380.

Ιορδανίδου, Ά. (1999), «Ζητήματα τυποποίησης (standardisation) της σύγχρονης νεοελληνικής», *Διεθνές Συνέδριο «Ισχυρές» – «Ασθενείς» γλώσσες στην Ευρωπαϊκή Ένωση, Πρακτικά*, Θεσσαλονίκη, Κέντρο Ελληνικής Γλώσσας, σ. 835-854.

Ιορδανίδου, Ά. (2020), «Τα σταλθέντα ή τα σταλμένα μηνύματα; – απολιθώματα των αρχαίων μετοχών στα σύγχρονα λεξικά και στα σώματα κειμένων», *Πρακτικά συνεδρίου EURALEX 2020*, euralex2020.gr/proceedings.

Jannaris, A. N. (1897), *An Historical Greek Grammar*, London, Mac Millan.

Κλαίρης, Χ. & Μπαμπινιώτης, Γ. (2005), *Γραμματική της Νέας Ελληνικής. Δομολειτουργική – Επικοινωνιακή*. Αθήνα, Ελληνικά Γράμματα.

Koutsoudas, A. (1962), *Verb Morphology of Modem Greek*, The Hague/ Mouton.

Λεξικό της Κοινής Νεοελληνικής (ΛΚΝ) (1998). Θεσσαλονίκη: Α.Π.Θ., Ινστιτούτο Νεοελληνικών Σπουδών, www.greek-language.gr/greekLang/modern_greek/tools/lexica/triantafyllides/index.html.

Mackridge, P. (1990), *Η νεοελληνική γλώσσα*, μτφρ. από τα αγγλικά από τον Κ. Ν. Πετρόπουλο, Αθήνα, Εκδ. Πατάκη.

Mirambel, A. (1975), Η *νέα ελληνική γλώσσα*, μτφρ. από τα γαλλικά από τον Σ. Καρατζά Παν/μιο Θεσ/νίκης, Ινστιτούτο Νεοελληνικών Σπουδών.

Μπαμπινιώτης, Γ. (1998, αναθ. έκδοση 2019), *Λεξικό της νέας ελληνικής γλώσσας* (ΛΝΕΓ) Αθήνα, Κέντρο Λεξικολογίας.

Νεοελληνική Γραμματική (1988), αναπροσαρμογή της *Μικρής Νεοελληνικής Γραμματικής* του Μ. Τριανταφυλλίδη (α΄ έκδ. 1949), Αθήνα, ΟΕΔΒ.

Πατάκης, Σ. & Τζιράκης, Ν. (1984), *Λεξικό ρημάτων αρχαίας ελληνικής*, Αθήνα, Εκδ. Πατάκη.

Ralli, A. (2003). «Morphology in Greek Linguistics: A State-of-the Art». In *Journal of Greek Linguistics* 4, pp. 77-130.

Seiler, H. (1952), *L'aspect et le temps dans le verbe néo-grec*, Paris, Belles Lettres.

Σετάτος, Μ. (1984), «Ο παρακείμενος στην κοινή νεοελληνική», *Μελέτες για την ελληνική γλώσσα*, Θεσ/νίκη, εκδ. Κυριακίδη, σ. 101-113.

Σταματάκος, Ι. (1971), *Λεξικόν της νέας ελληνικής γλώσσης*, Αθήνα, εκδ. οργανισμός «Ο Φοίνιξ».

Σταματάκος, Ι. (1972), *Λεξικόν αρχαίας ελληνικής γλώσσης*, Αθήνα, εκδ. οργανισμός «Ο Φοίνιξ».

Σύγχρονο λεξικό της νεοελληνικής γλώσσας (1991), Αθήνα, Εκδ. Πατάκη.

Τζάρτζανος, Α. (1946), *Νεοελληνική σύνταξις*, φωτοτυπική επανέκδοση, Θεσ/νίκη, εκδ. Κυριακίδη, 1989.

Tonnet, H. (1986), «Σημείωμα για τους τρόπους ενέργειας (aspects) στα νέα ελληνικά», *Γλώσσα*, 12, σ. 15-20.

Τριανταφυλλίδης, Μ. (1936), «Η ελληνική αύξηση, ο κλονισμός της και το ξεχώρισμα των ομόηχων ρηματικών τύπων», *Άπαντα*, 2, Παν/μιο Θεσ/νίκης, Ινστιτούτο Νεοελληνικών Σπουδών, 1963, σ. 206-215.

Τριανταφυλλίδης, Μ. (1941), *Νεοελληνική Γραμματική*, ανατύπωση της έκδ. του ΟΕΣΒ, Παν/μιο Θεσ/νίκης, Ινστιτούτο Νεοελληνικών Σπουδών, 1978.

Τσολάκης, Χ. (1982), *Η πολυτυπία στο ρήμα της Κοινής Νεοελληνικής Γλώσσας*, διδ. διατριβή, Θεσ/νίκη.

Φιλιππάκη-Warburton, Ει., Γεωργιαφέντης, Μ., Κοτζόγλου, Γ. & Λουκά, Μ. (2009). *Γραμματική Ε΄ και ΣΤ΄ Δημοτικού*, Ινστιτούτο Τεχνολογίας Υπολογιστών και Εκδόσεων «ΔΙΟΦΑΝΤΟΣ», digitalschool.minedu.gov.gr.

Χατζιδάκις, Γ. (1905), *Μεσαιωνικά και Νέα Ελληνικά*, Τόμος Α΄.

Χειλά-Μαρκοπούλου, Δ. (1984), «Μορφοφωνολογικά προβλήματα του ΝΕ ρήματος: η περίπτωση του μεσοπαθητικού παρατατικού», *Μελέτες για την ελληνική γλώσσα*, Θεσ/νίκη, εκδ. Κυριακίδη, σ. 45-59.

Χρηστικό Λεξικό της Νεοελληνικής Γλώσσας (2014) (σύντ. & επιμ.: Χρ. Χαραλαμπάκης), Αθήνα, Ακαδημία Αθηνών & Εθνικό Τυπογραφείο.

ΓΛΩΣΣΙΚΟ ΥΛΙΚΟ (CORPUS) της πρώτης έκδοσης

α) Προφορικός λόγος
40 απομαγνητοφωνημένες συνομιλίες απλού, καθημερινού προφορικού λόγου ατόμων διαφορετικής ηλικίας και διαφορετικού μορφωτικού επιπέδου. Οι μαγνητοφωνήσεις έγιναν την περίοδο 1982-1984 και έχουν μέση διάρκεια 10 λεπτά η καθεμιά.

β) Τηλεόραση
Δελτία ειδήσεων 27/3/87, 30/3/87, 1/4/87, 2/4/87, 8/4/87, 1/2/91, 2/2/91, 7/2/91.

γ) Εφημερίδες
Τα Νέα, *Το Βήμα* Μάρτιος - Απρίλιος 1987
Τα Νέα, *Το Βήμα*, *Ελευθεροτυπία*, *Η Καθημερινή* Σεπτέμβριος 1990 - Απρίλιος 1991.

Περιοδικά
Ταχυδρόμος, τεύχ. 42, 18/10/90, τεύχ. 44, 1/11/90.

δ) Λογοτεχνικά κείμενα
1. Βαμβουνάκη Μ., *Ο αντίπαλος εραστής*, Αθήνα, εκδ. Φιλιππότη, 9η έκδ. 1989.
2. Ελύτης Ο., *Ποιήματα, Εκλογή 1935-1977*, Αθήνα, εκδ. Άκμων, 1979.
3. Ζέη Ά., *Η αρραβωνιαστικιά του Αχιλλέα*, Αθήνα, εκδ. Κέδρος, 1η έκδ. 1987.
4. Ιωάννου Γ., *Κοιτάσματα*, Αθήνα, εκδ. Ορέστης, 1981.
5. Καραπάνου Μ., *Ο υπνοβάτης*, Αθήνα, εκδ. Ερμής, 6η έκδ. 1988.
6. Κουμανταρέας Μ., *Η κυρία Κούλα*, Αθήνα, εκδ. Κέδρος, 2η έκδ. 1978.
7. Ξανθούλης Γ., *Ο χάρτινος Σεπτέμβρης της καρδιάς μας*, Αθήνα, εκδ. Καστανιώτη, 10η έκδ. 1989
8. Ρίτσος Γ., *Η Ελένη*, Αθήνα, εκδ. Κέδρος, 1972.
9. Σεφέρης Γ., *Ποιήματα*, Αθήνα, εκδ. Ίκαρος, 5η έκδ. 1984.
10. Σκούρτης Γ., *Το χειρόγραφο της Ρωξάνης*, Αθήνα, εκδ. Καστανιώτη, 5η έκδ. 1990.
11. Ταχτσής Κ., *Το τρίτο στεφάνι*, Αθήνα, εκδ. Ερμής, 14η έκδ. 1981.
12. Τσίρκας Σ., *Νουρεντίν Μπόμπα*, Αθήνα, εκδ. Κέδρος, 2η έκδ. 1977.
13. Τσίρκας Σ., *Τα Διηγήματα*, Αθήνα, εκδ. Κέδρος, 4η έκδ. 1980.

ε) Επιστημονικά κείμενα
1. *Λιανός Θ. – Μπένος Θ., Μακροοικονομική ανάλυση και δημοσιονομική πολιτική*, Αθήνα, εκδ Gutenberg, 2η έκδ. 1979.
2. Φραγκουδάκη Ά., *Κοινωνιολογία της εκπαίδευσης*, Αθήνα, εκδ. Παπαζήση, 1985.

Για τις προσθήκες της έκδοσης του 2022 αξιοποιήθηκε ως συλλογή σωμάτων κειμένων το Διαδίκτυο (Web as Corpus).

ΕΥΡΕΤΗΡΙΟ ΚΛΙΤΙΚΩΝ ΥΠΟΔΕΙΓΜΑΤΩΝ

ΒΙΟΓΡΑΦΙΚΟ ΣΗΜΕΙΩΜΑ

Η Άννα Ιορδανίδου γεννήθηκε στην Αθήνα το 1954. Σπούδασε στη Φιλοσοφική Σχολή του Πανεπιστημίου Αθηνών και πραγματοποίησε μεταπτυχιακές σπουδές Γλωσσολογίας (ειδίκευση: Εφαρμοσμένη Γλωσσολογία – Κοινωνιογλωσσολογία) στο Πανεπιστήμιο Paris VII της Γαλλίας. Το 1982 έγινε κάτοχος του διπλώματος DEA και το 1985 του Doctorat Troisième cycle. Στη διδακτορική της διατριβή εξετάζονται οι επιβιώσεις της διγλωσσίας στα νέα ελληνικά.

Από το 1990 διδάσκει τα μαθήματα της Νεοελληνικής Γλώσσας και της Γλωσσολογίας και Διδασκαλίας της Γλώσσας/ Εφαρμοσμένης Γλωσσολογίας στο Παιδαγωγικό Τμήμα Δημοτικής Εκπαίδευσης του Πανεπιστημίου Πατρών (ως Καθηγήτρια από το 2009 και ως Ομότιμη Καθηγήτρια από τον Σεπτέμβριο του 2021), νυν Τμήμα Επιστημών της Εκπαίδευσης και Κοινωνικής Εργασίας.

Συμμετείχε σε 26 εκπαιδευτικά και ερευνητικά προγράμματα, μεταξύ των οποίων το Πρόγραμμα Εκπαίδευσης Μουσουλμανοπαίδων και το Νέο Σχολείο – Νέο Πρόγραμμα Σπουδών. Από το 2002 είναι υπεύθυνη γλωσσολογικού σχεδιασμού ηλεκτρονικών εργαλείων ορθογραφικής και γραμματικής διόρθωσης, συλλαβισμού και θησαυρού συνωνύμων-αντιθέτων της νέας ελληνικής, σε συνεργασία με την εταιρεία πληροφορικής Neurosoft/ Neurolingo.

Η συγγραφική της δραστηριότητα αφορά θέματα διδασκαλίας της γλώσσας και κοινωνιογλωσσολογίας, καθώς και λεξικογραφικές περιγραφές της νέας ελληνικής. Έχει δημοσιεύσει, μεταξύ άλλων, *Τα ρήματα της νέας ελληνικής* και το *Λεξικό λόγιων εκφράσεων της σύγχρονης ελληνικής* και, ως επιστημονική επιμελήτρια, τον *Οδηγό της νεοελληνικής γλώσσας* και τον *Θησαυρό συνωνύμων και αντιθέτων της νέας ελληνικής*. Από τα άρθρα της αναφέρονται ενδεικτικά: «Morphological variation of the passive imperfect in Modern Greek, Teenage Slang in Modern Greek» (μαζί με τον Γ. Ανδρουτσόπουλο), «Ζητήματα τυποποίησης της σύγχρονης νεοελληνικής», «Νεοελληνική ορθογραφία: σχολική γραμματική, αποκλίσεις και γλωσσική χρήση», «Η μορφολογική ποικιλία στη διδασκαλία της ελληνικής ως ξένης γλώσσας», «Κειμενοκεντρικές προσεγγίσεις του σχολικού εγγραμματισμού: Κείμενο – Συμφραζόμενα – Γραμματική».